中山大学“985 工程”资助

暗流

1949 年之前安阳之外的中国考古学传统

Alternative Traditions in the Pre-1949 Chinese Archaeology

徐 坚◎著

科学出版社

北 京

图书在版编目（CIP）数据

暗流：1949 年之前安阳之外的中国考古学传统 / 徐坚著 . —北京：科学出版社，2012. 2

ISBN 978-7-03-033469-5

Ⅰ. ①暗…　Ⅱ. ①徐…　Ⅲ. ①考古学史 – 中国　Ⅳ. ①K87-09

中国版本图书馆 CIP 数据核字（2012）第 016963 号

责任编辑　闫向东　樊　鑫
责任校对　邹慧卿
责任印制　肖　兴
封面设计　谭　硕
出版发行　科学出版社
　　　　　北京东黄城根北街 16 号
邮政编码　100717
网　　址　http://www.sciencep.com
印　　刷　中国科学院印刷厂
经　　销　新华书店
版　　次　2012 年 2 月第一版　2022 年 6 月第五次印刷
开　　本　720 毫米 × 1000 毫米　B5
印　　张　28
字　　数　557 000
定　　价　88.00 元
（如有印装质量问题，我社负责调换）

目　录

绪论

暗流：超越安阳

在中国考古学，尤其是1949年之前的中国考古学中，安阳拥有无可替代的地位。

新生的中国考古学以安阳作为起点并非偶然，不过，安阳在1949年之前的中国考古学中形成一枝独大的局面却是始料不及的。具有近现代意义的考古学理念自19世纪晚期起零星地进入中国，但直到新文化运动时期之后才形成整体性学科规模[1]。尽管选用标准不一，但是诸家都将中国考古学的诞生推定在20世纪20年代[2]。1928年中央研究院历史语言研究所（下文分别简称中研院和史语所）于广州东山成立，初设九组，后合并成历史、语言和考古三组[3]。

---

〔1〕夏鼐：《五四运动和中国近代考古学的兴起》，《考古》1979年第3期。

〔2〕在具有近现代意义的中国考古学的诞生年代上，诸家在选择中国考古学出现的标志性事件和活动的选定上存在分歧。有以中国境内第一次科学意义的考古学发掘，即1921年安特生（J. G. Andersson）主持的河南渑池仰韶发掘为标准；有以中国学人主持的第一次考古学实践，即李济1926年在山西夏县西阴村的发掘调查和发掘为标准；有的以国家考古学研究机构的成立，即中央研究院历史语言研究所的成立和安阳发掘工作的展开为标准。虽然存在争议，但是诸家之说都未违离“田野考古”的定义。

〔3〕傅斯年：《历史语言研究所工作之旨趣》，《傅斯年全集》第3卷，长沙：湖南教育出版社，2003年。傅斯年最初设想为九组，按照历史和语言两个方面进行分类，前者包括文籍考订、史料征集、考古、人类及民物、比较艺术五个类别，后者包括汉语、西南语、中央亚细亚语和语言学四个类别。后实施时设立史料、汉语、文籍考订、民间文艺、汉字、考古、人类及民物学、敦煌材料研究八组。1934年5月增设人类学组。

由于创始学人深受德国兰克史学的影响，史语所从创办之初起即强调“求新材料”是其首要任务〔4〕。傅斯年（1896~1950）开宗明义地表达了史语所的学术目标在于“我们很想借几个不陈的工具，处治些新获见的材料”，而考古是发现新材料的最显而易见的途径。他进而勾勒了寻找新材料的两条线路，即京汉路的安阳到易州一段和自洛阳逐步西向至中亚〔5〕。国家主持的考古学实践初试啼声，虽然存在若干选择，但是无论在理论预设，还是前期基础和工作便利上，安阳都远优于其他〔6〕。如果以史语所的成立和史语所主导的安阳发掘的展开为中国考古学的起点尚存在争议的话，毋庸置疑的是，史语所在中国考古学随后二十年的发展中的地位和作用无出其右。自1928年起，安阳的发掘先后由董作宾（1895~1963）、李济（1896~1979）和梁思永（1904~1954）等主持，虽时有波折，但一直到1937年日本侵华战争爆发，安阳发掘才被迫中止。但第二次世界大战之后，安阳的发掘也未能及时恢复，直到1950年中国科学院考古研究所才重返安阳〔7〕。战前安阳发掘共计15季，年代跨度几近十年。史语所考古组发掘了小屯北地、侯家庄、西北冈、后冈、大司空村等多个地点，先后揭示出晚商宫殿、作坊、陵墓等重要考古学遗迹和包含甲骨、青铜器、玉器、陶器在内种类众多、数量庞大的遗物。安阳发掘的最直接的贡献是证实了晚商的存在。这种“证实”对于中国上古史，尤其是在疑古思潮冲击下亟待重建的古史体系至关重要。虽然安阳的发掘并不能和《史记·殷本纪》完全对应，但是古史体系

---

〔4〕 Ranke L von, Iggers G G, et al. *The Theory and Practice of History*. Indianapolis: Bobbs-Merrill, 1973; Iggers G G, Powerll J. *Leopold von Ranke and the Shaping of the Historical Discipline*. Syracuse: Syracuse University Press, 1990; Iggers G. *Historiography in the Twentieth Century: from Scientific Objectivity to the Postmodern Challenge*. Hanover: Wesleyan University Press, 1997. 中译本见何兆武译：《二十世纪的历史学：从科学的客观性到后现代的挑战》，沈阳：辽宁教育出版社，2003年。

〔5〕 傅斯年：《历史语言研究所工作之旨趣》，《傅斯年全集》第3卷，长沙：湖南教育出版社，2003年。

〔6〕 陈星灿：《中国考古向何处去——张光直先生访谈录》，《华夏考古》1996年第1期。

〔7〕 郭宝钧：《1950年春殷墟发掘报告》，《中国考古学报》第5册，1951年。

急不可待地征引了安阳发掘，并且轻率地扩大了安阳“证实”的范畴[8]。对于中国考古学而言，它无疑强化了编史倾向，历史考古学的影响尤为明显。但是，安阳对于中国考古学的更重要的价值表现在学科特征的塑造上。安阳的发掘延续时间长，频率高，不仅在1949年之前的考古学中无任何其他单个遗址可以企及，就是直到晚近也罕有可以与之匹敌的个案。在安阳正式发掘之初，中国考古学几乎没有任何可资征引的田野发掘经验。因此，在中国考古学的田野经验和方法积累上，安阳具有不可辩驳的奠基之功。安阳培育了中国考古学的区域性历史知识，即如何辨认地层、墓葬、建筑等遗迹单位，如何发掘，如何对器物进行描述和分类，如何实现考古学器物组合和文化与上古史重建的结合。安阳小屯及其周边遗址面积巨大，遗迹和遗物类型多样，这是此前发掘的其他遗址无可比拟的。无论是墓葬和房址的发掘，还是器物类型区分，中国考古学在随后数十年的工作思路都可以在安阳找到早期线索。在中国考古学学术力量的建设上，安阳发掘聚集了1949年之前绝大部分专业力量，因此对于中国本土考古学家的培养，以及他们之后的学术倾向都有重要的影响。从学术背景上看，中国考古学第一代学人中除梁思永之外，其余诸家都是出自西方人类学或者本土历史学和文字学背景；在发掘安阳之前，有实际田野工作经历的中国考古学人仅有李济和梁思永[9]，但是，他们的发掘经验在地域和遗址类型上都极受局限，因此大多考古学家是在安阳开始逐步掌握中国考古学的具体遗物类型和遗迹现象。而且，由于安阳是战前硕果仅存的长期发掘的遗址，成长中的中国考古学第二代学人几乎悉数受益于安阳的发掘。从任何角度判断，战前的安阳都是早期中国考古学的大本营。

但是，安阳并非1949年之前中国考古学的全部。虽然中国科学院考古研究所甫一成立就开赴安阳，恢复发掘，在随后的半个世纪中安阳重要的发现也层出不穷，但是，其在中国考古学中的比重已经显著降低[10]。如果超越安阳单一

---

[8] 王国维：《古史新证——王国维最后的讲义》，1925年清华大学油印讲义，1994年清华大学出版社影印本，北京：清华大学出版社，1994年，第52页。

[9] 李济：《西阴村史前遗存》，清华学校研究院丛书第三种，1927年；梁思永：《山西西阴村史前遗址的新石器时代的陶器》，1930年单行本。

[10] 中国社会科学院考古研究所：《殷墟的发现与研究》，北京：科学出版社，1994年。

遗址，重新观察20世纪50年代中国大陆地区考古学布局，我们即可明确地感受到中国考古学范式的变迁〔11〕。不同理论立场的考古学与现实政治的亲疏程度不一，其中国族主义考古学与政治格局的变迁最为契合〔12〕。直到80年代中期之前，中国考古学仍然处在分类—历史范式之下，尤其容易受到社会情境的影响，也更倾向于与国族主义思潮结合〔13〕。1949年之后，参与安阳发掘和研究的大部分学人随同史语所及安阳遗物迁台。新建的大陆地区考古学传统对变革的强调，远较继承强烈得多。安阳传统此时已经转为“暗流”，直到非常晚近的时代才重新得到认可〔14〕。中国考古学在50年代明显受到苏维埃考古学传统的影响，不过尚不可解释自50年代起中国考古学“遗产”的全部组成成分。新生的国家考古学机构几乎尽可能地吸纳了多个来源的学术力量〔15〕。大部分省区都开始组织自身的考古学发掘和研究活动，除了北京大学和考古工作人员培训班培养了大批考古工作者之外，各地也在改造和吸纳众多1949年之前就参与考古活动的人员。这导致50年代的中国考古学看起来更加多元。至少在考古学从业人员、考古学方法上，存在着众多来自安阳之外的知识和技术。而在阐释

---

〔11〕夏鼐：《建国十年来的中国考古新发现》，《考古》1959年第10期；夏鼐：《新中国的考古学》，《考古》1962年第9期。

〔12〕Trigger B. Alternative Archaeologies: Nationalist, Colonialist, Imperialist. *Man*, 1984, (19): 355-370.

〔13〕Kohl P L, Fawcett C. *Nationalism, Politics and the Practices of Archaeology*. Cambridge: Cambridge University Press, 1995. Nationalism一词有“国家主义”、“民族主义”和“国族主义”多种汉译方式，为避免歧义，本书统一采纳“国族主义”。

〔14〕至迟到20世纪70～80年代，夏鼐著文之中仍不便提及傅斯年和李济。在其《五四运动与中国近代考古学的兴起》中，傅斯年的贡献被计在蔡元培名下，而李济以“年轻而具有一定的近代考古学知识和发掘经验的归国留学生”匿名出现。李济的论文《中国古代文明》迟至1996年才出现在《考古》杂志第8期上，由于该文以英文写作于1960年，《考古》发表此文显然纪念意义重于实际意义，这也是中国考古学重新承认安阳传统的信号。

〔15〕以《中国考古学报》编辑委员会为例，1948年第4册时以李济为总编辑，编辑包括傅斯年、董作宾、徐中舒、梁思永、郭宝钧、石璋如、夏鼐和高去寻；1951年出版的第5册即更改为以郑振铎为主任委员，梁思永为常务委员，委员包括夏鼐、郭宝钧、黄文弼和苏秉琦。

理论上，流露出诸多既非出自安阳，也非受到苏维埃考古学影响的特质。 这些传统在此前尚未得到充分的讨论，尤其没有在考古学学科建构的意义上予以评估。 舍弃对这些部分的考察，我们将无法理解时至今日的中国考古学中仍可体察的独特传统的来源，抹杀中国考古学的多样性特质。

I. 1　安阳传统

安阳位于豫北平原上，洹水穿行而过，洹水两岸即是商代晚期都城“大邑商”的遗址所在地，覆盖今天的小屯村、大司空村、小司空村、武官村、后冈、花园庄、西北冈、梅园庄、孝民屯、侯家庄、范家庄和北辛庄一带。 虽然《史记》诸篇两次提及殷墟，但是至少在 20 世纪之前并没有引起学者们的足够注意；隋墓填土之中频见甲骨碎片，也未引起任何严肃的学术研究〔16〕。 19 世纪晚期，安阳小屯村民即已在地中掘出甲骨，起初作为刀尖药出售给药铺，到世纪之交时，甲骨成为古董市场上金石收藏扩大化潮流中新辟的一个类别。 掘地获取甲骨成为安阳一带农民在农闲季节的主要营生活动。 不过，学术意义上的甲骨发现不是一蹴而就的，而是经历了相对漫长的时期。 自 1903 年刘鹗《铁云藏龟》起，经 1904 年孙诒让《契文举例》刊布，到 1912 年罗振玉《殷墟书契前编》出版，方才确认甲骨的史学价值〔17〕。 以罗振玉和王国维为代表的学者的甲骨文研究将安阳小屯及周边地区和晚商史联系在一起，但在甲骨之外，无论是学者还是古董商人对商代安阳的其他侧面知之甚少，也评估不足，甚至认为“宝藏一空”的安阳几无“考古”价值。

1928 年成立的中国最高学术机构——中央研究院的历史语言研究所即选择此地作为考古组的重要基地。 安阳是史语所 1949 年之前考古发掘的唯一重心，也是中国考古学诞生最初三十年中，有组织、有计划的考古学研究进程的最好例证。 在安阳之外，并非没有其他遗址可替代作为中国考古学的基石。 至少安特

---

〔16〕《史记·项羽本纪》：“洹水南殷墟上。”《卫康叔世家》：“河淇间，故商墟。”关于安阳隋墓的发现，参见 Li C. *Anyang*. Seattle: Washington University Press, 1977. 中国社会科学院考古研究所安阳工作队：《安阳隋墓发掘报告》，《考古学报》1981 年第 3 期。

〔17〕徐坚：《发现甲骨：考古学史的视角和写法》，《华夏考古》2014年第4期。

生已经在1921年发掘了新石器时代遗址仰韶和旧石器时代遗址周口店〔18〕。后来主持殷墟发掘的李济也于1927年发掘了西阴村〔19〕。但是，安阳并不是偶然选择的结果。相对于石器时代遗址，具有实证史学倾向和国族主义倾向的考古学都更乐于选择早期历史阶段或者原史阶段的遗址，因为后者直接关涉到国家和文明起源等问题。而另一方面，虽然田野考古学观念已经零星入华，但是如何具体在中国完成自调查、发掘到整理的过程，几乎无人拥有经验。中国考古学几乎无力另辟全新的发掘地点，只能在既往有出土记录的地点中选择。而且从史料学角度出发，选择有晚期文献支撑的原史遗址也较史前遗址更为稳妥。傅斯年大致划定了史语所最初考古工作的范围，其中安阳无疑是最具可能性的候选地点。

史语所对安阳的预期与传统学术有别。安阳布局之前，传言多认为安阳已经发掘殆尽，但傅斯年对安阳发掘的成果持乐观态度，尽管其判断基于何种事实基础和理论假设已无从求证，“安阳殷墟以前盗出之物并非彻底发掘，……这些地方我们既颇知其富有，又容易达到的，现在已着手调查及布置，河南军事少静止，便结队前去”〔20〕。此论作于1928年5月。嗣后不久，即1928年8月，史语所编辑员董作宾被派往安阳小屯调查。董作宾系河南南阳人，北京大学国学门研究生毕业后短暂任教于中山大学，旋转入史语所。自安阳发掘起，董作宾毕生以安阳甲骨为主要研究范畴，是甲骨学研究成果最丰硕的学人之一。在洹水一带调查之后，他坚称此地并非如同罗振玉所断言的发掘完尽。“吾人可由此次调查而知者，为甲骨挖掘之确犹未尽”，吁请中研院迅即展开发掘〔21〕。此论也微妙地透露出，董作宾在学科定位和研究取向上更接近罗王之学，仍然以甲骨为安阳发掘的追求目标，并非傅斯年期盼的田野考古的最佳人选。

安阳发掘就是在发掘初衷与新史学理念略有违离的情况下展开的。为了顺利进行发掘，中央研究院和河南省政府联合组成发掘机构“中央研究院掘地层委

〔18〕 安特生：《中华远古之文化》，北京：农商部地质调查所，1923年。

〔19〕 李济：《西阴村史前遗存》，《李济文集》第2卷，上海：上海人民出版社，2006年。

〔20〕 傅斯年：《历史语言研究所工作之旨趣》，《傅斯年全集》第3卷，长沙：湖南教育出版社，2003年。

〔21〕 董作宾：《民国十七年十月试掘安阳小屯报告》，《安阳发掘报告》第1期，1929年。

员会”，设址于洹上村的彰德高级中学。这种院省合作模式嗣后成为史语所在河南、山东乃至西南开展发掘的主要方式。发掘由董作宾总揽其事，主要参与者还有代表河南省政府的张锡晋和郭宝钧（1893~1971）。发掘自1928年10月13日开始，以小屯为主要发掘地点，工人分成三组分别在洹水沙丘、村北和村中三处发掘。当时所用方法称之为“轮廓求法”和“集中求法”。所谓轮廓求法即在假定的遗址四周发掘，寻找边界，然后逐步内聚。而集中求法则是在中心地带的发掘。两种方法的来源均无所知，此前亦无先例可循。如果与嗣后其他遗址的考古发掘方法结合起来考虑的话，发掘方法可能多出自郭宝钧之设计。不过，无论是“轮廓求法”还是“集中求法”，董作宾的着眼点均在找寻甲骨上。如果以对安阳晚商遗迹现象的现代认识进行判断的话，安阳第一季发掘已经揭露出各种遗迹现象，不过发掘者可能并无意识。未见甲骨之时，董作宾失望之情溢于言表，但是傅斯年显然有不同认识，“我等此次工作目的，求文字其次，求得地下知识其上也”〔22〕。不过最终如董作宾所期待，为期17天的首季发掘出土甲骨854片，另有铜器、陶器、骨器、蚌器及玉石器等〔23〕。但是，发掘方法不乏值得检讨之处，李济后来评论，“此次董君挖掘仍袭古董商陈法。就地掘坑，直贯而下；唯检有字甲骨保留，其余皆视为副品。虽绘地图，亦太简略；且地层紊乱，一无记载”〔24〕。

自第二季发掘起，傅斯年作出调整，发掘组织更名为“国立中央研究院河南殷墟发掘团”，改委甫加入史语所的李济主持安阳发掘，在安阳传统上标志了田野原则和方法的全盘变更。李济提出了“科学”的考古的观念，“科学的考古必须具有五项条件：一是必须有问题，二是必须有方法，三是记载必须精确，四是必须无成见，五是必须有耐心”〔25〕。此次发掘也开始明确规定测绘和地层记录方法。不过，李济并非考古学出身，而且在中国，更早的考古发掘仅有屈指可数的几次，在方法论上几乎无一可资借鉴。第二季发掘自1929年3月开

〔22〕史语所档案，元字第23号。

〔23〕董作宾：《民国十七年十月试掘安阳小屯报告》，《安阳发掘报告》第1期，1929年。

〔24〕李光谟：《从清华园到史语所——李济治学生涯琐记》，北京：清华大学出版社，2004年，第302页。

〔25〕史语所档案，元字第25号之6。

始，到5月结束。此次发掘明确采取了探方法，但是布方太过分散，3米×1.5米的探坑多达43个，散布在村北、村中和村南。出土遗物包括甲骨、陶器、兽骨、蚌片等，虽李济不再以甲骨为发掘目的，但是此次发现的甲骨尤其丰富，达740片之多〔26〕。当年10月，《安阳发掘报告》第一期出版，汇报了前两季发掘的成果。

1929年秋天，第三季发掘开始。但是，开始不久即受到何日章、关百益等地方势力的抵制，尽管蔡元培和傅斯年多方斡旋，但收效甚微。蔡元培称“除向南京政府设法外，亦一筹莫展。恐安阳已为何日章等之舞台，无可挽救”〔27〕。恢复后的发掘分为两次，分别在10月7~21日和11月15日~12月12日进行。发掘方法上，探沟法替代探坑法用于揭示密集的中小墓葬。村北探沟长达30余米，共揭示出24座墓葬，而甲骨数量较前期更是猛增，多达3000片，其中包括著名的大龟四版和牛头刻辞。李济推测，“殷墟的范围，实超出小屯村境界以外”。李济在田野之中发现一片彩陶，据此写成《小屯与仰韶》一文，提出仰韶远远早于小屯，两者之间没有亲缘关系〔28〕。这是中国考古学中“相对年代”观念的最早出现。在同一年，李济还发现了一座俯身葬墓葬，构成《安阳发掘报告》第3期《俯身葬》一文〔29〕。董作宾则在1931年发表了《大龟四版考释》，提出了“贞人集团说”〔30〕。

1931年3月，中原大战平息之后，史语所重返安阳，组建“中央研究院安阳殷墟发掘团”，由李济总掌其事，发掘团队规模扩大，可以同时安排多个地点的发掘。发掘方法上多采用10米×10米的大探方，以被称为“卷地毯”的大面积揭露方法替代探坑或者探沟法。小屯村北已经分成多个区域，分别由梁思永、郭宝钧和董作宾等负责，村外的四盘磨遗址的发掘由吴金鼎和李光宇负责，而后冈的发掘则由梁思永负责。此次发掘的后冈被嗣后的考古学史赋予了划时代价值。梁思永第一次在地层上证明小屯、龙山和仰韶的关系。这组地层关系

---

〔26〕 李济：《小屯地面下情形分析初步》，《安阳发掘报告》第1期，1929年。
〔27〕 潘光哲：《蔡元培与史语所》，《新学术之路》，台北：“中央”研究院，1998年。
〔28〕 李济：《小屯与仰韶》，《安阳发掘报告》第2期，1930年。
〔29〕 李济：《俯身葬》，《安阳发掘报告》第3期，1931年。
〔30〕 董作宾：《大龟四版考释》，《安阳发掘报告》第3期，1931年。

虽然屡屡见于安阳其他地点，但最终以“后冈三叠层”命名〔31〕。很多学者视其为中国考古学中地层学成熟的标志〔32〕。

同年秋天，安阳开始了董作宾主持的第五季发掘。此次发掘集中在小屯村北和后冈两处。前处的发掘者包括董作宾、郭宝钧和石璋如（1902~2004），后处的发掘者则有梁思永和刘耀（1906~1983）。由于春季揭示出地层叠压关系，秋季发掘之时，安阳发掘在地层学上明显成熟起来。小屯新增F发掘区，出土甲骨多达381片；后冈则发掘出龙山时期的房屋地面和夯土围墙。

次年春天，李济主持了安阳第六季发掘。除继续发掘小屯村之外，新增高井台子和王裕口两处发掘地点。董作宾、刘屿霞、石璋如、李光宇等发掘的小屯中出现台基版筑建筑，这是小屯最早确定的宫殿遗迹。而在高井台子遗址，吴金鼎和王湘的发掘再度证实了“后冈三叠层”现象〔33〕。

1932年10月，安阳第七季发掘开始，仍由李济主持。发掘集中在小屯北地，方法上也一如既往地采用探坑发掘法。此次发掘揭示出小屯北地所出商代宫殿建筑并非孤立的建筑，而是连片成组。发掘者因而推断，这里可能是殷商时期的宗庙建筑〔34〕。

1933年秋季，史语所开始在此地的第八季发掘。发掘地点包括小屯、四盘磨和后冈。此次发掘持续到当年冬季，在后冈甚至一直持续到1934年1月。刘耀、石璋如、李景聃和尹焕章主持了此地的发掘，他们在后冈发现了一座“中”字形大墓，大墓四隅有多达28个殉葬人头，这是首度揭示的殷商殉人遗

---

〔31〕梁思永：《后冈发掘小记》，《安阳发掘报告》第4期，1932年；梁思永：《小屯、龙山与仰韶》，《庆祝蔡元培先生六十五岁论文集》，南京：中央研究院，1935年。

〔32〕尹达：《悼念梁思永先生》，《文物参考资料》1954年第4期；张忠培：《梁思永先生与中国现代考古学——纪念安阳后冈遗址发掘50周年》，《中国考古学——走近历史真实之道》，北京：科学出版社，2004年；张爱冰：《考古学是什么——俞伟超先生访谈录》，《考古学是什么：俞伟超考古学理论文选》，北京：中国社会科学出版社，1996年。尹达仅简要提及后冈发掘，也未曾以后冈三叠层作为中国考古地层学成熟的标志。后冈的学术史价值可能是晚至20世纪80年代之后追认的结果。

〔33〕吴金鼎：《摘记小屯迤西之三处小发掘》，《安阳发掘报告》第4期，1932年。

〔34〕石璋如：《殷墟最近之重要发现——附论小屯地层》，《中国考古学报》第2册，1947年。

迹[35]。后冈大墓的发现鼓励安阳考古学家们把寻找殷商大墓乃至王陵的计划付诸实现。

1934年春季，安阳的发掘进入到第九季。此季发掘除了延续在小屯村北和后冈的工作之外，发掘范围扩大到侯家庄南地。董作宾意外得知，在史语所发掘小屯的同时，侯家庄的村民一直在村南继续盗掘甲骨。在制止盗掘之后，史语所于1934年4~5月进驻此地发掘。通过开探沟的形式，发现夯土基址2处，窖穴15个，墓葬19座，所出甲骨尤以大龟七版为重。

1934年秋天为安阳第十季发掘。自此季开始，一直到1935年冬天第十二季发掘结束，虽然每季同时发掘多个地点，但是西北冈王陵区一直是此三季的发掘重点，而主持人则由梁思永担任。第十季发掘有石璋如、刘耀、祁延霈、尹焕章、胡厚宣等，在西北冈西区发掘了M1001、M1002、M1003和M1004号大墓。这些大墓皆采用四出之形，当属地位最为崇高的墓葬，西北冈也被厘定为殷王陵区。

第十一季发掘在1935年春季，自3月到6月。除第十季已经参加的考古学人外，即将赴英留学的夏鼐（1910~1985）也加入到西北冈的发掘队伍之中。除了继续发掘第十季已发现的大墓之外，此次发掘主要在东区清理了超过400座小墓和祭祀坑。

第十二季发掘在1935年秋季，9月初动工，持续到12月中期。这是西北冈王陵区规模最大的一次发掘。参加者计有石璋如、刘耀、李景聃、祁延霈、李光宇、高去寻、尹焕章、潘悫等。此次发掘不仅在西区新增了三座带四出墓道的大墓M1217、M1500和M1550，假大墓M1567，在东区也发现了四出墓道大墓M1400和“中”字形大墓M1443和M1129[36]。同时期在范家庄和大司空村也有发掘。

1936年春季，第十三季发掘开始，由郭宝钧主持。发掘的重点在小屯村北，此次采用被称为“平翻法”的探方法发掘，发掘面积显著增加。在小屯B、C两区，布10米×10米探方多达47个。发现夯土台基4处，墓葬181

---

〔35〕 石璋如：《河南安阳后冈的殷墓》，《历史语言研究所集刊》第13本，1948年。

〔36〕 高去寻：《殷代大墓的墓室及其涵义之推测》，《历史语言研究所集刊》第39本，1969年。

座。其中灰坑 H127 出土甲骨 17096 片〔37〕。

1936 年秋季为第十四季发掘，由梁思永主持。发掘地点集中在小屯村北 C、I 两区，探方开方数多达 60 个，发掘面积近 4000 平方米。发现夯土基址 26 处，墓葬逾百座。高去寻主持了大司空村发掘，此地仍以探坑法开探坑 63 个，发掘面积 1100 平方米，清理了近百座殷商和战国时代小墓。

1937 年春季为第十五季发掘，由石璋如主持，发掘集中在小屯村北 C 区。此地沿用自十三季时采用的探方法，开方 37 个，发掘面积达到 3700 平方米。发现夯土台基 20 处，出土 599 片甲骨及铜器、玉器和白陶等。

除受战争和政争影响外，史语所坚持每年春秋两度发掘安阳，持续近十年。诸多前辈学人曾对安阳发掘进行分期，试图揭示其中的阶段性变迁。梅原末治依据发掘经费的来源，将史语所的安阳发掘分成三期：其中董作宾的预先调查和前两季发掘为第一期，此时的发掘以史语所和美国弗利尔美术馆合作项目名义进行，经费概出自美方，至中研院和河南省政府冲突，中止与弗利尔美术馆合作为终结；第二期自 1931 年春天开始，至 1932 年秋第七季发掘结束为止，此时的发掘主要依靠中华教育文化基金会的支持；第三期自 1933 年秋季开始，直到第十五季发掘，安阳发掘改由政府全额支持〔38〕。发掘经费来源的变迁的确会影响到发掘目的和策略，但是否达到具有分期的价值尚未易遽断。杨宝成基于发掘内容的变迁，更直观地将安阳发掘分成三个阶段：其中第一季到第九季发掘为第一阶段，第十季到第十二季发掘为第二阶段，第十三季到第十五季为第三阶段〔39〕。如果从田野考古学方法和认识的角度看，杨宝成分期方案可能更为可取，但仍有必要作出适当调整：董作宾主持的第一季发掘为第一阶段，发掘以搜寻甲骨为主要诉求，田野考古意识尚很薄弱；李济主持的第二季到第九季以安阳的建筑遗迹为主要发掘范畴，总结出基本发掘规程，积累了辨识中国考古学特有的遗迹现象的经验，构成了第二个阶段；1934 年第十季开始，以梁思永主持的西北冈王陵的

〔37〕 石璋如：《殷墟最近之重要发现——附论小屯地层》，《中国考古学报》第 2 册，1947 年。

〔38〕 梅原末治：《河南安阳遗宝》，京都：小林写真制版部，1940 年，第 5～8 页。

〔39〕 中国社会科学院考古研究所：《殷墟的发现与研究》，北京：科学出版社，1994 年，第 8 页。

发掘为标志，安阳的田野考古走向成熟而形成第三个阶段。

战后，史语所再未返回过安阳，政治时局造成的影响是考古学人始料不及的，而长达十年的安阳发掘出土资料的整理和发表尚需等待更长的时间。安阳田野发现的刊布起始于1929年起出版的《安阳发掘报告》，共计出版四期，主要覆盖前七季的发掘收获。1947年出版的《中国考古学报》也登载了安阳第八季到十五季的部分报告。虽然安阳发掘简报相对及时地刊布出来，但是无论是王陵还是遗址，完整的发掘资料都晚至60年代之后才陆续出版。西北冈王陵的发掘报告起始于由梁思永编辑的《侯家庄西北冈墓葬发掘报告》，梁思永去世之后，主要由高去寻负责辑补，自1962年《1001号大墓》出版以来，一直持续到1976年才全部出版完毕〔40〕。石璋如负责小屯北地田野报告的编辑，约在1976年完整出版小屯遗址部分报告〔41〕。建立在出土资料基础之上的研究在发掘过程中即已展开，但以分类方案和器物研究为主，重要的成果多在战后完成，包括李

〔40〕梁思永、高去寻：《侯家庄第二本·1001号大墓》，台北："中央"研究院，1962年；梁思永、高去寻：《侯家庄第三本·1002号大墓》，台北："中央"研究院，1965年；梁思永、高去寻：《侯家庄第四本·1003号大墓》，台北："中央"研究院，1967年；梁思永、高去寻：《侯家庄第六本·1217号大墓》，台北："中央"研究院，1968年；梁思永、高去寻：《侯家庄第五本·1004号大墓》，台北："中央"研究院，1970年；梁思永、高去寻：《侯家庄第七本·1500号大墓》，台北："中央"研究院，1974年；梁思永、高去寻：《侯家庄第八本·1550号大墓》，台北："中央"研究院，1976年。

〔41〕石璋如：《小屯第一本·遗址的发现与发掘乙编·殷墟建筑遗存》，台北："中央"研究院，1959年；石璋如：《小屯第一本·遗址的发现与发掘丙编·殷墟墓葬之一，北组墓葬》，台北："中央"研究院，1970年；石璋如：《小屯第一本·遗址的发现与发掘丙编·殷墟墓葬之二，中组墓葬》，台北："中央"研究院，1971年；石璋如：《小屯第一本·遗址的发现与发掘丙编·殷墟墓葬之三，南组墓葬附北组墓补遗》，台北："中央"研究院，1973年；石璋如：《小屯第一本·遗址的发现与发掘丙编·殷墟墓葬之四，乙区基址上下的墓葬》，台北："中央"研究院，1976年。

济、万家保对殷墟器物，董作宾对殷墟文字和历法，杨希枚对人骨的研究等〔42〕。对安阳的综合研究成果则出现得更为晚近〔43〕。

1949 年之前，安阳的发掘和研究几占中国考古学半壁江山。安阳在中国考古学史上的地位，应该从多个方面予以阐释。即使在迄今为止的考古发掘中，单个遗址发掘时间跨度之大，参与的考古学人数量之多，发掘频率之高，都是超乎寻常的。但是，安阳的学科价值不仅仅局限在这些客观数据上，它的奠基价值更多地体现在考古学知识体系和考古学人的培育上。

安阳的发掘系统构建了中国考古学中的“本土性”知识。在此之前，中国考古学基本没有什么遗产可言。金石学赋予的器物类型定义和阐释基本无益于田野考古学。安特生的早期工作无论在发掘技术、记录方法还是分析手段上，都没达到后世认可的成熟的考古学的程度。论及安阳在中国考古学的认知上的贡献，就田野而言，也不限于著名的后冈三叠层的发现和与之对应的红陶—黑陶—白陶的三时代序列。事实上，中国考古学中更为基础的文化层、灰坑、建筑、墓葬等遗迹的辨识都是从安阳田野中培育出来的。

安阳也至少造就了中国最初两代考古学人。田野考古学甫入中国之时，各间大学纷纷开设考古学或者类似课程，甚至还出现了组建考古学专业、系科或者学会的动议，但是无论从教授组成还是课程大纲，以及基本学科文献的拟定上都可看出，此时中国大学中的考古学教育基本是金石学或者古器物学的同质异名，

〔42〕李济、万家保：《殷墟出土青铜觚形器之研究：花纹的比较》，台北：“中央”研究院，1964 年；李济、万家保：《殷墟出土青铜爵形器之研究：青铜爵形器的形制、花纹与铭文》，台北：“中央”研究院，1966 年；李济、万家保：《殷墟出土斝形器之研究：青铜斝形器的形制与花纹》，台北：“中央”研究院，1968 年；李济、万家保：《殷墟出土青铜鼎形器之研究：青铜鼎形器的形制与花纹》，台北：“中央”研究院，1970 年；李济、万家保：《殷墟出土五十三件青铜容器之研究》，台北：“中央”研究院，1972 年；李济：《殷墟出土青铜礼器之总检讨》，《历史语言研究所集刊》第 47 本，1976 年；董作宾：《殷墟文字甲编》，南京：中央研究院，1948 年；《殷墟文字乙编》，南京、台北：“中央”研究院，1948 ~ 1953 年。

〔43〕Li C. *Anyang*. Seattle: Washington University Press, 1977; Chang K C. *Shang Civilization*, New Heaven: Yale University Press, 1980.

与近现代意义的田野考古学反而甚为隔膜〔44〕。中国的大学无力承担培养符合新史学要求的考古学人才的重任，分别出自清华大学、北京大学、河南大学等大学的早期考古学人最终是在安阳习得中国考古学经验的，同时，作为基于田野实践的学科，中国考古学也未成熟到进入大学教育体系之中。因此，史语所主持的历次安阳发掘成为培训早期中国考古学家，尤其是田野考古学家的不二法门。

I. 2 暗流传统：多元观念下的考古学史

暗流传统并不是全新的概念，只是在多元化考古学史写作方式出现之前，暗流传统的地位和价值是不被关注甚至遭致否定的。暗流传统（alternative tradition）是单线式进化主义考古学史写作界定的术语。由于这种线性方式不可避免地突出和提炼主流传统，相应也就产生了暗流传统。只是在此前的写作中，暗流传统一般被认为是欠缺“科学性”而没有书写价值，需要撇清或者遗忘，即使偶有提及，也多是列名以备全，而认定暗流传统仅有枝节性甚至负面意义。因此，“发现”考古学史上的暗流传统是具有转型意义的探索活动。本书借用“暗流传统”一词，意指与主流线索平行发展的其他线索，但摒弃了这个词汇蕴涵的贬抑之意。相反，本书试图证明，对于1949年之后的中国考古学而言，暗流传统具有与主流传统相比毫不逊色的学科贡献。在这个层面上，暗流传统的阐发并不是盲目否定对既往考古学活动的“科学性”的判断，回到逢古必好、昔胜于今的认识。那些的确与中国考古学特征的形成无关甚至具有扰乱作用的活动和判断仍然会被排除在暗流传统之外。此外，本书涉及的线索在此前的研究中未得正视也是事实，“暗流”因而具有另一层含义，即未被关注的、潜在的脉络。发现暗流传统因而成为多元观念下的考古学史的重要表述。从考古学史上的主流传统视角到暗流传统视角因此不是自然渐变的结果，而是从一元观念到多元观念的范式切换。

自从威利和萨波罗夫起，“范式”（paradigm）一词频繁见于考古学史写作之中。如果遵循托马斯·库恩的经典定义，“范式”指在特定的时代构成学科基本特质的完整实践，具体而言，包括什么才值得观察和研究，什么是恰当的问

〔44〕 马衡：《筹备考古学系之计划》，《国立大学联合会月刊》第1卷第1号，1928年。

题和探索，如何搭建问题的框架，以及如何阐释科学调查的结果〔45〕。范式直接构建学科探索的方法论内核，并且具有广泛影响性和相对稳定性，因此，一旦得以确定，特定学科内的探索将会普遍遵循一定的范式。范式在一定的时间段内保持相对稳定，直到出现“危机”（crisis），引发旧范式的颠覆和新范式的建立。在“范式”观念影响下，考古学史呈现为若干个连续发展的阶段，阶段之间存在着明确的转型，这与另一个同样也很流行的观念形成直接交锋。深受图尔敏的科学渐进进化理论影响，以格兰·丹尼尔为代表的考古学家认为，作为具有实证主义倾向的学科，考古学的进步深受材料的发现的影响，因此，考古学的进步应该表现为平滑的资料积累和认识进步的相互促进关系〔46〕。自从威利和萨波罗夫的《美洲考古学史》倡导以来，范式转型观念已经深入人心。值得注意的是，不仅“考古学的历史”存在范式转型，“考古学史的历史”上也存在类似的范式转型。丹尼尔的《考古学一百年》和《考古学一百五十年》、威利和萨波罗夫的《美洲考古学史》和布鲁斯·崔格尔的《考古学思想史》可以大体构成三个不同的范式。

丹尼尔的《考古学一百五十年》代表了线性写作范式。虽然出版于20世纪70年代中期，但是《考古学一百五十年》应该视为1950年出版的《考古学一百年》的自然延续和扩充，而丹尼尔对考古学史的观察甚至可以进一步追溯到他在第二次世界大战结束之前对三期说的研究〔47〕。《考古学一百年》即按照编年顺序描述考古学出现一个世纪以来的主要进展。作为修订和更新版本，《考古学一百五十年》覆盖的年代范畴更长，材料有所增益，但是，对考古学史的观察和描述方式却是一脉相承的。丹尼尔采纳了符合进化主义观念的渐进模式。学科的成长呈现为平缓而稳定的线索，虽然也存在分期和段落，但是考古学史上的各个段落之间并没有“转折性标志”。他所界定的1840~1870年、1870~1900

〔45〕 Kuhn T. *The Structure of Scientific Revolutions*. Chicago: The University of Chicago Press, 1962. 中译本见托马斯·库恩：《科学革命的结构》，上海：上海科学技术出版社，1980年。

〔46〕 Daniel G. *Archaeology of One Hundred and Fifty Years*. London: Duckworth, 1974.

〔47〕 Daniel G. *The Three Ages: An Essay on Archaeological Method*. Cambridge: Cambridge University Press, 1943.

年、1900~1950 年和 1945~1970 年等段落看起来更像是出于写作方便的设置，而考古学史本身的演化并没有呈现出阶段性改变。 这个范式并不仅见于考古学史的写作之中，事实上，由于笃信对资料的认识可能是客观而科学的，资料积累和认识进步之间存在无始无终的相互促进关系，多个学科的学术史研究中都出现过这种渐进模式，在科学主义史学盛行的时代尤为显著。 如果“传统”意味着带有“主观”色彩的特定学人群体的特定的治学理念和取向的话，这种“客观”的“科学主义”史观下是否存在研究传统都是值得怀疑的。

威利和萨波罗夫合著的《美洲考古学史》代表了第二种范式，即阶段性写作范式。 该书初版于 1974 年，再版于 1980 年，三版于 1984 年。 作者提出了美洲考古学史的四期分期方案，即玄想（speculative）、分类-描述（classificatory-descriptive）、分类-历史（classificatory-historical）和阐释（explanatory）四个范式。 这个方案不仅在美洲考古学中被广泛接受，也在其他地区的考古学传统中迅速流行，成为依照“范式”观念认知考古学史的标准方法。 不同范式都以标志性的学人、作品或者考古发掘作为转型标志。 这种考古学史的写作方式有助于我们认识到，考古学史并不仅仅是发现之学或者材料之学，更为重要的是阐释之学。 但是，这个分期方案在界定不同时代的考古学范式时，却忽略了一个重要的问题：每个范式都是在“危机”出现之时新生的吗？ 在成为特定时代的范式之前，某种研究思路是否早已存在？ 被替代之后，旧范式是全盘吸纳到新范式之中，还是继续独立存在仅仅只是丧失了主导地位？ 未来的范式是否已经暗伏？ 考古学研究中，地域和材料的延续性可能导致研究传统较自然科学更为多元，多流并存现象也更为显著。 由于美洲考古学传统相对单纯，地区性或者学派性遗产都不甚明显，因此看起来稍显整齐，但用于全球范围或者研究脉络复杂的区域时，考古学史看起来更像是复杂的时空关系的马赛克拼图。

布鲁斯·崔格尔于 1989 年出版、嗣后多次再版的《考古学思想史》则构成了考古学史写作中的第三种范式，即“作为思想史的考古学史”的多元模式。这种思想史写作思路在崔格尔对柴尔德研究之中就可以看到雏形〔48〕。 早在 1981~1982 年，崔格尔和格劳佛编辑《世界考古学》第 13 卷时，就以“考古学的

---

〔48〕 Trigger B. *Gorden Childe, Revolutions in Archaeology*. New York: Columbia University Press, 1980.

区域传统”为主题，提出其研究目的在于“检验和解释全球各国各地的考古学家提出的问题及分析和阐释资料的模式”〔49〕。崔格尔进一步指出，考古学史上的众多问题可能只是特定时代、特定地域和特定文化背景的表达方式。考古学研究在本质上和考古学的社会载体之间存在密切联系。通过确认考古学史的思想史地位，考古学研究因而具有时代性、地域性、族群认知特征和社会集团特征，不可避免地具有多元倾向。但是，考古学的多元传统也不会像极端相对主义者认定的那样表现为无限的变体，全球考古学传统可以大致归纳为有限的类型，崔格尔甚至认为基本都可归入殖民主义、国族主义、帝国主义或者全球化三种主要倾向〔50〕。而且，特定国家的考古学潮流可能会随着社会情境的切换而急剧转型，众多前殖民地国家的独立运动导致考古学类型迅速地从殖民主义考古学切换成为国族主义考古学。因此，任何特定国家的考古学传统不可能是单一的，而是多元，并且可能急剧切换的。虽然勒格罗波以巴布亚新几内亚的例子对这一论断提出批评，指出这个新独立的前殖民地国家仅有 300 万人口，但是却有多达900 个种族，因此，很难仅仅使用崔格尔的任何一种模式〔51〕。但是，这个批评并没有削弱崔格尔立论的基础，而只是添加了更多的考古学基本类型和变体。在这种考古学史范式下，暗流并不是主流的备线或者衬托，而有其独特的渊源、脉络和学术价值。

事实上，考古学史范式是考古学研究范式的镜像。线性考古学史写作方式是单线式进化主义考古学的产物，阶段性考古学史写作方式则和过程主义考古学，尤其是考古学的“科学化”诉求密切相关，而多元的考古学史与后过程主义考古学相契合。后过程主义考古学排斥普遍适用的科学法则，关注考古学史研究与考古学研究之间的互动作用和反射关系，以具有历史特定主义视角分析社会情境，这些都构成了暗流传统研究的背书。

---

〔49〕 Trigger B. Glover. Editorial. *World Archaeology*, 1981, 13 (2): 133.

〔50〕 Trigger B. Alternative Archaeologies: Nationalist, Colonialist, Imperialist. *Man*, 1984, (19): 355-370.

〔51〕 Groube L. The Ownership of Diversity: the Problem of Establishing a National History in a Land of Nine Hundred Ethnic Groups, in *Who Owns the Past* ? Oxford: Oxford University Press, 1985.

I.3 中国考古学中的暗流传统

如果我们观察1949~1959年的中国大陆地区考古学重新布局和展开的话，一个显著的印象是20世纪50年代的中国考古学虽然表现出众多前所未见的特色，但是也有不少应该是建立在1949年之前工作基础之上的。在夏鼐列举的新中国十年间的考古学新进展中，如果按照考古学工作属性，或者按照考古学思想史类型判断，既有在苏维埃考古学传统影响下的新石器时代聚落发掘：如1954~1957年发掘的西安半坡遗址，1958年之后发掘的宝鸡、华阴和华县等地新石器时代遗址；也有配合大型基本建设项目的抢救性发掘，如1956~1957年发掘的三门峡水库地区陕县上村岭虢国墓地、三门峡漕运遗迹等。但是，更多的发掘与1949年之前就已开展的工作有着密切的联系。除了安阳之外，明显与此前的学术线索有关的包括北京周口店，山西、内蒙古等地旧石器时代遗址的调查和发掘；1956~1958年对甘肃东部的新石器时代文化的调查；1951年以来的长沙发掘；1950~1951年的辉县发掘；洛阳、广州等地汉墓的发掘；四川船棺葬、鄂尔多斯式青铜器的发掘和研究。其中，有的是1949年之前工作的直接延续，如周口店和安阳；有的建立在1949年就已经确立的基本认知和观念之上，如对船棺葬、鄂尔多斯青铜器的研究；有的建立在与1949年之前的主要发现的类比基础之上，如对信阳长台关楚墓的认识得益于在寿县和长沙获取的对楚墓的认识。因此，从1949年之后第一个十年的考古工作看，大部分与1949年之前的考古学工作拥有不可分割的联系〔52〕。

1949年之前中国考古学传统中，在作为主脉的安阳传统之外，至少还存在若干类脉络，既与安阳传统相互呼应或者交织糅杂，又显示出独特的人员、地域、学统和理路，构成暗流传统。相对于统一、连续、清晰界定的安阳传统，暗流传统仅仅只是一个集合概念，纳入暗流传统的考古学活动的发展基础、问题意识、理论诉求和学科贡献各不相同。史语所在安阳的发掘之外，还存在若干地点的调查和发掘。这些发掘既深受时势变化的影响，又不乏内在的学术诉求，有的是安阳的自然延续，有的则明显呈现出不同于安阳的特征。与史语所同时存在并在中国考古学史留下独特印记的还有众多研究机构、最早展开考古学教学

〔52〕 夏鼐：《十年来的中国考古新发现》，《考古》1959年第10期。

的大学、20 世纪初期之后出现的公共博物馆和早期考古学人组成的学术团体，他们在不同的学术目的的驱动下，在各个地区进行了时间上长短不一，影响上或显或晦的调查和发掘。这批学人的工作不能一律归入非科学发掘体系，而需要逐个甄别。中国考古学与历史学和人类学的密切关联在 1949 年之前的中国考古学中也已初露端倪，相应生成了具有历史倾向，尤其是与地方史结合的考古学和具有人类学倾向的考古学。此外，长期被归入“非科学”、“非正统”甚至“非法”类别的考古活动无论在材料、方法、还是理论上都值得进一步明辨精华与糟粕，它们对随后的中国考古学的学术走向影响不容忽视。以上诸多传统构成了安阳之外的众多流脉。

如果采用一元视角就能列举全部暗流传统，这无疑有悖于暗流传统的理论基础——多元观念。本书因此采用了多个标准厘定暗流传统。

首先是人员和机构。尽管安阳是史语所的最主要的工作地点，但是两者之间并非完全重合。由于种种原因，史语所参与了安阳之外的多次调查和发掘。在安阳发掘过程中，由于战争原因和中研院与河南省府之争，导致史语所两度短暂离开安阳，但是山东章丘县龙山镇新石器时代遗址的发掘基本上仍当纳入安阳传统。抗战期间，史语所和中央博物院（以下简称为中博院）筹备处等机构的联合调查和发掘则是走出安阳的尝试。由吴金鼎主导的西南调查和发掘包括云南大理苍洱境的调查和发掘、川康古迹调查、四川崖墓的发掘和四川成都王建墓的发掘，在学科方法和理论上已经流露出走出安阳的苗头。郭宝钧虽属史语所，但是在学术理念上独具一格，在方法上也有自身特色，他在河南浚县辛村、汲县山彪镇和辉县琉璃阁的发掘也可计入暗流传统之中。同样，抗战后期两度组织的西北考察也可以在有别于安阳传统的框架中讨论。在史语所和中博院筹备处之外，中国已经出现了多类考古学研究机构，包括其他的史学或者国学研究机构、博物馆和考古学组织。北平研究院历史研究所在易县燕下都、宝鸡斗鸡台和西安中书省遗址等地都进行了考古调查和发掘。在博物馆中，国立历史博物馆、各省公共博物馆和附属于省立图书馆的博物馆构成了早期中国考古学的主要参与力量，不过，各省博物馆的考古学职业力量多寡不一，面临的环境也不相同。其中，河南博物馆的创设深受新郑彝器纳入公藏的推动，又因河南古物古迹资源丰富，迅速成为早期中国考古学的一支主要力量。此外，还存在与考古学发展密切相关的其他学术机构，其中尤其值得关注的是地质矿产部的地质调查所在中国考古学的诞生上起到了关键的催生作用。20世纪30年代前后，中国出现最早的考古学组织，其中既有带有一定管理功能的考古学会和博物馆学会，也有学人自发成立的学术组织。考古学组织在中国考古学史上的地位一直未得准确评估，尤其是后者。广州黄花考古学院、上海吴越史地研究会、北平考古学社成为此类组织的代表。每个学术团体的成员来源都较为多元，既有金石学和古物学或者传统史学学人，也有为数不多的承继了日本或者欧陆考古学传统的学人，他们对今天的中国考古学不乏资料和方法的价值。在专门的考古学研究机构和学人之外，相关学科也会促进早期考古学的发展，无疑，历史学和人类学是最为密切相关的两个学科。安阳传统以重建上古中国信史为目标，其编史倾向不言自明，因而1949年之前的中国考古学与历史学的纽带早已得到公认，但是区域史和地方史的构建与考古学的关系却没有得到等同的强调甚至认可。囿于当时的资料，地方史写作中的考古学工作既不成体系，又深受特定的历史情境的影响，因此看起来更像是孤立的学人的只手努力。本书选择昭通地方文史学人张希鲁为个案：他赋予朱提堂狼洗以考古学内涵，也在考古学中确认了本地特有的墓葬形式“梁堆”。相较于历史学，人类学与考古学的关联无论在历史还是现实上都没有得到充分的认识。本书则选择铜鼓作为个案，分析民族考古学的基本范式是如何形成和嬗变的。除了中国学人之外，海外学人的身影在暗流传统中随处可见。不过，海外学人也未形成统一的线索，既包括自19世纪中晚期起在中国各地进行调查的海外人士，也包括以团体形式活跃在中国考古学上的学术力量。此前的研究对斯坦因、伯希和、橘瑞超和大谷光瑞等人在西北地区的探险活动已经有较为深入的讨论，但是对贝德禄、鸟居龙藏、陶然士和谢阁兰在西南地区的调查则关注较少。而活跃在中国考古学上的西方人或者以西方人为主导的学术团体除了以安特生为核心的地质调查所之外，以葛维汉为核心的华西协和大学华西边疆研究会也值得关注。因此，从人员和机构的角度看，虽然安阳传统汇集了1949年之前的绝大部分具有近现代意义的考古学训练和学科意识的学人，但是田野考古色彩渐趋减弱、专业训练与考古学相距渐趋遥远的不同归属或领域的学人对中国考古学特质的形成也有程度不等的贡献。学人的中西之分也导致西方学人成为一支贡献于中国考古学的独特力量。仅从人员和机构一端，中国考古学的暗流传统就已经呈现出错综复杂的面貌。

厘定暗流传统的另一个标准是“科学”与“非科学”之分。近现代意义的考古学诞生之前，中国已经存在了历史悠久的古物收藏和研究传统。至迟在北宋时期，金石学已经基本成形。由于金石学的文字主导倾向和阶级从属观念，导致形成片面关注孤立文字而忽视器物乃至器物出土情境的古物学特征。盗掘现象与金石学相伴生，从未得到有效的抑制，源源不断地提供情境尽失的金石遗物。近现代意义的考古学基于对情境的关注提出了发掘的科学性问题，将种种没有职业考古学家参与甚至发起的考古发现活动都归入到“非科学”类别之中。但是，在 1949 年之前的中国考古学中，“非科学”的盗掘并不都是同一模式的翻版，学人们不同的努力在一定程度恢复了其可信度。新郑彝器的个案说明地方政府如何通过强制干预，变盗掘为清理，变私藏为公器。而洛阳金村、浑源彝器、寿县楚器、长沙楚墓等个案则说明学人如何通过古物流通市场部分地恢复盗掘器物的学术价值。因此，“非科学”盗掘不可一概排斥在中国考古学之外，而应根据不同的发掘和流通情境，程度不等地复原它们对中国考古学的价值。

厘定暗流传统的第三个标准是实证和理论之别。安阳传统先天性地具有编史倾向。安阳的发掘着眼于为中国文明的起始阶段提供最直接的物证，同时期“二重证据法”的流行形成了不同情境中孤立物证的对比方法，并成为 20 世纪上古史学的主流。考古学资料是证实或者证伪文献记录的预置性材料。这种意识压抑了安阳传统对发掘和阐释范式以及如何用考古资料复原历史的方法论兴趣。安阳传统的学人们几乎从不讨论考古学基本作业方法和理论。但是，到 50 年代初期，中国考古学已经表现出相对完备的地层学和类型学方法体系。考虑到地层学与田野发掘法、类型学与形式风格分析都是自西方考古学传入的，中国考古学通过何种渠道，如何选择性地接受考古发掘和分析方法论尤其值得深思。迄今为止仍然未得到充分认识的是，1949 年之前中国考古学理论和方法引入过程的复原表明，无论是考古学史体系，还是发掘方法和类型学分析方法，都是有意识、有倾向的西学输入的结果，其中，日本考古学界起到了重要的中介、过滤和重组作用。虽然 20 世纪上半叶中日考古学交往频密，但是中国考古学并没有从作为整体的日本考古学中输入方法和理论格局，而是深受有“日本考古学之父”之称的滨田耕作（1881~1938）的影响。滨田耕作的倾向和偏好都深刻地影响了 1949 年之后的中国考古学，不过在其传入之时，即 1949 年之前的中国考古学中尚未形成主要影响，而滨田耕作对安阳传统的影响甚至几近于无。

I.4 回访：发现暗流传统

发现和阐释暗流传统需要建立在反思考古学史的视角和写法问题的基础之上。中国考古学史的写作在一定程度上受到考古学研究中过于强烈的实证主义取向的影响，而这个取向的形成既受学科通则性因素的影响，也反映了中国考古学发展历程的特殊情境。由于近现代意义考古学以田野调查和发掘为基础，因而先天性具有实证主义和唯物主义倾向。至少在新考古学之前，理论建模和假设验证等理论性工作在考古学中是不被认可的。考古学材料被视为客观真实、无需阐释的材料。考古学材料可以预置性地用于社会和历史的研究。考古学早期历史上出于与旧有的古物学传统划清界限的目的，提出了“手铲考古学”和“围椅考古学”之分，但是在实际运用过程中，常常矫枉过正地把必要的理论思维贬抑为后者〔53〕。自19世纪晚期开始，受到国族主义影响的分类-历史范式对考古学的实证主义倾向起到了进一步推波助澜的作用。无论原本是否具有历史文献写作传统，旧大陆的不同考古学传统都培育出以建构特定国族或者民族的早期历史为目标的考古学。考古学的价值在于提供历史材料，证实或者证伪成文文献，补充文献失载、语焉不详或者被曲解的古代文化物质面貌。考古学作为材料之学的印象得以进一步强化。这种实证主义倾向诱导研究者将考古学的学科史简化成为考古资料的发现史。因此，学术史表达成为各个孤立的伟大发现的编年形式。这无疑是将原本作为思辨学科的考古学降格成为走向歧途的行为意义的发现之学。对于中国考古学而言，自生成之初开始与史料学的密切联系进一步将考古学的价值锁定在为历史学提供新资料的地位上〔54〕。而且，最近三十余年对新考古学和后过程主义考古学的抵制也导致在考古学史反思上的进一步滞后。不过，考古学史上也一直存在正本清源的努力。彼特里（Flinders William Petrie，1853~1942）以在法尤姆、阿比多斯和阿玛拉等地多年发掘和整理改变埃及考古学中追求伟大的发现的潮流，将考古学发展成为具有自身独特阐释

〔53〕李济将后者称为“靠背椅子考古学”，应是 armchair archaeology 的中译，但是他并没有扬此抑彼的倾向。李济：《中国考古报告》前言，第2册，1947年。

〔54〕傅斯年：《考古学的新办法》，原载《史学杂志》第1期，1930年，引自《傅斯年全集》第3卷，长沙：湖南教育出版社，2003年。

理论和方法的学科，不仅全面改变了埃及考古学，对其他地区考古学传统都有着深远的影响〔55〕。惠勒（Mortimer Wheeler，1890~1976）虽然以完善发掘技术体系闻名，但是也一再强调考古学的终极目标不是发现器物文化，而是按照本学科的内在逻辑和理路研究历史上的人民〔56〕。在既往回顾 1949~1979 年中国考古学的发展时，夏鼐曾用“黄金三十年”一语，虽然其意并不全然指三十年间的重大发现，兼有强调发现手段和分析技术上的进步之意〔57〕。但是，这仍然遭致童恩正以研究理论和模式停滞不前为由的诟病〔58〕。因此，考古学史的写作不应该止步于按照年代线索罗列考古发现、研究著述和学人事迹，而应该展示包括田野方法和阐释理论在内的学科范式的形成和嬗变。在此思路下，对 1949 年之前中国考古学暗流传统的研究也就不是简单地依据时间或者地区标准汇总发现和研究，而是需要从发现、方法和理论层面上综合考虑“暗流”传统的“遗产”价值。

其次，在考古学史的写作上，确认暗流传统的目的不是简单的“翻案”，绝非按照既往描述“主流”的方式描述“暗流”，借此揭示某些被“忽视”的内容，甚至调换“主流”和“暗流”的位置。考察“暗流”的真正价值在于提供了一个全面反思的契机，即通过揭示“暗流”，可以反思过去对“主流”乃至“传统”的界定和描述方式，既注意到长期以来被纯粹的一元线索掩盖的多元脉络，也站在今天的考古学研究的立场上，审慎地判断暗流的“遗产”——资料性的、方法论的和理论的成分。同时，还需要站在作为思想史的学术史的高度，考虑主流和暗流的分野是如何形成的。因此，健全的“暗流”传统的阅读方式并不是以一个传统否定另一个传统，扬此抑彼，甚至以此代彼。与其在截然不同的学术情境中比较孰轻孰重，倒不如尽可能准确地回到研究对象的情境之中，

---

〔55〕 Drower M. *Flinders Petrie: A Life in Archaeology*. Madison: The University of Wisconsin Press, 1985; Petrie F W. *Seventy Years in Archaeology*. New York: Greenwood Press, 1932; Petrie F W. *Methods and Aims in Archaeology*. London: MacMillan, 1904.

〔56〕 Hawkes J. *Mortimer Wheeler: Adventurer in Archaeology*. London: Weidenfeld and Nicolson, 1982; Wheeler M. *Still Digging*. New York: Dutton, 1955.

〔57〕 夏鼐：《中国考古学的黄金时代》，《考古》1984 年第 10 期。

〔58〕 Tong E Z. Thirty Years of Chinese Archaeology, 1949-1979, in *Nationalism, Politics and the Practices of Archaeology*. Cambridge: Cambridge University Press, 1995.

说明各自具体的机缘和判断，以及学术贡献。

基于上述考虑，本书借鉴文化人类学中的“回访”作业方式，试图建立考古学史的回访方法。在晚近更丰富、更系统的田野发掘资料和综合研究和更多维向度的学术史情境中重新厘定1949年之前的考古学发现和阐释。

回访（revisit）是常见的民族志调查方法，在人类学研究领域已经形成研究传统。简而言之，回访指对学术史上已经确立的经典研究的田野地点的重新调查和研究〔59〕。回访的对象成为具有学术史价值的经典研究个案和初访与回访之间的时间间距构成回访的两个基本要素。米德于20世纪20年代曾经调查南太平洋的美纳斯人，二十多年后她重回当地，发现当地土著居民的生活方式因为美军入驻而发生了根本改变〔60〕。同样，费孝通于1957年重返二十余年前调查的江村，1981年至1996年又回访多达20余次〔61〕。林耀华于1975年和1984年两度重返凉山〔62〕。由于上述回访研究都是同一研究者在不同时段进行的，研究者尽管能够敏锐地体察到政治、经济和文化等外部环境的改变造成的研究对象的变化，但是对自身的变迁却习而不察，或者隐而不论。而在不同的研究者进行的回访中，观察者和研究对象之间关系的变迁则更容易揭示出来。在费孝通重返江村之前，葛迪斯于1956年5月回访了当地，揭示乡村生活在1949年前后

〔59〕作为术语，“回访”仍然缺乏经典意义的定义，虽然有学者提出回访需要和“再分析（reanalysis）”、“更新（update）”和“复制（replication）”区分开来，但是大多数回访个案在“回访”和“再研究（restudy）”等之间并不做严格意义的分别。参见Rurawoy M. Revisits: An outline of a theory of Reflexive Ethnography. *American Sociological Review*, 2003, 68 (5): 648-649；庄孔韶：《时空穿行》，北京：中国人民大学出版社，2004年。

〔60〕Mead M. *New Lives for Old: Cultural Transformation in Manus, 1928-1953*. New York: Morrow, 1956.

〔61〕费孝通：《江村经济》，《再访江村》、《三访江村》（1981年英国皇家人类学会赫胥黎纪念演讲），收录于《江村经济：中国农民的生活》，南京：江苏人民出版社，1986年。

〔62〕林耀华：《凉山夷家》，上海：商务印书馆，1947年；林耀华：《凉山彝家今昔》，《社会科学战线》1984年第2期；林耀华《三上凉山——探索凉山彝族现代化中的新课题及其展望》，《社会科学战线》1986年第4期~1987年第1期。

政治剧变中发生的变迁〔63〕。同时，由于学术训练背景和学术旨趣的差异，也会形成有趣的对比。刘易斯于1941年回访了他的同事雷德菲尔德曾经研究过的墨西哥中部的特波茨兰（Tepotztlan）。雷德菲尔德于1930年出版了《特波茨兰：一个墨西哥村庄》，而刘易斯的研究揭示出截然不同的一面〔64〕。维纳尔对马林诺夫斯基调查多年的西印度洋地区岛屿居民的回访展示出女性主义视角与此前研究范式的差别〔65〕。甚至，回访涉及复杂的学术伦理问题，弗里曼对米德的萨摩亚人研究的批评就是典型代表〔66〕。由于回访对象往往是经典研究，回访研究因而增加了学术史向度，即初访本身成为学术史研究的对象。弗里德曼对中国东南地区宗族的研究即属此例〔67〕。庄孔韶主持的多个回访调查也包含了学术史意义上的回溯。因此，民族志回访作业是在相隔一定的时间间距，由相同或者不同的学者主持，对既往经典研究个案的重新调查和阐释。这种方法有助于揭示数个方面的变迁，即调查者和受访者关系的变迁、访问者理论预设的变迁、受访者在内部环境或者外部环境压力下产生的变迁〔68〕。

回访研究方法是发现和阐释暗流传统的关键方法。如果摆脱仅仅罗列数据，需要在考古学史上重新定位1949年之前安阳之外的考古学发现和研究的话，基于个案分析的回访方法无疑是最好的途径。不过，基于材料的特殊性，考古学和考古学史的回访方法应该有独特特征。虽然回访研究在与考古学有亲

---

〔63〕 Geddes W R. *Peasant Life in Communist China*. Ithaca: Society of Applied Anthropology, 1963.

〔64〕 Redfield R. *Tepoztlan: A Mexican Village*. Chicago: University of Chicago Press, 1930; Lewis O. *Life in a Mexican Village: Tepoztlan Restudied*. Urbana: University of Illinois, 1951.

〔65〕 Malinowski B. *Argonauts of the Western Pacific*. London: Routledge, 1922; Weiner A. *Women of Value, Men of Renown*. Austin: University of Texas Press, 1976.

〔66〕 Mead M. *Coming of Age in Samoa*. New York: William Morrow, 1928.

〔67〕 Freedman M. *Lineage Oranganization in Southeastern China*. Paris: The Athlone Press, 1958. 中译本见莫里斯·弗里德曼：《中国东南的宗族组织》，上海：上海人民出版社，2000年。

〔68〕 Rurawoy M. Revisits: An Outline of a Theory of Reflexive Ethnography. *American Sociological Review*, 2003, 68 (5): 651-653.

缘关系的民族志、文化人类学和社会学中已经得到广泛运用，但是在考古学中迟迟未得应有的重视，这可能源自一个误解，即考古学材料不具备回访的必要条件。理论上，考古学材料具有不可替代和不可复制的属性，考古发现过程也是不可逆的。任何遗址都不可能重复发掘，任何遗物也不可能重复发现。考古学发现，尤其是发掘，兼具发现和破坏属性，导致研究者曾经认为早期“非科学”或者“非职业”的发现由于不可验证而只能聊备一说，无法重新评估。事实上，这种现象并不仅仅存在于考古学中。吉尔茨曾经针对他研究过的印度尼西亚的佩尔和摩洛哥的赛福禄指出，“一切皆在变化，从身边琐碎细节到宏大抽象的世界——研究对象及其世界，研究者及其世界，包含两者的更大的世界——以至于我们几无立足之点来判断变化是什么，以及怎么变化的”〔69〕。由此可见，重合的研究范畴就是维系回访的脆弱的纽带，而一系列变迁反而是回访研究引人入胜之处。和考古学一样，保持绝对静止状态的研究对象在人类学中也是不存在的。考古资料的不可复制和不可替代的特性恰恰说明，如果不采用回访方式将永远无法正确评估特定的早期活动对今天中国考古学的影响。那些在学术史上未得重视的“暗流传统”尤其如此。回访并不是任何特定学派的信仰和忠诚的表现形式，无论是刘易斯对雷德菲尔德研究的回访，还是维纳尔对马林诺夫斯基研究的回访，抑或是弗里曼对米德研究的回访都旨在揭示相同或者类似的材料如何服务于不同的学术范式。因此，回访更重要的目的是揭示早期工作特定的作业程序和理论预设。与上述人类学回访稍有不同的是，按照“科学”的标准，中国考古学的暗流传统长期以来受到贬抑，纳入本书的个案未必都是成功的，时代、归属和学养的局限轻易可见，甚至可能充满缺陷和错漏，但是并不妨碍它们对早期中国考古学进程的贡献。因此，在评估中国考古学暗流时，需要特别考虑去污名化。

由于材料的独特性，考古学回访也具有不同于社会学或者人类学回访的独特特征。在中国考古学中，类似于安阳这种经历了常年发掘的遗址并不多见，大多数遗址的早期发掘不一定能通过后续发掘和研究实现回访，而只能退而选择地域或者性质近同的遗址。另一方面，早期发掘所见遗物以多种形态保存下来，

---

〔69〕 Geertz C. *After the Fact: Two Countries, Four Decades, One Anthropologist*. Cambridge: Harvard University Press, 1995: 2.

有的是实物，更多的则是文字或者图像。这些形态不是客观存在的，而是在特定观念下“转型”的结果。同时，当代研究者与1949年之前的暗流传统学人的学术和社会环境相去甚远。因此，考古学回访需要借助于“情境（context）”观念的运用才能实现。情境是考古学与古物学划清界限的关键概念，也是从过程主义考古学向后过程主义考古学进一步深化的核心词汇。“情境”可能比我们预想的范围更为广泛，不仅使考古学回访变得可能，而且情境的多种含义使考古学回访更加丰富起来。情境之中的考古学回访包括三个层面：首先是存在于情境之中的物质文化的回访。孤立的遗物和遗迹都不可回溯，但是考古学情境却是可以回溯的。暗流传统揭示的器物可以在发掘记录更为完善的情境之中重新认识。同一个遗址的后续发掘，类似遗址或者文化的研究，类似器物在发掘情境更为完善的情况下的发现都构成了重新认识暗流传统揭示的物质文化的基体。其次，基于暗流传统的“遗产”价值并不仅仅存在于资料层面，而更重要的是方法和理论层面。这种遗产价值在引入“本我”，通过比较“本我”和“他者”如何在不同的理论和方法预设下阐释近同的资料时，才能得到更好的揭示。最后，历史上的考古发现和阐释存在于学术史、思想史和社会史的情境之中。任何活动都无法剥离其历史情境而孤立评估。因此，考古学和考古学史的回访包括在学术史、思想史和社会史背景下认知考古学活动，在更为完备的资料环境中重新评估早期的物质性发现，在比较研究中揭示早期的方法和理论遗产。这个门径同样适用于分析其他时段的其他潮流，这也是暗流传统研究的通则性意义所在。

第一章

平行的安阳：以《邺中片羽》和《河南安阳遗宝》为例

1949 年之前，史语所也不是安阳考古的全部。从遗物的发现和流传角度看，安阳在史语所的科学发掘之外存在着更为多元的面相。史语所在安阳的考古发掘不仅一波三折，更是戛然而止。虽然中研院拥有国家最高学术机构的身份，而且史语所考古组几乎是战前中国唯一一支拥有足够多的职业田野考古学力量的发掘团队，但是，即使在中国国内发掘，其经历既不顺利，也不连贯。既往言及安阳发掘时，对于史语所之外的安阳传统常常以非科学的、扰乱性活动一言以蔽之，史语所之外也不存在一个统一的线索，而是多种情境下，不同的学术或者非学术活动的集合。1949 年之前的安阳见证了多种政治势力冲突和妥协。中央与地方，中国学人与外国学人，合法发掘与非法盗掘之间的矛盾和冲突都集中体现在这个遗址上。在 1928 年史语所将安阳作为最初的考古发掘地点之前，安阳甲骨在古董市场上已经广为人知，非法盗掘和古董市场的流通已经相当完善，京津一带古董市场在开封甚至小屯都有驻点联络。1928 年，史语所在安阳的发掘虽然否定了安阳已被古董商和当地农民盗掘殆尽的质疑，但也说明安阳的盗掘是起始更早、与安阳发掘并行不悖的另一条线索。官方正式发掘并没有阻止盗掘，盗掘长期以来与考古发掘平分秋色，田野考古学人对诸多地点的发掘甚至是对盗掘的补救。虽然中研院采用和地方政府联合组队进行发掘的方法，但是中央和地方之争并未消弭。河南本土人士既基于保护乡土文化意识，又因其他方面的考虑，尤其是河南本地博物馆的出现和成长的现实之需，以及文物在地保护倾向等，而抵制了史语所的安阳发掘。这种矛盾最终导致史语所在安阳发掘的短暂中止，代之以河南本土考古力量。抗战之前，伯希和（Paul Pelliot，1878~1945）、顾立雅（Herrlee Creel，1905~1994）、韩思复（Howard Hansford，

1900~1973）、卡尔伯克（Orvar Karlbeck，1879~1967）、梅原末治（1893~1983）、水野清一（1905~1971）等多位外国学人都观摩过安阳的发掘，但是没有任何外国考古学家曾经加入到安阳的发掘之中。日据时期，日本学人在此进行了短暂的发掘，但是政治非法性使其长期以来被有意识地遮蔽了。因此，安阳在史语所之外存在着多元化线索；各条线索之间没有先后关系，甚至可能在同一个时期内并存于安阳，尤其是非法盗掘与合法发掘之间存在着长期的平行关系。如果将这些线索都排除在历史追溯之外，仅仅保留史语所的安阳发掘这一纯粹的线索，至少是片面或者误导的。史语所之外的安阳传统对于中国考古学而言，理论和方法上确无建树，但是在资料上却意义重大。其材料价值表现为三条交织而矛盾的线索：首先，独特甚至罕见的非田野发掘的实物资料将极大地丰富安阳遗物的内涵。所有考古学遗物都具有历史特定性，考古发掘过程也具有不可复制性，因此，暗流传统所见安阳遗物不一定会重复出现于安阳或者其他晚商遗址的发掘中，独特性构成暗流传统形成的实物资料不可忽视的原因。其次，由于暗流传统的安阳遗物大多见诸古董市场，其组成迥异于田野发掘所得的实物资料。市场价值判断使此类器物在精致程度和罕见程度上可能超出大部分田野发掘的遗物，代表了晚商文化中非同寻常的侧面。最后，对暗流传统揭示的“安阳遗物”的来源和刊布过程的情境分析提醒我们警惕因商业利益而混入“安阳遗物”的非安阳器物成分。在安阳古物成为古董市场上极受欢迎的器类之后，其他地点的器物可能冒称“安阳”。缺失了埋藏情境的“独特性”器物构成双刃剑，一方面可能填补田野发掘遗留的空白，另一方面也可能误导而形成幻象。

本章将以与史语所的安阳发掘平行的几条线索为题，确立多元的安阳，并厘定各条线索对认知安阳的价值，在历次安阳田野发现的背景下，重新评估不同来源的“安阳”遗物，丰富安阳的物质内涵的同时梳清对安阳的误解。

1.1　安阳的多个面相

史语所之外的安阳考古活动至少包括三个部分：即与中央学术机构相抗衡的地方学术力量的考古发掘；与学术研究相抗衡的私掘和流通等非学术活动；以及由于战争原因造成史语所撤离安阳之后，日本机构和学人在安阳的发掘。

在地博物馆机构对史语所的杯葛和自行组织发掘是“平行的安阳”中的第一

条线索。在1937年最终撤离安阳之前，史语所遭遇到的最大一次阻遏发生在1929~1930年间，史语所被迫暂离安阳，河南本土学人独立组织了安阳发掘。此次中央研究院和河南省政府之争由于无论在争执焦点还是涉及学人上都具有轰动性，因而演化成为30年代初期知识界的公共事件。无论是傅斯年、李济，还是河南方面何日章、关百益，对此事都有着墨，还有其他学人从第三方视角发表评论。史语所以及傅、李、董诸先生尊崇的学术地位和声誉诱导读者多将此次史语所被逼离安阳视为非学术的、私利性的活动对学术活动的扰乱。然而，安阳发掘之争的是非曲直绝非泾渭分明的黑白之辨，此事既关涉考古发掘的伦理问题，更涉及遗产的所有权和保管权问题。安阳发掘开始之时双方曾在出土器物的归属和保管问题上有所约定，但1929年5月第二季发掘之时，鉴于小屯一带局势动荡，李济和董作宾为保护出土遗物免遭破坏，携带少数出土样本返回北平继续整理，成为长期以来在考古发掘所有权、遗物归属等问题上的中央和地方之争直接爆发的导火索。率先反对的是河南省图书馆馆长兼民族博物馆馆长何日章（1895~1979）。何日章系河南商城人，1917年毕业于北京高等师范学校。长期以来在开封积极推动筹组图书馆，1924年被河南省政府委任为河南省立图书馆馆长兼河南民族博物院院长。1933年离开河南出任北平师范大学图书馆馆长。何日章在图书馆学上著述颇丰，有《图书馆学概论》等。河南博物馆（河南民族博物馆的前身）是中国最早成立的博物馆之一，在组织方式上采取了中国早期博物馆的常见模式，附属于图书馆或者与图书馆合并为图书博物馆。1923年由私掘转变为公藏的新郑李家楼器群是河南博物馆最重要的建馆基础，新郑李家楼器群入藏时就已出现的古物归属之争为日后在河南的考古发掘权之争预埋了线索。何日章并非以考古或者金石为业的学人，从已经刊布的文献看，应是任职图书馆期间因编辑两笔收藏的图录而涉足早期中国考古学：一是河南省立图书馆馆藏金石资料，另一则是新郑李家楼出土的青铜器群，两项皆由何日章总掌其事。这些机会使何日章与河南本地金石学代表学人关百益（1882~1956）建立了密切的合作关系，两人嗣后主导了河南自组的安阳发掘。关百益系河南开封人，1907年毕业于京师大学堂速成科师范馆。1917年起返回河南，先后出掌河南优级师范学校、河南省立师范学校和河南省立第一中学，1930年后出任河南博物馆馆长。在20世纪上半叶，关百益是河南最具代表性的金石学者，在甲骨、新郑彝器、龙门石窟、货泉、南阳汉画等多个乡土古物类别上都有所贡献。20

年代以来，关百益参与了河南本地政府主导的调查和发掘所获古物的整理。此外，关百益是考古学知识在河南传播的关键人物之一，著有《金石学》、《考古浅说》和《考古学大意》等。从师承关系和著述文字看，关百益的考古学应属作为古器物学的罗王之学传统，因此，对其而言，“金石”“考古”只是异名同义。

李济和董作宾携带安阳第二季发掘出土遗物返回北平的事件引发何日章对史语所的驱逐动议。何日章以史语所违反协议为由，请求河南省政府迫停其在安阳的发掘，转而委托河南博物馆进行发掘。“请准将掘得器物，仍留在开封保存，俾河南人有所观感，庶于地方文化及公开研究学术两得其益”。“本省既有如斯重要之文物，襄助他人发掘，何如自动发掘？……可由兼职之民族博物馆经费项下协助。如此自动发掘，则他方再有借口开掘者，即可一律谢绝”〔1〕。何日章此论应主要出自地方主义考虑，尤其是三年前河南已经在古物保存所基础之上建立起近代意义的博物馆，本土学人的“在地保护”之声越来越强烈，河南博物馆成为这种声音的汇聚点。“国家”和“乡土”已经在数年前处置新郑李家楼器群上发生冲突，安阳发掘之争只是新郑李家楼器群之争的延续和升级。诸如安阳如此重要的发现，无论在发掘权、保管权和阐释权上，究竟应该归属于国家还是乡土，由此造成的困惑在考古学史上并不鲜见。身处其中的学者可能不免言辞锋利，但是在学术史回顾时却无必要因循其道德判断。傅斯年于1929年年底前往开封斡旋，他解释到，“李董二人带回本所的一小部分古物，实为整理研究之用，绝无据之为己有的私念，一俟整理完毕，即与其他出土物一起陈列于首都和本地，以便学人参观研究之用”〔2〕。虽然傅斯年承诺绝不“据为己有”，但是在安阳究竟应保存于“首都”还是“本地”上仍然模棱两可。争执期间，何日章已经于1929年10月组织了新的发掘，一直持续到1930年春天。所得古物悉数运往开封，纳入河南博物馆馆藏〔3〕。关百益主要负责新获古物的整理，陆续出版了《殷墟器物存真》和《殷墟文字存真》。

---

〔1〕史语所档案，元字第151号之4。

〔2〕傅斯年：《本所发掘安阳殷墟之经过》，《傅斯年全集》第3卷，长沙：湖南教育出版社，2003年。

〔3〕史语所档案，元字第141号之1a。

无论是傅斯年还是李济，对于何日章、关百益的排斥动议和史语所考古组被迫暂时离开安阳之事都持强烈的批评态度。这或多或少影响了嗣后考古学界对何、关二氏的认可。虽然何日章在《殷墟文字存真》序言中为河南自行组织的发掘的科学性辩护，“重行发掘，匪第取其有记载之骨甲，且于其他器物之性状种类以及土质颜色，地层纹理，土中位置，距地深浅，莫不详为记录，设法影照，务期于古文字外能再有古文化之遗迹，供当代考古家之探讨”，表述理念极符现代考古学，但傅斯年和李济仍然直斥其发掘专为“寻宝”，几近盗掘〔4〕。李济在11月23日致董作宾函中提及，“至于彼等挖法，实在可笑可恨之至。传闻彼等已得之墓葬，皆为见头挖头，见脚挖脚，十有八九，均捣碎了。无记载，无照像，无方向，挖完了不知是怎么回事，此等方法名之曰‘研究’”〔5〕。傅斯年以戏谑的口吻将何日章描述成为唯利是图的古董商，“彼等初次到安阳，经介绍到吾等工作地参观三日，不言何为。见一白瓦片，大喜，谓若置开封，可值九十余元”〔6〕。在开封斡旋期间，傅斯年专赴河南中山大学，做了“考古学的新方法”的演讲。他批评既往的古物学范式的研究，“用文字作基本，就一物一物的研究。文字以外，所得的非常之少”，但是何为科学的方法，傅斯年所言甚少〔7〕。因此此举用意可能主要在震慑河南地方势力。

何日章等河南地方学人与史语所在安阳发掘上的冲突自出现伊始就引发第三方学人的关注和讨论。傅斯年、李济等将安阳发掘之争明确定性为科学发现与非科学盗掘之争，但柳诒征《论文化事业之争执》引用中央研究院与河南省政府争执安阳发掘一事，视之为中央和地方之争〔8〕。引起傅斯年的强烈反弹，旋即复文《史学杂志》，坚决予以否认，“近代考古学之殊于传统的古器物学处，

---

〔4〕何日章：《殷墟文字存真》序，开封：河南博物馆，1931年。

〔5〕史语所档案，元字第151号之18b。

〔6〕傅斯年：《致〈史学杂志〉编辑先生函》，《傅斯年全集》第3卷，长沙：湖南教育出版社，2003年。

〔7〕傅斯年：《考古学的新方法》，《傅斯年全集》第3卷，长沙：湖南教育出版社，2003年。

〔8〕柳诒征：《论文化事业之争执》，《史学杂志》第2卷第1期，1930年。

既在问题之零整，记录之虚实，目证之有无”〔9〕，批评何日章的发掘以寻找甲骨为要务，而且在无记录的情况下，茫无头绪地多处打探。傅斯年又称，“何氏中仅有一位号称古学家之关君，从未一履安阳工作之场”〔10〕。“关君”即指关百益，由于关百益从未自视为田野考古学家，而是完全依照器物学方法整理出土遗物，所以未亲履考古发掘现场也不足为奇。如果将何日章专为寻找甲骨的探索放置在1929~1930年的情境之中，则可以发现，当时既无任何科学发现可资何日章效法，甚至更无任何成功的范例可以援引批判河南地方势力。如果河南地方组织的发掘被视为冒考古之名的非科学活动的话，那么仅仅一年前的史语所的安阳第一季发掘也难辞其咎。而且，安阳第二季发掘中迁移出土器物的做法也不可以研究或者保护之名为借口，文化遗物的在地保护已经成为共识。如果从史语所在安阳连续十五季发掘的视角予以观察的话，河南本土学人和河南博物馆在1929~1930年的排斥和取代自然是扰乱。但是，如果把发掘之争放置在自20年代早期开始的河南本地金石发现收归公有、河南博物馆的创建和演变的历史上的话，反而可以清晰地看到一条连续的学术政治之争线索。

史语所的安阳发掘因日本侵华战争而终止。日据时期，日本学人在安阳的调查和发掘构成了“平行的安阳”的第二条线索。由于处在政治非正义性的阴影之下，这条线索既不清晰，也未得正视，与之相关的学人多选择性回避了这段记忆。日本机构和学人在此时期的工作详情尚未可知晓，择其要者计有：1938年，庆义应塾大学文学部组织的北支学术调查团（北支考古学调查班）由大山柏率队前往安阳考古；同年，水野清一和岩间德也在侯家庄发掘；1940~1941年，东京帝国大学考古学教室在安阳进行发掘〔11〕。大山柏（1889~1969）出身军事贵族家庭，1921年在《人类学杂志》发表关于冲绳伊波贝冢论文，后前往柏林研习考古学，归国后于1928年创办史前学研究所，该所毁于1945年的东京轰炸之中。大山柏长期担任庆应义塾大学人类学、史前史和考古学讲席，1945年获得文

〔9〕傅斯年：《致〈史学杂志〉编辑先生函》，《傅斯年全集》第3卷，长沙：湖南教育出版社，2003年。

〔10〕傅斯年：《致〈史学杂志〉编辑先生函》，《傅斯年全集》第3卷，长沙：湖南教育出版社，2003年。

〔11〕胡厚宣：《殷墟发掘》，上海：学习生活出版社，1955年，第117、118页。

学博士学位，1938年担任庆应义塾大学中国学术调查团“北支那班”的班长〔12〕。大山柏所受学术训练和主要的学术工作都集中在史前时代，安阳既不在其兴趣范围之内，也不是建树最多之处。不过，大山柏是东亚考古学会的核心人物，早在战前就倡导日本学人投入到安阳发掘和研究之中。1938~1939年的安阳发掘即在其主持下进行〔13〕。水野清一毕业于京都帝国大学，师从滨田耕作。1929年被东亚考古学会派遣前往北京留学，从此开始对中国佛教艺术的研究，尤以对龙门石窟和云冈石窟的研究为著。1938年任东方文化学院京都研究所研究员，1949年之后任京都大学人文科学研究所教授。水野清一在留学中国期间曾经和梅原末治一起参观安阳发掘。岩间德也为金州南金书院院长，几乎无涉考古活动，但是岩间德也的确拥有迄今详情未知的安阳器物和甲骨收藏。由此可见，战争期间涉足安阳的日本学人的背景和兴趣各不相同，有的接受过系统的职业考古学训练，有的战前就接触过安阳发掘或者有在华工作经历，甚至还有资深考古学家，但也有全无既往经验的素人。不过，日本人在安阳的调查和发掘时间俱短，应无深入的研究。日本人在此期间的工作也未见更多的报告，因此对其发掘过程和收获知晓有限。在追溯各家安阳遗宝收藏时，梅原末治曾经调查过岩间德也的安阳收藏，但在来源上语焉不详，不知是出自他本人的安阳发掘还是其他途径。梅原末治也公布了东方文化学院的收藏，但未能明确说明该笔收藏是否与水野清一的调查和发掘相关。

“平行的安阳”的第三条线索是在古物市场刺激之下的盗掘活动。事实上，安阳的非法盗掘和销售在时间跨度、参与人数和活动频率上都远远超出史语所的田野发掘。1930年6月，国民政府颁布《古物保护法》，严厉禁止盗掘古墓和走私古物。但是，在安阳乃至河南的古物市场上是否得到有效贯彻却未可知。从安阳第三季发掘受到河南地方势力的抵制，冯玉祥占据洛阳时期设立古物特税局，变相鼓励了盗掘和非法流通来看，中央政府的古物保护法案不一定能在河南得到贯彻。30年代访问郑州和开封古物市场的卡尔伯克记录了当时的古

---

〔12〕 江坂辉弥：《大山史前学研究所と大山柏先生》，《考古学ジャーナル》第36号，ニュー・サイエンス社，1969年；阿部芳郎：《失われた史前学—公爵大山柏と日本考古学》，东京：岩波书店，2004年。

〔13〕 梅原末治：《河南安阳遗宝》，京都：小林写真制版部，1940年，第10页。

物流通的乱象〔14〕。自19世纪晚期起，安阳已经成为主要的文物盗掘地点之一。安阳盗掘起初仅仅集中在甲骨，主要参与的古董商以潍贾和津贾为主，销售市场以北平和天津市场为主，开封也是一个重要的转运中心。20世纪20年代以后，盗掘规模扩大之后，迅即波及已经被市场接受的其他类别的安阳遗物，包括青铜器、玉器、白陶和骨角器等。1939年，武官村村民在小营西地盗掘出司母戊方鼎，引起轰动。中央研究院在安阳的发掘集中在春秋两季。而据曾经参观安阳殷墟的梅原末治称，冬夏两季则是安阳的盗掘时期，已经蔚然成风〔15〕。30年代以后，以面向欧美和日本买家为主的洋庄逐渐占据主导地位，山中商会和吴卢公司甚至派员坐镇安阳。众多海外藏家还会直接派遣代理商和访问团前往安阳收集，众多安阳遗物最终流往海外公私收藏。

安阳的盗掘给先后探访的学人留下了深刻印象。顾立雅记录了他所目睹的安阳疯狂盗掘，“捷足先登的私掘对发掘工作的干扰较土匪尤甚。……为免遭检举，他们几不在白天动手。他们使用一种类似于钻孔的挖掘器具，一旦发现特定类型的‘夯土’，即可知发现了古墓。准备盗掘时，他们常常秘密召集五六十人。子夜之后，这些人佩带枪械前往选中地点。有人挖土，其他人或利用自然地形，或修筑简单工事形成防御圈。盗掘进展神速，天亮之前即可洗劫一空”〔16〕。虽然史语所按照每亩地每年180元的价格支付地租，但是当地村民仍以“阻挡财路”而愤懑不平，甚至准备伤害发掘者〔17〕。顾立雅估算，每年至少有50件以上的精美商代青铜器流往北平古董市场上。顾立雅亲临安阳调查时，发现“地面上遍布三英尺见方的盗洞”，“就在1934年发现大龟七版的地点北侧六英寸就是当地农民挖掘的盗洞”〔18〕。直到1934年秋季，国民政府再度饬令安阳制止盗掘，保护史语所的正常科学发掘，盗掘现象才得到遏制。但是，盗掘仅是有所收敛，并未绝迹。1936年曾访问安阳的梅原末治见到当地盗

〔14〕 Karlbeck O. *Treasure Seekers in China*. London: The Creseet Press, 1957: 87-110.

〔15〕 梅原末治：《河南安阳遗宝》，京都：小林写真制版部，1940年，第7页。

〔16〕 Creel H. *The Birth of China* (8th print). New York: Frederick Ungar Publishing Co, 1972: 31.

〔17〕 Creel H. *The Birth of China* (8th print). New York: Frederick Ungar Publishing Co, 1972: 32.

〔18〕 Creel H. *The Birth of China* (8th print). New York: Frederick Ungar Publishing Co, 1972: 34.

掘仍然猖獗，几近失控。在编辑《河南安阳遗宝》时，他认为所见盗掘品主要来自洹水北岸，即从大小司空村，经侯家庄到孝民屯一带的墓葬〔19〕。

1934 年 11 月，中央古物保管委员会以河南和陕西一带古物被盗严重，委托滕固和黄文弼前往安阳、洛阳和西安等地点进行调查。12 月 9 日滕、黄二氏抵达安阳，所见盗掘情形错综复杂，“以为此种大规模之盗掘，决非细人无知之辈所为，而背后操纵指使者，有不可忽视之恶势力在也”。10 日调查殷墟发掘区，经过大司空、小司空、武官村一带，“沿途盗掘坑穴，累累皆是”。“按照线路图随记坑穴，不下数百处。此仅限路旁所见，而视线所不及处，不知尚有几千万也”。午后又视察孝民屯，“亦见累累之盗掘坑穴。梁君思永云，自此以南若干里，沿途皆可见密布之盗掘坑穴也”。“由孝民屯东南行，过王裕门至小屯，此为中央研究院前届之工作地点；盗掘坑穴，亦随处皆是”，可见盗掘几乎与正式田野发掘交互覆盖。“奈今日之盗掘，组织严密，古董商为灵魂，土劣为保护人，人民为牺牲品。所售出之代价，徒饱古董商与土劣之腰袋，而人民所得微乎其微”〔20〕。滕固对安阳的古物保存会抨击尤烈。指责古物保存会反而被古董商把持，成为为古董商正名，使古董交易公开化的机制。11 日，滕固访问了古物保存会，发现其中也有部分收藏，不过斥之为“乱七八糟，令人不耐审视”。由于古物保存会与古董商纠缠不清，反未能真正起到保护古物的作用，“该会既藉古董商之力而建设，不啻为保护古董商而提倡盗掘之机关”〔21〕。董作宾和徐中舒对古物保存会的态度虽较为和缓，但也不讳言“胥吏劫夺”的事实〔22〕。

学人几无机会在日据时代访问安阳，1938 年韩思复的访问可算是罕见的例外〔23〕。韩思复发现，盗墓现象“仍在继续”，“冬季庄稼发芽之前，是身强

---

〔19〕 梅原末治：《河南安阳遗宝》，京都：小林写真制版部，1940 年，第 8 页。

〔20〕 滕固：《征途访古述记》，上海：商务印书馆，1936 年，第 10 ~ 14 页。

〔21〕 滕固：《征途访古述记》，上海：商务印书馆，1936 年，第 15 页。

〔22〕 徐中舒：《殷代铜器足徵说兼论〈郘中片羽〉》，《考古社刊》第 2 期，1935 年。

〔23〕 Hansford S H. A Visit to Anyang. *Transaction of the Oriental Ceramic Society*, London: The Oriental Ceramic Society, 1951.

力壮的村民寻宝的主要季节”。他不仅亲眼见到村民使用探铲在洹水北岸盗掘，而且也拍摄了盗掘现场，盗洞随处可见，地下翻出遗物残片散布在地面上。在小屯一带的村庄里，几乎家家户户都有可供出售的安阳遗物，村民热衷于向外来访客兜售，韩思复也因此收购了一批样本。

安阳的盗掘没有局限在殷商墓葬一端，而是全面毁坏地下墓葬和遗物。30年代初期成为国内外关注的地点之后，安阳一带的盗掘频见于报章，不过当地“挖掘古物成为惯事”。《大公报》报道了彰德西乡郝家店规模巨大的明代夫妇合葬墓遭到附近居民盗掘，城西王裕口东北、城西八里台白家坟、西南四府坟等地年代自汉至明的墓葬均遭盗掘〔24〕。侯家庄南的武官村的历代墓葬亦遭盗掘，经公布的盗掘物品计有“古铜阁鼎炉刀各一事，及零器多件。又该村沙土堆挖出古铜人四，觥一盘一”。渔河南岸、中山村西端和郭家湾也出土多件玉器和铜器〔25〕。

如果从“作为考古学的安阳”看，上述三条线索或者本身乏善可陈，或者囿于资料缺失而无从评估，但是，从“作为考古学资料的安阳”看，其不可复制性和不可再生性迫使我们不得不重估这些线索。上述三条线索的发掘理念和处置方式皆有异于史语所的安阳发掘，这可能导致不同的安阳发掘选择的地点不同，发掘方法不同，获取的遗物不同，遗物的处置方式也不同。这些差异无疑强化了重估作业的迫切性和必要性。虽然“全面”的安阳是无法企及的，但是“多面”的安阳的意识可以通过考古学史回访揭示此前没有关注过的侧面。

1.2 多元安阳的镜像

安阳是多面的。尽管史语所的安阳无疑构成了主体，但是复原其他线索揭示的安阳是获取更全面认识的必经渠道。对于大多数研究者而言，安阳以转型文本，即以书写文本的形态存在。但是，不同的安阳的文本转型规律并不一样。作为主流的史语所的安阳在科学性、全面性和完整性上毋庸置疑，但是也掩盖了暗流传统的安阳在文本转型上的可能性。并不是所有的暗流线索都可能转变成为今日可得或者可见的文本，盗掘常常是被文本忽略的，而日据时代的发

〔24〕 天津《大公报》1933年3月2日。

〔25〕 北平《晨报》1933年4月5日。

掘同时受到发掘者的专业兴趣和政治正确性的制约，也未能在文本中得到充分表现。即使是河南本土学术力量的发掘，其收获虽以《殷墟文字存真》和《殷墟器物存真》保存下来，但是印刷数量极少，流传范围非常有限。而自古物流通市场的末端——公私收藏开始追溯多元的安阳时，并非所有收藏都会悉数刊布，私人收藏尤其如此，而且罕有收藏仅以安阳遗物为限。转型文本的不可能性的确造成了复原平行的安阳的客观困难。但是，若干得天独厚的偶然条件使复原多元的安阳变得现实可行。一方面，同光时代之后，古董掮客在收藏环节上日趋重要的地位也反映到学术上。无论是作为群体的琉璃厂，还是作为个人的主要古董商，古董掮客对这个时期形成的古器物收藏施加了强烈的影响。20 世纪 20~30 年代，多位古董掮客出版了销售图录，这是此前不见的新现象。其中最为著名的是洋庄主要商人卢芹斋于 1924~1927 年邀请褚德彝、伯希和和罗斯托夫采夫（Michael Rostovtzeff）编辑的铜器和玉器图录，以及北京尊古斋黄濬于30~40年代以尊古斋等名义编辑的古物图录[26]。另一方面，以梅原末治为代表的学人开始着手对流散海外的中国古物进行跨收藏综合整理工作。在山中商会的支持下，梅原末治几乎穷尽地搜索了散布在欧美的中国古物收藏，其中传出自安阳的器物于 1940 年辑录刊印成《河南安阳遗宝》，这是结合田野实地调查和公私博物馆调查形成的综合研究文献。如果对应“平行的安阳”的不同线索的话，黄濬《邺中片羽》记录了流经北平市场的安阳遗物，由于黄濬的突出地位，他可能经手和目睹了大部分自安阳盗掘而出的遗物，因此《邺中片羽》提供了 30 年代“盗掘的安阳”的切片。而梅原末治《河南安阳遗宝》更为复杂，虽然在一定程度上也属于“盗掘的安阳”，但在流通脉络上所处环节有异于《邺中片羽》，构成“收藏的安阳”的切片。更为重要的是，梅原末治曾经先后访问和记录了河南博物馆、京都大学文学部和东方文化学院等地及金州岩间德也的收

〔26〕 Pelliot P, et al. *Bronzes antiques de la Chine.* Paris et Bruxelles: Van Oest, 1924; Pelliot P. *Jades Archaiques de Chine*. Paris et Bruxelles: Librarie Nationale d’Art et d’Histoire, 1925; Rostovtzeff M. *Inlaid Bronzes of the Han Dynasty*. Paris: Van Oest et Bruxelles, 1927; 黄濬：《衡斋藏印》，1935 年；黄濬：《衡斋藏见古玉图》，1935 年；黄濬：《尊古斋所见吉金图》，1936 年；黄濬：《匋佛留真》，1937 年；黄濬：《尊古斋古鉥集林》，1937 年；黄濬：《尊古斋集印》，未具年。

藏，导致其他几被隐匿的线索片段通过《河南安阳遗宝》间接保存下来。总之，《邺中片羽》和《河南安阳遗宝》构成了复原暗流传统的安阳的至为关键的材料。此外，1949 年之前曾经访问安阳的学人，如伯希和、顾立雅和韩思复，也留下了可作补充的记录。

黄濬《邺中片羽》是国内古物市场所见安阳遗物最全面的记录。全书三集，初集印行于 1934 年，二集印行于 1936 年，三集印行于 1942 年，前后延续达八年之久。黄濬系湖北江夏人。尊古斋系其叔黄兴甫创办，黄濬于 20 世纪初接手，二十年后成为北平琉璃厂一带最大的古董铺之一，直到 1939 年因牵涉到东陵盗宝案而关闭，黄濬移址另以通古斋继续经营。从 20 世纪初开始，黄濬参与了包括端方陶斋收藏在内的北京诸家大规模金石收藏的形成过程。罗振玉、马衡、郭沫若等学人也多通过尊古斋了解古物流通动向。世纪初出入琉璃厂人士多有笔记提及〔27〕。《邺中片羽》首卷由柯昌泗作序，后两卷均由于省吾作序，可见黄濬与金石学人的交往。在琉璃厂，黄濬是罕见的可以操英文和德文的商人之一，因此来华的收藏家或者古董商对其多有记录，卡尔伯克多年之后仍能回忆起黄濬和尊古斋，“（黄伯川）以其曾经拥有或者研习过的青铜器和玉器，出版了多部插图精美的著述”，“黄氏的伙计总是忙于拓印，以供未来出版之用”〔28〕。黄濬以尊古斋和衡斋为名出版的各类古物图录甚多，包括《尊古斋吉金图录》四卷、《衡斋藏见古玉图》二卷、《尊古斋集印》五卷、《尊古斋古鉥集林》六卷、《衡斋藏印》十六卷等。在编辑原则上，黄濬所著金石文献采用图录方式，不释名，不阐发，仅求真实准确地反映器物特征。图录兼用珂罗版印刷和拓片，代表了当时制作古物收藏图录的最高技术水准。这种著录方式脱胎于传统金石学的“谱牒”方式写作，在同光之后渐成潮流，端方诸家收藏皆用此种体例。民国之后，容庚编辑《宝蕴楼彝器图录》、《武英殿彝器图录》、《海外吉金图录》和《善斋彝器图录》亦循此例。尊古斋图录的特殊之处在于，黄濬并不是收藏者，而是古董商，因此，尊古斋诸图录在供文人雅士清赏之外，兼有广告和销售目的。虽然此种图录在 20 世纪上半叶仍属创举，但也有其他古董商有类似图录出版，卢芹斋先后出版的多种青铜器、玉器和刻石图

---

〔27〕 孙殿起：《琉璃厂小志》，北京：北京出版社，1962 年。

〔28〕 Karlbeck O. *Treasure Seekers in China*. London: The Cresset Press, 1957: 20.

录，山中商会所出图录均属此例[29]。尊古斋图录成为管窥30年代北平古董市场最好的材料之一。

毫无疑问，《邺中片羽》收录的无一例外均是经古董市场流散的盗掘古物。安阳古物自盗掘之后，经层级式市场后汇聚在北平。柯昌泗序已经提及安阳盗掘的严重程度，“于是稗贩云集，展转于四方矣”。但是，对黄濬多有回护之辞，“受廛旧都，意轻牟利，志在笃古”，“遇有安阳出土古物，无不多方网罗，虽以资力所限不克久守，则先摄影拓文而后陈诸市肆，其有力不能致者亦必借之影拓，留其文字图像，盖已预储为流传之地矣。积累数年，汰其习见者，尚有甲骨彝器戈矛陶玉之属，都四百有四事”[30]。柯序不吝说明《邺中片羽》收录诸器的来历大体有二，一是经正常商业渠道进入尊古斋，在销售之前拍照，很可能已是编辑商业目录的常态。另一则是向琉璃厂同行或者其他藏家借拓。因此，《邺中片羽》应该大体反映了30年代出自安阳其他地点的器物组合。从1934年安阳第九季发掘中，董作宾发现侯家庄南地盗掘之事可知，即使在史语所发掘之时，安阳其他地点的盗掘现象仍很严重，所出器物总数可能远超出史语所所得。

《邺中片羽》仍循器物学体例。器物的考古学情境基本丧失，任何器物皆无出土信息和同组关系说明，甚至必要的尺寸都告阙如。柯昌泗也意识到“古器一经流传，即不得究其出土之地，据以考稧史地，恒有盖阙之叹”。虽然铭文不再是入选的唯一取舍标准，但是编排体例与晚清以来的金石学著述别无二致。尊古斋安阳遗物著录以邺中为名，虽然唐宋时期邺郡即是现今的安阳，但未直言安阳，柯昌泗称是虚指，涉及范围可能超出安阳一地，“若此书者，传其器并传其地，当时殷人之北徙，邢卫之南迁，因遗器以稽旧迹，商政周索，展轶而粲然可征”[31]。徐中舒认为称邺中而不称安阳，“犹存谨慎之意”[32]。

---

〔29〕富田升曾经详尽统计了山中商会的展览图录，收藏于山中商会总部的目录计有欧美部100册（1897～1937），日本部约20余册（1923～1943），期间山中商会参加了大约170～180次拍卖和展览。见富田升著、赵秀敏译：《近代日本的中国艺术品流转与鉴赏》，上海：上海古籍出版社，2005年，第100～135页。

〔30〕柯昌泗：《邺中片羽初集》序，1934年，第1页。

〔31〕柯昌泗：《邺中片羽初集》序，1934年，第2页。

〔32〕徐中舒：《殷代铜器足徵说兼论〈邺中片羽〉》，《考古社刊》第2期，1935年。

这表明，黄濬公布的传出自安阳的器物是否悉数出自安阳，甚至年代在商在周，在当时都无成熟的判断方法。如果一味听信古董市场传言，则必会混入非安阳风格的器物〔33〕。由此可见，黄濬虽然“业此既久，于各路商人，审辨必熟”，但也并不完全自信。同时，《邺中片羽》也不是悉数辑录，相反，“汰其习见”表明最终公布的安阳诸器是高度选择的结果。

梅原末治的《河南安阳遗宝》构成了日本的中国青铜器研究的一种经典范式。梅原末治系大阪府人，师从于滨田耕作和内藤湖南。1913 年任京都帝国大学陈列馆助理员，1921 年任朝鲜总督府古迹调查员，1929 年任东方文化学院京都研究所研究员，1939 年任京都大学文学部教授。梅原末治的中国器物研究代表了日本的中国考古学研究兴起之后出现的第一个成熟的范式。近代日本对中国金石、古物和考古学研究的兴起深受以罗振玉和王国维为代表的流亡学人的影响。最早投身于中国考古学的日本学人的工作，如富岗谦藏对铜镜的研究，林泰辅对甲骨文的研究都与罗振玉密切相关，罗振玉携带赴日的金石收藏大多最终转入京都大学，罗王之学构成了梅原末治的第一个学术渊源。京都大学内藤湖南创立了倾向实证史学的京都文化史学派，形成了既不同于中国本土学术时风，又有别于白鸟库吉的文献史学和桑原骘藏的东洋史学的学术风格，构成梅原末治的第二个学术渊源〔34〕。自欧洲留学归来的滨田耕作是梅原末治的第三个学术渊源，他向日本输入了建基在类型学之上的考古学传统。在日本本土的考古学实践基本成形之后，滨田耕作通过撰写《增订泉屋清赏》彝器总说，将其方法论影响延伸到中国古器物学领域。既承三种学术传统的影响，梅原末治也得益于难得的机缘。1926 年，以滨田耕作、原田淑人为核心的东亚考古学会联合北京大学考古学会马衡、沈兼士等成立东方考古学会，曾经资助梅原末治和水野清一于 1929 年观摩安阳第三季发掘〔35〕。此外，梅原末治于 1936 年访问中国，在南

〔33〕徐中舒也指出蟠螭钟和若干甲骨不可能出自安阳，徐中舒：《殷代铜器足徵说兼论〈邺中片羽〉》，《考古社刊》第 2 期，1935 年。

〔34〕三田村泰助：《内藤湖南》，东京：中央公论社，1972 年；葭森健介：《内藤湖南と京都文化史学》，《内藤湖南の世界》，东京：河合出版，2001 年，译文见张学峰译：《内藤湖南与京都文化史学》，《内藤湖南的世界》，西安：三秦出版社，2005 年。

〔35〕梅原末治：《河南安阳遗宝》，京都：小林写真制版部，1940 年，第 5 页。

京拜访了发掘安阳的主要考古学家[36]。不过，他并未参与日据时代安阳的发掘，但是在战前，梅原末治无疑是最熟悉安阳的日本学人之一。从学术条件和机缘看，梅原末治处在无人能出其右的位置；对于梅原末治而言，他最为熟悉，最具优势的研究主题也是安阳。事实上，在梅原末治所有海外中国古物收藏图录中，《河南安阳遗宝》也是编纂水准最高的一种。

通过《河南安阳遗宝》，梅原末治开创了一个中国考古学资料收集和整理的范式。19 世纪晚期以来，无论日本，还是欧美，都涌现出规模可观的中国古器物收藏。进入海外收藏的器物在鉴定学上一直存在推断年代、地域和文化归属上的困难，而随着安阳的发掘和逐步公布，以及同时期有确切出土地点的离散文物和劫后发掘，一系列标准器物组合提供了年代标尺。对于大多数学人而言，单笔收藏的整理不时可见，但是依据特定主题，集录不同收藏之中的同类藏品的做法尚不多见。此外，无论是日本还是欧美的中国古物收藏，编辑图录公布收藏尚在起步阶段。虽然自谦为编辑“支那考古学资料集”，梅原末治在公布海外的中国古器物收藏和依专题公布收藏上都有开创之功。20 世纪 30 年代中期，梅原末治陆续完成了《汉三国六朝纪年镜集录》、《柉禁之考古学考察》、《汉以前古镜研究》、《战国式铜器研究》和《金村古墓聚英》等。其中，在山中商会的支持下完成的《欧米蒐储支那古铜精华》为梅原末治赢取了显赫的学术名声。《欧米蒐储支那古铜精华》之所以编辑成功基于几个原因：首先，日本已经出现规模可观的中国古物收藏。日本收藏中国古器物的潮流形成于 19 世纪中晚期，尤其是在清末民初，日本已经出现成规模的中国青铜器收藏机构多达二十家，形成了藤井有邻馆、白鹤美术馆、住友等一系列重要的收藏机构和个人。1933~1934 年，两笔重要的安阳彝器流入日本收藏之中，起到重要的推波助澜的作用。其中之一为根津嘉一郎所获左中右三方盉[37]。另一是藤井有邻馆入藏的多件青铜彝器。其次，在中国古器物的国际化流通渠道中，山中商会成为规模最大的古董商之一。山中商会对梅原末治接触各种材料，尤其是引介欧洲主要藏家上起到了重要的作用。最后，以训练和兴趣而言，梅原末治是最适合的

[36] 梅原末治：《河南安阳遗宝》，京都：小林写真制版部，1940 年，第 28 页。

[37] Palmgren N. *Yinstil- Studien. Ein Satz von drei Bronzen aus der Sammlung Nedzu.* Ostasiatische Zeitschrift, 1936.

整理者，远胜于卢芹斋所聘褚德彝或者黄濬，甚至较伯希和也有独到的优势。梅原末治尤其擅长依靠田野考古发现或者器物流传记录评估已经进入各家收藏的古物。本书所提倡的回访方法，以及郭沫若、容庚和郭宝钧等先后提出的古器物学的标准器法实在梅原末治的著述之中都隐约可见〔38〕。梅原末治开创的整理海外中国古物收藏的编辑体例集中体现在被他视为姊妹篇的《洛阳金村古墓聚英》和《河南安阳遗宝》上，即根据形态学原则，以具有准确的出土情境的安阳发掘品为标准器，尽可能地重新厘定经非法渠道流散的安阳遗物。这种资料和见识上的拓展，无论对于中国国内的考古学或者器物学，还是对于海外学术而言，都有独特的标尺价值。不过，梅原末治的整理方法也有弊端，虽然在方法上崇信蒙特柳斯-滨田耕作类型学方法，但这套方法本身存在理论缺陷，梅原末治也无法建立起缜密的类型体系，反而由于和古董商过于密切的关系而听信市场传言，尤其在可资佐证的资料有限的情况下，难免鱼目混珠。

20 世纪上半叶的中国古物流通市场是个成熟的层级化市场。以安阳为例，自甲骨发现以来，河南、山东、天津一带古董掮客在此地多方搜寻。开封也形成了地区性古董流通中心，不过开封的古董市场对于地处豫北的安阳来说影响非常有限〔39〕。安阳遗物应该很快流入北平和天津市场。有的洋庄已经直接派员驻守安阳，但是大多洋庄或者掮客在北京琉璃厂等市场和本庄接触〔40〕。古物流通的每个环节都有举足轻重的角色，但是没有形成任何垄断性机构。因此，在考虑安阳古物的流通问题上，除了主要的显性环节，也需要尽可能搜罗次要的

〔38〕 容庚：《商周彝器通考》，北平：哈佛燕京学社，1941 年，第 40 ~ 66 页；郭宝钧：《商周铜器群综合研究》，北京：文物出版社，1981 年，第 3 页。

〔39〕 Karlbeck O. *Treasure Seekers in China*. London: The Cresset Press, 1957: 98-99.

〔40〕 洋庄和本庄系琉璃厂术语，分别指以海外和境内为主要销售范畴的古董商。洋庄又可细分出法国庄、东洋庄，法国庄指以巴黎为中心的欧洲庄，20 世纪 20 年代晚期起，美国成为中国外流古物的主要销售市场，因此洋庄有时又是美国庄的代名词。各庄青睐的古物类型不一。陈梦家曾经分析，“美国收藏的重心在美术，考古学和历史的研究尚在其次。不像瑞典和加拿大，以考古和历史作重心。法国庄多多少少有点偏于装饰，美国则以美术为主，东洋庄比较的近乎本庄而又加一点洋庄和考古学的意味”。见陈梦家：《中国古代铜器怎样到美国去的》，《文物参考资料》1950 年第 11 期。

隐性环节。与梅原末治的《河南安阳遗宝》关系最为密切的是《欧米蒐储支那古铜精华》，是书价值远不限在商代铜器一端，而是提供了管窥通过山中商会渠道流散的自殷商至秦汉青铜器全景的机会，可作前者的补充。与山中商会并驾齐驱的卢吴公司也出版了大量展示图录。在晚年的回顾中，卢芹斋还特地提到曾经帮助温索普建立中国古玉收藏，其中商代玉器的主体基本源自安阳〔41〕。德国杨宁史（Werner Jannings）驻华期间也建立了庞大的安阳青铜礼器和兵器收藏〔42〕。福开森、顾立雅和韩思复等人都收购了一定数量的安阳遗物〔43〕。另外，欧美主要收藏中国青铜器的博物馆也通过各自渠道获得了可能出自安阳的器物，其馆藏图录构成追溯安阳的重要补充。其中，克罗夫特（Geogre Croft）和怀履光为皇家安大略考古博物馆成批次地收购了大量安阳遗物〔44〕。弗利尔美术馆、波士顿美术馆、纳尔逊美术馆、明尼阿波利斯美术馆、吉美美术馆、塞努奇美术馆等也可能通过古物流通渠道获取来自安阳的藏品〔45〕。这些线索都是在重估“平行的安阳”应该补充纳入的。

---

〔41〕 Pelliot P. *Jades Archaiques de Chine*. Paris et Bruxelles: Librarie Nationale d'Art et d'Histoire, 1925; *An Exhibition of Chinese Archaic Jades for Norton Gallery of Art, West Palm Beach, Florida, 1950/Jan 20 -March 1*; Loher M, Huber L F. *Ancient Chinese Jades from the Grenville Winthrop Collection in the Fogg Museum, Harvard University*. Cambridge: Fogg Art Museum, 1975.

〔42〕 杨宁史旧藏青铜器收藏的兵器和礼器分别由 Max Loehr 和 Eleanor Costen 整理，青铜礼器图录始终未获出版，兵器图录见 Loehr M. *Chinese Bronze Weapons: the Werner Jennings Collection in the Chinese National Palace Museum, Peking.* Ann Arbor: the University of Michigan Press, 1956.

〔43〕 Hansford S H. A Visit to Anyang. *Transaction of the Oriental Ceramic Society*. London: The Oriental Society, 1951.

〔44〕 Heinrich T A. *Art Treasures in the Royal Ontario Museum*. Toronto: Royal Ontario Museum, 1963; Stephen B. *Homage to Heaven, Homage to Earth: Chinese Treasures of the Royal Ontario Museum*. Toronto: Royal Ontario Museum, 1992.

〔45〕 Karlgren B. *A Catalogue of the Chinese Bronzes in the Alfred F. Pillsbury Collection*. Minneapolis: Minneapolis Institute of Arts, 1952; Pope J A, Gettens R J, Cahill J, Barnard N. *The Freer Chinese Bronzes, vol. 1.* Washington: Freer Gallery of Art, 1967; Bussagli M. *Chinese Bronzes*. London and New York: Paul Hamlyn, 1969.

1.3　“安阳遗宝”的物质镜像

无论是《邺中片羽》还是《河南安阳遗宝》都是片段而残破的资料。此前诸家都已经清楚地意识到，安阳遗宝的商品化流通模式导致无论《邺中片羽》所代表的中间集散环节还是《河南安阳遗宝》代表的藏家环节揭示的安阳古物都会呈现出独特的组成结构。《邺中片羽》的定名暗示前后三次搜罗编辑的安阳古物不过是具有高度选择性的样本。梅原末治则有更清醒的意识和更清晰的表述。他提出，由于最终收录在《河南安阳遗宝》中的器物在流通过程中均被视为美术品，最普通而常见的安阳遗物已经在不同环节中被淘汰出去，所以《河南安阳遗宝》所选样本不能反映安阳的全部特征〔46〕。这个意识固然中肯无误，但仍意犹未尽。《邺中片羽》和《河南安阳遗宝》为代表的出自古物流通市场的器物主要存在两个方面的残缺性：其一是流通过程中出于商业目的的“去粗存精”倾向，即日常使用的，低价材质的器物往往在各个环节被舍弃，流通环节越复杂，价值越高的器物越有可能保留下来，直至以“菁华”之名进入不同的收藏之中。这样导致存留在诸家收藏之中的安阳器物以青铜器、玉器、象牙器、骨器和白陶为主，而普通陶器和石器较为罕见；以完整的器形为主，而残缺的器物甚至陶片等较为少见。有机会回访安阳的学人迅即敏锐地体察出“美术的安阳”和“考古的安阳”的差异。韩思复在1938年访问安阳时提到，“在我们驻留安阳期间，没有发现重要的青铜器，……毕竟这些高规格的墓葬早已被盗扰和破坏”。“西方国家所见的殷商青铜器都装饰精美，这种固有的先入为主的认识使我们很难理解殷商时期还有众多朴素无纹的青铜器，也许还占了大多数”〔47〕。其二是器物的考古学记录的普遍缺失。《邺中片羽》或者《河南安阳遗宝》的器物基本都丧失了清晰的出土情境记录，即使古董掮客传言也不多见。韩思复多次指出基于寻宝目的的盗掘完全破坏了器物的出土环境，因而对器物的判断只能根据形式风格分析。但是安阳遗物的风格分析将立即面临两个问题，一方面是由于安阳是个连续居住的遗址，因此“在混乱不堪的盗掘过程中出土些许其他

〔46〕梅原末治：《河南安阳遗宝》，京都：小林写真制版部，1940年，第74页。

〔47〕Hansford S H. A Visit to Anyang. *Transaction of the Oriental Ceramic Society*. London: The Oriental Society, 1951.

时代器物也不足为奇”；另一方面，由于历年的非法盗掘和流通，精美的殷商青铜器已经非常罕见，而器物形态和纹饰简单也就意味着时代和文化归属特征不明显。韩思复的分析仍有简单化之嫌，他没有提到更加深刻的影响我们的判断的因素是20世纪上半叶的古物盗掘和流通市场。安阳的盗掘不能孤立地观察，而应该视为完备的网络中的一个节点。因此，在“安阳遗宝”中，既可能混入出自安阳但年代稍晚的器物，也可能包含出自其他地点，但时代在殷商时期的器物，甚至可能包括彻头彻尾的晚期仿制或者伪造〔48〕。由于两个方面的残缺性导致非科学发掘的安阳遗物难以被有效利用。但是从另一方面看，出自暗流途径的安阳遗物对全面认知安阳不无重要价值。古物市场流通的安阳遗物悉出自盗掘，而从安阳的田野发掘经验看，众多随葬品丰富的精英墓葬在科学发掘之前就屡经盗掘，科学发掘在一定程度上仅仅是劫后整理。出自精英墓葬的设计奇特、制作精良，或由特殊工艺制成，或由贵重材质制成的器物可能因为卓越的“美术”价值进入古物市场和各家公私收藏，并最终得到记录。基于此，这批材料无疑构成了科学发掘的安阳遗物的重要补充。因此，本节的物质分析的目标设定为两端，首先，借助具有准确的考古学情境的安阳科学发掘的考古学遗物，重新厘定《邺中片羽》、《河南安阳遗宝》及其他著录所见安阳遗物。其次，在形态风格判断的基础之上，以极具“美术”价值和独特性的安阳遗物补充对安阳的认知。

《河南安阳遗宝》几乎囊括了见诸日本、欧美及中国的传出自安阳的遗物。其中，日本收藏包括帝室博物馆、京都帝国大学文学部、东方文化学院京都研究所、京都藤井有邻馆、京都贵志弥三郎、大阪山中商会、朝鲜总督府博物馆、东京美术学校、嘉纳白鹤美术馆、东京根津嘉一郎、大阪广海二三郎、兵库河濑虎三郎、京都守屋孝藏、京都川合定治郎、黑川幸七等公私收藏。欧美收藏包括

〔48〕 经辨识，弗利尔美术馆早期购进的中国青铜器中相当比重成分系北宋以后的仿制或者伪制，图录*The Freer Chinese Bronzes* 第一卷中至少包括19号罍、27号爵、32号鼎、46号觥、48号卣、56号卣、59号卣、62号簋、64号簋、65号簋、67号簋、69号簋、70号簋、80号簋和110号盉的真伪和年代值得质疑。富田升也以“商铜父辛尊彝”、“御物三铜器”、“西大寺卣”和“古铜饕餮之爵”为例说明早期流入日本的中国青铜器制伪之风，见富田升：《近代日本的中国艺术品流转与鉴赏》，上海：上海古籍出版社，2005年，第277～280页。

美国弗利尔美术馆、西雅图美术馆、波士顿美术馆、纽约温索普收藏（Grenville Winthorp collection）、纽约山中商会、纽约墨菲收藏（Collection of Mrs. James Murphy）、美国彼得维尔收藏（Bidwell collection）、伦敦拉斐尔收藏（O. Raphael collection）、霍尔姆斯夫人收藏（Collection of Mrs. Christina Holmes）、巴黎顾特曼收藏（Gutmann collection）、卢芹斋收藏、戴维·维尔收藏（David Weill collection）、柏林图伯纳收藏（Trübuner collection）、布鲁塞尔斯托克勒特收藏（Adolphe and Susanne Stoclet collection）、瑞典赫尔斯顿收藏（Hellström collection）、瑞典远东古物馆、瑞典皇太子收藏、皇家安大略考古博物馆等。出自中国的则有罗振玉收藏、北京黄濬（伯川）收藏、上海金才记收藏和金州岩间德也收藏。梅原末治所接触的上述欧美收藏基于1928年前后的实地调查，覆盖范畴与《欧米蒐储支那古铜精华》及其他专题的铜器图录大体相当，因此，虽然在涉猎幅度上是空前的，但梅原末治并不可能穷究当时存在的全部中国青铜器收藏，不免也有遗珠之憾。而对于《邺中片羽》而言，既可能由于写作体例原因，又可能基于图录编辑传统，是书从未言及所记录的安阳遗物的来龙去脉。

从数量上看，《河南安阳遗宝》和《邺中片羽》公布了科学发掘之外最大一笔的"安阳遗物"。《河南安阳遗宝》未统计征引个案数目，不完全统计包括戈十六、钺六、矛三、斧三、镞八、刀七、匕一、玉援戈二、玉援矛二、鼎一、敦一、卣五、罍三、尊三、觥一、盉三、斝三、觯二、爵二、器盖三、范块二十、白陶片五十三、石器十八、象牙器八、骨器一百三十、甲骨一百二十七。因为先后三度编辑，《邺中片羽》公布器物无论在种类还是数量上都更多。其中初集公布钟一、铙六、鼎八、方彝一、彝一、壶一、卣三、斝一、觚三、觯一、爵二、盘一、罍一、勺二、史量器一、鉢二、范二十四、白陶十四、古兵十四、刀二、斧五、玉六、玉斧一、玉圭九、玉斤一、玉鱼九、玉佩二、玉龟壳二、玉梳一、玉虎玉兔八、玉鱼九、甲骨二百四十五、牙雕三、雕骨器十四。二集则有铙二、鼎五、尊四、方彝二、彝三、壶一、卣一、方卣一、鸟形卣一、斝一、觚三、觯一、爵八、角一、盘一、罍二、匕二、勺一、鉢一、范二十四、白陶十六、灰陶三、车器二十一、兵器十、斧四、玉斧二、玉圭三、玉刀二、玉器四、玉镞三、玉佩二、玉合符一、玉器残块九、石磬一、甲骨九十三、牙雕残器十八、骨枕一、骨雕残器三十二。三集包括铙四、鼎十三、尊三、方彝一、彝六、壶一、盉一、卣五、斝四、觚七、爵六、觯二、觥三、盘三、罍一、斧

一、斤一、矛五、勾兵五、牺首干一、兽首刀一、残规一、埙二、白陶五、朱书残玉一、玉玦一、玉佩四、玉觿一、玉方相一、白石牛一、白石残器三、甲骨二百十四。在分类上，《河南安阳遗宝》分成利器、彝器、石制品及玉器和雕牙骨器类四个类别，《邺中片羽》三集虽有排列意识，但并未明确分类，仍遵循金石排序方式，分为青铜器、白陶器、玉石器、牙骨器和甲骨等。青铜器又分成乐器、饮食器、酒水器等诸类，器类之间多为平行关系。从分类结果上看，前者更显整饬，也更具有功能性分类意识。本节在两处来源提供的多类安阳遗宝中，择其要者，并结合见诸其他收藏的样本，分述如下。

1. 青铜器

非科学发掘的安阳遗物中青铜器甚多，虽受到文本类型的影响，所占安阳遗物的比例偏高，但是基本成分可以得到 1928 年以来的安阳发掘的印证。同样由于该批铜器的市场属性，虽不乏罕见的精品，但也包含了一定数量的晚期仿制或者伪制的样本。非科学发掘的青铜器基本包括乐器、礼器和兵器三类。在乐器一类，仅有黄濬公布一件镈钟和多件铙。《邺中片羽初集》收录的“蟠螭钟”无论是形态还是纹饰均属东周时期，徐中舒已经明确指出将此件计入安阳遗物的谬误〔49〕。迄今为止，田野发掘出土的镈钟也无一例外地远晚于晚商，因此此件可以排除在安阳遗宝之外。黄濬另公布了多达十二件铜铙，几与历年田野发掘中所见铜铙总数接近，而且《初集》和《二集》公布的应该是三件成组的“编铙”，只是二集的亚形铭铙缺少一件〔50〕。“编铙”的出土亦可得到西北冈 M1083 大墓发掘和妇好墓的证实〔51〕。虽然同一单位出土铜铙个体可能多于三件，但是纹饰和铭文的统一特征以及形态和尺寸的排列规律都倾向于三件成编的制度，而且编铙多见于安阳的精英墓葬之中，庶可成定论〔52〕。

---

〔49〕 徐中舒：《殷代铜器足徵说兼论〈邺中片羽〉》，《考古社刊》第 2 期，1935 年。

〔50〕 黄濬：《邺中片羽二集》卷上，1937 年，第 1 页。

〔51〕 梁思永：《殷墟发掘展览目录》，《梁思永考古论文集》，北京：科学出版社，1959 年，第 158 页；中国社会科学院考古研究所：《殷墟妇好墓》，北京：文物出版社，1980 年，第 100 页。

〔52〕 徐坚：《试析宁乡的商代铜铙》，《考古与文物》2001 年第 2 期。

在青铜礼器类别中，梅原末治和黄濬公布诸器大体可以与田野发掘出土器物相对应，但是罕见的精美礼器比例明显偏高，不少甚至迄今仍是孤例，仅仅通过形式风格与安阳遗物联系在一起。黄濬公布一件“饕餮纹盉”，实为迄今仍是孤例的人面盉，但是盉身上部饕餮纹和下部雷纹，盉盖人脸的纹样均见于其他安阳铜器上，因此可厘定为晚商铜器，此器现藏于弗利尔美术馆（图1.1）〔53〕。在较为罕见的器类之中，黄濬公布了多达四件方彝，与安阳YM238所出方彝在形态和纹饰上均高度类似，YM238所出两种形式的方彝也均见于黄濬提供的范例中。虽然方彝自殷墟二期开始出现，

图1.1　弗利尔美术馆藏人面纹盉

（采自 Pope A, et al. *The Freer Chinese Bronzes*）

但是数量一直甚少。高度在30厘米以上的大型方斝也属罕见器类，梅原末治公布了弗利尔美术馆藏方斝，黄濬公布了三件方斝〔54〕。类似的例子还见于大英博物馆、布法罗阿尔布莱特-诺克斯美术馆（Albright-Knox Art Gallery, Buffalo）等地〔55〕。此类方斝罕见于田野发掘之中，仅见于妇好墓之中。所有方斝形态高

---

〔53〕黄濬：《邺中片羽三集》卷上，1942年，第30页；Bussagli M. *Chinese Bronzes*. London and New York: Paul Hamlyn, 1969, (1): 12; Pope A, et al. *The Freer Chinese Bronzes*. Washington: Freer Gallery of Art, 1967, 1 (39): 222-227.

〔54〕梅原末治：《河南安阳遗宝》，京都：小林写真制版部，1940年，图版四七；黄濬：《邺中片羽初集》卷上，1935年，第21页；黄濬：《邺中片羽二集》卷上，1937年，第19、20页；黄濬：《邺中片羽三集》卷上，1942年，第37页。《邺中片羽二集》所录方斝转入堪萨斯纳尔逊美术馆（William Rockhill Nelson Gallery of Art, Kansas City），参见 Pope A, et al. *The Freer Chinese Bronzes*. Washington: Freer Gallery of Art, 1967, 1: 134.

〔55〕Chase T. *Ancient Chinese Bronze Art*. New York: China House Gallery, 1991, (6): 45; Bussagli M. *Chinese Bronzes*. London and New York: Paul Hamlyn, 1969, (16): 38-39.

度雷同，均为长方形口，两柱对称，鼓腹分成两段，圜底或者平底，兽头鋬，有微拱盖或者屋形高拱盖〔56〕。《邺中片羽》所见诸件可能在流传过程中失盖。方卣亦属于罕见器类。梅原末治公布的嘉纳白鹤美术馆藏方形卣在形态上近同于小屯 YM331 所出方卣，方形深腹，细长颈，矮圈足，有盖，“U”形提梁，遍施饕餮纹、蕉叶纹和雷纹〔57〕。此外，觥广泛见于金石收藏，但是甚少见于田野发掘之中，而在妇好墓中出土了多达 8 件，皆两两成对〔58〕。黄濬在《邺中片羽三集》中公布三件觥，梅原末治也公布了嘉纳白鹤美术馆收藏的觥。白鹤美术馆觥器盖为象首，有异于常见兽首〔59〕。黄濬公布的一件觥形态特殊，类似于小屯妇好墓 M5：763，均作柱足垂腹，流口甚为宽大，后带有鋬，后者在发掘报告中定名为“带流鋬鼎形器”〔60〕。此外，黄濬和梅原末治公布了大量习见的鼎、尊、罍、壶、卣等器类个案。

在青铜兵器中，除梅原末治和黄濬外，罗樾也公布了杨宁史收藏的青铜兵器，其中部分年代在殷商或者出自安阳〔61〕。高本汉进一步补充了可能出自安阳的兵器和工具，多达 15 类 188 例〔62〕。非科学发掘兵器种类大体相当，包括铜矛、斧钺、铜戈、铜刀、异形器和铜镞等类别。该笔青铜兵器资料除器类均衡外，还具有两个显著特征：装饰精美的青铜兵器比重较大，多件玉援铜内兵器以及装饰繁缛、镶嵌绿松石的青铜兵器都可能属于等级较高的仪仗或者礼制用

---

〔56〕中国社会科学院考古研究所：《殷墟妇好墓》，北京：文物出版社，1980 年，第 67～70 页。

〔57〕中国社会科学院考古研究所：《殷墟的发现与研究》，北京：科学出版社，2001 年，第 276 页，图一四四（乙）.2。

〔58〕中国社会科学院考古研究所：《殷墟妇好墓》，北京：文物出版社，1980 年，第 58～64 页。

〔59〕梅原末治：《河南安阳遗宝》，京都：小林写真制版部，1940 年，图版四三。

〔60〕中国社会科学院考古研究所：《殷墟的发现与研究》，北京：科学出版社，2001 年，第 280 页，图一四九.5。

〔61〕Loehr M. *Chinese Bronze Age Weapons*. Ann Arbor: The University of Michigan Press, 1956.

〔62〕Karlgren B. Some Weapons and Tools of the Yin Dynasty. *BMFEA*, 1946-1947, (17): 101-144, (18): 1-40.

品；田野发掘中未见或者罕见的异形兵器类型也较多。这也恰能揭示作为美术品流传的青铜兵器与大规模田野考古发掘所得的青铜兵器的差别。铜戈有直内、曲内和銎内三种类型。直内戈中又细分为直援、曲援带胡两种。带胡戈均为中短胡，胡上两穿。直内戈中尚有一种特殊的形式——戣，藤井有邻、贵志弥三郎、杨宁史收藏和《邺中片羽初集》都有类似样本〔63〕。黄濬提供的多件铜戈内部镶嵌了绿松石拼花，呈装饰图案或者铭文〔64〕。此外，三家都提供了多件玉援铜内的兵器类型，多为戈、矛两种形态，玉援多呈叶形，铜内上也多镶嵌绿松石。梅原末治征引了分别出自伦敦拉斐尔收藏和纽约山中商会旧藏的两件铜内玉援矛，黄濬和罗樾也提供了多件铜内镶嵌绿松石玉援钺、戈和矛〔65〕。伯希和列举两件铜内玉援兵器，分别为曲内直援戈和銎装矛。戈的阑部和内部均饰纹饰，矛銎部镶嵌绿松石，拼成三角形纹饰〔66〕。斧钺之中，梅原末治添加了五件样本，五件形态基本接近，都是带一穿、直内、弧刃、援上饰龙纹的类型，但是各件的长宽比例并不一致，京都贵志弥三郎旧藏铜钺更显宽短，藤井有邻馆铜钺为钺身带圆穿类型〔67〕。黄濬提供的多件铜钺中有一件钺身双穿的样本〔68〕。杨宁史收藏中斧钺种类和数量尤多，不过不少应属北方系青铜兵

---

〔63〕 黄濬：《邺中片羽初集》卷下，1935 年，第 4 页；梅原末治：《河南安阳遗宝》，京都：小林写真制版部，1940 年，图版一九.2，二零.1；Loehr M. *Chinese Bronze Age Weapons*. Ann Arbor: The University of Michigan Press, 1956, (43-45): 144-145.

〔64〕 黄濬：《邺中片羽初集》卷上，1935 年，第 45、46 页。

〔65〕 黄濬：《邺中片羽初集》卷下，1935 年，第 12 ~ 14 页；Loehr M. *Chinese Bronze Age Weapons*. Ann Arbor: The University of Michigan Press, 1956, (2-3): 118-119; Loehr M. *Chinese Bronze Age Weapons*. Ann Arbor: The University of Michigan Press, 1956, (24): 134; Loehr M. *Chinese Bronze Age Weapons*. Ann Arbor: The University of Michigan Press, 1956, (47-48): 146-147.

〔66〕 Pelliot P. *Jades Archaiques de Chine*, Planche IV. Paris et Bruxelles: Librarie Nationale d'Art et d'Histoire, 1925.

〔67〕 梅原末治：《河南安阳遗宝》，京都：小林写真制版部，1940 年，图版一九.1、图版二二 ~ 图版二四.1。

〔68〕 黄濬：《邺中片羽三集》卷下，1942 年，第 11 页。

器〔69〕。非田野发掘的斧钺类兵器总数几与田野发掘的样本数量相当，形态上以安阳发掘者区分的Ⅰ式和Ⅱ式为主，多穿铜钺未发现有近似样本〔70〕。脊棱刀虽然甚为罕见，但是梅原末治、黄濬和罗樾均补充了重要样本。温索普收藏有两件脊背刀，但具体形状略有不同，一件与安阳妇好墓所出高度近似，M5：1649为直柄，脊棱镂空，背上有纹饰，尖端上挑。另一件类似于安阳出土的“卷头刀”，但刀背上没有套筒。此类大刀甚为罕见，田野发掘中仅见于西区M1713墓葬，另传西北冈M1355也有出土〔71〕。藤井有邻馆尚有三件銎式斧，可能与杨宁史收藏中六件形态各样的样本一样，应属于北方青铜兵器类型，未见于安阳〔72〕。

正如梅原末治指出，其他年代青铜器托称为安阳出土品在所难免。非科学发掘的安阳青铜器需在安阳历年科学发掘获得的有考古学情境的器物组合的比照下辨认出非安阳成分，这也是鉴定学的“减法”作业。造成多种来源的成分混入安阳遗宝范畴的原因是多种多样的，梅原末治指出安阳青铜文化的先导文化可能混入到安阳遗物之中，这是符合考古地层学的认识，但反而几乎不见于安阳遗宝。安阳遗宝中的非安阳成分更可能是其他原因导致的。首先是早期研究中尚未形成准确的商周青铜器的区分标准，导致部分真实的西周青铜器出现于安阳遗宝之中。梅原末治征引了藏于嘉纳白鹤美术馆的“鸡卣”〔73〕。该卣外形为尖嘴长羽鸟形，盖内和器颈内侧对铭“大保铸”三字，因此应属西周太保器群，尽管其具体出土地点仍有争议，但与安阳无涉应无疑义〔74〕。黄濬列出多件带有

---

〔69〕 Loehr M. *Chinese Bronze Age Weapons*. Ann Arbor: The University of Michigan Press, 1956, (4-22): 119-132.

〔70〕 中国社会科学院考古研究所：《殷墟的发现与研究》，北京：科学出版社，2001年，第310、311页，图一七二。

〔71〕 郭宝钧：《殷周的青铜武器》，《考古》1961年第2期。

〔72〕 梅原末治：《河南安阳遗宝》，京都：小林写真制版部，1940年，图版一八.5～图版一八.7。

〔73〕 梅原末治：《河南安阳遗宝》，京都：小林写真制版部，1940年，图版三六。

〔74〕 陈寿：《大保簋的复出和大保诸器》，《考古与文物》，1980年第4期；陈梦家：《西周铜器断代》（二），《考古学报》第10册，1955年；白川静：《金文通释》第二辑，《白鹤美术馆志》，神户：白鹤美术馆：1962～1984年；Lawton T. A Group of Early Western Chou Period Bronze Vessels. *Ars Orientalis*, 1975, 10: 111-121.

长篇铭文的铜器，如父已簋（黄濬误作“乙亥簋”）即有典型的西周时期铭文，年代当在殷商之后〔75〕。纳入到安阳遗宝中的西周铜器并不一定出自豫北一带，可能是出自其他地区的样本混入，其中多件立鸟形象或者鸟纹就可能源自南方地区或者关中地区〔76〕。其次，有些显著晚于殷商时期的青铜器可能混入到安阳遗物中，这可能是古董市场上的趋利行为导致的冒称。在1938年的安阳之行中，韩思复注意到小屯一带的乡民几乎家家都在兜售安阳古物，趋利心理导致的冒称“安阳”的行为都已经影响到市场的最上游环节。韩思复在小屯购买了几件他本人都质疑的器物，而且得到嗣后的田野发现的证实。韩思复在此购买了一面铜镜和一件带钩。在回顾中，韩思复准确地提出，“中研院报告中尚未发现铜带钩和铜镜之类的遗物”〔77〕。根据王仁湘的分类法，韩思复所公布的带钩应该归入琵琶形〔78〕。发掘出土的带钩中，年代最早的样本出自洛阳西工段M2205，可以上溯至春秋早期。春秋中期之后，带钩才广泛出现于多种文化的墓葬之中，分布范围覆盖自北京怀柔到湖南湘乡，向西远及宝鸡和凤翔一带的秦墓，但是没有任何带钩的年代可以提前到春秋早期甚至更早。韩思复铜镜尺寸未知，镜钮为桥形钮，背面饰三周同心圆凸弦纹。目前见诸报道的晚商铜镜虽少，但是与韩思复铜镜甚少共享特征。安阳铜镜多见于顶级精英墓葬之中，高去寻曾报道出自西北冈1004号大墓的铜镜，另外妇好墓亦有四面铜镜出土〔79〕。从纹饰风格上看，安阳铜镜多装饰圆圈纹和叶脉放射线纹，与其他器类有异，韩思复铜镜可能既不属于安阳，年代也远晚于安阳。再次，古董市场的趋利行为可能导致真器伪拼。最显著的范例是黄濬公布的两件铜内玉援矛，

---

〔75〕 黄濬：《邺中片羽三集》卷上，1942年，第27页。

〔76〕 Kane V. The Independent Bronze Industries in the South of China Contemporary with the Shang and Western Zhou Dynasties. *Archives of Asian Art*, 1974, 28: 77-107.

〔77〕 Hansford S H. A Visit to Anyang. *Transaction of the Oriental Ceramic Society*. London: The Oriental Society, 1951.

〔78〕 王仁湘：《带钩概论》，《考古学报》1985年第3期。

〔79〕 高去寻：《殷代的一面铜镜及相关之问题》，《历史语言研究所集刊》第29本，1958年；中国社会科学院考古研究所：《殷墟妇好墓》，北京：文物出版社，1980年，第103、104页，图六五。

图 1.2 《邺中片羽三集》玉兵

（采自黄濬：《邺中片羽三集》）

两者矛叶都非常见的桂叶形状，而是裁剪玉戈后拼装而成的（图 1.2）〔80〕。最后，安阳遗物中必然也存在刻意的制伪行为。黄濬公布的两件铜觚，其中之一的觚把和圈足纹饰主纹模糊，无地纹，类似于弗利尔美术馆藏多件晚期仿制品；另一觚把饰纵向直棱纹，上下两端为圆圈带纹饰，圈足饰凹线饕餮纹，各组纹饰时代特征差异明显。因此，此二件很可能是晚近古董市场制伪行为的结果〔81〕。

2. 白陶片

相对于普通灰陶器或者灰陶片的缺失，梅原末治和黄濬公布了数量众多的白陶残片。梅原末治所用样本出自东京帝室博物馆、东京美术学校、朝鲜总督府和罗振玉等收藏，可见白陶片已经成为 20 世纪金石收藏的一个稳定类别，但是，见诸公布的白陶罕有完整器物，弗利尔美术馆即收藏了一件堪称例外的白陶尊。残片上普遍施加阴刻云雷纹或者变形龙纹，纹饰形态高度近似于青铜器上的纹饰，以至于有学人推测白陶器可能是铸制铜器所用之模，但白陶器形局限于卣、罍、尊、盂、盘、皿等，导致前论不攻自破。安阳历年田野发掘显示，白陶在出土陶器中所占比例偏小，集中出土于大中型墓葬，应该是社会等级的标志。侯家庄北地一号墓遭遇盗掘之时曾经出土大量白陶片，被人称为“白陶坑”〔82〕。

〔80〕 黄濬：《邺中片羽三集》卷下，1942 年，第 14、15 页。

〔81〕 黄濬：《邺中片羽三集》卷上，1942 年，第 41、42 页。

〔82〕 中国社会科学院考古研究所安阳工作队：《安阳侯家庄北地一号墓发掘简报》，《考古学集刊》第二辑，1982 年。

3. 玉石器

非科学发掘的安阳遗物中的玉石器分为石质容器、石质雕刻品和玉器三类。石器中，梅原末治列举了饕餮纹鬲、牺首纹敦、牺首直纹敦、钵形器（敦）和器钮等。石器在安阳的出土数量不少，发掘报告区分为礼器、乐器、仪仗器、武器、生产工具、生活用具、装饰品、石雕及杂器等。见诸收藏之中的石器显然经过高度挑选。罗振玉收藏钵形器素面无纹，可能为簋。京都守屋孝藏收藏的牺首直纹敦应为双耳涡纹簋。虽然安阳也出土了一定数量的石簋，以出自HPKM1004的样本为例，侈口、敛颈、鼓腹，高圈足，无耳，器表饰鸟纹和倒三角形蕉叶纹，圈足上为变形龙纹。守屋孝藏簋如果是仿铜石器的话，则其形态和纹饰特征包括耳下出珥，通饰涡纹和垂直瓦棱纹，其铜器原型的年代已经晚至西周〔83〕。高本汉公布了瑞典远东古物馆收藏的两件石鬲〔84〕。此两件石器表面装饰阴刻饕餮纹，但是线条纹样简单，早期诸家根据纹样类型确定其为殷商遗物。该器足部细小而外撇，器表阴刻线条较为疏阔，目前田野发掘中尚未见到类似器物。《邺中片羽三集》有“白石牛”一件，作伏卧状，方形首，尖耳有角，四肢内屈，形态和纹饰风格与HPKM1500所出石牛如出一辙，但尊古斋石牛的尺寸未知，HPKM1500所出石牛长28.3厘米，高13.9厘米〔85〕。

各家刊布的玉器样本数量多寡不一。梅原末治未单独公布玉器。伯希和公布数件玉戈，均为直内直援略上挑形式，与田野发掘中所见年代在晚商的样本类似。不过，在伯希和编辑图录时，安阳尚未展开科学的田野发掘，因此所有玉器的年代都被推断在周代晚期〔86〕。罗樾公布的温索普玉器收藏中，商代玉器主要包括玉援铜内兵器、通体玉质兵器和小饰件，但大多年代不易遽断，罗樾亦

---

〔83〕梅原末治：《河南安阳遗宝》，京都：小林写真制版部，1940年，图版六三。

〔84〕Karlgren B. *Anyang Marble Sculptures, Yin and Chou Researches*. Stockholm: Museum of Far Eastern Antiquities, 1935.

〔85〕梁思永、高去寻：《侯家庄第七本1500号大墓》，台北：“中央”研究院，1974年。

〔86〕Pelliot P. *Jades Archaiques de Chine*, Planche IV. Paris et Bruxelles: Librarie Nationale d'Art et d'Histoire, 1925.

未作定论〔87〕。黄濬公布的玉器数量和种类均多于其他诸家，其中《邺中片羽初集》公布数件玉面具饰件，分别作牛首形和饕餮形，与之类似的尚有韩思复玉面具饰件，饰简化饕餮形，该器曾经于1948年中国玉器展中展出〔88〕。

4. 骨角器

非田野发掘的牙角骨器至少在器类上远较田野发掘的同类器物丰富。罗振玉率先报道了出自安阳的牙角骨器，而系统的考证则是由滨田耕作奠定基础的〔89〕。鹿角器中，梅原末治列举一件保存于山中商会纽约分店的整枝彩绘鹿角，鹿角形状保存良好，鹿角根部做成楔状，因此可能插在插座之上。鹿角表面饰三角形和平行线纹。殷墟发掘以来，出土角器数量不多，仅有百余件，基本为鹿角制品，器形包括纺轮、镞、挂钩、杖首、管状器等，从未见整枝鹿角〔90〕。因此，此件鹿角是否出自安阳尚未可知。

象牙雕刻器中，梅原末治公布了多件象牙雕板，器表以云雷纹为地纹，密布饕餮纹和水平蟠虺纹带，纹饰风格属于罗樾定义的安阳第三风格〔91〕。有的象牙器表面镶嵌宝石。但是，所有象牙雕刻器几乎从未有任何器形完整的样本，因此只能谨慎推测其原形。殷墟妇好墓出土的三件象牙杯或可说明象牙雕刻器的原貌。象牙杯不仅器表遍布主纹和地纹相分离的纹饰，而且也有镶嵌绿松石的做法〔92〕。黄濬公布了两件"雕牙饕餮纹残器"，均为正面装饰纹饰，背面

---

〔87〕 Loehr M, Huber L F. *Ancient Chinese Jades from the Grenville Winthrop Collection in the Fogg Museum, Harvard University*. Cambridge: Fogg Art Museum, 1975, (26-91). 罗樾将新石器时代斧钺亦计入商代，在上列编号中，至少43号玉戈和67号玉戈形态可疑，68～70号小玉戈年代应在东周。

〔88〕 Hansford H. *Exhibition of Chinese Jades*, Pl. IV. London: The Oriental Ceramic Society, 1948, (29): 9.

〔89〕 滨田耕作：《支那古铜器研究新资料》，《国华》第379号，1921年。

〔90〕 中国社会科学院考古研究所：《殷墟的发现与研究》，北京：科学出版社，2001年，第395页。

〔91〕 Loehr M. The Bronze Style of Anyang Period (1300-1028BC). *Archives of the Chinese Art Society of America*, 1953, (7): 42-53.

〔92〕 中国社会科学院考古研究所：《殷墟妇好墓》，北京：文物出版社，1980年，第215～218页。

刻铭，铭文格式近似金文，而正面纹样一器为屈尾龙纹，龙身饰菱形纹饰。另一器饰饕餮纹，但饕餮布局、层次和刀法均不同于安阳象牙雕，因此两件可能俱为伪作〔93〕。《邺中片羽二集》公布“雕牙残器十八”，虽无法复原器形，但是从饕餮纹样的布局看，基本符合安阳牙雕的风格〔94〕。

骨器一类中，梅原末治列举了鱼形佩、圭状品、骨器片等多种形态。各种雕骨的捉手或者柄形饰较田野发掘所得更具多样性。安阳历年发掘出土的骨器数量众多，发掘者将其区分成为工具、用具、武器、乐器、装饰品、雕刻艺术品和其他等七类〔95〕。但是，见于收藏的骨器器类相对单纯，以骨匕和骨钮居多。梅原末治认定某些断片是筒形卣，在安阳发掘中被界定为觚形器。梅原末治特别介绍了“鱼佩”，滨田耕作曾经介绍过收藏于京都大学文学部的一件样本，梅原末治进而在纽约山中商会和巴黎卢芹斋各找到一件样本。该器形态特征明显，上部雕刻成鱼形，中部束腰，下部为刀形，从形态上看更像骨刻刀，只是类似器物尚未见于考古发掘之中〔96〕。

综合以上分析，通过非科学渠道发掘和流散的安阳遗宝需要通过物质文化研究的“加减法”复原其价值。目前得到分析暗流传统的安阳遗物基本都出自作为盗掘的安阳，从“考古”转向“美术”乃至“古董”的路径使得以保存在各种转型文本中的物质文化组合极具特征，独特性和美术化是其两个最主要的特征，在通过时代风格确认之后，这些特征可以通过“加法”丰富我们对安阳的精英艺术的理解。尤其是当出自安阳的器物通过各种流通渠道散布世界各地时，这种跨地域采集式“加法”尤有必要，梅原末治就是这种作业潮流的开创者。但是，古物市场作为暗流传统的安阳的情境也导致至少有一定数量的器物应该从安阳乃至晚商范畴中剔除出去。虽然梅原末治提出可能有早期孑遗混在安阳遗宝中，但是最主要的扰乱因素应该是晚期遗物的掺入。晚期物质文化的扰动既可

---

〔93〕黄濬：《邺中片羽初集》卷下，1934年，第47页。

〔94〕黄濬：《邺中片羽二集》卷下，1937年，第47～51页。

〔95〕中国社会科学院考古研究所：《殷墟的发现和研究》，北京：科学出版社，2001年，第383页。

〔96〕梅原末治：《河南安阳遗宝》，京都：小林写真制版部，1940年，图版八一.1～图版八一.3。

能是由于认知不足而混入的，也可能是刻意以晚期遗物冒充早期遗物，甚至自行揣摩拼凑乃至彻底伪造，这些扰动因素又需要我们以“减法”剔除出去。

1.4 走向多元的安阳

安阳的暗流传统仅仅只能得到有限的阐发，但是通过对此前未得认可的“非科学”侧面的关注，通过确认一批缺失考古学情境的遗物而丰富安阳的内涵，通过思考安阳遗宝的文本转型问题和以“加减法”更精确地甄别安阳遗宝的内涵，我们也适时反思如何以整体性思路反思安阳传统。

资料层面的增补价值是回访安阳暗流传统的最直观动机，但是回访结果也等同地揭示出安阳暗流传统的方法和理论价值。 虽然通过中央与地方、本邦与他国、科学发掘与牟利盗发三组关系可以厘定出存在于安阳的三支不同的暗流传统，但是最终能在资料层面实现回访的竟然仅有盗掘线索。 得益于古物流通网络，盗掘的安阳反而兼以物质文本和成文文本的形式保存下来。 但是盗掘和流散情境塑造了公私收藏之中的安阳遗宝的特性，一方面其独特性和艺术性成分远高于科学发掘所得的安阳器物，另一方面古物市场的商业特质会混淆甚至篡改安阳遗宝的内涵。 这个认识衍生了物质回访的加减法方法。 建立在与科学发掘的安阳器物组合平行研究基础之上的物质性情境分析是实现加法和大部分减法作业的基础。 但是，那些对减法作业方法需求不那么强烈，物质组合更接近科学发掘所得的安阳器物的暗流传统反而在资料层面更难以接触，这进一步吁求我们关注安阳暗流传统的社会性情境。 政治正确性和学术政治造成日本的“盗掘”和河南地方势力的“寻宝”都罕被提及，其物质文本更难以得见，也更缺乏转型为成文文本的机会。 因此，安阳的暗流传统需要在不同层面的情境中回访，特质性情境常常造成有的暗流传统相对突出，抑或形成接触禁忌。

第二章

安阳之外：从浚县辛村到苍洱之间

虽然安阳是史语所最重要的田野地点，但是并非唯一。在为期不长的大陆发掘时代中，史语所本意也没有将自身局限在安阳一隅，无论是傅斯年的最初设想，还是与山东和河南本地政府及文物保管机构合作的考古工作，都表明史语所在田野范围上扩充和推广的初衷。安阳的发掘也并非一帆风顺，史语所曾经多次被迫暂停发掘甚至转战他地。这些都导致史语所在安阳之外的考古工作的布局。不过，我们不能因此贸然将安阳以外的发掘都列入暗流传统。1936年，李济在《田野考古报告》创刊号《编辑大旨》提出，“历史语言研究所之提倡考古，本着这个基本的信念；初作这种工作的时期，因为人力与财力的限制，只选了很小的范围。安阳发掘报告的编辑是这个小范围工作的产品”，“殷墟发掘事实上不能限制田野考古工作的范围”，“就历史本身说，凡是曾参加殷墟发掘工作的人都相信，殷墟文化问题，不是单掘殷墟所能完全解决的。比较法的应用，已经在史学上占了很重要的位置。我们现在不但要将中国全部的文化与国外的比，也要把国内各区域的文化相互的比；要完全了解一个区域所得的材料，同时必须要各处发掘，比较各处的事实，才能认识各处各实物的真正价值”〔1〕。李济乐观地断言，《田野考古报告》诸篇“范围已完全超出殷墟，但是这个刊物的一切形式上及精神上的格律仍是承袭安阳发掘报告的”〔2〕。时隔十一年，在《田野考古报告》更名的《中国考古学报》的前言中，尽管走出安阳的愿望深受时局变迁的阻搁，李济仍然深情地缅怀这个关键时刻，“七七事变一年的春

---

〔1〕 李济：《编辑大旨》，《田野考古报告》第1册，1936年。

〔2〕 李济：《编辑大旨》，《田野考古报告》第1册，1936年。

天，我们正作殷墟第十五次的发掘；那时的田野考古，就组织及训练上说，均渐臻完备。田野工作的范围，正在渐渐的推广，并有了不少的新收获”〔3〕。

事实上，李济期待的“形式和精神上的格律”的延续并没有等量齐观地显示在史语所在安阳之外的所有发掘上。正如李济所强调，安阳的贡献，一在内容，一在“田野工作的技术问题”。安阳之外的发掘，在内容上几乎没有与安阳显著地重合或者延续，在方法上，有些调查和发掘尚可归入安阳传统，但另外的一些调查和发掘则无论在地域还是文化内涵上都有其特色。这些考古学活动对于中国考古学具有等同重要但独立的方法论和理论价值，在中国考古学创始之初尤为明显。此外，毋庸讳言的是，史语所学人群体内并非整齐划一，就是曾经在安阳发掘或者见习、观摩的中国考古学第一代和第二代学人中，不仅政治立场存在差异，学术风格以及治学倾向上也有所不同。这导致史语所的考古学传统本身就是多元的，内容和方法上的安阳传统仅是其中一支。本章选取两位在安阳之外有显著贡献的史语所学人——郭宝钧和吴金鼎为例予以分析。两人均为安阳发掘的重要参与者，郭宝钧曾经参与了安阳的前五季发掘，主持了1936年第十三季发掘，吴金鼎参与了第四季安阳发掘。但是，他们在中国考古学上留下的独立的印记都来自安阳之外的考古学活动。在既往的回顾中，他们在方法论和学科取向上有别于安阳的特点并未得到充分揭示和阐发。

2.1 郭宝钧、河南古迹研究会和青铜时代考古学文化体系

中国考古学的青铜文化体系观需要建立在无论在地域还是年代上均有可观跨度的田野考古基础之上，单一的安阳遗址在复原青铜时代的物质文化和器用制度上的贡献其实是有限的，从这个角度考虑的话，郭宝钧对于青铜时代考古学就具有无出其右的奠基性贡献了。郭宝钧的田野考古工作自1928年安阳首季发掘开始，一直持续到1954~1956年洛阳西郊发掘〔4〕。在1949年之前的中

---

〔3〕 李济：《中国考古学报》前言，第2册，1947年。

〔4〕 邹衡、徐自强：《整理后记》，第192页，收录于郭宝钧：《商周铜器群综合研究》，北京：文物出版社，1981年。郭宝钧最后的田野发掘活动见诸郭宝钧：《洛阳涧滨古文化遗址及汉墓》，《考古学报》1956年第1期；郭宝钧、马得志、张云鹏、周永珍：《一九五四年春洛阳西郊发掘报告》，《考古学报》1956年第2期。

国考古学实践中，郭宝钧除悉数参加了安阳前五季发掘和主持了安阳第十三季的发掘外，更具系统性的田野考古活动是以河南古迹研究会的名义进行的多次发掘，其中包括浚县辛村、汲县山彪镇和辉县琉璃阁三地。由于发掘地点多集中在作为中国早期国家文明内核腹地的豫北一带，遗迹类型以大型墓葬为主，这不仅是中国考古学中最早发掘的最高等级精英贵族墓葬的范例，奠定了中国考古学对青铜时代贵族墓葬的基本结构和内容的认识基础，总结了发掘大型墓葬的作业规程，而且为重建商周时期的青铜文化谱系提供了最早的田野资料，郭宝钧也因此率先形成了基于田野考古的对青铜时代考古学文化谱系和通则的总结〔5〕。

2.1.1　以河南古迹研究会为名：豫北考古学的展开

河南古迹研究会是史语所与地方政府合组的两个联合考古机构之一。这种合作模式早在安阳第一次发掘之时就初见端倪，史语所以此作为拓展考古工作范围的重要举措。限于在大陆地区田野考古活动的延续时间和人力物力，史语所成立的联合考古机构仅有 1929 年成立的山东古迹研究会和 1931 年成立的河南古迹研究会。相对于仅仅活跃于 1929~1930 年前后，田野活动限于城子崖一地的山东古迹研究会而言，河南古迹研究会的活动时间更长，考古调查和发掘更频繁，成果更丰硕。自 1931 年秋季起，郭宝钧暂别安阳，全力主持河南古迹研究会的多个遗址，包括 1932~1933 年的浚县辛村发掘，1935 年的汲县山彪镇发掘和 1935~1937 年的辉县琉璃阁发掘。这些是史语所在安阳之外的重要田野内容，有的与安阳不乏历史关联或者学理延伸，有的则已逾越出史语所的视野。1932~1937 年河南古迹研究会的历次发掘几与安阳发掘成平行之势，甚至人员组成上也形成相对固定的区分。郭宝钧无疑是河南古迹研究会的核心。郭宝钧系河南南阳人，1922 年毕业于北京师范大学国文系，返回家乡后创办了南阳中学。在河南省教育厅任职期间，开始协助董作宾展开最早的殷墟调查。郭宝钧于 1931 年进入史语所，1949 年之后转入中国科学院考古研究所（下文简称考古所）。尽管从未接受过考古学训练，但是在殷墟发掘的基本认识和田野方法上，郭宝钧具有不可低估的贡献。其中最为人所知的包括辨别“文化层内的聚凹纹”为夯土

〔5〕 郭宝钧：《商周青铜器群综合研究》，北京：文物出版社，1981 年。

版筑建筑遗迹，而不是水淹痕迹；提出商代的居址存在半地穴式和地面起建两种形式，确认殷墟所见的建筑遗迹。在主持安阳第十三季发掘中，郭宝钧首次采用了适应超大规模遗址的平翻发掘法，发掘面积显著增加。1950 年，重返安阳的中科院考古所即以郭宝钧为主发掘了武官村大墓〔6〕。郭宝钧在史语所中显然属于另外的传统，他与傅斯年的相互排斥也屡被言及。这不仅仅基于学术政治观念，也同样反映在治学风格上，郭宝钧与作为传入学术的英美考古学传统无关，而更倾向于与传世文献密切关联，延续金石学风格的“考古”，在传入考古学面对中国考古学的遗址属性和特质一筹莫展时，郭宝钧常常能以二重证据法原则建立遗迹和遗物与传世文献、民间观念、草根知识甚至盗墓者提供的信息之间的关联。郭宝钧的田野倾向和实证主义色彩是不言而喻的，这也将其与脱胎于金石学的古器物学区分开来，并最终导致以地下出土材料重建上古礼制的《商周铜器群综合研究》的诞生，其方法论遗产迄今仍清晰可查。

河南古迹研究会是河南省政府、中央研究院和河南大学联合成立的。中央研究院推荐李济、张嘉谋、郭宝钧、董作宾四人，河南省政府推荐王幼桥、杜襄、关百益和王公度四人组成委员会，其中张嘉谋为委员长，李济为工作主任，关百益为秘书。该会的事务经费来自河南省，院府双方共同承担临时开支。“保护之责，河南省政府担任，发掘研究之责，由中央研究院担任”〔7〕。河南古迹会先后发掘了浚县辛村、大赉店、巩县、广武、永城、汲县山彪镇、辉县琉璃阁等地〔8〕。

具有奠基价值的浚县辛村、汲县山彪镇和辉县琉璃阁及固围村都地处豫北，相距不远。辛村在浚县西境，淇水北岸，距县城 35 公里，距京汉铁路浚县车站 3 公里；山彪镇在卫河北岸，距故汲城西北 5 里，“与辉县东境的金灯寺，新乡北境的王陵村三角鼎峙”〔9〕；而琉璃阁在辉县东南部。三个地点皆在豫北淇卫流域，而且遗址属性均属包含大型墓葬在内的多等级大规模墓葬区，发掘时间又密集地集中在 1932~1937 年间，但是发掘行为又各具特色。浚县辛村和汲县

〔6〕郭宝钧：《一九五零年春殷墟发掘报告》，《中国考古学报》第 5 册，1951 年。
〔7〕郭宝钧：《浚县辛村古残墓之清理》，《田野考古报告》第 1 册，1936 年。
〔8〕刘耀：《河南浚县大赉店史前遗址》，《田野考古报告》第 1 册，1936 年。
〔9〕郭宝钧：《山彪镇与琉璃阁》，北京：科学出版社，1959 年，第 2 页。

山彪镇的发掘仅是对晚近盗掘的弥补，而辉县琉璃阁则是基于田野调查的主动发掘。郭宝钧多次记录浚县一带的盗掘情况。他推测辛村大墓先后遭遇过两次盗掘：前次应该在下葬之后不久，“当时盗墓之法皆自北半掘入，其目的似专为取礼器而来”；而后次则发生在20世纪。乡民刘金华盗掘古墓获利，刺激乡民采取集资合工的方式盗墓赢利。到1931年，“盗伙之多，尝近千人，如集市然”。直到河南省政府出面干涉，才遏制住盗墓之风。郭宝钧在辛村的调查显示，“田间陶石礨礨，俯拾即是”〔10〕。汲县情形也大体类似。1931年，郭宝钧调查此地，发现1928年汲辉公路的修建暴露出众多古墓，筑路工人通过出售墓葬随葬品获利，刺激当地乡民也加入到古墓盗掘之中。盗掘现象在金灯寺、五陵村和山彪镇尤其严重，郭宝钧见到，“在马路两侧，有新开盗坑六十余处，残陶碎蚌，狼藉坑边”〔11〕。1935年山彪镇第一次发掘的直接诱因就是汲县乡民李奠掘得积石积炭大墓“第一号墓”引起的纠纷。盗掘亦采用河南民间惯用的集资方式，但分赃不均而向官方告发，河南省政府最终决定派员发掘该墓。相对于辛村和山彪镇，琉璃阁是个例外，盗掘尚未波及此地。1935年，郭宝钧发掘山彪镇时，根据乡民提供的线索前往辉县调查而发现了琉璃阁。虽然乡民提供的是固围村的线索，不过固围村和琉璃阁都不是孤立的地点，临近地区的遗址至少还包括孟庄、百泉、褚都、田庄、赵固、峣河、王门等多处地点〔12〕。郭宝钧经过调查后，于1935年冬季发掘了琉璃阁墓葬，1937年春季在开展琉璃阁第三季发掘的同时，郭宝钧也着手发掘固围村大墓。

郭宝钧于1931年对豫北盗掘的调查促成了河南古迹研究会的成立，并议定以浚县作为试办区进行发掘，待辛村完成后再将发掘扩展到其他地点。辛村的发掘应该包括墓葬和遗址两个部分，墓葬基本为清理劫后残余。盗掘者采用北方常见的竖井法，“掘地为长方井，深达棺底，遇朱土即横凿隧道，四出分歧，隧与隧间留小墙或短柱，以支持欲坠之土，盗者乃蹲隧道中，恣意挖取，至尽取

〔10〕 郭宝钧：《浚县辛村古残墓之清理》，《田野考古报告》第1册，1936年。

〔11〕 郭宝钧：《山彪镇与琉璃阁》，北京：科学出版社，1959年，第2页。

〔12〕 中国科学院考古研究所：《辉县发掘报告》，北京：科学出版社，1956年，第1、2页。

所能取之物而后已"〔13〕。河南古迹研究会在浚县辛村发掘墓葬共计四季。第一季自1932年4月16日~5月26日，发掘者为郭宝钧、吴金鼎和刘耀。郭宝钧将辛村遗址划分成为六区，第一季在全面调查各区的基础之上，清理墓葬2座。天津《庸报》报道，"出石斧、卜骨、龟版、瓦鬲、铜石骨镞等物，与安阳小屯所出各物近似"。发现版筑一段，"东西宽约四米，南北长十八米，高约六米"。由于当时仅有安阳可资参考，古物的相对年代早晚关系尚不明了，辛村曾被视为殷商文化遗址，而殷墟尚未发现王陵，辛村因而被人径直称为"殷陵"。自第二季起，辛村发掘集中在墓葬上。第二季自1932年10月11日~12月6日，发掘者为郭宝钧、刘耀和赵青芳，清理墓葬11座；第三季自1933年4月1日~5月24日，发掘者为郭宝钧和刘耀，清理墓葬21座；第四季自同年10月20日~12月12日，发掘者为郭宝钧、尹焕章和赵青芳，清理墓葬51座。第三季中，在墓葬之外，发掘者曾经发掘A区和B区的龙山文化遗址和刘庄的仰韶文化遗址。1933年，天津《大公报》报道，"有铜器时代之陵墓甚多，已清理墓葬八处，前均经土豪盗掘，但仍残余，殉葬物多为车马装饰，及戈矛斧钺等，最可惊异者，多有马殉葬，墓葬之旁多另筑马坑，已发现之马坑，最大者有马骸六十余架，并有车马之装饰甚多，可以寻得古战车制度之一部"。辛村的田野发掘方法仅零星提及。第一季发掘以整理劫后残余为主，一号和二号墓的发掘记录显示，发掘者需通过盗洞进入墓室，找到墓室四壁之后才能在地面上对照划出墓穴四至，而且墓室清空之后才能揭示填土中的盗洞遗迹〔14〕。这也说明此时的考古学家们尚未掌握墓葬地面痕迹的判断方法。到第三季时，郭宝钧提到探坑法，应是针对中小墓葬采用的发掘方法，但是探坑的规模和分布规律并无更多信息。而在第四季，发掘重心已经转移到小型墓葬上，探沟法也趋定型，即采用多条平行东西向探沟，探沟规格为60米长，1米宽，相邻探沟间距为5米或者10米。辛村一例不仅见证了墓葬发掘经验的成长，也揭示了墓葬文化多元化特征。

山彪镇发掘则是以一座大墓的劫后清理为中心的抢救性发掘，于1935年夏天完成。起于1928年的盗掘愈演愈烈，但直到1935年李奠集资盗发惊动官方

---

〔13〕 郭宝钧：《浚县辛村古残墓之清理》，《田野考古报告》第1册，1936年。

〔14〕 郭宝钧：《浚县辛村》，北京：科学出版社，1964年，第14页。

之后才得到遏制。山彪镇的盗掘方法可以通过盗洞说明，盗洞有二，“一个在墓的西北角，贴墓壁直下，深达墓底；一个在墓的正中心。两洞合一后，分枝向南向东微延，被卵石杜塞退回，转入东南方向，接触棺椁的西北角，直透棺椁中心”[15]。结合辛村以及安阳和洛阳的盗例看，河南一带盗墓方法基本雷同，均采用土穴直下，到达棺椁层后四出分歧的方式。这是适应中原土壤结构的一种盗掘方法，简便高效，可直达墓葬内核，但如果清理劫余的考古工作循盗掘通道深挖的话，很快就面临塌方的可能。这既为郭宝钧进入山彪镇提供了机会，也提出了青铜时代大墓的发掘方法的技术性问题。河南省博物馆原本委托许敬武和段凌辰发掘清理，当年6月的田野工作的初衷可能仅仅是清理盗洞，顺延深挖，因此应全无考古学意识，技术上也无任何进步，仅得到古物1016件，其他相关信息一概阙如[16]。清理工作迅即遭遇到垮塌的难题，不得不求助于河南古迹研究会。河南古迹研究会以郭宝钧、王湘、赵青芳等人组建发掘队介入，以清理已发现的一号大墓为中心，但连带周临小墓和车马坑等。发掘自1935年7月25日开始，9月12日结束，共计时间50天，发掘大墓1座，小墓7座，车马坑1座等[17]。一号墓的发掘是此次发掘的重点。这是晚近遭遇盗掘的墓葬，清理之时，地面布满被扰动而翻出的陶片和碎骨，盗洞穿透棺椁中心，但可能由于担心墓坑垮塌歧道没有伸入棺椁四周。因此，发掘者采用轮廓钻探法确认墓地的一般情况，这个方法近同于郭宝钧曾经参与的殷墟第一季和主持的辛村第一季的发掘方法。在一号大墓上先开十字沟，确定墓葬的四边，然后逐层平揭。山彪镇大墓自8月5日开始清理，9月2日清理完毕。此外，王湘负责发掘外围墓葬，8月9~23日，发掘了实为车马坑的二号墓，出土马4排13匹。8月，王湘还清理了第四、五、六号小墓。9月又清理了第七、八、十和十一号小墓。

辉县是河南古迹研究会处理的第一个未遭现代盗掘的商周墓葬遗址。辉县琉璃阁的发掘起于1935年冬，前后经历三季发掘。第一季发掘者计有郭宝钧、王湘、赵青芳、周光普和孟长禄等。河南古迹研究会循乡民提供的固围村线索

---

〔15〕郭宝钧：《山彪镇与琉璃阁》，北京：科学出版社，1959年，第3页。
〔16〕郭宝钧：《山彪镇与琉璃阁》，北京：科学出版社，1959年，第2页。
〔17〕郭宝钧：《山彪镇与琉璃阁》，北京：科学出版社，1959年，第2~53页。

调查至辉县，发现琉璃阁一带已有古物出土，因此决定早于固围村发掘琉璃阁。不过，发掘并不顺利，不久即因为墓坑塌方而中止。1936年，琉璃阁发掘第二季由河南省博物馆主持，发掘甲、乙两座大墓[18]。此季发掘起因于1936年8月乡民偶尔发掘到铜鼎一件。县长吕达报告省政府，政府指派许敬参负责发掘，同时参加发掘的还有孙文青、李祥岑、穆培元和陈恵亭等。发掘自9月4日开始，11月5日结束。发掘的第一座墓葬编号“第一坑”，出土器物共计401个编号。但是临近结束之时又发现“第二坑”，因此新增第二轮发掘。发掘自10月26日开始，加派郭豫才主持，持续约半月，出土遗物11月16日送抵河南博物馆。直至遗物清理完毕，发掘者才能推断两坑实为两墓，而甲乙两墓的主要整理和研究工作多由许敬参和郭豫才承担。1937年春，琉璃阁开始第三季发掘，发掘者计有郭宝钧、李景聃、赵青芳、周光普、孟长禄等。此季发掘东周大墓5座和普通墓葬44座[19]。与此同时，发掘者开始着手固围村大墓的发掘，不过由于战争原因，墓口清理之后就终止了，为1950年中科院考古所重返辉县预埋了一条线索[20]。

2.1.2 郭宝钧遗产的回访门径

1937年之前，郭宝钧主持下的河南古迹研究会的田野发掘无疑被视为安阳发掘的平行线，构成早期中国考古学的“科学”范例。但是1937~1949年的政治变迁彻底改变了浚县辛村、汲县山彪镇和辉县琉璃阁的内涵：出土器物的离散造成的不可接触性，整理者和待整理资料的分隔使文本转型几不可能，三个地点都趋向“暗流化”。郭宝钧于50年代出版的《浚县辛村》和《山彪镇与琉璃阁》构成了极端特殊的回访门径。

---

〔18〕河南省博物馆、台北“国立”历史博物馆：《辉县琉璃阁甲乙二墓》，郑州：大象出版社，2003年。

〔19〕《辉县琉璃阁甲乙二墓》称“得商代墓3座，东周大型贵族墓葬5座，中小型墓葬39座，汉墓25座”。

〔20〕中国科学院考古研究所：《辉县发掘报告》，北京：科学出版社，1956年，第1、2页。

辛村、山彪镇和琉璃阁的出土器物的分拆离散需在南迁河南古物的整体情境中理解。由于1923年发现的新郑李家楼器群在化私掘为公藏的过程中决定性地保留在河南本地，而后演变成为新成立的河南博物馆的建馆基础馆藏，“在地保护”之声在河南本土知识阶层中尤为深入人心，这个观念又进一步得到1929~1930年河南博物馆和史语所在安阳的冲突的强化，1931年甫一成立的河南古迹研究会，即明确分离了“保护”和“研究”之责，因此以该会名义展开的田野发掘的出土器物悉数保存于河南博物馆，这也导致抗战之前的河南博物馆是收藏科学发掘出土器物最丰的一家。1937年，由于日本侵华战争的爆发，出于安全原因考虑，河南省文物南迁，河南博物馆选取文物共计5678件，分装68箱，其中34箱为出自新郑、安阳、汲县和辉县的青铜器。南迁文物先经郑州南下，暂存武汉法租界。1938年11月，随着局势的恶化，存汉河南古物不得不再度迁移，经水路送往重庆，保存在中央大学磁器口校舍中，直到抗战结束。战后自重庆到开封的交通尚未恢复，中原又成为内战的主要战场，因此一直未能及时回迁而滞留在重庆。1949年11月，重庆易手之前，国民党将部分存渝文物转运台湾，包括原本属于河南博物馆存渝文物38箱，计有文物5119件，图书1450册。在存渝河南文物中有34箱为青铜器，其中11箱迁台〔21〕。迁台文物基本成为台北“国立”历史博物馆收藏，存渝文物于1950年大部分返还给河南省文物管理委员会，少数调拨至北京故宫博物院和中国历史博物馆等地〔22〕。21世纪以来，河南博物院和台北“国立”历史博物院合作疏清了新郑李家楼和辉县琉璃阁甲乙二墓的器物流向，而浚县辛村、汲县山彪镇和辉县琉璃阁的出土器物的流散线索和现存状况尚不甚清晰〔23〕。这一离散

---

〔21〕 李宏、杨式昭：《辉县甲乙二墓考古纪实》，《辉县琉璃阁甲乙二墓》，郑州：大象出版社，2003年。该文援引1956年“教育部”公函（台［45］社第4070号函）及《“国立”历史美术馆暂借“国立”故宫博物院莲鹤管理处寄存河南古物交接清册》。

〔22〕 《河南、陕西等地发现的古代青铜器——辉县战国甲墓和乙墓出土青铜器选记》，《文物》1965年第5期。

〔23〕 李宏、杨式昭：《辉县甲乙二墓考古纪实》，《辉县琉璃阁甲乙二墓》，郑州：大象出版社，2003年；李宏、夏志峰：《新郑彝器述略》，《新郑郑公大墓青铜器》，郑州：大象出版社，2001年。

过程导致郭宝钧主导的1932~1937年三地考古发掘形成的物质文本基本无法接触。

基于政治变迁，辛村、山彪镇和琉璃阁的刊布构成中国考古学史上文本转型的特例。三处地点的遗物整理和报告撰写首先因为战争而拖延下来，其中，浚县辛村“正式发掘报告在1938年间即计划进行编写。抗日战争胜利后，古物运抵南京，开箱检视，器物大多残破，修复核对，需时甚多。报告初草写成十分之四五”〔24〕。而山彪镇和琉璃阁材料甚至在抗战胜利之前几乎无法整理，“日寇投降，古物运到南京北极阁下，才得展开摩挲，粘补残缺，初步草拟了报告稿。那时山彪镇的稿才拟就十分之七八，琉璃阁的稿还不到十分之二三”〔25〕。1949年的政治巨变导致三处地点的部分出土器物、出土记录以及报告底本皆迁往台湾，身在大陆的郭宝钧依据初稿以及历年来关于三个遗址的写作，编辑出版了《浚县辛村》和《山彪镇与琉璃阁》二书。二书皆是不完整版，尤其是琉璃阁的小墓材料基本缺失，但实是特殊的历史形势造就的特殊的考古发掘报告。郭宝钧称为“有阙文的报告，不过主要部分略备”〔26〕。因此，在编辑体例，尤其在全面而准确地公布出土器物上，三种报告都存在缺陷，但是作者的分析和阐释却得到了完整的表述。如果回访的重心放在郭宝钧的学术遗产上，二书倒不失为难得的材料。

《浚县辛村》和《山彪镇与琉璃阁》并不是孤立的文献，它们分别存在于前后延续的学术脉络之中，文本的“类型学”作业可以展示研究者判断和阐释的变迁。辛村和山彪镇及琉璃阁存在于不同类型的文本环境中：前者经历了发掘者几至三十年的不断整理和反思；后者的发掘者本就多元，而且在1949年之后又迅即得到回访性发掘。郭宝钧在结束浚县辛村的发掘之后再未重返当地，但是多次整理浚县辛村的发掘收获。最初的发掘简报于1934年刊布于《田野考古报告》〔27〕。辛村遗物集中保存于开封，在河南古迹研究会成立三周年之际，郭宝钧另行撰写《第二次展览说明书》介绍辛村遗物。虽然此文流行范围甚为狭

〔24〕郭宝钧：《浚县辛村》，北京：科学出版社，1964年，第2页。

〔25〕郭宝钧：《山彪镇与琉璃阁》，北京：科学出版社，1959年，第1页。

〔26〕郭宝钧：《浚县辛村》，北京：科学出版社，1964年，第2页。

〔27〕郭宝钧：《浚县辛村古残墓之清理》，《田野考古报告》第1册，1936年。

窄，但郭宝钧以此为基础，配置图像后成《浚县铜器群》稿，提交给《河南通志》之《文物志》。编辑孙海波将其易名《浚县彝器》后刊行。由于1949年后辛村遗物随存渝河南古物迁台，郭宝钧以浚县辛村报告草稿为基础，结合历次记录，重新出版《浚县辛村》。由于写作情境的变迁，《浚县辛村古残墓之清理》、《浚县彝器》和《浚县辛村》构成了辛村的不同镜像。由于三篇写作年代跨度几近三十年，文本的相互比较有助于揭示郭宝钧在阐释辛村上的变迁。汲县山彪镇和辉县琉璃阁在报告出版之前并无简报面世，郭宝钧称曾经为《河南通志》撰写《汲县铜器群》，但原稿已佚〔28〕。不过，两地在1949年之后迅即得到回访性发掘，构成了认知1935~1937年发掘的重要比对和补充材料。1950年10月，郭宝钧重返辉县，在琉璃阁发掘了殷商、战国和两汉墓葬，尤以战国时期车马坑的发掘引起轰动。固围村的发掘续接了1937年匆匆中止的工作，发掘战国大墓3座和中小墓2座。1951年10月的第二季发掘在琉璃阁清理了商墓42座，战国墓8座，汉墓2座，在百泉清理了汉墓1座，在赵固清理了战国墓7座〔29〕。在转型文本中，辛村、山彪镇和琉璃阁因为不同的“后发掘”过程而形成不同的镜像，这也要求回访研究采取不同的策略。

2.1.3　建构商周墓葬制度：作为路径的浚县辛村

1932~1937年郭宝钧频密主持的发掘第一次直观地展示了既有年代跨度，又有社会等级跨度的两周墓葬群，早期中国考古学借机建立商周墓葬的术语（terminology）和描述方式，归纳墓葬的空间特征和内容规律，并且由于受到编史倾向的鼓励，急迫地将“新出土之材料”用于历史建构。郭宝钧无疑是中国考古学史上系统地以田野发掘资料建构先秦葬制的先驱学人，而浚县辛村就是其材料入口。浚县辛村的田野发掘收获虽不能和随后的汲县山彪镇和辉县琉璃阁相比，但也足以产生轰动效应，由于安阳此时尚未发掘到大型墓葬，而浚县毗邻安阳，因此辛村墓葬一度以“殷陵”相称〔30〕。虽然随着卫师铭文的出现，殷陵说不攻自破，但是浚县辛村的发掘无疑给殷墟王陵的发掘提供了诸多刺激和借

---

〔28〕郭宝钧：《浚县辛村》，北京：科学出版社，1964年，第2页。

〔29〕中国科学院考古研究所：《辉县发掘报告》，北京：科学出版社，1956年。

〔30〕郭宝钧：《浚县辛村古残墓之清理》，《田野考古报告》第1册，1936年。

鉴。稍晚于浚县辛村，安阳的发掘重心于1934~1935年也转移到了西北冈王陵。史语所的考古学活动在抗战前的最后一个时期不约而同地集中到商周墓葬制度上。

然而，材料并不是独立于研究者的客体，它既可能被研究者基于自身的情境取舍或者裁剪，其自身的特质又可能诱导研究者发现或者忽视某些问题，因此，材料和阐发之间存在动态的反射关系[31]。在这个观念下，浚县辛村就不再仅仅是郭宝钧率先用于阐发商周时期墓葬制度的客观材料基础，虽是劫后残余，但是作为中国的科学考古学传统首次揭示的商周大墓，浚县辛村既提供了建构墓葬制度的材料，又因其材料的残缺性隐蔽了诸多问题，但商周大墓的观察取向得以被确定。嗣后的商周大墓的认识多建立在辛村经验基础之上，观察和认识的盲区需要更多的实践才能揭示出来。

1. 空间与形态

即使辛村四季共计发掘多达88个编号的墓葬，郭宝钧在发掘之时尚不关心作为整体的墓区布局。《浚县辛村古残墓之清理》没有讨论超越单座墓葬的墓区空间，墓葬的空间关系仅仅通过表格中的“位置”栏予以表示。郭宝钧的墓区分析意识最早出现在琉璃阁第三次发掘中，他首次谨慎地提出了一个“感性认识”，“此墓地坐东向西的墓，应有东早西晚的情形”。因此，他将琉璃阁的战国墓葬分成东区、中区和西区三个各有大小墓葬的区域，整体上东区年代最早，中区居中，西区偏晚[32]。受此影响，50年代重新整理浚县辛村墓地资料时，以类似的分区原则将辛村墓葬区分成为甲、乙、丙三区，并且分别对应早、中、晚时期[33]。

然而，郭宝钧极度关注作为单体的墓葬，尤其是大型墓葬，他以此为基础确定了商周墓葬的术语体系和描述方法。辛村大型墓葬是中国考古学史上最早辨认出墓圹和墓道遗迹的案例，这一突破是在1932年辛村前两季发掘中实现的

〔31〕 Miller D. Why some things matter, in *Material Culture: Why Some Things Matter*. Chicago: The University of Chicago Press, 1998: 3-21.

〔32〕 郭宝钧：《山彪镇与琉璃阁》，北京：科学出版社，1959年，第53、54页。

〔33〕 郭宝钧：《浚县辛村》，北京：科学出版社，1964年，第72~74页。

（图 2.1）。发掘技术上的突破使郭宝钧发掘结束后即成《墓制》专节，到 50 年代时仍以《墓葬制度》一章界定描述墓葬各个部分的术语体系。墓室界定为“墓葬揭地面而下，为上方形之深井，是曰墓室”〔34〕。大型墓葬有南北墓道，辛村所出 M21、M42、M2、M1、M6、M17、M5 和 M24 八座大墓中，除 M21 外其余均有墓道。郭宝钧也注意到辛村大墓的南北墓道长度不一，推测两处的用途也不一致，因而分别冠名，“墓室南面更开以狭长通路，是为墓道”，“北壁亦开一斜长通路，为便于称谓计，别呼羡道”〔35〕。大墓墓室中已经分离出二层台，只是此时尚以“墓阶”相称，棺椁位置描述成为“四阶中形成长方形之坎，是曰棺穴”〔36〕。最早的术语体系应基于文献，但到 50 年代之后屡被更通俗的表达方式所替代，郭宝钧已经放弃“墓道”“羡道”之分，代之以南北墓道。随后“二层台”替代了“墓阶”，“棺穴”和“椁室”混用。尽管术语经历了世俗化变迁，但是郭宝钧的术语内涵和描述方法却得以继承下来。

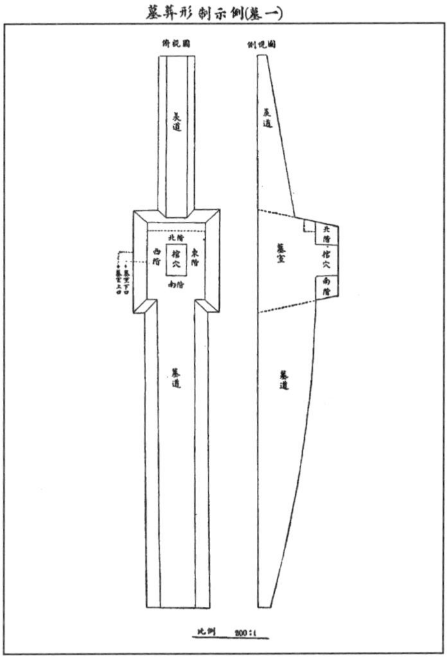

图 2.1　辛村 1 号墓平面图

（采自郭宝钧：《浚县辛村古残墓之清理》）

墓内空间的另一项主要内容是陈器制度。浚县辛村大墓皆有先天不足，在发掘之前已经屡经盗掘。材料匮乏使郭宝钧先在《葬法》一节中只能简要说明，在《浚县辛村》的《墓葬通制》中只能泛泛而论，“大抵礼器之属，多在北阶；车马饰之属，多在南阶或东南阶；兵器之属，多在东西阶；衣甲贝玉之属，多在椁内或棺内，贝亦有含于口中的，这些都是死者贴身的财富，在椁顶上也有

〔34〕　郭宝钧：《浚县辛村古残墓之清理》，《田野考古报告》第 1 册，1936 年。

〔35〕　郭宝钧：《浚县辛村》，北京：科学出版社，1964 年，第 176 页。

〔36〕　郭宝钧：《浚县辛村》，北京：科学出版社，1964 年，第 176 页。

放些纶组节约车马饰之类”〔37〕。更多的细节则要留待劫后残余更丰富的墓葬的发掘。郭宝钧在1935年的山彪镇发掘中就及时更新了对墓葬空间和陈器制度的认识。墓葬填土为“夯土，杵窝明显，夯层厚度0.25~0.3米，土质混杂土，有炭屑”〔38〕。夯土之下为0.1~0.5米厚的炭层，炭层之下则是卵石层。墓坑底面平铺木炭，然后铺上蛮石，再铺木板。墓坑四周先填满厚度为0.5米，高度为2米的炭层，尔后建椁室。棺椁之间为放置明器的地方。倘有殉人，则在摆放明器之前杀戮放置。在棺椁埋藏之后再“复幕，加金箔，加抗席，加椁盖，加抗木，复石，复炭”〔39〕。从墓葬的随葬器物看，器物的摆放具有明显的规律性，其知晓的详尽程度远非在辛村墓葬中所能比拟，“墓西北隅大致是鼎彝之属；西南隅大致是壶鉴之属；簠簋尊豆等皆在西壁下；钟镈石磬等皆在南壁下；东南隅以车马饰为多；北壁下大都是小器作工具类；铲币分放四隅；其他小件车马兵器，遇隙即补，方位无定；而四个殉葬人的随葬物，自接近各个人的身旁，然亦有与墓主人随葬物相混，不易分辨的。而大体却都是有规则的部署”〔40〕。

相对于空间关系，郭宝钧更关注墓葬的社会等级区分关系。郭宝钧先后两次对浚县辛村墓葬进行分类。在初次报道时，郭宝钧将辛村墓葬区分为四种，具体而言，“甲种有墓道、羡道、墓室、棺穴各部，形制最大。乙种有墓室、棺穴，而无墓道，形制亦堪与甲种比。丙种墓室、棺穴同乙，惟形制略小。丁种厝埋极浅，无墓室棺穴之分，棺穴即墓室也”〔41〕。甲乙两类墓葬被厘定为大墓，丙丁两类则为小墓，丁类墓葬尤其浅埋而且狭小。到撰写《浚县辛村》时，郭宝钧修改了分类方案，按照大、中、小形墓葬和车马坑进行分类。前后两次统计和分类数据略有差异。前次共计84座墓葬，其中甲种墓为6座，乙种墓为4座，丙种为55座，丁种为6座，另有车马坑13座。后次共计82座墓葬，其中大型墓8座，中型墓6座，小型墓54座，车马坑14座。由于郭宝钧在第一次报道时没有详列分入各个类别的墓葬编号，因此不易一一核对。发掘之

〔37〕郭宝钧：《浚县辛村》，北京：科学出版社，1964年，第8页。
〔38〕郭宝钧：《山彪镇与琉璃阁》，北京：科学出版社，1959年，第3页。
〔39〕郭宝钧：《山彪镇与琉璃阁》，北京：科学出版社，1959年，第5页。
〔40〕郭宝钧：《山彪镇与琉璃阁》，北京：科学出版社，1959年，第6页。
〔41〕郭宝钧：《浚县辛村》，北京：科学出版社，1964年，第173页。

时，墓葬编号上存在空号、重复和内容不明等情形，也有补遗的情况[42]。不过，两次厘定的大、中墓葬基本重叠，因此分类的基本思路应是一脉相承的。墓葬在形态和规格上的等级排列关系被视为墓葬主人社会地位的标志，因此可以直接用于复原社会等级制度，这个观念自在浚县辛村提出后就一直根深蒂固地保留在中国考古学中。

辛村已经出露苗头的另一个空间现象此时尚未引起郭宝钧的注意，直到琉璃阁大墓和甲乙墓发掘后才引起反省。辛村 M6 在 M1 正东 6 米，“两墓墓室墓道两两骈列”。M5 在 M17 正东 6 米，“与 M17 两两骈列”[43]。但是，这种埋藏制度到琉璃阁发掘之时才表现得足够明显，M80 和 M55 并列，间隔 4.5 米。M80 在左，M55 在右。M80 为长 7.4 米，宽 4.8 米，深约 10 米的竖穴土坑墓，器物主要分布在人骨右侧，郭宝钧观察到“（与 M55）若两墓彻去隔壁，两人的器物，都在两人的对向环抱中，这或是当时的一种祔葬形式”。郭宝钧因此推测这组墓葬为“夫妇异穴祔葬墓”，其中左侧 M80 为男性，右侧 M55 为女性。在此思路下，辛村的两组大墓也被认为当属此例。不过，同组墓葬的位置和性别都没有严格的对应关系。郭宝钧也认定琉璃阁甲乙二墓为夫妻异穴祔葬墓。其中，甲墓长 11 米，宽 10.3 米，深 11 米；乙墓在甲墓北 4 米，长 9.1 米，宽 7.6 米，深 11 米。郭宝钧根据许敬参的现场记录，整理表述为甲墓“墓底无棺痕，以柏木为椁，保存颇好。柏木每条长约 3.34 米，宽约 0.36 米，厚约 0.34 米，共 80 余根，四壁叠起，做版筑状，椁底横铺柏木 14 条，四壁各叠柏木 9 条，椁顶纵 3 条，形成一题凑椁室”，墓室内“四周殉器，铜器累累，周匝逼近人体，器上及墓底，满布漆绘，人体四周，玉饰之类，亦颇充牣”[44]。乙墓大体相当而规模略小。虽然甲乙墓的成组关系无人质疑，但是否必为夫妇异穴祔葬墓尚存在争议[45]。

---

〔42〕 郭宝钧：《浚县辛村》，北京：科学出版社，1964 年，第 33 页。

〔43〕 郭宝钧：《浚县辛村》，北京：科学出版社，1964 年，第 17、18 页。

〔44〕 许敬参：《题凑翰桧说》，转引自郭宝钧：《山彪镇与琉璃阁》，北京：科学出版社，1959 年，第 69、70 页。

〔45〕 林淑心：《辉县甲乙二墓出土玉器》，《辉县琉璃阁甲乙二墓》，郑州：大象出版社，2003 年。

2. 物质组合

由于遭遇多次盗掘，浚县辛村出土遗物的残破性本质导致其方法论价值并不明显，远无法与随后出土的山彪镇和琉璃阁诸墓相较。 辛村所出遗物统计数量虽在千件以上，郭宝钧亦称，“以铜器为最多，足为铜器时代之代表。 以车器兵器为最多，足为车战时代之特征”，但是辛村既缺乏单个保存较为完好、出土遗物丰富的墓葬，而且劫后残余的铜器又以车器和兵器居多〔46〕。 辛村遗物曾经三度刊布，但是大量遗物实是作为部件的小型铜件和贝类遗物，既不易清点，也不便归类，大量的小部件从未悉数公布，选取样本最多也仅有200余件。 辛村遗物的三度编排的比对可清晰说明分类思想的变迁，而分类思想又是研究者对器物文化整体认知的镜像。 郭宝钧的第一次分类以“尚获千余件”称出土器物总数，但是实际列出几近万数，可见郭宝钧实际上也未将大量的贝壳计算在内〔47〕。 郭宝钧采用“质料”和“用途”的二级方式进行分类，辛村遗物因此分成：①铜器类，包括车饰20种400件，兵器6种130余件，礼器7种14件，方相2种30件，幄幙5组，甲泡105枚，纶组饰3种1200枚，节约8种110枚，铜鱼100余枚以及其他；②金器类，包括金叶24片，金圆泡1件，包金兽面2件，鎏金花铜片多件；③玉石类，包括玉片85件，动物形玉饰13件，其他形状玉饰17件，宝石、石球44件，砺石5件；④陶器类，完整器形5种近30件；⑤贝壳类，包括贝3472枚，蛤蜊4012枚，蚌鱼856枚，蚌泡420枚，螺2枚；⑥甲骨牙类，包括龟甲10余片，骨制品60余件，角制品10余件，牙制品90余件〔48〕。 郭宝钧在功能分类的标准上并不恒定，导致除了显而易见的功能类别之外，其他的更像是形态类别。 到50年代重新整理时，郭宝钧认为“随葬物以当时所尚的铜器为大宗，其他陶器、玉石、骨角、贝蚌之属，只是略予点缀配合而已”，因此他将器物分成铜器和其他两类。 次级分类中，铜器仍依功能区分成礼、兵、车、杂四类。 其中礼器17件，兵器267件，车器29种1788件，杂器11种136件，另附金器3种27件。 其他器物则依材质区分，包括陶器2种58件，玉石类4种175件，贝蚌类制品4种1290件，自然蚌贝7486件，骨角类3种342件，竹木类

〔46〕 郭宝钧：《浚县辛村古残墓之清理》，《田野考古报告》第1册，1936年。

〔47〕 郭宝钧：《浚县辛村古残墓之清理》，《田野考古报告》第1册，1936年。

〔48〕 郭宝钧：《浚县辛村古残墓之清理》，《田野考古报告》第1册，1936年。

3种16件〔49〕。两次的分类思想基本近同，只是后者清晰界定车器一类，综合了前者的多项琐碎分组。

在两次分类之间出版的《浚县彝器》展示了另一种分类思路。郭宝钧称其成书过程为“因取《第二次展览说明书》，略加增减隐括，附以图像，辑为《浚县铜器群》、《汲县铜器群》二书，交前河南通志馆汇集待印”，“《浚县铜器群》被经手印刷人改名为《浚县彝器》出版”〔50〕。所指“经手印刷人”应为孙海波，书稿中郭宝钧和孙海波的按语皆可见〔51〕。限于《河南通志》的志书体例，也受到孙海波编辑影响，《浚县彝器》采用了单一的功能标准分类，收录器物分成烹饪器及食器、酒器、兵器、车马器和杂器五类，共计刊布76器。

郭宝钧在浚县辛村遗物上甚少有阐发，这应是器物残破性所致。在随后虽遭盗掘但是出土遗物尚多的山彪镇大墓上，郭宝钧在整理分类各项器物之后，提出了商周时期的列鼎制度。郭宝钧将山彪镇所出14件鼎分成两类：列鼎五及非列鼎九。其中列鼎存在尺寸大小，依次递减的特征。在排列了山彪镇列鼎的基础之上，郭宝钧重排了关百益《新郑古器物图录》的陪鼎五和牢鼎七的顺序，由此推出自西周晚期开始的列鼎制度。列鼎制度迄今仍被视为商周时期最为关键的埋葬器用制度。

3. 物质文化的历史阐释之道

浚县辛村亟待解决的首要问题是墓葬的归属。在《浚县辛村古残墓之清理》末段，郭宝钧以多类材料推测浚县辛村墓葬为卫侯墓葬，成为中国考古学早期阶段从考古发现向历史回溯的具有方法论价值的样本。郭宝钧记录了分别于1931年和1934年推断的辛村墓地的文化归属，前次以卫侯铭铜戟为分析对象，从地望、墓葬数量、字形、字义和字音角度考证；后次则通论整个墓葬区，从铭文、遗物和葬仪三处论证辛村系康叔至成公之间的卫侯墓地〔52〕。郭宝钧的方法体现出传统的地望考证、文字训读和近现代考古学证据相结合的倾向。其传统方法并无新意，但对考古学材料的释读却足以说明早期中国考古学从物质到历

〔49〕郭宝钧：《浚县辛村》，北京：科学出版社，1964年，第34～71页。

〔50〕郭宝钧：《浚县辛村》，北京：科学出版社，1964年，第2页。

〔51〕郭宝钧：《浚县彝器》，《河南通志文物志·吉金编》上，1934年，第24、25页。

〔52〕郭宝钧：《浚县辛村古残墓之清理》，《田野考古报告》第1册，1936年。

图 2.2 辛村墓地出土铜器铭文
（采自郭宝钧:《浚县辛村古残墓之清理》）

史的方法轨迹。

带有铭文的青铜器仍然是商周时代考古学最青睐的材料，并且常被视为铁证，但是带有铭文的器物常常被视为静态证据，铭文中特定的人名或者地名常被假定为器物所有人的标志，并不考虑器物的空间异动和所有权转让。M2“侯”戟，M8“白矢”戟，M42“成周”戈都因此被过度阐释（图 2.2）。

如果铭文材料不可得，就需要“阅读”物质文化，而郭宝钧则界定了多种物质文化的读法。早期中国考古学中会出现一些想当然的阐释方式，即使在郭宝钧的推断中也不少见，如“以墓数证”辛村为卫侯墓地，提到“今辛村墓葬，据调查所知，已在百座以上，非国祚悠久，公族繁荣如卫者，不能与之相称”〔53〕。这种疏阔之论随着材料的积累而被证伪。郭宝钧的更主要贡献在于提出商周墓葬物质文化的排列规则，特别是按照一定的规则将商周墓葬及其随葬器物排成数列关系。辛村墓葬的社会等级排列的价值即在于此。在将墓葬按照墓葬结构及大小排列后，郭宝钧推断“甲乙种皆公侯夫人之墓，丙丁种皆公族侍从之墓”。同样，列鼎制度以及夫妇异穴祔葬墓也属于此类。郭宝钧开启了中国考古学中建立墓葬规格与墓主人社会身份等级之间整饬的对应关系的潮流，至今仍然影响深远。

2.2 中国考古学史上的吴金鼎：从城子崖到苍洱之间

作为中国考古学的奠基学人之一，吴金鼎（1901~1948）的遗产价值仍然有

〔53〕 郭宝钧:《浚县辛村古残墓之清理》,《田野考古报告》第 1 册，1936 年。

待梳理。石璋如晚年曾经论及“吴先生是龙山文化的发现者，田野考古调查约二十次，所得遗址约八十四处，发掘遗址约二十六处。从山东的史前，到河南的殷周，又四川彭山的汉，云南南诏大理的唐宋，以至成都琴台的五代，并远及巴勒斯坦。时间上上下数千年，直到现在为止，在田野工作上来说，称得起是田野考古第一人”〔54〕。此论虽很全备，但仅仅言及吴金鼎田野考古的各项事实性细节。事实上，正由于吴金鼎是1949年之前田野经验最为丰富的考古学人，不同的田野活动对他的意义不尽相同，更重要的是，此论几未涉及吴金鼎在考古学方法上的贡献。在时隔半个世纪之后，石璋如尚有“正名”意味的论断都只做此断语，可见吴金鼎在中国考古学史上被低估的程度。吴金鼎的模糊印象是诸多原因造成的：他过早离世，兼之去世之前五年即已脱离学术中枢。而辞世之时恰逢中国考古学的重要范式转型期，无论对于迁台之后的史语所和中博院筹备处，还是重建的中国大陆地区考古学而言，他都处在几被遗忘的边缘上；吴金鼎原本服务的中博院基本脱离大陆地区考古，而他在赴英前参与的诸多田野活动，无论是安阳还是城子崖，常以史语所的集体面目出现，其个人贡献也难免被遮蔽；吴金鼎在抗战期间最主要的田野工作不在大陆考古学传统的核心地区，而因时势所迫局限于中国西南一隅。1949年之后，西南重归文化边陲的地位，并没有足够多的后续工作以昭示早期学人的先驱价值。吴金鼎著述数量不多，但更关键的是受制于无学术传人，其文稿也未经辑录整理。然而，吴金鼎对中国考古学的价值亟待阐发。这种工作的意义绝不局限在学术史追溯上备名以示公正，而在于揭示其在建立中国考古学学科规范上的价值。如果粗略地将1949年之前史语所和中博院的田野考古分成两个十年的话，前一个十年便是史语所考古组集体发掘安阳，而后一个十年则几乎是吴金鼎主导下战时西南地区的调查和发掘。第二个十年也是吴金鼎在中国考古学上留下独立印记的时代。他不仅仅是考古学意义上区域研究的开创者，而且在通则意义层面上，其发掘方法和类型学整理也较前一个十年有显著提高和完善。这些遗产都是此前从未揭示的。

---

〔54〕 石璋如：《田野考古第一——吴金鼎先生》，收录于杜正胜、王汎森：《新学术之路》，台北：“中央”研究院，1998年。

2.2.1 李济传统和英国传统

基于公开发表的文献，尤其是学术写作中流露出的方法和理论倾向，吴金鼎的学术渊源归结为两个方面——分别是李济传统和英国传统。前者获自1926~1927年入读清华大学国学研究院，并且随着1930年进入史语所而一直贯穿吴金鼎的职业考古生涯；后者来自1933~1937年留学英国的经历，但是并不限于伦敦大学一地，而是受到更为广阔的英国考古学整体的影响，尤其是新生的田野考古学范式给他留下了不可磨灭的印记。

李济传统是吴金鼎学术生涯的一条重要脉络。吴金鼎自入读清华学校国学研究院起，至离开中研院都与李济休戚相关。吴金鼎字禹铭，山东安丘景芝人。1925年肄业于山东济南齐鲁大学后，吴金鼎于1926年考入清华学校国学研究院第二期，师从李济。彼时田野考古学甫入中国，兼之李济在清华时间有限，因此清华国学研究院学生中，李济指导过的学生仅有第一期徐中舒和第二期吴金鼎二人，而且徐中舒的主要导师为王国维，因此李济全权指导的仅有吴金鼎一人〔55〕。1927年肄业于清华国学研究院后，除1928~1929年短暂地服务于山东齐鲁大学外，吴金鼎一直供职于中研院史语所和中博院筹备处，到抗战时期已经成为独当一面的人才。从学术渊源看，吴金鼎不属于傅斯年人马，这或许能解释吴金鼎为何仅在史语所得到技正一职，以及抗战后期自史语所投笔从戎的经历。但是，李济却一直将吴金鼎视为中国考古学的第二代传人。

吴金鼎的另一个的学术渊源是英国田野传统，这可能构成吴金鼎在抗战时期田野发掘中独到建树的基础，但也不能排除这是晚近的中国考古学在建构自身学术谱系中刻意强调的结果。中国早期考古学家中，吴金鼎、曾昭燏和夏鼐都先后留学英国伦敦大学。夏鼐曾经深情回忆此时的英国考古学正处于巅峰阶段，而伦敦大学正是考古学研究的中心〔56〕。不过，虽同在伦敦大学，三人的传承背景却不同，曾昭燏主要接受了博物馆学训练，而吴金鼎和夏鼐更倾向于田野考

---

〔55〕戴家祥：《致李光谟的一封信》，《李济学术随笔》（附录），上海：上海人民出版社，2008年。

〔56〕夏鼐：《中国考古学研究》日文版序，东京：学生社，1981年。收录于夏鼐：《夏鼐文集》上卷，北京：社会科学文献出版社，2000年。

古学，夏鼐提及吴金鼎的兴趣在史前考古学，而他本人则在历史考古学〔57〕。1933年，吴金鼎以庚款留学生身份前往英国伦敦大学，师从叶慈（William Yetts）教授，1937年以中国史前陶器为题撰就博士论文，该论文于1940年出版〔58〕。中国考古学传统长期以来一直高度认可欧陆考古学的田野方法，在解释吴金鼎抗战期间的田野方法之变上提出“所从事的田野工作及其方法正代表了当时英国甚至可以说是世界的较高水平”〔59〕。吴金鼎的田野观念可能受之于英国，但应不是出自从学叶慈的经历。叶慈素为中国金石学和考古学界所熟知，1934年容庚甫成立考古学社就邀其加入；他也是1935年伦敦中国古代艺术展的主要策展学人之一。叶慈以具有博物馆学倾向的中国艺术史为专业，并不擅田野发掘。夏鼐转入埃及考古学实际与叶慈的学术倾向和水准相关，他曾率直指出，“艺术所之中国考古学，亦不见佳”〔60〕。而傅斯年的复函中则言语更为不客气，“此等外国汉学家，每好以收罗中国学生眩人，然我们可以向之学者甚少。兄与禹铭在彼，恐只备他顾问耳”〔61〕。事实上，无论是吴金鼎还是夏鼐，其田野考古学方法都另有来源。两人都在埃及参加田野发掘，不过在夏鼐眼中，“吴金鼎君曾参加一次，据吴君云，以事先未学习埃及考古学，参加发掘获益并不多”。也许，吴金鼎的判断促使夏鼐决意彻底转入埃及考古学专业中。30年代初期，埃及考古学大师彼特里已经不再招收学生，长期定居巴勒斯坦。无论是吴金鼎还是夏鼐都强调曾经参加埃及或者巴勒斯坦的发掘或者向彼特里请教，彼

---

〔57〕夏鼐：《夏鼐陈请梅贻琦校长准予延长留学年限的信函》，《清华大学学报》（哲学社会科学版）2002年第6期。

〔58〕Wu G D. *Prehistoric Pottery in China*. London: Kegan Paul, 1938.

〔59〕谭旦冏：《“中央”博物院二十五年之经过》，台北：中华丛书出版编审委员会，1960年，第76、77页。

〔60〕夏鼐：《夏鼐陈请梅贻琦校长准予延长留学年限的信函》，《清华大学学报》（哲学社会科学版）2002年第6期。夏鼐在1935～1936年间曾在日记中详细记录自中国考古学转入埃及考古学的经历，见《夏鼐日记》卷一，上海：华东师范大学出版社，2011年。

〔61〕傅斯年：《傅斯年复信》，《清华大学学报》（哲学社会科学版）2002年第6期。

特里传统构成中国考古学中一条隐蔽的方法论线索〔62〕。但是，与彼特里的短暂接触是否真的具有重要的学术史价值是值得反思的，这很可能只是授业于彼特里的滨田耕作在东亚考古学中的特出地位导致的考古学史的写法问题。如果从田野考古学训练上看，吴金鼎和夏鼐应该更多地受益于曾经参加由惠勒主持的梅登堡（Maiden Castle）考古发掘，这一遗址的发掘对旧大陆考古学发掘技术的整体提高具有深远的示范作用。不过两人当时应该都没有意识到惠勒发掘方法的划时代价值，夏鼐称“生本年暑假所拟加入之发掘团，系在英国国内，规模甚小，则为史前之铁器时代”，即指梅登堡〔63〕。因此，早期中国考古学可能的确存在英国传统，但既非基于留学英国的多位学人的师承关系，也不是经滨田耕作大力阐发、后期追认的彼特里关联。吴金鼎和夏鼐的英国传统似来自于整体的英国考古学环境、已经反映到各个考古学分支中的田野考古学意识和以梅登堡为代表的田野方法新进展。具有艺术史倾向，更为关注向西方介绍和推广中国早期艺术的叶慈并不构成吴金鼎田野考古学方法的渊源。

2.2.2 城子崖中的吴金鼎

论及吴金鼎对中国考古学贡献的文献大多以城子崖作为起点，无疑，吴金鼎是城子崖的最初发现者、主要发掘者和整理者，城子崖也是吴金鼎初现于中国考古学史的契机。但是，从最初的发掘策划到最终的阐释，城子崖都是史语所的安阳发掘的备线。而且，发掘和整理都是以史语所的集体面目出现，城子崖的

〔62〕王仲殊《夏鼐先生传略》称，“还到过巴勒斯坦，在泰尔·丢维尔（Tell Duweir）参加发掘工作。当时，彼特利教授正在巴勒斯坦耶路撒冷的医院中疗养。夏鼐先生在那里访问了彼特利，并接受他的指教”。参见《夏鼐文集》上卷，i 页。夏鼐：《吴禹铭先生传略》称，“于民国二十二年冬跟从英国的埃及考古学泰斗彼特里教授（Prof. F. W. Petrie）在巴勒斯坦做发掘工作”。并引用彼特里原话称，“吴先生确是一位田野工作的好手，虽不英锐机警，但沉着勤慎，工作罕匹”。参见夏鼐：《吴禹铭先生传略》，《中国考古学报》第 4 册，1949 年。

〔63〕夏鼐：《夏鼐陈请梅贻琦校长准予延长留学年限的信函》，《清华大学学报》（哲学社会科学版）2002 年第 6 期。

阐释更是中国早期国族主义考古学的重要组成部分〔64〕。傅斯年、李济和梁思永对城子崖发掘的影响都远大于作为主要发掘者的吴金鼎。此时的吴金鼎既没有机会，也没成熟到具有独立贡献的时候。因此，城子崖不应该被视为吴金鼎考古学遗产的起点，相反，它更应当被计为傅斯年或者梁思永的考古学镜像。

城子崖的发掘兼有内因和外因，但都需和安阳发掘连缀在一起才能得以全面理解。就内因而言，城子崖的发掘仍属于国族主义考古学范式，并且是自安阳出发回溯更早文化的努力。傅斯年在《城子崖》序一清晰无误地表明，这是"中国考古学家在中国国家的学术机关中发布有预计的发掘未经前人手之遗址之第一次"〔65〕。此语很诘屈，包含意思也极其丰富。傅斯年反复强调"中国"——"中国考古学家"和"中国国家的学术机关"，表达出强烈的国族主义学术情绪。傅斯年特地提出的"西洋人治中国史"几乎是不点名地批评北平地质调查研究所安特生在河南渑池和甘青地区的发现。但是，无论在资料的准确性，还是在推衍逻辑的合理性上，安特生立论的瑕疵在此时并没有被揭露出来。而且，无论是在《中华远古之文化》还是在《黄土的儿女》中，安特生也从未将新发现的彩陶文化和中国历史年表捆绑在一起。因此，傅斯年的反对出自国族主义情绪多过细致的学理推论。傅斯年合成了一组新词汇"全汉"和"半汉"。所谓"半汉"，即指西洋人关注的"汉籍中的中外关系及几部成经典的旅行记"。具体到考古学上，就是"在中国遍求与中央及西方亚细亚彩色陶器有亲属关系之中国彩色陶器之分布"。显然，傅斯年对此种问题不以为然，他认为中国的考古学工作"决不仅凭一个线路的工作，也决不能但以外来物品为建设此土考古年代学之基"。中国的国家学术机关已经发掘安阳，但是傅斯年极力反对将"西来"的彩陶和安阳粘连在一起，于是需要自安阳出发，在彩陶文化圈之外寻找殷墟文化的前身。这也恰说明城子崖的发掘是有意在不同于仰韶和殷墟的时空环境中寻找新的史前文化，这也构成傅斯年所称的"有预计"的意味。

但是，寻找介于彩陶和殷墟之间，地处滨海地区的史前文化的初衷并不一定

〔64〕徐坚：《追寻夏文化：二十世纪初的中国国家主义考古学》，《汉学研究》第18卷第1期，2000年。

〔65〕傅斯年：《城子崖》序，南京：中央研究院历史语言研究所，1934年。

能顺利地得到发掘各方的理解和支持。事实上，傅斯年序言已经提到发掘城子崖的分歧。城子崖的发掘采取了中研院史语所和山东省政府联合组团的方式，双方各有人员参与，傅斯年和李济代表史语所，王献唐、杨振声、刘次箫等地方知识分子代表山东地方。尽管已经有一定的调查基础，但是无法在发掘尚未开始之际就断言必定能确立一处全新的新石器时代文化遗址，而且，新石器时代遗址对于山东本土社会而言并无价值，相反，如果是次发掘能直接扣住山东本土历史上某个环节的话，可能更易获得地方认同。因此，最初的城子崖发掘没有大张旗鼓地宣示以寻找早于殷墟的海滨地带文化为目标，而是以东周时期谭国遗迹，亦即“谭墟”的发掘为由头。李济也提到，在选择城子崖之前，曾经考虑过“齐墟”临淄。“最初我们本想在临淄建筑一个山东田野工作的中心”〔66〕。1929 年，山东省政府和中研院成立省院合作机构进行山东本地的古物发掘。双方约定职责各有侧重，“本会工作暂分调查、发掘、研究三步，其科学的指导之责由国立中央研究院任之，其保护之责由山东省政府任之”。根据史语所的提议，以“临淄齐故城”和“历城平陵故墟”为试办区。但是李济准确地估计到临淄齐故城的复杂性，并非一时一刻可以完成；中原战事平息之后，史语所考古组必须迅即返回安阳。因此，只能在山东选择相对单纯、大约年内能够完成的遗址。

城子崖的发掘也有现实原因的驱使。1930 年，河南成为中原大战的战场，在安阳殷墟工作的考古学家们被迫疏散。这一空闲期导致安阳的考古学家有机会在安阳之外进行发掘。而且，在此前一年，吴金鼎已经开始为考古发掘做准备工作的田野调查，1928~1929 年间频繁调查平陵达六次之多。1928 年春季的“平陵访古”活动已经揭示出龙山文化地层，同年 7 月和 8~10 月，吴金鼎两度重访龙山，撰成《平陵访古记》。1929 年，吴金鼎以山东方面人员身份加入到城子崖发掘之中，不久即获聘为中研院史语所助理员。次年的城子崖正式发掘中，吴金鼎不仅是主要的发掘者，也是发掘报告的主要起草人之一。李济序言中特别提及吴金鼎的贡献，“初稿大部分是吴金鼎君预备出来的，他是城子崖的发现者，田野工作他费力很多，屋内工作及报告草稿也费事最久”〔67〕。但

〔66〕 李济：《城子崖》序二，南京：中央研究院历史语言研究所，1934 年。

〔67〕 李济：《城子崖》序二，南京：中央研究院历史语言研究所，1934 年。

是，城子崖的报告是梁思永整理完成的，而吴金鼎的初稿原貌其实已经不可知。李济也提到，吴金鼎初稿多达定稿的两倍，体例上与成稿几乎不同，“报告的体例大部分是梁先生创造出来的”。因此，将城子崖视为梁思永镜像可能更为贴切，“这遗址虽然是吴金鼎先生发见的，但它的发掘及报告的整理，思永先生是始终其事的。正因为思永先生对龙山遗址付出了极大的劳力，所以对龙山文化的认识就非常具体而深刻。因而对于解决这一系列新问题的要求，思永先生也比别人更为迫切”〔68〕。“城子崖的报告是他主编的，这本报告的出版是中国考古学史上的一件大事”〔69〕。

城子崖的田野发掘共计两季，其中第一季为 1930 年 11 月 7 日~12 月 7 日，开坑达 44 个之多。深度在 1.35~6.2 米不等。第二季为 1931 年 10 月 9~31 日，开坑达 45 个。这是中国考古学中最先采用系统的平翻探方法的个案。梁思永详尽说明了坑（实际为探方）的命名法，即将整个遗址在南北向上划分为 45 个纵坑，东西向上划分为 41 个横坑，每坑的规模为 10 米见方，亦即采用边长为 10 米的大探方。城子崖遗址分析出上、下两层文化：上层被称为谭城文化，而下层后来被定义为龙山文化。城子崖通过骨卜和殷商联系起来，“殷商文化最重要的一个成分，原始在山东境内”〔70〕。而城子崖的发掘也有意识地提醒殷墟发掘者关注殷墟文化之下，“事实上证明殷商文化就建筑在城子崖式的黑陶文化上。在殷墟附近的后冈我们也找到同样的证据”〔71〕。

因此，从多方面看，城子崖发掘对于中国早期考古学而言是“意料之外”但“情理之中”的活动。如果安阳的发掘不被战争阻搁，很可能就没有城子崖的发掘，至少城子崖的发掘方式会显著不同。但是，城子崖的发掘是自安阳以来的立场和诉求的延续。这种关联表现在三个层面上，在理论层面上，城子崖的发掘服务于国族主义考古学，希冀确认安阳的滨海地带来源，为中国文明的生成摆脱彩陶西来说的束缚。在资料层面上，城子崖延续了安阳的时间深度，建立起殷墟和城子崖之间的相对年代谱系。在方法论层面上，城子崖与安阳高度共

〔68〕 尹达：《悼念梁思永先生》，《文物参考资料》1954 年第 4 期。

〔69〕 夏鼐：《梁思永先生传略》，《考古学报》第 7 册，1954 年。

〔70〕 李济：《城子崖》序二，南京：中央研究院历史语言研究所，1934 年。

〔71〕 李济：《城子崖》序二，南京：中央研究院历史语言研究所，1934 年。

享，不仅延续了在安阳已经行之有效的方法，而且进一步尝试大规模整体布方和发掘设计，这种理念随后在重返安阳之后得到利用。因此，史语所考古组几乎是以全力以赴的姿态发掘城子崖：其理论预设出自傅斯年，发掘和编辑技术以及最早的形态学分析皆出自梁思永。虽然吴金鼎是最主要的田野发掘者，但是在城子崖上没有留下足够鲜明的个人印记〔72〕。

2.2.3 西南考古的开局

自英国归来之后，吴金鼎先后供职于中博院筹备处和中研院史语所，直至1944年投笔从戎。抗战时期，中博院筹备处迁往李庄，学术关怀因时局和地利原因改而面向西南。西南成为1949年之前除了黄河中下游地区之外，唯一有过较为频密而连续考古学调查和发掘工作的地区。西南考古以中博院主导的三次田野发掘开局，吴金鼎总掌其事，具有不可磨灭的贡献。中央学术机构对西南考古学的关注仅是时势所迫，因此，抗战之后西南考古缺乏后继。50年代起始的西南考古完全是在不同的考古学范式下另起炉灶，导致吴金鼎主导的抗战时期的西南考古成为断裂的先声。对其回访不仅仅是资料层面上的补充和校正，更为重要的是准确厘定吴金鼎在方法和理论上有别于安阳传统的贡献。

国立中央博物院于1933年4月成立于南京中山门，以“提倡科学研究，辅助民众教育，以适当之陈列展览，图智识之增进”为宗旨〔73〕。继傅斯年之后，李济于1934年7月出任筹备处主任。李济主持期间，设立专门设计委员职位，为中博院延聘了一批主要的研究人员，包括马长寿、王天木、吴金鼎、王介忱夫妇、曾昭燏、夏鼐、尹焕章、赵青芳、李霖灿、庞熏琹等。抗战期间的中博院，在“西南民族之研究，川滇考古之发掘，动植物标本之采集，民间工艺之

---

〔72〕 夏鼐曾经语及，“（吴金鼎）民国十五年入清华大学国学研究院，从李济之先生学习人类学。十九年一月进历史语言研究所，又从李济之先生改习考古学”，如此论可信的话，城子崖甚至仅是吴金鼎学习考古学的起始。参见夏鼐：《吴禹铭先生传略》，《中国考古学报》第4册，1949年。

〔73〕 王世杰：《“中央”博物院二十五年之经过》序，台北：中华丛书出版编审委员会，1960年。

调查”四个方面用力最多〔74〕。仅论考古学，中博院成为史语所以外，专门人才最集中的机构，抗战前留学英国的三位年轻学人悉数加入中博院。1938 年 9 月，吴金鼎和曾昭燏等自英国返回，抵达昆明，加入中博院。夏鼐也在 1941 年取道埃及返国，加入中博院和史语所。中博院筹备处因此成为抗战时期考古发掘和研究的重镇。该院抗战期间于西南的考古学调查和发掘计为三项：1938～1940 年的云南大理苍洱地区的考古调查和发掘，1941 年川康古迹考察团在彭山的发掘和 1943 年成都王建墓的第二次发掘。与赴英之前的考古经历相比，抗战时期的三次发掘更能体现吴金鼎的学术倾向和方法旨趣。

西南考古成为抗战期间中博院的工作重心应该不是主事者本意，但是在时局变迁的情况下，西南考古既没有流为偶然发现和任意选择的集合，也没有被政治和国族主义学术所挟持。虽然是迫于形势的安排，但是李济重整了西南考古的思路，尽可能地保障了西南考古的学科价值。李济拟定新成立的中博院筹备处计划时，国家机构及附属的研究机构已经偏于西南一隅，因此，“西南考古”成为该计划的关键词。李济竭力以国家整体性观念阐释西南计划。“过去十余年，华北考古之结果，证明中华远古之文化，确有一部分来自西南，吾人为欲了解全部中国文化之渊源起见，现拟按照下列计划，从事西南考古。兹拟实地调查西南古迹，颁藉吾人所熟知之汉族遗物为线索，先求汉族遗迹之分布，再就地层先后，以推求汉化以前之他族文化及汉化后所产出之特色”〔75〕。显然，这是配合时局变迁而调整的学术布局，与民族志调查等具有边政倾向的学术同出一辙，但又与现实政治保留了必要的隔离。国家学术机构和南迁学人成为“西南考古”的智力保障，但同时预置性地带来了一元文明观念和传播论思想。“西南考古”需要在“中华远古之文化”进行定位。李济的“西南”存在“以夏代夷”的华夏化过程，即按照单线式传播论，文明从腹地向四境扩散。因此，西南考古的研究步骤就是从晚到早的逆推，即确定晚期汉文化的遗存组合，然后推导出汉文化出现在西南之前的土著居民文化。“西南”作为华夏边缘而存在，

〔74〕 王世杰：《“中央”博物院二十五年之经过》序，台北：中华丛书出版编审委员会，1960 年。

〔75〕 谭旦冏：《“中央”博物院二十五年之经过》，台北：中华丛书出版编审委员会，1960 年。

而不具有独立的地位。这一立场导致中博院于抗战时期的西南考古调查和发掘可能仅仅只是1949年之前西南考古的全景中平行存在的多个考古学传统之一，以中博院为代表的基于国家史关怀的考古学传统必然与基于区域史的乡土考古学传统在旨趣上大相径庭。1939年，《云南通志》编辑方国瑜致函致力于发展滇东考古学的当地文史人士张希鲁称，“去岁中央研究院来滇，将作考古，瑜意以昭通、曲靖、陆良为最有价值。而吴金鼎赴大理访获新石器时代遗物，已在大理设工作站。北平研究院来，瑜亦以前意相告，而月前晤旭生先生，又谓将赴保山，暑假成行”〔76〕。国家视角和乡土视角在西南考古上的差异可见一斑。以昭通和曲靖为中心的滇东考古学对于建设乡土史有重要价值，但是对于出自国家视角的西南考古则价值寡然，因此不太可能引起中央博物院和北平研究院的注意。此时的西南尚存在基于其他视角的具有历史倾向的考古学甚至非历史倾向，与其他学科结合得更为紧密的考古学。

吴金鼎主持的三次西南考古调查和发掘在遗址类型、工作性质和发掘收获上皆不相同，对中国考古学的贡献也各有侧重。王建墓的第二次发掘是基于偶然机会的考古发掘的后续，但是苍洱地区考古和彭山崖墓发掘都是主动的考古学调查和发掘。令人始料不及的是，虽然吴金鼎无疑代表国家视角的考古学传统，但他的发掘并未强烈地支持一元论传播论模式，反而开启了区域考古的先河，揭示出无论是遗址还是墓葬形态，抑或器物文化组合，都迥异于中原地区，自成一体的西南古代文化，并且在调查和发掘方法上出现显著不同于安阳的特征。

三次西南考古最终都有报告面世，也构成回访早期西南考古的出发点。其中，苍洱地区的考古调查和发掘的报告最先出版，也是唯一经由吴金鼎最终定稿的报告。但是，由于时值抗战期间，中博院由昆明迁往李庄，导致出版规模严重缩水，“本编原为一近十万字之报告，附地图七，插图六十三，表五十八，拓片百四十余片，照片三十七张，于民国廿九年十月写成”。但是，经过调整后，“将照片完全除去。地图、插图、表、拓片等，均只保留极少数，文字亦

〔76〕《方国瑜致张希鲁函》，1939年，收录于张希鲁：《西楼文选》，昭通：昭通地区行署文化局，1985年。

大加删减”[77]。即使如此，由于《云南苍洱境考古报告》是抗战期间出版的唯一考古学报告，在学术史上尤其值得关注。王建墓由三家机构联合发掘，吴金鼎承担了第二次发掘的报告工作，应于1943年初完成初稿，但是最终报告于1964年由冯汉骥以《前蜀王建墓发掘报告》为题出版[78]。彭山崖墓主要由曾昭燏整理，在抗战结束时基本完成，但是正式报告的编辑一直延至90年代才由曾经参加过彭山崖墓发掘的赵青芳整理定稿，以《四川彭山汉代崖墓》出版。尽管三次西南考古活动都由吴金鼎主持，但他所施加的影响，以及遗留的学术史遗产均不可等同视之。其中，成都王建墓的发掘是吴金鼎留下印记最为模糊的发掘。造成这种状况的原因可能是无论在地域还是年代上，王建墓都不是吴金鼎的学术兴趣所在，而且最终发掘报告经冯汉骥整理，吴金鼎第二次发掘和整理的工作的特质性特征需小心甄别才可体察出来。川康古迹调查团在彭山崖墓的发掘本来亦在吴金鼎的关心之外，虽然在牧马山墓地发掘之后兴趣大增，但是彭山崖墓的发掘和整理应当计为起自19世纪晚期的多线式研究全景的一支[79]。唯有1938~1940年的云南苍洱境考古调查和发掘此前没有研究基础，吴金鼎仅依中博院“从事西南考古”的宏旨和李济的“注重史前遗址之寻求”的指令设计和执行[80]。吴金鼎不仅证实了西南史前时代遗址的存在，建立了中国考古学中第一个复杂的陶器文化编年谱系，而且实证性地展示了更为完善的田野考古学方法。基于苍洱地区独特地貌特征的区域考古学体系已经积累了最初的调查方法和器物组合，只是囿于样本不足未能别树一帜。

---

[77] 曾昭燏：《云南苍洱境考古报告》后记，李庄：国立中央博物院，1942年。

[78] 吴金鼎1943年1月致函傅斯年，提及“琴台发掘报告鼎所担负部分约于本年三、四月间可以草就”，见史语所档案李字第22号之30、4。转引自岱峻：《李济传》，南京：江苏文艺出版社，2009年，第203页。疑为1944年之误。吴金鼎写就琴台报告之后即调往战地服务团，而夏鼐：《吴禹铭先生传略》有“三十三年曾经一度从戎”语，亦证此议。

[79] 李光谟：《从清华园到史语所——李济治学生涯琐记》，北京：清华大学出版社，2004年，第316页。

[80] 吴金鼎：《云南苍洱境考古报告》甲编，李庄：国立中央博物院，1942年，第3页。

1943 年的成都王建墓发掘是抗战期间中博院的最后一次重要考古发掘，它也是中国考古学史上的首次帝陵发掘。史语所和中博院参与之前，四川本地的考古学家已经在 1942 年对这座墓葬进行了第一次发掘，但引起坍塌之后中止。应四川省教育厅的邀请，四川省立博物馆、历史语言研究所和中央博物院联合组成琴台整理工作团，展开王建墓的第二季发掘〔81〕。工作团以吴金鼎为团长，成员包括中博院王天木、史语所王文林，以及承担测绘工作的营造学社莫宗江和卢绳三。

王建墓位于成都老西门外约 1 里地，未发掘之前，当地传说将此地当成汉司马相如的琴台〔82〕。1940 年在天成铁路局挖掘防空洞时发现砖室结构，冯汉骥根据出露的砖墙判断此处为墓葬，而非琴台。依《新五代史》，王建墓号作“永陵”，其具体位置一直未曾详细说明，近世的口承文本多误传为西门外或者东南黄龙溪，而真正的王建墓则被称为琴台。虽然历史上曾遭盗掘，但是王建墓残余遗物中仍有诸多关键性证据可以证明其身份。1941 年，王建墓列入新成立的四川博物馆的发掘计划之中，1942 年 9 月，冯汉骥、刘复章和华西协和大学博物馆林名均联合组队，对王建墓进行第一次发掘，到 11 月底结束。第二次发掘改由中博院主持，于 1943 年 3 月 1 日开始，9 月结束。

王建墓报告微妙地透露出两季发掘在田野考古学上的差异。在完成琴台发掘之后，吴金鼎应该在次年从军之前完成了发掘报告的草撰工作〔83〕。根据冯汉骥所言，王建墓报告的确出自两人之手，“前一阶段（后室发掘）的报告由著者编写；后一阶段（前室和中室的发掘）的报告，则由吴金鼎先生编写”。不过，“吴先生的草稿，因体例不同，仅用作参考”〔84〕。两季发掘位置不同确可引出整体发掘思路的差异这一宏大主题。第一次发掘之时，由于未可知原

〔81〕 1943 年 1 月 12 日傅斯年为琴台发掘事致电李济，“历年旧例，本院与人合作皆列在前，此次本以川博为主体，但本所应在中博前”。见史语所档案李字第 22 号之 4，转引自岱峻：《李济传》，南京：江苏文艺出版社，2009 年，第 203 页。

〔82〕 冯汉骥：《前蜀王建墓发掘报告》，北京：文物出版社，1964 年，第 1 页。

〔83〕 夏鼐：《吴禹铭先生传略》，《中国考古学报》第 4 册，1949 年。其中尤其提到“吴先生负责的部分，听说已有初稿”。

〔84〕 冯汉骥：《前蜀王建墓发掘报告》，北京：文物出版社，1964 年，第 89 页。

因，冯汉骥采取了掏洞直入的方法。 在墓葬北墙正中凿出 1 米宽，2 米高的洞门进入，并且延此线进入墓室，但不久即发生坍塌而导致发掘中止。 即使在 20 世纪前期，这种不顾周围情境，挖坑直入的发掘方法也很难被当成发掘墓葬的适宜之法。 第二次发掘中，吴金鼎改用全面揭露的方法，其发掘过程自前门开始，清理淤泥及南端拱门，然后进入内室〔85〕。 因此，早期工作分成两个部分，一方面是发掘墓葬南面外封土，判断门外的情形。 另一方面则继续清理第一次形成的淤土。 从田野发掘的角度而言，第二次的关注视野显然比第一次的宽泛而缜密，科学性也有显著增加。 但是，遗憾的是，由于发掘报告经冯汉骥系统编辑，因此吴金鼎如何处理王建墓的更多细节，如同他在城子崖的田野工作一样，已经不可辨识了。

2.2.4　苍洱之间：一个考古学范式的确立

吴金鼎的苍洱境调查和发掘在中国考古学上是个全新的尝试，甚至在中国考古学史上是个相对孤立的案例。 石璋如曾经戏称，苍洱境考古开中国考古学的女性考古学之先河。 中国考古学中女性参与考古发掘的最早记录的确见于此次活动之中。 虽然苍洱境的调查以吴金鼎只身开始，但是从 1939 年年初确定发掘计划开始，曾昭燏和王介忱自昆明加入，连续参加了马龙、佛顶、龙泉和白云诸遗址的发掘，曾昭燏还承担了南诏时期遗物的整理和《云南苍洱境考古报告》乙编的写作。 苍洱境的发掘在用工制度上也不同于既往中原一带的旧例，吴金鼎记录到，“发掘时所用工人，多为妇女，最多至三十余人”〔86〕。 但是，女性考古学家和女性发掘工人的出现都不是女性考古学的关键要素〔87〕。 无论是曾昭燏还是王介忱都没有将性别认知带入到苍洱之间的发掘和研究，她们的研究之中甚至都见不到任何性别区分意识，而苍洱境的田野考古用工状况则与当地传统

〔85〕 史语所档案李字第 22 号之 17、18、19、20、21、22。

〔86〕 吴金鼎：《苍洱境考古报告》甲编，李庄：国立中央博物院，1942 年，第 15 页。

〔87〕 Conkey M, Spector J. Archaeology and the Study of Gender, in *Advances in Archaeological Method and Theory*. New York: Academic Press, 1984, 7: 1-38; Minnich E. A Devastating Conceptual Error: How Can We Not be Feminist Scholars? *Change Magazine*, April issue, 1982: 7-9.

的家庭劳动分工有关，因此这只能算是传统的文化-历史主义考古学中女性的参与记录〔88〕。吴金鼎苍洱境考古的真正贡献仍然在考古学文化编年以及建立编年的方法上。

苍洱境的考古调查和发掘是中国早期考古学在安阳以外延续时间最长的田野考古学活动之一。苍洱境考古以1938年年底的调查起始，至1940年夏季结束在喜洲一带的调查为终结，历时将近两年，而且期间没有延续自安阳发掘以来形成的春秋两季工作的传统，代之以全年度的工作周期，因此从工作频率判断甚至超出华北诸遗址。最初的调查以吴金鼎一人之力开始。吴金鼎于1938年11月15日离开昆明，三日后到达大理，12月和中国营造学社刘敦桢等一起，广泛调查邓川、洱源、剑川、丽江、鹤庆和宾川，29日才返回大理〔89〕。1939年1月发现马龙遗址，随后又发现龙泉、中和和小岑遗址，吴金鼎认为后三者均类似马龙，因此申请执照，试掘马龙遗址。王介忱和曾昭燏自昆明赶来，加入考古发掘。3月19日，发掘队获得发掘执照，移往上末村，并于3月29日开始发掘。整个1939年，发掘队在上末村居住达八个半月之久，先后发掘了马龙、青碧、佛顶甲、佛顶乙四个遗址。年底时，发掘队返回大理，发掘了中和乙址和龙泉两处遗址。1940年发掘队转往喜洲进行调查，期间于3月20日~4月23日发掘佛堂村白云甲址。6月结束全部调查和发掘，14日离开喜洲，返回昆明。苍洱境内的调查和发掘持续了一年八个月，发现遗址多达38处〔90〕。吴金鼎和曾昭燏分别完成了《云南苍洱境考古报告》甲、乙编。由于视南诏时期为大理地区历史的起始，吴金鼎负责“史前”部分，即自最早的定居人口开始，至南诏初期结束；而曾昭燏负责“历史”部分，即带有文字的历史遗存，在苍洱境考古中特指有字残瓦的整理〔91〕。

吴金鼎主持发掘的苍洱境“史前”遗址包括：

（1）马龙：在马龙峰，高出洱海水面300米。1939年3月29日开工，

---

〔88〕 Claassen C. *Women in Archaeology*. Philadelphia: University of Pennsylvania Press, 1994.

〔89〕 刘敦桢：《云南西北部古建筑调查日记——1938年11月24日~1939年1月25日》，《刘敦桢全集》第3卷，北京：中国建筑工业出版社，2007年。

〔90〕 在报告中，吴金鼎区分为“遗址卅二处，古迹六处”两个类别。

〔91〕《云南苍洱境考古报告》乙编实际就是曾昭燏所撰《点苍山下所出古代有字残瓦》一文。

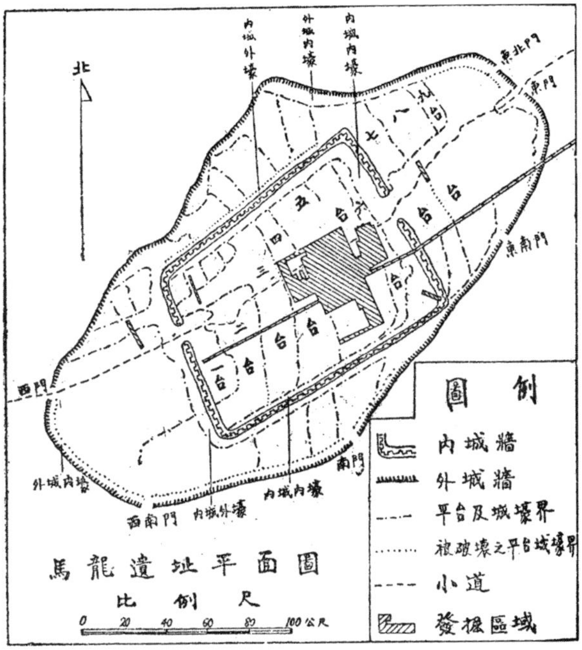

图 2.3　马龙遗址平面图

（采自吴金鼎:《云南苍洱境考古报告》）

7 月 13 日收工。该遗址采用探方发掘法，共计发掘 1438 平方米（图 2.3）。

（2）青碧：在青碧溪两支流汇聚之地，高出洱海水面约 280 米。1939 年 9 月下旬发掘 5 日。

（3）佛顶甲乙址：在佛顶峰大井旁村附近，分别高出洱海水面 280 米和 460 米。1939 年 10 月 11 日开工，31 日收工。甲址开探沟五条，乙址为正式发掘，发掘面积 842 平方米。

（4）中和乙址：在中和峰南支山麓，高出洱海水面 350 米。1939 年 12 月 22、23 日发掘。

（5）龙泉：在龙泉峰下，高出洱海水面 300 米。1939 年 12 月 27 日开工，1940 年 1 月 18 日收工。该遗址采用"散壕""探掘法"，共计发掘 294 平方米。

（6）白云甲乙址：在白云峰下佛堂村以西，乙址高出洱海水面 250 米。1940 年 3 月 23 日开工，4 月 20 日收工。共发掘 735 平方米。

吴金鼎在苍洱境考古上可能已经有立范意识，因此在遗址发掘和器物分类上都有大量溢出苍洱境一地的阐述。在发掘技术上，《云南苍洱境考古报告》是继《城子崖》之后详论这个问题的又一著述，而且可以展现两次发掘之间吴金鼎的田野发掘方法的系统化进程〔92〕。城子崖发掘中的技术问题还集中在划分探

〔92〕《城子崖》在第一章《城子崖遗址及其发掘之经过》和第二章《城子崖地层之构成》两章中分别讨论了田野发掘方法，两章执笔人分别为郭宝钧、吴金鼎（第一章）和吴金鼎（第二章）。

方和辨识地层上，而到苍洱境就已经形成系统的发掘方法论[93]。吴金鼎将田野工作视为前后承继的调查和发掘两个阶段。在调查中，他提出地面踏查的关注要点计有古迹特殊形状、古路、暴露土层、遗物和传闻五种。在发掘方法上，他采取了“探壕”发掘法，即每行探壕宽约 2 米，挖掘至生土，然后在邻近一侧相距 20 厘米的隔梁后挖掘第二条探壕，如果类推。在每行探壕之中，又区分成为若干方，每方的宽度为 2 米，即形成 2 米 × 2 米的小探方。在记载方法上，他着重介绍了出土器物编号方法、地层画法和“平准基面”及工作日记的写作规则。如果有的地点不能全面发掘，就采用“散壕方式”，比如在龙泉遗址开 12 坑，共计 294 平方米[94]。“散壕”可能是接近 5 米见方的探坑，有的坑可能扩方，但坑与坑之间不必相连。吴金鼎所述的考古调查和发掘的逻辑关系、调查方法和发掘过程的记录方法在现今的田野考古学中依然是主流认识和做法。发掘方法上，“散壕方式”即是探坑发掘法，至今仍是探掘的一种主要的方式，但是，最主要的发掘方法却没有沿用在城子崖就已经出现的 10 米 × 10 米大探方法，而改用“探壕”法，内中原因值得反思。“探壕”法并非吴金鼎的创造，而是引进：这是彼特里在埃及考古学中创立的“顺掘法（turning-over method）”的另一种表述形式。苍洱境遗址的地面形态也的确不同于华北，在放弃大探方法后，吴金鼎新近自巴勒斯坦习得的顺掘法自然填补了这一空白。

在遗物类型分析上，吴金鼎建立了中国考古学最早的类型学范式。吴金鼎对遗物的形态变迁的研究由来有自，在城子崖中已经提出了独特的陶器分类方式，苍洱境考古中的陶器分析方法应该是直接建立在前者基础之上[95]。自城子崖的陶片分析开始，吴金鼎建立了陶片分类体系和术语，一直秉持到苍洱境考

---

[93] 吴金鼎在苍洱境考古的基础之上，完成了《田野考古学大纲》一书，交付商务印书馆但未获刊出，参见夏鼐：《吴禹铭先生传略》，《中国考古学报》第 4 册，1949 年。曾昭燏记为《田野考古方法》，1941 年完成，部分收入其 1952 年南京大学《考古学通论》课程讲义，参见曾昭燏：《考古学通论》，《曾昭燏文集》（考古卷），北京：文物出版社，2009 年。

[94] 吴金鼎：《云南苍洱境考古报告》甲编，李庄：国立中央博物院，1942 年，第 49 页。

[95] 李济等：《城子崖》，南京：中央研究院历史语言研究所，1934 年，第 30 ~ 54 页。

古中，并且得到进一步丰富。按照多种分类体系构成的遗物表示方法，如以“灰15—泥8—手3—刻5”表示“灰色第十五种，泥质第八种，手制第三种，刻纹第五种”，被定义为“范式”〔96〕。在城子崖中，吴金鼎根据用料（“质”）、制法（“制”）、装饰（“文”）和颜色（“色”）四项标准将陶片分成二门九式三十五类。在苍洱境考古中，吴金鼎将自己的分类方法称为“分析综合二法”。首先在实物层面分析，分成“形式、颜色、质料、制法、壁厚、表皮、文饰”七项。其中，“形”实际指陶片原属陶器部位，因此分成盖、缘、腹、底、足、柄、耳、钮等八项。“皮”指陶衣，“文”指纹饰，但不是纹饰形态类型，而是纹饰施加方式，因此区分为“划文”、“压印文”、“刮文”、“拍文”和“刷文”五种。其余的类别大体近同于现代考古学仍然使用的方式。除“质”一类之外，每个“项”之下分成三到十二种“目”。经过将出土陶片按照诸多项目分类的“分析”之后，吴金鼎开始进行“综合”。综合过程中，吴金鼎排除了“形”、“文”、“质”三项，所有陶器都依照四种“范式”，即陶色、制法、壁厚和陶衣四类标准区分。这个基于陶片的类型学方案基本和完整陶器器形以及纹饰无关，与后来成为中国考古学的主流方法的蒙特柳斯类型学方法差距尤大〔97〕。

在上述类型学基础之上，吴金鼎建立了苍洱境史前陶器编年体系。吴金鼎发掘所得的陶器皆为火候较低的夹砂红陶或者橙黄色陶，以埋藏最为丰富、工作最为细致的马龙遗址为例，出土陶器包括小口折肩罐、广口鼓腹罐、带双耳平底罐、广口束颈圜底小罐、带把钵、敛口钵、敞口钵等。纺轮、网坠也很多见。陶器纹饰上以短线刻划纹为特征，主要纹饰包括戳点纹、交叉线、折线刻划纹等。石器包括石斧、石刀、砺石和网坠等。石斧多具有带肩形式。石刀为半月形，有穿孔，但是刃部与其他地区所见石刀刃部不同，弓处

〔96〕李济等：《城子崖》，南京：中央研究院历史语言研究所，1934年，第37页。

〔97〕吴金鼎的分类方法基本不见于嗣后的大陆地区考古学传统之中，但是在李济对安阳遗物的研究中保留了下来，参见李济：《豫北出土青铜句兵分类图解》，《历史语言研究所集刊》第22本，1950年，收录于《李济文集》第3卷，上海：上海人民出版社，2006年。

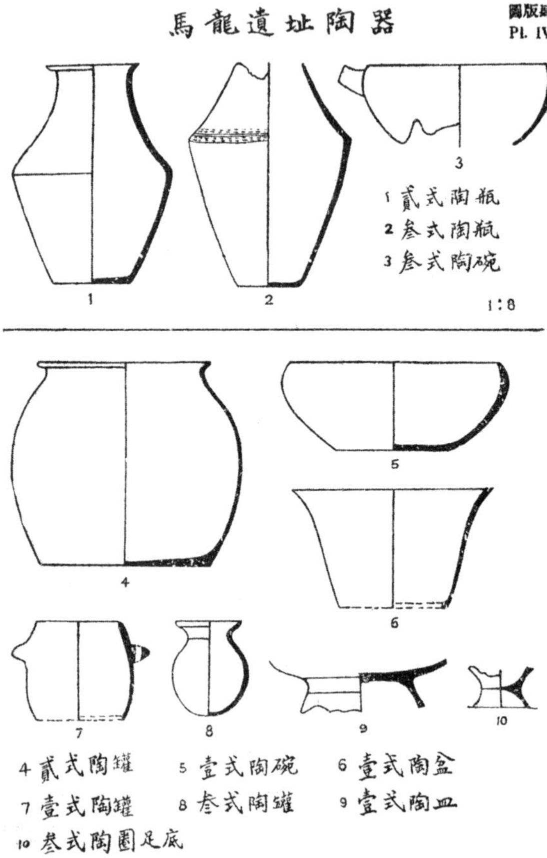

图 2.4　马龙遗址出土器物图

（采自吴金鼎：《云南苍洱境考古报告》）

为刃部（图 2.4）。马龙遗址成为吴金鼎建立苍洱境史前陶器编年的基础。在建立了陶器类型和地层之间的关系时，吴金鼎划分地层的方式已经与现今田野考古学的方式大体一致，以土质土色为标准，但是标号相反，即地层自下而上排列。而陶片分成四式，两者对应关系表述为，“第一、第二两层为壹式陶时期，第三层为叁式陶时期，第四层为叁式与贰式陶时期”〔98〕。而在白云乙址和中和乙址，吴金鼎添加了两个更晚的阶段——伍式和陆式。基于陶器形态的演化，苍洱境古代文化分成史前和南诏两段，史前又区分成为三期，南诏根据是否出现釉陶和有字瓦分成南诏初期和南诏期〔99〕。这样，1939~1940 年得到发掘的数个遗址可以大体确定相对年代早晚关系：马龙分成早晚两期，佛顶乙址的年代可能早于马龙，“似佛顶甲址与马龙早期同时或略早，而乙址尚在甲址之前”，龙泉则近同于马龙晚期，白云甲、乙址和中和乙址出现了马龙不见的晚期陶片，因此年代当在马龙之后。吴金鼎因此建立了有史以来第一个苍洱境器物和遗址编年体系。这个编年体系总体而言比较粗放，但是如果考虑到不仅西南地区，就是在此前已

〔98〕 吴金鼎：《云南苍洱境考古报告》甲编，李庄：国立中央博物院，1942 年，第 31 页。

〔99〕 吴金鼎：《云南苍洱境考古报告》甲编，李庄：国立中央博物院，1942 年，第 12、13 页。

经有近十年田野发掘历史的中原地区考古学中，尚未出现过堪与吴金鼎的苍洱境两段五期说相媲美的考古学文化谱系，则其开创之功就更加值得认可。

吴金鼎在苍洱境的调查和发掘以史前文化为主要目标，南诏时期遗迹自不在他所关注的范畴，发掘过程中如果遇到南诏时期遗址，有可能会中止或者放弃，中和乙址开工二日之后就停工即是明证〔100〕。不过，苍洱境的南诏时期遗存也没有被完全当成扰乱层排除出去，而是由曾昭燏整理，构成最早一批南诏时期考古材料。曾昭燏所撰《点苍山下所出古代有字残瓦》即成为《云南苍洱境考古报告》乙编。有字残瓦主要出自 1939 年 12 月 22、23 日两天在中和乙址的发掘，以及白王冢、三塔寺、一塔寺、五华楼、太和城、下关西、东岳庙、史城和白云乙址地面采集的样本（图 2.5）。曾昭燏也依吴金鼎确立的陶片研究方案，以"形、色、质、制、壁、皮、文"七端分析。浅灰色板瓦的外表面密密排列模印文字，已经发现的文字计有三十余种，文字格式上主要包括"姓名"和"年代，姓名"两种，有的姓名之后有"完"或者"造"款，曾昭燏、董作宾等推测所出姓名皆为窑工姓名，在已得的三十余种残瓦中，窑工计有王、田、李、丘、苴、官、罗、羊等姓氏。残瓦之上还出现大量不可识文字，或者花押图案。中和乙址出"大罗佺四年"瓦，曾昭燏推测这可能是蒙诏遗物，但是无助于进一步断年，曾昭燏推测苍洱境残瓦"皆自中原传来，而输入之时代，在南诏强大与中原交通频繁以后"〔101〕。这种传播论解释方案在 1949 年之前的中国考古学中并非孤例。

图 2.5　苍洱境所出有字残瓦

（采自吴金鼎：《云南苍洱境考古报告》）

〔100〕 吴金鼎：《云南苍洱境考古报告》乙编，李庄：国立中央博物院，1942 年，第 106 页。

〔101〕 曾昭燏：《云南苍洱境考古报告》乙编，李庄：国立中央博物院，1942 年，第 105 页。

2.2.5 回访：另一个苍洱之间

吴金鼎的苍洱境考古一度是无法回访的。这主要是大理地区在此后相当长的一段时间内缺乏可堪比较的样本造成的，直到 1973 年发掘的宾川白羊村遗址和 2003 年、2006 年两度发掘的海东银梭岛遗址较完整公布之后才有所改观〔102〕。吴金鼎发掘的诸遗址从未得到复查，而早期发现的遗物与晚近出自白羊村和银梭岛的遗物的比较揭示出苍洱之间的地理多样性和文化多样性问题，其实吴金鼎在《云南苍洱境考古报告》已经有所表述，只是囿于当时选定的遗址而无法最终坐实。

在遗物组合上，与吴金鼎苍洱境遗物编年最为接近者出自宾川白羊村遗址。宾川白羊村遗址位于洱海东侧宾川盆地内、宾居河东岸。1973 年发掘，发掘面积为 290 平方米，共计发现房址 11 处，火塘 14 个，窖穴 48 个和墓葬 34 座。白羊村的房址全为地面起建的长方形木骨泥墙房屋，未见门道，房基四周有挖槽，面积为 10 平方米左右。白羊村所出遗物有石、陶、骨、角、牙、蚌等材质。石器包括斧、锛、刀、凿、纺轮、刮削器、网坠、镰、杵、砺石等。石斧平面呈梯形，剖面呈椭圆形。石刀有长方形和新月形两种，兼有单孔和双孔之分，刃部皆在拱形背上。陶器多为夹砂陶，以褐陶居多，早期陶器陶质较为疏松，胎壁厚，晚期陶质较致密，胎壁变薄。陶器多为手制，某些晚期陶器出现了慢轮修整的痕迹。陶器器形包括陶罐、陶缸、浅腹平底皿、圜底钵和陶匜等。陶器纹饰上以拍印绳纹、划纹、点线纹为主，也可见剔刺纹、篦齿纹、乳钉纹和附加堆纹等。白羊村的发掘者将当地所见纹饰分成早晚两期，篦齿纹、划纹主要见于早期，到晚期基本消失。而晚期新增圆圈纹，剔刺纹的施加位置早晚也有差异。吴金鼎的苍洱境发掘未见房屋遗迹，但是在马龙遗址发现“炉灶”遗迹，为“布二石或者数石成灶”，而且有 2 处面积达 2 平方米的红烧土地面，应类似白羊村所见火塘〔103〕。白云甲址和佛顶乙址未见“炉灶”，但发现面积在 10 平方米左右的半地穴式建筑。马龙与白羊村在陶器形态上有众多共享特征，如陶罐、陶钵、陶盆、带流器等，但是，白羊村多见平底或者圜底器，马龙出土

---

〔102〕 汪宁生：《云南考古》，昆明：云南人民出版社，1992 年，第 12～15 页；云南省博物馆：《云南宾川白羊村遗址》，《考古学报》1981 年第 3 期。

〔103〕 吴金鼎：《云南苍洱境考古报告》甲编，李庄：国立中央博物院，1942 年，第 22 页。

的圈足器在白羊村甚少见。马龙的纹饰也以划线和点线纹为主，不见乳钉纹和附加堆纹，拍印绳纹也很罕见。马龙和白羊村所出石斧和石刀高度近似，尤其是穿孔石刀的拱背开刃特征如出一辙。

在地理距离上更为接近的是大理海东银梭岛遗址。该遗址位于靠近海东的季节性半岛地区，于2003年和2006年两度发掘。发掘者将银梭岛分成四期，第一期界定为云南新石器中晚期，未见铜器，二、三、四期则为青铜时代早中期。银梭岛的房址也是地面起建的方形，周缘有大小石块分布，房屋内还有火堆遗迹。房址周缘有石块的现象也见于马龙。陶器以夹砂灰黑、黄褐、红褐、红陶为多，器形包括陶釜、双耳罐、短颈罐、陶匜、陶盘、纺轮和支脚等。与马龙所出陶器相比，平底和圜底均出现在两地，但银梭岛缺乏马龙所出圈足器。带流器、敞口器和圜底罐都见于两地，但马龙没有银梭岛常见的双耳罐。两地所出纺轮高度近似。银梭岛的石器包括石斧、石刀、石镰和网坠等，石斧和石刀与马龙所出同类石器近似，尤其是长方形和新月形穿孔石刀，石刀开刃都在弓背上。银梭岛也有大量螺壳堆积，但可能是独特的地理环境导致的。

白羊村和银梭岛与吴金鼎发掘的马龙、佛顶和白云等地点的比较揭示出等同显著的相似性和差异性。有的差异性显然与遗址环境密切相关，这一比较促使我们复检吴金鼎的调查线路问题。苍洱境考古揭示的38处遗址中，最高点在白云峰上（白云丙址）的“方城”，所出陶片排在最晚一期，吴金鼎怀疑此地为“南诏人所设障侯以备西来之敌”；最低点在喜洲（史城故址），所出陶片亦在最晚一期，应该是自坡地遗址向水边平坝过渡的遗址类型。高出洱海水平面约100~300米的山脊缓坡地带正是吴金鼎调查的主要地带，他所发现的史前遗址也基本出现在这一线上。吴金鼎因此描绘出苍洱境史前遗址的变化规律，最初，史前居民居住在苍山缓坡上，房屋皆为半地穴结构，有火塘，一般会形成露天生活平台。由于不近水源，可能种植耐旱作物。高出洱海水面500米是此类遗址分布的上限。随着人口增长，坡地居址无法承载足够多的人口，因此逐步向山下扩展。

吴金鼎对苍洱境遗址的分布的假设基于来自中原地区的调查实践。事实上，他已经意识到苍洱境的地形多样性，“自每峰至海边，其形势之变异大致如下。山峰高峻陡峭，积雪至盛夏未全消；其下为山腰，倾斜而多石；再下为一缓坡，土厚，可种植；再下近平，亦多石；再下为一平原，土地肥美，现代农田多在于斯，其接海处，平沙一片，无何高峻之崖岸”〔104〕。而洱海东岸，“山作不规则之方向，其滨海处多陡峻壁立”，“两山间夹平原，水供不足，不宜种稻。山上土浅，常露出石块”〔105〕。由此可见，苍洱之间实际上由多个地理小单元构成，不仅洱海西岸和东岸的地形截然不同，而且洱海西侧的苍山地带的地理垂直分布特征也是其他地区罕见的〔106〕。遗址的垂直分布规律不见于中原一带的史前遗址，因此吴金鼎对此并不敏感，但是随着白羊村和银梭岛等明显出自不同地理环境的遗址的发掘，多样性物质组合暗示了苍洱之间的文化多样性问题。吴金鼎已经开启了苍洱境的区域调查：在高于洱海水面 100~300 米范围内频密揭示出数十处同类遗址，其调查范围甚至上下摆动到山顶要塞类型遗址和濒水平地类型遗址，只是样本数量不足阻止他以这些遗址界定新的类型，而不是视为特例。

2.3 史语所的非安阳传统

史语所的非安阳传统并不仅限于郭宝钧和吴金鼎。

吴金鼎仅仅只是早夭的开创性考古学人之一，同在史语所考古组的祁延霈和李景聃也由于同样原因而淡出后世学人的历史记忆。自清华大学地质系毕业的祁延霈（1908~1939）进入史语所后，虽然主司安阳的地形测绘、土质辨认等技术性工作，但在考古学上也有独特的贡献。在山东古迹研究会几陷停滞的情况下，祁延霈基于乡土之便，调查了山东益都苏埠屯、滕县安上村、日照两城镇等地。1939 年 11 月因伤寒于哈密病逝时，祁延霈尚有《山东益都苏埠屯铜器调查记》、《山东日照考古调查记》、《西康考古调查记》和《山东日照两城镇大孤堆发掘报告》等多种遗文，仅有首篇得以刊布〔107〕。先后毕业于清华大学和南开大学的李景聃（1899~1946）曾经参加 1933~1936 年安阳多季的发掘和 1937 年辉县第三季发掘，但是对中国考古学的最主要贡献是调查屡经盗掘的寿县李三堌

---

〔104〕吴金鼎：《苍洱境考古报告》甲编，李庄：国立中央博物院，1942 年，第 1 页。

〔105〕吴金鼎：《苍洱境考古报告》甲编，李庄：国立中央博物院，1942 年，第 2 页。

〔106〕有关垂直高差造成的地理单元和文化单元多元化，参见 Burger R L. *Chavin and the Origins of Andean Civilization*. London: Thames and Hudson, 1995; Sanders W T, Parsona J R, Santley R S. *The Basin of Mexico: Ecological Processes in the Evolution of a Civilization*. New York: Academic Press, 1979.

〔107〕祁延霈：《山东益都苏埠屯出土铜器调查记》，《中国考古学报》第 2 册，1947 年。

堆楚墓。某种意义上，李景聃的寿县李三堌堆楚墓调查就是本书所倡导的考古学回访。李景聃的寿县调查以《寿县楚墓调查报告》，永城调查以《豫东商丘永城调查及造律台黑孤堆曹桥三处小发掘》为题发表，但是辉县报告则一直未获发表[108]。祁延霈和李景聃在中国考古学上最主要的贡献都在安阳之外，又都因为早夭而没有在考古学史讨论中得到充分阐发。

如果基于学术取向将郭宝钧列入暗流传统，1937 年离开史语所后无论在政治取向还是学术取向上都表现出更强烈的隔绝的刘耀（尹达）是否也可以归属此类？因史语所和河南省政府联合培养河南本地田野人才的计划，自河南大学毕业的刘耀进入到安阳的发掘之中。在史语所期间，刘耀曾经参加了安阳的第五季、第八季、第十至十三季等发掘，也参加了郭宝钧主持的河南古迹研究会的大赉店发掘[109]。1937 年前往延安后，刘耀并没有停止自己的考古学研究，夏鼐提及刘耀在延安期间出版的《中国原始社会》，“企图以发掘所得的比较可信的材料作基础，使用马克思主义的观点、立场和方法以探索中国原始社会”，称之为“结合考古实物资料运用马克思主义来研究中国古代史的第一人”[110]。

不过，史语所的非安阳传统也许并没有如此显著，尤其是史语所在大陆的田野工作时间短暂，导致很多“超出殷墟”的工作未能充分发展，以至没有形成与安阳统一的“形式和精神上的格律”，才看起来更像是非安阳传统。但是，不可否认的是种种安阳之外的潮流都表现出研究主题的扩张和方法的更新。因此，史语所的非安阳传统的存在丝毫没有否定安阳传统的正统地位，恰说明 1949 年之前的中国考古学的中枢研究机构无论在研究主题还是研究方法上都具有不可忽视的自我扩张能力。

---

[108] 李景聃：《寿县楚墓调查报告》，《田野考古报告》第 1 册，1936 年；李景聃：《豫东商丘永城调查及造律台黑孤堆曹桥三处小发掘》，《中国考古学报》第 2 册，1947 年。

[109] 刘耀：《河南浚县大赉店史前遗址》，《田野考古报告》第 1 册，1936 年。

[110] 夏鼐：《悼念尹达同志》，《考古》1983 年第 11 期。1947 年 7 月 24、25 日，夏鼐在日记中记录读到《中国原始社会》一书，“以刘君攻考古学，故对于考古学上之材料，认识较真切，对于龙山文化尤多新材料，以马列主义为□□，故有时不免陷入幼稚。但对于哲学家之托古的古史观，即认为有来源的传说，亦欠妥。又硬认殷商为文字形成时代，并非有史时代，而在新石器时代。铜器非生产工具，皆误”。见夏鼐：《夏鼐日记》卷四，上海：华东师范大学出版社，2011 年，第 135 页。

第三章

众流：多元化的考古学群体

自20世纪以来，无论是基于西学传统的传入，还是回应疑古运动的冲击，抑或延续金石学旨趣，各种类型的机构都涉足到中国最早的考古学活动之中。无论在地域覆盖的广度，还是涉及主题的多元程度，这些机构都远远超出了中研院史语所，它们为中国考古学添加了不同于安阳传统的特色。本章覆盖的考古学组织主要包括博物馆、研究机构、大学和独立的学术团体。

公共博物馆的出现是20世纪中国的新景象〔1〕。一俟出现，博物馆就成为特定地区古物搜集、保管和展示的主要机构，因而有可能成为推动考古学发展的中坚力量，但是也不可一概而论。在最初的数十年中，中国的博物馆也明确呈现出多元特征，不同类别的博物馆与考古学的关联亲疏不一。20世纪出现的国家大型博物馆中，建立在前清帝室收藏基础之上的古物陈列所和故宫博物院都不以考古发掘为要务。1914年，内务部在迁京的奉天和热河行宫文物的基础之上，以文华和武英两偏殿为展厅，设立古物陈列所，后又增建宝蕴楼作为库房。逊帝出宫之后，1924年即成立清室善后委员会，次年基于李石曾的提议，在乾隆时代形成的庞大帝室收藏基础之上，将紫禁城后宫部分改为故宫博物院，设文献、古物和图书三馆〔2〕。古物陈列所和故宫博物院的藏品基础和管理模式先

---

〔1〕 1949年之前的中国博物馆学著述主要有两种，1936年出版的陈端志《博物馆学通论》率先介绍，李济、曾昭燏著《博物馆》代表中国早期博物馆从业人员认知的集大成者。见李济、曾昭燏：《博物馆》，上海：正中书局，1943年。收录于《曾昭燏文集》（博物馆卷），北京：文物出版社，2009年。

〔2〕 段勇:《古物陈列所的兴衰及其历史地位述评》,《故宫博物院院刊》2004年第5期。

天性地决定了它们将与田野考古学保持一定程度的隔离，这一倾向也得到先后服务于故宫的金石学和古器物学学人的强化〔3〕。相较而言，新成立的国家和各省公共博物馆与中国考古学的进程关联更为密切〔4〕。作为国家最高博物馆的历史博物馆于1912年在前国子监官舍筹备，1926年开馆，最初归属教育部，1928年划归中央研究院，1933年后独立组建中央博物院筹备处〔5〕。由于同为李济掌控，中博院的活动与史语所考古组的活动多有重叠，抗战期间，由于旅英归来的多位学人的加入，田野调查和发掘也多定点于西南和西北等传统边裔地区，作为最主要的组织者，中博院逐渐形成自身独立的风格。南京古物保存所成立于1917年，先属江宁，1928年划归教育部，1936年又改归南京市政府。古物保存所卫聚贤于1929年发掘明故宫侯家塘明墓，1930年卫聚贤、王庸、张凤、刘福泰等发掘栖霞山张家库和刘家库墓葬，并根据墓砖文字，将其推断在三国至六朝时期〔6〕。鉴于北京古物市场上已出现传出自河北巨鹿城的瓷器，北平历史博物馆裘善元于1921年发掘巨鹿城，获得瓷器、铜镜和铜钱等出土遗物，推断所见董、王二家遗迹形成于大观二年洪灾〔7〕。1930年，北平历史博物馆联合北平研究院、故宫博物院等组建燕下都考古团调查了河北易县练台村，采集到包括铜刀、货币、铁叉、陶尊、陶罐、陶豆、板瓦、筒瓦在内的众多遗物〔8〕。1934~1935年北平研究院历史研究所发掘宝鸡斗鸡台，出土遗物包括新石器时代

〔3〕郑欣淼：《天府永藏》，北京：紫禁城出版社，2008年，第19~22页。

〔4〕曾昭燏引1936年中国博物馆协会《中国博物馆一览》称，全国公私博物馆（含动物园、国货陈列馆）已达80处，1947年教育部统计全国具有一定规模的博物院（馆）共计16所，其中国立3所，省市立8所，私立5所。见曾昭燏：《中国博物馆之沿革》，《曾昭燏文集》（博物馆卷），北京：文物出版社，2009年。

〔5〕曾昭燏以历史博物馆和中央博物院为两家不同机构，见曾昭燏：《博物馆》，上海：正中书局，1943年，第7页；曾昭燏：《中国博物馆之沿革》，《曾昭燏文集》（博物馆卷），北京：文物出版社，2009年。

〔6〕卫聚贤：《持志学院考古学小史讲义》，1934年，第56、57、58~60页。

〔7〕裘善元：《巨鹿宋代故城发掘纪略》，《国立历史博物馆丛刊》第1册，1926年；卫聚贤：《持志学院考古学小史讲义》，1934年，第57、58页。

〔8〕傅振伦：《燕下都发掘报告》，《国学季刊》第3卷第1期，1932年。

石器、陶器，青铜时代铜鼎、铜镞、铜镜等〔9〕。河北第一博物院于1916年筹备，1923年开馆，设址于天津，其半月刊是1949年之前持续时间最长，发行频率最高的的考古学杂志，成为管窥同时期金石器物之学和早期考古发现和调查的重要渠道。建立在1923年发现的新郑器群基础之上的河南博物馆设址于开封城隍庙，1928年易名成民族博物馆，收归河南省政府管理，1930年又复名为河南博物馆，改归教育厅管理，在何日章、关百益、张嘉谋的主导下，一定程度上阻遏了当地的盗掘，使河南博物馆在1949年之前成为全国收藏最为丰富的博物馆之一。1929年，以“发展实业，振兴社会文化”为号召的西湖博览会大获成功，也促进了博物馆的发展，浙江省政府在博览会捐赠展品的基础之上，于文澜阁成立省立西湖博物馆。西湖博物馆和吴越史地研究会合作，积极加入到田野调查和发掘之中。上海市博物馆则是由叶恭绰等力倡而于1935年开始筹办，早期考古学家胡肇椿、郑师许等皆汇聚于此，上海市博物馆一度成为考古学知识的传播中心。

此外，未独立建立公立博物馆的省份大多在公共图书馆附设古物陈列室或者博物馆，或者于省县民众教育馆附设陈列室，其中，山西、山东、陕西、湖南和云南尤具代表意义。但是，这些古物陈列所和博物馆一般缺乏职业考古学家，甚至连具备田野考古学意识的学人也很罕见。足以作为例外的是王献唐执掌下的山东省图书馆在保存山东金石旧藏和考古新发现上起到了表率作用。清末形成的重要的金石器物收藏之一——潍县陈介祺簠斋收藏于民国初期面临分崩离析的命运，王献唐促使部分收藏收归公有。1933年，继簠斋青铜器离散后，有传言称簠斋砖瓦收藏可能外流，经王献唐斡旋，“秦汉瓦当二百九十四件，汉魏六朝砖一百零八件，齐法货泥钱范二百二十八件，周秦有文字瓦片一千六百六十九件，汉代有文字瓮沿十四件，六朝瓦造像一件，周秦两汉陶器三十八件，六朝有文字造像座二十件，石磬二件，元瓷罐一件，共二千三百七十五件，分装十三箱。又由周秦至明古泉共一千四百八十九品，装一箱”最终收入山东省图书馆馆藏。除抢救旧藏之外，山东省立图书馆也在邹县、滕县通过田野方法采集秦汉时代的陶瓦文字等。而在新出器物群的收集和保管上则可以山东益都苏埠屯的发现为例。该地多次出现古物，1931年9月出土青铜器9件，经王献唐研究

〔9〕 苏秉琦：《斗鸡台沟东区墓葬》，北平：国立北平研究院史学研究所，1948年。

并引介，最终被益都县民众教育馆收购[10]。有的省份的图书馆附设的考古学机构随后独立出来成为省立博物馆的雏形，也有不少夭折的例子，其中，湖南省于 1923 年兴办湖南省教育会博物馆，1927 年更名为湖南省立博物馆，但 1930 年被焚后就再未复办。

此外，一些机构虽无博物馆之名，但却行博物馆之实。其中，章鸿钊和丁文江创办的地质调查研究所在考古学的新生过程中发挥了重要的作用。由于和传统金石学或者古董市场的相对隔离，新生的考古学更容易在石器时代考古学上取得进展。择其要者，计有由地质调查所安特生（J. G. Andersson，1874~1960）于 1921 年开始的北京周口店北京猿人遗址、在河南渑池仰韶村的新石器时代遗址和辽宁锦西沙锅屯的新石器时代遗址的发掘[11]。安特生于 1923~1924 年前往甘青地区调查，收获大量彩陶和石器，建立了甘青地区彩陶文化体系[12]。外来的学术机构常常采取合作调查团的形式开展考古。1923 年，巴黎自然历史博物馆德日进（Pere Teilhard de Chardin）与天津博物馆桑志华（Pere Licent）在河套鄂尔多斯、甘肃庆阳、宁夏、榆林一带的旧石器时代遗址发掘。1926 年起，美国华盛顿弗利尔美术馆毕士博（C. W. Bishop）和李济合作，调查和发掘山西夏县西阴村遗址，也支持了 1928 年开始的最初几季的安阳发掘[13]。1921 年于哈尔滨成立的东省文物研究会于 1928 年发掘了黑龙江海拉尔新石器时代遗址[14]。1927~1935 年中瑞西北科学考察团在西北地区调查和发掘了数十处新石器时代遗址[15]。1930 年中央古物保管委员会与美国自然历史博物馆合组考察团在蒙古

---

[10] 祁延霈：《山东益都苏埠屯出土铜器调查记》，《中国考古学报》第 2 册，1947 年；Drake F S. Ancient Pottery from Shantung. *Monumonta Serica*, 1939/40: 383-405.

[11] 安特生：《奉天锦西县沙锅屯洞穴层》，北京：农商部地质调查所，1923 年。

[12] 安特生：《甘青考古记》，北京：农商部地质调查所，1925 年。

[13] 李济：《我与中国考古学》，《李济文集》第 1 卷，上海：上海人民出版社，2006 年。

[14] Titov E I, Tolmachev V J. *Remains of Neolithic Age in Vicinity of Hailar as Discovered by the Explorations of 1928.* Harbin, 1928; 卫聚贤：《持志学院考古学小史讲义》，1931 年，第 64 页。

[15] 瑞典方面公布的考古调查和发掘报告计有：Bergman F, et al. *Archaeological Research in Sinkiang especially the Lop-nor Region*. Stockholm: Thule, 1939; Maringer J, Bergman F. *Contribution to the Prehistory of Mongolia.* Stockholm: Thule, 1950.

高原调查石器时代遗址〔16〕。

大学之中不仅出现以考古学为名的课程，早期考古学教授也参与到发掘之中。北京大学国学门先后成立了考古研究室和古物古迹调查会，后者又更名为考古学会。清华大学建立了考古学陈列室〔17〕。燕京大学国学研究所计划中也包括了考古学一门，与文史哲、文字、宗教、美术并列〔18〕。而厦门大学国学院最初设立的十四组中包括历史文物组，改组之后的五组之中亦有史学及考古学组〔19〕。虽然各个大学都出现了考古学教学或者研究，不过多是对考古的曲解〔20〕。李济在出掌史语所考古组之前，于1926年代表清华大学国学研究院发掘山西夏县西阴村〔21〕。1930年，卫聚贤代表北平师范大学研究院与山西省图书馆合作发掘山西万泉汾阴后土祠。该遗址出土了典型汉代器物，包括五铢钱、铁器、陶壶、“千秋万岁”铭砖及“长生无极”、“长乐未央”铭瓦当〔22〕。1931年，卫聚贤又发掘山西万泉荆村，发现石器、骨器、彩陶和粗砂陶〔23〕。不过，总体而言，由于中国早期考古学人才的匮乏，大学之中最早的考古学课程多由金石之士或者转型的早期考古学人掌握，即使是游学归来的学人也多数不是以考古学为业，大学参与的田野发掘的水准参差不齐。

考古学学术团体是整合考古学及相关学科的学术力量、扩大考古学影响的一个重要渠道。虽然1949年之前中国考古学家人数稀少，但是组建学术组织的步伐并未减缓。中国考古学会于1933年成立。中国博物馆协会于1935年成立。全国性考古学人组织——考古学社于1934年成立，一直持续到1937年日本侵华战争全面爆发。考古学社出版的《考古社刊》杂志成为战前最主要的考古学学

〔16〕《古生物保管委员会工作汇报》，大学出版社，1935年，第11～20页。

〔17〕《研究院纪事》，《国学论丛》第1卷第1号，1927年。

〔18〕《燕京大学国学研究所征求名著稿本通告》，《燕京学报》第4期，1928年。

〔19〕《厦门大学国学研究院组织大纲》，《厦大周刊》第134期，1926年。

〔20〕容庚：《记考古学社》，《东方杂志》第30卷第1号，1936年；傅振伦：《傅振伦文录类选》，北京：学苑出版社，1994年，第820页。

〔21〕李济：《西阴村史前遗存》，《李济文集》第2卷，上海：上海人民出版社，2006年。

〔22〕卫聚贤：《汾阴后土遗址的发现》，《东方杂志》第26卷19期，1929年。

〔23〕董光忠：《本校与山西图书馆美国福利尔艺术陈列馆发掘山西万泉石器时代遗址之经过》，《师大月刊》第3期，1932年。

术期刊之一。区域性考古学组织中，1931年成立于广州的黄花考古学院和1936年成立于上海的吴越史地研究会尤其值得关注。1931年，谢英伯和胡肇椿发起黄花考古学院，以通过"锹的考古学"实证性地重建岭南文明和西江流域文明为宗旨，先后发掘了猫儿岗、寺贝底、大刀山等地墓葬，编辑出版了中国最早的考古学期刊之一《考古学杂志》。1936年8月，旨在研究"吴越前期文化"的吴越史地研究会于上海成立，推选蔡元培为会长，吴稚晖和钮永建为副会长，卫聚贤为总干事。理事包括董作宾、梁思永、郑师许、庄尚严等。该会以"证古代吴越，已文物灿然"为目的，而且认为"此项古物与北方发现者迥异，可知古代吴越，自有其本位文化"。在成立吴越史地研究会之前，卫聚贤、陈志良和金祖同已经在长江三角洲多个地点调查和试掘。1936年，上海民众教育馆的"金山奄城古物展览会"展示了常州南"奄城"和金山县金山卫戚家墩的考古工作以及《奄城金山访古记》公布的出土石器和陶器。卫聚贤和陈志良又调查了杭州古荡的钱山漾新石器时代遗址。1936年，吴越史地研究会与西湖博物馆联合发掘了古荡新石器时代遗址，出版《杭州古荡新石器时代遗址之试探报告》。此外，更罕为人知的区域性考古学组织还有上海中华考古会和陕西考古会等〔24〕。

本章选取云南博物馆、黄花考古学院和考古学社为个案，分析1949年之前安阳传统之外其他中国考古学组织和机构的特征和贡献。三个个案的入选既有学理上的必然理由，也得到资料上偶然条件的鼓励。无论是云南省博物馆、黄花考古学院还是考古学社，在中国考古学史上都有其独特的地位：云南博物馆是中国最早的省立博物馆之一；黄花考古学院是中国最早的考古学研究组织，由于附着于广州市博物馆，在广州本地考古学的发展上起到举足重轻的作用；考古学社则是1949年之前最大的考古学学术组织。三家机构都以特定共识的形式表达对考古的不同理解，都具有通则性价值。但是，长期以来，在一元式考古学史中，三家机构都未曾得到应有的重视，构成考古学史上的暗角。同时，我们需要说明的是，本章之所以能展开三家机构的个案分析，得益于相对充分的研究文献，而这些都是偶然性和特定性的结果。因此，本章旨在证明安阳传统之外的考古学群体和考古学理解的存在，以及由此形成的其他考古学作业传统。本章

〔24〕 容庚：《记考古学社》，《东方杂志》第30卷第1号，1936年；容媛：《二十三年一月至六月国内学术界消息》，《燕京学报》第15期，1934年。

以例证法界定出与史语所同期并存的考古学群体，但并不以穷尽暗流传统为鹄。“多元”的考古学传统无法依靠例证法确认，未来新发现的文献完全可能补充或者修正本章的认识和判断，但却不会改变其基本格局。

3.1 云南博物馆：考古学的缺位

如果缺乏两篇关键的法文文献，作为中国最早的博物馆之一的云南博物馆将永无可能得到详细讨论，甚至其先驱地位会遭到单线式一元模式预置观念的忽视。

云南博物馆和云南图书馆的早期历史交织在一起。这种关联性也见于其他省份，但是在图书和古物的分合上，云南博物馆有其独特特征。在新学影响之下，1909 年，昆明经正、五华和育材书院和提学司学务公所图书科藏书合并组建成云南图书馆，设址于经正书院旧址，面向社会公众开放。次年，何秉智、康学文和杨煦创办了博物陈列所，收集文物和动植物及矿物标本。1911 年，博物陈列所更名为云南博物馆，和图书馆合并成为云南图书博物馆。1912 年，云南图书博物馆迁往粮道署旧址，1919 年又迁回原址。1929 年，秦光玉主持云南图书博物馆时，将云南博物馆更名云南博物院，迁往文庙，而云南图书馆更名为云南省立国学图书馆。由此可见，云南的博物馆并不是图书馆附设或者派生的，而是独立创设后与图书馆合并成为图书博物馆。恰由于较强的独立性，博物馆与图书馆的合并没有持续更长的时间就分拆开来。但是，1951 年新成立的云南省博物馆割断了与此前云南图书博物馆或者云南博物院的渊源关系，导致对 1949 年之前的云南博物馆的历史记忆不得不依附在云南图书馆史上，而云南博物馆对于云南图书馆而言只是一度若即若离的附庸。因此，云南博物馆几乎处在记忆的空白地带，除偶尔提及之外，博物馆的藏品构成和陈列方式等细节基本失载于中文文献。

云南府法文学院院长柯蒂尔（Georges Cordier，1872~1936）两次详尽报道了旧粮道署时代（1912~1919）和经正书院时代（1919~1929）云南博物馆的馆藏和陈列情形，成为建构独立的早期云南博物馆历史记忆的关键史料〔25〕。柯蒂尔的两次报道分别刊布于 1915 年和 1922 年的《远东学院学刊》上，虽然没有写明访问时间，但是由于明确提及博物馆设址的变迁，因此其两次报道可以分别与旧

〔25〕 Cordier G. Le Musée de Yunnan-fou. *BEFEO*, 1915, 15 (1): 25-38; Cordier G. Musée de Yun-nan Fou. *BEFEO*, 1922, 22 (1): 135-138.

粮道署时代和经正书院时代的云南博物馆对应起来。同时，由于文体原因，柯蒂尔更偏向如实记录博物馆空间和内容，因而也更有利于复原。

在相距七年的两次记录中，柯蒂尔对旧粮道署时代云南博物馆的观察和记录更为细致。此时的云南博物馆位于粮道街，由旧粮道署衙署改造而成（图3.1）。博物馆的公开展览空间由三进衙署和侧面一个跨院构成，分成8个展厅。柯蒂尔记录显示，创办数年后，云南博物馆已经形成收藏门类复杂，兼跨自然和历史的综合博物馆格局；不过，展厅的分隔没有反映出收藏分类的科学化，反而显示出早期博物馆，甚至更早的古物陈列的杂乱特征。柯蒂尔甚至明

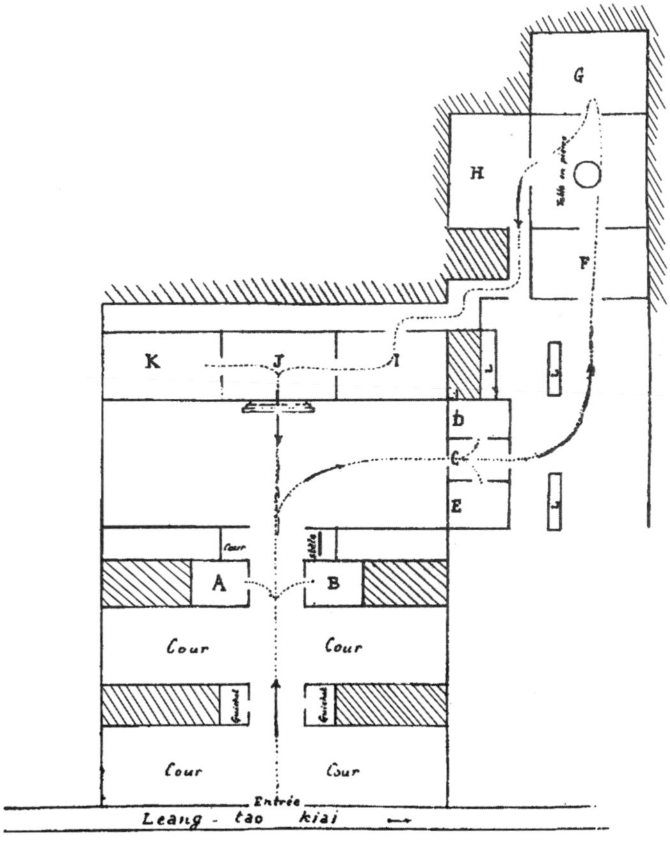

图3.1　旧粮道署时代云南博物馆平面图

（采自 Cordier G. Le Musée de Yunnan-fou）

确指出，“中国人全无分类法，陈列选择上也不审慎”〔26〕。作为一名严肃的博物馆观众，柯蒂尔试图按照西方博物馆布展模式总结云南博物馆的“参观路径”，并且按照这个顺序详尽记录了各个展厅的陈列内容，不过囿于对云南历史的熟悉程度，其记录可能略有误差。

云南博物馆的布展从衙署二进开始。头进仅为通道，二进门道左右各有一间展厅，均展示碑刻拓片，其中展厅A包括赵藩、李根源等题记碑文、赵藩撰写高黎贡碑记、黄膺撰写阿卢洞碑记、张浚书写岳飞诗和禹王岣嵝碑铭。展厅B则有武安王庙碑记、杨忠毅公碑、中兴颂碑、圆通寺、庆云书院和城隍庙等碑文。

自二进进入后，参观路径右转到达包括展厅C、D和E的右侧厢房，其中展厅C实际上兼为通道。该展厅陈列书法作品，柯蒂尔仅仅列举钱沣和邓石如两幅。北侧展厅D陈列青铜佛像。南侧展厅E是一个相对独立的永久特展，陈列“印支地区物产”。该特展由河内农商博物馆设计，因在昆明颇受欢迎而变成永久展览的一部分。关于此次特展，河内农商博物馆馆长克莱佛斯特（M. Crevost）提到，“1912年10月，我在云南府粮道署旧衙布置了一个东京物产的小型展览”，“大部分展品为东京的工业产品和土特产”，包括肥皂、水泥、火柴、棉纺织品、炼油等工业产品，以及草帽、烟草、漆器、丝绸等农产品〔27〕。

展厅F、G和H实际上是正衙的跨院，H居中，F和G在南北两端，其中南端展厅F兼为通道。展厅F陈列尤其芜杂，似无特定主题，既包括易门孔雀石、铜矿石等矿物样本，也包括青花瓷、建窑黑瓷、朱砂瓶、“明窑瓶”等瓷器以及明代瓷器碎片等陶瓷器，还有小件玉器、东方朔石雕像等玉石器、西塔藏文砖拓片、米芾书法拓片、仇英画作等。诸多展品基于何种理由组合在一起尚未可知。展厅H似为历史主题，进门即有杜文秀遗物，包括3顶帽子、2双靴子和整套刺绣龙袍。其他文物包括满汉双文圣旨、陈圆圆像、杨玉科马褂、潘永贵衣饰等晚期文物，也有汉代侯印、汉代钱币、舍利函盒等早期文物，还有以“诸葛鼓”相称的铜鼓等非华夏遗物。展厅G则是动物展区，主要陈列各种鸟类和动物，甚至有来自河口的大龟。参观路径自跨院小门进入正衙三进，但是

〔26〕 Cordier G. Le Musée de Yunnan-fou. *BEFEO*, 1915, 15 (1): 25-38.

〔27〕 柯蒂尔引克莱佛斯特函件，见 Cordier G. Le Musée de Yunnan-fou. *BEFEO*, 1915, 15 (1): 32.

当时三进之中尚无正式展厅。

1922 年，柯蒂尔发表了对迁回经正书院原址的云南博物馆的回访[28]。 空间变动不言而喻，但是柯蒂尔几乎只字不提展厅布局，而是着力指出云南博物馆的馆藏在短短数年中的扩展。 他将云南博物馆馆藏的增长分成两个部分，一方面是碑刻，十余通来自不同地点的石碑移入博物馆中；另一方面是杂项新增甚多。 有些新增类别是此前从未见到的，如哥老会和同心会银徽章等革命文物、银行钞票等晚近社会文物。 表现云南族群状态的非华夏遗物也有显著增长，新入藏的展品包括唐卡、册立土司的诰命和“属于蛮或者苗子的众多器物”。

柯蒂尔的记录生动说明了最早的云南博物馆是如何建构社会记忆的。 首先，毫无疑问的是，至迟到旧粮道署时代，云南博物馆已经具有显著的社会公器特征。 在选址上，书院、旧衙署或者文庙等建筑旧有的公共属性成为博物馆的首选。 其次，在博物馆类型上，云南博物馆呈现出更多的“百科全书式”博物馆（encyclopedia Museum），而不是“国族主义式”博物馆（nationalist Museum）特征。 这个特征广泛出现在工业革命以来的诸多西方大型博物馆中，但是后者到 20 世纪之初更为流行。 换言之，最初的云南博物在收藏结构上门类繁多，几乎无所不包，与之相关的另一特征则是地域特质遭致削弱，云南博物馆反而未能充分表达“云南性”。 柯蒂尔的记录显示，云南博物馆的馆藏陈列至少显示出多源特质。 碑刻拓片、金石器物和书画早在博物馆出现之前就已经进入私人收藏，会社徽章和诰命文书则代表了“传家宝”（heirloom）类型的遗物。 “诸葛鼓”和“蛮或者苗子的众多器物”很可能是同时期少数族群仍在行用的器物。后两类藏品是传统金石器物收藏中所不见的。 除历史文物之外，矿产标本、岩石、动植物标本也纳入到博物馆藏品征集范围之内。 但是，总体而言，分类思想淡薄，几乎无法体察考古学分类法的影响。 再次，和西方社会具近现代意义的博物馆出现的阶级关联性一样，云南博物馆也是当地近代化进程的组成部分之一，因此，无论在藏品还是陈列上都表现出时代关怀。 展厅 E 的“印支地区物产展”收藏和陈列同时期最具代表性的近代工业和传统工艺产品，构成 20 世纪之初云南的历史记忆，也是社会精英界定自身的方式。 最后，中国最早的博物馆显示出多种理念的融合和冲突，其中既有旧有的公私金石收藏的转型，又有以

---

〔28〕 Cordier G. Musée de Yun-nan Fou. *BEFEO*, 1922, 22 (1): 135-138.

实物收藏服务于公众教育理念的传入，此外，中国早期博物馆还可能深受劝业会或者博览会的影响，无论在藏品组成还是陈列方式上都有所表现。

如果仅仅考察云南博物馆历史文物的收藏和陈列的话，20 世纪初期云南历史记忆呈现出多源性、失衡性和强烈的政治史关联性特质。藏品之中，碑刻拓片的收藏兴趣暗示阮元和《滇南金石志》的影响，而对吴三桂和杜文秀的历史记忆则来源于不同的乡土认同。藏品结构上无疑是失衡的，近代历史文物占据了过高的比重。与杜文秀相关的藏品成为展厅 H 的主要陈列内容。到经正书院时代的云南博物馆时，大量与辛亥革命相关的藏品涌入到陈列当中。虽然博物馆中已经有了作为群体记忆的近代工业展，但是云南博物馆的历史展览仍然表现出强烈的个人特质和政治史倾向，在不算太长的历史记忆中，大多藏品都是和特定的历史人物相联系的，其中的关联性既可能如同碑刻和书画一样具有可以证明的可信度，也可能是穿凿附会的。因此，历史展厅中同样会出现与陈圆圆相关的藏品，而铜鼓也被追溯到诸葛亮南征。

显然，这是个考古学缺位的早期博物馆的范例。博物馆陈列至少在好几个方面期待新生的考古学的贡献，最显而易见的是历史深度的延伸，而更为隐匿的是发现无名无姓的历史或者边缘化的历史。展厅 F 中瓷器与矿石杂陈，如何才能把瓷器放置到历史之中？展厅 H 以及经正书院时代新增的以铜鼓为代表的少数民族文物应该如何定位，是当代的还是历史的，是华夏的还是蛮夷的？诸如此类的问题都有待于考古学的发展予以解决。因此，在考古学史意义上，云南博物馆是个早产的范例，在缺乏考古学思想基础的情况下就已脱颖而出。博物馆陈列反映的问题亟待本土考古学的发展予以回答。不过，1949 年之前，考古学一直没有成熟到足以有效地回应早已出现的博物馆问题。云南的田野考古学极为稀缺，偶尔出现的早期考古学线索却属于截然不同的类型。

3.2 黄花考古学院和“前象岗时代”的早期南越考古学：被湮没的田野考古学传统〔29〕

在 1949 年之前的中国考古学传统之中，无论是田野调查和发掘、资料的刊

〔29〕 本节部分内容基于已刊拙文。参见徐坚：《作为南越国考古学起点的龟岗和猫儿岗：发现与方法》，《历史人类学学刊》第 9 卷第 1 期，2011 年。现征得《历史人类学学刊》编辑部同意，部分转用，特致谢忱。

布和研究，还是组织机构上，广州的早期考古学都取得了不俗的成绩。而且，广州的考古学实践虽然在史学倾向上与安阳相耦合，但是在调查和阐释倾向上却独立于安阳传统。由于种种原因，在既往的考古学史研究中，广州几被忽略，仅在罕见的例外中才偶有涉及〔30〕。

广州是中国近现代意义的田野考古学的策源地之一。1927 年，广州市政府重修镇海楼，并以此地为基础，于 1929 年建立广州市立博物馆。这是中国最早的博物馆之一，也是嗣后二十年间广州田野考古学的主要组织机构。20 年代广州拆墙扩城中发现的古墓葬已经引起了职业考古学家的关注，广州的考古学家们调查和发掘了多达数百座古冢〔31〕。自广州市立博物馆成立之后，本地古墓的发掘归属博物馆管理。1931 年，谢英伯和胡肇椿依托广州市立博物馆，成立了中国最早的职业考古学团体——黄花考古学院，最初成员还有杨成志、蔡守（哲夫）、曾传轺、朱庭祜等，另外尚有如蔡守夫人谈月色等外围人士。黄花考古学院先后发掘了东山猫儿岗汉墓、西村大刀山墓葬和东山庙寺贝底的朝汉台砖瓦遗址，并发表了发掘报告和初步研究。同期发掘但未能最终形成报告的还有东郊木塘岗汉墓〔32〕。1932 年，黄花考古学院出版了中国最早的考古学期刊《考古学杂志》创刊号，不仅收录学院成员的研究论文，也有符合规范的调查报告和发掘报告。因此，无论在博物馆的创建、考古学职业群体的建设，还是考古发掘的展开、考古报告的刊布上，广州都堪称当时的中国田野考古学的核心之一。在广州本土考古学的成长过程中，公立博物馆占据了主导地位，职业考古学家受聘于公立博物馆，或者附属于学术组织，本地考古学的发展方向深受职业考古学家的影响。虽然广州自 17 世纪以来就是中国唯一的对外贸易港口，也是 19 世纪中期之后率先开放的地区之一，但是没有任何西方人涉足本地考古学。本地

〔30〕 吉开将人：《近代中国と文物事业——广州とその周边を例として》，《中国古代の文字と文化》，东京：汲古书院，1999 年。

〔31〕 胡肇椿：《广州古物发掘追记》，《广东文物》第 10 卷，1941 年。

〔32〕 木塘岗汉墓发掘见于多处文献。《考古学杂志》创刊号多文提及，胡肇椿刊布了部分基于该墓葬的研究，见胡肇椿：《杯之比较研究（广州东郊木塘岗汉冢之研究之一部）》，《考古学杂志》创刊号，1932 年；胡肇椿：《广州古物发掘追记》，《广东文物》第 10 卷，1941 年；胡肇椿：《广州市近郊之考古发掘述略》，《持志学院考古学小史讲义》，1934 年，第 54 页。

的古物市场和金石研究在考古学生成之前自成传统，虽然广州考古学的部分判断建立在金石学基础之上，也有金石考古之士被纳入到早期考古学团队之中，但是金石传统没有对考古学的进程形成决定性影响。以上诸多特征表明，广州的考古学成长实际上是伴随着近代意义市政建设而成长的，这在1949年前中国各地考古学发展中是罕见的。

深受20世纪初期中国乃至旧大陆考古学时代风格的影响，南越国是新生的广州田野考古学的关注重点。南越国一直是岭南地区构建地方历史记忆的焦点，但是20世纪中期之前只能止步于支离破碎的文本或者口承传统的拼缀〔33〕。20世纪初期，“锹的考古学”在中国兴起，广州本地的考古学家即将考古学运用于南越古史的重建过程。一方面由于金石学传统的影响；另一方面，近代意义的田野考古学输入中国之时，基于文化—历史范式的国族主义考古学在全球范围正处于高涨时期，中国文明起源问题也是新生的考古学亟待解决的问题，中国的田野考古学因此走上具有历史学倾向之路，广州最早的田野考古学也不例外。如果从这个角度考虑，黄花考古学院崛起之前，广州的一次轰动性考古发现和报道，即1916年东山庙龟岗大墓的发掘，也需纳入进来，计为南越国考古的最早一个环节。龟岗大墓虽属盗掘，但是一篇行政报告始料不及地开启了近代意义的南越国探索，而且率先引发了陵寝葬制的讨论。因此，1916年东山庙龟岗大墓、1931年猫儿岗汉冢和朝汉台砖瓦遗迹的发掘构成了南越国考古学的先声。但是，1949年之前的考古工作未能最终坐实南越国。南越国的考古学面貌直到80年代才最终予以确认。1983年8月，广州解放北路象岗一处建筑工程偶然揭露出迄今仍是当地仅见的一座大型石室墓。象岗大墓形制独特，规模巨大，随葬器物种类及数量均异常丰富，人殉及用器制度表明崇高的葬制规格。根据随葬器物类型学分析，以及具有决定意义的“文帝行玺”金印和“赵眛”玉印等文字数据，发掘者推断象岗大墓为南越国第二代君主文帝赵胡陵墓〔34〕。论者也多因循此说。象岗大墓是第一座得到确证的南越王墓葬。但是，在象岗大墓偶然发现的事实之下，却存在近一个世纪的寻找和求证南越国的考古学镜像

〔33〕（清）梁廷枏：《南越五主传》，五卷本，收录于《南越五主传及其他七种》，广州：广东人民出版社，1982年。

〔34〕广州市文物管理委员会：《西汉南越王墓》，北京：文物出版社，1991年。

的思想理路，这条线索对于历史考古学实践具有超越岭南一地的价值。

如果我们将 1983 年之前南越国考古学以“前象岗时代”相称，那么，其中 1916 年东山庙龟岗大墓的发掘到 1931 年猫儿岗和寺贝底的发掘构成这个时代的早段。在最近半个世纪以来广州本地考古学的回顾中，龟岗、猫儿岗和寺贝底的“遗产价值”一直没有得到充分的重视。在物质性遗产方面，龟岗、猫儿岗和寺贝底的遗物和遗迹尚未在类似资料日渐丰富的情况下得到重新评估。而在思想性遗产方面，对龟岗和猫儿岗发掘的学术史讨论不应止步于完善广州本地考古学发展脉络，特别是补充南越国考古学史的若干关键环节，更为重要的是，它们的阐释方式提供了中国考古学生成之初，考古发现所获实物资料如何服务于历史建构的最好例证。考古学并不是基于偶然发现的材料之学，而是作为特定的历史建构方式的阐释之学。龟岗大墓和猫儿岗汉墓的资料收集、分析和阐释过程在揭示南越国史的“锹的考古学”传统上价值斐然，早期就已形成的诸多特征在其后数十年甚至“象岗时代”之后的南越国考古学中还可体察出来〔35〕。

1949 年之前的广州田野考古学没有得到重视应该主要受到四个因素的制约。首先，传统史观对岭南作为蛮荒之地的偏见并未消弭。在文化-历史范式考古学传统中，边缘地带不可能成为考古学研究的中心。谢英伯（1882~1939）在《考古学杂志》开宗明义的文字中很有预见性地将西江流域与黄河流域和长江流域并称为“中国文化的策源地”，不过在当时看来仍然是疏阔之论，应者甚寡〔36〕。其次，否定或者摆脱证经补史倾向后，中国考古学如何才能超越国族主义考古学阶段，虽然《考古学杂志》既呼吁对西南民族的关注，又登载了杨成志的《从西南民族说到独立罗罗》，但广州的考古学家们却没有提出任何切实可行的主张〔37〕。此外，广州的田野考古学随着拆城筑路和城市扩张而展开，发掘规模可观，但没有出现任何一项足以引起社会普遍关注的重大发现。而此时全球范围的考古学都处在“大发现”时代（the Age of Great Discoveries），广州的考古学价值容易被

---

〔35〕“锹的考古学”语出谢英伯：《黄花考古学院的组织和使命》，《考古学杂志》创刊号，1932 年。

〔36〕谢英伯：《黄花考古学院的组织和使命》，《考古学杂志》创刊号，1932 年。

〔37〕谢英伯：《黄花考古学院的组织和使命》，《考古学杂志》创刊号，1932 年；杨成志：《从西南民族说到独立罗罗》，《考古学杂志》创刊号，1932 年。

同时期的“重大发现”所遮蔽。最后，广州的田野考古活动与学术机构及学人的迁徙有着密切的关系。广州的田野考古工作的兴起和20世纪20年代驻粤的国家研究机构及国立中山大学诸多研究机构密切相关，胡肇椿（1904~1961？）对广州早期田野考古工作具有决定性影响，广州的考古学发展中可以明确看到胡肇椿的个人训练以及理论旨趣的影响。30年代之后，学术机构的外迁和学人的流动，特别是胡肇椿迁沪，导致广州考古学调查和研究传统戛然而止，初拟为季刊的《考古学杂志》仅出创刊号后就无疾而终〔38〕。

3.2.1 从龟岗到猫儿岗：从业余考古学到职业考古学

在1949年之前广州的发掘之中，龟岗和猫儿岗的重要性不言而喻。两者年代均在谢英伯所指的岭南文明的“第一个时期”，葬制规格明显高于常见汉墓，遗物或者遗迹都有值得讨论的特色，学者们不约而同地将两者和南越国，甚至南越国君主的考古镜像联系在一起。

东山庙龟岗大墓的发现可以被视为南越国考古学的起点。与世界众多地区近现代意义考古学生成类似的是，广州的田野考古学也肇起于业余考古学家。龟岗大墓本是在建筑工程中偶然发现的，发掘过程也没有职业考古学的参与，器物多遭破坏或离散，但受惠于一份行政呈文，不仅使部分遗物和遗迹现象侥幸保留下来，龟岗也成为南越国考古学最早的关键词。时任广州文庙祭祀官、兼任广东通志局副总纂的谭镳（1863~1924）最早记录和报道了龟岗大墓。由于供职于通志局，谭镳不仅熟稔金石证史的考据之法，也具有保护乡土文化的意识。而且，他所拥有的广泛社会资源也有助于吁请全国学术界和公众关注龟岗大墓。但是，由于谭镳缺乏考古学训练，也为呈文用于历史复原平添了不少困难甚至误导。

1916年，龟岗大墓发现之后，谭镳闻讯前往调查，并迅即撰写呈文，请求省

---

〔38〕《考古学杂志》创刊号刊布至胡肇椿1932年迁沪之间，广州已经开展的考古学发掘项目计有1931年11月教育厅后园发掘、1932年1月黎庄六朝墓葬发掘、1932年3月坟头岗汉晋砖室墓发掘等，《考古学杂志》第二期亦在编辑之中，但均未见后续文献。见胡肇椿：《二十年度之广州考古发掘事业》，原载《西南研究》创刊号，广州：国立中山大学，1932年；胡肇椿：《广州市近郊之考古发掘述略》，收录于卫聚贤：《持志学院考古学小史讲义》，1934年，第54、55页。

府予以保护。次年年初，谭镳呈文即在报端公开发表。由于该呈文忠实记录，细节详备，因此被广泛征引，嗣后复原龟岗大墓概依据此文[39]。谭镳抵达现场时应该已经接近清理尾声，是故呈文无法记录发掘过程。而且，如果墓内随葬品侥幸保存到发掘之时，谭镳抵达时也早已瓜分殆尽，仅有巨大而不易移动的遗物及遗迹保留下来。呈文描述龟岗大墓的形制为“一堂三房”，特别提及墓室木质结构保存至今，“上下四旁，用坚厚香楠密布，木外护以木炭”。墓室之中至少还存留了十多块带有计数刻文的椁室底板，编号自“甫五”到“甫廿”。前堂出土了包括青铜器、陶器、玉器和钱币等众多随葬品，“冢堂中则有周秦西汉古物甚伙”，不过随葬器物出土之后即已离散，“除黄夔石、李文枢所自收回四十八件外，工人分占散沽，已无可追诘”。谭镳似未曾收集到龟岗大墓随葬器物，但格外关注墓中所出刻字木板，申请省府“请钧台训示通饬诸藏家妥善保存，勿得转售境外”。

事实上，龟岗所出器物除刻字木板外，都已经消失在公众及学术界的视野之外，无法复原。得益于谭镳、蔡守等广东本土文化人士和罗振玉、王国维等学人的推广，龟岗刻木及其拓本流传甚广，并引起学术界的关注和讨论（图3.2）。不过，刻木的流传过程尚有若干环节无法梳清。根据谭镳统计，墓中所出带有“甫”字刻文的木板残余十四块，其中，台山黄夔石藏甫八、甫十一、甫十三，香山李文枢藏甫十二、甫十五、甫十八，番禺江兆镛藏甫廿，新会林泽丰藏甫十，新会谭镳藏甫五、甫

图3.2　龟岗甫字刻木

（采自蔡守：《广东古代木刻文字录存》）

[39]《谭镳证明南越古冢之呈文》发表于1917年1月8日香港《华字日报》。《拟上朱省长保存汉初木刻字书》发表于《东方杂志》第14卷第1期，1917年。原文收录于蔡守：《广东古代木刻文字存录》，《考古学杂志》创刊号，1932年。另见彭仲辉、侯丽蓉：《民初关于发掘南越古冢的报告》，《岭南文史》1996年第3期。

六、甫七、甫九、甫十四、甫十六。其中，“江兆镛”系“汪兆镛”误写。谭镳自藏的五块之中，两块赠送表弟梁启超[40]。可见，首次见诸报道时，十四件刻木已经分属不同藏家，不过，谭镳显然遍访了各家收藏，并制作了全套墨拓，嗣后岭外学人得见南越木刻文字，盖源自此。蔡守当年或者次年得到墨拓，又转寄给罗振玉，罗振玉所言“忽得蔡侯寒琼寄墨脱十四币”即指此事。王国维所引“甫十八”，即原属李文枢收藏，但两人并无交集，故王国维所见也应是墨拓。自谭镳公布诸家收藏刻木之后，他以外藏家的收藏均下落不明，而他本人的收藏也屡经转手。蔡守于1931年重新清点龟岗刻木，记录显示，谭镳收藏确实减少两件，但仅有甫七在梁启超收藏之中，而甫九则转入蔡守本人的收藏。至于其余刻木的分布，蔡守均延引谭镳。不过，蔡守此说与关寸草（1903~1948）的“南越木刻”记录相冲突，表明他在作文之时对关寸草等人的收藏似毫不知情。关寸草至迟在1928年就已经自邹少毅处获得三块南越刻木甫五、甫七和甫十四。因此，关寸草改其斋名为“南越木刻斋”，并作《南越木刻斋图》以志其事[41]。仅从记录判断，这三块刻木悉数出自谭镳，且与被认定归入梁启超收藏的一件相冲突，因此，梁启超是否曾经收藏刻木实属存疑。原属谭镳收藏的刻木流散尤烈，六块之中已有四块易主。关寸草的刻木收藏不久之后也分析离散，“甫五”木板为简又文收藏，并在1959年最终转入香港大学美术馆。蔡守所藏“甫九”木板则在其身后由家属捐赠给广州市博物馆。多件刻木在进入不同收藏之后都有斫改痕迹。简又文售予香港大学美术馆的“甫五”刻木仅余刻字部分，残余规格为32.5厘米长，27.5厘米宽，5.5厘米厚[42]。蔡守在《广东古代木刻文字存录》中提及，“甫九”除刻字部分装框保存外，剩余部分改制成为书几，“余木又为书几一，长八尺又六寸又八分，宽一尺又三寸又五分，厚二寸又七分”[43]。入藏广州市博物馆的刻木已加边框，规

[40] 《新会梁启超任公至朱庆澜子侨书》，收录于蔡守：《广东古代木刻文字存录》，《考古学杂志》创刊号，1932年。

[41] 关寸草：《广州市展览会南海关氏南越木刻斋出品目》，1933年。

[42] 该板现藏香港大学美术馆，藏品尺寸承香港大学美术馆黄燕芳馆长函告。

[43] 蔡守：《广东古代木刻文字存录》，《考古学杂志》创刊号，1932年。

格为41.8厘米长，35.6厘米宽[44]。两者尺寸都与谭镳呈文记载及王国维所述的尺寸相距悬殊，除有字无字部分截开之外，木枋也被截取成为木板。

谭镳呈文见诸报道后，不仅一扫"南天金石贫也"的陋见，龟岗大墓的归属也引起社会普遍关注。兼之谭镳、蔡守等人极力游说，国内学术界对龟岗大墓也多有阐发。谭镳呈文仅仅含糊提及此墓属"南越贵人"，后又改称为"南越王者遗冢"，但未成定论。王国维确认前室所见刻木为黄肠题凑，明晰了此前一直争讼不休的黄肠石的起源问题[45]。此说诸家咸无异议，但也给龟岗大墓的归属推定带来过度阐释的暗示。文献所见黄肠题凑属最高等级的葬制，而墓葬年代又可以通过随葬器物卡定在西汉武帝早期前后，因此论者突然热衷于在《史记·南越列传》年表之中寻找相应的南越君主，最终多认定此处即是南越文王赵胡冢。这一结论在象岗大墓发掘之前很少遭到置疑。

与龟岗大墓不同，猫儿岗汉墓是广州乃至岭南地区最早遵循科学方式正式发掘，并且及时刊布了发掘报告的墓葬之一[46]。发掘者蔡守（1879~1941）、谈月色夫妇虽然也没有考古学职业训练背景，但蔡守系黄花考古学院成员，谈月色多有参加黄花考古学院活动记录[47]。猫儿岗汉墓同样起因于建筑工程中的偶然发现，但是此时广州已经出现考古学公立机构和职业学术力量，后者迅即介入。1931年初，蔡守的学生巴礼夫（S. F. Balpoun）报告邻居谭氏在建造房屋时发现墓葬，蔡守、谈月色夫妇遂向广州市立博物馆申请发掘。田野清理工作自

[44] 藏品尺寸承广州市博物馆程存洁馆长见告。

[45] 王国维：《南越黄肠木刻字跋》，《观堂集林》卷18，1917年。论及此问题的还有汪宗衍：《西汉黄肠木刻考》，《国立中山大学语言历史学研究所周刊》第4卷第38号，1928年；潘鉌《南越冢木文字记》，《广州国民新闻》1929年3月14~16日；关寸草：《广州东山古冢中大木考》，《艺观》卷2，1929年。关寸草：《广州市展览会南海关氏南越木刻斋出品目》，1933年；简又文：《西汉黄肠木刻考略》，马骏声：《西汉黄肠木刻考》，引自《广东文征续编》第9、12卷，香港：广东文征编印委员会，1987年。

[46] 蔡寒琼、谈月色：《发掘东山猫儿冈汉冢报告》，《考古学杂志》创刊号，1932年。

[47] 蔡守（寒琼）、谈月色应是广州本地的古物收藏爱好者，其收藏可见于蔡寒琼、谈月色：《发掘东山猫儿冈汉冢报告》，《考古学杂志》创刊号，1932年。另见谈月色：《寒琼遗稿》，1943年刻本。

1931年2月26日开始，3月5日结束，发掘报告在3月7日即已初成，发表于次年出版的《考古学杂志》创刊号。目前对猫儿岗的复原也多依据《发掘东山猫儿冈汉冢报告》，该报告在岭南考古学史上，尤其是在南越国考古学史上具有重要的先驱地位。

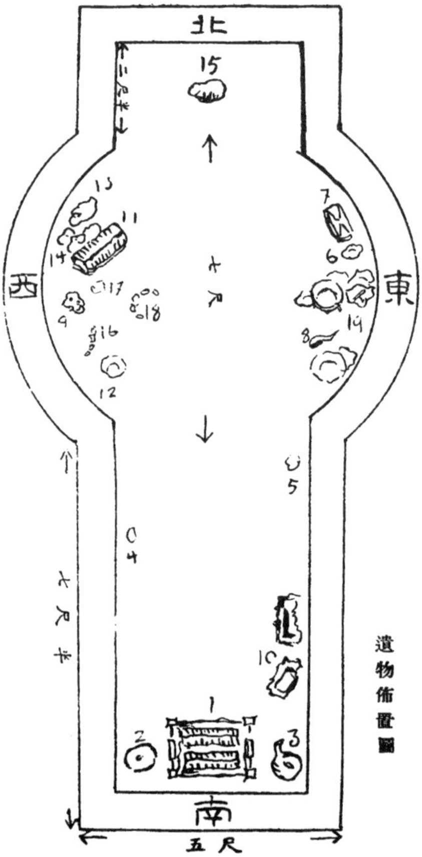

图3.3 猫儿岗汉冢平面图
（采自蔡寒琼、谈月色：《发掘东山猫儿冈汉冢报告》）

猫儿岗发掘报告显示的规范性尤其难能可贵。发掘报告由发掘日记和器物考订两个部分构成。发掘日记每天一记，有关发掘工地之事，事无巨细，均有记录，甚至细枝末节的事件也记录在案。猫儿岗汉墓虽属抢救发掘，但发掘过程仍是可圈可点的。蔡守抵达之时，墓顶表土已被清除。蔡守在清理过程中先采用十字探沟的方式了解墓葬的大致格局，再进一步清理。此次发掘忽略了清理墓道，仅仅集中在墓室上。由于自第二天起就进入到清理墓室内出土器物的过程，墓葬可能采用了揭顶的发掘方法。器物总数不可知，各件器物也没有分配编号。发掘报告已经配有基本符合现代意义考古报告规范的墓葬平面图，虽然缺少图注文字，但是器物编号均可与分析部分对应（图3.3）。器物考订的部分缺失器物图，但若干件关键器物配有照片。报告没有完整的推论部分，但在发掘日记和器物考订各处，特别是言及墓砖和随葬陶明器时，多次推测墓葬主人是仓促死亡的南越国第三代君主赵兴。蔡、谈夫妇均为嗜古之士，长期游走于岭南金石圈中，但毕竟没接受过职业考古学的训练，从何知晓考古报告编辑体例确成疑窦。核查与猫儿岗汉墓发掘关系最为密切的人士之中，受过系统考古学训练的仅有胡肇椿一人〔48〕。胡肇椿在日本京都大学师从滨田耕作，与中研院史语所考古组的英美发掘传统略有差异，这或可解释猫儿岗汉墓发掘和记录上与现今习见方式有异。至于猫儿岗汉墓出土器物的流向，《考古学杂志》插页照片显示，发掘器物应已收归黄花考古学院古物陈列室，但现今存于何处已不可考〔49〕。

从龟岗到猫儿岗的十余年间，广州田野考古学的主导力量从业余考古学家过渡到职业考古学家，但是兴趣仍然集中在历史考古学上，尤其是谢英伯所指岭南文明的“第一个时期”。这一旨趣导致在发掘之中，对墓葬的关注远超出对生活居址的关注，而在分析之中，则热衷于将墓葬和具体的历史人物或者历史事件联系在一起。这一方法论遗产一直延续至今。无论是龟岗还是猫儿岗，其历史复原都清晰无误地指向南越国。由于这是一个自考古发现向历史复原的回溯过程，界定与文本历史相对应的考古学遗存至少需要考虑时代、地域和考古学文化特征三个方面。地理界定所引起的争议较少；年代推定上，此时岭南地区秦汉时代器物文化谱系远未成形，两墓的年代在细节上不乏可商之处，但推断大致不误。而在物质文化的分析和历史阐释上，龟岗和猫儿岗则值得作为重要个案予以讨论。

3.2.2　龟岗和猫儿岗考古学内涵的复原：空间、形态和物质文化

在讨论龟岗和猫儿岗在历史考古学上的方法论价值之前，我们有必要首先准确厘定其考古学内涵。在更新、更丰富和更完备的资料背景下重新评估早期发现并不是全新的任务，不过，龟岗和猫儿岗的“文本转型”的复杂性值得特别关注。作为一门具有唯物主义倾向的学科，考古学研究在大多数情况下基于转型文本，而不是基于物质形态存在的原始文本。如果考古学研究冀望于超越材料局限，则转型文本意识将成为必不可少的研究基础。一般而言，研究者接触到的是以书写文本为转型形式的物质文本。书写文本不仅仅包括文字文本，也包括线描图、拓片和照片等图像文本。此外，在复原龟岗大墓上存在第二种文本

〔48〕胡肇椿为黄花考古学院灵魂人物，《考古学杂志》创刊号多人多处表述受到胡肇椿的影响。蔡寒琼、谈月色《发掘东山猫儿冈汉冢报告》有“比随胡子，发掘古迹”语。

〔49〕卫聚贤认为出土遗物大部分藏于广州市博物馆中，见卫聚贤：《持志学院考古学小史讲义》，1934年，第52～55页。

转型问题，即书写文本类型的切换。对龟岗大墓的复原和研究无法回避谭镳呈文，而该文恰恰不属于学术写作，因此不能不假思索地等同于其他学术文献。行政呈文无论在内容取舍、表达还是推论方式上都有别于学术文献。最后，学术范式的转型是复原龟岗和猫儿岗的考古学内涵中值得关注的另一个重要问题。学术范式的影响不仅集中体现在基于物质文本的历史复原上，即使对物质文本的描述和判断也不是独立于学术范式而存在的。因此，对考古学史和社会史的考虑在重估考古发现上不乏价值。对龟岗和猫儿岗的复原就是在此思路下得以实现的。

龟岗和猫儿岗墓葬自发表以来并没有增加任何新材料和新研究，对两者的分析仍然需以谭镳呈文和蔡守、谈月色发掘报告为出发点。虽然按照现今考古发掘或者调查报告的写作标准，两者都有明显不足之处，但是都提供了基本数据和分析。出自两处墓葬的大部分遗物目前已经无法确认。龟岗大墓所出遗物在发现之时即已离散，发掘之后亦无相关法规及机构回收和保管。猫儿岗汉墓发掘之时虽有职业机构承担发掘、收藏和保管之责，所出器物可能当时确曾收归公共收藏，但是几经辗转后已经很难确认归属关系。在转型文本上，由于文体的限定及职业考古学知识的或缺，龟岗大墓的墓葬和器物皆无图像可资参考，仅存文字和拓片。猫儿岗墓葬的发掘报告由于体例和规范原因，也未能提供必要的器物分布图和线描图，仅仅发表了器物照片。不过，两处墓葬报告均有充分详细的文字描述。因此，书写文本仍然是接近两座墓葬最重要的途径。除了具有数据刊布价值的呈文和发掘报告外，龟岗和猫儿岗的研究文献均不多见，且极不平衡。猫儿岗几乎完全被晚近的研究忽略，而学者对龟岗的关注也仅仅片面地集中在刻字木板上。

1953 年以来广州地区秦汉时期墓葬的发掘构成了重估龟岗和猫儿岗的主要参照系。与 20 世纪 20 年代广州田野考古学的肇始一样，50 年代之后，新的学术范式下田野考古学的展开也和城市扩展密切相关。广州原旧城城郊的秦汉墓葬得以系统而大量地发掘。虽然旧城四郊均有发掘，但以东郊和北郊所出墓葬居多。逾半个世纪以来的主要发掘包括 1953~1960 年先烈路龙生岗、小北横枝岗、华侨新村玉子岗、蚬壳岗、竹元岗、建设新村、淘金坑、动物园麻鹰岗、西村皇帝岗、河南大元岗等地两汉时期墓葬发掘，1973 年淘金坑发掘，1982 年瑶台柳园岗发掘，1996 年横枝岗发掘，1998 年农林上路发掘，1999 年先烈南路大宝岗发掘，2003~2005 年农林东路猫儿岗等处发掘〔50〕。上述多个地点都发现了数量多寡不一的秦汉时期墓葬，连同 1983 年发掘的象岗南越王墓构成了广州地区南越国时期基本的考古学文化谱系。这个谱系框架不仅确认了大体的相对年代线索，也明晰了同时期物质文化的阶级和族属区分，龟岗和猫儿岗的回访就是在这个框架中实现的。

1. 空间分析

龟岗和猫儿岗均在秦汉时期番禺城外东边近郊。龟岗大墓的具体位置目前已经无法明晰，谭镳呈文指其在东山庙一带。据《番禺县志》，东山庙即始建于明代的永泰寺，清代曾是广州东郊的重要地标，不过到龟岗大墓发现之时已经破落〔51〕。龟岗为永泰寺南侧的一条南北走向的土梁。民初时期，龟岗一带略有开发，但仍很荒凉。龟岗大墓可能位于土梁之上，即今天的龟岗大马路附近。猫儿岗今地名不存，明清时期又称隐岗或卯子岗，在龟岗以北约 500 米处，即今天的农林下路至农林东路一带。从地貌特征看，龟岗和猫儿岗实属于广州旧城东郊低矮山丘地带中的同一片区域。这一地区在 20 世纪 50 年代有多处配合建设工程的抢救发掘〔52〕。20 世纪 90 年代以后农林上路和农林东路一带

---

〔50〕广州市文化局、广州市地方志办公室、广州市文物考古研究所：《广州文物志》，广州：广州出版社，2000 年，第 56～65 页。各地点发掘报告参见中国社会科学院考古研究所：《广州汉墓》，北京：文物出版社，1981 年；广州市文物考古研究所：《羊城考古发现与研究》（一），北京：文物出版社，2005 年；冯永驱：《铢积寸累：广州考古十年出土文物选萃》，北京：文物出版社，2005 年；广州市文物管理处：《广州淘金坑的西汉墓》，《考古学报》1974 年第 1 期；黄淼章：《广州瑶台柳园岗西汉墓群发掘纪要》，《穗港汉墓出土文物》，香港：香港中文大学文物馆，1983 年；广州市文物考古研究所：《广州市先烈南路汉晋南朝墓葬》，《羊城考古发现与研究》（一），北京：文物出版社，2005 年；广州市文物考古研究所：《广州市农林东路南越国人字顶木椁墓》，《羊城考古发现与研究》（一），北京：文物出版社，2005 年。

〔51〕《番禺县志》卷五三《杂记》，第 655 页，清同治十年刊本，收录于《中国方志丛书》，台北：成文出版社，1967 年影印本。

〔52〕中国社会科学院考古研究所：《广州汉墓》，北京：文物出版社，1981 年，第 1～4 页。

还发现了数量众多的秦汉时期墓葬[53]。

在埋藏环境上，龟岗和猫儿岗墓葬以及50年代发掘的广州汉墓、农林东路木椁墓等墓葬均表现出统一鲜明的特征。这些墓葬都分布在岗麓或靠近岗顶处。按照50年代广州汉墓发掘者的总结，西汉前期的墓葬或者地位较高的墓葬，一般分布靠近岗顶[54]。但是，此地所出墓葬甚多，诸墓在规格上也呈现出等级化差异，因此，东山庙一带可能并非专辟为社会精英阶层墓葬区，墓葬可能仍然依据血亲或者家族关系成群分布。如果对墓葬区域的空间情境有更多了解的话，可能会在龟岗大墓和猫儿岗墓葬的历史特殊性上更为谨慎一些。

墓葬朝向比较混乱。龟岗大墓头向北，而猫儿岗墓葬头向南。90年代发掘的同一墓葬区内有数座墓葬为南北向，农林东路M68和众多墓葬头向西北[55]。这或可反应不同墓葬之间的亲疏关系。龟岗和猫儿岗墓葬虽然分布在同一片墓葬区，但不能简单地推定两者之间存在密切关联。东山庙一带墓葬形态从西汉早期的土坑墓、土坑木椁墓到东汉中晚期的砖室墓皆有发现，亦即说明，旧城东郊墓地沿用时间甚长。同属于一片墓葬区无论在年代还是文化归属上都没有必然关联。

2. 形态分析

龟岗和猫儿岗墓葬的形态存在显著差异。龟岗墓葬为多室式竖穴土坑木椁墓，而猫儿岗墓葬则为砖室单室墓。按照已有的广州汉墓类型区分，木椁墓和砖室墓的区分意味着显著的年代间隔。因此，两者应该分别予以讨论。

龟岗墓葬墓向朝北，形制被谭镳描述成为“一堂三房”，据此推测该墓为前后室制度。墓底距地面2.4丈（7.2米），但地表取土情况未知。前室（堂）宽1.2丈（3.8米），后室合宽为1.6丈（5.1米），但进深不明。墓室残高8尺（2.6米）[56]。

---

[53] 广州市文物考古研究所：《广州市农林东路南越国“人”字顶木椁墓》，《羊城考古发现与研究》（一），北京：文物出版社，2005年。

[54] 中国社会科学院考古研究所：《广州汉墓》，北京：文物出版社，1981年，第5页。

[55] 广州市文物考古研究所：《广州市农林东路南越国“人”字顶木椁墓》，《羊城考古发现与研究》（一），北京：文物出版社，2005年。

[56] 从蔡守引文“冢屋高八尺”，彭仲辉、侯丽蓉引文为“冢仅高四尺”。

由于缺失可信的平面图和照片，龟岗大墓的“一室三房”制度的具体情形不可遽断，而且谭镳呈文离奇地缺少墓葬长度数据，为蠡测增加了难度。此外，谭镳亦未关注墓葬是否有墓道。三“房”描述过于含糊，可能对应后室附两耳室、前横堂三并列后室或者分箱制主室。带双耳室的汉墓在广州地区不多见，以象岗南越王墓为标本。南越王墓采取罕见的凿山为陵的做法，前室两侧开横向耳室，主室两侧开侧室。墓葬全长10.68米，东西最宽处为12.24米，横向耳室宽度远在墓室宽度之上[57]。龟岗大墓“三房”合计宽度和“前堂”宽度基本相当，应可排除横向耳室的可能。前横堂三主室的墓葬较为罕见，以东山羊山M1（广州汉墓M4039）为标本。该墓葬为砖壁木顶结构，前堂长2米，宽5.64米，后三室平行，总宽度略小于前横堂，墓葬年代推定在东汉前期[58]。龟岗墓葬为木椁墓，与砖室墓有异，且后室宽度略超出前室宽度，因此也不应采取三平行主室结构。

最近十余年，龟岗大墓附近区域曾经出土两座大型木椁墓，可能有助于进一步明晰龟岗大墓的形态特征。广州市文物考古研究所分别于1997年和2003年在农林上路和农林东路发掘了两座大型木椁墓。农林上路汉墓M1为单室木椁墓，墓室全长12.5米，宽6.2米，由甬道和椁室构成。椁室用厚度为20~25厘米的木枋构筑而成。椁室长6.4米，宽4.5米。椁底和墓坑之间填埋约0.7米灰黑色黏土。椁板上有“东南一”，“东南十”“千秋万岁”等刻划文字[59]。农林东路墓葬M68为带墓道的单室木椁墓，由甬道和墓室两个部分构成。墓葬头向西北，墓室大体呈长方形，长7米，宽3.7米。墓室地面木板铺设在两条长近10米的枕木上，底板由15根枋木平铺而成，枋木规格为6.5~7米长，0.5~0.6米宽，0.4~0.5米厚。发掘者推断农林东路M68为在南北向枕

〔57〕广州市文物管理委员会：《西汉南越王墓》，北京：文物出版社，1991年，第8~14页。

〔58〕中国社会科学院考古研究所：《广州汉墓》，北京：文物出版社，1981年，第310页。

〔59〕广州市文化局、广州市地方志办公室、广州市文物考古研究所：《广州文物志》，广州：广州出版社，2000年，第60、61页。

木基础之上铺设木板为底板，又树立边柱、边板，后挡板搭建“人”字形顶〔60〕。农林上路M1墓室结构近似，也应是在枕木基础上平铺木板，墓室两侧侧板均通过榫卯结构与底板拼接。从墓室规格上看，龟岗大墓和农林东路及农林上路大墓的尺寸规格大体相当，达到如此规模的广州木椁墓并不多见；诸墓木椁形态保存完好，在葬俗和规制上也不乏近同之处。但是，这三座密集分布的大型木椁墓之间是否存在密切关联却不得而知。

谭镳呈文所述“一堂三房”与单椁室的农林上路及农林东路汉墓仍有差异。与“三房”制度最为接近的结构应该是椁内分箱制。广州汉墓中最接近的例子应是M1172“姚巳”墓。该墓墓向正南，前室略窄于后室，墓室平面略呈“凸”字形，全长7.68米。前后两室底板皆为横铺，前室五块，后室十二块。后室左右两侧分别为东、西边箱，两侧边箱通过一堵由木枋和薄板构成的隔墙与主室分开。比较得知，龟岗大墓的形制应该也是前后两室，后室分箱的形制。

龟岗大墓的墓葬形式上最值得关注的一个特征是木椁形态的残留和刻字底板的侥幸保存。这可能是近代意义考古学进入中国之后首次见诸报道的木椁遗迹。谭镳记录龟岗大墓“上下四旁用坚厚香木密筑”，此语甚为含糊。王国维关于“黄肠题凑”的阐发可能导致棺椁制度复原上出现舛误。龟岗大墓木椁结构和形态的诸多特征应该通过与周临地带西汉早期木椁墓，尤其是农林上路和农林东路以及“姚巳”墓的比较模拟推衍出来。龟岗大墓椁室周围“护以木炭”，厚度未知。这一现象亦见于其他广州汉墓中。农林东路M68椁底出现不甚厚的炭层以及混合木片和木炭颗粒的填层，发掘报告称纯炭层厚度为0.01～0.2米，木片夹炭粒层厚度为0.01～0.37米〔61〕。积炭的做法也频繁出现于长沙楚墓和汉墓中。谭镳呈文没有椁室底板搭建方法的记录，推测这是因为他不受需清理及底的现代考古学规程影响，并没有看到遗物悉数清理之后的场

〔60〕 广州市文物考古研究所：《广州市农林东路南越国“人”字顶木椁墓》图2～图5，《羊城考古发现与研究》（一），北京：文物出版社，2005年。但是该座墓葬的“人”字形顶因地表取土遭到破坏而表现不显，推断尚需存疑。另见浙江省文物考古研究所、绍兴县文物保护管理局：《印山越王陵》，北京：文物出版社，2002年。

〔61〕 广州市文物考古研究所：《广州市农林东路南越国“人”字顶木椁墓》图3～图5，《羊城考古发现与研究》（一），北京：文物出版社，2005年。

景所致。因此，椁室底板之下是否有纵向垫木尚未可知。椁室底板应是木枋横向搭建而成。亀岗大墓前室所出刻木的尺寸，可以曲折推知。蔡守获得其中“甫九”，除斫断刻字部分，“余木又为书几一，长八尺又六寸又八分，宽一尺又三寸又五分，厚二寸又七分”。书几的长度加上刻字木板长度，合在一起长度将近达到3米（约合一丈），前室的宽度为3.6米（约合一丈二尺），则铺地木板为横排，其长度接近前室宽度。这与农林上路、农林东路和姚巳墓的做法均一致。王国维言及“甫十八”时，指出“有大木十数章，皆长丈余，方尺余”，可见亀岗大墓铺地木板实际上应为木枋，厚度达到30厘米以上。这一规格也与其他木椁墓所见相当。

亀岗大墓的墓葬形态在中国考古学史上具有通则性价值。王国维以亀岗大墓所见刻木为传世文献所载“黄肠题凑”制度的物证。王国维认为，亀岗大墓刻木上“甫”同“铺”，即可知刻木乃是椁木，此说非常精当，并可得到晚近广州汉墓发掘的证实。但是，他进一步引用《礼记·檀弓》之“天子柏椁”，《周礼·丧大记》之“君松椁，大夫柏椁”及《汉书·霍光传》之“赐梓宫便房，黄肠题凑”，推断亀岗葬制即是黄肠题凑，并由此认为，“可见汉代文化，南北略同矣”，此说甚至成为后世研究汉代器物文化和制度的基本认识。汪宗衍推测乐浪汉墓所见“方径八寸”的木枋亦为黄肠题凑〔62〕。如果按照《汉书》颜师古注，“以柏木黄心，致累棺外，故曰黄肠。木头皆内向，故曰题凑”，则亀岗大墓所见实际上仅仅只是木椁，并非题凑。符合颜注描述的黄肠题凑制度可见于近半个世纪以来的汉墓考古发掘之中，长沙象鼻嘴1号墓、北京大葆台汉墓、老山汉墓、高邮天山汉墓等均属此例〔63〕。基于更为晚近的时代，对等级更高墓葬的发掘可知，汉墓之中的确可见题凑制度，但是王国维率先立论的个案却不成立。

---

〔62〕汪宗衍所论引自蔡守，见蔡守：《广东古代木刻存录》，《考古学杂志》创刊号，1932年。

〔63〕湖南省博物馆：《长沙象鼻嘴一号西汉墓》，《考古学报》1981年第1期；苏天钧：《北京考古集成》第11卷《琉璃河燕国墓地北京大葆台汉墓》，北京：北京出版社，2000年，第228页；南京博物院：《高邮天山一号汉墓发掘侧记》，《文博通讯》1981年第32期。

猫儿岗汉墓为一座单室砖室墓，平面呈匙孔状。墓向为南，甬道处宽 5 尺（1.5 米），整座墓葬进深 1.7 丈（5.3 米），墓室为圆拱顶结构，直径约 7 尺（2.1 米）。四壁和顶部皆用墓砖砌成，墓砖表面装饰雷纹。残高部分为砖室结构，但不可确定墓砖是否及顶，因为此部分在发掘之时已经遭到破坏，而广州确实存在砖木混合结构的墓葬，永福路、执信中学大眼岗、番禺小谷围青岗等地所见砖木混合结构墓葬即是转型过程的代表〔64〕。但是，砖木混合结构多为单室券顶形态，因此可以排除这种可能。就其形态而言，猫儿岗与麻鹰岗建初元年墓类似，即平面略呈“中”字形，此类砖室墓葬一般多为直券顶和穹隆顶相结合的方式。蔡守提供的线描图中，墓室中部呈圆形，此种形式几乎不见于广州汉墓之中，不知是由于形制特殊，还是绘制错误造成的。猫儿岗所用墓砖均饰雷纹。但是砖的形态单一，俱为方形砖，券顶处也仍然使用方形砖，间隙处以碎砖填充。未见如同西村克山永元十六年墓所见的多种形态墓砖〔65〕。猫儿岗墓室地面上还出现一块单独刻字砖，这一习俗也见于东汉时期各个墓葬之中。但是不同墓葬中特殊形态的刻字或者花纹砖的出土位置各有差异。与广州汉墓中的砖室墓类型比较，猫儿岗汉墓的年代当在东汉中期或者更晚。

龟岗和猫儿岗墓葬的形态分析已经表明两者之间存在巨大空白。这种空白既来自年代差异，也有等级高低的原因。因此，将龟岗和猫儿岗捆绑在一起仅仅出自学术史的考虑，如果从物质文化的角度出发，两者之间缺乏必要的关联。龟岗和猫儿岗汉墓可能分属并不衔接的两个时代和并不同一的两个阶级。

3. 物质文化分析

自发掘以来，龟岗和猫儿岗所出遗物已经得到当时学术环境所能允许的最详尽的讨论。重新核查两处所出器物，除了可以在更为完备的广州汉墓随葬器物谱系情况下，对两处出土器物进行更准确的年代和归属判断之外，我们还需考虑剥离对物质文化的过度阐释。

---

〔64〕 广州市文物考古研究所：《广州永福路汉唐墓葬发掘简报》，《羊城考古发现与研究》（一），北京：文物出版社，2005 年；广州市文物考古研究所：《执信中学隋唐墓发掘简报》，《羊城考古发现与研究》（一），北京：文物出版社，2005 年。

〔65〕 广州市文化局、广州市地方志办公室、广州市文物考古研究所：《广州文物志》，广州：广州出版社，2000 年，第 63 页。

龟岗所出器物存在不可避免的残缺性。墓葬早在见诸报道之前就已遭破坏，遗失的器物数量甚众，而且无从追溯。而谭镳呈文也缺乏考古学工作意识，在器物复原上缺乏贡献。与对刻字木板的关注形成鲜明对比的是，谭镳对其他出土器物兴趣寡然，仅仅提及名目和数量。谭镳记录了龟岗大墓土地所有人黄夔石和李文枢收藏的总数达四十八件的器物，但此笔器物从未经过细致清点。同时限于文体类型，呈文未能附图，以致我们仅能从文字描述进行推论。

青铜器：龟岗所出青铜器类型包括容器、铜镜和钱币三个主要类别。其中，容器之类列“盘、鼎、尊、罍”，仅提及“亦皆周器”，无任何细节。所述器物定名是否准确亦无法推测。铜镜出土共计四面，铜镜上皆有铭文，“一为缪篆，余皆秦篆，或大篆古文，不可尽识”〔66〕。按《说文解字·叙》，“缪篆，所以摹印也”，指介于篆隶之间的文字。呈文用语不同于考古学术语，推测指铭文镜，但没有尝试释读镜铭。铜镜纹饰未作任何交待。西汉早期的广州汉墓中确有铜镜出土，在 56 座墓葬之中出土 59 面铜镜，一般一墓一面〔67〕。瑶台柳园岗臣辛墓、农林上路 M1 和农林东路 M68 均未见铜镜，不过不能排除与早期盗掘有关。南越王墓出土铜镜数量和种类均多，包括素镜、山字纹镜、菱花镜、蟠螭纹镜、连弧纹镜、绘画镜、金银错花纹镜等类型，总数达 39 面之多。南越王墓铜镜中包括罕见的绘画镜和金银错花纹镜，也包括来自岭北的山字纹镜，这当是社会权力的表现〔68〕。龟岗大墓所出铜镜数量稍多，但是类型单一，由此可见器物年代也较集中。因为铜镜拓片及铭文阙如，我们仅能暂依广州汉墓所见铜镜进行推断，龟岗所出带铭铜镜可能为连弧纹镜或者乳钉连弧纹镜。此外，龟岗大墓中出土了大量钱币。谭镳呈文有“秦大半两约数十枚，汉吕后八铢之半两百余，汉文帝四铢之小半两千余，而汉武帝之五铢钱不过数十，此外更无别式之钱”。总计钱币多达 2200 枚以上。铜钱在墓葬之中的压胜用途广泛见于各地的汉墓之中，但是在岭南，南越王墓并没有出土铜钱，西

---

〔66〕此处引蔡守及彭仲辉、侯丽蓉说称仅有铜镜 2 面。“又有铜镜大小二枚”，“其铭字秦篆，杂有汉隶，且多异形之古文，不可尽识”。

〔67〕中国社会科学院考古研究所：《广州汉墓》，北京：文物出版社，1981 年，第 149 ~ 154 页，图 90 ~ 图 92。

〔68〕广州市文物管理委员会：《西汉南越王墓》，北京：文物出版社，1991 年，第 54 页。

汉早期普通广州汉墓可见压胜钱的使用，数量从1枚到120枚不等，但大体在汉文帝之后才得以流行，此前并不见。谭镳所用泉学术语基本来自文献，这些术语迄今仍在使用，但是所指是否一致，由于并无拓片，无从判断。如果采信谭镳判断的话，则出土大量压胜钱的龟岗大墓可能社会等级较高，年代也较晚。

玉石器：谭镳注意到龟岗大墓出土通饰谷纹的玉璧，形体巨大，分别为“九寸谷璧”和“八寸谷璧”。50年代以来发掘的广州汉墓中，普通规格的汉墓之中几乎不见礼制性玉器，因此玉璧出土不多，而且广州汉墓中存在单面纹饰滑石璧逐步替代双面纹饰玉璧的明器化过程。年代推断在西汉早期的广州汉墓出土玉璧共计28件，其中出土最多的为M1175，计有4件；一般一座墓葬出土1件。谷纹或者作为谷纹变体的圆涡纹是玉璧的主要纹饰，但内外边缘形状、辅助纹饰带等则有差异。形态最大的M1097：49分成内外纹饰带，内圈为谷纹，外圈为阴线对绕龙纹，直径达21.2厘米[69]。但是，象岗南越王墓出土玉器数量众多，超过200余件，其中玉璧出土多达56件，主棺室所出形态最大的玉璧直径达到33厘米[70]。如果记录可信的话，龟岗大墓中出土的玉璧直径达30厘米。礼制性玉器的确是社会等级的物质性表达方式，但是，在贸然征引此例之前，我们尚需确认龟岗玉璧的质地和纹饰分布情况，而这恰是谭镳呈文所缺失的。

陶器：龟岗大墓所出陶器数量甚多，可惜谭镳的记录几乎无法用于推论。呈文提及“陶器最多，无一系隋唐以下有釉之物，形式与商周彝器多同”。据此可知，龟岗所出陶器数量众多，而且以不施釉为主。仅从施釉情况而言，龟岗陶器似应在广州汉墓发掘者区分的西汉早期和西汉中期之间，而且可能偏早一些。但是，谭镳所记录陶器的完整性尚存疑，而且器物形态更无从判断。

猫儿岗汉墓随葬器物出土状况略有不同。一方面，在保存状态上，猫儿岗应优于龟岗，随葬器物基本保存完整。但是另一方面，由于写作规范的差异，导致猫儿岗不易为现代考古学分析所用。

---

〔69〕中国社会科学院考古研究所：《广州汉墓》，北京：文物出版社，1981年，第167～169页，图100。

〔70〕广州市文物管理委员会：《西汉南越王墓》，北京：文物出版社，1991年，第184页。

青铜器：猫儿岗汉墓不见青铜容器，但出铜剑一柄、方镜残块及扣器残片。以上诸器均出自墓室西侧，而且所有铜器形态均不可辨识。铜剑见于各时期广州砖室汉墓之中，但数量并不多。方镜无同类器物发现，广州汉墓所见铜镜俱为圆镜，因此方镜可能是其他器物的误认。

陶器：猫儿岗汉墓劫余陶器主要为各种陶质明器，并可进一步区分为陶容器、陶动物和陶屋。陶容器明器包括陶釜、陶杯等器形。陶质动物形态包括陶牛、陶猪、陶鸡、陶水鸟等。无论是陶质容器还是陶质动物，都是广州汉墓中常见的形态。自西汉晚期以来，广州汉墓中频繁出现牛、羊、猪、狗、鸡、鸭等形象[71]。陶屋出土共计两座，形制繁简不一，蔡守以建筑的复杂程度分别命名为“陶宫”和“陶屋”。“陶宫”为带围墙的院落结构。两侧外露的剖面上，一侧是宴饮场景，另一侧是庖厨。“陶宫”在广州汉墓的分析中被归入楼阁式陶屋。此类陶屋数量有限，多见于东汉早期之后。而“陶屋”则只是单室形式，屋底及地，悬山式两面坡顶，建筑正面为透雕神祇形象。悬山式两面坡顶的单室模型在西汉中期以后的广州汉墓中已经出现，但多为带架空层的谷仓建筑，与猫儿岗“陶屋”不同。此件“陶屋”正面围墙的处理方式，也见于广州汉墓出土陶屋模型之中。广州汉墓 M3015：1 的下层围板上即可见类似透雕[72]。同墓也出陶井亭，为方亭方井，也是广州汉墓中常见的形态。就以上陶质明器而言，虽然可能与社会等级有一定关联，但是广泛见于多座墓葬之中，也不宜过度阐释。

砖瓦：猫儿岗汉墓也出土了瓦当和印纹瓦。瓦当上有“万岁”印，瓦上有“左官卒”印。但两者甚残，均未附拓片。瓦当、筒瓦和板瓦均可见于广州东汉中晚期墓葬中，但是出土瓦和瓦当的墓葬甚少，每个墓葬的出土总数也很少，因此不是作为建筑材料使用，可能和葬俗葬仪有关。广州汉墓 M5044 和 M5080

---

〔71〕 中国社会科学院考古研究所：《广州汉墓》，北京：文物出版社，1981 年，第 285、338、339、432、433 页。

〔72〕 中国社会科学院考古研究所：《广州汉墓》，北京：文物出版社，1981 年，第 283 页，图 168.6。

均出土有“万岁”字样的瓦当，当属祥瑞用语，不能作实证阐释〔73〕。猫儿岗汉墓为墓砖砌成，墓砖形制统一，规格为“长一尺，广五寸，厚一寸有半寸”，通体饰雷纹。墓中另见一块形态稍小的特殊砖，“长八寸，广五寸，厚一寸有八分”，放置在墓室之中。该砖单面有三字，发掘日志部分释为“夫此□”，器物考订部分又释为“夫死□”，第三字不可识。将猫儿岗的墓砖纳入到广州东汉时期砖室墓的整体进行考虑时，我们即可发现猫儿岗墓砖规格仅及中小规格，而广州汉墓的发掘者同时指出墓砖规格和墓葬规格实有关联〔74〕。猫儿岗墓砖的形态和纹饰均属常见类型，而且尚未发展到多种形态墓砖组合的复杂程度。

综合上述空间、形态和物质文化的分析，我们可以在岭南早期历史上重新定位龟岗和猫儿岗两座墓葬。龟岗大墓所出陶器、青铜器和玉石器都带有西汉早期到中期的特征。大量压胜钱的使用应该为龟岗大墓提供了年代下限，即晚至汉武帝早期，相对于南越国而言，已经接近南越国末年。龟岗大墓的墓葬规模和物质孑遗都有助于明晰墓葬主人的精英身份，但是无论是玉璧，还是刻字木板，都无法将龟岗和南越国君联系在一起，甚至仅仅从器物组合上，龟岗的南越国归属关系也无法确认。龟岗大墓中已经出现的过度阐释倾向到猫儿岗汉墓中有了进一步发展。从墓葬结构上看，猫儿岗汉墓所采取的单室砖室墓形式的年代晚至东汉时期，因此很可能和南越国历史并无关系。无论在墓葬规格还是在随葬器物上，猫儿岗汉墓都只能归入普通社会阶层墓葬。龟岗和猫儿岗在器物文化反映的身份等级和文化归属上差距都很明显，并不应捆绑在统一的“南越国考古学”之下。

3.2.3　东山残瓦：从朝汉台、南越砖瓦窑场到废弃堆积

东山残瓦的发现和整理是 1949 年之前中国考古学中罕见的遗迹现象的清理，明显有别于墓葬的发掘，但是由于置身于南越国考古学早期阶段的情境之中，仍被预置性纳入到狭隘的历史考古学进程。20 世纪初期，广州东山龟岗一

〔73〕 中国社会科学院考古研究所：《广州汉墓》，北京：文物出版社，1981 年，第 383 页，图 236。

〔74〕 中国社会科学院考古研究所：《广州汉墓》，北京：文物出版社，1981 年，第 377 页。

带频出残瓦。由于此时金石学和古器物学传统中砖瓦文字之学已经蔚然成风，华北及关中一带所出秦汉砖瓦谱系渐趋明朗，东山龟岗残瓦遂引起收藏者和研究者的关注。诸家都意识到东山龟岗残瓦在形制和文字上均“雅近西京”，此笔物质文本因而进入历史学阐释范畴之中。无论是时代还是地域特征都诱导研究者将其推断为南越遗物，但早期历史考古学尚缺乏“无名者群体的无名历史”的意识，因此东山残瓦从发现之日起就被当成南越国甚至南越国宫廷历史的物证，而晚近对其修改实是范式转型的折射。东山残瓦的器类、器形及其阐释的回访旨在比较历史考古学的各种研究范式。

1931 年，黄花考古学院成员曾传轺（1910~1935）前往东山寺贝底调查，可谓对此前近二十年残瓦出土及相关阐释的回访。此次回访是在“锹的考古学”萌生之后具有踏查和发掘意识的实证研究，不过在具体方法上却乏善可陈。基于发掘所得砖瓦，并结合各藏家的藏品，曾传轺认为，东山寺贝底出土南越残瓦的地点即是见诸文献的朝汉台〔75〕。20 世纪 20 年代以来，广州拆城筑路，东山一带时有汉墓零星出土，但直到 1953 年之后才出现大规模、成系统的发掘。在逾三十年的广州汉墓发掘之中，间有砖瓦出土，但同时期非墓葬遗迹既不易辨识，又非发掘重点，因而较少见诸报道〔76〕。1999 年，广州市文物考古研究所在毗邻龟岗的农林下路发掘了一处砖瓦遗址，出土南越残瓦数量众多，发掘者推测此地为南越国时期砖瓦窑场〔77〕。20 世纪初期以来，东山一带连续出土的风格明确、形态接近的砖瓦应属同类或者近同物质材料，但是在阐释上却存在显著差别。阐释的变迁不是材料积累所致，而是范式转型的结果。曾传轺的调查和发掘划分了考古与“非考古”的鸿沟，但是他首倡的“朝汉台”假说不过是简单化和理想化的文物证史倾向在南越考古学上的一个翻版，而基于 1999 年农林下路发掘的“砖瓦窑场”假说则是迄今仍在中国考古学中占据主导地位的历史规律阐释倾向的表现形式。两说反映了现存的历史考古学作业方式的不同误区，而本节尝试从发掘过程与方法、发现遗物和遗迹以及考古学发现的历史阐释三个方

〔75〕 曾传轺：《南越朝台残瓦考》，《考古学杂志》创刊号，1932 年。

〔76〕 中国社会科学院考古研究所：《广州汉墓》，北京：文物出版社，1981 年，第 1、2 页。

〔77〕 邝桂荣《广州东山农林下路南越瓦片坑清理记》，《广州文物考古集——广州考古五十年文选》，广州：广州出版社，2003 年。

面着手回访，在此基础之上提出基于行为和过程的阐释。

尽管在实现“锹的考古学”的方法上并没有取得长足的进步，但是1931年曾传轺回访东山寺贝底标志了研究意识上考古学和金石学的分水岭。在曾传轺调查寺贝底之前，已经出现以广州破城筑路中出土的南越残瓦为收藏对象的多笔收藏，但无一为科学发掘所得，也没有任何藏家曾经亲身组织过相关的调查。曾传轺本人亦是收集南越陶文的早期藏家之一〔78〕。1931年，曾传轺采取踏查和发掘相结合的方式回访寺贝底。“余乃以暇日，往访其地，踏其形势，证以传闻”。此外，“于田中掘下一二尺，即有瓦在”〔79〕。但是遗憾的是，曾传轺仅着寥寥数语，在挖掘方法以及收获上，均无交代〔80〕。如果将曾传轺的考古发掘放置在同时刊布在《考古学研究》创刊号上的诸多田野发掘看，此时正是广州田野考古学“开南方公开发掘的记录”之时，寺贝底是唯一的遗址类型发掘〔81〕。黄花考古学院学人尚未形成一定的田野规程，即使在同期进行的多座墓葬的发掘中，发掘和记录方法也各不相同，而遗址的发掘更是茫无头绪。因此，推测曾传轺的发掘既无地层学，也无遗物整理的观念应该大致不误。黄花考古学院多次发掘的报告都没有悉数公布遗迹现象和遗物，寺贝底也不例外，因此我们仅能从《南越朝台残瓦考》中复原极其有限的数件样本。在曾传轺的开创性工作之后，东山一带很长时间没有发掘类似南越残瓦堆积遗址，但是在有完整考古学情境的墓葬中出土了少量残瓦，不过两者的考古学情境截然不同。1953年以来发掘的广州汉墓中共计M5044、M5081和M5082三座墓葬出土了砖瓦，年代都在东汉中晚期〔82〕。1999年，广州市文物考古研究所在农林下路采用布方发掘方式挖掘出土了一定数量的砖瓦遗物，这是南越砖瓦在龟岗最为晚近的一次出土。由于这次发掘属于配合基建工程的考古工作，发掘面积极其受限，因此遗址整体规模和布局概不清晰，发掘过程也不详。但是，出土南越瓦片的遗迹单位十分

---

〔78〕林雅杰：《南越陶文录》，天津：天津人民美术出版社，2004年。

〔79〕曾传轺：《南越朝台残瓦考》，《考古学杂志》创刊号，1932年。

〔80〕曾传轺：《南越朝台残瓦考》，《考古学杂志》创刊号，1932年。

〔81〕胡肇椿：《广州市近郊之考古发掘述略》，收录于卫聚贤：《持志学院考古学小史讲义》，1934年，第54页。

〔82〕中国社会科学院考古研究所：《广州汉墓》，北京：文物出版社，1981年，第383页。

清晰，所有瓦片和少量陶器碎片出自一个方形坑中。 由于建筑工程的破坏，坑口位置已经无法知晓，而且土坑西、南两侧已经被现代建筑打破，因此该坑的原生状态不易推知。 目前保存的残余部分长 2. 8 米，宽 2. 54 米。 坑底高低不平，距坑口 55 ~ 85 厘米不等。 瓦片残片悉数出自坑中，总数达 3000 片以上，推测为板瓦和筒瓦等瓦片、瓦当以及盆和罐等陶器。 发掘者推断这里是南越国窑场遗址〔83〕。

东山所见三笔南越国砖瓦遗物都缺乏可资利用的地层资料。 曾传轺缺乏按地层关系先后发掘的理念，他的发掘记录中也从未提及砖瓦所见相对位置。1953 年之后发掘的广州若干汉墓出土了砖瓦，但是墓葬年代多推断在东汉时期。1999 年的农林下路发掘由于发掘面积的限制，仅知残砖瓦出自孤立的坑中，缺乏有效的叠压和打破关系。 因此，年代推断只能倚重于类型学分析。 目前所得材料主要包括 1931 年于寺贝底发掘所得、曾传轺发掘之前已经见诸各藏家的样本、1953 年之后自广州汉墓所得和 1999 年农林下路发掘所得。 综合诸家材料，大体可以整理东山所见砖瓦如下：

板瓦：泥质灰陶或者灰红陶。 平板状略凸，外表面装饰平行线纹和纵向及斜向绳纹，内侧装饰圆点纹饰，或为素面。 少数内侧面有文字（图 3. 4）。 曾传轺以自藏“姚”铭和“右衣”铭两种板瓦为例，测得板瓦规格为 49 厘米长，41. 5 厘米宽〔84〕。 1999 年发掘所得样本长 49 厘米，宽 30. 4 厘米，厚 1. 2 厘米〔85〕。 前后两次发掘的板瓦规格大体相当，可能为南越国的标准结构。

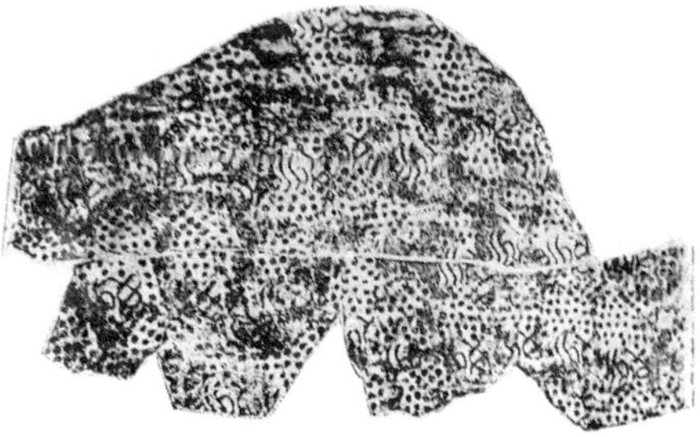
瓦字姚二圖

图 3. 4　寺贝底板瓦
（采自曾传轺：《南越朝台残瓦考》）

〔83〕 邝桂荣：《广州东山农林下路南越瓦片坑清理记》，《广州文物考古集——广州考古五十年文选》，广州：广州出版社，2003 年。

〔84〕 曾传轺：《南越朝台残瓦考》，《考古学杂志》创刊号，1932 年。

〔85〕 邝桂荣：《广州东山农林下路南越瓦片坑清理记》，《广州文物考古集——广州考古五十年文选》，广州：广州出版社，2003 年。

筒瓦：圆筒状，前沿形成内束口沿。通体装饰绳纹。1999 年发掘选取的样本筒径 14.8 厘米，残长 27.8 厘米[86]。曾传轺也发现有筒瓦，长度同样不可知，筒瓦直径为 23 厘米[87]。广州汉墓 M5044 所出筒瓦长度为 38 厘米，直径为 14.3 厘米[88]。筒瓦规格稍显多样。

瓦当：曾传轺未报道瓦当。但是在广州汉墓中可见瓦当，M5044 出土瓦当 5 件[89]。1999 年发掘至少复原 5 件云气纹瓦当，瓦当直径 14.4~16 厘米。瓦当面外缘为三圈突棱，内部四分，各有一枝卷绕云气[90]。农林下路所出瓦当接近南越王宫署遗址所出瓦当。不仅纹饰基本雷同，大小规模也很接近，可以推测这是统一制度下的产品[91]。这种卷绕云气纹的瓦当在福建崇安也可以见到，与华北和西北一带的瓦当相比，存在一定的差异。汉代砖瓦的使用可能是制度性表现，但是各个地区的生产仍然是极具地方特征的。

按照范式转型的思路，南越残瓦的不同复原揭示了历史考古学中迄今都未得到阐明的预置理论问题。曾传轺在东山寺贝底调查和发掘基础之上提出的南越朝台说和 1999 年农林下路发掘简报提出的南越窑场说反映了历史考古学的两种认知方式，两者之间的确存在前后衔接关系。前者是狭隘的“文物证史”思路，在近现代意义的中国考古学初期频频出现。在这个模式下，考古学材料用于印证、补充或者纠正成文文献的记载，这是金石学阶段就已定形的“金石证史”方法的延续。考古学材料常常用于和成文文献中特定的人物和事件对应起来，因此，带有铭文的考古学遗物尤其受到关注，当不具铭文时，考古学遗物上的某些形态或者纹饰特征就会脱离情境地过度阐释。这种简单化的“文物证史”思路出现和流行于特定情境之中。“地下材料”没有被视为独特的有自身

---

[86] 邝桂荣：《广州东山农林下路南越瓦片坑清理记》，《广州文物考古集——广州考古五十年文选》，广州：广州出版社，2003 年。

[87] 曾传轺：《南越朝台残瓦考》，《考古学杂志》创刊号，1932 年。

[88] 中国社会科学院考古研究所：《广州汉墓》，北京：文物出版社，1981 年，第 383 页。

[89] 中国社会科学院考古研究所：《广州汉墓》，北京：文物出版社，1981 年，第 383 页。

[90] 邝桂荣：《广州东山农林下路南越瓦片坑清理记》，《广州文物考古集——广州考古五十年文选》，广州：广州出版社，2003 年。

[91] 南越国宫署遗址发掘者界定为“云箭纹瓦当”，参见南越王宫博物馆：《南越国宫署遗址》，广州：广东人民出版社，2010 年，第 68、69 页，图 1.3.27、图 1.3.28。

形成规律和使用方式的材料。大多中国考古学早期学人并没有意识到“地下材料”与传统文献所见的“地上材料”在史料形成方式和阐释可能性上的差异，而将两者进行同质化处理。此外，早期考古学材料极其有限，而学人们急切地在有限的物质文本和传世文献之间建立直接对应关系。因此，并不具备特质表现的考古学遗物常常和具体的历史记载捆绑在一起，构成了“文物证史”或者“文物补史”的景象。在曾传轺的南越朝台说中，尽管朝汉台出自晚期文献，可能是晚期托古制作的遗迹〔92〕，即使对文献的历史地理考证也显示朝汉台的位置存在诸多歧见〔93〕，而无论是在诸家收藏之中还是曾传轺的寺贝底发掘中，又均未见到可作为直接证据的铭文或者非直接证据的遗物形态、风格或者规模等材料，但早期历史考古学仍然会殷切地建立这种关联。大多数简单化的“文物证史”方式会随着出土材料的增加、考古学文化谱系的建立而被扬弃，但是这种扬弃多是基于考古学遗物和文献记载在时间、地点、社会等级和文化归属上的裂缝越来越明显，而被可能更为接近的考古学遗物所替代，反而掩盖了这种思路的学理缺陷。作为史料，考古学遗存并不是包罗万象、无所不能的，其形成规律已经表明，考古学遗存更适合构建社会的群体性潮流，仅在极少数情况下，考古学遗存才可能和特定的历史人物相关。即使在这种情形下，墓葬内的器物组合也不一定可以直接反映墓主人的个人经历、政治倾向和文化偏好。1983 年发掘的象岗南越王墓即是明证：墓葬的空间布局和随葬器物都是具有规则性葬制和具有偶然性丧葬行为过程的物化结果，与作为墓主人的南越王的关联反而退居次位。但是，“文物证史”倾向无论在南越国考古学还是在中国考古学的历史考古学中都没有得到有效的清理。

1999 年发掘简报提出的南越窑场说是当前历史考古学阐释主流方法的表现。我们将这种方法称为“规律法则法”，即按照社会发展史规律阐释考古遗存。这是中国的历史考古学克服“文物证史”倾向的进步表现，但与“文物证史”倾向仍是一脉相承的，只是以社会发展史规律替代了文献记载。社会发展史和考古学一样以作为整体的社会的群体变迁为研究对象，但是以生产力和生产关系的

---

〔92〕 黄森章：《广州朝汉台实为乌有》，《开放时代》1986 年第 2 期。

〔93〕 (清) 阮元：《广东通志》卷二百十八《古迹略》；(宋) 乐史：《太平寰宇记》卷一百五十七《岭南道一》，北京：中华书局，2007 年点校本，第 3013 页。

二元关系为主要线索，与考古学遗存的材料属性并不重合，甚至形成冲突。但是在既往的考古学阐释中，考古学遗存也从其埋藏情境中剥离出来，成为生产和使用这些遗存的空间和人群的指标，历史按照符合社会发展史的方式复原。因此，考古学聚落空间和遗存尽可能按照生产力和生产关系词汇予以界定成为公共活动空间、家庭居址、作坊、屠宰场地、食物加工场和墓葬等，而从未界定最有可能形成考古学埋藏的遗迹单位，如废墟和垃圾场等。苏秉琦抨击中国考古学的两个怪圈时提出的“把马克思提出的社会发展规律看成历史本身”即指这种作业方式〔94〕。由于社会发展史理论曾经拥有政治正统性地位，因此，原本在材料属性上并不适用的考古学遗存可能会削足适履地证明经典理论的正确性。在1999年的农林下路的发掘中，发掘面积狭小，所出残瓦样本是否充分尚值质疑，但发掘者认定“众多的残瓦件成堆出现，不外乎两种可能”，即大量建筑材料的使用地或生产地。由于农林下路一带在南越国时期尚属城外墓葬区，不可能兼为生活居住区，因此推定此地为南越国窑场遗址〔95〕。但是，在作为内容物的残瓦和埋藏堆积，以及建筑形态之间的关联绝非如此狭隘，而且考古学材料作为废弃物的材料属性恰恰暗示了常见的使用情境预设是不成立的。

考古学遗存，尤其是历史时期的考古学遗存，用于历史建构无可厚非，但是我们需要意识到考古学遗存具有特殊形成规律，因此也是具有特殊的“阅读方法”的史料。克拉克界定了从考古学材料的生产到最终进入研究范畴的五种理论，对应连续发展的五个过程，即前埋藏和埋藏理论、后埋藏理论、复原理论、分析理论和阐释理论〔96〕。最终成为“史料”的考古学遗存都是这五个过程的结果。在东山一带所见南越残瓦的阐释上，我们暂时存而不论自后埋藏到阐释的过程，而集中考虑前埋藏和埋藏过程。20世纪以来，东山一带残瓦频出，但是未见任何大规模埋藏仅多呈散布状态，以1999年农林下路发现的坑状堆积为例：堆积规模不大，但边界整齐，出土遗物相对单纯，所出残瓦俱为成品残件，应是使用后的废弃遗物，这表明该地点很可能不是残瓦的原生使用地点，更不可

---

〔94〕 苏秉琦：《中国文明起源新探》，北京：生活·读书·新知三联书店，1999年，第4页。

〔95〕 邝桂荣：《广州东山农林下路南越瓦片坑清理记》，《广州文物考古集——广州考古五十年文选》，广州：广州出版社，2003年。

〔96〕 Clarke D. *Analystical Archaeologist*. New York: Academic Press, 1979: 100.

能是生产地点，而是显著的二次迁移活动形成的遗迹。 农林下路残瓦堆积周围也是20世纪以来频见年代在南越国至东汉时期墓葬的集中地带，因此，东山一带的南越残瓦堆积仅仅只是有意埋藏的废弃物堆积。 如果前埋藏过程进一步区分为生产、流通、消费和遗弃等环节的话，东山所见南越残瓦更可能对应遗弃环节，而不是生产或消费环节。

3.2.4　南越国的考古学面貌：黄花考古学院的方法论遗产

对于今天的考古学而言，黄花考古学院的考古发掘和调查并非仅具有统计价值和资料价值，也不可因为龟岗、猫儿岗和寺贝底在1953年之后的岭南秦汉考古中几被遗忘而否定其先驱价值。 甄别龟岗、猫儿岗和寺贝底是否是南越遗存，或者是否与特定的南越王相关并不是本章的全部主旨，我们更有兴趣讨论它们在如何界定历史的考古学镜像上的实践。 从考古学内涵判断，龟岗和猫儿岗并无交集。 但是，在考古学史上，两者却因为近同的历史考古学思路而密切联系在一起。 寺贝底是1949年之前罕见的遗址类型，但也迅速转变成为南越国“史料”。 这种学科思路绝非南越国考古学的特例，而是广泛见于各地的历史考古学之中。

在历史考古学的学科价值这个基本问题上，历来争讼不休。 对于有文献记录的历史而言，考古学和考古学资料的价值在哪里，一直存在着截然对立的两种回答，这表达了历史考古学发展的两种取向。 以哈林顿（J. C. Harrington）为代表的学者着眼于文献和档案材料的不足，将历史考古学定位于“历史学的辅助科学”，是获取史料的“重要历史工具”〔97〕。 卡尔·罗素（Carl Russell）更是开宗明义地以《作为史料的历史物质》为题表明这一立场〔98〕。 但是，约翰·科特尔（John L. Cotter）则认为历史考古学应该和传统的文本历史学一样能创造一个具有独立价值的历史，而不仅仅是“记录地下发现的物质的技工”。 历史考古学应该在长时段意义的文化复原上有更大的贡献，历史考古学家建构的历史应

---

〔97〕 Harrington J C. Archaeology as an Auxiliary Science to American History. *American Anthropologist*, 1955, 57 (6): 1121-1130.

〔98〕 Russell C. Historic Objects as Sources of History, in *Historical Archaeology: A Guide to Substantive and Theoretical Contributions*. Farmingdale: Baywood Publishing, 1978: 11-15.

该有别于文献历史学的版本[99]。对历史考古学价值的困惑先天性地和基于文献的“历史”捆绑在一起，因此这个问题也集中出现在文献传统发达的旧大陆考古学之中。在旧大陆考古学传统之中，考古学长期以来被视为“作为历史学的考古学”。但是“作为历史学的考古学”究竟应该为“历史学”提供文献所无法提供的史料，还是应该构建独立的“历史学”？显然，长期以来，前一种观念占据主流地位。

旧大陆考古学强健的古物学和金石学基础鼓励将考古学调查和发掘所得物质文本视为具有独立价值的物证，等同于书写文献记录。情境（context）几乎从不纳入到古物学的考虑范畴之中，以至于伦福鲁（Colin Renfrew）不得不强调情境才是考古学研究的核心，忽略情境，对物质的孤立研究是重回古物学的老路[100]。因此，在这个范式下，缺失了情境的物质只能被当成不同于书写文本的“史料”，但是其处理方式却不假思索地沿用和书写文本同样的方式。脱离了情境的考古学遗存只能自我否定重写历史的可能性，转而寻求与具有高度选择性的传统文献历史之间的对应关系。传统文献文本偏重政治性人物和事件，这本不是考古学文本擅长体现的，但是在多重证据相互比较的思路下，不同的物质形态，甚至同一个物质文本的不同侧面都被赋予了不同的“指示”价值，而形成过度阐释。这种思路至今仍然存在于历史考古学实践之中。

为文本历史学提供物证的历史考古学具备众多建立在古物学遗产基础之上的特征。具体而言，物证观下的历史考古学常常将考古学发现和具体的历史人物或者历史事件联系起来，因此，对精英人物的兴趣多于对普通人的兴趣，对墓葬的兴趣多于对居址的兴趣，对作为文字载体物质的兴趣多于对物质本身的兴趣。

相对于采用整体性思路对物质文化进行分析，物证观下的历史考古学更倾向于对选择性物质的阐释。而物证的选择存在三个层次的考虑。

首先，带有准确指向意义文字的器物被赋予最显著的指示价值。金石铭文、碑刻文字乃至20世纪之后揭示的包括甲骨和简牍文书在内的“地下文字”

---

[99] Cotter J L. Symposium on Role of Archaeology in Historical Research, Summary and Analysis, in *Historical Archaeology: A Guide to Substantive and Theoretical Contributions*. Farmingdale: Baywood Publishing, 1978: 16-17.

[100] Renfrew C. *Loot, Legitimacy and Ownership*. London: Duckworth, 2000: 11.

被视为价值最著的直接证据。在南越国考古学中，象岗石室大墓的推定最终倚重于“文帝行玺”金印即是最显著的例子。事实上，无论是“文帝行玺”还是“赵眜”印章均与传世文献相冲突，但并没有形成对身份归属直接印证方式的挑战。龟岗、猫儿岗和寺贝底显然都无法提供此类证据。

其次是规则性或者制度性证据。此类证据的征引是建立在珍贵物质的礼制性消费规则基础之上的。在中国青铜时代考古学中，基于《周礼》等晚出文献而建构的礼器等级制度就是最常征引的规则〔101〕。在龟岗大墓的归属问题上，谭镳呈文最初仅仅提及“南越贵人冢”，即泛泛将此墓归入南越国社会精英墓葬。但是，王国维指出带“甫”字标记的椁室底板为“黄肠”遗迹之后，刻字木板被赋予了规则性价值，该墓葬主人也就只能在历代南越王中选定了。

最后，在缺乏上述两类遗物的情况下，某些罕见物质或者现象则有可能被过度阐释。在猫儿岗汉冢上，蔡守、谈月色的推断则是此类作业方式的典型代表。如推测“明器之陶屋，有外垣如宫墙，其中之人又如王者；又一陶屋门外有画像，墓门外有瘗玉，用器中有扣之髹漆巨洗，皆非寻常人所宜有”。推测墓内砖瓦，“虽未言杀兴，然兴倘未死，何事立建德为王？且前汉书云攻杀太后王，可知兴必死于乱兵中，顾当日太后樛氏，尝欲纵嘉以矛，王止太后，嘉使得脱而出。嘉固不欲杀兴，兴即死，且大乱，仅草草葬之。嘉恨樛氏与安国少季已切齿，乌肯复为之营葬耶？据此故疑为南越王赵兴之冢”〔102〕。综合蔡守、谈月色的观察，猫儿岗汉墓显示出两个特殊性，一方面有常人不可能有的“宫屋”明器和“万岁”瓦当，另一方面，墓葬用铺地砖搭建可能是仓促准备的结果。核对《史记·南越列传》，符合条件的仅有可能死于宫廷政变的南越国君主赵兴。在寺贝底残瓦上，曾传轺首先注意到，出土残瓦“重重叠叠，殆不知其几许，度其淤积当在寻丈之外”，又发现“地势壮阔”，于是将其和南越的宫廷建筑联系在一起，而备选项只有“南越故宫”和“朝汉台”两处，由于1931年植物公园的发掘也出现了残瓦，曾传轺推测城内遗址为“故宫”，则寺贝底就

---

〔101〕 高明、俞伟超：《周代用鼎制度研究》，《北京大学学报》（哲学社会科学版）1978年第1期，1978年第2期，1979年第1期。

〔102〕 蔡寒琼、谈月色：《发掘东山猫儿冈汉冢报告》，《考古学杂志》创刊号，1932年。

是“朝汉台”无疑了〔103〕。采集所得残瓦在这一预置理论下更具有倾向性，“瓦制之伟大如此，则其台可想”〔104〕。这种推演尤其容易出现在考古学诞生之初，或者特定地区的历史考古学线索远未完备之际。但是，此类推理的事实性证伪远比学理性证伪要简易，以至于其逻辑谬误长期以来并未得到揭露。随着考古出土数据的积累，事实性错误很容易被揭示出来。以猫儿岗为例，越来越多的砖室汉墓在全国各地的出土证明砖室墓本是汉墓的一种常见形式，以房屋、田园和城堡模型随葬也是汉墓普遍可见的葬俗，猫儿岗汉墓自然和南越国君的文化归属确认脱钩，但是不当的推导思路却难以被揭示出来。

龟岗、猫儿岗和寺贝底无法最终坐实并不是对其历史价值的否定，相反，它们提醒我们关注如何展开作为文化史的历史考古学研究。毋庸置疑，龟岗和猫儿岗在墓葬规模和随葬器物上都具有一定的特殊性，尤其是龟岗大墓，其物质文化组合表明它应该是精英墓葬。即使如同猫儿岗一样不一定属于精英墓葬，或者不一定和南越国史有关，龟岗和猫儿岗都有建构历史的价值。事实上，1953年之后广州汉墓的发掘已经体现出第二种历史考古学发展的趋势。出土墓葬和器物与文献历史记录的一一对应关系被逐步扬弃，但是，将物质文本当成社会发展规律或者物质文化制度的表现形式的简单化处理思路仍然存在。1999年发掘的农林下路砖瓦遗址被释为南越窑场即属此例。如果需要走向独立建构历史的历史考古学之路，至少需要确立两个基本观念：考古学遗物只有存在于情境之中才具有阐释可能和阐释价值，考古学遗物是历史行为而不是历史规律的产物。崔格尔曾经指出，考古学中的主要鸿沟不是在过程主义和后过程主义考古学之间，而是在历史考古学和史前考古学之间〔105〕。崔格尔所指的历史考古学就是物证观的历史考古学。而在独立建构历史的历史考古学中，前一个基本观念建立在伊恩·霍德（Ian Hodder）的情境考古学（contextual archaeology）基础之上，而后一个基本观念来自麦克·施斐尔（Michael Schiffer）的行为考古学（behavioral

---

〔103〕曾传轺：《南越朝台残瓦考》，《考古学杂志》创刊号，1932年。

〔104〕曾传轺：《南越朝台残瓦考》，《考古学杂志》创刊号，1932年。

〔105〕布鲁斯·崔格尔著，徐坚译：《考古学思想史》中文版序，长沙：岳麓书社，2008年，第3页。

archaeology）[106]。通过这个方式，历史考古学也将最终告别文献历史的注脚地位，重回考古学之中。

3.3 考古学社：考古学的另一种存在

1934 年于北平成立的考古学社毫无疑义是 1949 年之前中国最大的考古学学术团体[107]。其规模、延续性和社会能见度都远非其他考古学团体可比。在 1937 年因为日本侵华战争戛然而止之前，考古学社井然有序地维持了长达三年时间，期间连续出版了六期《考古社刊》和接近三十种专辑及丛书。尽管采用缴费社员制，考古学社还是稳定地维持了多达百名社员。虽然大多数社员来自北平的学术机构，但是也有来自宁、沪、粤、豫、鲁等地，甚至还有海外汉学家侧身其中，人员的多元性和地域均衡程度都是其他学术团体所罕见的，绝非局限于燕京大学一校[108]。时任教于燕京大学的金石学家容庚（1894~1983）是考古学社的灵魂人物，核心成员还包括徐中舒、唐兰、于省吾、郑师许、孙海波和刘节等，考古学社社员多与创社时期的核心成员有各种学术关联，由此形成一个由与考古学密切相关的金石、器物之学的学者群体构成的网络。作为学人组织，考古学社与传统的古物收藏和研究机构的关联超出了与新型的作为社会教育机制的博物馆的关联，而且与田野考古学始终保持了一定的隔离，因此，考古学社只是代表了与田野考古平行的线索。虽然以“考古”为号召，但是考古学社的核心成员成长于金石学和古器物学环境，在“锹的考古学”大行其道时，也希望将考古学方法融入自身的方法，或者被计入考古学群体。换言之，考古学社是 20 世纪 20~30 年代，表达出强烈的身份焦虑和更新学统热望的非田野考古学学人群体的镜像。

对考古学社的定位揭示了中国考古学如何界定“考古”的两难困境。近现代意义的考古学是否仅有田野考古学一端，而别无他途？如果考古学存在强烈

---

[106] Hodder I. *Reading the Past*. Cambridge: Cambridge University Press, 1985; Schiffer M. *Behavioral Archaeology*. New York: Academic Press, 1976.

[107] 马国权：《容庚先生的生平和学术成就》，《燕京学报》1996 年新 2 期；王世民：《考古学社》，《中国大百科全书·考古学卷》，北京：中国大百科全书出版社，1986 年，第 366 页。

[108] 影印本基于便利而以“燕京大学考古学社”相称，但此称有讹传之虞。

的区域特质的话，那么不同地区的考古学是否具有特定的学术遗产〔109〕？ 如果在新考古学生成之前，各地的考古学传统如同克拉克宣称那样只是“杂乱无章的区域历史的组合”的话，那么特定地区的考古学都应该呈现出截然不同的面貌〔110〕？ 对于1949年之前的中国考古学而言，虽然在田野考古学上出现了诸如地质调查所、黄花考古学院、吴越史地研究会、北平研究院历史研究所等不同的传统，但是，考古学界定自身的更大的难题来自于如何界定“考古学的前身”。金石学不仅仅是被动、静态的学术遗产，事实上在20世纪上半叶由于资料和方法的扩展，金石学一度仍是活跃的学术潮流，声势上甚至强于田野考古学。 作为“考古学的前身”的金石学也会因时而变。 因此，近现代意义考古学如何认知本土渊源，金石学如何谋求考古学的认同感，都集中体现在考古学社这一个案例上。

3.3.1 抢注的考古学

1934年6月，以容庚为核心，徐中舒、董作宾、顾廷龙、邵子风、商承祚、王辰、周一良、张荫麟、郑师许、孙海波、容肇祖等人发起成立金石学会。 9月1日在北平大美餐馆召开成立大会，出席的会员代表达35人，议定将金石学会更名为考古学社，推选容庚、徐中舒、刘节、唐兰、魏建功等5人为考古学社执行委员，负责拟定社章，编辑社刊。 考古学社的绝大部分事务性工作由容庚和刘节承担，容庚在燕京大学的住宅燕东园24号和刘节所在的北平图书馆成为考古学社的两处联络地址。 这是继广州黄花考古学院之后，另一家以考古为名的学术组织。 不过，考古学社并不是初拟名称，6月发布倡议之时尚为“金石”〔111〕。9月更名为“考古”虽显仓促，但也不是权宜之计，随后有数位核心成员分别撰文解释考古学社与考古学的关联。 这一更名至少反映了30年代的中国知识群体中，科学主义倾向已经使学人们青睐以“考古”取代“金石”。 不过，考古学社既没有“考古”的基础，也没有做好“考古”的准备，其出现反而另有发展脉络和具体起由，这是此前未被揭示的。

---

〔109〕 Daniel G. *Towards a History of Archaeology*. London: Thames and Hudson, 1981.

〔110〕 Clarke D. *Analystical Archaeologist*. New York: Academic Press, 1979: 28, 84.

〔111〕 《社务纪要》，《考古社刊》第1期，1934年。郑师许：《通俗考古学丛书编辑计划》，《考古社刊》第1期，1934年。

考古学社成立之初确定的宗旨和诸家解释考古学社缘起的文字显示，考古学社本与田野考古无涉，但急迫地希望化“金石”为“考古”。考古学社将宗旨界定为“以我国古器物学之研究、纂辑及其重要材料之流通为主旨”。由此可见，对于考古学社的发起者们而言，考古学只是古器物学的别名。刘节曾在《中国金石学绪言》中指出，“今后之治斯学者，则当随近世考古学之新趋势以求其方法之进步焉”[112]。考古学成为金石学进步的桥梁和工具。虽然具有田野考古经验的史语所学人梁思永和董作宾均名列首批考古学社社员，但未具实质性影响，尤其是梁思永从未在《考古社刊》上发表任何文章；而董作宾在《考古社刊》第三期上发表了名为《我在最近》的文章，其中提及安阳第十季发掘，“……自从去年安阳发掘移到洹河北岸的侯家庄以后，‘掘地层’的工作交给‘姓梁的’工头去一手包办，凭他一个人怎样地做那‘州官放火’的勾当，可与俺‘姓董的’无干。俺也算洗手改行……”[113]董作宾的文章以侯家庄所见甲骨与殷历的关系为主题，不过叙及田野考古一节却值得玩味。

最初的两期《考古社刊》上，容庚、邵子风和刘节先后发文，试图进一步明晰考古学社的旨趣和发起缘由。开篇明义的《考古学社缘起》由邵子风写作。邵子风仅为燕京大学研究生，就学于容庚门下，当时也并非考古学社的核心成员，为何为考古学社奠立基调的文字出自其手，具体原因已不可考。其中一种可能与《考古社刊》的最初定位有关，可能此时已掌控《燕京学报》的容庚并未将其视为学术刊物。邵子风《考古学社缘起》并未言明具体成立原因，代之以追溯传统的宏论。邵子风仍然循例将考古学社的渊源追溯到孔壁汲冢。在列举了近期的重要发现之后，邵子风以“环观国内，任研究整理之实者，除少数学术机构外，迄今尚殊寥寥”，为考古学社的成立正名。考古学社的发起缘由因而表述为，“吾人有鉴于此，爰集同好，组织斯会，冀于研究与整理之外，略尽流通材料之责。若流出海外之重要古物文献，具有文化价值者，胥在搜集研讨之列，初不以吉金乐石自限也”[114]。至为明显的是邵子风对考古学社以及“考

[112] 刘节：《中国金石学绪言》，收录于曾宪礼：《刘节文集》，广州：中山大学出版社，2004年。

[113] 董作宾：《我在最近》，《考古社刊》第3期，1935年。

[114] 邵子风：《考古学社缘起》，《考古社刊》第1期，1934年。

古”的认识完全出自金石学范式。相对于其他社员，刘节颇在意考古和金石之分，因此也极力强调两者的融合。基于古物学立场，刘节并不认为古物学和考古学有任何抵牾，而是“犹之乎化学中之分无机化学、有机化学、应用化学，是一样的互有关系”〔115〕。他进而号召“史学上的门罗主义”，以开放主义消弭金石学和考古学之间的鸿沟。邵子风和刘节两论恰代表了迄今仍可见到的两种基本观念，前者视金石考古为同一体，因而考古是中国固有之学问，至少可以上溯至西汉中期鲁恭王坏孔府壁得壁中书和西晋太康年间汲县不准盗掘魏安釐王墓〔116〕。其他的追溯甚至远及孔子识肃慎之矢〔117〕。传统金石学倾向基本都采取这种视角。而后者则意识到金石和考古的差异，但是将金石之学视为考古学的一种特殊形式。近代意义的古器物学就是这种努力的结果。但是，不管哪种立场，都将考古学视为金石传统的改造，而不是革命。

无论是邵子风还是刘节，都暗示考古学社出自“爰集同好”，“联络同志”的初衷，换言之，考古学社脱胎于传统的文人雅集结社活动。30 年代初期以来，以容庚为核心的文人雅聚预埋了考古学社的线索。任教燕京大学期间，容庚经常在家中聚集学友，董作宾记录了 1930 年数次参加容府雅聚之事，他将此类聚会以容庚书斋之名称之为“颂斋之会”〔118〕。不过，此类雅聚应该本无定名，活动也未形成定制。董作宾记录了两次参加颂斋之会的人员，包括台静农、庄尚严、顾颉刚、胡文玉、唐兰、孙海波、商承祚等，这一密切交往圈的确构成了考古学社的基本班底。发起成立考古学社之议也确是在 1934 年 6 月的“颂斋之会”中提出的。

由颂斋之会到考古学社自是文人雅聚的扩大化和正式化，但也有具体动因使然。邵子风以“研究与整理”和“流通材料”解释，刘节提到，“我们动议组织考古学社的时候，其初意本在联络同志，印行几部同志们所作的书而已”。

---

〔115〕刘节：《考古学社之使命》，《考古社刊》第 2 期，1935 年。

〔116〕（汉）班固：《汉书》卷三十《艺文志》，北京：中华书局，1962 年排印本，第 1762 页；（唐）房玄龄：《晋书》卷五一《列传二十一》，北京：中华书局，1974 年排印本，第 1432、1433 页。

〔117〕（汉）司马迁：《史记》卷四七，北京：中华书局，1959 年排印本，第 1922 页。

〔118〕董作宾：《平庐影谱》，1944 年。

邵子风进而提及，考古学社同人尤其关注“流出海外之重要古物”。这种具有强烈指向的表达得到容庚的证实。容庚在同册的《考古学社之成立及愿望》提及古物通过洋庄流向海外收藏，以“海通以来，我国古物多增一厄”相称。容庚坦承，刘节和邵子风虚指的“流出海外之重要古物”的“同志们所作的书”就是1934年春季他仍在忙于编辑的《海外吉金图录》。“今春有海外吉金图录之辑，一东瀛之部，一欧美之部。然古镜、古兵、古石刻、古造像，及西域之佛像、佛经、壁画，朝鲜之漆器，河洛之明器，非一人之力所能尽及。嘤鸣求友，和之者众，而考古学社遂于廿三年九月一日成立”〔119〕。1935年4月，《海外吉金图录》以考古学社的考古专集第三种出版。

虽然《海外吉金图录》似为发起金石学社和考古学社时刺激容庚的最重要的一端，但是，这并不是孤立的个案，而是20世纪初期以来古器物学复杂流变的缩影。在编辑《海外吉金图录》时，容庚既有感于金石古物外流的惨痛，又受到日本的中国艺术研究成功实现现代化转型的鼓励，因而对日本影响怀抱极其矛盾的羡憎交加的心态。《海外吉金图录》的编辑起因于旧家金石收藏离散的现实。同光之后的金石收藏扩大化潮流促成了多家大规模私人金石收藏的形成，但是到民初重新清点时大多陷于凋零。“民国以来，故家零落殆尽，惟攀古楼、澄秋馆两家独存，已不无散失矣”。与此前的金石收藏的兴衰相比，20世纪初期诸家收藏的瓦解具有两个新特征：瓦解的收藏规模空前巨大，如吴大澂愙斋收藏、陈介祺簠斋收藏和端方陶斋收藏都远非乾嘉时代的私家金石收藏可比拟。器物流向也更多元，尤其是增加了海外一端〔120〕。容庚特地提及日本住友收藏。1921年，泷精一和内藤湖南主持修订《泉屋清赏》，委托滨田耕作写作青铜彝器解说总论。滨田耕作作《彝器部解说总说》系统阐述金石学在学科方法上的不足，提出以近代考古学和艺术史方法建立金石器物研究新范式的主张，构成了传统器物研究“革新”的一种可能取向〔121〕。在学术刺激之外，容庚对滨田耕作还有私隙。1925年，滨田耕作访华之际，容庚曾经请其代购《泉屋清

〔119〕 容庚：《考古学社之成立与愿望》，《考古社刊》第1期，1934年。

〔120〕 富田升著，赵秀峰译：《近代日本的中国艺术品流转与鉴赏》，上海：上海古籍出版社，2005年，第1～80页。

〔121〕 滨田耕作：《彝器部解说总说》，《增订泉屋清赏》，1922年。

赏》，但一直未得回音。后来北平图书馆最终辗转购得一套，容庚等学人才得机会翻拍了部分器物照片，但他对旧事已经心怀芥蒂，和国家主义情感糅杂在一起，直言“宗邦重器，希世遗文，欲求印本而不可得”。这种情绪甚至影响了学术判断，提及滨田耕作在《增订泉屋清赏》中指出中国的青铜器研究尚未建立起方法论时，容庚反唇相讥，“然反观彼之所定，更为茫昧”〔122〕。其实，滨田耕作并未遗忘容庚委托之事，所称住友中国青铜器收藏编辑变更频仍，《泉屋清赏》原版毁于关东大火并非托辞〔123〕。1934 年初《删订泉屋清赏》出版后，住友友成即邮赠容庚，直接成为数月后容庚编辑《海外吉金图录》的主要资料来源。按照容庚编辑初衷，《海外吉金图录》应该分为“东瀛”和“欧美”两部，但是由于翻拍了原本《泉屋清赏》，又获赠删订本，以及 20 年代初期以来随着中日古物学和考古学交往频繁而积累了一批日本资料基础，同时中日学术界在金石学转型上的共通之处更多，面临的问题相似，日本的方法和取向也值得效法，双方竞争也日渐加剧，导致东瀛一部率先编辑而成。容庚特地说明，《海外吉金图录》共计收录铜器 158 器，出自七种图录，其中出自《泉屋清赏》正续编计有 114 器，为最主要的来源，其余诸器分别出自田岛志一郎《支那古铜器

〔122〕 容庚：《海外吉金图录》序，考古学社第三种，北平：考古学社，1935 年，第 1、2 页。

〔123〕 住友春翠创立的住友中国青铜器收藏的图录编辑因藏品激增，学术范式更迭而在明治晚期至昭和早期更新频繁。《泉屋清赏》于 1911 年（明治四十四年）开始出版，1916 年（大正五年）完成，由秦藏六担任解说，计有铜器三部和镜鉴三部，收入彝器 90 件，镜鉴 90 件。《增订泉屋清赏》于 1921~1922 年（大正十至十一年）出版，由泷精一和内藤湖南修订，滨田耕作担任彝器解说，原田淑人担任镜鉴解说，收入彝器 171 件，镜鉴 100 件。《增订泉屋清赏续编》于 1927 年（昭和二年）出版，滨田耕作担任彝器解说，梅原末治担任镜鉴解说，彝器增加 59 件，镜鉴增加 40 件。《删订泉屋清赏》于 1934 年出版，为《增订泉屋清赏》、《增订泉屋清赏续编》和《陈氏十钟》的汇总，滨田耕作和梅原末治继续担任彝器和镜鉴解说。《泉屋清赏新收编》于 1962 年（昭和三十七年）出版。《新编泉屋清赏》于 1970 ~ 1971 年（昭和四十五至四十六年）出版，为《增订泉屋清赏》、《增订泉屋清赏续编》、《陈氏十钟》和《泉屋清赏新收编》的汇总，收入彝器 257 件，镜鉴 162 件。参见富田升：《近代日本的中国艺术品流转与鉴赏》，上海：上海古籍出版社，2004 年，第 296 ~ 300 页。

集》、滨田耕作《陈氏旧藏十钟》、原田淑人《周汉遗宝》、嘉纳治兵卫《白鹤帖》第一集和帝国工艺会《支那工艺图鉴金工编》。

容庚编辑海外收藏的中国古器物图录受到多方面的制约。在对中国古物，尤其是上古器物的认知上，至少在20世纪初期，欧美与日本之间仍然存在显著差距。日本收藏和研究中国古器物的学术既有自江户时代以来煎茶艺术用器的积淀，又深受以罗振玉、王国维为代表的流亡学人的影响，对先秦和秦汉古物既更熟悉，又更青睐，而此时欧美则风行唐以后的陶瓷器〔124〕。梅原末治指出，“近年来，欧美人士对中国古物的兴趣仍然局限在漂亮的明清瓷器到唐三彩，明器收集涉足不多，更遑论上溯到对古铜器的关注”〔125〕。古董商卢芹斋在50年代末期退休之时也兼带骄傲和内疚地称自己的贡献在于“教会欧美社会欣赏真正的中国艺术之美——青铜器和玉器”，而卢芹斋较早的青铜器和玉器目录出版于20年代中晚期〔126〕。所以，自民国初期到1935年伦敦中国艺术展览会期间，在中国青铜器的认识上，日本较欧美更接近中国。对于容庚本人而言，资料可得性和语言通晓程度形成双重障碍。30年代中国最优秀的金石器物学者对日本收藏的了解也远超出对欧美收藏的了解。容庚此时对西方中国艺术收藏的了解可能多以叶慈为中介，因此尤为熟悉猷氏收藏（Eumorfopoulos Collection）。虽然容庚亦活跃在古董市场上，但是没有证据显示他与洋庄古董商有往来。容庚亦不谙外文，编辑日本收藏中国铜器图录时幸得通晓日文的于式玉、瞿润缗和周一良的帮助，“余于域外之文，一无所晓，乃从他人著作中寻辑而为此书。余甚惭于梅原，国中独无其人乎〔127〕”？可能两个方面的原因造成容庚在30年代无力续编《海外中国吉金图录》的欧美部。容庚提及梅原末治，实特指梅原末治于1933年刊印的巨制《欧米蒐储支那古铜精华》。容庚言及“梅原末治教授游

〔124〕中国青铜器在江户至大正时期煎茶活动中的运用见诸于《青湾茶会图录》（1863）、《青湾茗宴图志》（1876）和《清赏余录》（1898）。参见秦藏六：《古铜器の传来》，《茶道月报》217号。

〔125〕梅原末治：《欧米蒐储支那古铜精华》序，大阪：山中商会，1933年，第1页。

〔126〕Pelliot P, et al. *Bronzes antiques de la Chine*. Paris et Bruxelles: Van Oest, 1924; Pelliot P. *Jades Archaiques de Chine*. Paris et Bruxelles: Librarie Nationale d'Art et d'Histoire, 1925; Rostovtzeff M. *Inlaid Bronzes of the Han Dynasty*. Paris: Van Oest et Bruxelles, 1927.

〔127〕容庚：《海外吉金图录》序，考古学社第三种，北平：考古学社，1935年。

历欧美，公私收储之府，莫不倾其所有以相示。君乃照其形制，量其修广，录其所睹闻”，实与自己求《泉屋清赏》而不得相对比[128]。无论在学理还是情感上，从滨田耕作到梅原末治的日本研究中国青铜器传统构成了容庚编辑《海外吉金图录》的动力、竞争和压迫。容庚提及梅原末治兼有国运和学术之痛的意味。直到十余年后，陈梦家利用在芝加哥大学任教和研究的机会，遍访欧美的中国青铜器收藏，才最终实现了容庚的梦想[129]。

《海外吉金图录》揭示出20世纪初期金石学转型中不同研究策略的交互影响和竞争。第二次世界大战之前，中国古器物的著录编纂按照不同的研究策略大体可以区分成三条平行线索，各条线索均有密切的地域相关性：其中之一为受艺术史的形式分析方法、西方汉学传统和自然史、技术史等其他视角影响的欧美传统，另一为在西方考古学的蒙特柳斯式类型学方法、日本汉学传统和中国罗王之学影响下形成的日本传统，最后则是中国金石学人自传统的作为经学附庸的金石学向独立的古器物学的转型。在容庚和考古学社的个案上，后两者的交互关联和竞争的影响更为显著。日本的中国古器物之学经滨田耕作奠基，到梅原末治发扬光大，形成明确的研究和写作范式。而在中国的青铜器图录的编辑上，几乎是容庚以一己之力对抗了整个日本学术界。

从滨田耕作《增订泉屋清赏》到梅原末治《欧米蒐储支那古铜精华》展示了以考古学方法改造传统金石学的取向，由此形成中国青铜器研究上的日本传统对容庚不乏借鉴意义。滨田耕作和梅原末治虽有师承关系，但学术准备和情境截然不同。虽然滨田耕作早在1903年就刊布了中国考古学研究论文，但他对古代中国的研究服务他在考古学方法论层面的兴趣[130]。《增订泉屋清赏》的编辑年代也恰是滨田耕作全面而集中地阐释东亚考古学文化格局的时期。在整个东亚考古学中，滨田耕作体现了以考古学方法改造传统器物学研究的最早苗头，他

[128] 容庚：《海外吉金图录》序，考古学社第三种，北平：考古学社，1935年。

[129] 陈梦家：《美帝国主义劫掠我国青铜器》，北京：科学出版社，1961年。在陈著之前尚有其他学人试图编订海外青铜器图录，参见丁士选：《海外吉金图像著录表略例》，《考古社刊》第6期，1937年。

[130] 滨田耕作：《海兽葡萄镜について》，《考古界》第3卷9-10号，1903年；滨田耕作：《支那の古铜器について》，《国华》第163号，1903年。

以科学而冷峻的笔触分析中国青铜彝器的研究现状，提出“中国青铜器的研究尚未到位，时代的推定也茫无头绪”。他认为中国青铜器研究的困局在于“发掘出土的周边状态几不可知”，“铜器与何种类型陶器共存也不可知”，中国存在尚古倾向导致不仅纹样的因袭更为显著，而且仿古和作伪也较为严重。在此基础之上，滨田耕作提出作为考古学的铜器研究的三种基本方法，即“铜器与陶器及其他器物的比较研究”，“考察铜器的样式和纹样的性质”和基于鉴定目的的“铭识研究”[131]。梅原末治除了继承滨田耕作的考古类型学取向和对中国金石学的基本判断外，展现出更多元的风格。内藤湖南的影响使梅原末治的研究更偏向具体的中国历史问题，富冈谦藏也构成罗王之学和梅原末治之间的关键桥梁。梅原末治在中国青铜器图录编纂上以《欧米蒐储支那古铜精华》确立了一种新范式（图 3.5）。梅原末治以日本古坟调查起步，但是自 1919 年起开始频繁发表中国考古学论文，起初主要受到富冈谦藏的影响集中在铜镜上，但是随后扩展到诸多类别。1926~1928 年，梅原末治得到游学欧洲的机会，因此得见藏于欧美的中国青铜器收藏。梅原末治自述，欧游的最后一年都用在公私收藏中国青铜器的调查上。

图 3.5 《欧米蒐储支那古铜精华》

经过调查的公私收藏包括美国纽约大都会博物馆、华盛顿弗利尔美术馆、费城宾大博物馆、波士顿美术馆、波士顿博物馆、柏林国家博物馆、巴黎卢浮宫、巴黎塞努奇博物馆、纽约温索普收藏、霍尔姆斯夫人收藏、巴黎王涅克收藏，梅原末治特别感谢了英国猷氏夫妇、赫伯逊（R. L. Hubson）、比利时斯托克勒特、巴黎伯

〔131〕 滨田耕作：《彝器部解说总说》，《增订泉屋清赏》，1922 年。

希和、美国罗彻尔博士、富田幸次郎、白金汉夫人、鲍姆斯夫人等的帮助[132]。欧游期间访问的诸家收藏基本构成了梅原末治日后分析的资料基础，所见范畴已经远远超出同期大多数学人，不过在北欧和法国等地也留下暗角，后来也频被指摘。《欧米蒐储支那古铜精华》隐匿了一条关键线索，即山中定次郎的支持。《欧米蒐储支那古铜精华》不仅包括了多件由山中商会出售的青铜器，梅原末治访问欧美公私收藏也得力于山中定次郎的推荐和联络，“泰西公私收储之府，莫不倾其所有以相示，君乃照其形制，量其广修，录其所睹闻，归装裒然，箧笥皆盈”[133]。该书的出版也是由山中商会支持。《欧米蒐储支那古铜精华》为七卷本巨制，由三个部分构成，前三卷为彝器部分，收录器物 250 件；次二卷为镜鉴部分，收录器物 160 件；后二卷为杂器部分，收录器物 137 件，全书收器总数达 547 件之多。这是流散海外的中国铜器的第一次全盘清理。毋庸讳言，梅原末治整理时的确有预设观念，与他在此前的学术训练和兴趣密切相关，其编排方法上多延续滨田耕作的体例。梅原末治对中国青铜器的总体性认知就建立在这套图录基础之上。如果与包括《泉屋清赏》在内的日本收藏中国青铜器图录结合起来的话，则几乎可以拼缀出中国青铜器外流的全景，梅原末治以此方法编辑了《洛阳金村古墓聚英》和《河南安阳遗宝》。

在编纂金石图录上，堪与梅原末治媲美的中国学人非容庚莫属。事实上，两人一直被视为 20 世纪金石谱牒之学的双峰[134]。1929 年之后，容庚连续编辑青铜器图录达七种之多。依据铜器收藏归属，容庚图录分成三个类别：一为清宫旧藏青铜器图录，一为私人收藏青铜器图录，一为海外收藏青铜器图录。清宫旧藏青铜器图录包括《宝蕴楼彝器图录》、《武英殿彝器图录》和《西清彝器拾遗》三种，前两种实为容庚古器物学范式图录编辑体例的奠基之作。1914 年古物陈列所成立之时，奉天和热河行宫旧藏青铜器迁往北平。宝蕴楼系 1914 年古物陈列所在西华门内咸安宫旧址重建，作为容纳来自两地的文物之用。因为藏品良莠不齐，古物陈列馆成立古物鉴定委员会，下设书画、金石、陶瓷和杂品

---

[132] 梅原末治：《欧米蒐储支那古铜精华》自序，大阪：山中商会，1933 年，第 1～3 页。
[133] 内藤湖南：《欧米蒐储支那古铜精华》序，大阪：山中商会，1933 年。
[134] 刘节在《武英殿彝器图录》序中称“近今言彝器纹镂之学者，日本梅原末治教授导其端”，“吾友东莞容希白教授，今世考古学巨子也”。

四组。其中古铜器鉴定委员会包括李盛铎、徐鸿宝、陈第、王禔、马衡、邵季、容庚等。但是鉴定委员会不久随着古物陈列所所长周肇祥去职而停顿，容庚继续自行整理，在798器中挑选92器，依金石图谱形式编辑而成。全书包括鼎二十六、鬲一、甗一、簠一、簋二十六、豆一、盘二、匜二、壶四、盉三、盨一、皿一、卣二、尊六、爵二、觚七、斝三、汉钟一和汉洗一。《颂斋自订年谱》中记录，1927年“7月至8月做《宝蕴楼彝器图录》”，1929年2月“由学校国学研究所印行”，该书实际由燕京大学哈佛燕京学社印行，可能因为年谱编辑之时惮于时势而作曲语。继《宝蕴楼彝器图录》之后，征得古物陈列所张起凤、珂璜等的同意，容庚着手编辑热河行宫旧藏青铜器收藏图录。因为日本侵华战争爆发，热河故宫青铜器收藏迁往上海。容庚在热河行宫旧藏851器中选取100器，编辑为《武英殿彝器图录》，计有鼎二十二、鬲三、簠一、簋二十五、錞一、罍二、盘一、壶十一、钫一、扁壶二、盉二、卣三、爵一、觚四、觯二、瓿三、编钟三、铙一、钟七、钫二、缶一、洗二。与奉天行宫旧藏不同的是，热河行宫旧藏从未见诸著录，也未公之于众，而其中又不乏如同颂壶、鱼匜盘、乘舆缶等精品。《颂斋自订年谱》记录，1931年“2月编《武英殿彝器图录》，7月编成”，“6月写《武英殿彝器图录》稿”。1934年2月，“《武英殿彝器图录》由学校印成”，事实上仍由哈佛燕京学社资助出版。写作不易，但是容庚自我期许，“不足与王黼、梁诗正诸臣媲烈，余滋愧怼，假我十年，为典藏吏，尽两行宫彝器别其真赝而著录之，是则余之志也夫”〔135〕。较之《宝蕴楼彝器图录》，容庚自认“前代著述重文字而忽花纹，欲考图饰者恒有无所取材之叹。故拓花纹与文字并列，为著录者开其端”〔136〕。容庚的《宝蕴楼彝器图录》和《武英殿彝器图录》在中国金石研究上具有领风气之先的转向意义，刘节在此点上的阐发尤为清晰。同光时代之后，金石学著述在传统三端“礼家明其制度，小学正其文字，谱牒次其世谥”之外新增一节，“究其款式，绘其纹镂，较其度量，亦可自成一科，则古器物学也”，亦即将款式纹样的图录编纂界定为古器物学。其学科目的在于“图录之为用，不仅在考究古器之形制，尤以比类而求其纹镂演化之迹为治斯学者一新途径”，通过纹饰的研究，不仅可探求

〔135〕容庚：《武英殿彝器图录》自序，北平：哈佛燕京学社，1934年。

〔136〕容庚：《武英殿彝器图录》自序，北平：哈佛燕京学社，1934年。

“时代精神与夫方域殊特之气质”，“而求古昔之艺术作风及民俗习尚，其亲切尤在文字之上也”[137]。这种古器物学与滨田耕作和梅原末治倡导的以考古学方法研究中国青铜器的创举至少在表象上有共通之处。刘节认为，《宝蕴楼彝器图录》“其书摄影真切，为诸图录之冠。考释谨慎，其说又为治古史者所取资”，而《武英殿彝器图录》“较宝蕴楼所录体例尤精，每器皆特标纹镂拓墨之影以为式，用意与鄙说不谋而合，盖是书之成又为治彝器学者辟一新途径焉”。日据时期容庚编辑和刊印了藏于颐和园的南迁文物所余之精选。根据《颂斋自订年谱》，1939年10月“选编颐和园所藏南迁所余彝器20种为《西清彝器拾遗》”，1940年3月“自印《西清彝器拾遗》”[138]。这只是承《宝蕴楼彝器图录》和《武英殿彝器图录》余绪而已。

容庚编辑的私人收藏青铜器图录主要包括庐江刘体智善斋收藏和容庚自藏青铜器图录两种，后者又分为正续编。庐江刘体智（1879~1962）的金石收藏形成于20世纪初期，规模庞大，福开森称其收藏可能为民国之最[139]，刘体智也自任“所得远逾前人”[140]。善斋延聘鲍鼎（1898~1973）帮助编辑《善斋吉金录》，“绘其形制，拓其文字，记其度数，次为十录，付之影印，用质当世”，于1935年刊印[141]。1931年夏天，容庚得到机会接触了善斋的全部收藏，“尽出所藏鼎彝四五百事供影，兼旬而毕，复赠全形拓本三百余纸，整装归来，不啻贫儿暴富矣”[142]。1935年秋天，容庚在数年前拍摄的善斋青铜器照片中挑选175器，编辑而成《善斋彝器图录》。此事与《颂斋自订年谱》中的记录年代略有出入，1936年有“1月编纂《善斋彝器图录》，3月毕，5月由学校印成”。容庚亦活跃在北平的古物市场上，建立了颂斋金石收藏。容庚曾经自编图录正续两种。根据《颂斋自订年谱》，1933年2月“编纂《颂斋吉金图录》，八月印成”。1938年7月，“编纂《颂斋吉金续录》”。但是后条可能为误记，因

---

[137] 刘节：《武英殿彝器图录》序，北平：哈佛燕京学社，1934年。

[138] 该书名义上列为“考古学社专集第二十种”，刊印时间为1940年2月，但此时考古学社已经停止活动数年了。

[139] 福开森：《历代著录吉金目》，上海：商务印书馆，1939年。

[140] 刘体智：《善斋吉金录》自序，上海，1935年，第1页。

[141] 刘体智：《善斋吉金录》自序，上海，1935年，第1页。

[142] 容庚：《善斋彝器图录》序，北平：哈佛燕京学社，1936年。

《颂斋吉金续录》列入考古学社专集第十四种，于1936年年底刊行。

《海外吉金图录》是中国金石学人整理流散海外中国青铜器的最早尝试，虽然多取材于《泉屋清赏》正续编，但其立意和地位却近同于《欧米蒐储支那古铜精华》。如前文述及，《海外吉金图录》是国运和学术双重之痛下，欲与《欧米蒐储支那古铜精华》争雄的产物。《海外吉金图录》是“未完成”稿，仅仅涉及日本一部，而且容庚几无目验海外中国青铜器收藏的可能，因此只能以基于图录的图录形式示人，尽管如此仍不掩其筚路蓝缕的开创之功。不知出于何种原因，《海外吉金图录》的编辑未见于《颂斋自订年谱》，但1935年5月记“《海外吉金图录》印成”。1936年4月28日记“与刘节宴请梅原末治”，是时正是梅原末治为《河南安阳遗宝》的写作访问中国之际。《海外吉金图录》表现出容庚其他图录不见的器物分类思想，将诸器按照烹饪器及食器、酒器、用器、乐器、汉以后器进行初步分类。这个分类方法显示出金石学传统和滨田耕作传统的交错影响，三代与汉的区分源自金石学，但三代铜器按照功能区分为烹饪器、食器、酒器和乐器是滨田耕作考古学方法的影响。只是容庚单独列出用器一类，除甗一虎符一杯一外，以壶、匜、盉居多，基于何种理念已不可知晓。

如果综观30年代容庚编辑的七种图录，编辑方法上的组合关系颇值玩味。除了上述按照藏家分类外，从编辑方式上看，《善斋彝器图录》和《海外吉金图录》以外的五种图录都是实物目验的结果，而这两种均为图像的重新编辑，而且在编辑时间上两者较为接近，均在1934~1935年间。从体例上看，几乎全部七种图录都遵循“古器物学”的图录编辑体例，但是《海外吉金图录》表现的器物分类思想是其他诸种图录所不具备的，其分类方法可能来自作为竞争对象和知识源地的日本。

1934年成立的考古学社或许只是“抢注”考古学。考古学社的创始成员们并没有任何知识基础，也没有准备，而且仓促间自“金石”易名为“考古”。但如果摆脱“考古”一词的束缚，则考古学社是早已出现的“颂斋之会”等文人雅聚的延续。考古学社成立的更直接的动因是“爰集同好”和出版图书，而考古学社的核心人物容庚此前后的著述恰揭示出考古学社的一条隐性线索。金石收藏的瓦解和外流给古物学人带来国运和学术的双重痛楚，但是滨田耕作通过《增订泉屋清赏》倡导的以考古学方法研究中国青铜器的取向又给金石学人带来了学术自新的希望。考古学社的古物学人群体并无意于向田野考古学倾斜，而更强调如何化自身为考古学的一支。这条线索构成了金石学的自新过程，甚至出现了试图与传统金石学划清界限的“古器物学”。更始料不及的是，考古学社学人表达的身份焦虑其实是对考古一元特征提出的质疑：考古学仅仅只是田野考古学吗？不过，由于过度固守金石学或者古器物学立场，考古学社学人们并未能揭示出近现代意义的考古学的多元性。

3.3.2 考古学社成员分析：早期中国“考古学家”的类型学分析

考古学社的成员分析提供了观察“考古学家”自称（emic）和他称（etic）定义的独特视角。《考古社刊》不仅是考古学社成员的主要发表渠道，而且由于兼有社员联络和社务通告的功能，逐年公布社员名单及著述，构成了分析1949年之前考古学群体行业、地域、学术旨趣和关联等的最佳材料。考古学家的厘定方式也就成为特定知识群体对考古学的理解方式。

虽然考古学社并未设定职业门槛，但是从成员成分看，考古学社基本是个学人团体。不过，考古学社也不排斥怀抱考古学兴趣的业余学者。从历次修订的章程上看，入社条件从未限定在职业学者范围之内，“凡赞同本社旨趣，经社员介绍者，皆得为本社社员”。社员的唯一义务是缴纳会费。自1934年开始，会费为每人2元，每年度不能续费的社员将会取消资格，这是资格异动的最主要原因。大多数社员按年缴纳，某些联络不便的社员甚至可能预缴多年会费，叶慈、明义士和程彬等都属此例。缴费成员名单公布在《考古社刊》上，第一年度的考古学社社员名单分两批刊布，第一期58人，第二期26人，合为84人。第二年度的考古学社会员名单分别在第三期和第四期上刊布，其中第三期89人，第四期15人，合为104人，较前一年略有增加。第三年度的考古学社社员名单分别在第五期和第六期上刊布，第五期134人，第六期7人，合为141人。按照容庚的理解，考古学社主要招收三种成员，“一对于考古有相当之成绩者。二对于考古有相当兴趣，而致力他种学问，可为吾人之助者。三对于考古有相当兴趣，相当研究，而可以深造者”[143]。按照这种三分法，事业有成的金石学家，相关学科的学者和未来的学术人才是考古学社的主要成员。依据这个标准，则首批社员之中，徐鸿宝、明义士、唐兰、徐炳昶、容庚、于省吾、董作

---

[143] 容庚：《考古学社之成立与愿望》，《考古社刊》第1期，1934年。

宾、郑师许、何士骥、闻宥、刘节、商承祚、容媛、梁思永、赵万里等当属第一类社员，杨树达、孟桂良、刘文兴、顾廷龙、柯昌泗等属于第二类，戴藩豫、周一良、王振铎甚至孙海波则属于第三类。 但是，三类人员应只是笼统区分。 前两种人员之间的“考古”与“他种学问”的区分并无明确说明，而第三类仅指入社之时尚属研究生或者毕业不久的学生，但是如孙海波，时年二十五岁，自北平师范大学毕业，但已经著有《甲骨文编》、《甲骨释文》、《卜辞小记》和《古文声系》等多种著述。 虽然容庚所列三种社员均系职业人士，考古学社也接纳那些原本并非从事考古学工作，可能仅仅具备考古学兴趣的人士。 第二年的会员中包括了南洋兄弟烟草公司伙计金致淇、上海工部局华人教育处秘书潘抑强、中央研究院会计助理程彬和广州律师陈大年等，都属于对考古学有兴趣的非学术成员，他们大多有著述，陈大年有在印的《古玉图说》，而潘抑强则曾经参加江南一带最早的考古调查，著有《古奄城考》[144]。

考古学社社员大多来自大学和图书馆，尤其以大学教授占据了绝大部分比例。 第一期会员基本出自北京大学、清华大学、燕京大学、北平师范大学、辅仁大学、齐鲁大学、上海交通大学、武汉大学等大学。 大学之外，董作宾、徐中舒和梁思永来自中研院史语所，沈兼士、徐森玉、邵锐和庄尚严来自故宫博物院，胡鸣盛、刘节、谢国桢和孟桂良来自北平图书馆。 数位社员来自河南，包括河南通志馆蒋帆，河南博物馆关百益和许敬参，均与自新郑以来河南古物的发现相关，而且他们的入会也与孙海波在河南的活动有关。 第一期社员中，张希鲁是值得关注的特例，他来自云南昭通民众教育馆，仅在此时旅居北平。 从第一期名单判断，任职于各个大学和中研院的学人均属第一类社员，也是考古学社的内核成员。 第二个年度有顾颉刚、叶恭绰等加入到考古学社，第三年度又有简经纶、杨立德、钱萃衡、宗白华等加入，新加入的社员以职业学者为主体。

从地域分布上看，平津及华北的学者占绝大部分。 考古学社社员来自北平、河北、河南、山东、湖北、南京、上海、广东、云南等地，成员的广泛代表性是其他学术团体所远不能企及的。 因此，考古学社在北平之外采取了联络员制。 1936 年，南京的社员渐多，故以商承祚为南京联络员[145]。 郑师许长期担

---

[144] 《考古学社第二期社员名录》，《考古社刊》第 3 期，1935 年。

[145] 《社讯六》，《考古社刊》第 5 期，1936 年。

任驻沪通讯员，1936 年迁粤后改为驻粤通讯员[146]。

从成员的学术渊源上看，考古学社内具有田野考古学经验的学人并不多。中央研究院梁思永、北平研究院徐旭生和何士骥、上海博物馆胡肇椿、昭通民众教育馆张希鲁是少有具有田野发掘经验的学人。除梁思永以外的其他安阳考古学家们基本没有加入考古学社，梁思永从未在《考古社刊》上撰写任何文字。另一位与考古学社多位成员关系密切，且具有田野发掘经验的学人卫聚贤也没有加入。

作为一个松散的学术组织，考古学社的经济问题一直困扰着容庚，这也最终导致一个特殊成员的出现。作为发起人，容庚最初担任考古学社常务委员，实际上行会长之责，起初以编辑考古学社社刊为要务，但随着社刊的转型，考古学社最重要的经济压力——经费问题成为最困扰容庚的问题。虽然考古学社得到了燕京大学一定程度的支持，社刊的承印方就是属于哈佛燕京学社的“引得校印所”[147]，但是这无法解决根本问题。最终由于叶恭绰捐赠了大笔印刷费，考古学社因而修改章程，设立社长之位，推选叶恭绰担任社长[148]。

考古学社的成员分析显示出明确的非田野倾向，以大学教授、图书馆和通志馆学人等为主体的学术团体基本与田野考古学绝缘。作为松散的学人组织，考古学社在各地的网络实依赖于核心成员和联络员，而这种任意性也无助于开展耗时长久的田野调查和发掘。同样，由于脱胎于文人雅聚，考古学社一直未能得到稳定的经济支持，这也注定它不可能成为花费甚巨的田野考古活动的组织者。

3.3.3 未遂的转型

考古学社创立之初，刘节提出考古学社亟待着手做三项工作[149]。由于刘节属创社时期的核心成员，长期协助容庚承担考古学社的组织和编辑工作，因此刘节的主张至少代表了核心成员的共识。刘节所指三项工作分别是：第一，现场调查各地的发掘工程；第二，建立学社的年度学术会议计划；第三，联合图书

[146] 《社讯八》，《考古社刊》第 5 期，1936 年。

[147] 《社讯五》，《考古社刊》第 4 期，1936 年。

[148] 《社讯四》，《考古社刊》第 4 期，1936 年。

[149] 刘节：《考古学社之使命》，《考古社刊》第 2 期，1935 年。

馆、博物馆等机构组织“中国金石学展览会”。对于考古学社而言，这三项动议都不是横空出世，而是已有先期基础，并且在30年代的中国学术界中也有相应的基础和环境。对于考古学社的核心成员而言，考古旅行团、学术集会和展览已经是他们的知识生活中的习见现象，刘节的提议只是将少数学人的小群体活动推广到更广的范畴，以期成就新的学术风气，而这种转变也是新的“考古”风气形成的关键。不过，实践却显示，这一扩大化转型并未成功。

刘节的“考古旅行团”设想直接承继了容庚早在数年前即已开展的燕京大学考古旅行团。刘节提出“发起组织旅行团，考察南北各地的考古工作，作友谊的批评与报告”〔150〕。在此之前，以容庚、顾颉刚为核心的燕京大学考古旅行团已经成为北平知识界的一个重要团体。1931年，容庚和顾颉刚发起组成燕京大学考古旅行团，计划在河北、河南、山东和山西开展访古活动。虽然他们都有考古兴趣，但是“访古”仍然是古物学甚至是传统文本历史学情境下的调查。“本校国学研究所久有调查古迹之议，诚以近年天灾人祸纷至叠乘，不知有若干古迹已被摧毁，亟当调查情形，筹一保存方案，以备政府之采择”〔151〕。1931年4月，容庚、顾颉刚、洪业、吴文藻、郑德坤和林悦明等组成考古旅行团，自北平出发，沿平汉铁路南下，先后调查了正定、邯郸和大名等地，在安阳参观了史语所的安阳第四季发掘，然后在郑州转陇海铁路前往洛阳。洪业和吴文藻先期返回北平，而容庚在洛阳为燕京大学购买了部分汉砖和唐代墓志，顾颉刚和林悦明前往西安参观。众人在开封会合之后，转由津浦铁路经嘉祥、曲阜和济南返回北平。此次调查全程近两月。容庚记录此次调查“与顾颉刚、洪煨莲、吴文藻、郑德坤、林悦明等人作冀豫鲁三省之考古考察”〔152〕。

1933年4月，容庚又以哈佛燕京学社的名义组织了第二次考古旅行，此次旅行以正定隆兴寺为调查对象。“本校考古旅行团曾于前年旅行至其地，观其残

---

〔150〕 刘节：《考古学社之使命》，《考古社刊》第2期，1935年。

〔151〕 余逊、容媛：《二十年（一月至六月）国内学术消息》，《燕京学报》第9期，1931年。

〔152〕 容庚：《颂斋自订年谱》，收录于曾宪通：《容庚文集》，广州：中山大学出版社，2004年。顾颉刚日记中，1931年4月3日~5月29日逐日记录了此次调查。参见顾颉刚：《顾颉刚日记》第2卷，台北：联经出版事业有限公司，2007年，第514~532页。

毁，愀然伤心。虑名迹之不可终保，故于今年春假续集第二次之旅行团，莅临考察，历时一星期。举凡摄影、测量、拓碑及考察寺史、佛名、金石遗迹诸工作，均一一为之”〔153〕。此次参与者计有容庚、博晨光、刘兆蕙、顾颉刚、许地山、顾廷龙、雷洁琼、容媛等14人〔154〕。同年5月，容庚、洪业等调查云冈石窟。次年4月，容庚、博晨光、刘兆蕙等作秦洛之旅。“8月8日，与郑振铎、顾颉刚、雷洁琼、吴文藻夫妇作包绥及百灵庙之游”〔155〕。由此可见，考古之旅在考古学社成立之前已经成为北平学术圈，尤其是燕京大学学人的例常活动。不过，同时需要注意的是，此类考古旅行团是兼具休憩性质的不同学科学人组织的文人雅聚活动，多是围绕一地或者一条线索的旅行，考察范畴以古迹和风土为主，多次组团都无任何有考古学田野经验的学人参加，也很少涉及需要专门训练的田野考古学调查。因此，所选取的地点多是地面上有明显遗迹现象的“古迹”，并不能将其等同视为近现代田野学科的踏查（survey），而仍应该归属为传统的文人游历式调查。即使如此，1935年之后反而不见此类考古旅行团活动，这与容庚忙于他事有关，也说明此类活动其实基本没有逾出燕京大学范围。

学术年会之议则是“颂斋之会”的进一步规范化。刘节希望能够“决定本社年会的日期，到期社员提出论文，交换考古学上与古器物学上的新得知识”。此前的文人雅聚尚无学术会议设想和论文要求，1934~1936年考古学社的确维持了年会制度，不过并非学术会议。1934年，“九月一日在北平大美餐馆开成立大会，会员到者三十五人”，仅有社刊征稿之议〔156〕。1935年，“九月二十九日在北平东单福生食堂开第二次年会，社员到者二十人”。此次年会仓促到来不及改选执行委员，更遑论研讨论文了〔157〕。1936年仅见年会公告，“于九月

---

〔153〕容媛：《二十二年（一月至六月）国内学术消息》，《燕京学报》第13期，1933年。

〔154〕顾颉刚1933年4月2日~10日日记记录了此次调查，见顾颉刚：《顾颉刚日记》第3卷，台北：联经出版事业有限公司，2007年，第30~33页。

〔155〕容庚：《颂斋自订年谱》，收录于曾宪通：《容庚文集》，广州：中山大学出版社，2004年。顾颉刚1934年8月8日~18日记录了此次调查，见顾颉刚：《顾颉刚日记》第3卷，台北：联经出版事业有限公司，2007年，第221~226页。

〔156〕《社务纪要》，《考古社刊》第1期，1934年。

〔157〕《社讯二》，《考古社刊》第3期，1935年。

五日下午五时在北平西单商场半亩园番菜馆开第三次年会并聚餐”[158]。由此可见，学术会议之制远未落实，不过，社员提交论文的学术化目标大体实现，但这主要与《考古社刊》的转型相关。

“中国金石学展览会”对于考古学社而言是一项新动议，但如果将其放置在近代中国展览史上予以观察，则是情理之中的发展。与刘节之议密切相关的分别是1929年的西湖博览会和1935年的伦敦中国艺术展。前者构成了刘节之议的先导，而后者则分散了考古学社在筹办金石展览上的力量。1934年，国民政府行政院决定以故宫博物院为主导，组织伦敦中国艺术展。容庚入选专门委员会，负责遴选参展文物。《颂斋自订年谱》记，“（1934年）11月4日至团城开伦敦中国艺术国际展览会”，“10月30日教育部聘为伦敦中国艺术国际展览会筹备委员会专门委员”[159]。1935年4~5月，参展展品在上海外滩中国银行进行预展，随后运抵伦敦，于1935年11月28日~1936年3月7日在皇家艺术学院展出[160]。这是战前乃至1949年之前，中国古代艺术在海外的最大一次展览。容庚为伦敦艺展颇费精力，《颂斋自订年谱》记，“（1934年）12月教育部长来函约赴济南、开封等地选取铜器并赴南京”，次年年初，“1月14日至28日，为伦敦展览会事，与唐兰赴南京、安庆、芜湖、上海、杭州、济南”[161]。因此，考古学社筹办展览事多由刘节张罗。考古学社与刘节供职的北平图书馆合作筹办金石展览会，计划展出金石古物样本、拓片、书籍、金石家书画、考古学社的著述和书画。计划展览时期为1936年1月第一周[162]。11月20日，容庚、于省吾、柯昌泗和刘节代表考古学社宴请马衡、卓定谋、徐鸿宝、徐炳昶、孙壮、赵万里、谢国桢、魏建功、周进和邵锐等并讨论展览会事宜，议定将主题

---

[158] 《社务纪要》，《考古社刊》第3期，1935年。

[159] 容庚：《颂斋自订年谱》，收录于曾宪通：《容庚文集》，广州：中山大学出版社，2004年。

[160] 伦敦中国艺术国际展览会筹备委员会：《参加伦敦中国艺术国际展览会出品图说》，上海：商务印书馆，1936年；*Catalogue of the International Exhibition of Chinese Art*. London: Royal Academy of Arts, 1935.

[161] 容庚：《颂斋自订年谱》，收录于曾宪通：《容庚文集》，广州：中山大学出版社，2004年。

[162] 《社务纪要》，《考古社刊》第3期，1935年。

改为"以字体变迁为主"，采用以实物和拓片相结合的展览方式[163]。此计划随后突遭变故，以时局原因宣布停办[164]。考古学社再未重提展览事宜。

以考古学社集体名义的转型活动仅有上述三项。但是，由于各种原因基本落空，每年秋季虽有考古学社年会，但从未转型成为学术会议。原有可能演变为田野考古性质的调查从未纳入到考古学社的计划之中，以容庚为核心的考古旅行团活动在 1935 年之后也不复得见。真正着手准备的仅有金石展览会一项，但也因时局原因作罢。未列入刘节的三项动议，但是作为学术年会自然延伸的《考古社刊》反而维持了稳定的编辑和出版，成为维系考古学社的关键。

3.3.4 从金石雅好向职业考古的嬗变：以《考古社刊》为中心

《考古社刊》不仅仅实现了联络社员的预定目标，而且因其学术期刊化，成为抗战之前中国学术界形成和表达考古学共识的主要渠道。对《考古社刊》的个案观察可以揭示与田野考古平行的其他"考古"观念的具体内涵和表达方式。

《考古社刊》共计出版六期，因受到 1937 年日本全面侵华战争影响而无以为继。在遭遇最终的厄运之前，《考古社刊》维持了半年出版一期的出版频率，属于 1949 年之前出版周期最稳定的考古学期刊之一。1934 年 12 月出版第一期，次年 6 月出版第二期，12 月出版第三期，前三期皆由容庚和刘节组稿。1936 年 6 月出版第四期，由刘节主编；12 月出版第五期，由于省吾主编；1937 年 6 月出版第六期，由唐兰主编。至考古学社突遭时局变故而中止时，孙海波主编的第七期已经在编稿过程之中。在连续出版的稳定性表象之下，《考古社刊》经历了重大变迁。首先是期刊性质的变迁。社刊之议最早见于 1934 年夏天金石学会发起之时，但是，按照创社成员的想法，社刊仅仅是通讯（newsletter），"原分著作计划、通讯讨论、考古及出版消息、社务报告、社员题名等项，不取学术论文"[165]，可见最初设计的社刊仅服务于社员的内部联络。但是，考古学社迅速成为早期中国考古学的重镇，无论在学术界还是公共领域都引起了强烈反响，形势之变也改变了社刊的编辑方针。"第一期出版，过于空泛，自视欿

[163]《社讯二》，《考古社刊》第 3 期，1935 年。

[164]《社讯二》，《考古社刊》第 3 期，1935 年。

[165]《本社启事》，《考古社刊》第 2 期，1935 年。

然。且图书馆间有订阅者，不欲以家人之闲谈，与国人以共见”[166]。因此从第二期开始转向，第三期就基本形成学术期刊（journal）格局。在修改后的《章程》之中，社刊内容“分论文、传记、通讯讨论、社员题名、出版消息、社务报告等项”[167]。由于重要原创论文增加，社刊的学术价值激增，一直维持到休刊之时。其次，社刊的印制规模也发生了剧变。因为原本设计的功能不过是承担社内通讯功能，因此早期社刊采用小开本，约70余页码。第二期向学术期刊转型时，编辑曾经考虑过采用大开本，但可能受制于经济原因，不得不维持旧有开本规模[168]。不过，页码却逐期激增。第一期和第二期均为70余页，第三期就激增至260页，第四期进一步增加到380页，第五和第六期也维持在这个水准上。《考古社刊》的印量从500册上升到1000册。对于稿件的激增，编辑起初仍然表示，“足征社员对于社刊之信任，尚祈继续不懈，毋使顿减”[169]，但是到第四期时不得不宣布“自第五期起，篇幅尚须酌减”[170]。最后，社刊印制规模的变化最直接地影响了财务收支情况上。从历次公布的财务收支上看，考古学社最大的收入是会员会费，而最大的支出是社刊印制费，两者之间形成的亏空越来越大，导致经济问题成为维系考古学社的最大问题。前两期社刊的印费分别是37元和50元，而缴纳的会员费支付印费之后还略有盈余。但是，第三期的印刷费增至170元，前两期的结余几乎全部用于填补此期印刷费的亏空。第四、五、六期的印刷费都在300元以上，虽然《考古社刊》的销售也有所增长，但是仍然形成巨大的亏空。而社刊对于考古学社而言实为灵魂。社刊第二期《本社启事》称，“本社所恃以联络感情，互通消息者，厥惟社刊；所恃以印行社刊者，厥惟社费。社费不交，则社刊不能出；社刊不能出，则本社瓦解”[171]。考古学社针对收支不平衡的状况只能采用两种办法，1936年8月根据于省吾的建议，在社员中征募维护费捐款，分十元和五元两等。第五期收到21人特捐共计

[166]《本社启事》，《考古社刊》第2期，1935年。
[167]《考古学社简章》，《考古社刊》第5期，1936年。
[168]《社讯纪要》，《社讯二》，《考古社刊》第3期，1935年。
[169]《社讯三》，《考古社刊》第3期，1935年。
[170]《社讯五》，《考古社刊》第4期，1936年。
[171]《本社启事》，《考古社刊》第2期，1935年。

153元[172]。到第六期时仅有吴三立特捐5元[173]。事实上，于省吾提议并非初次提出，在此之前考古学社已经收到徐中舒、柯昌泗、周进、胡鸣盛、于省吾、徐鸿宝等人的捐款[174]。不过捐款数量并不足以填补收支空缺。另一方面，叶恭绰自第四期开始，每期捐赠印刷费200元，直至最后一期。叶恭绰的资助在很大的程度上维持了《考古社刊》和考古学社的运转。因此，1936年4月12日，考古学社修正《社章》，设立社长一名，以“计划本社一切进行事宜，并筹募本社必需经费”为责任，并推举叶恭绰出任社长作为回报。

相对于学社组织结构、人事，社刊发稿范畴、篇幅和经费上的变化而言，《考古社刊》的内容格局在第三期形成定局之后，一直维持到休刊。《考古社刊》呈现为新旧交织的局面，旧学试图延续和变革，新学则在安阳之外努力另辟新径。这种包容旧学，追求多元的新学传统也是考古学社模棱两可地位的折射。基于容庚和于省吾、唐兰、刘节等多位创社成员的学术兴趣，金石之学占据了《考古社刊》超出半数的比重。第一期杜镇球、戴蕃豫、于省吾，第二期杨树达、容庚，第三期于省吾、孙海波、许敬参、杨寿祺、邵子风、罗福颐、董作宾，第四期唐兰、董作宾、孙海波、于省吾、陈梦家、柯昌泗，第五期杨树达、陈梦家、戴蕃豫、孙海波、于省吾、杨寿祺等均属此类。《考古社刊》收录的金石学论文悉数为最传统的文字释义和款识题跋，未显示出任何趋新之变。因此，《考古社刊》的“新学”没有表现为旧学革命，而是以整体的新学面貌示人。创刊号即有郑师许《通俗考古学丛书编辑计划》，甚至唐兰的《理想中之商周古器物著录表》也表现出与传统金石著录方式不同的编辑思想，其进一步发展最终反映在1935年伦敦中国艺术展的青铜器分类编辑上[175]。考古学社在引进新学术上也具有明显的特征。《考古社刊》第二期中，郑师许撰写日本考古学的介绍。第三期继续发表了郑师许的《印度考古学发达史》。第四期中，刘

---

[172] 《收支报告》，《考古社刊》第5期，1936年。

[173] 《收支报告》，《考古社刊》第6期，1937年。

[174] 《财务纪要》，《考古社刊》第1期，1934年；《收支报告》，《考古社刊》第4期，1936年。

[175] 唐兰：《参加伦敦中国艺术国际展览会出品图说》第1册《铜器》，上海：商务印书馆，1936年。

叔扬翻译了高本汉的驫羌钟论文，张荫麟翻译了卡尔伯克关于楚式镜的论文，陈钟凡摘要发表了为岑家梧《图腾艺术史》一书写作的序言。第五期中，孙作云翻译了驹井和爱的马面研究，岑家梧介绍了史前考古。第六期中，刘厚滋翻译了梅原末治的漆器论文，丁士选介绍了滨田耕作和梅原末治。可见引进西学是考古学社和《考古社刊》的主要兴趣，但是在具体的引进渠道和方式上，表现出强烈的师法日本倾向，胡肇椿、郑师许、丁士选、孙作云等推动尤力；事实上，日本的中国考古学研究学人自20年代开始就与北平学术圈维系了良好的互动关系，也增进了考古学社对日本学术的了解。译文之中另包括高本汉和卡尔伯克的研究，前者是30年代初期金石器物之学对驫氏编钟热烈讨论的一部分，后者则与高本汉界定“淮式青铜器”和梅原末治界定“战国式铜器”相关，这揭示出考古学社引介新学上的另一个倾向，即青睐具有汉学倾向的考古学研究，或可暗示其金石学本位。

3.3.5 “考古学的牧师”：以郑师许为例

郑师许（1897~1952）对中国考古学的早期进程具有独特的贡献，但是迄今仍未得到正视，甚至几被遗忘。郑师许系广东东莞人，毕业于金陵大学，先后执教于国立交通大学、暨南大学、大夏大学和中山大学等，20世纪30年代中期接受主掌上海市博物馆的胡肇椿之邀，曾出任上海市博物馆筹备委员兼艺术考古部主任。郑师许几被考古学史遗忘实事出有因。首先，郑师许从未接受过考古学专业训练，也没有田野发掘经验，尽管他是上海市博物馆的创始学人之一，也是容庚主持的考古学社的核心成员之一，曾经先后担任考古学社驻沪和驻粤联络人，但是他既不拥有机构创设或者改造之功，这些机构也没有赋予他发现晚近被追认的重要遗址的田野机会，这些都导致具有实证主义倾向的考古学不易接受他。其次，郑师许在学术基础和倾向上显著有别于同样不具有田野经验，但脱胎于文字学或者金石学的古器物学学人。郑师许全然没有对小学的预置倾向，相反他的考古学工作深受在其学术生涯中占据更重要地位的中西交通交流史研究的影响，他的近代史学框架和更广阔的视野在同时期学人中是极为罕见的。这导致具有古器物学或者金石学倾向的考古学也遗漏了郑师许。最后，郑师许的考古学研究仅仅维持了短暂的八年时间，对其超然地位起到推波助澜的作用。郑师许的考古学研究集中于1928~1936年旅沪时期，1936年受聘于广东勷勤大学南归之后，研究重点完全偏向中西交通交流史，不再有任何考古学著述面世。从郑师许著述年表看，他对中西交通史的兴趣起步早于考古学，维持时间也更长，换言之，考古学对于郑师许而言恐仅为学术“副业”。而且，郑师许于旅沪时期投身于考古学研究应是受到在沪职业和学术交往的影响，其中来自胡肇椿的影响尤其强烈。不过，1936 年南归后他也就彻底游离在考古学群体之外了。

但是，通过为数不多的学术文字，郑师许几乎以一己之力，整体性地倡导了一种既不同于安阳的田野考古学，又不同于考古学社其他核心成员——如刘节代表的融入考古学的古器物学的考古学类型。1949 年之前的中国考古学中，郑师许标志了几个高峰。首先，郑师许与胡肇椿合译了瑞典考古学家蒙特柳斯的名作《考古学研究法》，确立了中国考古学中追溯类型学的标准文本。其次，他是最早系统地介绍海外考古学进展的作者之一。再次，在上海市博物馆期间，由于工作之便，郑师许出版了多种博物馆收藏的著述，其中尤以铜鼓、漆器和古钱为著，足以创立一种不同于古器物学的以器物为中心，具有艺术史倾向的写作方式。最后，郑师许是同时代罕见地关注考古学普及等公共考古学问题的考古学人之一。郑师许在上述每个方面都具有独到性贡献，因此构成在梳理 1949 年之前的中国考古学遗产上不可回避的环节。

考古学史上的郑师许仅仅能够通过有限的发表文字予以评估。郑师许在铜鼓研究和考古学理论译介上的贡献将在随后章节中详加讨论，本节集中讨论郑师许发表在《考古社刊》上的诸篇文字以及未包含在其他讨论之中的著述。郑师许是《考古社刊》最积极的作者之一，刊布在《考古社刊》上的论文计有第一期的《通俗考古学丛书编辑计画》、第二期的《日本考古学界最近之概况》、第三期的《印度考古学发达史》、第四期的《为上海市博物馆接收晴韵馆收藏古钱小记》、第五期的《考古学与乡村政治》，共计五篇，恰与其居沪经历相吻合。据《考古社刊》第一期“社员著作一览表”，郑师许的主要著述计有开明书局版《高中本国史》教材一种，未刊稿《中国目录学概要》和《考古学论丛》。另有论文《近三十年来中国治文字学者的派别及其方法》、《殷周吉金彝器之辨伪方法论》、《日本考古学之过去与将来》和《前汉时代海上交通考》。郑师许的器物学研究未刊于《考古社刊》，而是以单行本纳入到上海市博物馆丛书，计有《铜鼓考略》和《漆器考》两种。综合上述多篇文字，可见郑师许在考古学上的研究和写作兴趣分布在几个侧面，包括海外考古学的借鉴、考古学范式下的器物研究和公共考古学。

1949年之前中国考古学知晓海外考古学历史和进展的机会极其受限。研究中国考古学和艺术史的海外学人，如伯希和、顾立雅、安特生、卡尔伯克、高本汉、滨田耕作、梅原末治等，充当了桥梁作用之外，中国学人也选择性介绍了海外考古学的进展。中国考古学人罕有在海外参与考古发掘的记录，更无专门从事海外考古学研究的。正如任何国家的世界史研究在一定程度上都是本国的世界交往史研究一样，中国考古学对域外考古学的介绍很大程度上集中在域外汉学或者中国考古学研究，很少涉及独立于中国考古学或者仅仅在方法和理论上具有借鉴意义的海外考古学。无论中西学人，对海外考古学进展的介绍既不全面，也不及时，都是高度选择性传播的产物。郑师许曾在《考古社刊》上两次撰文分别介绍日本和印度的考古学，属于最早向中国考古学人介绍海外考古学的案例，尤其是印度考古学，向为中国学术界所不知。然而，郑师许的奠基性工作并没构成统一的系列，换言之，他对日本和印度考古学的介绍并无统一的主旨，选择理由和契机都不尽相同，对中国考古学的价值也不一样。因此，郑师许对日本和印度考古学的介绍需要分别在不同的情境下阐释：日本考古学曾经被当成中国考古学仿效的样板，在概念和方法上具有法则价值，郑师许以师事心态介绍日本考古学；而介绍印度考古学则是偶然行为，应该被视为郑师许的中西交通交流史研究的副产品。郑师许对日本考古学的介绍以刊于《考古社刊》第二期的《日本考古学界最近之概况》和列入日本研究会小丛书出版的单行本《日本考古学之过去与现在》自成体系，前者是后者的续篇。在《日本考古学界最近之概况》中，郑师许原本计划比照《日本考古学之过去与现在》排列十余个日本考古学研究专题，但是终定稿仅详细介绍了日本最早的人种、日本是否存在旧石器时代、日本最新的考古发掘和中国铜器研究上的日本学人的新工作等四个方面。虽是日本考古学工作的编年式追溯，但也透露出郑师许在搜罗资料上出乎意料的完备程度。因为纳入概况介绍的诸专题文献分布范围甚广，如日本最早的人类属性之争上，重要的论文分别出现在《东京人类学会杂志》以及《京都大学考古教研室研究报告》，而在日本学人在海外的工作上，如旅顺营城子、吉林顾乡屯、旅顺羊头洼、渤海上京龙泉府遗址等地的发掘，则多以单独的考古报告出版。“师法日本”的想法显然深植于郑师许的观念之中，在中日学人近同的研究范畴下，他尤为关注不同的作业思路的比较。如分析日本学人在中国铜器的研究上，郑师许并不太艳羡自滨田耕作到梅原末治的大型图录编辑，“……著录、拓印与我国无二”，“然其窠臼，仍是我国”。但是他却敏锐地提出，《东方学报》前五册上梅原末治、水野清一、长广敏雄等人的论著显示出的新趋势，“大多拈出一个小的问题，就其范围内将各种著录为分析综合的研究，以求彻底的整理。甚至有欲就这种研究以窥测我国古代文化的实际者”[176]。早期日本的开创性学者多着眼于中国铜器的社会历史、艺术风格甚至化学分析，郑师许誉之为“确已出乎我们的款识考释、器形审定的老把戏之外。这是我国学人所应当知道的”[177]。郑师许对日本的中国青铜器研究的青睐也潜移默化地影响了写作，至少在铜鼓和漆器的研究上开始尝试学习日本视角，这是同时期的器物研究所不见的。

对世界考古学具有重要方法论范式意义的印度考古学特指 1944~1947 年由惠勒出任印度考古调查局总监期间的印度考古学。在此之前的印度考古学虽然有摩亨佐达罗和哈拉帕的重要发现，但是作为学科的考古学在学科方法和规程上极度落后，马歇尔（Sir John Marshall，1876~1958）退休之后的印度考古学被称为“盲人导盲”（the blind leads the blind）的时代[178]。因此，郑师许对印度考古学介绍断不是出自“师事印度”的初衷，细审才发现此篇乃是他的中西交通史研究的边角材料。通篇分成佛教考古遗迹、史前时代遗迹和摩亨佐达罗三个部分，仅介绍材料而已，因此价值上无法与其对日本考古学的介绍相提并论。

郑师许的器物研究显示出既不同于“专论器物”的史语所传统，也不同于具有小学倾向的金石学传统，构成了 1949 年之前独特的写作传统。在器物研究上，郑师许至少有《铜鼓考略》和《漆器考》两种，均收入上海市博物馆丛书。《铜鼓考略》将在随后章节中详细讨论。《漆器考》属近现代漆器研究的发轫之作。与《铜鼓考略》不同的是，此时的上海市博物馆并无漆器样本可供公

---

[176] 郑师许：《日本考古学界最近之概况》，《考古社刊》第 2 期，1935 年。

[177] 郑师许：《日本考古学界最近之概况》，《考古社刊》第 2 期，1935 年。

[178] Woolley L. A Report on the Work of the Archaeological Survey of India. *Harappan Studies*, 1993 [1939], (1): 17-56; Chadha A. Visions of Discipline: Sir Mortimer Wheeler and the Archaeological Method in India (1944 ~ 1948). *Journal of Social Archaeology*, 2002, 2 (3): 381-382.

布，因此郑师许的漆器研究只能以漆器史的形式写作，其价值止步于资料辑录。《漆器考》清晰地显示出日本影响，表现在两个方面，其一是此前郭沫若、郑师许等人揭示的“由物及史”的作业取向，另一则是材料上吸纳了甫经公布的朝鲜总督府组织的乐浪汉墓的发掘所揭示的漆器资料。后者构成了《漆器考》在资料上唯一胜于前人之处。乐浪汉墓漆器主要见于日本考古学人关野贞的《朝鲜总督府古迹调查特别报告》第一、二、四册中揭示的乐浪汉冢，包括1925年由黑板胜美、田泽金吾、小泉显夫、原田淑人发掘的王盱墓和1932年由小场恒吉、榧本龟次郎、藤田亮策、梅原末治等发掘的王光墓，以及其他出土了完整漆器资料的汉墓。

公共考古学是现代追认的名称[179]。郑师许没有使用这个术语，但是在公共考古学的几个领域都有独到建树。在通俗考古学文献的规划上，郑师许率先提出了最早的计划。通俗考古学丛书的编辑计划从中国近现代意义的考古学出现以来就不断有学人提出，马衡曾经在《筹备考古学系之计划》中提及三项准备工作，其中第二项为“图书之供给”，马衡初步拟定的考古学丛书的最基本成分包括：考古学通论、考古学发掘法、考古学研究法、古器物之整理与陈列、考古学书目、考古学辞典。此外还有各种专门书类，“金石甲骨陶玉等专籍，或各地发掘之报告”[180]。马衡计划新旧参半，试图兼纳传统金石学内容和新近的田野考古学内容。而且，马衡计划主要针对培养职业考古学家，郑师许则着眼于在一般读者中普及考古学知识。此计划最初于1934年春天由郑师许和胡肇椿议定，原拟请容庚主持，但当年秋季考古学社成立后，被纳入到学社出版计划之中。郑师许以《通俗考古学丛书编辑计划》为题详细说明，他提出了从“古董”到“科学”的途径，所列丛书诸项包括：考古学讲话、考古学发掘法、古器物的整理与陈列、考古学书目、考古学辞典、在华外人考古记、考古闲话、安阳发掘小史。在此基础之上可拓展为分门别类的专著，郑师许列出有史石器、史前石器、铜器、兵器、镜鉴、玉器、陶器、钱币、东洋考古学和西洋考古学十种。可以看出，郑师许计划较马衡计划而言，更加集中在近现代意义的考古学上，有意识地摒弃金石学成分。而且为了顾及普通读者，郑师许计划增加了闲

---

〔179〕 徐坚：《公共考古学的两种范式》，待刊稿。

〔180〕 马衡：《筹备考古学系之计划》，《国立大学联合会月刊》第1卷第1号，1928年。

话和小史等成分。但是，郑师许计划未能在考古学社实现，直至1937年活动中止时，考古学社已经出版了《考古专书》和《考古丛书》甲乙编，但都集中在“古器物的整理与陈列”，甚至不少著述实际上更偏向于被郑师许扬弃的金石学乃至经学倾向。真正实现了郑师许期待的“通俗考古学”出版的是胡肇椿主持的上海市博物馆。胡肇椿的公共考古学观念在广州黄花考古学院即已表露无遗，他认为“宣传”是“迫及眉睫的任务”，其途径包括“考古学展览会”、“出版”和“演讲”三种〔181〕。在主持上海市博物馆期间，胡肇椿“因感提倡研究，以诱发高深兴趣亦为博物馆事业之要者”，同时为了提倡“民众智识之普遍”和“高深研究之策进”，编辑出版了《上海市博物馆丛书》，可算作中国博物馆事业中较早倡导博物馆的研究和教育的范例。上海市博物馆丛书分成博物馆学、历史、艺术和考古四个门类，出版品种多达十余种〔182〕。郑师许所著《铜鼓考略》和《漆器考》均在丙类。但是，即使是《上海市博物馆丛书》也未能持续下来，郑师许本人在此文之后两年就永久撤离了考古学研究。

《考古学与乡村政治》一文无论在考古学社，还是在1949年之前的中国考古学中都属异类。郑师许以日本、朝鲜、台湾和德国为范本，说明文物普查和文物保护意识的必要性。他呼吁，一方面通过基础调查，“一一记账，以便讲求保管之法”，每个县设“古物保管代办所”。另一方面则通过“中小学教员暑期讲习会”、民众教育馆的“博物馆部”等方式，达到“务使考古学普遍化，务使考古学成为乡村政治的动员”〔183〕。这是在官方颁布《古物保存法》之后，学者中最早予以回应的例子。郑师许的主张事实上与后世出现的官方主导的自上而下的公共考古学策略基本近同〔184〕。

郑师许在中国考古学史上占据了一个极其微妙甚至尴尬的位置。在30年代

〔181〕 胡肇椿：《考古学研究热潮中现在考古学者应取之态度与方法》，《考古学杂志》创刊号，1932年。

〔182〕 目前见诸出版的《上海市博物馆丛书》第一辑共计10种：甲类包括《博物馆学通论》、《古物之修复与保存》和《地方博物馆实施法》，乙类包括《顾绣考》和《上海棉布》，丙类包括《铜鼓考略》、《漆器考》和《古玉概说》，丁类包括《考古学研究法》和《考古发掘讲话》。

〔183〕 郑师许：《考古学与乡村政治》，《考古社刊》第5期，1936年。

〔184〕 Faulkner N. Archaeology from Below. *Public Archaeology*, 2002, 1 (1): 21-30.

非正统的考古学传统中，郑师许代表了既不同于安阳田野考古学传统，又不同于金石学和古器物学传统的更为微弱的一支。毋庸置疑的是，田野考古学并不是考古学的全部，而且从学术史发展轨迹看，郑师许自全球考古学视角观察中国考古学、深受日本“由物及史”观影响下的古器物研究和公共考古学方向理应有更大的空间和前景，但是，由于郑师许未能通过成功的奠基范例研究确立新的范式，他本人过早地离开考古学研究领域，而且后继乏人，与之声气相通的仅有胡肇椿等数人，也先后离开了考古学领域，导致这种传统半途而废。

在《考古学研究法》译者序中，郑师许以考古学的“牧师”自任，如果考虑到他在上述多个方面的先驱性贡献，以牧师布道比拟郑师许的引介之功倒是非常贴切的[185]。

3.4　理解考古学的多元景象

1949 年之前的中国考古学机构呈现出多元景象，云南博物馆、广州黄花考古学院和考古学社仅是其中三例，借以说明考古学理解的多元特征。田野考古学是否是复原历史记忆的必然途径？田野考古学是否仅有安阳模式？近现代意义的考古学是否仅仅指田野考古学？这些不同的声音曾经出现在 20 世纪上半叶，但是 20 世纪中期之后，对考古学的多元化理解基本消失了。

20 世纪初期就已经创办的云南博物馆由于地处“边缘”，在长期占主导地位的一元模式下没有得到足够的重视。对云南博物馆的复原不仅仅能补充此前未被重视的环节，而且可以揭示出考古学与历史记忆的关系。理论上，作为公共教育机制的公立博物馆是考古学预置的伙伴和支持者，但是在云南个案中，至迟到 20 年代中期，博物馆都没有和考古学联系在一起。云南的历史记忆糅杂了华夏与非华夏，近代与古代，如何界定云南的本土特质，如何延伸云南的历史深度，非华夏遗物究竟是晚近时期与华夏并存的蛮夷用器，还是早在华夏抵达之前就已经存在的土著文化，这一切皆无定论。多重一元论影响下的云南一时无法找到使用考古学的方式。

30 年代初期昙花一现的广州黄花考古学院发出了不同于安阳的田野考古学声音，提出了中国考古学史上的一个严峻问题：田野考古学的成熟仅在特定地点

---

[185]　郑师许：《考古学研究法》译者序，上海：世界书局，1936 年，第 6、7 页。

由特定学人完成，还是多个类似条件的地点都可实现？ 由此进一步引申，中国的田野考古学仅有一种类型，还是可以多流并存？ 安阳是中国田野考古学独一无二的摇篮吗？ 世界考古学进程表明，各地在共享田野考古学理念的同时，其实并不存在严格的田野考古学规程。 在旧大陆的考古学传统中，伊文思在迈锡尼米诺斯王宫的发掘、彼特里在阿比多斯墓地的发掘和惠勒在梅登堡的发掘所用的具体发掘方法都不一样〔186〕。 科尔也发现旧大陆考古学的发掘规程几乎无法适用于中美玛雅遗址的发掘〔187〕。 中国广袤的领域应该鼓励多种类型的田野考古学类型。 在同样的地貌上，不同的学术传统也可以同样有效地采用自己的发掘方式〔188〕。 唯一的田野考古学模式仅仅是作业方式、理论思维和管理模式上一元观念的制约所致。 黄花考古学院曾经拥有发育成为与安阳传统相钎的机会，不过并未成功而已。 那么黄花考古学院及其代表的田野考古学倾向的失败是必然的吗？ 黄花考古学院和史语所考古组的共享特征可能远超出我们的想象。 两者都具有鲜明的田野倾向，也都选择了至关重要的历史考古学主题。 两者都有一定的职业考古学学术力量，也组织了必要的发掘。 如果黄花考古学院没有昙花一现的话，是否也会发展成为西江流域的安阳传统呢？ 不过，这种可能性并不太乐观。 黄花考古学院以南越国考古为主体，虽然谢英伯将西江文化称为与黄河、长江流域文明平行的文明，但是，南越国考古学实际是秦汉考古学的地方翻版，按照传播论思路予以理解的。 屈指可数的发掘不可避免地成为成文文献的注脚。 而且，从遗址的质量、发掘者的田野工作水准和发掘计划的持续性上，都从未达到安阳所企及的高度。

---

〔186〕 Evans A. *The Palace of Minos*, London: MacMillan, 1921-1935; Evans A. *Address of Sir Arthur Evans, Delivered at the Anniversary Meeting lst May, 1919*. Oxford, 1919; Petrie W F. *Methods and Aims in Archaeology*. London: MacMillan, 1904; Wheeler M. *Archaeology from the Earth*. Oxford: Oxford University Press, 1954.

〔187〕 Coe M. The Khmer Settlement Pattern: A Possible Analogy with that of the Maya. *American Antiquity*, 1957, 22: 409-410; Coe M. Social Typology and the Tropical Forest Civilizations. *Camparative Studies in Society and History*, 1961, 4: 65-85.

〔188〕 杨宝成、杜德兰：《南阳附近的龚营遗址的发掘：方法与结果》，《考古发掘与历史复原》，北京：中华书局，2006 年。

紧随其后成立的考古学社则代表了有别于田野考古学的取向。随着田野考古学的传入，与考古学相关的传统学科是被考古学取代，还是有自我维新的能力，抑或成为考古学潮流的一支？考古学中除了田野考古学之外，是否还有其他类型的考古学？考古学社集中体现了田野考古学之外其他学人群体身份认同的焦虑，无疑，金石学和古器物学构成其中的主流，但也包括了诸如郑师许代表的特殊的考古学类型。金石学人始终保持了与田野的隔绝，但是冀望被纳入到考古学潮流之中。考古学社遗留下来关于考古学定位和成分的问题，迄今都未能完全解决。

第四章

挖掘乡土：朱提堂狼洗、梁堆和张希鲁

与国族主义思潮休戚相关的编史倾向是20世纪80年代之前中国考古学的主要特征之一[1]。基于现实政治的“国族”观念不仅主导了考古学文化的历史阐释，甚至波及考古遗址的选定、发掘和报告。在苏秉琦提出中国文明的“满天星斗”假说之前，尽管众多地区的新石器和商周时期考古学文化显著地呈现出独特的面貌，但仍需合辙于中央与地方、核心与边缘、统一与多样、整体与局部等一元式传播论观念主导的阐释框架。田野考古资料成为强化统一国家史的实物史料，在原史和早期历史考古学上尤其如此。这种类型的考古学既不罕见，也不仅限于中国，甚至可能是特定的考古学发展阶段的常态[2]。威利和萨波罗夫的考古学史范式之中，“分类-历史”（classificative-historical）阶段大体与之对应。在崔格尔的作为思想史的考古学史体系中，文化-历史主义（cultural-historical）考古学即属此类。考古学史学者曾经假设，以分类学方法处理的考古学遗物作为建构历史的基本史料，应广泛出现于文献不足的文明和地区，但始料不及的是，编史倾向的考古学在各地都迅速地和文献历史以及口承传统结合在一起。考古学材料没有建构成独立维度的历史，而是成为基于文献和口头历史的

---

〔1〕 Falkenhausen L von. On the Historiographical Orientation of Chinese Archaeology. *Antiquity*, 1993, 67 (257): 839-849; Falkenhausen L von. The Regional Paradigm in Chinese Archaeology, in *Nationalism, Politics and Practice of Archaeology*. Cambridge: Cambridge University Press, 1995: 198-217; 徐坚：《追寻夏文化：二十世纪初的中国国家主义考古学》，《汉学研究》第18卷第1期，2000年。

〔2〕 Kohl P L, Fawcett C. *Nationalism, Politics and the Practices of Archaeology*. Cambridge: Cambridge University Press, 1995.

预置史观的补充。考古学文化成为特定的族属、民族或者国族的物质文化历史，换言之，文本历史的翻版。在这个范式中，考古学所关注的历史上的人们常常表述成为抽象统一的集合概念，即“统一的国族文化的先民”，而忽略考古学揭示的先民在年代、地域和阶级上的差异。考古学史的研究显示，这种类型的考古学几乎见于新旧大陆所有地域的考古学传统之中，只是在不同区域传统之中，延续的时间并不一致。这常常取决于地方主义倾向的强弱和赖以为基础的考古学实践，甚至前考古学基础的积累。在欧洲，地方主义考古学的崛起常常采取新的“国族”认同的形式而更易获得认可。但是，中国考古学中并不存在这种机会。1949 年之前的中国考古学中，无论是国家学术机构主持的安阳发掘，还是受雇于地质调查所的瑞典学者安特生在中原和西北对新石器时代彩陶的调查和发掘，甚至中央博物院在云南苍洱境的调查和发掘，都默认和遵循以统一的国家文明的方式发现和描述差异性甚为显著的考古学遗物。

不过，“满天星斗”并不是 20 世纪 80 年代突然出现的，其苗头可以追溯到更早的时代，与国族主义考古学并行不悖。地方主义思潮常常出现在被传统文本忽略、低估甚至贬抑的地区，重建地方史面临的史料不足或者不可信的困境，以及对“新史料”改变旧观念的热望都会导致具有地方主义倾向的学人急迫地寻求考古学的支持。1949 年之前，至少吴越史地研究会和黄花考古学院等早期考古学研究机构就发出了类似的呼声。不过，无论是吴越还是岭南，早期考古学家们厘定本地考古学“非中原”传统的用意在于变中国文明的“一元中心”为“多元中心”，从未试图改变国族主义叙事视角。基于乡土史写作的滇东考古学反而构成更具范式价值的个案。

传统的历史观念中，云南处在介于“本我”和“他者”之间的尴尬地位上。虽然云南纳入国家话语体系的年代甚早，至迟在《史记·西南夷列传》中即有“赐滇王王印，复长其民”的记载，但是，自汉以后的很长历史时期，云南乃至整个西南都没有被视为华夏化边疆，而是蛮夷之地。18 世纪起，作为强化国家话语的策略，云南加速了编修地方史的进程。康熙朝开始，屡次重修《云南通志》，规模不断扩大；道光时期，由于阮元的推广，云南金石开始得到全国性关注，金石学构成补史的重要来源；20 世纪中期之后，少数民族古籍文献构成了云南地方历史构建的另一条线索。不言自明的是，云南各地的文献和金石保存状况参差不齐，地方史志学人群体规模不等，学人对材料的关注程度、搜罗能力和综合技巧也差别甚大。以昆明为中心的滇池地区、以大理为中心的洱海地区和以建水为中心的滇南地区都属相对得到重视的地区，而地处云贵交通门户上的滇东昭通一带并不受重视。

昭通位于川、滇、黔交界处，虽然号称为云南门户，但在云南政治版图上又属于偏僻地区，因此未得自上而下的写作视角的关注，而昭鲁一带恰好出现了被称之为“朱提堂狼洗”的铜器群，本地文史之士变汉金石门类为乡土史料，构成了云南乃至中国乡土考古学的先声。更为奇特的是，整个过程几乎是昭通文史学者张希鲁（1900~1979）只手完成的。本章即以张希鲁为中心，分析金石器物和口承传说如何在田野考古的实证主义风气下催生出具有乡土史倾向的考古学类型。

4.1 发现古代云南

云南乡土史的史料搜集工作起步不晚，但是，传统史乘记载不足，而且有文献记载的地区分布极不平衡，除滇池、洱海和滇南之外，可资征引的文献非常有限。

古代云南的发现大体沿着三条平行的线索发展。首先是汉文典籍的整理和志书的修撰，尤以《云南通志》为范例。自清康熙朝开始，《云南通志》先后多次编纂，但是各本水准参差不齐，而由阮元主持的道光本在材料的征集和考证上最为完备，成为历代滇志之中最具价值的一种，也成为20世纪上半叶修纂的《新纂云南通志》的标杆。康熙二十九年（1690）刊印的范承勋本《云南通志》开启了云南编修志书的潮流，但是书仅三十卷，基本承袭《滇志》，保存旧文而已。雍正《云南通志》基本沿袭康熙本。师范撰《滇系》十二系四十册，于嘉庆十三年（1808）刊行，形成对《云南通志》的重要补充。阮元督滇之后重开修志，成道光《云南通志》二百一十六卷。阮志始纂于道光六年，成书于道光十五年，是20世纪之前最好的通志。云南通志的编修并未因此止步，但是，相对于阮志而言，光绪版《云南通志》和《续云南通志》都只算是倒退。有清一代，私人修史的作品计有谢圣纶《滇黔志略》、王崧《云南志钞》、师范的《滇系》和刘慰三《滇南识略》。进入20世纪之后，云南史料的最大一次整理是《云南丛书》和《新纂云南通志》的编纂。1914年，云南巡按使唐继尧在云南图书博物馆内设立辑刻《云南丛书》处，编印《云南丛书》。入选编辑委员会的学人均是滇籍著名学人，赵藩、陈荣昌任总纂和名誉总纂，由云龙、周钟岳、秦光玉任总经理，编辑囊括了孙光庭、李坤、席聘臣、顾视高、钱用中、袁嘉谷、蒋谷、方树梅等人。《云南丛书初编》计有152种1148卷，《二编》有53种254卷。方树梅甚至于1934年变卖家产，前往北京搜寻涉及云南史志的文献，共计收集文献达三万余种。1931年，云南通志馆成立，由云龙主修，周钟岳、赵式铭等编纂，1944年全部完成，1949年刊印。《新纂云南通志》全书计266卷。由于该志的确秉持了“集历朝旧制，复者删之，逸者访之，阙者补之，乖谬者订正”的原则，堪与阮志相媲美。

云南少数民族史料的收集构成了发现古代云南的第二条线索。少数民族史料的发掘又可以细分为土著文献的辑录和汉译两端。自19世纪晚期以来，滇中和滇西有多批土著文献发现，尤以东巴经和毕摩经为代表。在东巴经上，奥裔探险家洛克（Joseph Rock，1884~1962）在丽江为美国国会图书馆和哈佛大学图书馆征集了大批东巴经[3]；1941年，受中博院委托，李霖灿在丽江也征集了多达千卷东巴经[4]。在毕摩经上，中山大学杨成志于1932~1933年调查昭通、巧家和大小凉山，在昆明近郊获得毕摩经百余卷[5]；史语所马学良在武定万德那氏土司府征集了千余卷毕摩经[6]。在土著典籍的汉译出版上，最重要的成就包括出自丽江的《木氏宦谱》，出自勐海土把总和孟艮，李拂一翻译的《泐史》三卷和贵州大定罗文笔翻译的水西彝族安氏宗谱《安氏世纪》。

云南金石的零星出现和记录甚早，王昶的《金石萃编》和冯云鹏、冯云鹓的《金石索》都收录了云南金石，但直到阮元倡导之后才形成规模。阮元之子阮福随父入滇，在滇南一带收集碑刻铭文，汇成《滇南古金石录》，访碑和墨拓文

---

〔3〕 Rock J. *The Ancient Na-khi Kingdom of Southwest China*. Cambridge: Harvard University Press, 1947.

〔4〕 李霖灿：《麽些象形文字字典》中央博物院专刊乙种之二，1944年；李霖灿：《麽些标音文字字典》中央博物院专刊乙种之三，1945年。

〔5〕 杨成志：《云南倮倮族的巫师及其经典》，《国立中山大学文史研究所辑刊》第1卷第1期，1931年；收录于《杨成志文集》，广州：中山大学出版社，2004年。

〔6〕 马学良：《彝文访古录追记》，《马学良民族语言研究文集》，北京：中央民族大学出版社，1999年；马学良：《纪念万斯年先生彝区访书遗事》，《马学良民族语言研究文集》，北京：中央民族大学出版社，1999年。

字之学渐成风气。阮元主持的道光《云南通志》设立了金石一部，开始系统收录云南金石材料，开启了云南本土学人金石证史的潮流，20世纪的《新纂云南通志》金石卷就是阮志金石卷的直接扩充，“视前志书增十倍”。

清代中晚期，云南出现了数笔反响强烈的发现，其中尤以大爨小爨碑的出土为代表。大小爨只是依据碑形大小区分的，两者并无太多关联。大爨碑为爨龙颜碑，阮元发现于陆良，现存于陆良县薛官堡小学。爨龙颜不见于史载，碑文记录传主三世高位，本人为龙骧将军、护镇蛮校尉、宁州刺史、邛都县侯，去世时年六十一岁。立碑时间为刘宋大明二年（458）〔7〕。小爨碑为爨宝子碑，或称爨府君碑。乾隆四十三年（1778）发现于曲靖杨旗田，现存于曲靖一中。爨宝子亦不见于史载，碑文称传主为建宁郡同乐县人，官至建宁太守。署年“大亨四年”，因大亨仅有一年，可能中原已经改元而西南不知，推知为义熙元年（405）〔8〕。大小爨氏碑均以由隶入楷字体书写，金石气息浓厚，大异于同时期南朝流行的二王书风。大小爨氏碑甫发现之时尚被视为边缘地带的粗鄙之作，但随着清代中期碑学兴起而极得好评。阮元称大爨碑为“云南第一古石”，康有为以之为“神品第一”。阮元在云南倡导的访碑补史之学在脱离地方史的情境下被扭曲成为书法之碑学，但在云南历史构建上，大小爨氏碑别有价值。大小爨氏碑不仅证明云南在南诏之前无古史之说的虚妄，稳妥地将本地信史提前到公元五世纪。不久之后，光绪二十七年（1901）于昭通白泥井发现的孟孝琚碑进一步将本地信史前提至两汉时代。这极大地鼓舞了云南古史重建上的金石证史倾向，并且两汉时期成为古史重建的出发点。朱提堂狼洗由金石进入史学适得其时。

4.2 从金石收藏到乡土史料：张希鲁的滇东考古学

朱提堂狼洗早在北宋时期就已经见诸著录，计有《宣和博古图》、王俅《啸

〔7〕大爨碑历代题跋计有桂馥、陆耀熽、邱均恩、阮福、严可均、张澍、莫友芝、洪颐煊、王言、陆增祥、黄炳堃、李慈铭、范寿铭、王瓘、袁嘉穀、梁启超、李根源、由云龙、方国瑜等诸家。

〔8〕小爨碑历代题跋计有喻怀信、陆增祥、吴士鉴、汪鋆、李慈铭、黄炳堃、袁嘉穀、李根源、由云龙、方国瑜等诸家。

堂集古录》、薛尚功《历代钟鼎款识法帖》和董逌《广川书跋》等[9]。清代中期起，朱提堂狼铜洗的著录日渐频繁，计有钱坫《十六长乐堂古器款识》、阮元《积古斋钟鼎彝器款识》、吴荣光《筠清馆金文》、吴式芬《捃古录金文》、徐同柏《从古堂款识学》、朱善旂《敬吾心室彝器款识》、吴大澂《恒轩所见所载吉金录》和端方《陶斋吉金录》等。但是，朱提堂狼洗以款识入选，除铭文外几无任何其他信息，甚至连器形也不可知。此类铜器铭文多由铸器年月和地点构成，年号计有建初、元和、章和、永元、永初、永建、阳嘉、永和、建宁等，俱在东汉中晚期，地名以“朱提”或者“堂狼”为主，其他地名偶有出现，但极为罕见。北宋金石著录仅将此类铜洗放置在汉器类别之下，以“阳嘉洗”、“永元洗”和“元和洗”相称，未语及朱提堂狼，但依据年号、格式和纹饰特征看，上述诸件和见诸著录的其他无年款的铜洗都应属朱提堂狼洗（图4.1）。对于北宋金石学而言，该批铜洗的年代属性较地域属性更为重要。乾嘉以来的金石学逐渐将朱提堂狼洗厘定为汉金石中一个独立的类别，与同时期蜀郡等地的铜洗区分开来。20世纪之初，传统金石学转型成古器物学后，罗振玉《贞松堂集古遗文》、王国维《宋代金文著录表》及《国朝金文著录表》和容庚《汉金文录》及补遗均载朱提堂狼洗，但仍因袭文

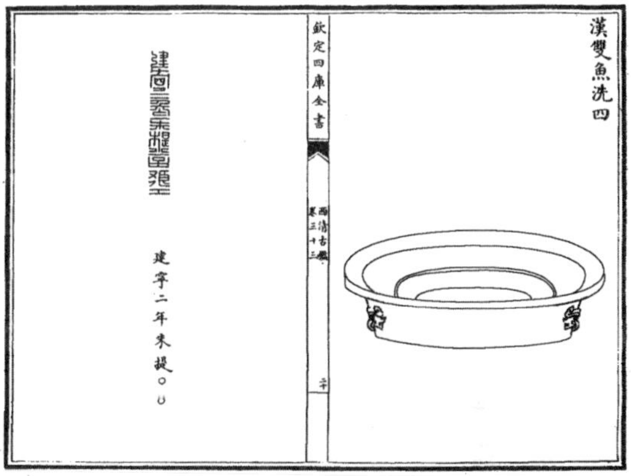

图4.1 朱提堂狼洗

（采自《西清古鉴》）

[9]《宣和博古图》卷二十一，清乾隆十八年天都黄晟亦政堂修补明万历二十八年吴万化宝古堂刻本影印，第22页，收录于《金文文献集成》第2册，北京：线装书局，2005年；王俅：《啸堂集古录》卷下，据1922年涵芬楼本影印，第73页，收录于《金文文献集成》第9册；薛尚功：《历代钟鼎款识法帖》卷十九，据1935年海城于省吾影印明崇祯六年刻本影印，第208页，收录于《金文文献集成》第9册；董逌：《广川书跋》丛书集成初编本，北京：中华书局，1985年，第50页。

字款识之道。长期以来，朱提堂狼洗仅被视为说明汉代器用制度的金石类别，几乎无人考证频见于器铭的朱提堂狼两地地望。该批铜器的年代铭文价值被过度强调，以至于其他侧面的信息基本欠奉，甚至我们无法从形态学判断金石著录所见朱提堂狼洗是否属于同一类别。

但是，对于滇东昭鲁平坝一带，朱提堂狼洗的价值却截然不同。金石学意义远逊于地方史价值，甚至附庸于后者。朱提堂狼洗在金石学中以汉洗为标签，而在滇东北乡土历史上则以朱提堂狼铭为重，在中国考古学初生时期的情境之下，这个标识转换可能促成考古学成为乡土历史建设的工具。由于昭通一带可能为汉代朱提、堂狼故地，朱提堂狼洗成为滇东北重建地方史的关键材料。史乘不足迫使地方文史之士更加倾向于以实物补史；田野考古学思想进一步鼓励了地下发掘的尝试。而考古学所揭示的材料不仅远较金石学丰富，可以理清金石学中语焉不详、未曾涉及乃至误读的物质文本，将被金石学割裂开的各类遗物和遗迹现象重新拼缀起来，更可以形成有别于国家历史话语具有乡土史倾向的考古学类型。以朱提堂狼洗以及梁堆田野实证为特色的早期滇东北考古学不仅在云南罕见，在西南各地也属最早的。在1949年之前中国考古学的暗流传统中，滇东北考古学构成了基于乡土历史构建的考古学范例。虽然昭鲁一带乃至昆明，不少人士倡导以朱提堂狼洗重建当地早期历史，但是身体力行，持之以恒而且贡献最大、影响最远的是张希鲁（图4.2）。时至今日，在滇东北青铜时代文化研究上，无论在实物资料，还是基本判读方法和阐释取向上仍可见到张希鲁的影响。

图4.2　张希鲁
（采自张希鲁:《西楼文选》）

张希鲁系云南昭通人，原名连懋，号西楼。1923年入读东陆大学，文史科肄业，因家贫，经董雨苍和袁嘉谷介绍，先后在东陆大学图书馆和昆华图书馆工作。1930年起执教于昭通中学[10]。1931年兼任昭通民众教育馆图书股筹备员。1950年以后，张希鲁先后执教于昭通专区第一中学和第三中学。1962年中学合并之后调昭通县文化馆。终其一生，张希鲁多在家乡昭通，以教书育人、搜集整理乡土史料为业。自1930年返乡之后，仅有1934~1937年离开家乡。其间除1935~1937年在楚雄中学任教两年外，张希鲁于1934~1935年长时间外出游历。张希鲁此行取道四川，沿江东下至南京，又北上至北平，与征集滇南文献的方树梅同游西北和华北诸地，最后自上海经海道南行，于海防登陆，取道河内后折返云南。张希鲁一生基本不在职业学术群体之中，仅有的例外是北游期间曾经加入考古学社，在《考古社刊》第二期和第三期上介绍了云南的发现和发掘，在北平也做了类似主题的公开演讲[11]。其朱提堂狼洗收藏和研究虽引起王献唐、魏建功、杨成志、容庚、商承祚、方国瑜等学人的关注，但是由于他终生偏于昭通一隅，所以整体而言，学术界对张希鲁较为陌生。

作为终生生活于地方社会的学人，张希鲁遗文数量不多，流传更为有限，而且原本缺乏结集刊行的机会。《西楼文选》的意外刊布使之成为管窥张希鲁学术，乃至昭鲁一带考古学成长的不二门径。该书系张希鲁去世之后，由其好友浦汉英整理，昭通地区行署文化局于1985年刊印。《西楼文选》分文选、文物考证选、游记诗歌选和书信选四卷，第二卷基本囊括张希鲁金石考古长短诸篇，包括《昭通后海子梁堆发掘记》、《西南古物的新发现》、《西南古物目略》、《汉洗记》、《书汉洗记后》、《古物记》、《汉金石图跋》等多篇重要篇目。其中，《昭通后海子梁堆发掘记》、《汉洗记》、《书汉洗记后》、《古物记》和学生杨在高《昭通城东访古记》等多篇曾经合成《滇东金石记》一卷，于1933年单独刊行。1934~1935年北游期间的数篇文字《西南古物的新发现》和《考古小记》曾在他处发表，这也是为数不多的国内学术界知晓朱提堂狼洗的出土情况和早期梁堆发掘的契机[12]。

---

[10] 其他文献来源指张希鲁此时任教于省立第二中学和昭通女子师范学校，此处从张氏自传。

[11] 张希鲁：《云南昭通考古小记》，《考古社刊》第2期，1935年；张希鲁：《跋楚雄新出土南宋高公墓志》，《考古社刊》第3期，1935年。

[12] 卫聚贤：《中国考古学史》，北京：团结出版社，2005年，第233~235页。

除《西楼文选》外，方国瑜撰《新纂云南通志》之《金石考》言及朱提堂狼洗，《云南史料丛刊》也有专文《朱提堂狼铜洗概说》，但两文多得益于张希鲁，可以视为张希鲁学术的组成部分。方国瑜称，“瑜为《新纂云南通志》编撰《金石考》，得希鲁先生提供资料，多已收入，为世人所称道”〔13〕。方国瑜致张希鲁函也先后提及，“故劳吾兄帮忙，请将铜鼓、铜洗每器精拓并照相；至于窑堆出土无文字铜瓶铜釜及陶人陶杯，确有价值否，吾请兄裁夺。如以为可著录，请将数铜器与数陶器各合照一相”。“又我兄题跋新出土器，数器一文，而汇录题跋，以器分目，望我兄做成数篇，以便收入”〔14〕。由此可知，《新纂云南通志》后诸书涉及朱提堂狼洗和滇东金石的文字基本从张希鲁，《新纂云南通志·金石考》、《朱提堂狼铜洗概说》与《西楼文选》比对也证实此说不误。

在学术渊源上，张希鲁与近现代意义的考古学无关。滇东考古学的出现与其说是承继学统，不如说是时风所致。张希鲁虽就读东陆大学，师事袁嘉谷，即使由此获知罗王之学及二重证据法，但并不构成张希鲁考古活动的智力渊源〔15〕。在实证性地发掘梁堆之后，张希鲁提及，“当民国十七八年之际，国内考古之风已盛，我目睹各学术团常到云南去考查，唯恐此种治学资料被人夺去，因力谋争先”〔16〕。考古之风应该指1928年开始的安阳发掘在知识界引起的震动，虽然登载安阳发掘的具体方法和收获的《安阳发掘报告》于1929年开始编辑刊行，但张希鲁是否得见或者知晓安阳发掘详情仍是存疑的，至少无法得到文献支持。而资料之争应指1928~1930年中山大学语言历史研究所调查员杨成志（1902~1991）在云南的田野调查。杨成志曾经在大小凉山、昆明东乡和西乡收集彝文毕摩经约130部，其中，在昆明东乡收集到可能为明代抄本的《祈雨经》、《遣虫经》和《土俗经》。杨成志曾记录在昆明向袁嘉谷、秦光玉、张

〔13〕方国瑜：《西楼文选》序，昭通：昭通地区行署文化局，1985年。

〔14〕《方国瑜先生函》，见《西楼文选》，昭通：昭通地区行署文化局，1985年。

〔15〕《西楼文选》收录了《屏山先生言行录》、《屏山师回忆录》和《袁树五先生传》等多篇，虽张希鲁强调师承袁嘉谷，但是袁氏本身在考史上并无特别主张和方法，亦不熟悉考古学。

〔16〕张希鲁：《西南古物的新发现》，《西楼文选》，昭通：昭通地区行署文化局，1985年。

甘雨和张希鲁展示三种明抄本事〔17〕。张希鲁也记录了杨成志收集“夷人写经”事〔18〕。由此可见，张希鲁的“考古”是一种既无师承，也无同时期的借鉴范例，但不乏“外来”学术刺激的自发行为。张希鲁也注意到“外来”学人的学术盲区，滇东乃至云南的考古学都是学术空白，“历代的史家，多半侧重内地，边裔少有详密的记载”〔19〕，“见北平、广州各学术团赴云南考查，多半为的是民族、地质，对于古物，尚少人注意”〔20〕。这种独具慧眼的洞见倒是同时期学人很少具备的。

张希鲁于1934~1935年的游历对于推广滇东金石和考古意义重大，数篇引起外界关注的文章是此时期写就和发表的。不过，这段经历并未促成张希鲁的滇东考古学研究进一步深化。张希鲁回忆，“两年之间，寓成都约六月，多读方志书；寓北平约八月，多读金石书。当代耆硕，北方则谒见王陶庐老人，亲承面诲，并赐书数十卷，皆老人所手著也。胡适听其讲，容希白则友之”〔21〕。此次长期游历和楚雄生活两年之后，张希鲁返回昭通，由于未可知的原因，他在滇东考古学的贡献大不如前。从年谱看，1937年返回昭通之后，虽然张希鲁继续辑录滇东古物，但田野考古学色彩大为削弱，梁堆的发掘再无后续，1955年后几无涉及昭通古物的条目〔22〕。张希鲁在供职昭通民众教育馆期间写作《昭通后海子梁堆发掘记》，揭开滇东考古学的大幕；1933年编辑的《滇东金石记》则是现代田野考古学之前滇东考古学所能取得的最高成就。在中国考古学史上堪作乡土考古学范例的滇东考古学在30年代前半叶已经完熟，其巅峰状态转瞬即逝。

---

〔17〕 杨成志：《中国西南民族中的罗罗族》，《杨成志文集》，广州：中山大学出版社，2004年；杨成志：《云南罗罗族的巫师及其经典》，《杨成志文集》，广州：中山大学出版社，2004年。

〔18〕 张希鲁：《云南古物的价值》，《西楼文选》，昭通：昭通地区行署文化局，1985年。

〔19〕 张希鲁：《西南古物的新发现》，《西楼文选》，昭通：昭通地区行署文化局，1985年。

〔20〕 张希鲁：《考古小记》，《西楼文选》，昭通：昭通地区行署文化局，1985年。

〔21〕 张希鲁：《复姜伯容书》，《西楼文选》，昭通：昭通地区行署文化局，1985年。

〔22〕 蒲汉英：《西楼年谱摘要》，《西楼文选》，昭通：昭通地区行署文化局，1985年。

在滇东考古学上，张希鲁率先确认了朱提堂狼洗和“梁堆”的史料价值。此前朱提堂狼洗仅是金石类别之一，而“梁堆”甚至介于金石和土俗之间，本是对昭鲁一带特有的墓葬形式的土语称法。张希鲁率先记录和分析了一批具备出土信息的朱提堂狼洗。虽然无一是他本人亲手发掘，但是在发现之后，他详尽收集了铜洗出土情形，并且在可能的情况下复核发现地点，这是远非金石学所能企及的。张希鲁在朱提堂狼洗一题的文献除见诸《西楼文选》外，多被《新纂云南通志·金石考》收录。由于后者的权威性，即使在 20 世纪 50 年代之后，汪宁生、孙太初和李昆声等诸家语及朱提堂狼洗时，张希鲁的影响余绪仍显著可察〔23〕。但是，张希鲁不仅仅是关键信息人（key informant），他还改变了朱提堂狼洗的研究方式和研究目的。张希鲁将朱提堂狼洗从本身无关紧要的铭文载体复原成为形态、质地、纹样和铭文并重的历史遗物。根据传闻的出土情境，张希鲁判断梁堆就是朱提堂狼洗的出土环境。1931 年，张希鲁得供职昭通民众教育馆之便，超越了金石学兴趣，发掘了昭通后海子汉墓〔24〕。之前散布在不同门类的朱提堂狼洗、碑刻、画像砖石、“傜砖”“傜钱”乃至“梁堆”都通过田野发掘统一起来，而这恰是重建两汉时代昭通的最重要的材料。正如《昭通研究》编辑按语，“研究古代的历史，最可靠的资料就是那时遗留下来的实物，那么我们就不应当轻易地让它过去”〔25〕。虽然张希鲁在田野考古上毫无章法，但却奠立了用于建构乡土历史的滇东考古学最确凿的基础。

4.3 考古学视野下的朱提堂狼铜洗

在金石学中，朱提堂狼洗是由来有自的类别，北宋起即见诸著录。张希鲁之前的朱提堂狼洗悉数出自作为古物流通线索终端的诸家收藏。铜洗通过市场、馈赠或者偶然事件进入到金石收藏，藏家基本与昭通无关。同时，历史上

〔23〕 汪宁生：《云南考古》，昆明：云南人民出版社，1992 年，第 100 ~ 110 页；孙太初：《朱提堂狼铜洗考》，《云南青铜器论丛》，北京：文物出版社，1981 年；李昆声：《云南艺术史》，昆明：云南教育出版社，2001 年，第 166 ~ 168 页。

〔24〕 张希鲁：《昭通后海子梁堆发掘记》，《西楼文选》，昭通：昭通地区行署文化局，1985 年。

〔25〕 张希鲁：《西南古物的新发现》，《西楼文选》，昭通：昭通地区行署文化局，1985 年。

也缺乏足以引起金石学者关注的具有轰动效应的铜洗出土。因此，传世的朱提堂狼洗仅被视为汉洗的一个普通类别。基于重建乡土史的宏旨，张希鲁在历史上首次厘定了确凿出自昭鲁地区的朱提堂狼洗组群，变普通汉洗为昭鲁乡土史的关键史料。此外，既受近代田野考古学思想影响，兼有地理之便，张希鲁调查和记录了朱提堂狼洗的出土环境和伴生遗存，促成了朱提堂狼铜洗研究自金石学向考古学转型。本节从考古学，尤其是情境考古学的观察角度出发，在更为晚近的滇东和黔西北地区的田野考古学资料中重新评估张希鲁所见所藏朱提堂狼洗，以及他在此类铜洗和昭鲁乡土史上的贡献。

张希鲁所见所藏的朱提堂狼洗是一笔兼具考古学情境和考古学史情境的资料，可以从文字和实物两个方面予以接触。张希鲁遗留文字中，《考古小记》、《自传》、《汉洗记》、《滇东古物目略》、《跋昭通汉六器》诸篇及张希鲁捐赠文物清单大致罗列了20世纪前半叶见于昭通的诸洗。此外，张希鲁收藏铜器大多捐赠给昭通地方政府，至今仍存昭通。综合清点，昭通本地收藏的朱提堂狼铜洗除张希鲁收藏之外，还有谢崇基、鄢若愚、周子滨等多家收藏。但是，谢、鄢、周诸家收藏现已离散，而藏家自身无任何记录，仅有片断保留在张希鲁著述及《昭通志稿》和《昭通县志稿》等中。考虑到张希鲁在昭通金石研究的地位，他所记录的情形可能与实际情形相去不远。综合多处文献，昭通的朱提堂狼洗至少包括如下数件。

建初八年洗：高4寸9分（15.7厘米），口径1尺（32厘米），腹围2尺9寸（93厘米）。内底阳文双鱼及“建初八年朱提造作”铭文。同出另一器“虫鱼器”，高9寸（28.7厘米），口径1尺5分（33.6厘米），内底铸有鱼纹。此外同出的还有枯木和锡块。该笔铜器于1935年秋出自昭通郑家山后皮匠地（又名刘家包包），1937年为张希鲁所购〔26〕。张希鲁在他处指柜子洞出“建初八年朱提造作”可能指同一器〔27〕。根据照片判断，建初八年洗为双立耳深

〔26〕张希鲁：《汉建初器与虫鱼器跋》，《西楼文选》，昭通：昭通地区行署文化局，1985年；张希鲁：《记汉建初两器出土处》，《西楼文选》，昭通：昭通地区行署文化局，1985年。

〔27〕张希鲁：《考古小记》，《西楼文选》，昭通：昭通地区行署文化局，1985年。

图 4.3 建初八年洗
（采自张希鲁:《西楼文选》）

腹釜，而“虫鱼器”为双耳鍪。同出锡块被厘定为“汉白金”或者“汉银锡白金”〔28〕（图4.3）。

永元五年洗：高2寸（6.4厘米），口径1尺1寸（35.2厘米），内底铭“永元五年堂狼”，张希鲁厘定此器为盘〔29〕。民初出自昭通城北鸦姑海梁堆，为鄢若愚收藏〔30〕。张希鲁在他处提到大围墙于20年代出土“永元五年堂狼”洗，应指同一器〔31〕。

永元八年造洗：高4寸4分（16厘米），口径9寸7分（30厘米），内底铭“永元八年造”。1937年出自昭通洒渔河李家湾。同出大小两器，为张希鲁收藏〔32〕。根据照片判断，应为深腹釜。

永建五年洗：尺寸不详，内底铭双鱼和“永建五年造作大吉”。光绪二十四年（1898）于昭通出土，为谢崇基收藏〔33〕。至迟至1939年此器仍在谢氏收藏之中〔34〕。《昭通志稿》误作“永建元年朱提造”洗〔35〕。

汉安元年洗：尺寸不详，内底铭“汉安元年朱提造”〔36〕。此洗和前述永建五年洗同时为谢崇基收藏，谢氏因此改其书斋名为“两汉洗斋”。《昭通志

〔28〕张希鲁:《跋朱提银锡白金》，《西楼文选》，昭通：昭通地区行署文化局，1985年。
〔29〕张希鲁:《跋汉金（二则）》，《西楼文选》，昭通：昭通地区行署文化局，1985年。
〔30〕《昭通县志稿》卷六，1938年（民国二十七年）昭通新民书局铅印本，第29页；张希鲁:《滇东古物目略》，《西楼文选》，昭通：昭通地区行署文化局，1985年；张希鲁:《跋永元五年堂狼盘》，《西楼文选》，昭通：昭通地区行署文化局，1985年。
〔31〕张希鲁:《考古小记》，《西楼文选》，昭通：昭通地区行署文化局，1985年。
〔32〕《昭通县志稿》卷六，1938年（民国二十七年）昭通新民书局铅印本，第30页。
〔33〕《昭通县志稿》卷六，1938年（民国二十七年）昭通新民书局铅印本，第32页。
〔34〕张希鲁:《跋昭通汉六器》，《西楼文选》，昭通：昭通地区行署文化局，1985年。
〔35〕《昭通志稿》卷八，1924年（民国十三年）铅印本，第54、55页。
〔36〕《昭通县志稿》卷六，1938年（民国二十七年）昭通新民局铅印本，第32页。

稿》误作“汉安二年朱提造”洗〔37〕。

阳嘉二年邛都洗：高 6 寸（19.2 厘米），口径 1 尺（32 厘米），内底铭双鱼纹和“阳嘉二年邛都造”；初释为“阳嘉二年朱提造”，后改释“邛都”。1933 年张希鲁自铜匠处购得，但得知此器出土于 1931 年，方国瑜误记为 1931 年购得。该器为深腹釜，器身有条带纹饰和铺首。入张氏收藏前曾被当成炊具。与此器同出的有釜甑一套，无铭文〔38〕。

阳嘉四年洗：尺寸不详，内底铭“阳嘉四年堂狼造作牢”。1950 年张希鲁得自昭通〔39〕。

大吉羊宜侯王洗：口径 41.8 厘米，高 21.1 厘米，内底铭“大吉羊宜侯王”。见诸张希鲁捐赠文物清单。

富贵昌宜侯王洗：口径 36.4 厘米，高 17.3 厘米。内底双鱼纹及铭“富贵昌宜侯王”。见诸张希鲁捐赠文物清单。

无款铜器二：尺寸不详。1933 年周子滨购自水塘子铜工，一大一小。

无款铜器二：尺寸不详。1934 年张希鲁购自水塘子铜工，定名为罐，但根据照片判断，应为釜〔40〕。

张希鲁收藏中尚有仅铭“大吉羊”、双鱼纹、鱼虫纹、单鱼纹以及素面无纹铜洗，但出处不详。此外，文献显示见诸昭通的铜洗还有“李某有一，武庙观音阁有一”〔41〕。杨筱云指出“大关某氏有一”，张希鲁调查发现当地确有古墓，但是否出土铜洗则未可证实。

1949 年之后的田野考古学并没有给朱提堂狼洗一题带来显著改变。这种局面仍然主要受制于滇东考古学实践数量稀少，当地在最近半个世纪的考古学实践，无论在出土还是研究上都无法与滇池地区、洱海地区甚至滇南地区相抗衡。朱提堂狼洗虽然偶有出土，但是未能改变传世品占据主要成分的格局。不过，

---

〔37〕《昭通志稿》卷八，1924（民国十三年）铅印本，第 54、55 页。

〔38〕张希鲁：《汉洗记》，《西楼文选》，昭通：昭通地区行署文化局，1985 年。

〔39〕张希鲁：《跋汉阳嘉四年堂狼洗》，《西楼文选》，昭通：昭通地区行署文化局，1985 年。

〔40〕张希鲁：《古物记》，《西楼文选》，昭通：昭通地区行署文化局，1985 年。

〔41〕张希鲁：《古物记》，《西楼文选》，昭通：昭通地区行署文化局，1985 年。

具有准确记录的朱提堂狼洗的出土个案可以有效地说明器物的使用情境，滇东昭鲁坝子和黔西北威宁、中水一带年代大体在两汉时期的考古学文化遗址构成重新认识朱提堂狼洗的整体性情境。

张希鲁奠立了现代意义的朱提堂狼洗研究的基调，嗣后诸家都是在其基础之上有所损益。

首先，张希鲁建立了朱提堂狼洗与昭鲁地区的关联，但是在厘定乡土史细节时揭示出朱提堂狼铭的内在冲突；张希鲁试图调和，提出了尽管不完善，但是迄今最广为接受的解决思路。朱提堂狼铭文冲突的最终调和不依赖于铭文读法，而必须回到考古学文化的整体性（holism）思路上，这又是张希鲁所无法企及的。在金石学范式下，朱提、堂狼都被默认为县名，两款的年代冲突从未得到揭示。张希鲁发现，朱提堂狼款铜洗年号自建初八年（83）到汉安元年（142），这个年代范畴与作为行政区划的朱提、堂狼铭构成矛盾。按《汉书·地理志》“犍为郡，……县十二：……朱提、堂琅”〔42〕。知犍为郡开于武帝建元六年（前135），其时设朱提、堂狼两县。到《后汉书·郡国志》中，永初元年（107）改犍为郡南部都尉为属国都尉，领朱提、汉阳两县〔43〕。即此时堂狼县已经并入朱提县。换言之，大多数堂狼款铜洗铸造之时，并不存在独立的堂狼县。张希鲁以《后汉书》引《南中志》，“西南二里有堂狼山，多毒草，盛夏之月，飞鸟过之，不能得去”，提出朱提为县名，堂狼为山名，“琅”、“狼”不互通，堂琅为县名，而堂狼为山名，故堂琅撤县之后，堂狼以山名一直保留在器铭上〔44〕。孙太初沿用了张希鲁之说〔45〕。孙太初于70年代末期统计见诸传统金石文献和近代收藏的全部带纪年的朱提堂狼洗，共计96件〔46〕。年代跨度自章帝建初元年（76）至灵帝建宁四年（171）。虽然样本数量增加，年代覆盖范围稍有扩展，但在廓清朱提堂狼铭的冲突上并无彻底改观。以孙太初

〔42〕（汉）班固：《汉书》卷二十八上《地理志》，1962年中华书局排印本，第1599页。

〔43〕（南朝宋）范晔：《后汉书》志第二十三《郡国志》五，1965年中华书局排印本，第3515、3516页。

〔44〕张希鲁：《书汉洗记后》，《西楼文选》，昭通：昭通地区行署文化局，1985年。

〔45〕孙太初：《朱提堂狼铜洗考》，《云南青铜器论丛》，北京：文物出版社，1981年。

〔46〕孙太初：《朱提堂狼铜洗考》，《云南青铜器论丛》，北京：文物出版社，1981年。

统计的46件朱提堂狼铭铜洗分类：仅有朱提铭的18件，仅有堂狼铭的24件，并列朱提堂狼铭的铜洗中，既有“朱提堂狼”铭，也有“堂狼朱提”铭[47]。如果以堂狼为山名的话，则“堂狼朱提”洗在铭文格式上与常识明显抵牾，而且，数量大体相等的单独铭“朱提”或者“堂狼”以同一个格式表示两种铭文写作方式，也不见于其他铜洗或者其他铜器类型。此外，《南中志》和《宋书·州郡志》注中均指“狼”、“琅”互通。因此，张说并不准确。汪宁生则认为，朱提、堂狼泛指滇东北一带，甚至包括川南[48]。但是，汪说与铜洗的发现状况相冲突，汉代犍为、益州、越嶲一带，还有其他几处地点生产类似于朱提堂狼洗的铜器，各器均铭本地地名，而不会套用朱提堂狼。张希鲁收藏中“阳嘉二年邛都洗”，《宣和博古图》“阳嘉四年青蛉洗”即属此例，因此朱提堂狼洗也不可能是泛指（图4.4）。铭文冲突问题的解决仍有赖于对朱提堂狼洗的考古学情境的分析。

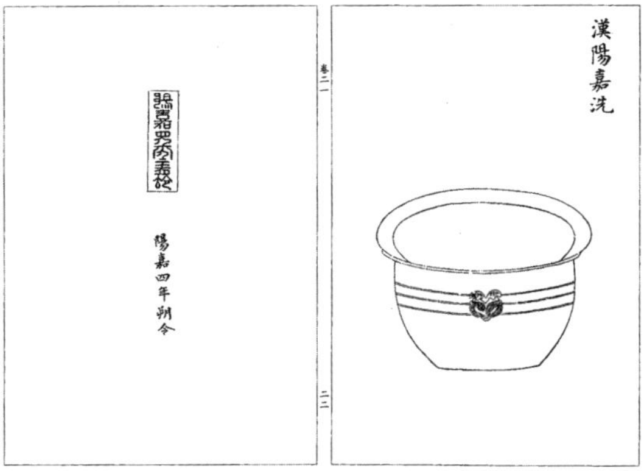

图 4.4　阳嘉四年洗
（采自《宣和博古图》）

其次，张希鲁准确地阐发了朱提堂狼洗的组合关系和埋藏情境。金石学范式至少在两点上误读了朱提堂狼洗。首先，金石学以铭文肢解了器群。传统定义的朱提堂狼洗特指有特定铭文的汉洗，同出昭鲁一带，但是没有朱提堂狼铭或者年号铭的铜洗，如“大吉羊”铭、鱼纹或者虫纹等铜洗却被划分到与朱提堂狼洗平行的类别。其次是对朱提堂狼洗使用情境的误读。朱提堂狼洗并无自铭，金石学对此类铜器的阐发基于北宋金石学的推断，历史上对其讨论从未逾出盥洗器范畴。张希鲁依据实际出土情况，率先将朱提堂狼铭洗、“大吉羊”、“富

[47]　罗振玉：《贞松堂集古遗文》卷十四，北京：北京图书馆出版社，2003年，第913～915页。

[48]　汪宁生：《云南考古》，昆明：云南人民出版社，1980年，第101页。

贵昌”等铭洗和无铭但有鱼虫纹、双鱼纹或者鱼纹乃至素面无纹的铜洗都统一在朱提堂狼洗类别之下。张希鲁首次提出，朱提堂狼洗出自滇东北一带的墓葬，并且与其他遗物或者遗迹存在特定的组合关系。直到民国时期，古物流通系统尚未波及昭通，同时因为民间禁忌，昭通的盗墓现象并不严重〔49〕。张希鲁发现，铜洗多是农民翻地时发现，常出售给铜匠销毁后另做他用。张希鲁由此感叹，“民固孤陋，郡中学人，亦鲜留心。史上铁证，价重连城，失于庸奴之手，竟销之而同破釜，可叹也欤”〔50〕！因此，张希鲁多利用“铜工”打探出土消息或收购铜洗，有异于传统的金石收藏方式。张希鲁已经意识到朱提堂狼洗可能出自民间称为“梁堆”或者“猺堆”的墓葬之中，但是未能亲自证明。50~60年代，昭通桂家院子、甘河村、诸葛营、杨家冲、鲁甸土主寺等地汉墓的确出土了带铭铜洗，证实了张希鲁的猜测〔51〕。张希鲁进而认定，自北宋金石学以来形成的朱提堂狼洗类别实际上是个器类混杂的集合。由于金石学文献中仅有朱提堂狼洗的铭文拓片，其器形的多样性长期以来是隐而不察的。张希鲁的调查显示，朱提堂狼洗不仅在铭文上存在铭文格式、铭文与纹饰、有铭与无铭的多样性，而且在器形特征上也存在多样性。借助20世纪初期以来的古器物学知识，张希鲁尝试对朱提堂狼洗进行重新定名和分类〔52〕。前揭张希鲁收藏诸器的定名也可侧证他在这个方面的思考。尽管张希鲁在北平期间曾经请教容庚，但20世纪的古器物学对器物定名的全面反思到30年代中期伦敦艺展时期才

〔49〕张希鲁记载了孟孝琚碑的发现者回民马正卫因挖掘孟氏墓而引起脚疼的轶事。此类故事在昭通当地甚为流行，或许缓解了昭通对古代墓葬的破坏。见张希鲁：《西南古物的新发现》，《西楼文选》，昭通：昭通地区行署文化局，1985年。

〔50〕张希鲁：《汉洗记》，《西楼文选》，昭通：昭通地区行署文化局，1985年。

〔51〕云南省文物工作队：《云南大关、昭通东汉崖墓清理报告》，《考古》1965年第3期；云南省文物工作队：《云南昭通文物调查简报》，《文物》1960年第6期；孙太初：《两年来云南古遗址及墓葬的发现与清理》，《文物参考资料》1955年第6期；西南博物院筹备处：《清理云南昭通的汉墓》，《文物参考资料》1954年第7期；曹韵葵：《云南昭通专区的东汉墓清理》，《考古通讯》1957年第4期；汪宁生：《云南考古》，昆明：云南人民出版社，1980年，第101页。

〔52〕张希鲁记录了请教容庚等厘定器名之事，见《西楼文选》，昭通：昭通地区行署文化局，1985年。

渐趋成形，因此朱提堂狼洗的器名体系未能立即确定下来〔53〕。近半个世纪之后，汪宁生列举朱提堂狼洗的器形至少包括盘、鍪、釜盂等类别；而孙太初进行了更为详尽的分类，将传世朱提堂狼洗分成洗、盘、釜和鍪四类，其中洗和鍪进一步细分为两式〔54〕。这些工作都可视为承张希鲁之余绪。张希鲁在朱提堂狼洗上的贡献绝不止步于收集与整理，而是打破了金石学设置的樊篱，恢复了朱提堂狼洗原本的历史内涵。在张希鲁的分析下，朱提堂狼洗仅是一个器类的部分，而且应该和其他类别的器物构成稳定的组合关系，存在于特定的考古学文化之中，这样萌蘖于金石学器类的朱提堂狼洗悄然转身为考古学器类。

自张希鲁之后，朱提堂狼洗资料的改变主要有两端，一是数量进一步丰富，孙太初于70年代重新整理时数量较张希鲁所知晓的有不少增加，铭文年代覆盖范围也有所扩展，但是分析格局并无大变。另一则是朱提堂狼洗考古学情境的完善，多座随葬朱提堂狼洗墓葬的发掘为阐释该类铜洗的功能提供了契机。

50年代初期，云南省博物馆在昭通、鲁甸的二坪寨、白泥井、刘家海子、杨家冲、干沟、曹家老包、鸦姑海、李家湾、洒渔河、牛头寨等多个地点发掘了俗称为“梁堆”的砖石室墓和崖墓，揭露出洗、耳杯、釜、盂、摇钱树等随葬铜器〔55〕。孙太初主持的此季发掘既是新成立的云南省博物馆考古工作的初试啼声，也是对此前张希鲁调查和发掘的“回访”。发掘选址中既有此前有发现基础的地点，也有不少从未被揭示过的新地点，而且在遗址类型上，除“梁堆”之外，发掘更扩展到崖墓。桂家院子是最为典型的“回访”式发掘。1960年，在曾经出土了2座砖室墓的梁堆中新发现2座砖室墓，均为单室夫妻合葬墓。M1保存相对完整，放置在墓室前段地面上的铜器计有釜、甑、双耳釜、豆、盘、壶、奁、案、耳杯、小碗、箸、洗、行镫、灯座、灯盏、摇钱树等。器物装饰风格和组合关系都可以推断在东汉时期，铁刀铭“大富羊”、“万倍昌”也是常见汉式器物铭

---

〔53〕 容庚：《商周彝器通考》，燕京学报专号之十七，1931年；唐兰：《参加伦敦中国艺术国际展览会出品图说》第1册《铜器》，上海：商务印书馆，1936年。

〔54〕 汪宁生：《云南考古》，昆明：云南人民出版社，1980年，第101页。

〔55〕 孙太初：《两年来云南古遗址及墓葬的发掘与清理》，《文物参考资料》1955年第6期。

文，铜釜甑、双耳釜、洗等与此前被计入朱提堂狼洗的器物基本类似[56]。近似的朱提堂狼器群也见于同时期崖墓之中。1964 年清理的大关岔河崖墓共计 3 座墓葬，其中 M2 和 M3 为夫妻合葬墓。从已公布的 M3 平面图看，主要随葬品也放置在墓室前端的地面上，铜器包括釜甑、洗、壶、鐎斗、耳杯等，墓室地面散布铜钱[57]。水富楼坝崖墓包括黄砂坡崖墓和乌龟石湾崖墓两处。前者于 1989 年清理墓葬 11 座，而后者于 2000 年清理墓葬 14 座。其中 M4 出铜洗 1 件，同墓所出陶房屋明器和陶罐都具有鲜明的东汉时期特征[58]。

1949 年之后的考古发掘中，铭文明确的铜洗尚属少见，仅有“永元二年朱提堂狼”、“建初元年堂狼造”和“永建五年朱提造”等数件，远少于历代著录和张希鲁收藏的带铭铜洗[59]。但是，历次科学发掘敦促我们反思“朱提堂狼洗”甚至“朱提堂狼器群”的定名合理性问题，以及张希鲁、汪宁生和孙太初的朱提堂狼洗分类的有效性问题。桂家院子 M1 和大关崖墓 M3 的铜器组合虽然略有差异，但是釜甑、平底釜、壶、洗和耳杯构成基本组合，全部或者部分不断重复出现于不同地点的墓葬之中，这个组合可能构成滇东汉墓铜器器群的基本成分。因此，朱提堂狼洗仅仅只是滇东汉墓铜器群的片段，而且本身只是由于学术史原因从外部强加的分类。水富楼坝崖墓 M5 出土的铜耳杯内底铸有完全雷同于朱提堂狼洗的鱼纹，这也证实“朱提堂狼洗”可能还和洗、盘、盂、鋬等容器之外的器类有密切关系[60]。

历次发掘证实朱提堂狼洗器群悉数出自墓葬情境。如果将包括朱提堂狼洗在内的铜器群都界定为明器的话，则朱提堂狼铭的冲突可获更为恰当的解释。明器文字中常常出现虚拟地名或者套用已经废止的早期地名，因此年代在东汉中晚期的朱提堂狼铭上出现早已不存在的“堂狼”地名应属明器化使用的方式。

---

[56] 云南省文物工作队：《云南昭通桂家院子东汉墓发掘》，《考古》1962 年第 8 期。

[57] 云南省文物工作队：《云南大关、昭通东汉崖墓清理报告》，《考古》1965 年第 3 期。

[58] 云南省文物考古研究所等：《昭通水富县楼坝崖墓发掘报告》，《云南考古报告集》（二），昆明：云南科技出版社，2006 年。

[59] 孙太初：《朱提堂狼铜洗考》，《云南青铜器论丛》，北京：文物出版社，1981 年。

[60] 云南省文物考古研究所等：《昭通水富县楼坝崖墓发掘报告》，《云南考古报告集》（二），昆明：云南科技出版社，2006 年。

现代考古发掘清晰无误地揭示出朱提堂狼铭铜器的明器本质，并且否定了朱提堂狼铜器作为独立器群类别的可能性，因此，朱提堂狼器群不可当成一个独立的整体进行分析，仅以带年款的朱提堂狼铭铜器数量的多寡推断或者印证政治兴衰的做法是值得怀疑的。

4.4　梁堆：独特的墓葬形式

20 世纪 30 年代之前，朱提堂狼洗尚未逾越出金石学的范畴。作为汉代金石器物的一个门类，朱提堂狼洗仅仅指具有类同铭文的孤立器物组群。此类铜器出自什么环境，如何使用，和什么器物构成组合关系，既无人知晓，也无人关注。偶有言及这些问题的学人仍然多从传统典籍中寻找文献证据，直到近时仍是如此。张希鲁是第一个具有将滇东考古中的遗物和遗迹现象有意识联系起来的学人，率先实证性地以田野调查和发掘资料揭示两者关系，使滇东一带原本孤立的诸种遗物和遗迹现象融汇构成具有田野导向的滇东考古学。

“梁堆”是指地面隆起的封土堆的昭鲁土语，也被田野考古学借用指此类封土堆下的墓葬。虽然不能排除“梁堆”是多种人类活动形成的遗迹，或者曾经先后用于不同目的，但大多数“梁堆”应是墓葬无疑。梁堆遍布是昭通城外显著的地表特征，对梁堆属性的猜测在历史上也屡见不鲜。昭通乡人多认为“梁堆”是“傜堆”的转音，视其为瑶人的窝棚。墓中出土的铜器、刻花砖和五铢钱也被称为傜铜、花砖和傜钱。民国十三年《昭通志稿》仍从此说，“遂穴地而居，今四乡高处傜堆尚多”〔61〕。民国二十七年《昭通县志稿》卷六《种族》存“傜人”条，“又号曰马胡子，其俗穴地而居，或处山岭，均另筑高堆，下留一门以为出入。今四乡多有之，或名为梁王堆。其族类想不甚多，后为凉山夷人攻入，其种遂灭”〔62〕。王献唐则认为，“梁堆”与“狼墩（堆）”近音，应源自狼墩，即举烽火报警之要塞土墩〔63〕。张希鲁认为前说不当，因为昭通从无傜人活动的记录，而后说基于山左一带的经验，也不适用于滇东。他认为“傜堆”实是“窑堆”的误写，即指地面隆起如陶窑状的堆积。基于对出

---

〔61〕《昭通志稿》卷十，1924 年（民国十三年）铅印本，第 1 页。

〔62〕《昭通县志稿》卷六，1938 年（民国二十七年）昭通新民书局铅印本，第 2 页。

〔63〕王献唐：《考古三笺》，《西楼文选》，昭通：昭通地区行署文化局，1985 年。

土器物的判断，他认定梁堆为古代墓葬。同时期也有其他昭通文史之士持相同看法〔64〕。昭通四乡梁堆数量众多，不下数百个。“尤以城东十余里白泥井等处为多”，应是城外的墓葬群。而且，梁堆中出土古物也不鲜见，“梁堆有迹可寻，有数可指，从来颇少人工发掘。孟碑之出土，不过偶然耳”〔65〕。如果将梁堆推定为墓葬，则其地面痕迹清晰，兼有遗物不时出土，因此适合作为田野发掘的选点。

虽然梁堆与朱提堂狼洗密切相关，但梁堆的考古发掘却是以当地的另一项重要金石学发现为直接诱因。孟孝琚碑是20世纪昭通金石的一项重要发现。孟孝琚碑又称孟琁碑，是云南较早出土的长篇碑铭之一。光绪二十七年（1901）发现于昭通城外白泥井，后存于凤池书院。该碑残高1.33、宽0.96米，碑文15行，每行残存21字。由于孟碑碑首残缺，恰失去纪年铭文，导致诸家在年代推定上各有阐发。由于残存铭文中有干支计日，各家都以此为据推定年代，形成多达六种不同的断年，自西汉成帝河平四年（前25）到东汉建安二十一年（216）〔66〕。其中，桓帝永寿二年（156）或者三年（157）之说似最有说服力〔67〕。孟碑虽然引起海内众多学人的热烈讨论，但是大多仅据拓本，无人有机会亲身前往出土地点调查，甚至也无人认为有此必要。对碑刻的讨论也悉数局限在推定干支计日上，无人关注孟碑的出土环境也可能具有年代卡尺价值。事实上，孟碑的出土也并非无人记录，但由于出自昭通本地学人之手，传播范围并不广。孟碑出土

〔64〕 胡国桢：《孟琁碑序》，《西楼文选》，昭通：昭通地区行署文化局，1985年。

〔65〕 张希鲁：《寄秦璞安书》，《西楼文选》，昭通：昭通地区行署文化局，1985年。

〔66〕 六种说法计有：罗振玉、梁启超、袁嘉谷的河平四年说；黄膺、方树梅、袁丕钧的建武十二年说；方国瑜的永元八年说；陈伯陶、吴其昌、由云龙的永寿二年说；谢钦涧的永寿三年说；赵藩的建安二十一年说。

〔67〕 顾峰：《云南碑刻与书法》，昆明：云南人民出版社，1984年，第57页。汪宁生：《云南考古》，昆明：云南人民出版社，1980年，第112页；李昆声：《云南艺术史》，昆明：云南教育出版社，第144页。

当年，谢崇基即前往调查。发现孟碑的胡国桢、胡正陶父子也著文记录发现过程[68]。胡正陶指出，一座“梁堆”距孟碑仅七八尺，从中挖掘得到残破五铢钱数十枚，“赣人闻之继往，又得汉洗二”[69]。由此可见，世纪之初声誉鹊起的孟孝琚碑、北宋以来即见诸著录的朱提堂狼洗和仅为本乡人士知晓的“梁堆”原本是统一的考古学文化的组成部分。张希鲁提出，“各家对于孟碑的考证，一齐忽略过碑的发现地和附带的梁堆问题吗”[70]？“大家只是在纸上做工夫，不肯实地去考查碑的环境，这实在是一件大缺憾”[71]！这个意识是当时其他接触过孟碑的学人所不具备的。

张希鲁针对梁堆的田野考古以调查出土孟碑的白泥井起始，集中在30年代前期。1930年夏天，张希鲁师生就调查了白泥井[72]。1931年夏天，张希鲁以昭通民众教育馆的名义发掘了后海子梁堆，这次为期不足一周的发掘不仅是历史上第一次发掘梁堆，也是云南考古学史上最早的田野发掘记录。三年后，张希鲁调查洒渔河梁堆，又发现两座墓葬，“一为石砌，一为砖甃”，前者类似于后海子梁堆[73]。张希鲁实际调查和发掘过的梁堆可能更多，如收藏“建初画刻石”时提及对曹家老包梁堆的调查，不过没有留下墓葬的详尽记录。但是，1937年返回昭通后，由于未可知原因，张希鲁已经不再热衷于记录对梁堆的田野调查了。

---

[68] 孟孝琚碑题跋计有昭通胡国桢、谢崇基，剑川赵藩，善化黄膺，吴县王仁俊，宜都杨守敬，石屏袁嘉谷，钱塘吴士鉴，上虞罗振玉，元和杨宝镛，长沙郑业敩，晋宁方树梅，石屏袁丕钧、袁丕佑，新会梁启超，腾冲李根源，东莞陈伯陶，海宁吴其昌，昭通张希鲁，剑川赵式铭，姚安由云龙，昭通谢文同等诸家。方国瑜在《新纂云南通志》有详细说明。

[69] 袁嘉谷：《汉孟孝琚题跋》，1911年云南图书馆石印本；张希鲁：《孟孝琚碑跋》，1933年石印本。张希鲁：《西南古物的新发现》，《西楼文选》，昭通：昭通地区行署文化局，1985年。

[70] 张希鲁：《西南古物的新发现》，《西楼文选》，昭通：昭通地区行署文化局，1985年。

[71] 张希鲁：《西南古物的新发现》，《西楼文选》，昭通：昭通地区行署文化局，1985年。

[72] 杨在高：《昭通城东访古记》，《西楼文选》，昭通：昭通地区行署文化局，1985年。

[73] 张希鲁：《考古小记》，《西楼文选》，昭通：昭通地区行署文化局，1985年。

张希鲁 1931 年发掘后海子梁堆的经历仅能从《昭通后海子梁堆发掘记》予以管窥。后海子在昭通县城西北约 15 里处。张希鲁既是发掘的倡议者，也是主持者。发掘时间当在 1931 年夏天，延续时间并不长，“凡掘六七日，日工四五人”。至发掘几近完成时，张希鲁记录了梁堆墓葬的形制特征：“掘至底，深过人顶，四面沙石甃成，俨然石室。前狭后广，纵丈余，横四尺许，可容七八人。上虽圮，以门楣及石壁考之，知为圆顶。室形适类古之铲币然”〔74〕。此次发掘收获以石刻为主，“计得石大小百余块。其中足宝者，一石上刻龙随凤图，一石为人逐马图，一石杂刻花鸟数事”〔75〕，即人马花鸟浮雕石刻 3 件，据推测出自墓室四壁。另有文字石刻 2 件，其中一块铭“风神”。陶片、花砖等尚有百余件，但是未见铜铁金属器物和完整陶器等。发掘之余，张希鲁调查当地民众，得知梁堆中常见出土器物种类甚多。“闻农家言，发掘者，花砖最多，五铢钱次之，间有刀、剑、铜器、石器各物”〔76〕。由于张希鲁全无接触近代意义考古学的可能途径，因此他的发掘不能以现代田野考古规程予以衡量，其发掘过程全无发掘记录，仅配非测量略图（图 4.5）。从张希鲁的记录判断，他应该采取揭顶

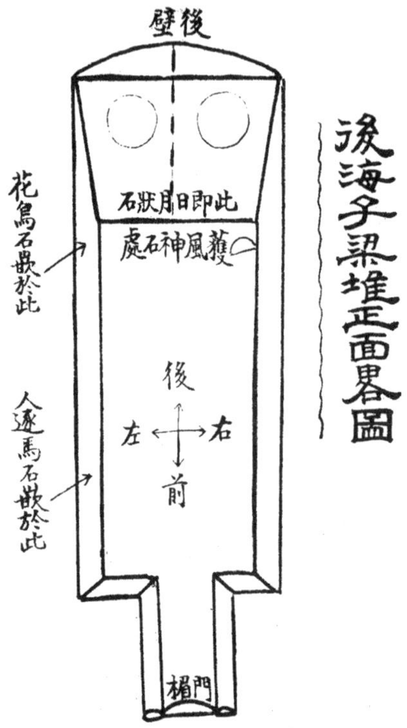

图 4.5　昭通后海子梁堆平面略图
（采自张希鲁:《滇东金石记》）

〔74〕 张希鲁：《昭通后海子梁堆发掘记》，《西楼文选》，昭通：昭通地区行署文化局，1985 年。

〔75〕 张希鲁：《昭通后海子梁堆发掘记》，《西楼文选》，昭通：昭通地区行署文化局，1985 年。

〔76〕 张希鲁：《昭通后海子梁堆发掘记》，《西楼文选》，昭通：昭通地区行署文化局，1985 年。

方式发掘了这座墓葬，墓葬的形态应该是单室石室墓，从发掘收获判断，这座墓葬早年已遭盗掘，几成空室。不过，堪作弥补的是，张希鲁采用了极受现代田野考古学青睐的人类学访问，所得结论非常接近后世发掘实际所得。

1949年之后，昭通一带发掘的梁堆计有昭通桂家院子、后海子、二坪寨、刘家海子、白泥井、洒渔河、李家湾、曹家老包、鸡窝院子、永善务基、鲁甸的大坪子、马厂、半边街、大婆树等处〔77〕。梁堆形态的汉墓并非仅见于昭鲁一带，邻近的川黔地区都有分布，贵州赫章、清镇、平坝，四川宜宾和凉山均可见到类似墓葬形式〔78〕。梁堆墓葬的分布甚至远及呈贡归化和姚安西普屯〔79〕。无论在时代上还是在文化内涵上，与后海子梁堆最为接近的是桂家院子墓葬。从地表特征上看，桂家院子与张希鲁的描述非常近似，地面的封土堆达到十余座，1960年发掘的两座墓葬出自最大的一座封土堆。两座墓葬均为带短墓道的单室砖室墓，亦即张希鲁所称“铲币”形状。由于M2早年被盗，仅有M1可资参考。M1为券顶，内有朱漆木棺两具〔80〕。墓室形态也近同于张希鲁所见，

---

〔77〕云南省文物工作队：《云南昭通桂家院子东汉墓发掘》，《考古》1962年第8期；云南省文物工作队：《云南昭通文物调查简报》，《文物》1960年第6期；云南省博物馆：《云南省昭通后海子东晋壁画墓清理简报》，《文物》1963年第12期；孙太初：《两年来云南古遗址及墓葬的发现与清理》，《文物参考资料》1955年第6期；西南博物院筹备处：《清理云南昭通的汉墓》，《文物参考资料》1954年第7期；曹韵葵：《云南昭通专区的东汉墓清理》，《考古通讯》1957年第4期；云南省文物考古研究所等：《永善县务基乡青龙村汉墓发掘报告》，《云南考古报告集》（二），昆明：云南科技出版社，2006年；昭通地区文物管理所：《云南昭通市鸡窝院子汉墓》，《考古》1986年第11期；游有山、谢崇昆：《昭通县鸡窝院子汉墓清理报告》，《云南文物》第13期，1983年；昭通地区文物管理所：《昭通文家老包古墓群调查简报》，《云南文物》第15期，1984年。

〔78〕匡远滢：《四川宜宾市翠屏村汉墓清理简报》，《考古通讯》1957年第3期；林声：《四川凉山发现汉墓》，《考古》1965年第3期。

〔79〕云南省文物工作队：《云南呈贡归化东汉墓清理》，《考古》1966年第3期；孙太初：《两年来云南古遗址及墓葬的发现与清理》，《文物参考资料》1955年第6期；云南省博物馆筹备处：《姚安县清理晋墓一座》，《文物参考资料》1956年第2期。孙太初：《云南姚安阳派水库晋墓清理简报》，《考古通讯》1956年第3期。

〔80〕云南省文物工作队：《云南昭通桂家院子东汉墓发掘》，《考古》1962年第8期。

但是后海子墓葬为石室墓，而桂家院子墓葬为砖室墓。目前昭鲁一带的梁堆墓葬尚未见到纯为石室的范例，但有的砖室墓采用了下石上砖的砌法。此外，后海子墓葬还出土了若干画像石刻，亦算较为罕见。

图4.6　建初画刻
（采自张希鲁:《西楼文选》）

张希鲁另藏一件“汉建初画刻”或可微妙地揭示出他的最后一次有据可查的梁堆发掘，不过，由于缺乏详细记录，我们仅能依据若干线索部分复原该座墓葬的发掘过程（图4.6）。“汉建初画刻”器呈覆斗状，高6寸5分（20.8厘米），底边边长8寸5分（27.2厘米），顶上一孔，应该是一件石基座。张希鲁曾经推测，“数年前发现铜像一座，下有柄，恰可插入此石孔中”。张希鲁对石基座功能的推断大致不错，但不必和铜像配对，而更有可能的是作为摇钱树的基座。事实上，张希鲁的发掘记录显示，两天之后他就在墓中找到了摇钱树，“又得花树泉一枝，叶间果实，为五铢泉四五枚，铜质翠绿，古意穆然”〔81〕。不过，张希鲁尚未将二者联系在一起。对于他而言，这个石座的价值全然体现在刻铭上。石座三面分别刻龟蛇、鹤和凤，另一面上刻“建初九年三月戊子造”，即可推知摇钱树制于公元84年。作为明器的摇钱树的制作年代大体等同于墓葬的埋葬年代。如果孟孝琚碑的年代推定在公元156年或者157年的话，则建初刻石的年代更早，已经前提到公元一世纪。这正是张希鲁为之着迷之处，“谁知地不爱宝，古物迭出，所谓第一石者，又将逊位欤”〔82〕？通过发现确凿的年代更早的遗物，进一步延伸本地古史的时间深度，这是张希鲁的乡土史倾向的考古学所真正关注的。但是，随葬这件石座的梁堆只能通过枝

〔81〕张希鲁:《跋汉建初画刻》,《西楼文选》,昭通：昭通地区行署文化局，1985年。
〔82〕张希鲁:《跋汉建初画刻》,《西楼文选》,昭通：昭通地区行署文化局，1985年。

节片段予以复原。“建初”铭石座出自昭通城外东 8 里的曹家老包梁堆。曹家老包是 1937 年 4 月 9 日偶然发现的，当日出土其他器物已不可稽考，张希鲁仅仅记录了带铭石座。11 日，该墓清理出花砖数百以及前述摇钱树。由此推知，曹家老包梁堆亦为砖室墓，但墓葬平面等皆不可知。摇钱树是随葬器物之一，但同出何种其他器物则不可知晓。

1950 年之后的昭通田野考古学揭示，当地除梁堆墓葬外，还有更为奇特，被视为滇、川、黔特有的墓葬形态，有“僰儿子坟”之称的崖墓。水富楼坝、昭通小湾子、象鼻岭、大关岔河等地皆有崖墓的集中分布〔83〕。不过，张希鲁没有在崖墓的发掘和研究上取得等量齐观的成就。张希鲁的确曾经关注过此类墓葬，“盐津豆沙关两处岩穴中都有。吾去看，下临大降，真是可望不可攀。好在豆沙关城隍庙内已陈列着一具”〔84〕。1934 年川游期间，张希鲁在少城公园和华西大学博物馆参观崖墓发掘收获，但未能激发他在本地发掘类似的墓葬〔85〕。或许崖墓的“僰人”归属使张希鲁将其排除在乡土史的史料范畴之外。

4.5　暗流传统中的张希鲁

乡土史取向的考古学是张希鲁学术最主要的特征，在国族主义考古学高涨时期尤显另类而难得。1939 年，方国瑜致函张希鲁称，“去岁中央研究院来滇，将做考古，瑜意以昭通、曲靖、陆良为最有价值。而吴金鼎赴大理访获新石器时代遗物，已在大理设工作站。北平研究院来，瑜亦以前意相告，而月前晤旭生先生，又谓将赴保山，暑假成行”〔86〕。吴金鼎于 1938~1940 年调查和发掘大

---

〔83〕云南省文物考古研究所：《昭通水富县楼坝崖墓发掘报告》，《云南考古报告集》（二），昆明：云南科技出版社，2006 年；云南省文物考古研究所：《昭通小湾子崖墓发掘简报》，《云南文物》第 33 期，1992 年；云南省博物馆文物工作队：《云南昭通象鼻岭崖墓发掘简报》，《考古》1981 年第 3 期；云南省文物工作队：《云南大关、昭通东汉崖墓清理报告》，《考古》1965 年第 3 期。

〔84〕张希鲁：《西南古物的新发现》，《西楼文选》，昭通：昭通地区行署文化局，1985 年。

〔85〕张希鲁：《游蜀杂记》，《西楼文选》，昭通：昭通地区行署文化局，1985 年。

〔86〕《方国瑜致张希鲁函》，《西楼文选》，昭通：昭通地区行署文化局，1985 年。

理苍洱境年代在南诏之前的遗址。徐旭生的滇西之行似未最终形成任何考古学调查和发掘。两家机构都无意于继续滇东的调查和发掘或暗示出国族主义考古学与地方主义考古学的取向分野。这个时期的中国考古学更为关注具有“代表意义”的遗址或者遗物，或者具有国家尺度价值的选题。无论是朱提堂狼洗还是梁堆，虽是“朱提富藏，当为吾滇古史增光不少也”〔87〕，但在云南一省都未引起足够的关注，又如何能吸引南来的考古学人？乡土之爱是维系乡土史取向考古学的内在支柱，与爱国主义和国族主义考古学之间的关系同出一辙。张希鲁调查和发掘昭通古物的目的似锁定在证明“云南的开辟，要以迤东最早，而昭通为最”〔88〕。因此，在朱提堂狼洗一题上，张希鲁非常自然而不乏轻率地得出结论，“证明统全国的汉金，诸多是鼓铸于西南。此非揣测之辞，有汉洗上最多的朱提、堂狼两种地名为证”〔89〕。以地下资料证明特定区域内某个地点的文化突出地位恐不是具有“中国”观察尺度的吴金鼎或徐旭生的兴趣所在。

张希鲁的田野倾向和乡土考古中的情境观念使其有资格被纳入到中国考古学的暗流传统之中。张希鲁几乎是在孤立无援的情况下，将朱提堂狼洗、孟孝琚碑和梁堆结合成为有情境的滇东考古学体系。而且在此基础之上，他率先以实证的田野方式建构了两汉时代的昭鲁地区。正由于张希鲁处在相对孤绝的位置上，导致他的贡献常常被低估甚至忽视。张希鲁的乡土考古学明显地显示出金石学底层，因此他对朱提堂狼洗、孟孝琚碑和建初画刻的兴趣常常被误认为是金石余绪，兼之张希鲁的考古学思想来源无法厘定，后世研究轻率地将他的贡献局限在地方文史之上。但是，今天的滇东考古学仍能体察到张希鲁奠定的基础：他所确立的考古学主题迄今仍是滇东考古学主题，他所采用的方法与现代田野考古学具有共通之处，甚至他的民族考古学调查方法就是在他之后的考古学中都是不多见的。仅就此而论，张希鲁的开创之功便不可忽视。

---

〔87〕《方国瑜致张希鲁函》，《西楼文选》，昭通：昭通地区行署文化局，1985年。

〔88〕张希鲁：《西南古物的价值》，《西楼文选》，昭通：昭通地区行署文化局，1985年。

〔89〕张希鲁：《西南古物的新发现》，《西楼文选》，昭通：昭通地区行署文化局，1985年。

第五章

走向民族考古学：以前范式时代的铜鼓研究为中心

1954 年，贵州麻江谷峒宋墓中出土 1 面铜鼓[1]。1955 年，配合黎湛铁路建设发掘的广西贵县墓葬群中，贵县高中 M8 出土了 1 面铜鼓[2]。年代更早、出土更集中的铜鼓见于云南晋宁石寨山滇文化墓葬区的发掘中。其中，1955 年第一次发掘中，甲区 1 号墓出土 1 面铜鼓和 2 面铜鼓形贮贝器[3]。1956~1957 年第二次发掘共计发掘土坑墓 20 座，出土铜鼓 15 面，铜鼓形贮贝器 4 件[4]。这是具有明确考古学情境的铜鼓的最早出土记录。此前对公私收藏铜鼓的年代、用途和族属的蠡测不得不囿于缺乏实证的玄想和风闻口传，自 50 年代起，至少形式风格断代可以得到考古出土材料的校正。50 年代中期以来，铜鼓频出于云南、贵州、广西、四川、广东等地，资料累积渐趋丰富。到 70 年代后期，铜鼓研究一跃成为中国考古学，尤其是南方地区青铜时代考古学的显学。不容否认，迄今方兴未艾的铜鼓研究以田野考古学中发现的铜鼓为基础，但是铜鼓研究并不是全新的研究门类或者选题，无论是术语、观察方法还是理论预设上，当前的铜鼓研究都可以追溯到 20 世纪 50 年代之前。事实上，70 年代中晚期兴起

---

[1] 李定：《铜鼓》，《文物》1978 年第 11 期。

[2] 黄增庆：《广西贵县西汉木椁墓清理简报》，《考古通讯》1956 年第 4 期。

[3] 云南省博物馆考古发掘工作组：《云南晋宁石寨山古遗址及墓葬》，《考古学报》1956 年第 1 期。

[4] 云南省博物馆：《云南晋宁石寨山古墓群发掘报告》，北京：文物出版社，1959 年，第 74 ~ 79 页。

的铜鼓研究热潮恰恰建立在与早期学术对话的基础之上〔5〕。如果将50年代中期的实证性发现和70年代中期的研究热潮视为铜鼓研究的新范式的话，将此前逾半个世纪的铜鼓发现和研究纳入到中国考古学的暗流传统则大体不误。

与其他列入暗流传统的研究主题相比，铜鼓研究具有两个重要的特征。其一，铜鼓是以器类定义的研究类别，这个定义方式原本预置性地与金石学或者古器物学传统存在密切关联，不过，虽然若干暗藏观念不免延续了更长的时间，但是前范式时代的铜鼓研究已经基本肃清了金石学影响，而且建立了与近代意义的铜鼓研究的亲缘关系。铜鼓进入到金石学研究视野年代较晚，最初被界定为自华夏传入孤立的西南蛮夷及百越群峒的铜器。19世纪晚期到20世纪中期的早期学人的最主要成就之一就是扬弃了铜鼓研究中的单线式传播论陋见，不再将铜鼓视为华夏遗物，在一定意义上开启了土著考古学（indigenous archaeology）传统。此外，由于铜鼓分布范围远逾出中国，全球范围内近现代意义的铜鼓研究就是建立在欧洲收藏基础之上，因此，近现代意义的铜鼓研究自一开始就是国际性学术主题，前范式时代的中国铜鼓研究承继了自迈耶（A. B. Meyer）和夫瓦（W. Foy）以来的研究传统。对于20世纪下半叶的铜鼓研究而言，所继承的“遗产”主要是19世纪末期到20世纪上半叶的进展，而不是金石学范式的阐释。70年代之后与早期铜鼓研究的对话集中在两个方面，即铜鼓类型学和铜鼓的功能，这恰是前一阶段主要的学术进步。但是，既往的学术史讨论将这个时期的铜鼓研究和金石学范式下的铜鼓研究混为一谈，低估了前者的学术史价值。其二，铜鼓研究在方法上不同于其他主题。尽管在使用铜鼓的具体族群上还存在争议，但铜鼓是华夏以外、偏于岭南和西南一隅的青铜器类已经形成共识。而且，不同于已经成为“遗物”、与现实生活缺乏关联的金石器物，铜鼓在相当晚近的时候仍然行用于岭南和西南的土著社会之中。因此，从某种意义上说，铜鼓是“活态”的考古学器物。对于见诸考古学埋藏或者博物馆收藏之中的铜鼓

---

〔5〕冯汉骥：《云南晋宁出土铜鼓研究》，《文物》1974年第1期；洪声：《广西古代铜鼓研究》，《考古学报》1974年第1期；汪宁生：《试论中国古代铜鼓》，《考古学报》1978年第2期；李伟卿：《中国南方铜鼓的分类与断代》，《考古》1979年第1期；李定：《铜鼓》，《文物》1978年第11期；广西壮族自治区博物馆：《古代铜鼓学术讨论会纪要》，《文物》1980年第9期。

实际使用和象征意义的猜测，除了为数不多且学术可信度不高的文献可资征引外，研究者意识到实证性地调查土著族群中的铜鼓才能提供更多的洞见。 这个时期的铜鼓研究虽然缺乏田野考古所获的材料，但是建立在实证性收藏基础之上，和民族调查结合在一起，与更早的金石收藏成泾渭分明之势。 考古学资料和民族志调查的结合在其他考古学分支是不多见的。 因此，铜鼓考古学将揭示出与常见的田野考古学不同、具有人类学或者民族学倾向的考古学类型。

5.1 诸葛鼓与伏波鼓：传统视角

近现代意义的考古学出现之前，汉文典籍之中已经出现铜鼓的零星记录，不过多是不可稽考的土俗记录或传闻，关涉地域不出岭南和西南一带。《西清古鉴》卷三十七收录铜鼓十四面，这是铜鼓进入金石收藏的起始（图 5.1）。 所录首面铜鼓下注曰，“此器今世多谓之诸葛鼓，盖武侯渡泸后所铸。 然考马伏波平交趾，亦铸铜为鼓，则先诸葛有之矣。 ……大抵两川所出，为诸葛遗制，而流传于百越群峒者，则皆伏波为之。今未能差别，统名为汉铜鼓”〔6〕。自此，诸葛鼓和伏波鼓说即成定谳。《西清古鉴》模棱两可的铜鼓分类体系并非新立之说，而是两种流传已久的说法的调和折中，一方面试图为并行于世的两种铜鼓的源流假说正名，以地域差别予以解释；另一方面则将两者纳入汉铜鼓的范畴，蛮夷器用之具被当成华夏礼乐制度播扬的结果。

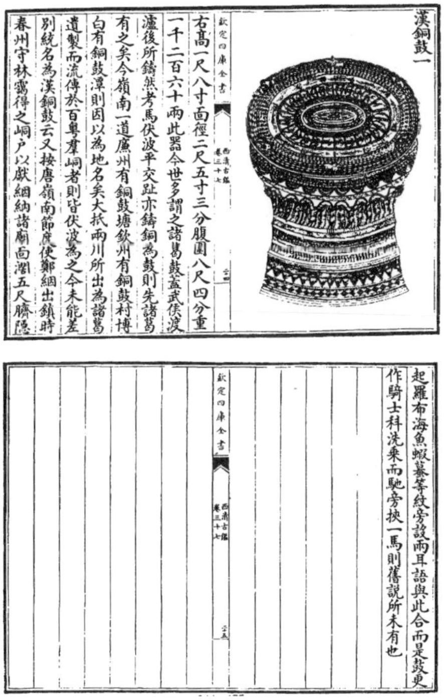

图 5.1 《西清古鉴》铜鼓

虽然两说分别溯源到《三国志》和

〔6〕（清）梁诗正、蒋溥等：《西清古鉴》卷三七，椟藻堂本，第 24 页。

《后汉书》，但文献不但不能确证，反而与铜鼓形成之说形成抵牾。既往屡有学者言及文献不足证。《三国志》卷三十五《诸葛亮列传》作，“三年春，亮率众南征，其秋悉平”，引《出师表》，“五月渡泸，深入不毛”〔7〕。《后汉书》卷二十四《马援列传》作，“援好骑，善别名马，于交趾得骆越铜鼓，乃铸为马式，还上之”〔8〕。两处引文均无诸葛和伏波铸鼓的记录，而《后汉书》引文更是清晰表明伏波征战交趾之前，当地已有铜鼓。晚清谢堃《金玉琐碎》称“蛮夷皆有铜鼓，无一言及诸葛亮者，后人所称诸葛鼓者，均为无本之谈”。日本学者松崎复在《铜鼓考》中也以常识辩称诸葛和伏波二说均不可信〔9〕。

诸葛鼓和伏波鼓的讨论不应止步于通过文献对比及甄别说法真伪。两说至迟在南宋即已出现，逐渐成为主流观念，而且历史上屡有变迁，因此，从“移植历史”的观念出发，诸葛鼓和伏波鼓两说的流变恰是以他称和自称定位的西南历史的变迁的绝佳写照〔10〕。而且对于近现代意义的铜鼓研究而言，诸葛鼓和伏波鼓两说固然可能因为文献不足征而被迅速扬弃，但是其预设观念可能长时期残存在研究者头脑之中。因此，有必要通过排比文献，勾勒出铜鼓起源的叙事转型。谢启昆《粤西金石略》附《铜鼓考》按，“铜鼓为僚蛮所铸，马伏波前已有之。故伏波得之以铸马式。……自石湖有伏波所遗一语，后人遂误为伏波所制，且因伏波附会及于诸葛，至谓大者为伏波鼓，小者为诸葛鼓，真误中误也”。谢说是梳理诸葛鼓和伏波鼓假说最有见地的论断，即认为伏波鼓说的出现肇因于南宋范成大（石湖居士），而诸葛说乃是附会伏波说，因此更为晚出。谢说判断基本不错，只是诸葛、伏波二说的线索可以进一步明晰。

伏波说中，继《后汉书·马援传》后，郦道元《水经·温水注》作“骆越有铜鼓，马援取其鼓以铸为铜马”，仍遵循铜鼓为骆越之物，马援取铜鼓改铸之说。但到范成大《桂海虞衡志》作“铜鼓，古蛮人所用。南边土中时有掘得

---

〔7〕（晋）陈寿：《三国志》，1982 年中华书局排印本，第 919、920 页。

〔8〕（南朝宋）范晔：《后汉书》，1982 年中华书局排印本，第 840 页。

〔9〕松崎复：《慊堂遗文》卷二，转引自鸟居龙藏：《苗族调查报告》，《鸟居龙藏全集》第 11 卷，东京：朝日新闻社，1977 年。

〔10〕顾颉刚：《自序》，《古史辨》第 3 册，上海：上海古籍出版社，1982 年重印本，第 8 页。

者，相传为马伏波所遗”，因“蛮人所用”和“伏波所遗”使伏波、蛮夷与铜鼓的关系变得含混起来。因此，谢启昆以范成大为伏波鼓的始作俑者。周去非《岭外代答》作“按马援征交趾，得骆越铜鼓，铸为马。或谓铜鼓铸在西京”。前句仍从《后汉书》，但后句则不知所本。伏波铸鼓说流传到清际，马援已经从征服者转变成为地方神祇，马援铸鼓已经和超自然现象联系在一起。檀萃《滇海虞衡志》作“马留人常击铜鼓祀伏波，铜鼓，伏波所铸”。《说蛮》作“马流人常识其处，常击铜鼓祀伏波，盖所祖也。铜鼓与铜船，俱伏波所铸”。李调元《南越笔记》作“粤人谓雷廉至交趾，海滨卑湿，革彭多庳缓不鸣，无以振威，故伏波铸铜为之，状亦类鼓，名曰骆越之鼓”。伏波铸鼓已经形成定说，“骆越之鼓”甚至成为伏波鼓的代名词。伏波也从自中原而来的征伐者而成为当地马流人崇拜的对象。而乐明盛《浔阳获铜鼓记略》更进一步阐发，作“旧谓马伏波征交趾，舟经八桂，有二铜鼓跃入水中，今三千年同日异地而出，此神明之所呵护也”。此说是传统的伏波南征故事上添加神异情节的一种有趣变体。传统汉籍之中的铜鼓并未被目为神异之物，因此也无铜鼓与水的关系及铜鼓化身为神异跃入水中的记载；但是流传于岭南和西南的口承文学之中习见对铜鼓的水性的描述，是土著居民关于铜鼓来历的主要说法之一。无论是水族、布依族，还是壮族都有铜鼓跃入水中与恶龙争斗的传说〔11〕。乐氏此说显然是传统汉文文献的伏波铸鼓和黔桂一带流传的铜鼓入水传说结合的产物。《后汉书》中伏波得铜鼓，改铸马式的故事在多次转述后渐渐改变成为伏波铸鼓，伏波也从外来征伐者转变成为本土神祇，伏波铸鼓的故事可能长时期存在于口承文学之中，因此会和土著铜鼓传统故事要素结合起来，文献所见不过是其记录形式而已。

相比较而言，诸葛鼓之说出现较晚，表现形式也相对简单。诸葛铸鼓说频繁见于明人笔记小品之中。何宇度《益部谈资》作“诸葛鼓，乃孔明擒孟获时

---

〔11〕 黔南文学艺术研究室编，岱年、世杰主编：《水族民间故事》，贵阳：贵州人民出版社，1984 年；广西师范学院民间文学研究所编，杨光富选注：《毛南、京、仫佬、回、彝、水六族故事选》，南宁：广西人民出版社，1988 年；贵州省社会科学院文学研究所、黔南布依族苗族自治州文研室：《布依族民间故事》，贵阳：贵州人民出版社，1982 年。

所制”。朱国桢《涌幢小品》作“铜鼓必诸葛倡之，后人仿式而作，其精巧返有过之者”。徐树丕《识小录》作“今贵州蛮中有诸葛鼓，青绿斐然，见贵于时，岂其遗制耶？”陆次云《峒溪纤志》作“铜鼓多马伏波及武侯所制，故称为‘诸葛鼓’。大苗峒方能有之”。诸葛铸鼓说在形式上虽然类似伏波铸鼓说，但是形成过程可能并不相同，而且两个假说流传范围不同，因此并非如谢启昆所称诸葛鼓说是附会伏波鼓说的结果，两者可能是在不同地区各自独立生成的。《三国志》从未提及铜鼓，而提到诸葛铸鼓的文献年代甚晚，因此，不应以《三国志》为诸葛铸鼓说的源头。诸葛鼓一说应该在流行于川南、滇北和黔西一带的诸葛亮崇拜背景下予以理解，至迟在明代以来，土著居民常常将当地特有的地貌特征、器物文化和风俗习惯归诸诸葛亮，铜鼓只是其中的表现形式之一。

诸葛鼓和伏波鼓两说在汉文文献中并行不悖，导致折中调和之说的出现。魏濬《西事珥》作“铜鼓，今两粤滇黔皆有之，或以为诸葛武侯者，不必尽伏波也”。朱彝尊《铜鼓跋》也有“伏波将军平交趾，诸葛丞相渡泸，始得铜为鼓。蜀则凡鼓悉称孔明所遗”。邝露《赤雅》则依据铜鼓大小区分成为两类，较大的为伏波鼓，较小的为诸葛鼓。因此，《西清古鉴》对铜鼓的阐释只是列举成说，并试图调和，但是也不乏新意。首先，与此前言及铜鼓著述不同的是，《西清古鉴》在体例上第一次将铜鼓纳入到金石范畴，改变了此前笔记和方志之中记载的铜鼓的土俗和玩好属性。其次，《西清古鉴》采纳了地域区分的标准，将诸葛鼓和伏波鼓之分释为两川和百越群峒之分，这或许反映铜鼓和对铜鼓的认知上都存在的地域多样性，尽管田野考古学证明铜鼓的地域多样性无论在类型还是在年代上的复杂性都超出了这个范式。此外，《西清古鉴》赋予铜鼓在金石学中极其微妙的位置。所有铜鼓皆以“汉铜鼓”作为类别名称，但是这些铜鼓皆出自“两川”或者“百越群峒”地区，因而是流于蛮夷的华夏遗制。

由此可见，诸葛鼓和伏波鼓都是长期以来并行不悖的托古讹传的表达方式。无论是起始契机、流传环节和转型过程都各不相同。两种话语建构的早至东汉和蜀汉时期的铜鼓源起可能和真实的铜鼓生成过程并不相干，但是却真实反映了话语出现和流行时代的观念。同样，两种话语的调和也不能视为铜鼓分类学的早期工作，但是既可能反映了对铜鼓的地域多样性的意识，也可能是特定时代政治地理观念的表达。

诸葛鼓和伏波鼓代表了以单线式传播论为特征的传统视角。首先，铜鼓即使不见于中原，仍被视为源自中原的器物。铜鼓在南方地区的出现必然与特定的华夏与蛮夷之间的历史记忆联系起来，而且多半倾向于更为遥远的早期历史记忆。马援和诸葛亮在土著社会中的神祇化过程都使他们易于被接纳为铜鼓的发明者。以中原青铜文明作为源地的传播论在很长时间都是铜鼓源起的主要思路，当可堪对比的考古学资料有限时尤其如此。即使在放弃了传统的诸葛鼓和伏波鼓假设之后，中原影响仍然被当成铜鼓形成的一个主要来源。其次，虽然从诸葛鼓和伏波鼓开始，就一直或明或晦地表达铜鼓是流行于百越蛮夷的器物，但是在铜鼓的功用上，单线式传播论更倾向于按照中原铜器的使用方式予以理解。而本土化使用方式多不被记录，即使偶被记录，也是作为奇风异俗的描述。方国瑜尝试总结传统文献列举的铜鼓用途，分为西南土人之乐器、击鼓赛神、用于战阵、赏功和进贡等多类〔12〕。蒋廷瑜也以击之为乐、用以赛神、祭祀祖先、传递信息、指挥军阵等为铜鼓用途〔13〕。这种忽略了使用者族属和使用情境的功能描述一直是关于铜鼓功能的主流观念。

诸葛鼓和伏波鼓话语的外在视角也值得关注。见诸文献的所有描述，包括讲述铜鼓土俗都基于外在旁观者的视角。方国瑜认为诸葛鼓和伏波鼓之说是土人附会，不过1949年之后的民族志调查和民间故事搜集却显示，至少黔桂一带流行截然不同的关于铜鼓起源的民间传说，因此，诸葛鼓或者伏波鼓之说很可能并非土人附会，而是汉人臆想。事实上，历代文献中也的确可见更接近于土著居民使用铜鼓的实况的记录，如《隋书·地理志》有，“岭南廿余郡，俚僚铸铜为鼓。……其俗尊有鼓者，号为都老，群情推服”，《岭外代答》也有，“广西土中铜鼓，耕者复得之。交趾尝私买以归，复埋于山，不识何意也”，不一而足。这些描述虽然不必然是出自土著居民内在视角的记录，但可能在经过修饰和扭曲之后，依旧保留了土著使用方式的事实基础，但是在传统视角下，这些材料并无法得到正确阐释。只有在放弃了单线式传播论观念之后，这些描述才能在更有效的民族考古学框架下重新检讨。

---

〔12〕 方国瑜：《铜鼓考》，《新纂云南通志》卷八十五《金石考》五，昆明：云南人民出版社，2007年，第98～100页。

〔13〕 蒋廷瑜：《古代铜鼓通论》，北京：紫禁城出版社，1999年，第216～229页。

5.2 近代铜鼓研究的材料背景：19 世纪以来的发现

至迟到西晋时期，汉文典籍已经确凿记录南方铜鼓〔14〕；铜鼓见诸地下的记录也可追溯到唐代〔15〕。到北宋之时，铜鼓已经进入公私收藏〔16〕。但是，直到清代中期之前，铜鼓都被视为同时期蛮夷用具，亦即“活态”铜器，虽然也有发掘出土的记录，如《岭表录异》载唐咸通末年龚州修葺城墙时发现铜鼓和僖宗时期高州乡间出土铜鼓，但汉人所见的大多数铜鼓是通过征伐或者进贡的方式获取的。自《西清古鉴》确立了铜鼓金石收藏的地位后，各省铜鼓的出土和收藏记录显著增加。这一方面反映了清代金石学自乾嘉范式向道咸和同光范式转型过程中金石收藏规模扩大，分类趋向复杂，促使盗掘和交易也更加频繁；另一方面，或许乾嘉之后铜鼓的出土数量并没有陡增，但是自《西清古鉴》以来，铜鼓得到的关注程度有了显著改善。此外，铜鼓始终是金石收藏中一个微妙的类别，既可能远及诸葛和伏波，又和同时期蛮夷有关；收藏者既有土司官府，也有私人金石藏家；在收藏和使用上，既有视之为金石古玩，也有捐赠给各类寺庙用作实用的响器。本节兹就金石学范式确立以来，广西、云南、四川、贵州等地铜鼓出土、收藏和流传情况作一简述。铜鼓资料的积累不仅具有材料意义，其模棱两可的地位也影响了近现代意义的考古学对铜鼓的阐释。

广西方志中所见铜鼓的记录最多。乾嘉之后，邕宁县、郁林县谷山、郁林县城西荔枝根、郁林县镇武山、郁林县腾龙堡、象州、北流县石一里坡、北流县下一里、北流县新圩、北流县扶来里大伦村、藤县二十五都祝村、藤县随化里黄坡村、钦州铜鼓岭、钦州石滩村、博白县三瑾堡、博白县蟠龙山、宜山县交椅村、合浦白龙城南门外烟墩岭、灵山县大化村、灵山县石塘练竹村、桂平县上秀

---

〔14〕《晋书·食货志》记录“广州夷人，宝贵铜鼓”。参见（唐）房玄龄：《晋书》卷二十六《食货志》，中华书局 1974 年竖排标点本，第 795 页。

〔15〕（唐）刘恂：《岭表录异》卷上，丛书集成初编本，北京：中华书局，1985 年，第 4 页。

〔16〕（宋）董逌：《广川书跋》卷六，丛书集成初编本，北京：中华书局，1985 年，第 76 页。

里旺安村、贵县等都有铜鼓发掘出土的记录〔17〕。广西此时所见铜鼓甚多，但藏地并不统一。广西省立博物馆于1936年自南宁、宾阳、永淳、南丹和都安等地征集了7面铜鼓，到40年代末期增加到20余面，这是现代公共博物馆机构有意识收藏铜鼓的起始〔18〕。但是，大部分铜鼓分藏在不同的机构和个人手中。以北流县为例，铜鼓散见于北容高山庙、罗片那排庵、卞二里社峒水口禄隆寺、扶来大嵛冲天观、新圩小学〔19〕。个人收藏铜鼓的则有灵山知县阮萃恩收藏灵山大化村出土铜鼓，知县马维骢收藏朱千岁坟铜鼓、高山大庙铜鼓和新圩文庙铜鼓〔20〕。少数广西铜鼓在19世纪晚期流入西方，1898年，苏元春将凭祥山洞里出土的铜鼓赠送给阿金斯（D'Argence）〔21〕。

---

〔17〕《邕宁县志》卷四十三《古迹》，民国二十六年铅印本，第23、24页，收录于《中国方志丛书》，台北：成文出版社，1968年；《博白县志》卷十二《古迹·金石》，道光十二年刊本，第29、30页；《廉州府志》卷二十二《金石》，道光十三年刻本，第9、10页，收录干《广东历代方志集成》，广州：岭南美术出版社，2006年；《藤县志》卷二十一《杂记》，光绪三十四年刊本，第947页，收录于《中国方志丛书》，台北：成文出版社，1968年；《郁林州志》卷二十《艺文编金石附》，光绪二十年刊本，第63、64页，收录于《中国方志丛书》，台北：成文出版社，1967年；《合浦县志》卷六《金石》，民国三十一年石印本，第6页，收录于《广东历代方志集成》广州：岭南美术出版社，2006年；《灵山县志》卷二十《金石》，民国三年铅印本，第272页，收录于《广东历代方志集成》广州：岭南美术出版社，2006年；《桂平县志》卷二十《古迹》，民国九年铅印本，第27页，收录于《中国方志丛书》，台北：成文出版社，1968年；《钦州志》卷十一《金石》，道光十四年刻本，第9页，收录于《广东历代方志集成》广州：岭南美术出版社，2006年；《贵县志》卷十四《金石》，民国二十三铅印本，第406页，收录于《中国方志丛书》，台北：成文出版社，1967年。

〔18〕《广西省立博物馆近况及过去的工作》，《中国博物馆协会会报》第1卷第4期，1936年。

〔19〕《北流县志》卷十一《古迹》，光绪六年刊本，第412～415页，收录于《中国方志丛书》，台北：成文出版社，1975年。

〔20〕《灵山县志》卷二十《金石》，民国三年铅印本，第271、272页。

〔21〕Parmentier H. Anciens Tambours de Bronze. *BEFEO*, 1918, 18: 23.

云南也是近世频见铜鼓的地区之一。方国瑜曾经系统整理了19世纪以来云南铜鼓的出土和收藏情况。铜鼓多是自地下发掘而得，广南、阿章、车里、大姚、永仁县输城里等地铜鼓出土皆有详细说明〔22〕。尤其值得关注的是，铜鼓在土著居民生活中仍然得到频繁使用，广南铜鼓于道光十年出自广南木贵寨，引起土著居民争讼之后官府断在城隍庙〔23〕。阿章鼓出自广南南乡阿章寨，当时保存在广南县团保局。鲁甸铜鼓条记录“民国八年得于鲁甸北区妥乐苗民家，闻由贵州遵义运至”，意即此鼓征集时仍在行用。从收藏情形看，有的收藏在官府之中，但多为土司土署，如芒市土署和车里土署，或者如阿章鼓暂存于团保局。但也有相当多数保存于寺庙之中，如广南城隍庙、腾冲太平阁、公明山摆夷寺、金平县川庙、威信禹庙、宾川鸡足山石中寺都保存铜鼓，送入各类寺庙用作响器恐多是汉人行为。个人收藏铜鼓的有大古场宋氏收藏的西畴铜鼓，陈铎收藏的昭通铜鼓，鲁甸聂氏、永善李氏和威信赵氏等各自收藏的本地铜鼓。无论是广南鼓还是阿章鼓都极具流动性，而且尚不算孤例。张希鲁记录昭通铜鼓，“铜鼓，昭通有二。陈铎得之，铎死不知下落。李氏家庙有一，余未见。邓子琴云，永善小学校有一，为有力者夺去。巧家有一，为广州杨成志君收买，余见之于昆明。云南博物馆有四五，昔年已饱眼福”〔24〕。张希鲁曾目验昆明的铜鼓收藏，但包括2面十二生肖铜鼓在内的若干原属省立博物馆的铜鼓转入昆华民众教育馆。杨成志也从巧家购买了一面铜鼓。西方收藏购买的云南鼓数量众多，其中黑格尔所引吉列（Gillet）鼓就出自云南，巴门特尔（Henri Parmentier）收录的23面铜鼓中，7面出自云南〔25〕。

乾嘉之后的广东屡见铜鼓记录，但是铜鼓的出土记录不多，而铜鼓的保存和

〔22〕 方国瑜：《附载铜鼓》，《新纂云南通志》卷八十五《金石考》五，昆明：云南人民出版社，2007年，第95～112页。

〔23〕 董国华：《铜鼓铭并序》，《新纂云南通志》卷八十五《金石考》五，昆明：云南人民出版社，2007年，第95页。

〔24〕 张希鲁：《古物记》，《西楼文选》，昭通：昭通地区行署文化局，1985年。

〔25〕 Parmentier H. Anciens Tambours de Bronze. *BEFEO*, 1918, 18: 25-27.

流通反而更为多见。方志之中仅有言及高州鹤峒自水中冲出铜鼓〔26〕。而在更早的时期，雷州半岛及海南岛出土铜鼓的记录更为常见。各地出土的铜鼓多存放于庙宇之中：茂名鹤峒出土的铜鼓初置城隍庙，后移入关帝庙；海康英山出土的铜鼓置于天宁寺；另有铜鼓见于肇庆鼎湖山庆云寺和中山县诸葛武侯庙〔27〕。方志之中也记载了铜鼓藏家，如香山小榄麦氏〔28〕。不过，广东在近世所见铜鼓不必悉数出自广东境内，因为自19世纪中晚期西方收藏铜鼓兴起，广东就是主要的集散点，因此，临近地区，尤其是广西的铜鼓多流向广东，以待外销。黑格尔调查的铜鼓之中，来自广州的样本接近40面。一位宋姓广州官员收藏的铜鼓据称多达18面〔29〕。凌纯声以“三多”（出土多，伪造多，出口多）为广东铜鼓的特征〔30〕。如果考虑到广州是铜鼓出口的主要地点之一的话，后两多应当无误，但“出土多”尚有待证明。

四川方志之中也有大量自土中挖掘以及收藏铜鼓的记录。凌纯声引《明史·刘显传》“得铜鼓九十三，铜铁锅各一”，称叙南为“古今中外在一时一地获得铜鼓最多的地方”〔31〕。不过，四川并非全境可见铜鼓，而是多集中在金沙江流域一带。在乾嘉之后的方志中，至少在庆符县铜鼓窠、宜宾县横江乡、雷波厅天姑密乡、雷波厅黄螂、西昌县德昌、芦山县灵山、盐边拉鹿河、高县焦村和

---

〔26〕《高州府志》卷十六《杂录》，第80页，乾隆刊本，收录于《故宫珍本丛刊》第182册，广东府州县志第17册，海口：海南出版社，2001年。

〔27〕《高州府志》卷十六《杂录》，乾隆刊本，第80页，收录于《故宫珍本丛刊》第182册，广东府州县志第17册，海口：海南出版社，2001年；《广东通志》卷六十四《杂事》，雍正九年刻本，第4页，收录于《广东历代方志集成》广州：岭南美术出版社，2008年。

〔28〕《新修香山县志》卷五《金石》，道光八年刻本，第26、27页，收录于《中国史学丛书》之11，台北：台湾学生书局，1965年。

〔29〕弗朗茨·黑格尔：《东南亚古代金属鼓》上海：上海古籍出版社，2004年，第6、7页。

〔30〕凌纯声：《记本校二铜鼓兼论铜鼓的起源及其分布》，《台湾大学文史哲学报》第1期，1950年。

〔31〕凌纯声：《记本校二铜鼓兼论铜鼓的起源及其分布》，《台湾大学文史哲学报》第1期，1950年。

筠连县巡司场等地皆有铜鼓出土的记录〔32〕。掘出铜鼓多保存在当地寺庙之中，如关帝庙、九连寺、白塔寺等，芦山县甚至有铜鼓庙〔33〕。出土铜鼓甚多的叙州一带也有不少私人收藏，“邑中士大夫家常购之，以为轩斋之玩”〔34〕。

在同为铜鼓主要出土区域的贵州，出土铜鼓记录并不算多，但这可能是文献稀少造成的。铜鼓多是自土中掘出。遵义县永安庄曾发掘到铜鼓，放置在永安寺，后移入桃源山晚香阁〔35〕。

湖南历史上曾有铜鼓出土的零星记录，但乾嘉之后亦不见载于任何文献〔36〕。江西有以铜鼓为地名者，也有铜鼓传来自南康，但是铜鼓的出土却无法证实。

由此可见，自乾嘉时代以来，铜鼓出土和流通记录变得更加频密。除了出

〔32〕《庆符县志》卷二《图考》，光绪二年刻本，第 32 页，收录于《中国地方志集成·四川府县志辑》第 35 册，成都：巴蜀书社，1992 年；《叙州府志》卷十六《金石志》光绪二十一年刻本，第 2、4、13、37、38 页，收录于《中国地方志集成·四川府县志辑》第 28 册，成都：巴蜀书社，1992 年；《西昌县志》卷十一《艺文志》，民国三十一年铅印本，第 68 页，收录于《中国地方志集成·四川府县志辑》第 69 册，成都：巴蜀书社，1992 年；《高县志》卷五十《金石》，同治五年刻本，第 1 页，收录于《中国地方志集成·四川府县志辑》第 35 册，成都：巴蜀书社，1992 年；《筠连县志》卷三《古迹》附金石，同治二十年刻本，第 2 页，收录于《中国地方志集成·四川府县志辑》第 36 册，成都：巴蜀书社，1992 年；《叙州府志》卷十六《金石志》雷波厅条，光绪二十一年刻本，第 37、38 页，收录于《中国地方志集成·四川府县志辑》第 28 册，成都：巴蜀书社，1992 年；《雅州府志》卷二《山川》，乾隆四年刻本，第 38 页，收录于《中国方志丛书》，台北：成文出版社，1969 年。

〔33〕《雅安府志》卷二《山川》，乾隆四年刻本，第 38 页，收录于《中国方志丛书》，台北：成文出版社，1969 年。

〔34〕《长宁县志》卷十二《古迹》，嘉庆年本，民国八年印，第 20 页，收录于《中国地方志集成·四川府县志辑》第 34 册，成都：巴蜀书社，1992 年。

〔35〕《遵义府志》卷十一《金石》，道光二十一年刊本，第 4 页，收录于《中国方志丛书》，台北：成文出版社，1968 年。

〔36〕（宋）朱辅：《溪蛮丛笑》，丛书集成初编本，北京：中华书局，1991 年，第 2 页；（宋）范致明：《岳阳风土记》，丛书集成初编本，北京：中华书局，1991 年，第 16、17 页。

自地下和水中之外，“活态”的铜鼓也频繁可见。广南铜鼓之例表明，出自地下的铜鼓仍受土著居民珍视，可能转变成为具有实际使用功能的铜鼓。铜鼓收藏地点的多样性也暗示了铜鼓亦古亦今的地位。西南土著仍在行用铜鼓一方面增加了近现代意义铜鼓收藏的来源；另一方面为按照传播论观念，通过观察现代土著居民铜鼓使用的方式解释历史上的铜鼓“遗制”提供了样本。

5.3　从鸟居龙藏到闻宥：铜鼓研究的暗流遗产

20 世纪 70 年代中期之后形成的中国铜鼓研究热潮以铜鼓的年代和类型为最初的突破口。这是建立在晋宁石寨山、江川李家山、楚雄万家坝、祥云大波那、曲靖八塔台、西林普驮、贵县罗泊湾、遵义杨粲墓、赫章可乐等地的田野发掘和 1979 年开始的全国铜鼓大普查的基础之上〔37〕。洪声、李伟卿、汪宁生、李定、张世铨等诸家提出的铜鼓分类和年代方案都以黑格尔体系作为预设对话对象，而在铜鼓的来源和社会属性上则多辨诘自狄葛乐、高本汉到戈鹭波诸家的论断〔38〕。70 年代之后基于田野考古发掘和博物馆普查的中国学人的研究与 20 世纪初期黑格尔以来的西方学人研究的关联诱使学者们建立了单线式的铜鼓研究发展线索，即近代意义的铜鼓研究肇起于德国、奥地利和荷兰学者，其中黑格尔建立的铜鼓型式体系和狄葛乐对铜鼓来源的判断构成了早期研究范式。自第一次世界大战之后，以远东学院为核心的法国学者成为铜鼓研究的中坚力量，东山遗址的发掘和刊布也吸引了多位学者参与到铜鼓讨论之中。中国学者直到 70 年代之后，随着确凿的田野发掘资料累积渐趋丰富，才形成铜鼓研究的主导力量，同时，越南学者也在类似的田野考古资料渐趋丰富的条件下形成铜鼓研究的另一个

〔37〕 云南省文物工作队：《楚雄万家坝古墓群发掘报告》，《考古学报》1983 年第 3 期；云南省文物工作队：《云南祥云大波那木椁铜棺墓清理报告》，《考古》1964 年第 2 期；云南省文物考古研究所：《曲靖八塔台与横大路》，北京：科学出版社，2003 年；广西壮族自治区文物工作队：《广西西林县普驮铜鼓墓葬》，《文物》1978 年第 9 期；广西壮族自治区博物馆：《广西贵县罗泊湾汉墓》，北京：文物出版社，1988 年；贵州省博物馆考古组：《赫章可乐发掘报告》，《考古学报》1986 年第 2 期。

〔38〕 洪声：《广西古代铜鼓研究》，《考古学报》1974 年第 1 期；李定：《铜鼓》，《文物》1978 年第 11 期；张世铨：《论古代铜鼓的分式》，《古代铜鼓学术讨论会论文集》，北京：文物出版社，1982 年。

传统。这个单线式模式将铜鼓的研究按照时代先后顺序排列，抹杀了不同阶段、不同的学术传统中的铜鼓研究的不同范式。换言之，全球视野下的铜鼓研究应该是多条学术线索的集合。显而易见，50 年代之后中国的铜鼓研究不是直接建立在欧洲学术的基础之上。中国学人通过何种途径知晓世纪之初的黑格尔体系，如何甄别夏德、狄葛乐、高本汉和戈鹭波等人的论断，都说明在 50 年代之前，中国的铜鼓研究并非一片空白，而只是相对于德奥传统和法越传统而言，学人数量不多，论著有限，应当算作处于暗流状态。这个阶段起于 1902~1903 年鸟居龙藏在中国西南的田野调查和对在贵州征集铜鼓的研究，继之以郑师许以上海市博物馆藏铜鼓和凌纯声以台大人类学标本室藏铜鼓为样本对铜鼓的介绍和研究，终止于 1955 年闻宥以四川大学历史博物馆藏铜鼓为样本的研究。不容否认，处于前范式阶段的中国铜鼓研究传统无论在发现规模和学人力量的投入上都只能以稀缺形容，但是，对于自 50 年代起以田野考古为基础的铜鼓研究而言却是重要的铺垫。70 年代之后，中国的铜鼓研究学者熟稔自黑格尔和狄葛乐到高本汉和戈鹭波的研究，如果考虑到黑格尔的经典著述的中译本直到 2004 年才出版，狄葛乐、高本汉和戈鹭波诸家的论著基本不见于中国，则最早从事铜鼓研究的东方学者功不可没，其中尤以鸟居龙藏和郑师许为著〔39〕。他们的译介和整理之功，使中国即使在材料不足的情况下，也能保持对西方铜鼓研究全面而及时的了解。另一方面，与欧洲学者的形式风格分析不同的是，这批学者更倾向于基于田野调查的铜鼓研究，这为作为民族考古学的铜鼓研究的崛起埋下了线索。

日本著名人类学家、民族学家和考古学家鸟居龙藏（1870~1953）的铜鼓研究构成了前范式阶段的第一个环节。尽管鸟居龙藏是日本学人，但是无论从调查的地点和内容，还是从对后世铜鼓研究的影响上看，他都应该被视为近代意义的中国铜鼓研究的起点，而不应简而化之为域外影响。鸟居龙藏出生于四国德岛，并未受过系统的正规教育，早年的学习和工作深受日本人类学奠基人坪井正五郎（1863~1913）的影响和帮助。1886 年加入东京人类学会，开始在《东京人类学会杂志》上发表德岛的人类学和考古学调查报告。1893 年进入东京帝国大学担任理科人类学教研室标本管理员。自 1895 年起，鸟居龙藏开始了漫长的田野调查，足迹遍布东亚和东北亚地区。1895 年，鸟居龙藏调查了辽东半岛和东

---

〔39〕 弗朗茨·黑格尔：《东南亚古代金属鼓》，上海：上海古籍出版社，2004 年。

北南部地区，最早确定了东北地区石器时代。1896 年开始，鸟居龙藏受台湾总督府的委托，逐年调查了当时被称为“生番”的山地和平地原住民及红头屿的水上居民。1899 年参与了对千页岛的调查。1902~1903 年，鸟居龙藏得到东京大学的支持，前往中国西南省份进行了为期八个月的调查。1906 年因受聘于蒙古喀喇沁王府女学堂而开始调查蒙古东部，并开始契丹研究。1909 年调查旅顺一带的积石冢。1910 年受朝鲜总督府的委托对朝鲜进行调查，随后在 1911~1916 年几乎调查了朝鲜全道，其中尤其以对支石墓（石棚）的研究和率先确认汉代乐浪遗迹引人注目。1916 年，鸟居龙藏创办武藏野会，推动东京一带的乡土文化史研究。1917~1919 年，鸟居龙藏的主要田野活动集中在日本国内，遍及奈良、长野、鸟取、岛根、高知和爱媛等地。1919 年受东京帝国大学派遣调查贝加尔湖以东的东西伯利亚地带。1922 年，自行创办鸟居人类学研究所。1923 年，鸟居龙藏出任国学院大学教授，辞去东京帝国大学教职。1926 年，鸟居龙藏夫妇调查中国山东一带。1928 年鸟居龙藏出任东方文化学院东京研究所研究员，同年开始第三次西伯利亚之行。1930 年开始鸟居龙藏密集地研究契丹。1939~1951 年，鸟居龙藏担任燕京大学客座教授。在此期间的研究包括东北的辽代画像石墓、大同辽代遗迹、柝木城、云冈石窟等，辽代文化成为鸟居龙藏此时期的研究重点。1951 年鸟居龙藏返回日本，由朝日新闻社出版了自传《老学徒手记》,而其毕生学术文字汇编成为十二卷本《鸟居龙藏全集》〔40〕。鸟居龙藏是 20 世纪上半叶田野经验最为丰富、最具洞见的人类学家和考古学家之一。无论是田野调查和学术兴趣，他都涉猎甚广，而且对东亚各国的民族学和考古学都有深刻的影响。在东北亚土著民族、草原民族社会、台湾山地民族、契丹和辽代考古上，鸟居龙藏都具有开创之功。

鸟居龙藏的铜鼓研究和 1902~1903 年的中国西南调查有关。此次长达八个月的调查是他唯一一次在中国西南地区的田野活动，也是战前日本学人唯一一次对中国西南的调查。就鸟居龙藏的田野经验而言，台湾、朝鲜、蒙古、东西伯利亚和中国东北是历年频繁调查的区域，这既有地利之便，也是时势和政治变迁使然。鸟居龙藏对中国西南的兴趣与 1896 年开始的台湾山地民族调查有关。

---

〔40〕 鸟居龙次郎：《鸟居龙藏小传》，《鸟居龙藏全集》第 1 卷，东京：朝日新闻社，1976 年。

出于和台湾山地民族的比较研究，考察山地民族来源的目的，鸟居龙藏在东京大学的支持下，于 1902~1903 年在中国西南进行远距离调查。行程之远、单次连续调查时间之长对于鸟居龙藏而言也是罕见的。鸟居龙藏于 1902 年 7 月 30 日离开东京，取道上海后溯江而上，8 月 15 日抵达汉口。在此盘旋几近十日，于 24 日离开汉口，前往岳州（今岳阳）。岳州是严格意义上鸟居龙藏西南之行的起点。9 月 1 日，鸟居龙藏离开岳州，跨洞庭湖之后在庐陵潭登陆，经陆路过沅江至常德，在常德再由水路，经桃源、辰州、泸溪和辰谷，于黔阳登陆。10 月 2 日离开黔阳，经沅州、晃州后进入贵州，7 日到达镇远，在黄平、清平和平越等地调查苗族后，抵达贵阳，直到月底才离开。鸟居龙藏西行经清镇和安平后，于 10 月 31 日到达安顺，继续西行进入云南，经马龙和沾益后，于 11 月 23 日抵达昆明。在云南，鸟居龙藏南下经行路南、江川、呈贡、弥勒和通海后，折返昆明。然后自昆明北上，于 12 月 30 日抵达会理。经宁远，过大渡河，于 1903 年 1 月进入成都，再经眉州和嘉定，于 2 月 10 日抵达重庆，基本完成西南之行。尔后乘船自三峡返回上海，于 3 月 7 日返回日本。鸟居龙藏是一位百科全书式的学者，他的历次调查都无法单独纯粹归类。虽然此次调查以苗族为主要调查对象，但是由于实际行程穿行湘、黔、滇、川，他也详细记录了云南和四川的倮倮（彝族）。调查中，鸟居龙藏除了测量和记录各地人种的体质人类学和语言学特征外，也极为关注记录物质文化，具体而言包括村落和建筑形态、不同族群的服饰、特殊的器用文化等。此外，1903 年初，他还调查了金沙江一带被称为“蛮子洞”的崖墓遗迹。

鸟居龙藏在西南之行中于贵阳附近征集到一面铜鼓，这可能是他唯一收藏的铜鼓样本。不过，他对铜鼓的研究并不局限在自藏的样本上。如果通盘考察，鸟居龙藏的铜鼓研究可以分成两个不同的主题。其中之一是对自中国西南获取的铜鼓的研究。研究成果主要包括《苗族调查报告》第八章和单独成文的《我携带回来的一面铜鼓》〔41〕。后者是前者的单行本，行文几无差别。这是一篇对铜鼓的综合研究，分成铜鼓研究史、自贵阳获得的铜鼓的个案研究和推论三个部分，其中个案研究上又包括纹样、化学成分和测音等。由于鸟居龙藏对铜鼓

〔41〕 鸟居龙藏：《我携带回来的一面铜鼓》，《考古界》第 4 篇第 2 号，1904 年（明治三十七年），收录于《鸟居龙藏全集》第 10 卷，东京：朝日新闻社，1976 年。

的纹样分析依赖于1902年方获公布的黑格尔分类体系，鉴于亚洲学术界尚不知晓黑格尔体系，鸟居龙藏不得不专辟一定篇幅梳理东西方在铜鼓研究上的演进脉络。他也将自黑格尔和狄葛乐以来的近代意义的铜鼓研究方法运用于自己的研究之中，因此，鸟居龙藏的《铜鼓》一文是东亚学术圈中近代意义的铜鼓研究的起始。鸟居龙藏在铜鼓研究上的另一个主题则是比较方法的运用，这正是民族考古学的内核。鸟居龙藏在铜鼓研究上运用了复杂的“类比”观念。由于他认定在贵阳征集的铜鼓年代并不久远，其年代还能得到黑格尔形式分析的证实，而且无论是博物馆藏品还是文献记录，都证实年代更久远的铜鼓的存在，因此，鸟居龙藏提出了“以今推古”的历史类比法。“吾人今后之工作，则在将今日使用铜鼓之仲家，与昔日铸造而使用铜鼓之俚僚，做人种学上之比较研究”。更为重要的是，鸟居龙藏对铜鼓的观察服务于他的另一个具有重大贡献的领域——弥生铜铎研究。弥生铜铎是弥生时代最主要的器物类型之一，20世纪上半期，对铜铎的使用方式和社会价值一直存在各种蠡测。鸟居龙藏另辟蹊径，将铜鼓作为铜铎的参照系，以铜鼓推知铜铎的使用情况。鸟居龙藏认为铜鼓和铜铎之间的形态和纹饰近似，可以有效地推知两者在使用和意义上的共享关系。根据《明史·刘显传》，“得诸葛铜鼓九十三，……相传诸葛亮以鼓镇蛮，鼓失则蛮运终矣”，将铜鼓定位为兼为乐器和宗教法器的器物，因此，推测弥生铜铎也大体类似。这是建立在类似情境和类似特征基础之上的平行类比法。此类比较也见于《有史以前之日本》、《铜铎考》和《日本的铜铎》（*les Gongs-Cloches au Japon*）等〔42〕。由此可见，鸟居龙藏虽然是具有田野导向的学者，其铜鼓研究也以实物的个案分析为基础，但是重点放置在以铜鼓推知中国史和日本史上的重要问题，而所倚重的民族考古学方法是东亚考古学中都不多见的。

就对中国考古学中的铜鼓研究传统而言，鸟居龙藏的主要贡献并不必然和他的主要研究兴趣相重合。中国学术界不甚关注铜铎和铜鼓之间的类比关系，而日本各地更多弥生铜铎的发现也表明，两者的类比关系没有鸟居龙藏所假设的那么密切，晚近更多弥生时代遗址的发现也揭示出弥生铜铎需在特定的考古学情境

〔42〕 鸟居龙藏：《有史以前の日本》，矶部甲阳堂，1923年（大正十四年五月）；鸟居龙藏：《铜铎考》，《历史地理》第22卷第1号，1911年（大正二年）。

之中理解〔43〕。而鸟居龙藏征集的铜鼓虽然具有重要的学术史价值，但是由于属于年代晚近、数量众多的类别，随着田野发掘揭示的年代更早、特征更鲜明的铜鼓的出土，鸟居鼓几乎不太为人提及。对于今天的铜鼓研究而言，鸟居龙藏更重要的价值存在于学术史整理和民族考古学方法上。

中国学人对20世纪之前欧洲学者的铜鼓研究耳熟能详，这应该归功于鸟居龙藏在学术史上的梳理。西南之行结束之后约三年，鸟居龙藏写作了苗学奠基作品之一《苗族调查报告》。在铜鼓的章节之中，鸟居龙藏对在他之前的铜鼓研究进行了通盘整理，在资料的详尽占有程度和对既往研究的学术史价值评估上，鸟居龙藏表现出远超出同辈学人的能力；此外，通过学术史追溯，鸟居龙藏清晰地界定了铜鼓研究的二元主题，即铜鼓的形态风格和社会功能。类似的学术史分析也见于《铜铎考》。鸟居龙藏整理全球范围的铜鼓研究时，距近现代意义的铜鼓研究出现不过二十余年，而且早期铜鼓研究基本局限在德奥和荷兰学术圈中，而鸟居龙藏对铜鼓研究不仅反应敏锐，而且评估中肯，即使在逾百年后的今天，其基本论断也无重大修改的必要，这是尤其难能可贵的。《苗族调查报告》除简要提及以松崎复和大给恒为代表的早期日本铜鼓研究外，主要记录和评估了欧洲的铜鼓研究。鸟居龙藏的分析囊括了1903年之前出版和发表的14种专著和论文，并将其分成形态学和社会功能两条线索。在形态学的研究上，鸟居极力凸显从迈耶和夫瓦到黑格尔（Franz Hegel）的研究。鸟居龙藏视迈耶和夫瓦合著的《东南亚铜鼓》（*Bronzepauken aus Sudost-Asien*）为开山之作，“其以今日已发现之铜鼓，制为图版，此于铜鼓研究史上，实可大书特书也”。而对黑格尔的《东南亚古代金属鼓》（*Alt Metalltrommeln aus Sudost-Asien*），鸟居尤其推崇，“此论文可谓最完备且为庞然之巨帙矣。此书苟存，余书大可不要。吾人实抱此感”。在铜鼓的使用和社会意义上，存在以夏德（Friedrich Hirth）为代表的中国起源说和以狄葛乐（J. J. M. De Groot）为代表的南方起源说。鸟居龙藏虽也征引夏德，但显然更倾向于狄葛乐，他认为狄葛乐的两篇论文是考证最为细致的，“氏论文之要点，则在将铜鼓之地理学分布、花纹、突起物及记载中之事实，做极密之研究。吾人读此，极感愉快，盖价值极高之作也”。鸟居龙藏

〔43〕 徐坚：《弥生铜铎和日本青铜文化的传入》，《南京博物院集刊》第13集，2012年（待刊）。

归纳的早期铜鼓研究的二元主题一直延续到现今的铜鼓研究中。

在黑格尔《东南亚古代金属鼓》的中文版最终出版之前，鸟居龙藏一直是管窥黑格尔体系的必经门径。一方面，详细介绍黑格尔形态学体系的《苗族调查报告》于1906年出版，虽然不排除早期中国考古学学者接触到日文版《苗族调查报告》的可能，但是更多的学人应该是受到1936年由国立编译馆出版的中译本的影响。另一方面，郑师许同年写就《铜鼓考略》，即将付梓之际得知《苗族调查报告》中译本的出版，仓促阅读后决定添加鸟居龙藏讨论铜鼓的选文，这有助于更多的中国学人知晓黑格尔体系。不过，郑师许并未全文照录，仅仅摘录了鸟居龙藏的铜鼓学术史的日本和欧洲部分，这也导致中国铜鼓研究者仅仅知晓鸟居龙藏的介绍之功，而忽略了他的田野材料和原创研究。

郑师许是继鸟居龙藏之后，在铜鼓研究上具有显著贡献的学人。时任上海市博物馆筹备委员兼艺术考古部主任的郑师许于1936年出版《铜鼓考略》，该书纳入上海市博物馆丛书丙类第二种。在近代意义的铜鼓研究中，《铜鼓考略》是继鸟居龙藏《苗族调查报告》之后的另一种重要的著述，而郑师许也是最早涉足铜鼓研究的中国学人。《铜鼓考略》由若干个部分组成，第一部分辑录了两汉以来文献所见的铜鼓。如果与鸟居龙藏的文献整理相较，郑师许在搜罗的详尽程度和整理的条理性上都明显胜出。郑师许分成铜鼓的出土、铜鼓的地名、铜鼓的用途等诸多方面，大体按照年代顺序列举文献条目，迄今在铜鼓研究上的文献整理仍然不出这个框架。不过，近代铜鼓研究上的传统文献整理自鸟居龙藏以来，郑师许、方国瑜、凌纯声、蒋廷瑜等诸家都以类似的体系予以整理，差别仅在文献多寡详略上，并无写作范式的变更。而且，新材料的发现也从未改变文献整理的格局。

《铜鼓考略》的主要贡献，如同《苗族调查报告》第八章一样，在于介绍了西方的新近研究。该书的第二部分即集中介绍同时期西方学者的研究。郑师许原本计划全面介绍西方铜鼓研究的脉络，但是，如果与鸟居龙藏对自迈耶到黑格尔的早期学者的介绍相比较的话，即可发现郑师许无论在资料的详尽程度和分析的中肯程度上都远不及鸟居龙藏，这也可能导致郑师许将鸟居龙藏的译文节选附录于《铜鼓考略》。但是，郑著写作之时距鸟居龙藏写作之时也有近二十年，因此该部分倾向关注鸟居龙藏以后的学术进展，其中尤其详细介绍了巴门特尔、戈鹭波（Victor Goloubew，郑译作哥禄贝）和革尔登（R. Heine Geldem，郑译作哥尔登）的工作。如果将铜鼓的主要课题分成形态和年代序列、源起和社会功用两端的话，郑师许显然并不熟悉考古学的基本问题，因此对前者的价值认知不够，将西方学术界的铜鼓研究简化为“西洋学者之间，关于铜鼓之起源，其辩论已四五十年”〔44〕。郑师许盛赞戈鹭波的研究，称其为“最初对于铜鼓原型作考察者”，不过也谨慎地提出“但谓久已称为学界之谜之铜鼓问题，因此悉已解决则犹未也”〔45〕。

在铜鼓研究上，郑师许和鸟居龙藏的关联并不仅仅是年代先后关系。郑师许书稿即将付梓之时，杨宽告知尚有福开森的《周铜鼓考》和鸟居龙藏的《苗族调查报告》第八章与铜鼓研究相关〔46〕。但是，直到印成时，郑师许都没有看到福开森文，而在初读鸟居龙藏文后，认定鸟居龙藏在早期西方研究的评介上更为详尽而准确，因此将其附录于著述末尾。这样构成自郑师许向鸟居龙藏“追认”的线索，而郑师许也并非通篇抄录，基于补全 20 世纪初之前的西方和日本学人的铜鼓研究初衷，鸟居龙藏的中文文献整理、鸟居鼓的分析和研究尽被略去。这样，郑师许实际上肢解了鸟居龙藏的铜鼓研究，而且中国后世学人，尤其是考古学人，接触《铜鼓考略》较《苗族调查报告》更为便捷，因此，常常接受了经过郑师许裁剪的判断，而忽略了鸟居龙藏的田野导向、鸟居鼓以及其民族考古学方法。

毋庸讳言，郑师许不谙无论是艺术史还是考古学的分析方法，因此，虽然《铜鼓考略》以上海市博物馆所藏八件铜鼓为实物基础，但是仅在文末匆匆提及，除提供最基本的测量数据、照片和拓片外，无力再作任何分析。这也削弱了《铜鼓考略》的学术价值，以致 70 年代以后基于实物材料的铜鼓研究很难认同此书。

相对于鸟居龙藏和郑师许，凌纯声（1902~1981）的铜鼓研究则更易为 70 年代之后中国大陆地区从事铜鼓研究的学者忽略，但是在梳理 20 世纪前范式时代

---

〔44〕郑师许：《铜鼓考略》，上海：商务印书馆，1936 年，第 45 页。

〔45〕郑师许：《铜鼓考略》，上海：商务印书馆，1936 年，第 32 页。

〔46〕福开森著《周铜鼓考》以传出自陕西凤翔的两件铜鼓为题。此二鼓为直筒形，饰动物形纹饰，尺寸为直径 7 英寸，高 6.3 英寸和 6 英寸。福开森依据传统文献《小师》、《大射仪》和《周颂》对凤翔铜鼓予以释名。此二鼓实与西南铜鼓无关。

的铜鼓研究中，凌纯声及其为数不多的铜鼓论文实具有不容忽视的阶段性标尺价值。这种学术隔阂既可能是政治原因造成的，也可能是学术分野的结果。作为著名的人类学家，凌纯声对铜鼓的研究并不多，其中《记本校二铜鼓兼论铜鼓的起源及其分布》是罕见的兼具通盘理解和个案分析的论文〔47〕。凌纯声于1926年赴法，在巴黎大学师从著名人类学家莫斯，归国后先后服务于中央研究院历史语言研究所、教育部蒙藏教育司、国立边疆文化教育馆、中央大学、台湾大学和中央研究院民族研究所。他的民族学调查遍布大江南北，40年代之前即以《松花江下游的赫哲族》和《湘西苗族调查报告》闻名，50年代之后转向台湾山地民族和环太平洋地带土著文化的研究。铜鼓本不在凌纯声研究兴趣范围之内，但是兼采考古、民族、文献和民俗史料的综合分析却是凌纯声二战之后的主要研究取向。铜鼓研究的深化基本无睽于上述几个方面材料的整合。凌纯声借助台大收藏的两件铜鼓，重新整理了铜鼓的研究史，着重阐发了铜鼓的起源问题。在学术史整理上，凌纯声涵盖了中国、日本和西方的研究进展。在海外的研究部分，凌纯声补充了郑师许《铜鼓考略》之后的近二十年的新进展，具体而言是高本汉对东山文化和铜鼓来源的研究、原田淑人对铜鼓年代的研究和祢津正志对铜鼓纹样的研究〔48〕。在中国铜鼓资料的整理上，凌纯声的民族志训练和工作背景使其采用了地域关照更为强烈的分类方式——分省区整理了各地铜鼓的发现，这对三十年之后，中国铜鼓研究者们尝试划分铜鼓的地方类型意义重大。

在前范式时代从事铜鼓研究的学人中，凌纯声看似和考古学关系最为遥远，但是他却以台大两面铜鼓为例，完整地示范了黑格尔分析方法。无论是纹样描述，还是参照物的选择，凌纯声都以黑格尔体系为圭臬。但是，在讨论铜鼓的源起问题上，凌纯声放弃了纹样分析，回到了文献一途，“唯有在中国史书中求之”〔49〕。凌纯声以传统文献为据，分析近代使用铜鼓的民族并非苗和罗罗

〔47〕凌纯声：《记本校二铜鼓兼论铜鼓的起源及其分布》，《台湾大学文史哲学报》第1期，1950年。

〔48〕Karlgren B. The Date of the Early Dong-s'on Culture. *BMFEA*, 1942, (14): 1-28；原田淑人：《铜鼓的制作年代の研究について》，《考古学杂志》第27卷第2号，1937年；祢津正志：《印度支那の原始文明》，东京：河出书房，1943年。

〔49〕凌纯声：《记本校二铜鼓兼论铜鼓的起源及其分布》，《台湾大学文史哲学报》第1期，1950年。

（彝），而多为“僚”遗民。这个假设也与鸟居龙藏的调查相呼应，鸟居龙藏在《苗族调查报告》提及，“在贵州北盘江上游毛口地方，调查仲家使用铜鼓之情形，所得结果如下：吾辈与苗子及倮倮异，昔本不居此，明洪武时，始迁斯土。吾辈乐器无笙类，独用铜鼓，名曰 Nan-yen，往往由土中掘得之。即近时犹用此物。洎汉族侵入，尽被夺去，今也则无，故乃代以无皮之太鼓云”〔50〕。根据对克伦人铸鼓的记录，凌纯声以克伦为仡佬的转音，采用“历史类比法”推断铜鼓是僚人的乐器。在起源地上，凌纯声延续了高本汉的意见，以僚人的世居地作为铜鼓的主要源地，提出长江中游的云梦大泽一带即为铜鼓的原生地点。高本汉及凌纯声的观点都是材料极度稀缺，上古中国文化谱系尚很疏阔的时代的产物，随着资料渐趋完备，基本被证伪和扬弃。

前范式时代的铜鼓研究以闻宥的《四川大学历史博物馆所藏古铜鼓考》和《四川大学历史博物馆所藏古铜鼓考·铜鼓续考》作为终结。闻宥二书分别出版于 1953 年 2 月和 9 月，写作时代前后衔接紧密，在短短一年内立即写作《续考》反映了川大铜鼓收藏增长迅速的事实。馆藏铜鼓数量的速增甚至导致前书在清点铜鼓数量上出现前后抵牾〔51〕。但是，两书在形态分期方案、对铜鼓的基本认识上保持了一致，应该被视为前后连贯的统一研究。虽然闻宥的著述发表于 50 年代，但是在研究范式上更接近于此前发表的著述，而不同于 1955 年之后以田野出土铜鼓为基础的研究。闻宥（1901~1985）在文字、器物、民族等学科都有突出贡献。自 1929 年起先后任教于上海持志学院、中山大学、燕京大学、四川大学、云南大学等，1955 年调入中央民族学院。闻宥在沪期间曾短暂接触近代意义的考古学，此外，在华西协和大学和四川大学任教期间，曾经积极整理当地的器物收藏，铜鼓和画像石是闻宥用力颇多的两个领域。《古铜鼓考》和《铜鼓续考》即是闻宥在铜鼓研究上最重要的著述。两书以四川大学历史博物馆馆藏铜鼓为分析基础：四川大学的铜鼓收藏在 1949 年之前仅有 3 面，但到 1952~

〔50〕 鸟居龙藏：《苗族调查报告》，《鸟居龙藏全集》第 11 卷，东京：朝日新闻社，1976 年。
〔51〕《古铜鼓考》介绍 10 面馆藏铜鼓，但是第 29 页提及“历史博物馆有十三具”。

1953年，铜鼓数量有了显著的增加。1952年冬，馆藏铜鼓达到11面[52]。1953年2月，《古铜鼓考》付梓之时，馆藏铜鼓达到13面，到9月时，已经累积到16面之多。1949年之后新增铜鼓多出自市场或者调拨，因此出处传言仅有参考价值，有的出处可能为出土地点，有的则是流通地点。辰鼓和巳鼓据称出自眉州，而卯鼓出自新繁，但称此鼓更早出自北京。基本可以推断的是，四川大学所藏铜鼓应基本出自金沙江流域，而某些铜鼓曾经流通到北京古物市场。

闻宥《古铜鼓考》分为两个部分，即“型式与花纹”和“一般问题”。前一部分实际上介绍了特有的分类方法，分别依据铜鼓形态、鼓面和鼓身的纹饰进行区分。这是一套独立于黑格尔体系的分类方法。在一般问题上，闻宥提出三个问题：铜鼓的来源问题、铜鼓的制作者和中心地区问题、铜鼓的族属问题。在来源问题上，闻宥依据形态分析，力驳铜鼓和錞于的关联之说。在制作者上，闻宥认为铜鼓的中心在中国西南。在使用者上，闻宥的意见近似于凌纯声，将铜鼓视为历史上僚族的遗物。闻宥显然熟知黑格尔分类法，行文之中已经对比了自己和黑格尔的分类法，注释之中也引用了黑格尔著述，但是，闻宥可能更热衷于自身独特的分类体系，所以在描述上皆有独特之处。闻宥因字喃研究与远东学院保持了密切的联系，这也使他能较其他学人更早得知法国学者的工作，这在巴门特尔、戈鹭波和利维（P. Lévy）等频频发表铜鼓研究论著的时代尤显重要。同样，从行文上看，闻宥似乎与自鸟居龙藏到凌纯声一系并无关联。但是，其他的渠道可以证明，至少他与郑师许自上海开始就相识。

由此可见，自鸟居龙藏、郑师许、凌纯声到闻宥构成了前典范时代铜鼓研究的主要线索。四位学人及其作品看似四个孤立的节点，但是有内在的学理将诸家研究连缀起来。四位学人在学术传承关系上并不显著。凌纯声熟知鸟居龙藏的工作，其早期和芮逸夫合著的成名作《湘西苗族调查报告》就是直接建立在鸟居龙藏的《苗族调查报告》基础之上[53]。郑师许和闻宥同属于考古学社，并

---

[52] 闻宥：《四川大学历史博物馆所藏古铜鼓考》，成都：巴蜀书社，2004年，第53页。

[53] 凌纯声、芮逸夫：《湘西苗族调查报告》序言，北京：民族出版社，2003年，“日人鸟居龙藏氏于1902年旅行我国西南各省，实地调查苗族生活，虽曾路过湘西，亦未能入苗区工作。故湘西苗疆，今尚可称为民族学工作的处女地”。

且自旅沪时代开始就有所往来，但是50年代之前的铜鼓研究并未形成潮流。从治学理念上看，四位学人都显示出唯物主义倾向，有别于此前的金石学传统。其中，鸟居龙藏以民族学调查所得铜鼓为基础材料，而郑师许、凌纯声和闻宥都以博物馆收藏为基础材料。虽然四位学人都具有考古学意识，但是无一具有实际的田野发掘经验，也未曾获得出自准确的考古学情境的样本。鸟居龙藏开启了铜鼓之中的民族考古学研究思路，不过由于与日本弥生历史关系密切，兼之郑师许的裁剪，在中国影响不大。凌纯声和闻宥反而表现出民族史的倾向。

5.4 鸟居鼓、窸斋鼓、台大鼓和川大鼓

前范式时代铜鼓研究的四个环节上，鸟居龙藏、郑师许、凌纯声和闻宥都公布了独特的资料，这批铜鼓或出自田野调查，或藏于近现代意义的博物馆，构成了同时期铜鼓研究进展的材料基础。与20世纪之前见诸金石、方志、笔记等文献的铜鼓记录相比，从鸟居龙藏到闻宥都表现出截然不同的唯物主义研究风格，并对50年代之后的铜鼓研究产生了潜移默化的影响。这个倾向和铜鼓的征集及收藏方式的变迁密切相关，铜鼓被当成重要的物质文本，收藏、保管和展示于新成立的博物馆中，这导致对铜鼓物质属性研究的强调，与此前当成土俗、掌故、风闻、轶事记录的方式判然有别。每件铜鼓藏品都在详尽记录质地、尺寸和纹饰的基础之上尝试断代，并进而讨论社会性功能。因此，20世纪上半叶铜鼓研究的新进展是发现新材料和运用新的分析程序的产物。

虽然上述四笔铜鼓资料是建构铜鼓研究草创时期的关键材料，但是，既往研究如偶有提及，也仅仅罗列四位学人的发现和结论，基本忽略其具体研究过程。这种倾向固然和自50年代以来具有明确考古学情境的铜鼓发现层出不穷、早期材料的重要性相对降低有关，但是也揭示出学术史理解上的差歧。如果不从实物研究出发复原早期发现和阐释的情境、复原早期研究的认知过程的话，就很难准确揭示出早期研究的遗产价值。因此，本节希冀全面重新检讨20世纪上半叶公布的四笔铜鼓，一方面在铜鼓的现有认知水准下重新评估早期发现的个案；另一方面则希望比较不同时代的推理过程，管窥早期铜鼓研究的理路和程序。

20世纪上半叶公布的四笔铜鼓新资料依据发现者或者收藏者分别以鸟居鼓、窸斋鼓、台大鼓和川大鼓相称。

5.4.1　鸟居鼓

鸟居鼓仅有一面（图 5.2）。该鼓原藏于东京帝国大学理科人类学教室，现仍藏于东京大学人类学博物馆。该鼓系鸟居龙藏于 1902~1903 年中国西南之行中，在贵阳附近收购的，《苗族调查报告》详尽公布了相关数据〔54〕。该鼓残高 9 寸 5 分（32 厘米），面径 1 尺 6 寸 5 分（53 厘米），鼓胴胸、腰和足之间没有明显的分界，腰部略内收，起凸棱一周，但不甚明显。腰胸之间两侧对称分布双耳。鼓面纹饰分成十二晕，以十二线芒纹为中心，芒纹之间填充翎眼纹，第二晕为雷纹，第三、十一晕为不同形态的云纹，其中第三晕实为常见于青铜器的“S”形纹饰，第十一晕被鸟居龙藏界定为水波纹。第四、十晕为乳丁纹，第五、九晕为栉纹，第六晕为主体纹饰游旗纹，第七、八和十二晕为空白。鼓面上没有附着任何动物形象的痕迹。鼓胴表面纹饰被鸟居龙藏分为十五层，但是各层的区分并不都很明显，有的多层纹饰构成固定的组合关系，可以被视为同一层。鸟居龙藏区分的前三层应该合为一层，中部最宽的两层，即鸟居龙藏界定的第八、九层，俱为空白，将纹饰分成上下两个大段。各段的纹饰母题包括雷纹、栉纹、涡云纹等，上段纹饰顶层装饰乳丁纹，下段纹饰底层为倒三角纹。

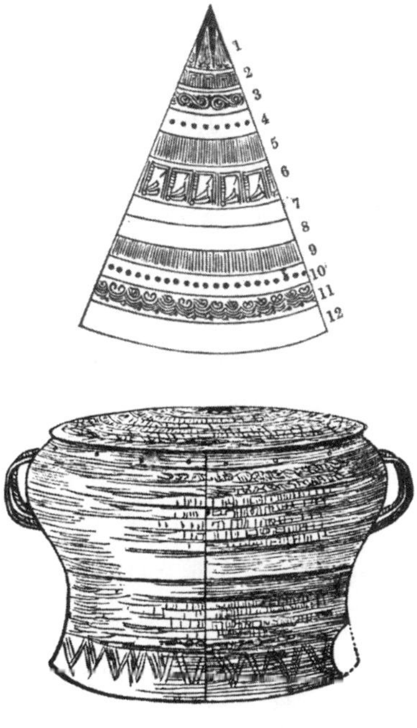

图 5.2　鸟居鼓
（采自鸟居龙藏：《苗族调查报告》）

---

〔54〕 鸟居龙藏：《苗族调查报告》，《鸟居龙藏全集》第 11 卷，东京：朝日新闻社，1976 年。

鸟居龙藏仅仅言及该鼓在贵阳附近采集，但是却没有提供详尽的征集地点、原有人和原使用情境等方面信息[55]。这种疏漏在鸟居龙藏的著述之中并不常见，可能另有隐情。我们仅能通过其西南之行的记录谨慎推断。在《苗族调查报告》第六章《苗族的土俗及土司》中，鸟居龙藏罕见地提及“仲家铜鼓”，而在言及其他族群时从未提到过铜鼓。鸟居龙藏得见铜鼓的过程需要依靠更详尽的田野日程记录。鸟居龙藏西南之行的田野日记以《人类学上所见的西南中国》为题出版，其中第二十四章《古代文字探究路上的仲家苗种》和第二十八章《仲家苗及其市场》进一步支持鸟居鼓出自布依（仲家）的假设。1902年11月5日，鸟居龙藏自镇宁出发，前往红山岩方向。是日记录特别提及镇宁以南的仲家苗，指明这是拥有铜鼓的民族，而且鸟居龙藏注意到，仲家衣服纹样上出现了涡纹、雷纹、三角纹、芒纹等，与铜鼓上的纹饰完全近同[56]。鸟居龙藏自11月8日从郎岱出发，经打铁关，到达毛口驿。途中提及，当日所见的非汉人土著居民就是仲家。沿途调查中，鸟居龙藏也的确就铜鼓询问当地老人，得到的回答称土中的确出土铜鼓，但铜鼓亦是土匪劫掠的对象，因此目前村寨已经不见铜鼓，只能以皮鼓替代[57]。在整个西南行记中，这是唯一频繁提及铜鼓的地点，鸟居鼓很有可能出自此地，从地理位置上看也符合鸟居龙藏含糊提及的“贵阳附近”。鸟居龙藏返回日本后，于明治三十六年（1903）6月9日所作演讲《中国的苗族》中提及，“仅有仲家使用铜鼓，余者不用”[58]。这再度证实，鸟居鼓应该出自镇宁到安顺一带的布依族村寨。

---

[55] 鸟居龙藏：《苗族调查报告》“图版说明”第一图，《鸟居龙藏全集》第11卷，东京：朝日新闻社，1976年。

[56] 鸟居龙藏：《人类学上より见たる西南支那》，《鸟居龙藏全集》第10卷，东京：朝日新闻社，1976年。

[57] 鸟居龙藏：《人类学上より见たる西南支那》，《鸟居龙藏全集》第10卷，东京：朝日新闻社，1976年。

[58] 鸟居龙藏：《支那の苗族》，《鸟居龙藏全集》第12卷，东京：朝日新闻社，1976年。

布依族是贵州的世居民族之一，主要生活在黔南和黔西南。鸟居龙藏途经的镇宁就是布依族聚居的地区之一。《黔苗图说》有“捕笼仲家贵阳南笼安顺三府，定番广州二州皆有之，以十二月朔为大节，岁时击铜鼓为欢”。《贵州通志》也有，“仲家……其种有三，一曰补笼，一曰卞光，一曰青仲，……岁时击铜鼓为欢”。历史上，布依族使用铜鼓并在年节时有击鼓活动可以得到文献证实。甚至文献中还有布依族在山地发现铜鼓埋藏，掘出之后继续使用的记录[59]。晚近的民族志调查也证实布依族至今仍有铜鼓舞[60]。因此，鸟居鼓可能并非出自地下，而是征购的还在行用的样本。但是流传过程无法判断鸟居鼓的存世时间，因此无法排除其传世久远，或者屡经行用和埋藏周期的可能，制作年代考证则需以形态和纹饰特征为据。

鸟居鼓风格特征甚为鲜明。鸟居龙藏曾经比照黑格尔分类体系，确定该鼓为基本型Ⅳ型铜鼓[61]。按照中国铜鼓学会分类方案，则应该属于麻江型铜鼓[62]。该类铜鼓形体偏小偏矮，鼓胸略往外凸出，鼓面沿略伸出颈部。胸部有大扁耳两对[63]。从形态上看，鸟居鼓与维也纳Ⅳ号鼓尤其接近。该鼓鼓面径49.8厘米，高27厘米。两鼓鼓面纹饰基本布局雷同，仅有细微差别。维也纳Ⅳ号鼓的芒纹较鸟居鼓的芒纹更尖锐，尖锋抵达第三晕。维也纳Ⅳ号鼓的“酉”字纹不见于鸟居鼓，但也没有鸟居鼓的“S”形云纹。主纹饰带所在层次略有不同，维也纳Ⅳ号鼓的游旗纹在第五晕，而且其他各晕在宽度上都不及主晕，而鸟居鼓的主晕在第六晕，但第五晕的栉纹和第七、八晕的空白晕在宽度上

---

[59]《贵州通志》卷七《苗蛮》，乾隆六年刻本，第462页，收录于《中国地方志集成·贵族府县志辑》，成都：巴蜀书社，2006年。

[60] 蒋廷瑜：《古代铜鼓通论》，北京：紫禁城出版社，1999年，第196、197页；田晓岫：《布依族的铜鼓》，《中央民族学院学校》1984年第2期。

[61] 弗郎茨·黑格尔：《东南亚古代金属鼓》，上海：上海古籍出版社，2004年，第147～232页。

[62] 蒋廷瑜：《古代铜鼓通论》，北京：紫禁城出版社，1999年，第77页。

[63] 中国古代铜鼓研究会：《中国古代铜鼓》，北京：文物出版社，1988年，第64页。

图 5.3　维也纳Ⅳ号鼓

（采自弗郎茨·黑格尔:《东南亚古代金属鼓》）

与主晕大体相锊。两鼓在鼓胴的形态和纹饰上非常近似（图 5.3）〔64〕。此外，《西清古鉴》也有多件与鸟居鼓类似的例子，“汉铜鼓”第八至十四诸器都可归入此类〔65〕。具有准确出土情境的麻江型铜鼓证明，该型铜鼓的确流传于云南、贵州、广西和湖南一带，至少从地望上吻合鸟居龙藏的记录。麻江型铜鼓的铸造和使用年代都相对晚近，但是年代跨度仍大。数件可大体断代的晚期麻江型铜鼓，无论是天元永明鼓、万历元年鼓还是康熙二十一年鼓，包括花朵纹、符箓纹、宝钱纹、如意纹等汉式纹样均不见于鸟居鼓、西清古鉴诸鼓和维也纳诸鼓，但这究竟反映年代还是地域差异，却无法遽断。鸟居龙藏也默认鸟居鼓的年代可能非常晚近，这影响了他将鸟居鼓用于民族考古学分析的方式。在鸟居龙藏看来，鸟居鼓的年代、地域和使用情境都非常清晰，可以其推断年代更早的铜鼓或者其他器类。从这点判断，鸟居龙藏可能并不认为鸟居鼓具有考古学价值，但是民俗学意义却是不言自明的。

5.4.2　窸斋鼓

窸斋鼓指郑师许公布的原上海市博物馆藏八件铜鼓，但目前的藏地或调拨情况均未可知（图 5.4）。郑师许称，此八件铜鼓悉数出自吴大澂旧藏，“盖窸斋官广东、湖南时所搜罗者”，推知入藏时间在 19 世纪最后十余年〔66〕。不过，郑师许此说无法得到诸种窸斋藏器著录的证实，或者吴大澂未将这批铜鼓纳入到“古器”之列。因此，窸斋鼓的流传过程暂未可梳理。八件窸斋鼓规格甚为接

〔64〕鸟居龙藏：《苗族调查报告》，《鸟居龙藏全集》第 11 卷，东京：朝日新闻社，1976 年，198～200 页。

〔65〕（清）梁诗正、蒋博等：《西清古鉴》卷三八，橘藻堂本，第 32～38 页。

〔66〕郑师许：《铜鼓考略》，上海：商务印书馆，1936 年，第 45 页。

近。郑师许仅以表格的形式公布了全部铜鼓数据，其形体大小相去不远，鼓面直径为46.5~50.8厘米，高度也在25.6~28.5厘米〔67〕。尺寸上较鸟居鼓更小。除面径、足径、高等数据之外，郑师许仅附编号为艺古49和艺古51的照片各一帧，艺古53号铜鼓鼓面和鼓胴拓片各一。郑师许虽刻意介绍此笔铜鼓收藏，但是没有具体分析其中任何一件。虽然《铜鼓考略》附黑格尔分类方法，但郑师许显然从未尝试以此分析窸斋鼓。

对窸斋鼓的分析只能限于业已公布图像或者描述细节的范例。艺古49、艺古51和艺古53号均属同一类型。剩余窸斋鼓是否亦属于同一类型暂不可遽断，但是从测量数据看，全部八面窸斋鼓基本近似。窸斋鼓的鼓面周长略大于鼓胴周长，因此鼓面略出沿，鼓足径与鼓面径大体相当。鼓胸部附着对称双大扁耳。胸、腰、足之间曲线柔和，没有明显的分段现象。腰部略内收，足部外撇，腰部起棱但极浅。鼓面和鼓胴纹饰仅能以艺古53号为例说明。鼓面纹饰遍布，直达边缘。中心为十二芒芒纹，芒纹细长尖锐，直达第三晕。第一晕在芒纹间填充翎眼纹，

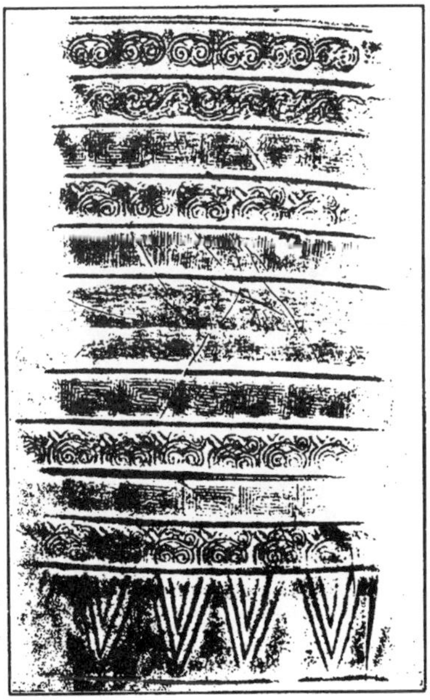

图5.4　窸斋鼓

（采自郑师许：《铜鼓考略》）

〔67〕郑师许：《铜鼓考略》，上海：商务印书馆，1936年，第46页。

第二晕为“酉”字纹，第三晕为“S”形云纹，第四、八晕为乳丁纹，第五晕为栉纹，第六晕为主纹带，填充游旗纹。第七晕推测为方连纹或者席纹，第九晕为变形云纹或者涡旋纹。鼓面上没有任何附加动物形态的痕迹。鼓胴纹饰分成十一层，其中第一、二、四、八和十层均装饰各种形态的云纹或者涡纹，第三、七和九层装饰雷纹，第五层为栉纹，第十一层为多线三角形纹饰。铜鼓腰部起棱在第六层，该层为空白层。因此，以第六层为界，鼓胴纹饰可以分成上下两段。无论是形态还是纹饰上，窸斋鼓基本类似鸟居鼓，但更为接近的例子应该是维也纳Ⅳ号或者Ⅷ号铜鼓，两者鼓面中心的芒纹及周边各晕的“酉”字纹、栉纹、云纹等纹饰几与窸斋鼓雷同〔68〕。因此，窸斋鼓也可归入黑格尔体系的基本型Ⅳ型，亦即中国铜鼓学会界定的麻江型。

至于年代，无论鸟居鼓还是窸斋鼓都既没有直接证据，又缺乏流传记录。形态上，它们与带有汉文标志的麻江型铜鼓仍存在一定差异，而更接近维也纳皇家博物馆的数件样本。黑格尔的铜鼓流传记录也许能帮助进一步卡定。维也纳Ⅷ号（哈斯Ⅲ）为德国驻前上海总领事于1893年获得的，维亚纳Ⅳ号（曼德尔Ⅰ）为曼德尔于1891年捐赠给维亚纳皇家博物馆的，据称得自中国〔69〕。如果再考虑到吴大澂抚湘督粤和鸟居龙藏的西南之行年代的话，我们可以发现，形态和装饰高度近似的多件铜鼓样本在大体相近的年代被纳入到不同的收藏，这并非出自偶然，此类麻江型铜鼓的入藏年代很可能非常接近铜鼓的生产和流通年代。鸟居鼓和窸斋鼓的年代因而可能晚至19世纪末期。

5.4.3 台大鼓

台大鼓共计两面，现存于台湾大学文学院考古人类学标本陈列室。凌纯声详尽公布两鼓资料，以A、B鼓相称，并按照黑格尔体系进行了细致的分析

〔68〕 弗朗茨·黑格尔：《东南亚古代金属鼓》，上海：上海古籍出版社，2004年，第186、187、198～200页。

〔69〕 弗朗茨·黑格尔：《东南亚古代金属鼓》，上海：上海古籍出版社，2004年，第198页。

（图5.5）。1934年，波田野丈夫曾经公布台大A鼓[70]。A鼓入藏年代不可考。该鼓鼓面直径66厘米，鼓胴可能残缺足部，残高34厘米。鼓面上四蛙四鸟，其中蛙长8.7厘米，高3.3厘米；鸟长4.4厘米，高3.2厘米。鼓胴胸、腰、足分明，但是底部略有残破。大双扁耳对称分布在鼓胸和腰交界处，装饰绳索纹；另有一对小耳对称分布在大耳正中位置。鼓面纹样丰富且复杂。在描述鼓面纹饰时，凌纯声稍稍修改了黑格尔对纹饰的界定，将鼓面纹饰划分成27晕，但是，空晕的划分并不准确，而且过于琐碎的划分方式可能导致过度拆分纹样。鼓面中心为十二芒芒纹，内侧圆心直径5.2厘米。芒纹之间的第一晕填充翎眼纹；第二晕为纵向羽状纹；第三晕和第九晕实际上是多个纹饰带组成的复合纹饰，凌纯声视其为多个单独的纹饰带，两晕的结构基本相同，为上下两道栉纹中间两排圆圈纹；第四晕为变形翔鹭纹；第五、七晕为横向羽状纹；第六晕为主体纹饰游旗纹，凌纯声命名为“鸟冠甲士变形纹样”；第八晕为翔鹭纹；第十、十一晕为菱形纹；第十二晕为横向羽状纹。鼓胴上除水平纹饰外，还有纵向栉纹装饰。胴体上下各有一个以栉纹为边的双层圆圈纹条带，形态近似鼓面上第三和第九晕。在上条栉纹—圆圈纹带饰之下为变形船纹。而主体纹饰为变形船纹覆盖下的持盾武士纹样。凌纯声认为此鼓最近似威尔切克（Wilezek）Ⅰ号和Ⅱ号鼓，将A鼓类型推断为黑格尔第一式（即黑格尔基本型Ⅰ

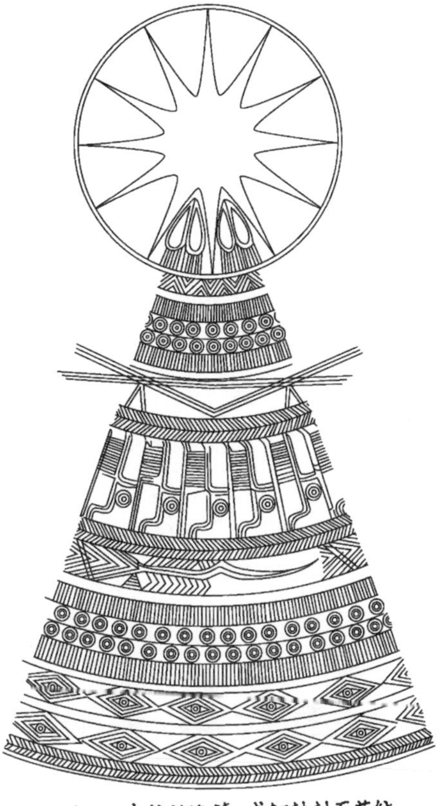

图5.5 台大A鼓
（采自凌纯声：《记本校二铜鼓兼论铜鼓的起源及其分布》）

---

[70] 波田野丈夫：《铜鼓之介绍》，《南方土俗》第3卷第1号，1934年。

型）〔71〕。又因为台大A鼓鼓面上无骑马人物形象，凌纯声推断其为第一式乙型。威尔切克Ⅰ号鼓面径达74.6~75.4厘米，Ⅱ号鼓面径达72.8厘米，台大A鼓较威尔切克鼓略小。与威尔切克Ⅱ号鼓相比，台大鼓的鼓面和鼓胴纹饰高度近似，四蛙配置、游旗纹、飞鸟纹、翔鹭纹、菱形纹等基本一致。但是，台大A鼓上的栉纹—圆圈纹饰带不见于威尔切克Ⅱ号鼓。黑格尔基本型Ⅰ型对应中国铜鼓学会区分的石寨山型和冷水冲型，蒋廷瑜认为，台大A鼓的鼓耳包括双扁耳和环耳各一对，鼓面上为四蛙配置，蛙间铸乘骑、牛橇、花树、鱼鸟、龟等，均符合浔江型冷水冲铜鼓的特征，故将其厘定为浔江式冷水冲型铜鼓，并且认为此鼓出自广西浔江两岸〔72〕。但是，台大A鼓上的栉纹-圆圈纹饰带不见于冷水冲鼓、古竹乡鼓和南木渡头鼓等，反而见于冷水冲型红河式和邕江式铜鼓，形态上尤其接近六谷村鼓、水燕村鼓和宗丘鼓，恐给该鼓的年代和地域推断留下进一步讨论的空间〔73〕。但总而言之，将台大A鼓归入到冷水冲型应大致不误。

台大B鼓，据称于1942年出自海南岛黎族。该鼓鼓面直径为70.5~72.1厘米，通高40厘米，鼓面略大于鼓胴接口，鼓面上铸有均匀分布的四蛙。鼓面圆心为八芒芒纹，芒间填充翎毛纹。凌纯声将鼓面纹饰分成20晕，但是多个晕圈排列甚密，而且晕间为空白。鼓面纹样单一，俱为席纹，但不同纹饰带的席纹作纵向和横向排列。鼓胴的胸、腰和足三分明显。鼓耳较小，呈环状，附在鼓胸和鼓腰之际。鼓胴胸径小于面径，鼓腰略内收，足部外侈。鼓胴外侧遍饰类型单一的席纹，席纹纹样与鼓面席纹高度类同。鼓胴纹饰分成多层，凌纯声将其组合成为三个由多层席纹构成的纹饰带，纹饰带之间以空白带间隔。凌纯声认为此鼓属于黑格尔界定的第二型式。将台大B鼓和作为黑格尔基本型Ⅱ型样本的维也纳商业博物馆鼓和《西清古鉴》Ⅱ号鼓相比，台大B鼓在规格上略小，但是三者基本形态和主要纹饰特征基本近同，只是鼓面和鼓身的具体纹饰类型略

〔71〕弗朗茨·黑格尔：《东南亚古代金属鼓》，上海：上海古籍出版社，2004年，第45~51页。

〔72〕蒋廷瑜：《古代铜鼓通论》，北京：紫禁城出版社，1999年，第72页。

〔73〕蒋廷瑜：《古代铜鼓通论》，北京：紫禁城出版社，1999年，第59~72页；郭立新：《论冷水冲型铜鼓的三个地方类型》，《广西民族学院学报》，1997年增刊。

有出入〔74〕。依照中国铜鼓学会的分类方案，黑格尔基本型Ⅱ型铜鼓可以细分成为北流型和灵山型。蒋廷瑜在形态大小、鼓面外沿形态、芒纹、鼓耳、蛙纹等方面，对北流型和灵山型进行了细致的区分〔75〕。台大B鼓鼓面大于鼓胸，鼓面中心为八芒芒纹，通体饰席纹，三弦分晕，鼓耳为柱状实心耳，形态上与尚文鼓和坪底鼓近似〔76〕。因此，该鼓可能属于北流型。目前具有确切的出土地点的北流型铜鼓中，有3面出自海南。而灵山型的覆盖范围从未越出雷州半岛〔77〕。将台大B鼓界定为北流型，也与此鼓出自海南岛的传言相吻合。

5.4.4　川大鼓

川大鼓共计16面，迄今仍存四川大学博物馆。闻宥在《古铜鼓考》和《铜鼓续考》中悉数公布，并采用独特的三重分类方案予以区分。一方面，铜鼓按照鼓胴形态分成两类，一是三截式，即胸（闻宥界定为颈）、腰（闻宥界定为腹）和足三部分区分分明，相邻两部分之间以突棱间隔。另一是两截式，即分成上下两截。1952年前入藏的10件铜鼓因此被分成两个类别，甲鼓、丙鼓和丁鼓属于三截式，乙鼓因足部已残而无法判断。其余诸鼓属于后者（图5.6）〔78〕。另一方面，根据鼓面是否存在主晕又将铜鼓分成两类。其中，甲、乙、丙鼓皆属有主晕和“飞鸟

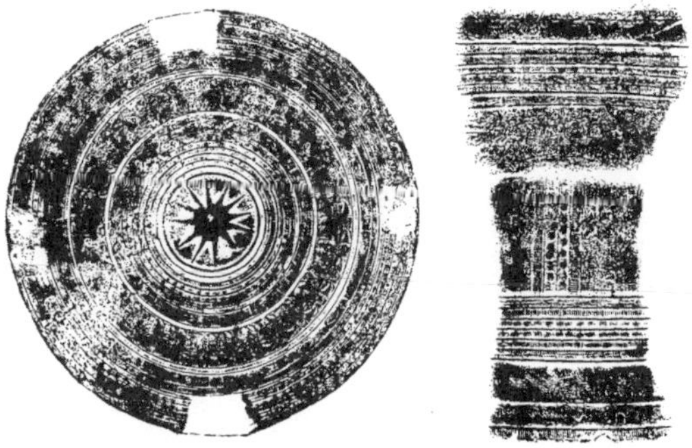

图5.6　川大乙鼓
（采自闻宥:《四川大学历史博物馆所藏古铜鼓考·铜鼓续考》）

〔74〕蒋廷瑜：《古代铜鼓通论》，北京：紫禁城出版社，1999年，第102～114页。
〔75〕蒋廷瑜：《古代铜鼓通论》，北京：紫禁城出版社，1999年，第93～97页。
〔76〕凌纯声：《记本校二铜鼓兼论铜鼓的起源及其分布》，《台湾大学文史哲学报》第1期，1950年。
〔77〕蒋廷瑜：《古代铜鼓通论》，北京：紫禁城出版社，1999年，第102、103页。
〔78〕闻宥：《四川大学历史博物馆所藏古铜鼓考·铜鼓续考》成都：巴蜀书社，2004年，第2～12页。

纹”晕的铜鼓，剩下诸鼓则无明显主晕和“飞鸟纹”晕。甲、乙两鼓的主晕纹饰应均为游旗纹，但闻宥认为游旗纹出自持盾武士形象，而甲乙两鼓尚未完全蜕变成为旗形〔79〕。闻宥推论，甲、乙、丙、丁四鼓年代最早，甲、乙两鼓甚至可以早到公元三世纪到六世纪，而剩下六鼓的年代当在宋以后〔80〕。在1952~1953年入藏的6面铜鼓中，闻宥认为无论根据鼓胴形态还是鼓面纹饰，悉数皆属第二类铜鼓〔81〕。第三方面，根据鼓胴纹饰中上下水平纹饰带之间是否有垂直条纹将铜鼓也分布两类。其中，甲、乙、丙、丁鼓属于前者，而剩余门面铜鼓属于后者。闻宥也认同，鼓面和鼓胴纹饰的分类结果“和型式（指鼓胴形态）的分类是完全平行的”〔82〕。闻宥没有采用黑格尔分类法，不过这并不表明对其一无所知。事实上，在多处分析中，他反而流露出对这个分类法的熟悉，他曾经提及他的第二类铜鼓即是黑格尔第四式〔83〕。

闻宥悉数公布了16面铜鼓的剖面线图和鼓面及鼓胴拓片，构成重新认识川大鼓的途径。从高度上看，甲鼓最高，达39厘米，闻宥区分的第一类铜鼓的高度至少为30厘米，而第二类铜鼓的高度都在30厘米以下，尤其是壬鼓和癸鼓通高分别为15.4厘米和19厘米。而且从鼓胴的外形轮廓看，壬鼓鼓胸没有外凸，鼓腰收缩也不大，但是鼓足外侈夸张，剖面上和其他各鼓差距甚大。壬鼓和癸鼓均无耳。从鼓面和鼓胴的结合上看，第一类鼓的鼓面和鼓胴结合较为连贯，戊、己、庚、子、丑、寅、辰鼓鼓面略超出鼓胴上口径，形成一圈凸棱。

---

〔79〕闻宥：《四川大学历史博物馆所藏古铜鼓考·铜鼓续考》成都：巴蜀书社，2004年，第13页。

〔80〕闻宥：《四川大学历史博物馆所藏古铜鼓考·铜鼓续考》成都：巴蜀书社，2004年，第22页。

〔81〕闻宥：《四川大学历史博物馆所藏古铜鼓考·铜鼓续考》成都：巴蜀书社，2004年，第35页。

〔82〕闻宥：《四川大学历史博物馆所藏古铜鼓考·铜鼓续考》，成都：巴蜀书社，2004年，第13、20页。

〔83〕闻宥：《四川大学历史博物馆所藏古铜鼓考·铜鼓续考》，成都：巴蜀书社，2004年，第29页，注1。黎广秀称，“在中国大陆的学者中，到20世纪80年代还健在的，只有闻宥先生一人读过此书”。黎广秀：《译后记》，《东南亚古代金属鼓》，上海：上海古籍出版社，2004年。

而壬鼓和癸鼓鼓面凸棱则较为明显。甲、乙、丙鼓鼓面均有立蛙，丁鼓的鼓面上有蛙趾纹。对川大鼓的断代可能更多倚重鼓面和鼓胴装饰纹样。以乙鼓为例，鼓面周长64厘米，合直径为20.4厘米。足部略残，残高38厘米。鼓面边缘均匀分布四蛙。鼓面中心为十二芒芒纹，芒间可能有填充纹样，但已不可辨识。自芒心向外密布多圈晕，但不少为空晕，有多圈晕组成了固定纹样。如第四至七晕为栉纹-乳丁纹样；第九晕为翔鹭纹；第十一晕为主纹带，饰游旗纹。鼓胴上的纹饰集中分成若干段，其中上段为以栉纹为边界，填充乳丁纹的纹饰带，每个纹饰带包含六栏纹样。鼓腰偏低位置也是同样类型的栉纹-乳丁纹纹饰带。鼓腰主体纹饰为纵向栉纹-乳丁纹纹饰带，但两侧栉纹均为单栏，因此纹饰带为四栏结构。尽管蛙形和耳形未知，但是在纹样和形态上乙鼓近似于冷水冲鼓，年代推断上也大体不误[84]。第一类铜鼓的年代和地域分布也存在差别，如丙鼓的鼓面纹样布局更接近农贡鼓[85]。但是，栉纹-乳丁纹组合见诸四鼓之中。

闻宥所列第二类铜鼓在纹样上可能呈现出更大的多元性。以己鼓为例，鼓面周长49.9厘米，合面径16厘米，通高26.3厘米。鼓面中心为十二芒芒心，芒线均甚细小，穿透至第三晕，芒间填充翎眼纹；第二晕为“酉”字纹；第四、九晕为乳丁纹；第五晕应为主纹带，填充游旗纹；第七晕为雷纹；第八晕为栉纹；第十晕为卷云纹。鼓胴均为水平纹饰，除上缘有一圈乳丁纹外，各层纹饰包括云雷纹和卷云纹，其中鼓腰部分为空白纹饰带（图5.7）[86]。以上纹饰形态以及鼓面无蛙、尺寸较小等特征均属于典型的麻江型

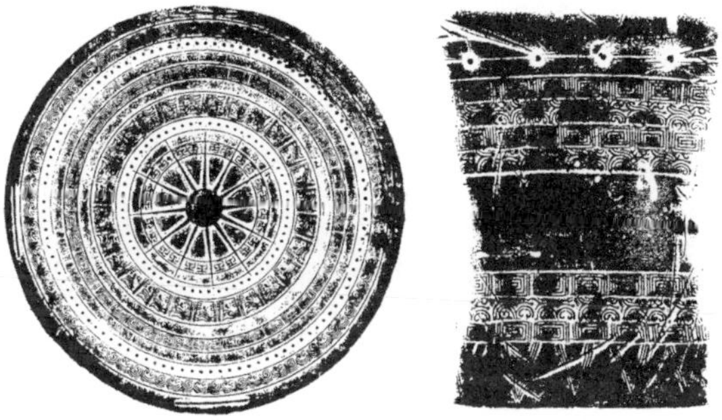

图5.7　川大己鼓
（采自闻宥:《四川大学历史博物馆所藏古铜鼓考·铜鼓续考》）

[84] 蒋廷瑜：《古代铜鼓通论》，北京：紫禁城出版社，1999年，第72页。
[85] 蒋廷瑜：《古代铜鼓通论》，北京：紫禁城出版社，1999年，第63页。
[86] 闻宥：《四川大学历史博物馆所藏古铜鼓考·铜鼓续考》，成都：巴蜀书社，2004年，第8、64、65页。

铜鼓。己鼓和第二批入藏的自子到巳诸鼓的鼓面和鼓胴纹饰较接近，辛鼓的游旗纹主纹不显，庚鼓的主纹变成动物纹，壬鼓和癸鼓鼓面均有三晕乳丁纹，游旗纹都甚为草率。壬鼓鼓胴纹样层次简省，仅有五层图案，其中的四叶花纹是不见于其他麻江型铜鼓的纹饰。因此，闻宥界定的第二类铜鼓大体可以归入麻江型铜鼓，但是年代和地域上的变化都相对较大。

自鸟居鼓到川大鼓仅仅是20世纪上半叶各家收藏之中经科学公布的一部分，但是，其类型分布也能显示出一定的规律。诸家铜鼓以冷水冲型和麻江型居多，也可偶见北流型。在年代上，虽然某些个案的形式分析可能显示年代较早，但是大多数年代都相对晚近。从铜鼓的出处上看，鸟居鼓来自安顺一带，悫斋鼓出自广东和湖南，台大鼓可能分别出自广西和海南岛，川大鼓可能出自四川、贵州和广西一带。虽然无一铜鼓具有完备的出土情况说明，但是不少应该是在少数民族地区征集到的仍在行用的铜鼓。鸟居鼓、悫斋鼓和19世纪末期交易获得的维也纳Ⅳ号和Ⅷ号铜鼓近同，这也暗示鸟居鼓和悫斋鼓的年代也相应较为晚近[87]。这个时期获得的年代较早的铜鼓，如果不是传世的话，很可能是偶然发现的孤立埋藏。同时，学人们倾向于将铜鼓视为早期文化的孑遗，而不是早期文化本身。当然，这个时期的任何铜鼓都不是田野发掘获得的。由于铜鼓大多从同时期的少数族群中征集而来，学人们对其年代跨度作出极其保守的估计。直到20世纪50年代，石寨山滇文化墓葬区的发掘才稳妥地将铜鼓出现和使用的年代前提至两汉。

5.5 民族考古学的路径

如果将民族考古学定义为以解决考古学问题为诉求的民族志调查和比较研究的话，1949年之前的铜鼓研究就是民族考古学的先声。铜鼓研究是中国考古学中最早出现民族比较意识的分支之一，虽然在方法论上还非常不成熟，但是如果横向比较的话，没有其他任何分支在比较意识和方法上超出铜鼓研究。

鸟居龙藏的铜鼓研究最早完整地表述出类比观念。鸟居龙藏的类比从特定的鸟居鼓出发，用于解决不同的问题，导致出现以连续类比模式讨论年代更早的

---

〔87〕 弗朗茨·黑格尔：《东南亚古代金属鼓》，上海：上海古籍出版社，2004年，第186～198页。

铜鼓，以断裂类比模式探索弥生铜铎的功能问题。但是，正由于鸟居鼓不为大多学人熟知，而田野范式下发现的大部分铜鼓，尤其是年代较早铜鼓的情境不同于鸟居鼓，中国学人运用民族考古学解决的具体问题也有异于鸟居龙藏，所以，长期以来的学术史追溯都遗漏了鸟居龙藏的环节，导致其价值没有被准确揭示出来。鸟居龙藏在贵阳和安顺一带的仲家人中有意识地调查了当地的铜鼓收藏和使用情况，在安顺征集的鸟居鼓很可能是仍然在行用的铜鼓种类。因此，对于鸟居龙藏而言，鸟居鼓和仲家的田野调查构成了“类比研究”的已知一端，而有待推论的一端在鸟居龙藏的研究中却分为两支：一是历史上使用铜鼓的俚僚，鸟居龙藏提出，“吾人今后之工作，则在将今日使用铜鼓之仲家，与昔日铸造而使用铜鼓之俚僚，作人种学上之比较研究”〔88〕；而另一则是使用铜铎的弥生文化居民。至于“今日之仲家”与“昔日之俚僚”之间，鸟居龙藏默认而没有论证历史承继关系，因此暗含连续类比模式的直接历史法。而在铜鼓和铜铎之间，鸟居龙藏并不认为制作和使用两类铜器的行为者存在任何历史关联，但是预设两者的使用情境有近似之处，于是构成断裂类比模式的一般比较法。由此可见，新考古学生成之前的民族考古学的两种主流类比方式都已经出现在鸟居龙藏的铜鼓分析中。

但是，前范式阶段的铜鼓研究并没有推动民族考古学的进一步发展。对于鸟居龙藏而言，虽然通过研习自迈耶和夫瓦到黑格尔公布的铜鼓资料，他已确信早期铜鼓的存在，但是西南之行仅仅揭示出仍在行用的晚期铜鼓，而“俚僚之铜鼓”却无从得见，因此无从考虑“俚僚之铜鼓”的使用问题。鸟居龙藏之后，连续多位学人的铜鼓研究都以出土资料尽失的博物馆藏品为基础，取材基础显著不同。而且由于郑师许仅仅公布经删节的鸟居龙藏的铜鼓研究，悉数略去对鸟居鼓的记录，导致鸟居龙藏的西南田野记录没有引起中国考古学人的关注，因此，虽然博物馆收藏中出现了数面“俚僚之铜鼓”，但是却无从与鸟居龙藏的民族志调查联系起来。凌纯声和闻宥仍循文献方法证明“昔日之俚僚”与“今日之仲家”的历史延续性，虽然补充了鸟居龙藏的连续性类比方法的基础，但是无助于民族考古学的进一步发展。铜鼓研究的民族考古学取向的复苏需要两个条

---

〔88〕鸟居龙藏：《苗族调查报告》，《鸟居龙藏全集》第11卷，东京：朝日新闻社，1976年。

件的成熟，一是大量具有确凿的早期年代的铜鼓的发现，另一则是仍在使用铜鼓的现代民族的民族志调查资料的积累。两者都是在 20 世纪 50 年代中后期才取得显著进展，70 年代晚期才基本成熟。在基于田野考古学发现的早期铜鼓形态谱系编辑完成之后，具有现代考古学训练和意识的学者组织的民族志调查对解决早期铜鼓的使用情境和社会价值问题显得尤其重要〔89〕。

中国考古学中民族考古学的学科定义和定位问题仍然是个亟待厘清的问题〔90〕。无论是支持还是反对民族考古学研究方法的学者，对民族考古学的理解都不约而同地停留在前新考古学范式的民族考古学上。这导致中国考古学和西方考古学在民族考古学的基本定位和方法表述上出现了错位。既往的研究常常将民族考古学的源起追溯到费克斯（Jesse Fewkes）的《图萨扬人的迁徙传统》（*Tuseyan Migration Tradition*）一书。虽然此书率先合成了“民族考古学家（ethno-archaeologist）”一词，但是词源追溯并不等同于概念追溯，更不是建立学科理念发展谱系的方式。不同范式可能用同一个术语表达截然不同的意义。在新考古学范式确立之前，曾经有多位学者总结民族考古学的不同类型〔91〕。虽然各个地区的民族考古学常常和本地特有的土著文化的调查结合在一起，但是却显示出惊人的跨文化统一性，基本从属于两种主要的民族考古学类型之一。如果假定被比较的两种文化具有历史关联性，则以现今的民族调查可以推测历史情形，这种类比被称为连续性类比模式、直接历史法或者民俗学方法。假如两种文化之间没有历史关联，现存的前工业时代文化孑遗（常常是生活在边缘地带的土著文化）常被征引说明主流文化的历史情况，这种类比被称为断裂性类比模式和一般比较法。在新考古学之前，两种类比方式都是“以今证古”和“由人及己”的考古学探索的主要途径，迄今在尚未接纳新考古学思想的考古学传统中都赫然存在。但是，两种类比方式都分别和已经遭致扬弃的特定理论联系在一起，前者与殖民主义观念和传播论纠缠不清，后者则是机械唯物主义风格的单线

〔89〕 蒋廷瑜：《古代铜鼓通论》，北京：紫禁城出版社，1999 年，第 193 ~ 215 页。

〔90〕 徐坚：《民族考古学：定义问题》，《江汉考古》2009 年第 4 期。

〔91〕 Asher R. Analogue in Archaeological Interpretation. *Southwestern Journal of Anthropology*, 1961, 17 (4): 317-325; Stiles D. Ethnoarchaeology: A Discussion of Methods and Applications. *Man*, new series, 1977, 12 (1): 87-103.

式社会进化主义的表现。因此，以这两种类比模式为主要内容的民族考古学自20世纪50年代晚期起不断遭到质疑和排斥就不足为奇了。当前西方考古学的民族考古学实际上是“旧瓶装新酒”的结果，是经由宾福德（Lewis Binford，1929~2011）改造后的作为新考古学的民族考古学。1969年，出于研究采集—狩猎者社会饮食结构的初衷，宾福德开始对纽纳米特爱斯基摩人进行长时期的民族志调查，最终于1978年出版了《纽纳米特民族考古学》。这是新考古学范式下民族考古学的奠基之作。宾福德提出，由于生存情境截然不同，任何见诸纽纳米特爱斯基摩人社会的具体器物、名称、行为、食物类型、饮食习惯等，都不能安全地推知史前时代爱斯基摩人生活的对应侧面，更不能以此为据复原采集—狩猎者社会的具体情形。但是，两者在中程理论层面上，即食物的季节性变迁、食物加工的空间分布规律等方面，是可以比较的〔92〕。新考古学对动机和结果、过程和产物、适应和改变的兴趣导致民族考古学和实验考古学成为其两大支柱。1985年，克莱默（Carol Kramer）发表《陶瓷民族考古学》一文，成为全面解释民族考古学方法论基础的经典文献。该文直指考古学研究的核心问题，即各个考古学传统中习见的以陶片的发掘、分类和整理复原历史的可信度和适用性问题。克莱默指出，这种基于陶器类型学的方法实际上包含了一系列未经证实的行为假设，因此导致传统的考古学研究可能展示了极度理想化的“历史规律”，而不是历史本身。克莱默通过整理多位学人在非洲和太平洋岛屿地区进行的民族志调查，揭示出不同的地区、不同的文化传统、不同的历史情境、不同的性别分工和城乡区分，甚至特定的信仰和禁忌都可能导致陶瓷在生产和消费上具有显著不同的行为模式。因此，全球范围内，田野考古发掘的陶片并不会是同一个行为模式的产物，甚至在同一个遗址中，看起来类型和风格迥异的陶器组合很可能不是文化归属差异的表现，而是行为者的性别、年龄和师承传统的差别，甚至是地理环境、社会观念和季节变迁造成的〔93〕。克莱默质疑了以任何现存甚至得以记录的陶瓷工业推论见诸考古遗址、历史上的陶瓷工业的类比之法，但是却认可了对陶瓷工业与社会知识传承、文化归属、性别划分等方面关系的建构和验证。铜鼓也是同样的情形：以现代的前工业时代社会残留甚至可能是新创的铜

---

〔92〕 Binford L. *Nunamiut Ethnoarchaeology*. New York: Academic Press, 1978.

〔93〕 Kramer C. Ceramic Ethnoarchaeology, *Annual Review of Anthropology*, 1985, 14: 77-102.

鼓使用方式推知历史上铜鼓的使用是危险的，而且铜鼓的形态和纹饰的差异是否具有文化差异的指向价值也值得质疑。这也要求我们在中程理论层面上全面反思铜鼓的民族考古学观察。

毫无疑问，鸟居龙藏代表了铜鼓研究的民族考古学取向的最早环节，这也是民族考古学在中国考古学中啼声初试。令人惊讶的是，他对鸟居鼓的利用均等地体现了连续性和断裂性类比模式。但是，鸟居龙藏之后的诸位铜鼓研究学人基本缺乏田野调查，将铜鼓研究带回到基于博物馆收藏的器物学模式，民族考古学传统因而沉寂下来。铜鼓研究的民族考古学兴趣直到 20 世纪 70 年代之后才得以全面复兴，再度成为民族考古学重要的范例。不过，这个时期的阐释仍不脱前新考古学范式的窠臼，多采取连续性类比模式，以今日之铜鼓证明历史之铜鼓。在铜鼓的民族考古学研究上，具有革命意义的转型直到 90 年代初才出现，汪宁生提出了铜鼓的“夸富宴”取向，以源自北美太平洋沿岸地带的夸克特社区的“夸富宴”阐释铜鼓的社会功能〔94〕。这是纠正既往孤立考察作为单件器物的铜鼓，以整体性观念认识处在特定情境中的铜鼓的契机，不过，实质性地建立铜鼓的中程理论还将经历一段漫长的历程。

---

〔94〕 汪宁生：《铜鼓与“夸富宴”》，《庆祝苏秉琦考古 50 年论文集》，北京：文物出版社，1989 年。

第六章

新郑李家楼：从盗宝私藏到学术公器

1923 年 8 月，河南新郑士绅李锐于南门外自家园中凿井而意外获取了十余件铜器，循例将铜器出售给古董商，虽然新郑县知事姚延锦试图阻止，但未奏效〔1〕。自同光之后，华北一带的古物盗掘和流通已构成多层级式网络，乡间绅民挖掘和出售古物牟利业已司空见惯，李锐发掘十数器可能如此前不足一月传出自孟津的成批铜器一样流入市场，不知所终〔2〕。但是，驻扎郑州的北洋陆军十四师师长靳云鹗恰巡防至新郑，干预此事，几近完整地发掘和保存了李氏园地的青铜器。这一偶然事件不仅彻底改变了新郑李家楼器群的命运，也奠定了中国田野考古和收藏的格局及伦理，尤其是在出土器物的保存权上，新郑成为嗣后数十年河南出土古物在保管和归属之争上常常引用的案例。李氏园地发掘所得铜器逾百件，在古器物学和中国考古学上，该笔铜器或以“新郑彝器”、“新郑铜器群”、“新郑李家楼器群”命名。尽管目前所见的器物组合是否完整还存在争议，但是可以肯定的是，如果靳云鹗没有采取任何措施，此笔发现必然分崩离析，而新郑李家楼器群的保存状况之好实属意外而罕见。“亦是 20 世纪初叶时，在中国诸多青铜器非科学发现中唯一能够全数保存下来的古物”〔3〕。新郑李家楼器群特

---

〔1〕北洋政府于 1916 年颁布《保存古物暂行办法》，虽明确规范古物归属于国家，但未限制私人收藏和交易。

〔2〕孟津铜器经马衡调查，参见关百益：《郑冢古器图考》卷十二，北平：中华书局，1930 年影印本，第 2、3 页。孟津铜器似未曾引起官方注意，见靳云鹗：《覆国立北京大学函》1923 年 10 月 12 日，《新郑出土古器图志附编》，1923 年。

〔3〕黄光男：《新郑郑公大墓青铜器》序言，郑州：大象出版社，2001 年，第 4 页。

征明显，多数学人将其界定为春秋中期典型器物组合。由于该组器群发现和刊布的年代甚早，转型时期的古器物学和新生的中国青铜时代考古学都极度缺乏典型组合，因此，新郑李家楼器群被征引为东周考古学的标尺单位〔4〕。

但是，新郑李家楼的价值远超出材料意义。既往研究常常片面关注出土器物，“新郑彝器”一度被当成新郑李家楼的全部，而器物的发掘过程常常以“非科学”一笔带过，器物出土之后的处置方式对中国考古学意义重大，但却略而不论。甚至，基于“非科学发掘”的定性，新郑李家楼也没有被当成完整的考古学文化单位予以考虑。毫无疑问，新郑李家楼大墓是在近现代意义的中国考古学初露苗头、但远未成型的情况下发现和发掘的。其发现起因于偶然，然后迅速转变为盗掘，只是在军方的强烈干预下，才转变为“考古学之前的考古学”的范例。整个发掘过程毫无前例可循，又无任何职业考古学家参与，田野考古学要求的基本规程和各类记录基本阙如。器物整理先经古董商之手，后又多受器物学或者金石学者的影响，曲解强说不在少数，因此从方法论上看，新郑李家楼的发现、发掘乃至事后整理都与现行的经验截然不同。但是，由于在迅速遏制盗掘之后，发掘和前期整理过程受控于军方，其独特的组织、沟通和执行方式对于考古学而言，并非全然无补。就发掘和刊布过程的效率、记录的详备程度、发现的完整程度和散佚器物的追索上，新郑李家楼大墓远优于中国考古学成形之后，甚至直到晚近发现的众多个案。新郑李家楼的发掘经验至少在一定程度上奠定了随后十余年发掘中原地区青铜时代墓葬的认识基础。更为重要但几乎从未被人提及的是，新郑李家楼器群的刊布不是这一发现的终点，李家楼器群的“后发现过程”——即保存和展示权之争在中国考古学上尤其具有范例意义。大量记录显示，围绕李家楼器群的归属、保管和展示的角力在发现之初就已经浮现出来，最终不仅实现了从私掘和私相转售到官方掌控的发掘和刊布的转变，而且，几近完整的李家楼器群构成1927年筹备的河南博物馆的奠基收藏。这一转变标志了以田野发现和发掘为馆藏基础的新型博物馆在中国的出现。田野发掘出土的器物的公私之争、地方和中央之争、本土和外来之争被暂时压制下去，但是，这条暗线不久之后在多笔新出土器物上演化成为公开争执。

---

〔4〕 郭宝钧：《商周铜器群综合研究》，北京：文物出版社，1981年，第80~84页。

6.1　新郑李家楼的镜像

就资料的完备性而言，新郑李家楼是个异数。按照现行的田野发掘类型区分，新郑李家楼大墓属于抢救性发掘，随葬遗物能几近完整地发掘和保存，散佚器物能有效追索，在中国考古学史上可谓绝无仅有。由于靳云鹗的化私器为公有的主张，导致新郑李家楼器群完整地成为河南博物馆的建馆收藏基础，虽然因为20世纪上半叶时局震荡而同样面临收藏流散和重组之虞，但是时至今日，分散在多家收藏之中的李家楼器群的记录仍是详备可查的。由于1923年的发现和发掘过程受到军方的密切掌控，器群公布之后引起学术界和社会公众的普遍关注，因此，新郑李家楼一直处在社会聚光灯下，不仅保存了大量的往来电文、公函和指令，也有基于不同目的，先后多次编纂的器物图录和相关文献。无论在实物资料还是文献资料上，新郑李家楼都远较其他发现更为完备。

不过，不论是实物还是文献，都不是预置性的史料，而是历史的“镜像”。戴维·克拉克曾经分析考古学资料的形成过程，提出考古学是“从残破样本的非直接痕迹中复原历史上不可观察的人类行为模式的理论和实践”的著名论断〔5〕。克拉克意在说明任何得到研习的考古学资料都经历了从生产、使用到遗弃的前埋藏过程、埋藏过程、从埋藏到发现的后埋藏过程，包括调查和发掘的取样过程、处理考古学资料的分析过程和复原考古学文化的历史的阐释过程等环节，任何环节的不同过程都可能影响对考古学资料的定位和理解。既往的考古学研究着重考虑了前埋藏和埋藏过程，也偶有研究涉及后埋藏过程，但是甚少涉及取样、分析和阐释过程。如果考虑到新郑李家楼存在于“前考古学时代”和“非科学发掘”的情境之中，则取样和分析过程将显著有别于科学的田野发掘，这种差别将最终反映在考古学资料的组成上。这意味着“新郑彝器”既不完整，也不客观。此外，20世纪中国剧烈的社会和政治变迁构成新郑李家楼器群特有的“后收藏过程”的情境，不仅影响了整组器群的组合关系，也影响了其历史复原。由于新郑李家楼器群的分散，既往研究多只能以新郑李家楼器群的多种图录为出发点，但是却几乎没有考虑其深受取样、分析和阐释过程影响的图录的“镜像”属性，而视之为客观材料。新郑李家楼器群的多种图录并未简单地构成认识的递进关

---

〔5〕 Clarke D. *Analystical Archaeologist.* New York: Academ ic Press，1979: 100.

系，编辑环境不同，编辑者有别，涉及的器物和观察角度也不尽相同。新郑李家楼器群在取样过程中的另一个显著特点是其社会轰动性和特殊的官方组织方式，这导致生成了由往来公文和新闻报道等构成的文献，这尤其有助于说明新郑李家楼器群从发现到收藏的重要变迁。此外，作为“考古学之前的考古学”，新郑李家楼器群有可能充当过于疏阔的物质文化编年的标尺单位，某些器物的铭文断年价值和整组器物的风格转型意义都可能被过度阐释，散见于阐释阶段生成的诸多文献中。总之，由于新郑李家楼在中国考古学史上的特殊地位，无论是实物还是文献都是极端特殊转型过程的结果，尤其需要透过“镜像”观念予以复原。

在器物组合层面上，虽然李家楼器群发掘过程的完整性和科学性始终遭致质疑，但是自靳云鹗控制之后，一般假设新郑李家楼器群应该已经搜罗殆尽，悉数归公，而此后的流传过程仅与藏品在数家博物馆之间的分聚离合相关。但是，即使在发掘过程受到高度控制的个案中，器物组合的分合也远较我们所预料的情形复杂。虽然并无前例可循，但是从人员调配和发掘操作上看，新郑李家楼的发掘安排颇具严谨性，发掘工作实际在靳云鹗部参谋长徐寿椿的监管之下，副官陈国昌和参谋王灿章坐镇现场，开掘以来逐日皆有至少一通电文往来，器物历次出土皆有记录，可与博物馆收藏相比对，而且在官方介入之前私售的数件铜器也被追索回来。不过，发掘之后不久亦有新郑彝器并非悉数归公的谣言，不仅河南省图书馆馆长何日章在地主李锐家中获得重要的骨殖资料，1925 年 2 月，河南督办胡景翼在开封城隍庙后街王氏宅中搜出传出自新郑李家楼的铜鼎 4 件，1927 年河南省司法厅又没收王氏甬钟 1 枚。由此可见，地主李锐极有可能藏匿了私掘获得而未及时售出的部分器物。李锐也曾经提及围观群众瓜分土中铜锈及残器之事〔6〕。孙海波在编辑《新郑彝器》时，认定柏林博物馆的两件铜器也出自新郑李家楼〔7〕。虽然靳云鹗多次宣称新郑李家楼器群“以国粹所关，不应私售使我祖国文明流于异域”〔8〕，但是也不免偶以“雅玩”之心态处理。为字第

〔6〕 王幼侨：《新郑古物发见记》附录，1924 年铅字本，第 11 页。

〔7〕 孙海波：《新郑彝器》，考古学社专刊第 19 种，1937 年，第 64、65 页。

〔8〕 靳云鹗：《覆保定陆军讲武堂张君函》，《新郑出土古器图志附编》，1923 年铅印本，收录于《中国方志丛书》，台北：成文出版社，1968 年。

一号玉玦原计5块，其中一块带有纹饰的玉玦即被靳云鹗自用〔9〕。10月19日，康有为来，索取纪念品，靳云鹗即以“贝货玉玦各一枚”相赠，26日，陶云鹏来，又赠送“玉玦一枚”〔10〕（图6.1）。此外，历次图录辑录的铜器基本为器形可辨的器物，而墓葬出土了大量残铜片，虽然延请来自山东的修复工处理，但是此项工作并未全部完成，而且也不是悉数皆可缀合，因此，仅以铜器论，新郑李家楼器群并不完整。此外，如果以整组器物组合论，由于发掘过程仍以寻找彝器为主要目的，应不会遵循无论材质和状态，悉数采集的原则，虽然最终报道的材料中也包括了玉器和陶器，但是数量尤其稀少，有的器类虽被提及，如墓坑中部可能残存的红白漆痕迹，但是未见任何实物样本。最后，虽然出土器物极为丰富，但是仍无法排除新郑李家楼大墓在历史上遭受盗掘的可能。因此，新郑李家楼墓葬的完整性亟待反省。

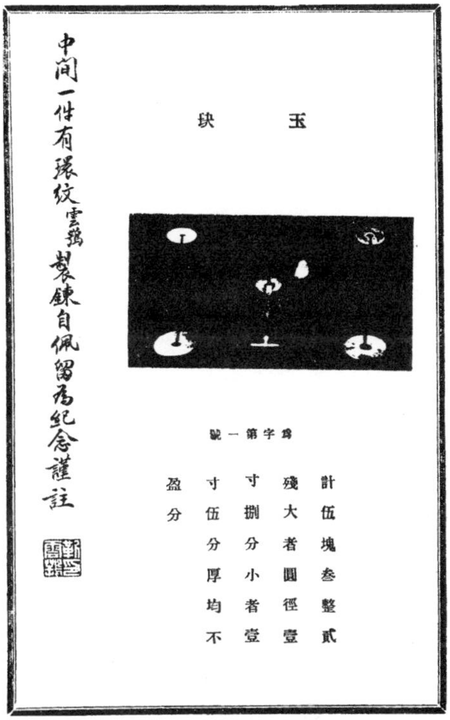

图6.1　《新郑出土古器图志续编》玉玦
（采自靳云鹗：《新郑出土古器图志续编》）

在李家楼器群纳入公共收藏，并以此为基础建立河南博物馆后，李家楼器群作为南迁河南古物的重要组成部分先南迁武汉和重庆，后拣选部分迁台，存渝文物又经历分拆和回迁，最终导致分藏多家的现状。1949年之后，新郑李家楼器群分藏在大陆和台湾。迁台的李家楼器群先由“国立”故宫博物院和“中央”博物院联合代管，1956年后转交给“国立”历史博物馆，至今仍然是其主要收藏之一。遗留在大陆的新郑器物大部分迁回郑州，但也有器物调拨至其他博物馆。

〔9〕　靳云鹗：《新郑出土古器图志续编》，1923年铅印本，第9页。
〔10〕　靳云鹗：《新郑出土古器图志续编》，1923年铅印本，第13页。

1950年8月，河南省文物管理委员会会同文化部接收存渝文物。唐兰、卢少忱代表文化部挑选新郑和辉县铜器合计51件青铜器进京，分别调拨给北京故宫博物院和中国历史博物馆，其余青铜器返还给河南省博物馆。1994年，河南省博物馆又将新郑铜器中的2件调拨深圳市博物馆，因此，1949年之后仍然保存在大陆的新郑器物分别藏于四家公共博物馆之中。目前各家收藏的分布状况为：河南博物院56件，台北“国立”历史博物馆21件，中国国家博物馆18件，北京故宫博物院5件和深圳市博物馆2件〔11〕。

新郑李家楼器群曾经先后多次编辑图录，其中早期图录记录了自发掘之后到入藏河南博物馆时的器物状况，最主要的计有靳云鹗《新郑出土古器图志》，关百益《郑冢古器图考》、《新郑古器图录》和孙海波《新郑彝器》四种。四种图录刊印年代先后跨越十余年，反映不同的时间断面上新郑李家楼器群的组成，但是不同图录的编辑初衷并不一样，体例也不同，因此四者排列并不显示学术意义上的线性进步。由于新郑李家楼器群的发现和整理早于中国考古学的诞生，随着时代、地域和历史情境类同的田野发掘资料的积累，新郑李家楼也屡次成为回访研究的对象。谭旦冏《新郑铜器》是在东周考古学新收获的学术背景下全面回访藏于台湾新郑铜器的最早尝试〔12〕。21世纪初，“国立”历史博物馆和河南省博物院“缀合”新郑李家楼器群，形成《新郑郑公大墓青铜器》一书。在考察作为暗流传统的新郑李家楼上，四种早期图录可计为同期文献，构成了回访观察的入口。《新郑出土古器图志附编》以及《郑冢古器图考》卷十二收录了关涉新郑李家楼大墓发掘的往来电文和公函及学人文献片段，类似文献尚有河南省教育厅编辑的《新郑古器发见记》，成为回访新郑李家楼大墓的补充材料。

靳云鹗《新郑出土古器图志》分成《初编》、《续编》和《附编》三册。诸卷皆署靳云鹗，但编辑者实为正军法官蒋鸿元、书记官长卜竟天和书记官石芝龄〔13〕。全书分两次编辑刊行，其中《初编》应在1923年9月，而《续编》和《附

---

〔11〕李宏、夏志峰：《新郑彝器述略》，《新郑郑公大墓青铜器》，郑州：大象出版社，2001年。

〔12〕谭旦冏：《新郑铜器》，台北：“国立”故宫博物院，1977年。

〔13〕靳云鹗：《新郑出土古器图志初编》，1923年铅印本，第9页。成文出版社误将序作者李汝谦当成作者。

编》则在10月。《新郑出土古器图志》编辑起始于发现之后数周，发掘尚在进行之中，不过连续出土的数笔器物足以震动全国，虽然大部分破损器物或者“碎铜片”都未及修复，但是靳云鹗认为有必要及时刊布发掘现状和收获，于是发布《河南新郑县发见古物通启一》，编订是书《初编》。《初编》收录截至1923年9月9日在新郑李氏园地中发掘所得，以及追缴此前出售给许昌古董商张庆麟的器物。器物按照千字文排序，编得19类，计有钟、鼎、尊、瓿、罍、洗、甗、匜、壶、敦、簠、簋、盘、鬲等，器物编号89件，实际收录86件。而《续编》收录9月14日~10月17日发掘、捐赠以及收缴的器物，体例完全同于《初编》，器类编号沿用千字文。发掘全面结束之时，靳云鹗又发布《河南新郑县发见古物通启二》。《附编》收录了自9月1日~11月17日，靳云鹗与各地军政、学术、社会人士之间的往来电文和函告等相关文献。这是其他考古发现罕见，仅因为新郑李家楼发掘者的特殊身份而产生的文献。电文时间基本与新郑李家楼的发掘时间相吻合，此笔材料构成了全面了解该笔器群自发现到转至河南省教育厅古物保存所的过程的最翔实的材料。不过，《附编》所录文档悉数出自靳云鹗，而新郑李家楼的发掘虽主要和靳云鹗相关，但是还有诸多民政机构也积极参与此事，其中尤为重要的是主管古物保存所的河南省教育厅。因此，王幼侨主编、河南省教育厅刊行的《新郑古器发见记》提供了出入教育厅的公文文献，构成《附编》的补充视角。学术史上对《新郑出土古器图志》评价不高，多指责其在处理出土遗物上的草率，器类定名考订不精，而且器物多未经修复，器物的度量采用其他金石文献罕用的汉尺和库平量。这些指责多基于编辑范式的冲突，恰说明《新郑出土古器图志》在中国金石器物谱牒的编辑上是个不同寻常的特例。无论是刊印出版速度，还是结构编排上，《新郑出土古器图志》都显示出军事化和官方风格，及时发布出土器物的原始状态才是该书的编辑初衷。靳云鹗没有延请任何知名学者主持器物定名，而全盘委托许昌古董商张庆麟，舛误在所难免。照相制版是当时较为先进的技术，金石图录能采用这种技术的尚属少数，照相的准确性理应远高于常见的线描图，不过本书的多数器物图像却模糊不清。

关百益《郑冢古器图考》和《新郑古器图录》是新郑李家楼器群完整公布、进入古物保存所收藏之后，由金石学者承担的系统整理的成果。《郑冢古器图考》全书共计12卷，于1925年写就，但是直到1930年才由中华书局刊印。新

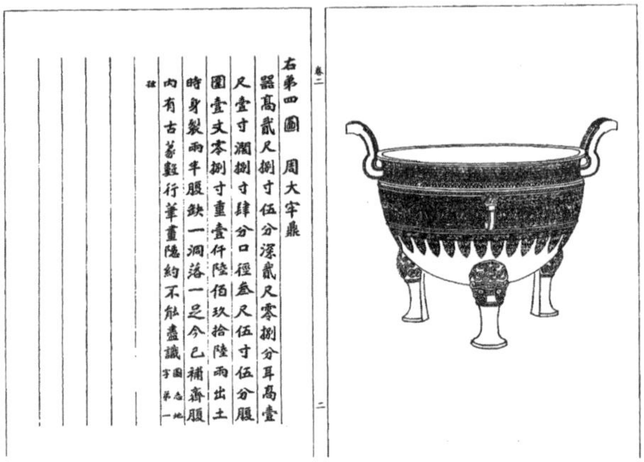

图 6.2　大牢鼎

（采自关百益:《郑冢古器图考》）

郑李家楼器群纳入古物保存所后，关百益出于厘定馆藏的目的予以重整。本次整理以《新郑出土古器图志》为底本，整齐体例，因此只能看成是靳著的修正版。关百益的调整分成三端，首先是器名，延请马衡重新厘定，较靳著中张氏定名大有改善；其次是分类，《郑冢古器图考》收录器物 127 件，其中铜器 113 件，按照礼器、兵器、陶器、玉器、杂器分别收录各器，这种分类思想是《新郑出土古器图志》所不具备的；最后是图像，鉴于原照相版不甚清晰，《郑冢古器图考》重排之后，相同之器仅选其一，每类器物摹描一图，清晰程度显著提高，但是原器比例尽失（图 6.2）。《郑冢古器图考》卷十二则专载郑冢发现源流。

关百益在完成《郑冢古器图考》之后不久，另起炉灶写作《新郑古器图录》，但是印行时间却早于前者，1929 年 10 月即由商务印书馆出版。相对于作为靳著修正版的前书，本书则是全新的整理和研究。《新郑古器图录》分成《图录》和《附录》各一册。图录之中收录新郑器物共计 93 件，分成乐器、礼器和兵器三类，类下分属，属下再按照序号收录各器。因此，乐器类仅有钟属，收录 23 器；礼器类中，鼎属收录 16 器，甗鬲属收录 10 器，锜镀属收录 3 器，尊彝属收录 17 器，簋簠属收录 11 器，匜盘属收录 7 器，附录王子婴次炉；兵器之中，分成勾兵、刺兵和击兵三属。《附录》部分则讨论与该群铜器相关的专题。针对靳云鹗所用度量单位，关百益改用新标准，以旧工尺量尺寸，以十六两秤称重量，以升斗计算容积，虽有改善，不过使用仍不方便。

孙海波著《新郑彝器》选自《河南通志·文物志》的吉金编，共计 5 卷，1930 年印行，1937 年又纳入考古学社专刊影印出版。《新郑彝器》按照文物志的标准格式编辑，与《殷墟》、《汲县山彪镇》、《洛阳金村》和《浚县辛村》等合编为《吉金编》上编。同在上编之中的《浚县彝器》底稿出自郭宝钧，但卷名为孙海波所订，体例上也有所裁剪。而《新郑彝器》似为孙海波独立撰写，据称“民国二十四年，孙君亲至开封，所推（椎之误植）拓者凡九十五器”〔14〕。全书收录铜器96件，按照六个类别分类：乐器、烹饪器和食器、酒器、用器、杂器、兵器。是书收录铜器并非悉数出自河南博物馆，“虺龙文鬲之十、之十一二器采自德国柏林国立博物馆所藏”〔15〕（图6.3）。所有器物皆配照片、拓片和简短说明，但是，志书体例可能限定了著者的阐发。

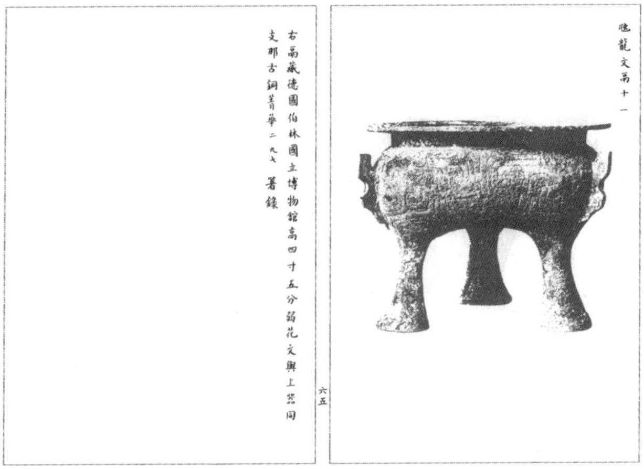

图6.3　虺龙文鬲

（采自孙海波：《新郑彝器》）

此前的学术史阐发常常按照线性方式排列上述四种图录，但是它们并不代表认知上的渐进。如果从写作类别角度加以区分，可能更能揭示新郑李家楼器群研究的转型。《新郑出土古器图志》由职业军官撰写和编辑，仅得本地古董商的有限襄助。从靳云鹗两次关于新郑李家楼古物的通启看，该书以及时报道田野发现为宗旨，从这点判断，该书的性质更接近于田野报告，只是由于从发掘开始就以搜寻铜器为务，全然没有借鉴任何田野考古学经验，也无从获取田野考古学家的帮助，因此最终的报告编辑上只能重回金石旧路〔16〕。而《郑冢古器图考》、《新郑古器图录》和《新郑彝器》可以大体归入吉金图录

〔14〕胡汝麟：《新郑彝器序》，《河南通志·文物志》吉金编上，1937年考古学社影印本，第1页。

〔15〕胡汝麟：《新郑彝器序》，《河南通志·文物志》吉金编上，1937年考古学社影印本，第1页。

〔16〕美国史密森学会毕士博、文礼和董光忠恰在李家楼大墓发掘前后两段之间的9月8～10日访问了新郑，并表示愿意提供田野发掘指导，吴佩孚亦表示欢迎，但此事随后不了了之。见《王参谋灿章来函》9月9日，《新郑出土古器图志附编》，1923年。

一类。 作为三书最重要的写作情境，新郑李家楼器群已经被纳入河南的公共收藏，因此，三书都是对博物馆收藏的整理和研究。 三书分别由河南著名金石学人关百益和孙海波撰写，对器物的处置也基本遵循金石学和古器物学规范。 不过，三书各有自身独特的情境，其中《郑冢古器图考》是对《新郑出土古器图志》的修正和调整，而《新郑彝器》需符合方志体例。 因此，三书之间不存在认知上进步的关系。 但是，《新郑出土古器图志》与其他三种金石学类型的著录却是判然两分的，而且在中国的田野考古学上具有不可忽略的开创性价值，这在此前的研究中是被严重低估的。

6.2 作为田野发现的新郑李家楼

考古学史意义上的新郑李家楼区分成为两段，1923 年 8 ~10 月，新郑李家楼大墓偶然发现后，驻军靳云鹗迅即介入，确保了几近两个月的发掘，追缴了部分散佚古物，并初步整理了出土器物。 1923 年 10 月之后，靳云鹗力主新郑李家楼器群归属公共收藏，而且应当完整保留在豫。 新郑李家楼出土器物移交给古物保存所，并成为 1927 年筹建的河南博物馆的奠基馆藏。 因此，以 10 月为界，新郑李家楼可以分成前后两段，分别冠以为“作为田野发现的新郑李家楼”和“作为博物馆收藏的新郑李家楼”。 在既往研究中，新郑李家楼的发现和发掘过程较受关注，李宏和夏志峰曾细致梳理了发掘过程[17]。 不过，既往研究多倾向按照“状态”而不是“过程”描述发现和发掘，按照对新郑器群的现代认识依时间顺序逐项排列不同器物的发现，忽略了不同“状态”之间的因果关系，也隐匿了对新郑器群和李家楼大墓认识不断积累、校正和丰富的过程，本节因此将更关注在特定社会情境下认识和发现如何互动、最初的考古学知识是如何生成和成长的。

如果与 20 世纪初以来多笔古物的意外发现相比，新郑李家楼同样起于偶然发现，旋即转变成为私人盗掘，但是其显著不同之处在于国家权威的及时干预，并且在其组织和监管下完成田野发掘。 新郑李家楼大墓的发现推定在 1923 年 8 月 25 日。 此前数日，新郑南门一带士绅李锐在家中菜园凿井，地主李锐曾经为

[17] 李宏、夏志峰：《新郑彝器述略》，《新郑郑公大墓青铜器》，郑州：大象出版社，2001 年。

安武军军官，发掘之时仍身为热察绥巡阅使署谘议，并非纯为乡绅。李锐延请三位雇工挖井，据称，8 月 25 日挖至三丈深时即发现古物。其中，“大鼎壹，中鼎贰”作价八百五十元出售给许昌古董商张庆麟。新郑知事姚延锦闻知后希望李锐将地下发现的古物缴公而未果〔18〕。李氏菜园之中的铜器继续出土，迅速引起附近古董商的关注。“贾客纷纷往购，遐迩喧传”〔19〕。于是姚延锦于 9 月 1 日将此事禀告给巡防至此地的靳云鹗。靳云鹗认为，“古物关系国粹，理应公家保存”。因此派副官陈国昌立即通告地主李锐，将此前一周内发掘的铜器上缴出来。当天就收缴了第一批铜器，合计 25 件，因军官全然不识鼎彝器物，因此最初公文仅列举“无盖大鼎六个，带盖二号鼎两个，三号鼎三个，四号鼎三个，无盖四号鼎一个，五号鼎六个，带盖长方盒两个，圆坛一个，两节四足大香炉一个”〔20〕。9 月 4 日，在找到几个古董商的情况下，发掘者开始大体了解各器名称。不过，古董商的判断也孤陋，不足为据〔21〕。最终核定新郑彝器包括“大鼎陆，小鼎叁，敦肆，鬲陆，簠贰，罍壹，甗壹，玉玦贰，碎铜伍拾叁”，铜器仅 23 件。9 月 1 日收缴过程中即知李氏菜园的坑中尚有未尽发掘的器物，于是靳云鹗命令陈国昌，会同参谋王灿章及新郑乡绅一起进行发掘。9 月 5 日出土第一批古物，计有“鼎陆，洗壹，大钟肆，小钟拾柒，大尊肆，罍壹，瓿壹，壶贰，敦肆，簠肆，簋贰，匜壹，方盘壹，圆盘壹，碎铜片伍佰肆拾”。地主李锐也曾积极走动关系，以扰乱家庭生活为由，希望军队退出发掘，但是遭到靳云鹗的坚决抵制〔22〕。9 月 6 日，靳云鹗与徐寿椿往返电文继续商

〔18〕 此说最早见于关百益：《发见郑冢源流记》，《郑冢古器图考》第 12 卷，北平：中华书局，1930 年。另见孙海波：《新郑彝器概述》，《新郑彝器》，1937 年河南通志馆印本。

〔19〕 《覆保定陆军讲武堂张君函》9 月 12 日，《新郑出土古器图志附编》，1923 年。

〔20〕 《徐参谋长来电》9 月 2 日，《新郑出土古器图志附编》，1923 年；《上洛阳吴巡帅电文》9 月 2 日，《新郑出土古器图志附编》，1923 年；《上开封张督理电文》9 月 3 日，《新郑出土古器图志附编》，1923 年。

〔21〕 《徐参谋长来电》9 月 4 日，《新郑出土古器图志附编》，1923 年。

〔22〕 《北京王督办来电》9 月 5 日，《新郑出土古器图志附编》，1923 年；《覆北京王督办电文》9 月 6 日，《新郑出土古器图志附编》，1923 年；《由鸡公山致徐参谋长电文》9 月 6 日，《新郑出土古器图志附编》，1923 年。

量如何加速追缴李氏手中尚不肯交出的“玉爵两个，玉块数件及铜片鼎耳”〔23〕。当天，靳云鹗电文中已经将新郑李家楼器物称为“郑伯宗庙之物”，并且命令“多挖数井，俾井底互通，以冀搜净”，其对发掘方法的认识来源何处已不可知。7日得到“鬲叁”。9日得到“兽尊壹，匜贰，簋贰，圆盘壹，小鼎壹，觚座壹，兽面人身小铜像壹，鹤形仪饰贰，碎铜片肆拾贰”。同时，8月出售给许昌古董商张庆麟的3件铜器也追索回来。则自发掘以来出土的铜器，连带追缴的铜器，合计已达89件。9月17日，这批器物发往开封河南古物保存所保存。靳云鹗发布了《河南新郑县发见古物通启》，宣告新郑李家楼的发掘暂告一段落。早在9月4日，靳云鹗就有编辑图录之想法，“后天派胡棣生带照相机去郑拍照，以便铜版编号付印”，在发布《通启》之后，靳云鹗指示迅速编辑《新郑出土古器图志初编》，该书当月即成。

《新郑出土古器图志初编》印行之时，发掘并未完成，新的器物还在陆续出土。虽然发掘军人试图摸索考古发掘的方法和技巧，但考古学本非速成之技，而且此时亦无人可教授。从发掘的范围看，“深量及三丈许，方圆至十余丈，土层不一，故年代有异”，应该全然没有地层和考古学单位的概念。但是发掘收获不菲，得到“虺耳盘，螭首匜，夔耳簋，螭耳舟，弦纹奁，盘虺钟，粟纹仗镦，蝉纹仗镦，铜杠头，扁铜铃，蟠虺熏炉盖顶，箭头各壹，戈头贰，铜环书镇肆，瓦铜壹，瓦豆肆”〔24〕，其中铜器大约有10余件，定名仍很混乱。此次发掘还得到了“秦瓦当陆，宋瓷碗叁，贝货叁百拾柒，贝片柒，蚌介锯壹，兽牙贰拾叁，碎骨叁，玉玦伍，环纹玉件贰，玉片贰，碎铜片叁拾伍”，其中不少应该是因为地层混乱而混入早期单位的晚期器物。靳云鹗发布《河南新郑县发现古物通启二》宣告这个阶段的结束，新近收获的器物都编入《新郑出土古器图志续编》。至当年11月，《新郑出土古器图志》的《续编》和《附编》两种都已刊行。

在世界考古学史上，田野考古学方法的成熟曾经和多位具有军事背景的考古学家密切相关。皮特-里弗斯（Augustus Pitt-Rivers，1827 ~1900）早年从军，直到1882年才以陆军中将衔退役，自19世纪50年代开始，皮特-里弗斯在人类

〔23〕“玉爵”恐是“玉玦”之误写。

〔24〕靳云鹗：《新郑出土古器图志初编》序三，1923年。

学、民族学和考古学上展现出浓厚的兴趣。他所继承的领地上罗马和萨克森时代的遗物极其丰富，自退役后开始，直到生命终止，他在此地进行了长达 17 季的发掘。皮特-里弗斯的军旅生活对其田野发掘的影响集中表现在精准发掘和记录手段的采用上〔25〕。军旅生活对惠勒的影响则更为显著。惠勒（Mortimer Wheeler，1890 ~1978）曾经投身于两次世界大战，1943 年自意大利战场上退役而出任印度考古调查局总监。无论在穿插在两次世界大战之间的考古发掘，还是第二次世界大战之后在印度和巴基斯坦的发掘，惠勒都通过将军事统筹方法运用于田野发掘大幅提升了田野考古水平〔26〕。固然，我们无法期待靳云鹗如同皮特-里弗斯或者惠勒一样改变中国考古学的进程，但是新郑李家楼在发掘的组织方法上采用的军事化管理方式呈现出其他发掘所罕见的严谨。发掘过程全程受到靳云鹗的节制，而徐寿椿总揽其事。在发掘现场，除了陈国昌、王灿章担任“监工”外，新郑知事姚延锦，邑绅高烺、刘鸿恩、赵醴泉、李克良担任“监视”，另有整连士兵担任“监护”，各司其职。另外，出土器物的暂存、转运和保管都有明确指令可依。至少从制度上看，新郑李家楼虽事出偶然，但随后的发掘并非仓促行事，至少各个环节皆有监管。虽然考古发掘是个不可预期的探索过程，但是发掘过程却是可计划和调节的。从发掘的严谨和系统层面上看，新郑李家楼器群的完整性可能优于同时期其他遗址出土的器群。

但是，靳云鹗并不是早期考古学家。他对新郑李家楼的兴趣应该不逾出对“地方文明”和“中华国粹”的兴趣，从最早的往来电文看，他甚至都不具金石爱好，更不用提器物知识和田野考古学知识。自靳云鹗以下，所有参与发掘者应该都不知何谓田野考古。9 月 1 日之前的盗掘应该利用凿井的垂直井道，深度达三丈。9 月 1 日之后的发掘就继续延用井道，同时在附近凿若干井道，关百益称“原开井口外又开井口四”即指此事，不久即合成一片。最终形成的土坑的规模为“南北长三丈五尺，东西阔四丈五尺，层层下掘，深至三丈，见有墓

〔25〕 Bowden M. *Pitt Rivers: the Father of Scientific Archaeology.* Salisbury: Salisbury and Wiltshire Museum, 1984; Bowden M. *Pitt Rivers: the Life and Archaeological Work of Lieutenant-General Augustus Henry Lane Fox Pitt Rivers.* Cambridge: Cambridge University Press, 2009.

〔26〕 Wheeler M. *Still Digging.* London: Dutton, 1955.

穴”。“复向四周挖取，直至土质坚硬，迄无所得”〔27〕。由于发掘细节不是组织者和发掘者的兴趣所在，因此既无现场绘图也无文字记录保留下来。不过到发掘后期，无论是上述记录还是当时拍摄的墓口照片都显示，发掘者已经基本确定了墓坑范围，并且有了模糊的墓坑四壁的观念和完整发掘的意识。

虽然往来电文逐日记录了出土器物名目和数目，但是器物的出土情境悉数不存。这既揭示出发掘技术的缺失，也表明全无田野考古意识。墓葬填土所见遗迹现象和判断均只字不提，发掘者片面关心墓坑内所出铜器及少数不易破损的其他材质器物，被压碎的铜器也只是先全盘收集铜器碎片，再进行室内拼对。这造成我们其实并不能悉数知晓新郑李家楼墓葬中被舍弃或者遗漏的成分，因此也无法蠡测其全貌。当某些器类缺失时，我们无从判断这是前埋藏和埋藏过程的缺失所致，还是取样过程疏漏的结果。

6.3 被忽略的空间：新郑李家楼大墓的情境

本节将分析新郑李家楼大墓两个不同层面的封闭空间。其中较小的空间指墓葬。虽然李家楼大墓青铜器已经得到详尽分析，但是作为器物情境的墓葬空间却几乎从未得到讨论。较大的空间指与新郑李家楼大墓同期的、叠压在现代新郑县之下的郑韩故城。两层空间的观念源自苏珊. 佩尔斯提出的大、小“环境”（marco-and micro contexts）。佩尔斯提出，封闭空间构成单独的文化单位，物质需要通过不同层级的封闭空间界定自身〔28〕。脱离情境的器物或者器物组群的解释是多种多样的，单纯依靠考古学遗物的形态分析去揭示埋藏所代表的考古学文化实际上力不从心，尤其是在高等级精英墓葬中，作为社会等级标志的罕见物质、异域物质或者传家宝类型物质增多时，器物的形式风格分析无法单独厘定墓葬的年代及其文化归属，因此以基体、出处和关联为主要观察尺度的小空间分析有助于界定考古学文化。当特定的考古学器物组合或者单位回到历史讨论中时，无论是年代关系还是社会等级都需要通过特定的空间范围内的共存组合的研究、相对空间研究等确定下来。空间分析本是考古学，尤其是历史考古学的

〔27〕关百益：《郑冢古器图考》第12卷，北平：中华书局，1930年，第1页。

〔28〕Pearce S. Thinking about Things, in *Interpreting Objects and Collections*. London: Routledge, 1994: 125-132.

基本关怀，但是在既往深受古物学影响的历史考古学中未得应有的重视。基于范例属性不同，本节定义的大小空间略大于佩尔斯的界定。

李家楼大墓的墓葬空间此前甚少被言及，但这是学科意识的缺乏，而非材料匮乏造成的。除少数文字描述之外，《新郑出土古器图志续编》罕见地附有参谋阎香泉绘制的《新郑发见古物隧中位置略图》，是管窥墓葬规格和器物分布的最好材料（图 6.4）。不过由于《新郑发见古物隧中位置略图》由职业军官绘制，基本采用实测形式，在绘图规程上不同于考古学普遍采纳的正投影绘图方法。全图没有提供比例尺，方向也是依靠文字说明的，诸多数据不得不补充在图例说明中。该图显示全坑规格为“东西长约四丈，南北宽约三丈五尺”。器物集中出土的位置厘定为“甲群”，器物呈椭圆形分布，但西北一角无器物分布，绘图者猜测为“通道”。墓坑顶部距地面三丈。墓坑中央位置发现“银朱底”，呈椭圆形，还有胯骨和胫骨残余。而位于甲群西侧的“丙处”距地表仅有八尺，出土簋等器物数件。“丁处”在甲群东侧，距地面一丈五尺。“戊处”在甲群南端，距地面约二丈，至少包含一枚甬钟。图例说明该墓有隧道，但仅长四尺，而且“西、北两处宽二尺，南处宽三尺”。发掘者称，“隧中土质松软，与周围之土不同，且凡有古物处，隔土数尺外即现黑绿之土苗”。可见发掘者已经有填土和生土，不同土壤的土质土色不一样的概念，但是无法在图中表示出来。

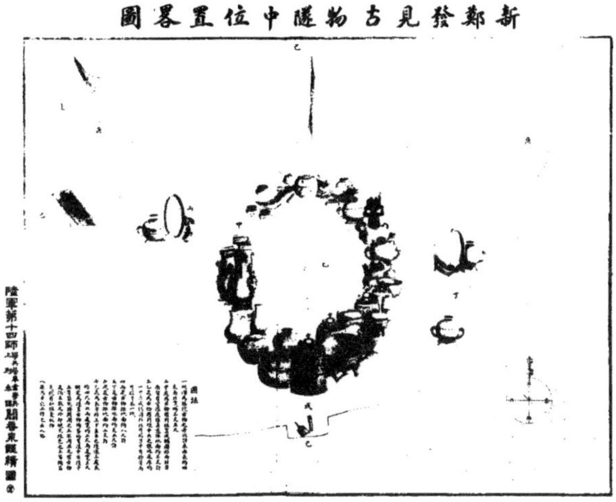

图 6.4 《新郑发见古物隧中位置略图》

（采自靳云鹗：《新郑出土古器图志续编》）

从阎香泉所绘图像总结，新郑李家楼大墓应为竖穴土坑大墓，墓圹规模为南北 11.3 米，东西 13.2 米。是否有墓道尚未可知，阎香泉推测墓圹西北没有出土器物的一段为“墓道”，墓圹南、北、西三边各有一条“隧道”，南端隧道稍宽，约 1 米，西、北两处隧道宽约 0.6 米。与目前已经发掘的两周时期大型带墓道的墓葬比较，西北“墓道”从未得见，应该不确。而南、北、西三条“隧道”有可能为墓道，但是规格甚小，因此亦有可能是误判。但是，李家楼大墓的墓圹规格甚大，远远超出新郑同时期甚至更晚的墓葬，也超出中原地区同时期其他大墓。邻近地区东周时期年代较早的高等级贵族墓葬之中，三门峡上村岭虢国墓地 M2001 墓圹长5.3米，宽3.8米；20世纪50年代发掘的虢太子墓墓圹长5.8米，宽4.25米；两墓均无墓道[29]。器物组合上较为接近的侯马上马村 M13 为竖穴土坑墓，墓圹长5.2米，宽3.85米，亦未见墓道[30]。导致李家楼大墓墓圹规模巨大的原因很多，既有可能是埋藏过程造成的，即新郑李家楼大墓墓主人的社会等级可能的确远高于上述诸墓的墓主人，但也有可能是发掘过程造成的，尤其是新郑李家楼大墓的发掘从属于“考古学之前的考古学”类型时，这种可能性更不可忽视。郭宝钧质疑，由于发掘者系职业军人，并不谙习考古地层学，可能将两座并排的夫妻合葬墓混挖在一起而导致墓圹规格偏大[31]。不过新郑李家楼大墓平面呈近正方形，并不支持郭宝钧的质疑。阎香泉平面图草绘了器物分布，其分布规律更倾向于新郑李家楼大墓为单一墓葬。如果考虑到发掘者毫无经验，无法辨识土质土色的变化，则挖掘过度而超出墓圹，以及墓道的发掘未到边框皆有可能。因此，新郑李家楼大墓可能是规模巨大的无墓道或者单墓道竖穴土坑墓。

新郑李家楼大墓的器物分布显示，随葬铜器基本分布在棺椁之间，但是相当多的器类可能由于从盗掘以来就过度强调彝器而被忽略或者遭到破坏，器物埋藏也有可能并不是单次埋葬行为的结果。由于阎香泉采用透视法绘制，而且试图通过器物前后重叠关系表示埋藏原貌，加上印刷质量原因，图像仅能大致辨别出各个器物。镈钟、附耳鼎、带盖鼎等位于南端，钮钟叠压在鼎之下。簋、虎形觥、甗分布在东侧，鬲、簠和王子婴次炉分布在北侧，方壶和圆壶分布在西侧。

---

〔29〕 中国科学院考古研究所：《上村岭虢国墓地》，北京：科学出版社，1959年，第55页；河南省文物考古研究所：《三门峡虢国墓》，北京：文物出版社，1999年，第15页 。

〔30〕 山西省文物管理委员会侯马工作站：《山西侯马上马村东周墓葬》，《考古》1963年第5期。

〔31〕 郭宝钧：《商周青铜器群综合研究》，北京：文物出版社，1981年，第80页。

有的铜器分布在墓圹之外，而且从水平层位上看高于墓室。这些孤立的器物组群包括簋、钮钟等，虽可设想墓口上有同期祭祀坑或者早期盗洞的可能性，但更有可能是发掘混乱造成的。在器物形态和组合上，侯马上马村 M13 是较为接近新郑李家楼大墓的范例（图 6.5）。上马村 M13 的主要随葬器物也在棺椁之间，但是器物的分组特征更为明显，西侧为鼎、鉴、壶、簋、甗等礼器，东南角为编钟和石磬，东侧为兵器和工具，东北角为车马器。此外，内棺出土包括玉覆面、串珠、玉璜和石圭等玉石器。两座墓葬的器物分布存在显著的平行性，亦可印证阎香泉已经竭其所能地实绘新郑李家楼大墓，该墓青铜礼器的分布基本可以得到上马村 M13 的证实。上马村 M13 所见若干铜器类别不见于李家楼大墓图示中，有可能是发掘水准粗陋导致的。不过，李家楼大墓发掘的更大疏漏应该发生在棺内。上马村 M13 棺内仅见玉石器，而李家楼大墓的发掘又片面关注青铜器，导致棺内在图示上留下空白。文献记录棺内“丹砂底，有残骨骸三、古玉三及贝壳等物”，毕士博和董光忠访问新郑时亦亲眼目睹“始露头部之尸骨一具”的出土，地主李锐和前来访问的李济均采集到骨殖，但官方报道和图示中，棺内的考古学信息基本丧失了。新郑李家楼大墓的小空间分析显示，这座墓葬的确采用了春秋时期常见的大墓形式，而且规模较已知的同期贵族墓葬更大，甚至可能存在墓道。墓葬内的随葬器物布局基本近同于两周三晋地区的贵族墓葬，棺内的空白可能是由于发掘失范造成

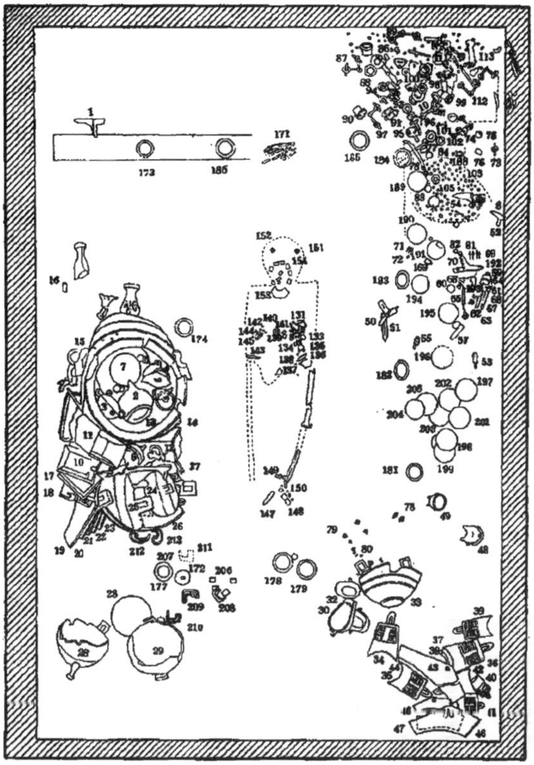

图 6.5　侯马上马村 M13 平面图

（采自《考古》1963 年第 5 期）

的，文献材料提供了棺内器物的信息，也与其他贵族墓葬所见情形相匹配。

新郑李家楼大墓的社会等级特征不仅见于墓葬内部空间关系上，其也通过大空间——与墓葬同时期的城址表达出来。大空间的阐释有赖于对郑韩故城的系统调查。1964年，河南考古工作者在双洎河和黄河的夹角地带发现了地面之上仍部分可见的城址，由于文献记载较为清晰，该城址初步推断为郑韩故城。自此之后历年的调查和发掘工作逐步揭示出郑韩故城布局的更多细节。郑韩故城平面为不规则的长方形，东西长5000米，南北宽4500米，城中另有南北向夯土，大体将郑韩故城均分成东、西两部。西城中部起向北分布了大片夯土台基，发掘者推测此处为郑韩宫殿区。东城则是手工业区域，内有铸铜、冶铁、制陶、制玉等多类作坊。东城东南部的白庙范村于1971年11月发现兵器窖藏，出土年代在战国晚期的铜戈、铜矛、铜剑等兵器180余件〔32〕。1993年6月，东城中部的金城路一带出土多座铜器坑和殉马坑。其中1号坑中应有鼎七簋六，但仅余铜鼎4件；2号坑有镈钟4枚和钮钟20枚；3号坑出土青铜礼器16件，计有鼎六簋四鬲四，鉴、豆各一。同出尚有3座殉马坑和24座春秋时期中小型墓葬〔33〕。1994~1995年，东城中南部的新郑市城市信用社工地发现铜器坑6个，殉马坑56座，出土青铜器57件。1996~1997年，东城东南部的城关新华路中段发现铜器坑10个，殉马坑20余座，出土青铜礼器多达255件，青铜乐钟144件〔34〕。所出铜器坑中，三座为九鼎八簋九鬲组合，一座为九鼎九鬲组合。铜器坑和殉马坑的密集分布是郑韩故城的一大特色，但是周围并未探到大型墓葬〔35〕。而新郑李家楼大墓在西城南部，周临亦无其他墓葬和铜器坑。目前探明的墓葬区包括东城东南部的端湾墓地，年代在春秋时期，墓葬总数超过300座。郑韩故城外，郑墓可能分布在西城南墙外的烈江坡村村南和东城东墙外的新郑烟厂一带，

---

〔32〕李宏：《新郑郑韩故城考古概述》，《新郑郑公大墓青铜器》，郑州：大象出版社，2001年。

〔33〕李宏：《新郑郑韩故城考古概述》，《新郑郑公大墓青铜器》，郑州：大象出版社，2001年。

〔34〕李宏：《新郑郑韩故城考古概述》，《新郑郑公大墓青铜器》，郑州：大象出版社，2001年。

〔35〕河南省文物考古研究所新郑工作站：《郑韩故城青铜礼乐器坑和殉马坑的发掘》，《华夏考古》1998年第4期。

两处皆以中小型墓葬为主。在郑韩故城西墙之外许岗一带，原有并排排列的四座墓葬，目前仅存一座，该墓有南北向墓道，长达 160 米。墓内积石，附近有车马坑和陪葬坑〔36〕。

由于现今的新郑“居郑县之南，许昌之北”，从地望判断，诸家都认定这是随同平王东迁的郑国国都所在，一直沿用到公元前 375 年为韩哀侯所灭。韩灭郑后，都城自阳翟迁往新郑。因此，郑韩故城外的墓葬可能为郑墓，亦可能为韩墓。从墓葬规格和埋葬习俗看，许岗大墓年代应在战国中晚期，因此，学者多将其推定为韩国高等级贵族墓葬。如果整体性考虑郑韩故城内与李家楼大墓年代相近的单位时，我们即可发现，新郑李家楼大墓的大空间方面显示出明显的特殊性，大多数同时期墓葬分布在东城南部甚至城外，而新郑李家楼大墓分布在作为宫殿区的西城。学者根据李家楼大墓独特位置以及随葬器物的丰富程度，推断此墓墓主人非郑国君主莫属，因此更其名为“郑公大墓”〔37〕。李家楼大墓出现于郑韩故城西城宫城一带的确属于罕见的特例，但是周临地带别无他墓，尚需更多资料的辅助才能得到恰当的解释。

6.4　从物质走向历史：历史考古学的方法问题

自发现以来，新郑李家楼大墓的研究片面集中在铜器一端，更具体而言，集中在若干有铭文或者形态及纹饰特殊的青铜器上，剩余几近百件青铜器和其他材质器物并未得到同等重视。被孤立观察的器物得到过度阐释，而孤立器物与整体的墓葬乃至区域和时代文化之间的关系则以最简单化的方式默认，新郑李家楼器群的研究整体上表现出强烈的古器物学倾向，直到晚近都没有得到有效的缓解和纠正。在新郑李家楼器群的早期图录基础之上，王国维、徐中舒、杨树达、容庚、郭沫若、郭宝钧、谭旦冏、高明以及梅原末治、林巳奈夫诸先生分别对新郑

---

〔36〕 蔡全法、宋国定：《新郑县辛店许岗东周墓调查报告》，《中原文物》1987 年第 4 期。

〔37〕 河南博物院、台北“国立”历史博物馆：《新郑郑公大墓青铜器》，郑州：大象出版社，2001 年。

李家楼器群的多件样本分别做出细致精妙的研究〔38〕。在晚近的整理中，夏志峰更进一步综合此前诸家的论断〔39〕。李家楼器群中大多数器物或者器物组合的厘定已基本成定论，但是，作为考古学文化的新郑李家楼却仍有待厘清，可见考古学文化并不是构成该考古学文化的各类器物分别独立研究后的简单缀合。回访李家楼器群的价值不仅仅存在于更精确地推定墓葬的文化归属，而且应该在方法论意义上讨论如何从器物和器物组合回溯到历史。对新郑李家楼器群研究的反思将揭示古器物学模式的预置假设和作业程式，再度证明从以孤立的“物”为中心的研究视角转向以“情境”为中心的研究视角是回归到可信的历史考古学的必经途径。

新郑李家楼器群虽经“完整抢救”，但作为“考古学之前的考古学”，本质上仍是残缺的镜像，而且，完整的新郑李家楼器群是不可预期的。新郑李家楼起于私掘，发掘者以搜寻青铜礼器为务，全无田野考古学意识可能造成的二次破坏都会加深新郑李家楼器群的残破性。《新郑出土古器图志》初、续编收入的大量“碎铜片”也侧证了器群的不完整。因此，通过劫余器物拼缀“完整”的新郑李家楼器群并不可取。早期四种图录收录器物数量有多寡，但并不代表复原上的线性进步关系，很可能是编辑者判断的结果。《新郑出土古器图志初编》收录 19 类 86 件，《续编》增补近 10 器，合计接近百器；《郑冢古器图考》收录器物 127 件，其中铜器 113 件，另有铜片 665 件和骨甲 345 件；《新郑古器图录》和《新郑彝器》均收录 93 件，但是两者包含具体器物不尽重合。孙海波采信梅原末治在《欧米蒐储支那古铜精华》的风传，将藏于德国国立博物馆的两件“夔龙文鬲”纳入到新郑彝器之中，但是更系统的分析和比较可将其排除在外。除了这一显著的“加法”作业之外，其余三种图录都可被视为原生埋藏状态的新

〔38〕 徐中舒：《古代狩猎图像考》，《庆祝蔡元培先生六十五岁论文集》，南京：中央研究院，1935 年；梅原末治：《战国式铜器の研究》，京都：东方文化研究所，1936 年；容庚：《商周彝器通考》，北平：哈佛燕京学社，1931 年；郭宝钧：《商周铜器群综合研究》，北京：文物出版社，1981 年；郭沫若：《殷周青铜器铭文研究》下，北京：人民出版社，1954 年；谭旦冏：《新郑铜器》，台北：中华丛书编审委员会，1977 年；高明：《中原地区东周时代青铜礼器研究》，《考古与文物》1981 年第 3 期；林巳奈夫：《春秋战国时代青铜器の研究》，东京：吉川弘文馆，1989 年。

〔39〕 夏志峰：《新郑器群三考》，《新郑郑公大墓青铜器》郑州：大象出版社，2001 年。

郑李家楼器群经历各种“减法”的残余结果。在拼缀发掘细节、复原器物组合全貌不可得的情况下，夏志峰从礼制视角出发，结合其他器物组合的旁证资料，推断“理想状态”的新郑李家楼器群。夏志峰推断的新郑彝器的“标准配置”应该为94件，包括饪食器32件，计有列鼎九，附耳鼎六，盖鼎七，鬲九，方甗一；盛食器17件，计有簋八，簠六，盏二，盦一；酒器9件，计有方壶四，圆壶二，罍二，虎形觥一；盥洗器12件，计有浴缶二，盘四，匜四，鉴二；乐器24件，计有镈钟四，甬钟二十〔40〕。这可能是接近李家楼大墓埋葬时礼制规范的理想状态复原。不过，这一复原是多番裁剪的结果，导致其有效性大打折扣。为了追求数目的整饬，夏志峰已经分别做出“加法”和“减法”，基本排除了任何历史特定性因素，器物取舍皆以制度性规范为准。作为酒器的5件铜舟（铆）被排除在“标准配置”之外〔41〕。而失载于著录的列鼎一、罍一、盘一和甬钟一又根据制度添加进来。不过，夏志峰也根据东周墓葬的用鬲制度以及同出自新郑的多座东周墓葬或者埋藏坑的鼎鬲组合关系，最终将孙海波添加的两件铜鬲清理出去〔42〕。在整饬的用器等级制度之下，纳入同一系列的不同个体在形态和风格上可能差距甚远。夏志峰也注意到，北京故宫大鼎在规格上大大超出其他列鼎，而且原本有刻铭；鬲的形态可分三类；簋的纹饰可分为高凸和平面两种，这都说明即使是按照整齐的数字组合的铜器也可能不是同批次铸制，而且形态和纹饰风格可能也不完全一致。但是如果礼器等级制度仅仅存在于使用上，而与形态没有必然对应关系的话，则直接否定了自新郑李家楼大墓发掘以来，根据器物形态和纹饰特征排列器物组合的假设。夏志峰假设盥洗器应该有两件盘，而以王子婴次炉匹配仅见的一件盘，则显得尤为勉强〔43〕。

由于对青铜礼乐器的重视和追求贯穿了从盗掘到公藏的整个发现过程，这相对压抑了其他类别铜器或者其他材质器类的收集和整理。青铜礼器之外的新郑李家楼器群的组合关系在一定程度上是发掘过程影响而成的。《新郑出土古器

〔40〕夏志峰：《新郑器群三考》，《新郑郑公大墓青铜器》，郑州：大象出版社，2001年。

〔41〕夏志峰：《新郑器群三考》，《新郑郑公大墓青铜器》，郑州：大象出版社，2001年。

〔42〕孙海波：《新郑彝器》，“夔龙文鬲十”，“夔龙文鬲十一”，出自梅原末治：《欧米蒐储支那古铜精华》，大阪：山中商会，1933～1935年，第297页。

〔43〕夏志峰：《新郑器群三考》，《新郑郑公大墓青铜器》，郑州：大象出版社，2001年。

图志初编》公布了“玉玦二，文玉一，陶质小星二”〔44〕。《续编》又公布了矛、戈、环等。《郑冢古器图考》卷八至十一录青铜礼乐器之外的其他器物，计有兵器5件，包括戈二，矛一，殳二；陶器4件，包括灯四，铜一；玉器9件，包括玦二，环二，管二，文玉一、玉片二；另外有车軎和铃等小件车马器等。《新郑彝器》收录柄饰和不知名器等杂器，以及戈、矛等兵器。新郑李家楼大墓的器物组合固然反映埋藏过程中行为者的意图、判断和预置观念，但是目前所知的组合关系实际上更强烈地受到发掘过程的影响。对青铜礼器的片面强调，以及缺乏发现和采集众多类别遗物的技术，都可能导致棺内的小件铜器和其他材质器物非但未得清理，甚至反遭破坏。至少骨殖材料虽然可见，但基本不在被收集的范围，以至于地主李锐曾经采集到墓主人骨骼，李济在稍晚时期也在现场采集到骨殖标本，并且写作了《新郑的骨》〔45〕。

墓主人的身份厘定是新郑李家楼大墓历史考古学研究的首要问题。自李家楼器群公布后，王国维以来诸家学人均以“郑公大墓”相称，但是具体厘定为哪位郑国君主却存在争议，至今也未尘埃落定〔46〕。由于缺乏具有决定性价值的直接器铭，导致某些铜器铭文和其他特殊形态的器物被过度阐释，因此，对新郑李家楼大墓的物质文化回访将不仅有助于厘定材料，而且可以反思由物及人的方法论问题。

基于罕见的铭文，王子婴次炉构成了建构李家楼器群历史的一个关键节点（图6.6）。多位学人早已提出，虽然李家楼器群器物众多，但是铭文却甚少

〔44〕 靳云鹗：《新郑出土古器图志初编》，1923年，第30页。

〔45〕 李济：《新郑的骨》，《李济文集》第1卷，上海：上海人民出版社，2006年。

〔46〕 王国维：《王子婴次卢跋》，《观堂集林》卷十八，第6页；《张邃青先生参观古物之揣测》，收录于王幼侨：《新郑古器发见记》，1924年铅字体，第18～20页；马吉樟：《王子婴齐熻盘释》，收录于关百益《郑冢古器图考》卷七，北平：中华书局，1930年，第19～21页；关百益：《周王子颓器识考》，《郑冢古器图考》卷七，北平：中华书局，1930年，第13～17年；郭沫若：《新郑古器之一二考核》，《殷周青铜器铭文研究》第2卷，北京：科学出版社，1961年；容庚：《商周彝器通考》，北平：哈佛燕京学社，1941年，第437页；杨树达：《积微居金文说》增订本，北京：科学出版社，1959年，第178页；夏志峰：《新郑器群三考》，《新郑郑公大墓青铜器》，郑州：大象出版社，2001年。

发现。整组器群之中仅有王子婴次炉和太牢鼎带有铭文，而且太牢鼎铭文不可认〔47〕，因此基于文字兴趣的观察自然以王子婴次炉为主要焦点。该器呈长方形，浅腹平底，器外壁两侧有环耳，两端有三链环钮，器身通饰斜方格点纹，器内底环布一周矮圆柱体足，共计23个。器铭文仅七字，铸于口沿内侧。即使在王子婴次炉上，诸家的兴趣也片面集中在铭文上。王国维、关百益、马吉樟、郭沫若、杨树达等人先后释读。既往以王子婴次炉推断新郑大墓历史归属的论争实由两部分构成，一是厘定该器的作器者，另一则是该器被纳入新郑李家楼大墓器物组合的历史契机。1924年，王国维率先发表《王子婴次卢跋》，称“新郑所出铜器数百事，皆无文字，独有一器长方而挫角者，有铭七字，曰‘王子婴次之卢’，余谓‘婴次’即‘婴齐’，乃楚令尹子重遗器也”〔48〕。王国维推断王子婴齐为楚令尹子重独具慧眼，但并非获得一致认识。郭沫若赞同“王子婴齐”的文字隶定，但是在其身份认定上却持不同意见，认为“王子婴齐”当为郑子婴。关百益在文字隶定上亦持不同意见，将铭文释读为“王子颓次之庶盘”，王子为周王子颓，则此器为周器。马吉樟在释字上从王国维，将此铭释读为“王子婴齐之燔盘”，但称“古人多以婴齐命名幼而徇齐之意”，并不认同特指楚

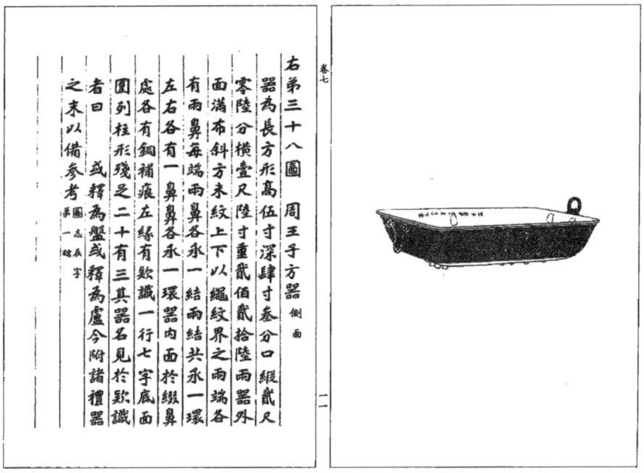

图6.6　王子婴次炉

（采自关百益：《郑冢古器图考》）

〔47〕夏志峰认为是被人故意刮去，见夏志峰：《新郑器群三考》，《新郑郑公大墓青铜器》，郑州：大象出版社，2001年。关百益仅提及“腹内有古篆数行，笔划隐约，不能尽识”，见关百益：《郑冢古器图考》第2卷，北平：中华书局，1930年，第2页。孙海波称“为锈掩，不可尽识”，甚至“有意将土锈剔治，嗣因博物馆力阻其事遂寝”，见孙海波：《新郑彝器》，1937年河南通志馆印本，第2、32页。

〔48〕王国维：《王子婴次卢跋》，《观堂集林》卷十八，北京：中华书局，2004年。

子、郑子或者周王子，而依据字形笼统判断“绝非成周盛时之器也”〔49〕。因此，在作器者身份上形成了三种不同的说法：王国维释为“王子婴次”，为楚令尹子重，郭沫若从此释名，但认为系郑子婴齐；关百益释为“王子颓次”，为周王子颓。铭文本身并无更多信息，作器者身份的最终推定需要文字之外的证据。李学勤准确地指出王、郭之争揭示出当时对青铜器的研究仍然偏重铭文，对于缺少铭文的器物就无法善加利用了，而最终的解决只能有待考古材料〔50〕。容庚以同出的有盖鼎、蟠虺壶更接近寿州所出铜器而倾向王说，杨树达也认同王子婴次炉为楚器〔51〕。夏志峰则进一步以铭文书写风格和“王子”称谓推断王子婴次炉必为楚器无虞〔52〕。

由于新郑为灭国之前的郑都，诸家均不质疑李家楼大墓系郑国国君陵寝，因此除郭说之外，王说和关说都需解释楚器或者周器如何流入郑国并随葬郑公。这一问题的提出及其解决思路恰说明诸家的历史考古学方法论取向。事实上，包括郭沫若在内都对王子器物为何随葬郑公大墓都提出了假设，而且无一例外地采纳了以特定历史事件解释考古学器物组合的方法。王说以鄢陵之战解释楚器入郑，“盖鄢陵之役，楚师宵遁，故遗是器于郑地。此器品质制作，与同时所出他器不类，亦其一证”，并以此推断新郑李家楼大墓的年代在“鲁成十六年”之后，即不早于公元前575年，大体在春秋中期〔53〕。此说遭致郭沫若、容庚和杨树达的指责。郭沫若反驳“王子婴齐之次卢”因鄢陵之战入郑之说“不攻自破”的原因是，“卢”实为燎炉，而鄢陵之战发生在夏六月二十三日，楚师不可能携炉上阵〔54〕。但是，郭说以同样的作业思路引用《左传·庄公十四年》记载甫瑕

〔49〕马吉樟：《王子婴齐燔盘释》，收录于关百益《郑冢古器图考》第7卷，北平：中华书局，1930年。

〔50〕李学勤：《新郑李家楼大墓与中国考古学史》，《新郑郑公大墓青铜器》，郑州：大象出版社，2001年。

〔51〕容庚：《商周彝器通考》，北平：哈佛燕京学社，1941年，第437页；杨树达：《积微居金文说》增订本，北京：科学出版社，1959年，第178页。

〔52〕夏志峰：《新郑器群三考》，《新郑郑公大墓青铜器》，郑州：大象出版社，2001年。

〔53〕王国维：《王子婴次卢跋》，《观堂集林》卷十八，北京：中华书局，2004年。

〔54〕郭沫若：《新郑古器之一二考核》，《殷周青铜器铭文研究》第2卷，北京：人民出版社，1954年。

杀郑子婴齐事，推断新郑李家楼大墓的年代在庄公十四年之后不久，新郑李家楼大墓的墓主人则被界定为郑厉公。根据《左传·庄公二十一年》，“郑伯薨，冬十二月葬”，则新郑大墓的年代应该在公元前673年，较王说提早近百年左右，到春秋早期〔55〕。孙海波在“王子婴齐”释名上附郭说，“而王子婴次卢之制作，必当在郑子尚为公子之时，故至迟亦当作于鲁庄公元年”〔56〕。但是又折衷提出，“同出诸器形制颇晚，与战国时铜器制作相类，未必婴齐所作。盖郑墓乃后代郑公之墓而此卢为婴齐所遗者欤”〔57〕。关百益释铭文为“王子颓”，为周庄王子。郑人获周王子器之事则据《竹书纪年》“惠王二年王子颓乱，王居于郑，郑人入王府，多取玉”，而推测新郑李家楼大墓的墓主人为郑厉公。可见，无论是认同还是反对王国维所论者，其作业思路皆出自同一窠臼。楚子婴齐器因鄢陵之战入郑一说在方法论上的舛误直到容庚和杨树达的讨论中才被指出，杨树达称，“彝器古人所重，上以之赐下，下以之献上，与国以之为酬酢，甲国之制不必恒在甲国，固也，亦不必制器者曾至乙国而乙国之人始能得其器也。盖其变易迁流，不可纪极，据出土之地以定器之何属，可以论其常，而不可以论其变。如器出一地，必求一事以实之，斯不免于凿矣”〔58〕。正如杨树达所指摘的，无论是楚器还是周器入郑，都不必和特定事件的记载对应起来，重器的流通本有多种渠道，不必尽然记录在文献之中。杨树达此说直中早期历史考古学方法论的要害，所谓穿凿附会，指建立考古学遗物和文献记载之间一一对应的关系。王国维的二重证据法长期以来被视为历史考古学的经典理论，但是其本意原本局限在“地下之新材料”和“纸上之材料”的对比，即使经过陈寅恪的扩充完善，仍停留在“地下之实物与纸上之遗文”、“异族之故书与吾国之旧籍”和“外来之观念与固有之材料”的层面，缺乏对不同史料的形成动因、保存规律、表达的可能性和倾向等史料发生学问题的意识。“地下实物”起初只被当成“地下之新材料”的载体，即使无文字的实物成为研究对象后，也被视为可以和

〔55〕郭沫若：《新郑古器之一二考核》，《殷周青铜器铭文研究》第2卷，北京：人民出版社，1954年。
〔56〕孙海波：《新郑彝器》，1937年河南通志馆印本，第132页。
〔57〕孙海波：《新郑彝器》，1937年河南通志馆印本，第2页。
〔58〕杨树达：《积微居金文说》增订本，北京：科学出版社，1959年，第178页。

"纸上之材料"以等同方式运用的史料。因此，在楚器入郑一题上，既往的研究在选择性地研究了若干铜器之后就急切地转向文献之中郑楚交往的只言片语，而从未从物质文化的角度分析重器的流传过程。但是，由于"地下之材料"一般失载于"纸上之文字"中，诸家都未经证实地假设特定器物必定隐含在文献记载的某次战争或者财贿之中。因此，王子婴次释文的三种解释各自对应一种器物流传的文献记录。即使在最为晚近的夏志峰对王子婴次炉和新郑李家楼大墓墓主人的关系的再检讨中，在通过器物风格确定王子婴次炉为楚器后，仍然绕回到在文献之中寻找楚子婴齐与郑密切交往证据的旧路：根据《左传·成公九年》和《成公十六年》两次楚重赂郑的记录而推断，新郑李家楼大墓墓主人可能为郑成公，但是又以郑成公时期乱事频繁而怀疑郑国国力足以建造新郑李家楼大墓；而转以国力推测，则是郑成公之后的简公最有可能[59]。

围绕王子婴次炉与新郑李家楼大墓关系的争论揭示了传统的历史考古学流弊的冰山一角。在同组器物之中，有铭器物相对于无铭器物具有优先解释权，铭文释读可以独立地解释墓葬的年代和成因。倘如此例所示的甲国之器随葬于乙国之墓中，对器物流转的解释必将亦步亦趋地合辙于支离破碎的文献记录，以特定的历史事件解释。即使在清理了器物与历史事件的狭隘对应关系之后，器物文化与政治文化的规律性关联也一直残存下来。国君墓葬规格大小和随葬器物丰富程度没有按照具有历史情境的丧葬行为物化结果的方式理解，而和国力盛衰曲线建立简单的同步关系。

在有铭铜器之外，形态或者纹饰特殊的器物也可能得到过度阐释，而且早期中国考古学中尚缺乏完善的形式风格分析予以约束。新郑李家楼大墓器群中，莲鹤方壶即属此例（图 6.7）。该墓出土了形态特殊、装饰风格极其鲜明的一对莲鹤方壶，环绕壶冠为双层外张莲瓣，盖顶站立一只展翅飞鹤，壶身两侧装饰回首龙形耳，四棱上另有形态近似但较小的回首龙形饰，器身遍饰缠绕蟠螭纹，方形圈足之下为两个头朝向外侧的卷尾神兽。两壶现分别存于河南省博物院和北京故宫博物院，尺寸上略有差异，通高分别为 117 厘米和 125.6 厘米[60]。郭

---

[59] 夏志峰：《新郑铜器三考》，《新郑郑公大墓青铜器》，郑州：大象出版社，2001 年。

[60] 河南博物馆、台北"国立"历史博物馆：《新郑郑公大墓青铜器》，郑州：大象出版社，2001 年，第 108、109 页。

沫若率先以“时代精神之象征”阐发莲鹤方壶在中国青铜文化发展脉络上的地位，“此器虽无铭文，然其花纹图案即已显示其时代性。大凡殷周古器中之花纹均偏重几何图案，其次为动物图案，大抵均原始人想像中之怪兽形，动物形而用写实手法者甚罕见。其用植物为图案者则可云绝无仅有。知此，请细玩此壶之图案。此壶全身均浓重奇诡之传统花文与人以无名之压迫，几可窒息乃于壶盖之周骈列莲瓣二层。以植物为图案器在秦汉以前者，已为余所仅见之一例。而于莲瓣之中央复立一清新俊逸之白鹤，翔其双翅，单其一足，微隙其喙作欲鸣之状，余谓此乃时代精神之一象征也。此鹤初突破上古时代之鸿蒙，正踌躇满志，睥睨一切，践踏传统于其脚下而欲作更高更远之飞翔，此正春秋初年由殷商半神话时代脱出时一切社会情形及精神文化之一如实现也”〔61〕。此论虽一语中的，但也有立论过度急切和以偏概全之嫌。郭沫若所论“前所未见”的诸多特征仅是因为中国考古学积累不足的原因造成的。容庚更为持重地提出新郑彝器反映的“新旧”问题，“遍观各器形制花纹，鬲与簋尚承西周厉宣之旧制，而有盖鼎、蟠虺壶等实开寿州出土战国时诸器之先声”〔62〕。郭宝钧也引莲鹤方壶为此前从未得见的器形，以此为代表的新郑铜器显示了自西周晚期以来的新制和旧制关系〔63〕。郭宝钧后更进一步补充新郑铜器在铸法和纹饰

图 6.7　莲鹤方壶

（采自《故宫博物院藏文物珍品大系·青铜礼乐器》）

〔61〕 郭沫若：《新郑古器之一二考核》，《殷周青铜器铭文研究》第 2 卷，北京：人民出版社，1954 年。

〔62〕 容庚：《商周彝器通考》，北平：哈佛燕京学社，1941 年，第 9 页。

〔63〕 郭宝钧：《山彪镇与琉璃阁》，北京：科学出版社，1959 年，第 15、16 页。

等方面的过渡时期特征〔64〕。但是，在更为完备的东周时期器物文化演化线索的比照下，莲鹤方壶虽的确具有风格转型价值，但是存在于连续发展的器物演化线索中，其“时代精神之象征”是在可堪类比器物甚少的情况下夸大的结果。既往研究显示，莲鹤方壶可以从形态和纹饰的各个特征追溯其来源和去向。莲瓣形壶盖形态以西周晚期的梁其方壶作为最早的环节，经曲村墓地 M8 所出环带饰方壶发展而来〔65〕。新郑李家村的春秋晚期墓葬所出彩绘陶豆边缘饰有类似的莲瓣纹饰，可视为这种风格的延续〔66〕。而鸟纹则来自以曲村墓地 M63 为代表的三晋地区传统〔67〕。夏志峰准确地指出莲鹤方壶在地域风格上兼受三晋风格和楚式风格交错影响，而在时代风格上则表现出自西周向春秋的过渡。虽然莲鹤方壶是最能体现时代和地域交织风格的器物之一，但是新郑李家楼器群中还有众多其他铜器等同地展现了多种风格的并存。

如果摆脱特定器物的过度阐释和以特定器物替代器群的倾向，整体性视角和情境方法是回访新郑李家楼器群的最好路径。在整体性视角的观察中，文化因素分析方法仍然是一种行之有效的分类思路，即可以敏锐地表现文化整体中的不同组成成分，也为进一步的情境分析提供了必要的基体和组合等方面的资料基础〔68〕。夏志峰已经做出较为详尽的分析，虽没有将李家楼所出铜器悉数明确分类，但是将其分成三种“特色”，即西周晚期器物组合风格、春秋早期文化风格和楚文化因素〔69〕。具体器物的分析大致无误，但是在分组上需略作调整。这一分类体

---

〔64〕郭宝钧：《商周铜器群综合研究》，北京：文物出版社，1981 年，第 84 页。

〔65〕陈梦家：《美帝国主义劫掠我青铜器集录》，北京：科学出版社，1962 年，第 1009 页，图 A699。

〔66〕河南省文物研究所新郑工作站：《河南新郑李家村发现春秋墓》，《考古》1983 年第 8 期。

〔67〕山西省考古研究所、北京大学考古学系：《天马-曲村北赵晋侯墓地第四次发掘》，《文物》1994 年第 8 期。

〔68〕俞伟超：《楚文化的研究与文化因素的分析》，《楚文化研究论集》第 1 集，武汉：荆楚出版社，1987 年；李伯谦：《试论吴城文化》，《文物集刊》第 3 辑，北京：文物出版社，1981 年；李伯谦：《论文化因素分析方法》，《中国文物报》1988 年 11 月 4 日。

〔69〕夏志峰：《新郑器群三考》，《新郑郑公大墓青铜器》，郑州：大象出版社，2001 年。

系仍然继承了此前的混排时代风格和地域风格的做法，因此，西周晚期风格和春秋早期风格只是时代之变，而在地域上并无差别，应该合为一组，而楚文化因素应该计为另一组。李学勤准确地指出，新郑李家楼器群“既有近于上马村晋墓的中原色调，又有接近淅川下寺等楚墓器物的楚文化因素”，这应该也是文化因素分析的表述[70]。但是，文化因素不会简单地映射到历史上。新郑李家楼大墓并不能简单而笼统地表述为兼受晋楚影响的考古学单位。情境分析是进一步厘定不同文化因素的文化指向价值的方法。作为后过程主义的情境考古学主要关注三个层面的情境，分别是物质情境、空间情境和学术史情境[71]。就新郑李家楼器群的器形而言，鼎、簋、鬲、舟、匜、镈钟等，皆为常见的中原铜器风格。无论是器物形态还是组合关系，新郑李家楼器群与中原其他墓葬单位，如上马村 M3 和洛阳中州路 M6，所出铜器具有高度平行性。墓葬中的器物分布也高度近似于上马村 M3，因此，新郑李家楼大墓从属于中原青铜体系应无疑义。但是，该墓所出数件铜器的确暗示了南方来源，此前已经得到过度阐释的王子婴次炉和莲鹤方壶均属此类，此外尚包括龙耳虎足壶和镇墓兽[72]。

从新郑李家楼器群的情境分析看，恰是此前被视为没有单独讨论价值的常见形态的器群界定了其基本属性，而被频繁讨论的范例反而需要在特定情境中分析。王子婴次炉并不是孤立的个案，应该和众多楚式风格器物联系在一起讨论。历史上的郑国处在晋楚之间，从归属上看，郑为旧族，因此属周文化无疑。但是，因为地缘原因，楚对其影响强烈。楚的影响同时表现在多类铜器上，很难以郑楚之间的特定事件予以揭示，而很有可能是连续的潮流所致。而且，不同器类由楚入郑的方式也不必一致。无论是王国维还是孙海波都提出，王子婴次炉与其他器物在风格上格格不入，这或可暗示王子婴次炉可能是传家宝类型遗物，在传世一段未知的时间之后才得以埋藏，因此作器者的考证就可和墓葬主人

---

〔70〕李学勤：《新郑李家楼大墓与中国考古学史》，《新郑郑公大墓青铜器》，郑州：大象出版社，2001 年。

〔71〕徐坚：《滇池地区青铜文化漆器管窥：以羊甫头为中心》，《考古与文物》2012 年第 5 期。

〔72〕徐中舒：《古代狩猎图像考》，《庆祝蔡元培先生六十五岁论文集》，南京：中央研究院，1935 年。

以及下葬时间的考证脱钩了。而莲鹤方壶则折射出另一种潮流。如果夏志峰提出的立鸟形象源自三晋地区可信的话，则莲瓣与立鸟的组合实际上是折衷风格的表现〔73〕。莲鹤方壶就不再单一地表示楚式风格的传入，而很可能是新郑一地晋楚风格糅合的反映。

不同于自王国维以来的研究者所笃信的，物质文化分析可能无法单方面认定墓葬主人，而需要和其他情境分析结合起来。尽管学术史情境分析显示，既往研究几乎压倒性地认定新郑李家楼大墓即是“郑公”大墓，物质情境分析可以将新郑李家楼大墓界定为最高等级的精英墓葬，但是否必然为郑公，甚至是否可以确认到具体的郑公，则是现阶段材料所不支持的。空间情境虽然再度确认了李家楼大墓的独特之处，但是仍无助将其锁定在郑公大墓上，尤其是相对于其他墓葬，李家楼大墓分布在郑韩故城西城的宫殿区，而且周围没有相关遗迹，这是值得深入讨论的。

6.5 博物馆的生成：田野发现的归宿问题

新郑李家楼大墓及其器群对于新生的中国博物馆的价值是既往研究言之不足的。中国最早的文物保护法案《古物保存法》直到1930年才刊布，明晰国家在“保护有关历史文化艺术之古迹古物”的责任，而在此之前，绝大多数地下发掘的古物都成为私人财产或者盈利工具，甚至在法令颁布之后还可见到有组织的盗掘活动，因此，新郑李家楼在化田野发现为公共收藏上无疑具有显著的标尺价值。在新郑李家楼的个案之中，不仅出现了地下遗产的公私归属之争，在收诸公有之后，何种机构才是适当的收藏主体也存在争议。围绕新郑李家楼的争执并不是个别现象，随着中国考古学田野活动的展开，这个问题变得越来越尖锐，而新郑李家楼无疑成为一个可资援引的范例，直到今天的考古学中仍有价值。

李家楼器群的公私之争自其公布以来就已出现，不过公藏很快压制了私掘。9月1日之前，地主李锐并未接受知事姚延锦上缴铜器的劝说，反将其中三器售予古董商，而其他已出土诸器都在待价而沽。李锐此时应是将菜园井坑所出铜器当成私家财产。但是，靳云鹗闻知此事后就非常坚定地认为地下所出鼎彝礼

〔73〕夏志峰：《新郑铜器三考》，《新郑郑公大墓出土青铜器》，郑州：大象出版社，2001年。

器应该收归公有。李锐被迫交出已出土诸件。鉴于地下尚有古物，靳云鹗决定派员彻底发掘。李锐并非普通士绅，实际上为返乡闲居的军人，因此也双管齐下地应对：一方面上诉，于9月5日上函靳云鹗请求撤出发掘人员，另一个方面联络北京一带官方人士从中疏通。9月4日的王毓芝电文和9月10日的张国淦电文即属此类，来电均请靳部停止挖掘，“勿再前往伊家搜索，以免惊恐”。但是，靳云鹗回电直陈，李锐“雇工乘夜私挖致多损坏，并且私卖”，已有不轨行为在前，又以在现场监工的副官陈国章与李氏同乡为由，解释发掘不至于骚扰其家，并指明发掘地点实际在菜园之中，“只于土内寻求，未涉宅门一步”〔74〕。由此可见，李锐意在逼退靳部，但是靳云鹗在多通电文中反复申明“此项古物，皆祭祀宴享之器，实系中华国粹，片铜寸铁，皆足宝贵，应有公家保存，不容私人所有”〔75〕。类似立场在其电文中不一而足，而且贯彻始终，从未更弦。此外，李家楼器群归属上还有另一个公私之争，不过仅仅涉及靳云鹗一人。靳云鹗主持了新郑李家楼的发掘，所得器物除自用玉玦一件，赠送康有为和陶云鹏之外，其余各器悉数归公，与当时甚至日后公然组织盗掘、私占古物的军政大员有云泥之别。关涉到出土古物公私之争的伦理并无争议，因此靳李之争中，民意舆论基本全部倒向靳云鹗一方，而且，靳云鹗在节制自身不染指李家楼器群上也获得一致赞誉。

然而在李家楼器群收归公有上，究竟何者才是该笔收藏适当的保管者，至少在当时远未得到清晰厘定，不同层级的文化机构都提出自身拥有保管权。靳云鹗迅即做出将李家楼器群全部发往开封，保存在古物保存所的决定，这也为日后出现类似争执提供了可资征引的前例。新郑器群发现刚刚几天，靳云鹗就开始收到各种保管请求，其中，最先提出保存请求的是新郑教育会。9月11日，新郑教育会会长高烺致公函，请求“将李锐掘出古物，发还数件，保留公共处所，藉作鲁殿灵光之思，使我正桓武之流风余韵得以不泯”〔76〕。吴佩孚于9月21日回复，“先后掘出之古物应悉数运送汴垣，妥为保存”，“该县教育会函请发

〔74〕《覆保定陆军讲武堂张君函》9月12日，《新郑出土古器图志附编》，1923年。

〔75〕《上洛阳吴巡帅开封张督理电文》9月4日，《新郑出土古器图志附编》，1923年。

〔76〕《新郑教育会会长高烺等公呈》9月11日，《新郑出土古器图志附编》，1923年。

还数件，留作纪念，应勿庸议”〔77〕。在县保留的提议因此被驳回。

河南以外的学术机构在得知新郑李家楼的发掘之后，闻风派员前来考察。9月8日，史密森学会（旧译斯密苏尼恩博物院）代表毕士博、文礼和董光忠前往新郑访问〔78〕。9月11日，返回北京的毕士博即致函吴佩孚，愿意指导新郑李家楼大墓的发掘，仅仅要求“拓印数纸，寄回美国展览”。吴佩孚考虑到毕士博“人甚稳练可靠，今既情愿效劳，且声明决无其他用意”，才表示欢迎，其对文物去留问题极为敏感。9月12日，天津靳云鹏推荐古物研究社潭寿田、罗君善、罗圆觉三人前往研究〔79〕。9月13日，天津潘复推荐地质调查所谭寿田、罗美前往调查〔80〕。与前日推荐应为同一批人，靳云鹏可能误写两人姓名。此三人14日即抵达郑州，评论“大尊四件，为周初古物”。9月20日，国务院电文称教育部部员高丕基、历史博物馆馆员裘善元“前往调查采集”，靳云鹗于22日回复表示欢迎，但是电文中仅存“调查”而隐去“采集”〔81〕。9月20日，北京大学校长蒋梦麟也致函，委托“马衡教授前来研究并筹保存”〔82〕。9月30日，潘复来函，推荐丁文江和天津博物院李翔耆前来调查〔83〕。10月5日，中国文物研究社推荐谭寿田和李济前来研究〔84〕。

在各路学人调查的基础之上，多家在京机构提出了收藏新郑李家楼器群的请求。北京大学致函称，“与其供之于一省，何若供之于全国。与其陈之仅供玩赏之机关，何若陈之于万国学者得共研究之学府”，“将新郑孟津两处所发见之古物全数运交中央，由本校负保管研究之责”〔85〕。北京大学以中央自任，自然引起地方势力的反弹，靳云鹗即行拒绝，“至新郑出土各件，已呈准运汴交教育

〔77〕《覆新郑教育会长等电文》9月28日，《新郑出土古器图志附编》，1923年。
〔78〕《王参谋灿章来函》9月9日，《新郑出土古器图志附编》，1923年。
〔79〕《天津靳上将军来函》9月12日，《新郑出土古器图志附编》，1923年。
〔80〕《天津潘馨航君来函》9月13日，《新郑出土古器图志附编》，1923年。
〔81〕《北京国务院来电》9月20日，《新郑出土古器图志附编》，1923年；《覆北京国务院电文》9月22日，《新郑出土古器图志附编》，1923年。
〔82〕《北京大学校蒋校长来电》9月20日，《新郑出土古器图志附编》，1923年。
〔83〕《天津潘君馨航来函》9月30日，《新郑出土古器图志附编》，1923年。
〔84〕《中国古物研究社来函》10月5日，《新郑出土古器图志附编》，1923年。
〔85〕《国立北京大学来函》10月9日，《新郑出土古器图志附编》，1923年。

厅妥为保存矣。敝处已交代清楚，无权办理。贵校既分函院署，应候覆示遵行可也”〔86〕。在京机构为获取李家楼器群不惜贬抑地方学术，因此靳云鹗的言行自然获得河南本地一片赞誉。关百益称，“自古器之出，声播中外，豫省人士以中原文化攸关，佥欲归省垣保存，以资观感，而京师历史博物馆暨北京大学亦各欲负保存研究之责，文电交驰，互争不已，后经靳师长毅力主持，送归省城保存，以重地方文明而慰豫省父老子弟之望”〔87〕。

事实上，河南历史博物馆之议在张来福 9 月 19 日电文中已经明确表示出来。有国会议员提出河南出土古物的流失情况极其严重，故“饬属筹设河南历史博物馆，使新旧所得依次陈列，用备海内外学者研究参览之资”〔88〕。9 月 21 日，河南省议会则盛赞靳云鹗“以出地所在应归河南保存”的主张〔89〕。最先运抵开封的古物保存在文庙之中，但是王幼侨提出“为经久计，非特建洋灰房屋，难免他虞”〔90〕，初时可能尚无法一步到位地在新址上建设博物馆，但最终促成了独立的河南博物馆的萌生。

新郑李家楼器群保管权之争的最终解决确立了在地保存的原则，而且基于对古物保存和研究能力的考虑，整组器群收归河南省古物保存所，并进而成为河南博物馆的奠基收藏。这种思路贯穿了 20 世纪 20 年代后期起河南本土组织与史语所合作的从殷墟到辛村、琉璃阁、山彪镇等诸多合作发掘，也为其他省份考古发现古物的处置提供了借鉴。其处理原则的影响直到今天的中国考古学实践中仍然清晰可寻。

6.6　考古学之前的考古学

毫无疑问，新郑李家楼独立界定了早期中国考古学史的一个极端特别的类型，几乎没有任何其他遗址或者器物群的发现可以被归入这个类别。如果将中国考古学的起点界定在 1928 年开始的安阳发掘上，兼顾到发掘之中体现的田野

---

〔86〕《覆国立北京大学函》10 月 12 日，《新郑出土古器图志附编》，1923 年。

〔87〕关百益：《郑冢古器图考》第 12 卷，北平：中华书局，1930 年。

〔88〕《开封张督理张省长来电》9 月 19 日，《新郑出土古器图志附编》，1923 年。

〔89〕《河南省议会来函》9 月 21 日，《新郑出土古器图志附编》，1923 年。

〔90〕《上洛阳吴巡帅电文》9 月 20 日，《新郑出土古器图志附编》，1923 年。

意识和规程，我们可以将1923年发现和发掘的新郑李家楼厘定为“考古学之前的考古学”。

新郑李家楼具有多层意味。首先，它代表一个几近完整的器群，无论是出土遗物的搜寻和保存，还是器物收藏的刊布，新郑李家楼都超出了众多遭遇盗掘甚至“科学发掘”的遗址。其次，新郑李家楼的发掘模式是独一无二的，靳云鹗偶然介入，按照军事组织方法完成了发掘和保管，这在中国考古学史上是一个空前绝后的特例。最后，新郑李家楼器群的去向昭示了与考古学密切相关的公共博物馆事业的前景。同样出于靳云鹗的决断，新郑李家楼器群没有重蹈金石收藏的旧辙，而是转变成为公共博物馆的馆藏。这为20世纪中国各地发现古物的去向树立了一个标尺。因此，新郑李家楼分别作为器群、考古学遗存单位、田野考古学实践和社会公共机制而在中国考古学史上拥有一席之地。

新郑李家楼的多维价值并没有等量齐观地被认可和继承，其“后发掘过程”成为中国考古学预置判断和倾向的镜像。作为器群的新郑李家楼最容易被既定的学术格局所接受，而且契合了20世纪初以来古史新材料的发现潮流[91]。但是，在缺乏考古学复原理论的情况下，新郑李家楼器群的讨论只能重回金石学旧路。新材料并没有提出新问题。学人对新郑李家楼的处置一如此前发现的金石器群，新郑李家楼大墓详尽的发掘过程和遗迹记录没有帮助器群研究自古器物学向考古学转型，器群在孤立甚至肢解的情况下成为文本史学的注脚。自王国维开始，诸家的关注焦点仍然过于单调地集中在唯一具有清晰铭文的王子婴次炉上。尽管王国维已经意识到王子婴次炉和其他新郑李家楼器物在纹饰风格上明显有别，但却无法充分说明这个现象的阐释价值，对王子婴次炉和李家楼大墓的关系只能以饱受诟病的特定事件予以解释。虽然诸家反对在楚器郑墓上过于牵强的解释，但并没有进一步反思物质文化和文本历史的结合方式。二重证据法过于强势地影响了中国的历史考古学，器物起初仅仅是文字的载体，即使器物的形态、风格也具有研究价值之后，仍然普遍存在以器物的数量、材质、纹饰和工艺等历史曲线耦合文本历史的政治兴衰曲线，以特定的器物耦合特定的事件记载。而在历史考古学中，走出器物或者器群的孤立研究，走向考古学文化和情境的系统研究仍然是亟待完成的转型。相对于发现年代早、器群组合完整、时

---

〔91〕 王国维：《最近二三十年中中国新发现之学问》，《学衡》第45期，1925年。

代和地域特征鲜明、技艺精湛而备受关注的新郑器群而言，作为田野考古实践的新郑李家楼几被遗忘。从发掘属性上看，这是具有军事背景的人士和国家权力参与中国考古学活动的最早记录，而且发掘和刊布过程的严谨程度远超出同时期甚至更晚的诸多发掘。但是，见诸英国田野考古学历程中的军人作用并未等同体现在中国考古学上。在中国田野考古学史上，新郑李家楼的发掘经验反属特例，嗣后军事和行政权力主导的发掘极为罕见。但是，新郑李家楼的极具地域特征的田野发掘经验构成了20～30年代安阳和豫北发掘的基础。同样遭到忽视的是作为社会公共机制的新郑李家楼。新郑李家楼器群入藏公府促成了河南博物馆的创立只是其中显性的一面，新郑李家楼器群引发的发掘权和保管权之争成为中国考古学在伦理问题上一个可资征引的范例，虽然曾经引起安阳发掘历史上一段纠纷，但是，它所创立的原则一直得以继承下来，这是尤当阐发的。

第七章

复原之术：基于古董市场重建的考古学

对于任何区域的考古学传统而言，盗掘都是永恒的痛史；但是，盗掘与考古学的关系远较我们所想象的更密切〔1〕。尽管基于法律规范或者社会伦理，不同的文明都有或明或晦的墓葬禁忌，但并没有有效地遏制盗墓和古物非法流通。几乎没有任何地区能逃脱盗掘，而且盗掘早于文化遗产保护立法，盗掘史远也比考古发掘史悠久，因此任何地区的考古学传统都存在无法忽视的盗掘遗产。但是，模棱两可的是，基于社会伦理和学科规范的考虑，大多数考古学传统羞于承认盗掘的价值。如果将田野考古发掘和盗掘相比较的话，在学科规范上，盗掘基本以获取遗物为目标，必然以考古学情境的丧失为代价，这也因此被认定为考古学与古物学之间的鸿沟〔2〕。但是，经盗掘流散的遗物并没有彻底消失在考古学和考古学史的视野之中，相反，有的流散遗物重回考古学之中，甚至成为具有地域和年代标尺价值的关键词汇。两个条件促成了盗掘遗物的回流。首先，出自精英墓葬的器群可能因其独特的艺术价值和丰富程度而得到确认。其次，

---

〔1〕 Meyer K. *The Plundered Past: The Story of the Illegal International Traffic in Works of Art.* New York: Atheneum, 1977; Chamberlin R. *Loot! The Heritage of Plunder.* London: Thames and Hudson, 1983; Atwood R. *Stealing History: Tomb Raiders, Smugglers, and the Looting of the Ancient World.* New York: St Martin's Press, 2004; Brodie N, Renfrew C. Looting and the World's Archaeological Heritager: the Inadequate Response. *Annual Reviews,* 2005; Renfrew C. *Loot, Legitimacy and Ownership.* London: Gerald Duckworth, 2006.

〔2〕 Renfrew C. *Loot, Legitimacy and Ownership.* London: Gerald Duckworth, 2006: 10.

在近现代意义的考古学生成之初，受到材料稀少的限制，各个区域的考古学传统不得不援引特定的流散遗物器群组合可能重新成为标尺。中国考古学史上同样存在由私掘和盗掘进入考古学的遗物组合和器群，在田野考古学尚未全面展开时尤其明显，同时由于社会伦理的顾忌和学科规范上的冲突而甚少得到讨论，无疑构成了1949年之前中国考古学暗流传统的一支。但是，如果这些组合和器群可能成为特定时代和地域标尺单位的话，则有必要在更晚近的考古发现和更完善的作业程式情境下“回访”，本章即以此为主题。

私掘和盗掘所获器群的可信度问题是回访的主要目标之一。器群的真伪和可信度问题研究自古物学传统以来就形成了鉴定学（connoissuership）传统，但是孤立的、基于物质形态和纹饰比较的可信度仍有局限，在某些罕见、独特的因素的分析上尤其如此，而本章所涉及的器群组合常常出自罕见丰富的大型墓葬之中，因此传统的鉴定学方法并不能有效地实现回访。鉴定也不是回访的全部，尤其是当回访对象转变成为具有标尺价值的考古学单位时，考察特定的考古学知识、方法和理论是何种情境下，具体通过什么材料，如何逐步推演出来的成为重要主题。本章将遵循施斐尔行为考古学方法的两个转型（transform）观念回访因私掘和盗掘而形成的考古学遗产。施斐尔将考古学埋藏从形成到发现的过程定义为转型过程，并根据行为者区分成为文化转型（C-transform）和自然转型（N-transform）〔3〕。私掘和盗掘无疑是文化转型的一个重要环节，对这个过程的行为研究将揭示出影响器群组合的若干显著特征。除了极端例外的例子，私掘和盗掘一般无法公开持续地长时间发掘，基于利益考虑而采取具有高度选择性的发掘常常可能直入墓室而不会彻底清理。这导致原本器物组合关系的破坏或者片段化。由于此类发掘仅仅关注可能作为财富形式的古物，低值、常见和易损物质可能会在盗掘过程中遭到破坏，而古物出土环境和空间基本不为盗掘者关注而导致考古学情境的丧失。理论上讲，私掘和盗掘出土形成的器群都仅仅是片段而已。文化转型不惟局限在发掘一端，流通、收藏和刊布构成其中的另一个重

---

〔3〕 Schiffer M. *Behaviorial Archaeology.* New York: Academic Press, 1976; Schiffer M. Archaeology as Behavioral Science. *American Anthropologist,* 1975, 77: 836-848; Schiffer M. Towards the Identification of Formation Process, *American Antiquity,* 1983, 48: 675-706.

要环节。古物器群能重新进入到考古学视野之中就是这个环节的结果，但是，仅有极少数私掘和盗掘古物器群能保存下来，不少器群在出土之后不久即遭离散，侥幸以整组保存的器群是否能够重新为人所关注又取决于古物收藏的刊布。掮客和藏家构成了足以影响我们对器群的认知的两类行为者。而在恢复离散的器物和器群的学术价值过程中，学人的重新缀合工作施加了进一步影响。施斐尔提出的文化转型过程是个兼有损益的过程，但是既往研究片面关注了“损耗”的一面，而忽略了“增益”的一面，即认识到自考古学埋藏形成之后到器物和器群重新进入考古学研究的视野所经历的种种离散和缺失，但却忽视了在不同环节上可能出现的缀合和追认，而后者同样具有误导性。因此，在由盗掘进入考古的器群的回访中，本章采纳了“加法”和“减法”作业法，即根据与田野考古发掘的平行线索的比较研究，确认分藏多处的古物收藏的亲缘关系和析出器群之中的非可信成分。在超过物质文化的层面，学术准备和情境各不相同的学人利用重回考古学的盗掘和私掘器物及其组合建构了早期中国考古学的本土性知识，包括遗迹现象、术语、发掘方法、考古学文化与中国古史之间的关系等。这些知识在中国考古学中的影响超出了具体的器物乃至遗址，甚至在作为基础的对遗物和遗迹现象的判断被证伪之后，仍可能作为预置观念而长期存在。

1949 年之前的中国考古学中，盗掘处在模棱两可的地位上。容庚以“专事发掘”和“盗发”区分 30 年代初已见诸报道的中国历史考古学的重要地点。其中，专事发掘包括新郑、浚县和安阳三个地点，而盗发之例则包括浑源、洛阳和寿州〔4〕。容庚应当以发掘是否由“官方”主持为判断依据。安阳殷墟和浚县辛村皆经中研院史语所发掘，新郑虽更是在驻军的直接干预下发掘的。但是，新郑虽在官方掌控之下，实属“考古学之前的考古学”，并不可和后世成熟的田野考古学相提并论。即令是“专事发掘”三项，也都是盗掘之后的劫余清理。而且，更为重要的是，能够实现由盗掘或者私掘向田野考古转变的仅是屈指可数的少数几例。无论是自私掘龙骨到安阳发掘，自豫北盗掘到浚县、汲县和辉县的发掘，还是通过军方干预的方式彻底发掘新郑李家楼大墓的罕见个案，都只能计为例外。更多的私掘未能最终纳入到公共学术机构的学术进程之中。容庚所列浑源、洛阳和寿州也仅是“盗发”中三个极端的特例，具体而言，是虽经盗

〔4〕 容庚：《商周彝器通考》，北平：哈佛燕京学社，1941 年，第 7 页。

掘，但考古学价值经“后发掘过程”的努力而得以部分复原的范例。

20 世纪初，山西北部浑源一带农民总结并传播了一条“乡土性知识”：雨后如见地陷，其下必有彝器，浑源彝器就是循此径而发现的。容庚、商承祚诸家皆以 1923 年 2 月东裕村乡民高凤章发掘出土铜器数十件为浑源彝器发现之始，但这应是浑源彝器引起全国性关注的起点。“浑源城西南十五里李峪村有高凤章者，在村南庙坡地掘土，掘出古铜器物多种，大小形状不一，牺尊瓶垒鼎豆洗之属，纷纷罗列满地，铜者多而金者亦不少”〔5〕。高凤章随即将铜器售予古董商于某。两个月后，县长谢思承听闻此事后饬警前往东裕村，收缴铜器共计 26 件，藏于县立图书馆〔6〕。但是，浑源彝器并未由此纳入稳定的社会公藏。此时的山西非但缺乏作为社会公器的古物收藏观念，甚至会将已经收归公有的古物出售变现。1926 年曾经有私人欲收购浑源器群，因买主中途去世而作罢；1929 年又有出售器群换取教育经费之议，并最终付诸实施，藏于浑源县城的彝器被“卢氏”完整购得〔7〕。浑源器群从此消失，直至 1947 年扣押上海雪耕斋外销彝器时，才发现库藏浑源器群，不过原藏 36 件仅余 12 件。高凤章第一次出售的铜器未遭追讨，于某购得的浑源彝器可能最终转售给法国古董商王涅克（Leon Wannieck），该笔铜器中的 15 件于 1924 年在巴黎塞努奇美术馆展出〔8〕。但是，由于浑源彝器出土时并非仅有高凤章一人在场，乡民持续哄抢，“发现古物甚多，人竟取之”〔9〕。又有传闻称，王涅克在收购于某所藏铜器的同时，还组织了另一次盗掘。更为严重的是，据王涅克所言，浑源彝器出土时多为残片，其中绝大部分都未能复原，因此，浑源彝器的规模到底有多大，迄今通过何种渠道分散到哪些公私收藏中已不可稽考。卫聚贤甚至认为浑源彝器出土年代更

---

〔5〕 麻席珍：《浑源出土古物图说》，1935 年刻本，第 1 页。

〔6〕 容庚：《商周彝器通考》，北平：哈佛燕京学社，1941 年，第 9、10 页。此次收缴古物的数目仍有争议，《浑源出土古物图说》记为 18 件，《李峪青铜器解读》称 36 件。

〔7〕 容庚：《商周彝器通考》，北平：哈佛燕京学社，1941 年，第 10 页。有人推测“卢氏”即洋庄古董商卢芹斋，但也有人不认同此说。

〔8〕 Reidemerster L. Neuerwerbungen der Ostasratischen Kunstabterlung. 1. Bronzen. *Berliner Museen*, 1927, 48 (2): 36-40.

〔9〕 麻席珍：《浑源出土古物图说》，1935 年刻本，第 1 页。

早，1922年浑源县恒麓西北乡民穆某就已经挖掘出数十件铜器，此外，在六郎城也有乡民掘得古物[10]。由此可见，浑源器群实际上是一个面相复杂、成因多样的组合。浑源铜器在考古学上也被称为李峪器群，但该群铜器可能既非出自单座墓葬，也非同时出土，甚至可能来自不同的遗址。浑源铜器的流散既可能沿着古董市场网络散布，也存在乡民哄抢和自行兜售，因此目前任何博物馆的收藏都仅仅只是极不完整的片段。但是，吉美美术馆收藏的浑源彝器展现的年代跨度之大，令人质疑其中也有因“加法”而混入的浑源器物之外或者同出于浑源但年代不同的古物[11]。

寿州器群的出土和流散更是一个漫长的过程。寿县即寿春，为楚灭国之前最后的都城。由于修筑铁路，寿县一带频繁掘出楚墓，楚器流散。瑞典工程师兼收藏家卡尔伯克于1923～1924年收藏的楚式铜镜及其他楚式古物就来自当地[12]。但是，直到1933年朱家集大墓遭遇盗掘之时，寿州才引起全国性关注。朱家集距离寿县县城约三十里，当地楚墓数量众多，地面密布的土丘隆起即是大型楚墓的显著景观特征，其中一个名为李三堌堆的土丘早在1910年就已经引起乡民的注意，该土丘因为大水而发生地陷，乡民皆知地下必有大墓。起始之时，寿县的盗掘仅是私人行为，1933年3月，地主朱鸿初纠集约六十余名村民全面盗掘李三堌堆楚墓，发掘持续两个月，获得铜器数量众多。根据现场描述，在深约五六丈处即见墓室，墓室长两丈，内中四周架以大木，排列数层。为了支付工钱，盗掘所出铜器在蚌埠市场上兜售，外界始知李三堌堆大墓。卫聚贤称出土器物“铜器有鼎盘之属，玉器有圭璧之类，鼎有重七百余斤者，鼎盖刻有文字，花纹极精细”[13]。由于李三堌堆大墓盗掘器物分配不均而引起纠纷，当地政府予以干预，安徽第四区行政督察专员席楚霖派员收缴铜器111件，移交民众教育馆。后又追缴近700件，但是在转运省立图书馆时遭到寿县名胜古迹古物保存会的抵

---

[10] 卫聚贤：《中国考古学史》，北京：团结出版社，2005年，第127、154页。

[11] Salles G. Les Bronzes de Li-yu. *Revue des Arts Asiatiques*, 1934, 8: 146.

[12] Karlbeck O. Notes on Some Early Chinese Bronze Mirrors. *China Journal of Science and Arts*, 1926, 4 (1): 3-9; Karlbeck O. Notes on The Archaeology of China. *BMFEA*, 1930, (2): 193-207.

[13] 卫聚贤：《中国考古学史》，北京：团结出版社，2004年，第102页。

制，直到 1934 年 2 月才最终入藏，计有铜器和石器 717 件。但是，传言称出土器物多数经古董商之手售出，容庚直指“精者多隐藏售去，而粗者始归公家”〔14〕。李三堌堆规模甚大，在前度盗掘所获收归公藏之后，李品仙于 1938 年驻防期间尚可再度组织盗掘〔15〕。寿县器群远非仅出自朱家集李三堌堆一个单位，卫聚贤引述天津《大公报》，“寿县九里沟附近，古墓颇多，前有孙多炜者挖出铜鼎、铜匜、铜斧、铜锯、瓦缸各一，又铜铎二具，花纹颇细，鼎刻尤工，惜识者尚少，现津沪等处，业经来人收买云”〔16〕，可见寿县器群也是一个来源多端，成分复杂的概念。

浑源、洛阳和寿州仅是 20 世纪上半叶私掘和盗掘的几例，能成为“盗发”样本则有赖于学人的阐发。浑源得益于麻席珍和商承祚，洛阳得益于怀履光和梅原末治，寿州得益于卡尔伯克和李景聃〔17〕。同时期出土但罕有学人关注，或者进入流通市场之后无从追溯的器群不在少数。1933 年，山东滕县安上村村民在当地人称为“凸突顶”的遗迹中掘得古物，地主陈世法掘得鼎、盘、匜、敦、鬲、罍等，共计 22 件，其中两件敦有铭文“孟攸父作白宝敦，其子子孙孙永保用”。鉴于其史料价值，王献唐设法将滕县遗物收归山东省图书馆，并随后安排在安上村进行发掘。虽然滕县器群侥幸较为完整地保存下来，但是在考古学史上未能如上述诸项“盗发”一样引起普遍关注。还有其他的发现甚至仅留其名，而无法蠡测其组成。1923 年，在新郑李家楼器群出土前仅月余，孟津集中出土一批铜器，见诸报道的残器总数尚在 300 件以上，马衡因此致函询问器物下

---

〔14〕 容庚：《商周彝器通考》，北平：哈佛燕京学社，1941 年。

〔15〕 殷滌非：《关于寿县楚器》，《考古通讯》1955 年第 2 期。

〔16〕 卫聚贤：《中国考古学史》，北京：团结出版社，2004 年，第 144 页。

〔17〕 麻席珍：《浑源出土古物图说》，1935 年刻本；商承祚：《浑源彝器图》，南京：金陵大学中国文化研究所，1936 年；怀履光：《洛阳故城古墓考》，上海：另发印书馆，1934 年；梅原末治：《洛阳金村古墓聚英》，京都：小林写真制版部，1937 年（昭和十二年）；Karlbeck O. Notes on The Archaeology of China. *BMFEA*, 1930, (2): 193-207. 商承祚：《十二家吉金图录》，南京：金陵大学中国文化研究所，1935 年；李景聃：《寿县楚墓调查报告》，《田野考古报告》第 1 册，1936 年。

落时，靳云鹗仍茫然不知〔18〕。在洛阳金村古物散布在平津一带古董市场上及金村古墓逐渐为人所知之前，1929 年于洛阳马坡就出土了“臣辰”铭成组铜器，但发掘和流散细节、器群组成都已经完全不为学人所知〔19〕。

本章以洛阳金村和长沙为例，分析经盗掘流入古物市场的器群如何逐步恢复其考古学研究价值。洛阳金村是容庚所列“盗发”三例之一，而长沙是抗战期间古董市场新涌现的一个重要出土地点。本章选取金村和长沙作为样本只是历史偶然性的结果，1949 年之前作为暗流的私掘和盗掘远较官方正式发掘更多、更普遍，而暗流特质均匀地体现在每个样本上。

7.1 复原金村：基于建构的建构

无论在东周考古学还是中国考古学史上，金村都占据了举足轻重的地位。1928 年夏天雨后，洛阳东郊金村村民在村外东北方向的邙山脚下发现了成组群的早期墓葬（图 7.1）。次年，传言出自该群墓葬的器物浮现在北平、天津和开封的古董市场上。所出青铜器、玉石器和漆器不仅数量巨大，而且制作精美，尤以错金银铜器为著，甚至洛阳一度被误认为东周时期错金银装饰风格的中心，因而迅速引起海内外古董商和收藏家的关注。自 19 世纪中晚期以来，洛阳地区古墓盗掘猖獗，尤其是北朝墓葬集中的邙山墓区成为古董市场关注的焦点，不过在金村器群发现之前，此地多见汉魏六朝时期古物〔20〕。洛阳一带偶有先秦时代器物的出现，但是无论在出土规模，还是研究价值上，鲜有可以和金村器群相匹

---

〔18〕 关百益：《郑冢古器图考》卷十二，北平：中华书局，1930，第 3 页；《覆国立北京大学函》1923 年 10 月 12 日，《新郑出土古器图志附编》，1923 年。

〔19〕 White W C. *Tombs of Old Lo-yang*. Shanghai: Kelly & Walsh, Ltd., 1934: 6. 河南省洛阳市地方史志编纂委员会：《洛阳市志》卷 14《文物志》，郑州：中州古籍出版社，1995 年，第 413 页。

〔20〕 20 世纪初期，洛阳一带两晋南北朝时期古墓的发掘以 1916 年八里台汉墓、1919 年北魏元遥墓、1920 年北魏元珍墓、1928 年北魏元玮墓为代表。参见河南省洛阳市地方史志编纂委员会：《洛阳市志》卷 14《文物志》，郑州：中州古籍出版社，1995 年，第 417 页。

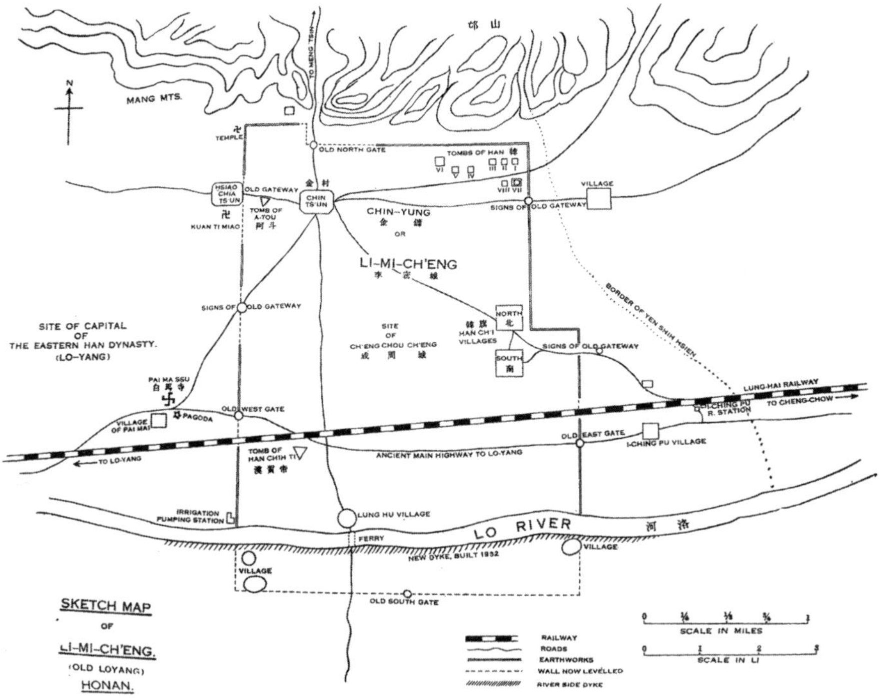

图 7.1　金村平面图

（采自 White W. *Tombs of Old Lo-yang*）

敌者〔21〕。长期的盗掘和古物交易使洛阳成为有效运作的古董流通系统的一个重要环节，因此，一旦金村墓葬被当地乡民发现，出土器物就可以迅速地通过不同的渠道流入古董市场，散布于世界各地。除少数几件保留在国内博物馆外，大部分金村遗物分别庋藏于加拿大、美国、日本等地公私收藏之中。倘若金村故事至此告一段落，则金村器群可以不容置疑地纳入一个 19 世纪中期以来古器群发现和流布的主要模式：古物的发现或者盗掘多在国家权力覆盖之外，兼之无

〔21〕 1929 年，洛阳马坡出土了若干青铜器，其中包括臣辰器组和令方彝等多件西周时代重器。参见 White W C. *Tombs of Old Lo-yang*. Shanghai: Kelly & Walsh, Ltd., 1934: 6；河南省洛阳市地方史志编纂委员会：《洛阳市志》卷 14《文物志》，郑州：中州古籍出版社，1995 年，第 413 页。

任何职业考古学家的参与，发达的古董市场使出土器群迅速离散。及至见诸报道，所遗留的均是考古情境殆失后支离破碎的器物组群。事实上，与金村器群几乎同时期发现的洛阳马坡器群的出土和流散就属于这个模式。然而，怀履光（William Charles White，1873 ~1960）和梅原末治改变了金村和金村器群在中国考古学史上的地位。怀履光和梅原末治的整理和刊布工作起步于传出自金村的各类器物进入海外收藏之后。1934年，上海别发印书馆（Kelly & Walsh，Ltd.）印行了怀履光的《洛阳故城古墓考（*Tombs of Old Lo-yang*）》；1937年京都小林出版部出版了梅原末治的《洛阳金村古墓聚英》，六年后，该书出版了增订版。嗣后对金村乃至东周考古学的研究概以这两种著述为必经门径。怀履光和梅原末治都是从作为古物流通终点的收藏入手，逆向追溯，试图逾越传统金石学的局限，建构金村的考古学情境。他们清晰界定了具有明确考古学内涵的词汇“金村”，部分恢复了金村在中国考古学研究上的可信度，使其俨然成为有别于安阳、新郑、乐浪等地点发掘和刊布的另一种范式的典型个案〔22〕。金村是迄今为止洛阳地区最早确认的具有确切考古学内涵的两周考古学地点之一。传出自金村的青铜器、玉器、漆器、石刻等各类器物不仅侧证了作为东周时期王城的洛邑所在，也在相当长的时期内成为东周时代两周地区乃至中原考古学文化谱系的主要标尺。

然而，金村和金村器群的“建构性”长期以来却未得到准确地揭示。怀履

〔22〕在1949年前的中国考古学中，安阳、新郑、乐浪和金村分别代表了不同的发现和研究范式。安阳属于国家学术机构直接发掘和整理的类型，参见Li C. *Anyang*. Seattle: Washington University Press, 1977. 梁思永、石璋如：《侯家庄（河南安阳侯家庄殷代墓地）》，台北：“中央”研究院，1959 ~ 2001年；石璋如：《小屯（河南安阳殷虚遗迹之一）第一本》，台北：“中央”研究院，1959 ~ 2001年；高去寻：《大司空村（河南安阳殷代东周墓地及遗址）》，台北：“中央”研究院，2008年。新郑李家楼大墓属于以盗掘起始，但国家机构迅速而有效地介入的类型，参见河南博物院、“国立”历史博物馆：《新郑郑公大墓青铜器》，郑州：大象出版社，2001年。而乐浪则属于由他国机构直接干预的考古发掘类型，参见原田淑人、田泽金吾：《乐浪》，平壤：朝鲜总督府，1930年；小泉显夫：《乐浪彩箧冢》，平壤：朝鲜总督府，1934年；小场恒吉、榧本龟次郎：《乐浪王光墓》，平壤：朝鲜总督府，1934年。

光为加拿大皇家安大略考古博物馆（Royal Ontario Museum of Archaeology，皇家安大略博物馆前身之一）收集了存世的最大一笔金村遗物，而梅原末治是近代日本刊布和研究中国青铜器最主要的学者之一，两人在收藏和研究上不同的权威身份，导致他们建构金村的工作自发表以来，几乎从未接受过严格意义的学术审核。后来言及金村者都将他们的"建构"视之为"实录"，从未将他们的学术训练和职业背景、写作动因和契机与金村发掘的关联等纳入考虑之中。金村的发现显然有别于由学术机构主导的科学发掘，长达六年的盗掘活动一直处于洛阳本地乡绅和古董商的严密控制之下，没有任何经过专门学术训练的考古学家的参加，相应的发掘记录也告阙如，所有事后发布的数据均是依据记忆，甚至传言所得。在发掘早期，金村遗物也如同安阳甲骨一样，连出土地点都讳莫如深。众多古董商和收藏家都未能亲临现场，而只能在临近的开封甚至更远的天津和北平听取乡民、掮客和线人的转述。此外，金村器群公布之时，中国考古学尚处于前范式（pre-paradigm）阶段，缺乏具有学术可信度的个案的积累，也使金村的"建构性"不能及时揭示出来。虽然中央研究院历史语言研究所主持的安阳发掘早在1928年即已展开，侯家庄大墓也自1930年起开始发掘，但是安阳发掘报告一直未得正式公布。1923年遭到盗掘的新郑李家楼大墓的青铜器劫后残余虽陆续公布，但是资料整理和器物编排完全落于古器物学窠臼[23]。怀履光和梅原末治发表金村遗迹和遗物之时，可资参考的仅有朝鲜总督府公布的乐浪汉墓资料。年代和性质更为接近的考古发现的阙如不仅无法实现对金村考古学内涵的检验，反而使金村在未经审核的情况下成为更晚出土的其他发现的参照系。

建立在怀履光和梅原末治著述基础之上的金村和金村器群存在着两个显著的"去情境化"（de-contextualization）特征。首先是学术史意义上的去情境化。无论是怀履光还是梅原末治，均未参与金村发掘，因此写作都不是建立在第一手原始资料基础之上的。资料可得性和作者对资料的取舍判断直接影响了他们的写作。两书的写作动机也不尽相同，尤其是梅原末治的《洛阳金村古墓聚英》，写作初衷、甄别标准和编辑体例均有独特之处。不加甄别地将《洛阳故城古墓

[23] 新郑彝器劫余的图录包括靳云鹗：《新郑出土古器图志》，1923年；关百益：《郑冢古器图考》，北平：中华书局，1930年；关百益：《新郑古器图录》，北平：商务印书馆，1929年；孙海波：《新郑彝器》，北平：考古学社，1937年影印本。

考》和《洛阳金村古墓聚英》当成金村发掘和遗物的详尽而全面的记载造成了考古学史意义上的去情境化。其次，在金村的物质文化分析上，由于先入为主地将金村视为标杆的观念，导致在很长时间内，金村遗物被用于对同出于两周和中原地区缺乏明确年代标记器物和器物组群的断年，而金村遗物的年代本身却成为不可置疑的预设。即使是金村遗物与日渐丰富的中原地区东周时期的考古学发现相互抵牾时，也常常以社会等级差异等特殊原因予以解释，这形成了物质文化研究上的去情境化。

反思金村和金村遗物就是情境复原过程。这一过程不是建立在资料的客观增长基础之上。或许未来还有新的器物纳入到金村器群之中，但是盗掘过程以及被盗掘过程破坏的种种遗迹现象都不可能由任何文字或者图像记录的意外出现得到复原。因此，建构金村不是"新资料"的产物，而是"新观念"的结果。较之既往研究，我们更倾向于采纳后过程主义考古学（post-processual archaeology）立场，不再将怀履光和梅原末治的著述视为不容置疑的证据和立论基础，而是需要情境性、批判性"阅读"的"文本"，尤其是作者的经历背景、写作动机、社会网络等诸多影响"文本"的因素都需要纳入到阐释之中。同时，金村的发现不是一个孤立的事件，它既是全球性的中国古物发现和流通体系的一部分，也存在于20世纪30年代中国考古学研究的情境之中。大量的旁证材料可以帮助复原金村发现中被隐匿或者误读的情节。"阅读"考古学史构成了"阅读"器群和考古学文化的前提和基础，对于历史上意外出现、与现代意义考古学共享基础甚为薄弱的发现而言，尤其如此〔24〕。而物质文化意义上的情境复原则需将金村器群与近五十年来具有准确考古学情境的两周地区东周时代考古学文化和器群进行比较分析。我们必须考虑到物质文化的时代、地区和阶级差异。值得庆幸的是，洛阳中州路西工段、西郊等地点清理的东周时期贵族墓葬构成

〔24〕 强调研究者的主观意图和学术史传统在考古学阐释中的作用是情境考古学（contextual archaeology）的特征之一。关于情境考古学，参看 Hodder I, Hudson S. *Reading the Past* (3rd eds.). Cambridge: Cambridge University Press, 2003. 中译本参见伊恩·霍德、司各特·哈德森著，徐坚译：《阅读过去》，长沙：岳麓书社，2005 年。

了与金村最为接近的参照系统〔25〕。即使考虑到洛阳东周时期贵族墓葬多遭盗掘，邻近地区如辉县琉璃阁、临淄商王庄和新郑郑韩故城，乃至晚至西汉的贵族墓葬都提供了确凿的对比材料〔26〕。在厘定金村遗物上，囿于当时无论在资料积累还是分析方法上皆属草创，怀履光和梅原末治都只能采信古董市场的说法，在回访中，这一取向必须让位于器物的风格及形式分析和考古学文化阐释。

7.1.1　从《驫氏编钟图释》到《增补洛阳金村古墓聚英》：金村的三个写作范式

与20世纪上半叶中国考古学的其他重大发现和发掘相比较，金村处在一个极其独特的位置上。金村在职业学术力量缺位的情况下开始，却最终以学术力量的介入确定其在中国考古学上的地位。此外，金村是中国考古学中最早引起国际性关注的主题之一。传统的金石学学者发声在前，但是真正形成国际性影响并奠定金村在中国考古学中的地位却是怀履光的《洛阳故城古墓考》和梅原末治的《洛阳金村古墓聚英》。学术传承和研究旨趣不同的学者从不同的视角出发，形成金村写作和研究的多样化范式。不同的范式不一定构成时代上的更叠关系，有的甚至可能长期并行不悖地存在于不同的学术传统之中。

在金村器群的公布和研究上最早出现的是传统金石学范式。铭刻是金石学研究兴趣的核心，长篇铭文的偶然出现常常导致金石学中特定主题研究的出现和研究文献激增。虽然早在1929年，金村器物就已经出现在古董市场上，但并没有引起学者的关注。直到1930～1931年，带有长篇铭文的驫氏编钟中的十二枚被纳入上海刘体智收藏后，才引发了最早的学术讨论。驫氏编钟由十四枚钮钟

〔25〕中国科学院考古研究所：《洛阳中州路（西工段）》，北京：科学出版社，1959年；中国社会科学院考古研究所洛阳发掘队：《洛阳西郊一号战国墓发掘记》，《考古》1959年第12期；洛阳市文物工作队：《洛阳西郊四号墓发掘简报》，《文物资料丛刊》第9辑，1985年。

〔26〕郭宝钧：《山彪镇与琉璃阁》，北京：科学出版社，1959年；河南博物院：《辉县琉璃阁甲乙二墓》，郑州：大象出版社，2003年；临淄市博物馆：《临淄商王村墓地》，济南：齐鲁书社，1997年；河南省文物考古研究所：《郑韩故城兴弘花园与热电厂墓地》，北京：文物出版社，2008年。

组成，出土不久即已离散，在进入刘体智收藏之前，怀履光已经先行挑选。 因为迄今不知的原因，怀履光仅仅购买了骉氏编钟的两件“样品”，即大、小钮钟各一枚，至今仍在皇家安大略博物馆收藏之中。 骉氏编钟余下十二枚钮钟进入刘体智收藏。 徐中舒应邀整理并释读文字，发表《骉氏编钟图释》，吴其昌、唐兰、刘节、郭沫若、温廷敬、容庚等多位学者随后发表相关论文，诸家均着眼于文字隶定和与先秦成文文献的对应关系，解决骉氏编钟的年代和归属问题。 仅在骉氏编钟年代上就形成显著不同的三种说法〔27〕。 围绕骉氏编钟的金石学讨论也波及海外，高本汉也著文参与到讨论之中〔28〕。 金石学范式的写作多基于对铭文的兴趣，对骉氏编钟的讨论几乎不涉及传为同出自金村的其他遗物。 即使在骉氏编钟上，文字考释也远重于对纹饰和形制的讨论。 金石学范式与小学关系密切，因而长于文字正义，却疏于历史建构。 在以文字证史上采取直观映射的简单化处理思路，大多关于骉氏编钟的讨论都不言自明地将骉氏编钟的制作年代和归属与金村墓葬的年代和归属等同起来，仅有高本汉提到编钟年代可能有异于墓葬年代。 因此，对金村墓群文化归属的推断都片面地以铭文为主要依据，马衡、唐兰等率先释读骉氏编钟铭文中包含“韩宗”，将金村墓葬推定为韩墓，此说一度成为主流说法，怀履光亦从此说。 梅原末治则根据银器针刻铭文中出现“三十七年”款，而错误地认定此系秦始皇帝三十七年无疑，则将金村墓葬推定为秦墓。 唐兰后又推翻前论，认定金村墓群应该为东周墓而非韩墓 ，郭宝钧认定金村墓为东周君墓〔29〕。

怀履光《洛阳故城古墓考》不仅在资料层面上首次尝试全面复原金村，在研究方法上也足以确立一种新范式。 怀履光系加拿大人，1897 年自加拿大维多利亚学院毕业，受加拿大圣公会派遣，以传教士身份来到中国。 在福建教区的建宁、福州等地担任牧师后，怀履光于 1910 年转向河南开封，开辟圣公会河南教

---

〔27〕 吴其昌：《骉羌钟补考》，《国立北平图书馆馆刊》第 5 卷第 6 号，1931 年；唐兰：《骉羌钟考释》，《国立北平图书馆馆刊》第 6 卷第 1 号，1932 年；刘节：《跋骉羌钟考释》，《国立北平图书馆馆刊》第 6 卷第 1 号，1932 年；刘节：《答怀主教书——论骉氏钟出土处沿革》，《国立北平图书馆馆刊》第 7 卷第 1 号，1933 年。

〔28〕 Karlgren B. On the Date of the Piao-Bells. *BMFEA*, 1934, (6): 137-149.

〔29〕 唐兰：《洛阳金村古墓为东周墓而非韩墓考》，《大公报》，1946 年 10 月 23 日；郭宝钧：《山彪镇与琉璃阁》，北京：科学出版社，1959 年，第 46 页。

区，并担任首任主教。1930 年增设洛阳圣公会教堂。1936 年，怀履光退休之后担任多伦多大学汉学副教授兼皇家安大略考古博物馆东方部主任。怀履光与皇家安大略考古博物馆结缘于 20 年代中期。1924 年，怀履光应皇家安大略考古博物馆馆长查尔斯. 加莱利（Charles C. Currelly, 1876 ~1957）之邀，开始为该馆收集古代中国艺术品。从此，他的绝大部分精力都投入到搜集和研究古代中国艺术品之中，以至于河南教区的神职人员对此颇有微词〔30〕。怀履光的收藏活动也引起了其他来自海外的收藏家和古董商的注意。1930 年前后为瑞典王室和收藏家在中国采购藏品的瑞典工程师卡尔伯克（Orvar Karlbeck）曾经提到怀履光，“有个加拿大主教，和我一样也是个狂热的收藏者；他应该是替某家博物馆采购，看起来财力丰厚”〔31〕。除给他带来国际性学术声誉的《洛阳故城古墓考》之外，怀履光在 1936 ~1944 年间陆续出版了关于开封犹太人、中国墓葬中的墓砖图像、水墨竹图等多个专题的著述〔32〕。怀履光对皇家安大略博物馆中国收藏的形成贡献卓著，他经手的最重要的一笔应属来自洛阳金村的青铜器、玉器和漆器等。更重要的是，怀履光根据自己参与收藏金村遗物的过程，以及当时他所能收集的见于其他博物馆，如美国弗利尔美术馆和纳尔逊美术馆的金村收藏，于 1934 年出版了《洛阳古城古墓考》一书，将金村墓葬和器物资料公诸于学术界。长期以来，该书被视为管窥金村古墓的必要门径。

在编辑体例上，《洛阳故城古墓考》有别于时下严格意义上的考古调查和发掘报告，但不乏借鉴意义。《洛阳故城古墓考》分成《正文》、《器物描述》和《图版》三个部分。其中正文部分又细分成为八个小节：《引论》、《古代中国

---

〔30〕 Walmsley L C. *Bishop in Honan.* Toronto: University of Toronto Press, 1974: 170.

〔31〕 Karlbeck O. *Treasure Seekers in China.* London: The Cresset Press, 1957: 99.

〔32〕 White W C. *An Album of Chinese Bamboos: A Study of a Set of Ink-Bamboo Drawings.* Toronto: University of Toronto Press, 1939; White W C. *Chinese Jews: a Compilation of Matters Relating to the Jews of K'aifeng Fu.* Toronto: University of Toronto Press, 1942; White W C. *Chinese Temple Frescoes: a Study of Three Wall-Paintings of the 13th Century.* Toronto: University of Toronto Press, 1940; White W C. *Tomb Tile Pictures of Ancient China: An Archaeological Study of Pottery Tiles from Tombs of Western Honan, Dating about the Third Century BC.* Toronto: University of Toronto Press, 1939.

的墓葬》、《韩墓的位置和年代》、《韩墓结构》、《随葬品》、《车马坑》、《铭文及其价值》和《讨论》。鉴于该书写作时知识界对中国考古学尚缺乏通盘理解，怀履光增加了第二节《古代中国的墓葬》。随后几节和后世考古报告的基本内容一致，但是对器物的详尽描述和分析并不在正文部分的《随葬品》一节，而是在第二部分《器物描述》之中。正文部分的最后一节《讨论》涉及十个问题，均是由金村墓葬和器物衍生的值得关注的问题，虽然所论各题都是浅尝辄止，但是在广度上是现在考古报告所不具备的，而且在这些论题的认识水平上，怀履光并不逊于同时期最优秀的汉学家。第二部分《器物描述》是对传出自金村遗物的分类和描述，其分类思想和现在的考古学作业同出一辙，但是在具体的描述中，没有采用型式分析，而是逐件描述。怀履光没有接受过任何考古学或者艺术史训练，他的写作以何为蓝本，目前缺乏直接证据。如果考虑到中央研究院历史语言研究所在同一年刚刚出版了第一种田野考古报告《城子崖》的话，则《洛阳故城古墓考》在中国考古学上的开创性地位是不可否认的〔33〕。虽然怀履光从考古情境缺失的器物组群出发，但没有停留在器物甚至器物的局部特征，或者未经考辨的器物和考古学文化之间的关联上，而是努力重建发掘现场和考古情境，这是尤其难能可贵的。正文之中多个小节表现出历史学导向，有的从具体的金村遗物上升到早期中国的某类物质，如涡纹和动物形纹饰与西方艺术的关系，也有对金村墓葬的历史归属的讨论。因此，《洛阳故城古墓考》是具有历史学取向的考古学写作的典范。

由于地缘关系以及学术背景等诸多原因，梅原末治的《洛阳金村古墓聚英》对于中国学术界的影响更大。一般认为，《洛阳金村古墓聚英》是对《洛阳故城古墓考》的增补，然而，无论在写作理念上还是编辑体例上，该书都代表了一种截然不同的范式。梅原末治编辑该书存在两个动因。一是日本收藏中传出自金村的器物已经累积到值得关注的数量。1929 年，梅原末治于京都细川侯爵收藏中见到传出自金村的错金银狩猎纹铜镜以及银质小人像。数年后，原属上海刘体智收藏的十二枚驫氏编钟悉数转入大阪住友收藏之中。日本学术界相信有相当数量的金村遗物已经进入到日本帝室和私人收藏之中，而这些都是怀履光《洛

〔33〕 中央研究院历史语言研究所吴金鼎先生主持的城子崖调查和发掘报告于 1934 年以《城子崖》为题，作为中国考古报告集之一出版。

阳故城古墓考》的盲区。另一个动因涉及编辑原则，在编辑《洛阳金村古墓聚英》之前，梅原末治已经在中国青铜器、漆器等艺术品图录集成上建立了自己的学术声誉。梅原末治编辑了《欧米蒐储支那古铜精华》等一系列海外收藏中国青铜器图录，这种编辑经历对其划定金村器物的范围具有潜移默化的影响。《洛阳金村古墓聚英》初版于1937年和1940年出版的《河南安阳遗宝》并称姊妹篇，在体例上有互通之处[34]。这也说明，梅原末治擅长以中国考古学大发现时代的最新发现为参照，重新评估海外中国古物收藏。此外，在致谢名单中，古董商山中定次郎和卢芹斋值得特别关注。除了帮助梅原末治构建信息来源外，至少山中商会资助了他多种图录的出版，梅原末治另一名作《欧米蒐储支那古铜精华》就是应山中商会之邀编辑的。古董市场的判断对梅原末治的影响不可轻视。《洛阳金村古墓聚英》全书分成正文和图版两部，但两部之间的对应关系却不明显。正文部分以序记开始，继之讨论古墓的位置和构造、出土遗物的位置以及各个类别器物，以对金村墓葬年代的推定结束。《洛阳金村古墓聚英》以怀履光的著述为基础，试图寻找欧洲、美国和日本收藏中形态特征、装饰风格近似的例子，甚至收纳了仅在器物来源上传为出自金村的器物。这构成了金村写作的第三个范式，即器物集录体写作。

梅原末治的金村图录出版之后不久，高本汉（Bernard Karlgren，1889 ~ 1978）在《远东古物馆馆刊》第10期上发表了一篇重要的书评[35]。高本汉本人曾经参与对驫氏编钟的讨论，兼之在其执掌瑞典远东古物馆期间，也购入了数件托称出自金村的青铜器，因此，高本汉具备评论金村图录的学术资格。即使这篇书评主要针对《洛阳金村古墓聚英》，由于不可避免地比较了梅原末治与怀履光，因此它可能是迄今为止对金村学术最详细和最具有见地的观察。但是，令人遗憾的是，长期以来，这篇书评没有引起足够的重视。高本汉的长篇书评分成《来源问题》、《器物的选择》、《描述》和《断代》四个部分，在如何建构金村上有大量精辟的阐发。在如何定义考古学意义上的金村上，高本汉准确地提出“在传言、二手甚至三手证据基础之上进行复原的危险是显而易见的，他（怀履光）的著述随后的分析中也表明若干他认为来自金村的器物不太可能出自

---

〔34〕 梅原末治：《河南安阳遗宝》，京都：小林写真制版部，1940年。

〔35〕 Karlgren B. On Tsin-ts'un Album. *BMFEA,* 1938, (10): 65-82.

这些墓葬”〔36〕，他认为怀履光图录最主要的缺陷是搜罗范围存在重大局限，没有收入流往欧洲和日本收藏的器物。 虽然高本汉意识到众多年代和风格均不符合的器物可能被附会在“金村”上，但他没有进而阐发“金村”原本只是在考古学情境尽失之后追认的结果，而是转而关注还有众多未被怀履光收入的“遗宝”。 高本汉罕见严厉地批评了《洛阳金村古墓聚英》在选择“金村遗宝”上的混乱标准。 他指出，梅原末治通篇都无法说明他依据什么将若干器物纳入到金村遗物的范畴之中，并进一步地揭露，《洛阳金村古墓聚英》中三分之一的图版来自梅原末治在此前数年发表的图录之中。 因此，高本汉不无揶揄地指出，“这套（指《欧米蒐储支那古铜精华》）七卷大对开本图录的成功出版并没有耗尽我们的日本同行的精力：过去几年我们目睹了至少三种重要的图录都出自他手”〔37〕。 但是，令人遗憾的是，高本汉没有进而甄别梅原末治，乃至怀履光所收录的器物的可靠性，却突然转向一些细节性的缺陷。 高本汉列举梅原末治语焉不详的几家西欧和北欧收藏，补充了由巴黎卢芹斋提供、写作之时有的已被远东古物馆收藏的三件铜器，指出梅原末治没有注意到安特生已经讨论过的几件铜器〔38〕。 在描述部分指出梅原末治的著述应该如何准确而全面地描述器物，特别是错金银纹饰应该如何准确图示。 《断代》部分则提出一个更精确的年代瞽测和阐释。 高本汉以大量篇幅讨论枝节问题的做法使其批评在方法论上的价值失色不少。 这直接导致梅原末治在《洛阳金村古墓聚英》增订本上仅仅在资料层面采纳了高本汉的建议，对于更重要的方法论批评却避而不谈。 而对于金村学术而言，这也导致梅原末治的著述在这一方面的缺陷长期以来未被进一步揭示，众多器物以讹传讹，被视为东周时代中原地区考古学文化的标准器或者艺术史意义上的代表作品。

7.1.2 从发现到流散：市场网络中的金村

金村的发现和金村器物的流散是一个无法完整复原的过程。 这不仅仅因为主要当事人都没有留下直接的文字数据，更重要的是，中文文献中常见的金村叙

〔36〕 Karlgren B. On Tsin-ts'un Album. *BMFEA,* 1938, (10): 65.

〔37〕 Karlgren B. On Tsin-ts'un Album. *BMFEA,* 1938, (10): 65.

〔38〕 Andersson J. The Goldsmith in Ancient China. *BMFEA,* 1935, (7): 1-35.

述沿用了控诉帝国主义文化侵略罪恶的民族主义话语模式，表述成为怀履光和华尔纳（Langdon Warner，1881 ~1955）主持的盗掘和走私。华尔纳曾因1924年毁灭性揭取敦煌壁画而引起中国学术界和公众的一致谴责，怀履光的传教士身份在近现代中国也常常招致猜疑〔39〕。收藏金村器物最丰富的数家海外博物馆都理所当然地被质疑参与了非法活动。根据这些文献，怀履光等"胁迫当地农民挖掘"，"从1928年至1932年的五年间，他们荷枪守卫，搭棚立灶，共掘开八座大墓，出土文物数千件，大部分被运往国外卖掉"〔40〕。对于这一指责，主要当事人都三缄其口。华尔纳的学术生涯以日本艺术为重心，即使在与中国艺术密切相关的1923 ~ 1936年，也从来没有提及金村〔41〕。《洛阳故城古墓考》中丝毫没有提及金村古墓的具体发掘过程，甚至连发掘起讫时间也只是推断。发掘过程数据的缺失与对遗迹和遗物的详尽描述形成了鲜明对比，这对旨在从考古学角度复原金村的著述而言是非比寻常的。怀履光有一种传记流行于世，但仅关注他的传教士生涯〔42〕。加莱利著有《历史回家之路》(*I Brought the Ages Home*)，详尽地记录了皇家安大略考古博物馆的筹备、建立和扩充过程，其中绝大部分篇幅介绍各类藏品的入藏过程。《东方》一章专门介绍克罗夫特（George

---

〔39〕 Plumer J M. Langdon Warner (1881-1955). *Ars Orientalis,* 1957, 2: 633-637; Bowie T R. *Langdon Warner Through His Letters.* Bloomington: Indiana University Press, 1966. 华尔纳仅著一书与中国经历相关，见 Warner L. *The Long Old Road in China* . New York: Garden City, 1926. 中译本见姜洪源、魏宏举译：《在中国漫长的古道上》，乌鲁木齐：新疆人民出版社，2001年。华尔纳在丝绸之路的活动，见 Hopkirk P. *Foreign Devils on the Silk Road* . London: John Murray, 1980. 中译本见杨汉章译：《丝绸之路上的外国魔鬼》，兰州：甘肃人民出版社，1983年。陪同华尔纳西行的中国学人陈万里也有相关著述，见陈万里：《西行日记》，兰州：甘肃人民出版社，2002年。在意识形态对抗最为强烈、国族主义情绪最为高涨的时代，华尔纳在丝绸之路的活动被当成帝国主义文化罪行的一大证据，见《美帝掠夺我国文物罪行一斑》，《文物参考资料》1950年第12期。

〔40〕 宋家珩：《加拿大传教士在中国》，北京：东方出版社，1995年，第273 ~ 286页；孟津县志编纂委员会：《孟津县志》，郑州：河南人民出版社，1991年，第627页。

〔41〕 Plumer J M. Langdon Warner (1881-1955). *Ars Orientalis,* 1957, 2: 633-637.

〔42〕 Walmsley L C. *A Bishop in Honan.* Toronto: University of Toronto Press, 1974.

Croft）和怀履光在中国的工作，但显然回避了金村[43]。不过，值得庆幸的是，金村并非完全没有在文字数据中留下任何蛛丝马迹，福开森（John Ferguson，1866 ~1945）《洛阳故城古墓考序》提供了一些关键信息。20 世纪 30 年代来华的西方收藏家和古董商留下不少关于中国古董市场的旁证资料，率先收藏楚式青铜器的瑞典人卡尔伯克于 1928 ~1929 年服务于瑞典中国委员会，1930 ~1935 年组建卡尔伯克联合会（Karlbeck Syndicate），为瑞典王室和艺术收藏家们搜罗中国古物。卡尔伯克所著《中国的寻宝者》（*Treasure Seekers in China*）提供了 30 年代中国古董市场的第一手资料[44]。卡尔伯克最后一次访问中国是 1935 年前后，与怀履光收集金村遗物的年代大体相当，而且，卡尔伯克曾经探访过洛阳和开封。从这些材料出发，我们试图譬测金村发掘和器物流散的若干关键环节。

就考古学史意义上的金村而言，一个关键问题是金村墓群的盗掘是由怀履光指使甚至主持的吗？讨论这个问题的价值不限于明晰怀履光学术生涯中一段语焉不详的经历，而是更精确地复原 30 年代中国古物流通市场的结构和运作机制。《洛阳故城古墓考》通篇不提金村器物的来历，导致读者常常质疑其中必定另有隐情。但是福开森在《洛阳故城古墓考序》中明确而简要地提出，“所幸的是，墓葬发掘之时，怀履光主教驻节于不远的开封府。通过值得信赖的掮客，他悉数知晓任何最新进展和发现”[45]。高本汉也证实，“拥有令人钦佩的耐心和机智，身在开封府的作者（指怀履光）与控制了洛阳盗掘所得器物的古董商保持了密切的联系，筛选各种管道传达而来的证据推究洛阳古墓及其遗物”[46]。这些都表明，金村发掘之时，怀履光并不在现场，而是在距离并不遥远的开封府。开封府是当时河南省府所在地，也是怀履光开辟的河南教区的中心，距离洛阳不过数百公里。无论是卡尔伯克行记，还是地方史志资料，都提到 20 世纪初期，河南的古董市场确实以开封为中心。怀履光极有可能最先是在开封古董市场上得知金村遗物的。在“发现”金村之前，怀履光已经与河南本

---

[43] Currelly C. *I Brought the Ages Home*. Toronto: Royal Ontario Museum, 1956: 241-250.

[44] Karlbeck O. *Treasure Seekers in China*. London: The Cresset Press, 1957.

[45] Ferguson J. Forward, in *Tombs of Old Lo-yang*. Shanghai: Kelly & Walsh, Ltd., 1934: Ⅻ.

[46] Karlgren B. On Tsin-ts'un Album. *BMFEA*, 1938, (10): 65.

地古董商建立了稳定的交易关系。加莱利也提到，怀履光在河南的收藏得益于开封的一位古董商，不过未具其名[47]。其他的文献则直接指出，开封古董商藺石庵帮助怀履光收集了金村古物[48]。怀履光在《洛阳故城古墓考》中多次表达对墓葬和器物信息的甄别，暗示他很可能在发掘结束之前都未能进入金村。虽然《洛阳故城古墓考》中有一张尚未回填的大墓墓口照片，但是拍照之时距发掘已有一段时间间隔，而且照片来源不详。

虽然怀履光可能是距离洛阳最近的主要买家，但是这种地利之便在获取金村遗物上并不占优势。中国的古物流通网络到金村发掘之时已经完全成熟。开封不过是这个流通体系的一个次要环节。卡尔伯克访问开封时，发现当地的古董市场规模很小，生意萧条。他推测，河南距离平津不远，各地所出古物精品都会流向北平和天津的古董市场，以期获取更丰厚的利润[49]。此外，大规模古董商也会委托或者派人直接驻扎在古物出土地点。因此，20 世纪 20 ~30 年代的中国古董市场是个自由竞争的市场，无人能施加垄断性影响。怀履光可以通过藺石庵利用地理之便收集金村遗物，但是也无法阻挡金村遗物在平津古董市场上的出现。这个时代的中国古物流通网络与此前体系有所不同的是“洋庄”的兴起，中国古物流通系统逐步国际化。海外买家介入中国古物流通的方式大体有两端，一方面是直接派员征购，华尔纳于 1923 ~1925 年参与的福格中国探险团、卡尔伯克于 1928 ~1935 年参与和主持的瑞典中国委员会和卡尔伯克联合会即属此例。另一方面则是洋庄的形成，即出现以海外买家为主要客户群体的古董商。20 世纪 20 年代以来，最著名的洋庄是卢芹斋创立的卢吴公司和日本人山中定次郎创立的山中商会。在金村器群的流散上，卢吴公司和山中商会均派员直接驻扎在洛阳，与本地的古董商形成直接竞争。传为金村玉器中最大一笔即通过卢吴公司进入纽约温索普收藏（Grenville L. Winthrop collection）[50]。最先见

---

〔47〕 Currelly C. *I Brought the Ages Home*. Toronto: Royal Ontario Museum, 1956: 249.

〔48〕 河南省洛阳市地方史志编纂委员会：《洛阳市志》卷 14《文物志》，郑州：中州古籍出版社，1995 年，第 417 页。

〔49〕 Karlbeck O. *Treasure Seekers in China*. London: The Cresset Press, 1957: 89-110.

〔50〕 *An Exhibition of Chinese Archaic Jades for Norton Gallery of Art, West Palm Beach Florida, 1950/Jan 20-March 1*. New York: C. T. Loo & Co, 1950: 10-11.

诸报道的海外金村遗物收藏——荣格·图伯纳（Jörg Trübner）收藏也应该是通过国际掮客形成的。但是，洋庄也没有形成垄断性优势，国内古董市场上也可见到金村遗物。30年代早期，华尔纳作为纳尔逊美术馆艾金斯东方部（Atkins collection at Nelson Gallery）的建馆顾问来华收购藏品，但仅在琉璃厂收购青铜器，并未涉足洛阳。驫氏编钟出现在琉璃厂尊古斋，旋被纳入刘体智收藏[51]；令狐君嗣子壶被清华大学收藏，周尺为福开森购得。

洛阳古墓的盗掘也不是始自金村。早在金村古墓群发掘半个世纪之前，洛阳一带已经成为晚清金石收藏关注的重点。但是，20世纪初期的两个事件加速了洛阳古墓的破坏。首先是陇海铁路的修建，东西走向的铁路经过邙山南麓，致使大量古墓暴露于地表。参与修建铁路的工程人员的流动特性进一步加速了洛阳古物的流散[52]。其次，国民政府时期对于盗掘古墓的政策并非是一以贯之的。就洛阳一带的古墓而言，1927 ~1930年冯玉祥占据洛阳时期的政策性破坏尤为剧烈。此一时期设立“古物特税局”，公开征收古墓税，变相鼓励了洛阳的盗掘，是民国时期罕见的盗掘古墓的高潮时代[53]。

综上所述，金村的盗掘和遗物的离散不应归咎于任何海外势力的支持和指使。从墓葬的发掘到遗物的出售，始终受到当地士绅和本地古董掮客的钳制。得益于已经国际化的中国古物流通系统，海外买家能迅速获悉金村的盗掘，但是，在长达数年的盗掘过程中，海外买家甚至来自平津市场的古董商都没有获许进入金村发掘现场。怀履光稍占地利之便，与开封古董市场的密切联系使他能获取更多的信息。但是，这种优势并不显著。以卢吴公司和山中商会为代表的洋庄构成了怀履光的直接竞争对手，而且，洋庄也只是古董市场的一部分，古董市场上并不存在选择性流向，不少金村遗物也能进入到国内收藏之中。因此，金村墓葬的盗掘始终在洛阳本地士绅和乡民的控制之下，而金村器物的流散是在一个缺乏垄断性控制，完全自由竞争的多元化、国际化体系中完成的。

---

[51] 黄濬：《尊古斋所见吉金图初集》，1936年；容庚：《善斋彝器图录》第1卷，1936年。

[52] 罗振玉：《古明器图录》，1916年，2003年广陵书局重印本。

[53] 河南省洛阳市地方史志编纂委员会：《洛阳市志》卷14《文物志》，郑州：中州古籍出版社，1995年，第407页。

7.1.3　情境复原：金村的墓葬形式

田野考古学意义上，金村的复原归功于怀履光《洛阳故城古墓考》。梅原末治《洛阳金村古墓聚英》基本原封不动地沿用前说。至今仍频繁被征引的金村墓区位置图、墓区平面图、墓葬俯视图和剖面图均源自怀履光的著述。怀履光提供的墓区布局、墓葬结构、随葬品位置等记录不仅是同类科学记录中年代较早的例子，而且在学科规范上表现出的严谨性也值得称道。金村没有如同同时期甚至更为晚近出土的大部分器群那样，仅具有古物学研究价值，其中最重要的原因是怀履光尝试复原了金村器群的考古学情境。新考古学崛起之后屡被强调的基体、出处和关联等观念在怀履光的著述中都已经得到相应的表达[54]。但是，怀履光记录的科学价值也明显地受到两个因素的制约。首先，至少在所有遗物发掘殆尽之前，怀履光并没有亲临发掘现场。他对墓葬的描述是甄别来源不同信息的结果。其次，此时中国考古学处于初生阶段，可资参考的例子屈指可数，仅有1923年发现的河南新郑大墓和世纪初即已发现的朝鲜乐浪汉墓。新郑器群的发表完全遵循古器物学取向，基本无涉考古学情境，因此，怀履光对金村器群考古学情境的描述可能更多地受到日本学人对乐浪汉墓处理方式的影响。

金村东北发现的大墓共计8座，构成了一个独立的墓区。墓区边界四至不可知，但是怀履光认为该片墓地在东周王城的城墙之内[55]。发掘之时，地面上已经见不到任何痕迹。怀履光提供了两帧在白马寺和旧李密城西门附近拍摄的照片，表明地面已经完全夷平。8座大墓均为带单墓道的“甲”字型大墓，头向北。大墓分成南北两排。北排大墓共计6座，编号自东向西为第一号大墓到第六号大墓。南排大墓仅有2座，排列在东端，编号为第七和第八号大墓。但是，整组墓地是否仅有8座大墓是值得存疑的。怀履光仅用“南排墓葬目前仅有两座大墓被发掘”予以描述。大墓与大墓之间间距约200英尺（60米），而南、北排之间的间距是350英尺（105米）。另外，在第一、五和七号大墓墓道

---

〔54〕 Ashmore W, Sharer R J. *Discovering Our Past: A Brief Introduction to Archaeology* (4th eds.). The McGraw-Hill, 2006: 71.

〔55〕 此说得到晚近考古学研究证实，见梁云：《成周与王城考辨》，《考古与文物》2002年第5期。

两侧，各有一组车马坑。马坑距墓道约80英尺（24米），其规格为10英尺（3米）宽，50英尺（15米）长，距地表为10 ~12英尺（3 ~3.6米）。墓区之中还有2座空墓。据称，怀履光所见的金村器物主要来自第七号大墓，这是金村墓葬中唯一自上而下，完整发掘到生土层的例子。第一排的第五号大墓除了墓道和马坑外，也被基本清理干净，但此组马坑中出土了错金银马具等器物。其他墓葬都是采用垂直竖井加水平巷道，直入墓室的方式盗取的。

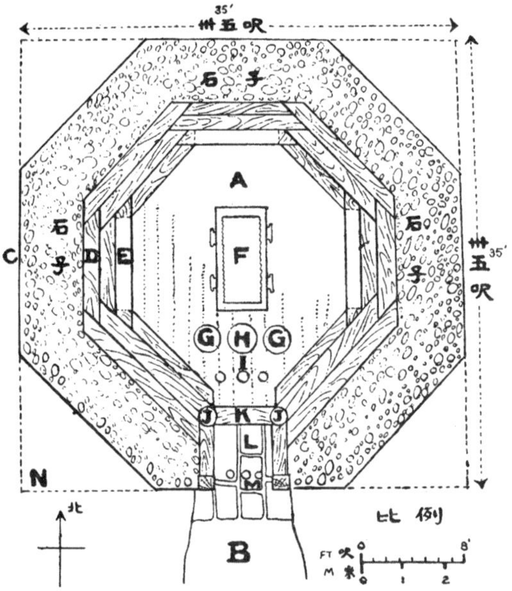

图7.2　金村五号大墓平面图
（采自White W. *Tombs of Old Lo-yang*）

每个墓葬的结构应该大体类似，但目前只能以第五号大墓为例说明（图7.2）。墓道位于墓坑南侧，经测量，墓道宽度为10英尺（3米），长度为250英尺（75米）。墓圹近似方形，墓口边长40英尺（12米），四壁略内收，底部边长35英尺（10.5米）。墓底距离地表约47英尺（14米）。距地表30英尺（9米）深度可见夹石夹炭层，厚度为6英尺。墓底有一层石板，石板的规格为4英尺（1.8米）长，2英尺（0.6米）宽，4英寸（10厘米）厚。石板平铺面积可能超出墓底面积。墓坑四角保留了生土台未动，因而到墓底时，墓坑已经收缩成八角形。墓坑之中为八角形外椁，四周为三层壁板，顶上覆盖两层盖板。门道设在椁室的南侧。

可资比较的个案在华北一带数量众多。就墓区的平面分布而言，成组的“甲”字形大墓的集中分布是两周时期公墓和邦墓的主要特征之一。20世纪50 ~ 90年代，洛阳曾经发掘了多处“甲”字形大墓墓区。洛阳西郊墓群由4座“甲”字形大墓组成，其中的M1和M4分别在1957年和1973 ~1974年发掘。M1墓口至墓底12.5米，墓口长10米，宽9.1米，墓底长7.9米，宽7.2米。墓道的长度大约是 40 米。墓圹的下部出现积石积炭的做法，椁室上部出现了厚度至少为 60 厘米的炭层和砾石层，椁室四周也填充砾石，墓底在生土上堆积一层厚度为 10 厘米的炭层。在棺椁结构上，发掘者特别注意到，该椁室的壁板只有单层，而盖板却是双层。双层盖板均为厚度在 10 ~13 厘米的木板[56]。M4 也是“甲”字形大墓，墓道长度为 70 余米，墓坑为长方形，墓口长 10.8 米，宽 9.05 米，墓底长 9.05 米，宽 7.43 米。该墓葬的椁室周围和底部出现积石现象，而且多以黄土为填料。墓底的砾石层中嵌有南北向红砂石板两条，分别由十余块长方形或者菱形石板拼成，应该是为了放置外椁东西两壁枕木的实用设施[57]。该墓群的车马坑于 1972 年发掘。车马坑北距墓群组约 300 米，坑口呈长方形，长 7.7 米，宽 6 米，内中填埋四马一车一犬[58]。和科学考古发现的数据进行对比，怀履光记录在墓区布局、墓葬结构、墓坑形态和规格、填埋物组成等诸多方面大致不误。

但是，怀履光对金村墓葬的描述也有数处与科学发掘和记录的东周墓葬材料相冲突，或可反映认识上的偏差。首先是墓坑和外椁形态，怀履光特地说明，墓坑底部四角皆是“生土”，外椁和墓坑均为八角形。怀履光进而阐发，这种形态可能和中国的方位观念及八卦，或者洛阳“四塞八关”的地理特征有关。但是，迄今为止，洛阳或者邻近地区从未发现任何采用这种墓坑或者棺椁形式的例子。一个可能的解释是墓坑在埋藏过程中受到挤压发生变形。其次，器物出土位置的描述也有出入。怀履光正确地指出不同类型的器物出现在不同位置上，但是在墓葬平面图中标明众多器物出自壁龛之中。洛阳东周时期的竖穴土坑墓有壁龛的做法，如西工区 C1M3943 的头侧即有放置随葬品的壁龛，但是带墓道的墓葬没有掏龛放置随葬品的例子，即使是带掏龛的竖穴土坑墓，壁龛也多是头龛形式，因此，侧壁开龛说值得存疑。最后，外椁南侧开门道，并且在门道内放置青铜鼎和壶的做法也不见于洛阳东周时期墓葬。这些矛盾之处并不是因为金村墓葬的特殊性造成的，而应该是误传或者错误假设的结果。虽然怀履光谨慎辨别，仍无法避免细节上的误导。对器物位置的想像化描述，恰是怀履光发掘之

---

[56] 考古研究所洛阳发掘队：《洛阳西郊一号战国墓发掘记》，《考古》1959 年第 12 期。
[57] 洛阳市文物工作队：《洛阳西郊四号墓发掘简报》，《文物资料丛刊》第 9 辑，1985 年。
[58] 洛阳市博物馆：《洛阳中州路战国车马坑》，《考古》1974 年第 3 期。

时不在现场的明证。

7.1.4 金村遗物的形态学分析

理论上，金村遗物也是不可能全面复原的。复原脱离了考古情境的器物存在多种危险，对于金村这样的社会顶级精英墓葬而言尤其如此。金村的不可复原性至少存在于三个方面的原因。首先是普通、常见器物的离散。此类器物最容易丧失考古情境感。仅仅具有一般意义的时代或者地域特征的器物，如果缺乏足够清晰的流传线索，一旦脱离金村后将无法再与特定的金村联系起来。其次，特殊性器物也不可被贸然接受为金村器物。以往研究者虽在具体归属上意见不一，但都认同金村墓葬是同时期社会等级最高的墓葬，因此，金村器群中势必包含数量众多的稀见器物，甚至可能是孤例。对于这些孤例归属的讨论需要格外谨慎，不能如此前一样，贸然以孤例确认一个时代的艺术成就高峰。如果与同时期器物文化存在明显差距的话，应该调整孤例的年代推断，而不是以社会阶层等原因予以解释。而最后一个原因存在于社会史层面。由于金村在30年代的中国古董市场名噪一时，很多并非出自金村墓群，甚至来自洛阳之外的其他时代器物可能被冠以“金村”名义，以求善价。这一部分器物需要在具备科学发掘记录的器物的对比下，从“金村”之中剔除出来。因此，现今所见的金村遗物不能简单地一味视为原生状态的金村经历种种“减法”的残余，至少在后埋藏过程，尤其是1928年以来混入了诸多“加法”成分。

无论是怀履光、梅原末治和高本汉，还是以后言及金村诸家，都关注如何增补新见的金村遗物，却无一例外地忽略了如何剔除金村遗物中的非金村成分。怀履光明确地知晓他所征集的金村遗物主要来自第七号大墓。诸家都意识到金村遗物可能远多于当时能被确认纳入这个类别的器物。但是，他们却毫不质疑基于各种原因被划定在金村范畴之内的器物。仅有高本汉简略指出，即使在怀履光的收藏中，也有明显与金村考古学内涵相冲突的器物〔59〕。在考古发掘记录不存的情况下，在推断特定器群的组成成分上常常需要运用内部证据和外部证据。内部证据是器物的类型学分析，只有类似年代、地区和考古学情境的发现记录越多时，内部证据才能起到越大的作用。而外部证据则是相关说辞和判

〔59〕 Karlgren B. On Tsin - ts'un Album. *BMFEA*, 1938, (10): 65.

断，对外部证据的考察只能是尽可能核实消息来源的可信度、表述的合理性以及与其他旁证材料的相互印证。在厘定金村器群上，怀履光不得不以外部证据出发，建构金村器群。虽然他已经具备以内部证据甄别金村遗物的想法，但是当时由形式分析语言构成的内部证据网络太过疏阔，实际成效甚微。梅原末治继而兼用内部和外部证据扩充金村器群的内涵。他仅仅根据怀履光公布金村遗物的形态和纹饰特征，甚至根据古董市场和收藏家的传言就确定金村遗物，也造成了进一步的混乱。而当下的任务是利用日渐丰富的具有准确考古学情境的器物，以内部证据法分离出其中的非金村成分，以求获取界定清晰的金村器群概念。在“加法”已不可为的情况下，善用“减法”是接近真实金村器群的必要途径，而这是被既往学术所忽略的。

在物质文化层面上重新厘定金村仍然需要从公私收藏之中的金村器物着手。除令狐君嗣子壶、周尺等数件保留在中国外，大部分金村遗物分布在欧美和日本各地的收藏之中。长期以来的一个误解认为金村遗物主要藏于加拿大和日本，这应是对怀履光和梅原末治国籍的误读。即使在他们的著述中也提到，欧洲和美国也是金村遗物的主要收藏地。鉴于对怀履光和梅原末治的学术史比较分析，皇家安大略考古博物馆的金村收藏是外部证据最为确凿的一笔，应该作为物质文化分析的最佳切入点。金村所处的国际性古物流通体系也提醒我们关注皇家安大略博物馆之外的金村收藏。怀履光也明确知晓他的竞争者，在《洛阳故城古墓考》中至少收录了弗利尔美术馆收藏的玉佩饰等藏于他处的器物。梅原末治极大地扩充了金村遗物的收藏者名单，尤其是怀履光未曾提及的日本收藏和欧洲收藏。在日本收藏方面，梅原末治添加了京都细川侯爵、京都帝国大学文学部、京都东方文化研究所、太田贞造、川合定治郎、黑川福三郎、守屋孝藏、大阪住友男爵、嘉纳治兵卫白鹤美术馆、东京帝室博物馆、东京长尾钦弥、大阪浅野楳吉等多家收藏。而在海外方面，梅原末治也拥有同时代大部分学者不能企及的广泛联系，得到华盛顿弗利尔美术馆的洛奇（J. E. Lodge）、芝加哥艺术学院的凯利（Charles Kelley）、纽约的温索普和山中定次郎、波士顿的富田幸次郎、大英博物馆的赫伯森和巴黎的卢芹斋的帮助。《洛阳金村古墓聚英》还牵涉到堪萨斯美术馆、纳尔逊美术馆、斯德哥尔摩远东古物馆、纽约霍尔姆斯收藏、巴黎顾特曼收藏、布鲁塞尔斯托克勒特收藏等处器物。此外，高本汉补充了巴黎比海格伯爵夫人（Countess de Behágue）、荷伯夫人（Madame Homber）、拉美特夫人（Madame Ramet）、美国克利夫兰美术馆（Cleveland Art Museum）、瑞典王储、赫尔斯顿（A. Hellström）和隆德格兰（A. Lundgren）收藏中可能属于金村的器物〔60〕。

对上述收藏中金村遗物的分析仍不得不倚重于对图录的比对工作。皇家安大略博物馆的金村器物除见于《洛阳故城古墓考》之外，也见于历年出版的该馆亚洲收藏图录之中〔61〕。《洛阳金村古墓聚英》所刊器物可以与梅原末治的其他图录、卢芹斋和山中商会的销售图录相对照，但是需要谨慎地回避古董市场的误导。梅原末治披露的温索普玉器收藏1943年捐赠给哈佛大学福格美术馆（Fogg Art Museum），罗樾（Max Loehr）和胡博（Louisa Fitzgerald Huber）对该笔收藏进行了细致的整理和研究，于1975年出版了在西方中国古玉研究上具有里程碑意义的《古代中国玉器》（*Ancient Chinese Jades*）〔62〕。容庚《海外吉金图录》、陈梦家《美帝国主义劫掠的我国殷周铜器集录》和李学勤和艾兰（Sarah Allan）《欧洲所藏中国青铜器遗珠》等也提供了比对金村器物的重要材料〔63〕。

对金村器物的反思需要在洛阳地区东周考古学以及东周时期公墓发掘的情境下实现。虽然洛阳本地也有东周时期贵族墓葬的发掘，如西郊一号和四号战国墓，其年代、地域和等级均甚接近，但由于这些墓葬被盗严重，随葬器物所剩无几，无法为重新评估金村器群提供参照系统。因此，需要征引其他地点东周甚至晚至西汉时期的高等级贵族墓葬所出器物予以对比。

器群分类是优先于器物研究的问题。怀履光和梅原末治采用了截然不同的分类方案，这一差异显示出学术旨趣的差异。怀履光将器物分成六类，包括：车马器，墓葬葬具、用具和兵器，礼器，玉石器，装饰和钟磬等六类。这一分类

---

〔60〕 Karlgren B. On Tsin-ts'un Album. *BMFEA,* 1938, (10): 65-82.

〔61〕 Heinrich T A. *Art Treasures in the Royal Ontario Museum*. Toronto: Royal Ontario Museum, 1963; Stephen B. *Homage to Heaven, Homage to Earth: Chinese Treasures of the Royal Ontario Museum*. Toronto: Royal Ontario Museum, 1992.

〔62〕 Loehr M, Huber L F. *Ancient Chinese Jades from the Grenville L. Winthrop Collection in the Fogg Art Museum, Harvard University.* Cambridge: Fogg Art Museum, 1975.

〔63〕 容庚:《海外吉金图录》，北平：考古学社，1935年；陈梦家:《美帝国主义劫掠的我国殷周铜器集录》，北京：科学出版社，1962年；李学勤、艾兰（Sarah Allan）:《欧洲所藏中国青铜器遗珠》，北京：文物出版社，1995年。

背后是一个难能可贵的思想，即任何墓葬包含的器物都不是从属于一个统一的器物文化的，起码应该区分成为葬器、礼器、明器以及实用器具等类别。如金村出土的一件颜料盘，怀履光即认为这是在墓葬中绘制壁画的工匠的工具，与墓葬内的礼器组合没有关系。金村出土的灯既有从属于礼器，也有从属于实用工具的。这一区分思想是现今绝大多数发掘报告都不具备的。在器物编号上，怀履光在30年代的实践有值得当今中国考古学学习的地方。他以三个数字进行编号，每个新的类别都以新的百位数序列作为编号的起始，每类编号均未满，余下空额可以留待未来发现的新器物的加入。总计其器物数目，达389件之多。随后第七类仅列出铭文，共计14件。相比较而言，梅原末治的分类稍欠章法。他将金村遗物区分成为七个类别：古铜器、漆器和银器、雕像、镜鉴、饰金具类、带钩和玉器。各个类别之间屡有重复，器类之间的合并和分离关系从未予以说明。该书收录各类器物达238件。

我们无法逐一厘定怀履光、梅原末治、高本汉和罗樾提出的金村器物的归属和年代，只能关注在更完备的收藏研究和更多的考古学资料的辅助下，有望获取更清晰认识的器物。以下论及金村器物只能从青铜器、漆器、金银器和玉石器四个类别着手。

1. 青铜器

青铜器是金村遗物中最重要、也是最先引起古董市场关注的类别之一。金村是中国考古学史上最早被确认的频密出土错金银铜器的地点，制作精美的错金银铜器被视为金村器群的典型特征。金村器群中也包括了多件带铭刻的铜器，包括最为研究者关注的𠫑氏编钟组合。此外，金村也出土了数量众多、没有复杂工艺或者铭文，仅具有东周时期一般特征的铜器。金村青铜器可以细分成为礼器、乐器、用具和装饰部件等小类。

在带有铭刻的铜器之中，𠫑氏编钟最早见诸报道，也得到最多关注和讨论。全堵编钟共计十四枚，其中五枚为大型钮钟，通高8.8 ~10.2英寸（22 ~26厘米）。九枚为小型钮钟，通高4.8 ~8.5英寸（12 ~21厘米）。所有钮钟均为覆瓦状，“U”形纽。鼓部饰突出的枚，钲间两侧各为三排，每排三枚。钮上饰三角卷云纹，鼓部和枚间饰细密蟠螭纹。但由于表面锈蚀甚剧，纹样无法判断。因为铭文原故，𠫑氏编钟甚早就得到中国学者的关注。五枚大型钮钟两面钲间均有铭文，铭文为铸制，单面四行，每行最多八字。作器者“𠫑羌”。九枚小型钮钟单面钲间有铸制铭文，两行四字，作器者“骉氏”。多数学人将其合称为骉氏编钟，但也有细分成为骉羌编钟和骉氏编钟的。怀履光购得其中大、小钮钟各一枚，剩余的十二枚钮钟最先归于上海刘体智收藏，徐中舒应邀作《骉氏编钟考释》，引起国内学术界的关注。后此十二枚钮钟悉数转入日本住友收藏。徐中舒率先释读编钟铭文，并将编钟的铸制时间推定在周灵王二十二年（前550），唐兰、吴其昌、刘节诸家均认同此说[64]。郭沫若提出周安王二十二年（前380）说，而温廷敬根据《水经注》提出周威烈王二十二年（前404）说。容庚先附于郭说，后改从温说[65]。高本汉反对郭说，觉得温说有吸引力，但是仍从徐说[66]。骉氏编钟和金村在年代和文化归属上的关联性一直是个混淆不清的概念。参与讨论的中国学人大多默认两者等同，而对这一关系的讨论始见于《洛阳故城古墓考》。越来越多的学人认为，骉氏编钟可能在传承了数代之后才最终埋藏到墓葬之中。如果说骉氏编钟有助于确定金村墓葬年代的话，也仅能卡定金村墓葬的上限。

值得注意的是，骉氏编钟不是金村所出编钟的全部。怀履光报道了多达13组编钟和数件铜铎，但除骉氏编钟外均无铭文，因而其他各组在既往的研究中未曾得到关注。编号506为一组九件钮钟，形态类似骉氏编钟，但是纹饰较简单，钲间略宽但没有铭文，枚间和鼓部均为素面无纹。编号504包括七件钮钟，纹饰较506组和骉氏编钟组更清晰而复杂，但无铭文。编号507组包括三件钮钟，纹饰较为特别，地纹为阴线刻饕餮纹，十八枚乳钉状枚直接排列在地纹上（图7.3）。编号505和编号513应为镈钟，编号511是否亦同为镈钟尚未可遽断。东周时期的乐钟组合常常是甬钟、钮钟和镈钟齐备。怀履光公布的金村乐钟包括至少2组镈钟和10组钮钟，但未见甬钟。九件成组制度在山东临沂凤凰岭、河南辉县琉璃阁甲墓、江苏邳州九女墩3号墓、安徽寿县蔡侯墓等春秋时期墓葬中表现明显，到山东临淄淄河2号墓、湖北随县曾侯乙墓等战国

〔64〕 徐中舒：《骉氏编钟图释》，南京：中央研究院历史语言研究所，1931年。

〔65〕 郭沫若：《骉羌钟考释》，《金文丛考》，东京：文求堂书店，1932年，第24页；容庚：《善斋彝器图录》序，北平：哈佛燕京学社，1936年。

〔66〕 Karlgren B. On Tsin-ts'un Album. *BMFEA*, 1938, (10): 65-82.

墓葬中反显得凌乱〔67〕。羼氏编钟和编号506组为完整的两组编钟，羼羌编钟及其他各组可能都有缺失。编号513组镈钟亦为完整九件成组。上述各组年代上存在差距，编号503组应该明显早于其他各组。东周乐钟常与编磬配套使用，金村发现至少6组编磬。但是，金村编磬在盗掘之时被盗墓者视为无用之物多遭弃置和破坏，因此编磬制度无法推测。梅原末治补充“蟠螭禽兽文铎”实为日本铜铎类型，与金村无关。

图7.3　金村大墓出土钮钟

（采自 White W. *Tombs of old Lo yang*）

错金银铜器是金村铜器中一个重要而特别的类别。金村一度被认为是东周时期错金银铜器出土最集中、最具代表性的地点。除怀履光和梅原末治外，陈梦家也公布了海外公私收藏的金村错金银铜器，包括二壶、一敦、一皿、一簋和二鼎〔68〕。梅原末治仅择要公布其中两壶一鼎，未言及其他。与《洛阳故城古墓考》公布的错金银铜器相比，梅

---

〔67〕山东省兖石铁路文物考古工作队：《临沂凤凰岭东周墓》，济南：齐鲁书社，1987年，第220页；河南博物院、台北“国立”历史博物馆：《辉县琉璃阁甲乙二墓》，郑州：大象出版社，2003年，第118、119页；邳州市博物馆：《江苏邳州市九女墩三号墩的发掘》图8，《考古》2002年第5期，中国科学院考古研究所：《寿县蔡侯墓出土遗物》，北京：科学出版社，1956年，第10页，图版四二、四三；山东省考古研究所：《临淄齐墓》（第一集），北京：文物出版社，2007年，第322～329页，图版96～图版98；湖北省博物馆：《随县曾侯乙墓》，北京：文物出版社，1989年，第77～133页，彩版3、彩版4，图版27、图版28。

〔68〕陈梦家：《美帝国主义劫掠的我国殷周铜器集录》，北京：科学出版社，1962年，第136、137页，壶A733、A734；第61页，敦A289；第147页，皿A797；第23页，鼎A109、A111。

原末治和陈梦家公布的一系列铜器至少在镶嵌工艺上更显得成熟，纹饰类型包括涡纹、卷云纹、夔纹等，只是工艺成熟差异是否能准确反映到时代差异尚属未知。目前公布的金村错金银铜器可区分出年代上有早晚之分的组群，方折纹嵌金属嵌绿松石铜壶以镶嵌金属直线和块状绿松石为主，而同出的车马饰件则以大面积填埋金银丝为特征。绿松石等宝石和玻璃镶嵌也是金村铜器的一个重要特征。青铜舟是金村墓葬所出最具特色的青铜器之一，器身横截面成椭圆形，附着对耳，下有四个呈鹰嘴神人形象的器足支撑。器盖顶部为巨大莲花状捉手，上面镶嵌绿色玻璃珠。捉手形态近似新郑李家楼所出蟠虺纹大壶〔69〕。玻璃珠在中原地区东周时期的墓葬中频繁出现，洛阳西工区 C1M3943 中即出土近 10 件玻璃珠和玉石珠〔70〕。零散出土的玻璃珠和玉石珠很多都有可能和镶嵌工艺相关。

在青铜容器中，两书均包括了多种来源、多种风格和多种年代的类别。在青铜壶钫之中，怀履光公布的编号 253 青铜圆壶壶盖上附莲瓣饰，壶体分成五个纹饰带，装饰细密蟠虺纹。莲瓣形态上近似于新郑李家楼所出莲鹤方壶，而纹饰则属于侯马风格，年代当在春秋晚期。编号 251 鎏金嵌红铜圆壶年代则晚到战国中期。同出错金银钫和素面钫的年代可能更晚。怀履光公布的铜鼎之中既包括流行于中原一带的蹄足、浅腹、立附耳的铜鼎，也包括流行于楚文化区域的深腹，盖身合成球状，俗称“西瓜鼎”的铜敦。

铜镜一类，怀履光公布 11 面，梅原末治补充 20 面，并且指出，源自金村的铜镜数量确凿无疑地远在此数之上。但是比较两书发布的铜镜，即可发现，梅原末治不仅增补了怀履光发布的铜镜类别的更多个案，也添加了《洛阳故城古墓考》不见的新类别。怀履光发布的铜镜可以区分成为方形复合铜镜和圆形镜两个基本类型。方形复合铜镜仅有一面，背板为镂空凤鸟纹样，镶嵌绿松石。剩余十面均为圆形铜镜，圆形铜镜上多有夔纹，镜纽有的直接出现在地纹上，有的有方座。若干铜镜的边缘为连弧纹。《洛阳金村古墓聚英》沿用了部分怀履光

〔69〕 耿宝昌等：《故宫博物院藏文物珍品大系》之《青铜礼乐器》，上海：上海科学技术出版社，2007 年，第 177 页，113 号。

〔70〕 洛阳市文物工作队：《洛阳市西工区 C1M3943 战国墓》图 26 ~ 图 29，《文物》1999 年第 8 期。

提供的例子。其中“怪兽虺文镜”和“方格变形羽状兽文地镜”均见于怀履光图录，“九弧文彩画镜”虽非怀履光公布的原件，但是与其著述所列第130号一致。梅原末治添加了编号NB3017的“饕餮文镜”，虽也出自皇家安大略考古博物馆，但是此镜不见于怀履光著述。怀履光列出的“细地文虺龙纹镜”，梅原末治援引了细川侯爵家藏的两件，比较图像得知，前一件和皇家安大略考古博物馆收藏的铜镜非常接近，但后一件尺寸稍大。方形铜镜中，梅原同样笃定地增加了藏于堪萨斯美术馆的一件“四虺透文方镜”，认定出自金村无疑。梅原末治新增了多个重要的类别：一是山字纹铜镜。书中引用了两件山字纹铜镜，一件为三山纹铜镜，另一件为四山纹铜镜。山字纹铜镜虽也有可能传播到华北一带，如洛阳西工区C1M3943即出土了一件六山纹铜镜〔71〕，但集中出现在湖南长沙一带，是楚文化的代表性器形之一。此外，梅原末治列举了温索普收藏中的一件“细纹地四叶禽兽文镜”，此镜流行年代可能较金村要晚。梅原末治另外增加了“金银错狩猎文镜”和“赋彩三虺透文镜”两面，前者见于细川收藏，而后者见于巴黎卢芹斋和黑川福三郎收藏，均极罕见，甚至是孤例。错金银狩猎纹铜镜曾经收录于《欧米蒐储支那古铜精华》，但年代推断在秦汉之后。自金村遗物出现后，梅原末治将其年代上提到东周时代，但从未说明理由。迄今为止，考古发掘中从未见到任何和此件铜镜类似的例子（图7.4）。

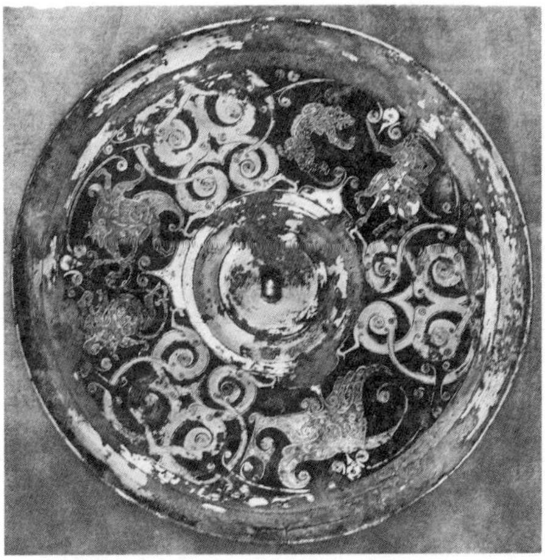

图7.4　错金银狩猎纹铜镜

（采自梅原末治：《洛阳金村古墓聚英》）

传出自金村大墓的带钩数量众多，形态各异，而且无论在材质，还是在制作工艺上都颇为异常。怀履光分别在“葬具”和“玉石器”两个类别中公布了20件金属质带钩和4件玉石质带钩。金属质带钩中除一件为铸铁带钩外，其余均为青铜带钩。所有金属带钩均以镶嵌工艺为特色，多采用错金银和镶嵌宝石的

〔71〕洛阳市文物工作队：《洛阳市西工区C1M3943战国墓》，《文物》1999年第8期。

做法。这批带钩在形态上也具有多样性。钩体既有呈细长棒状，也有钩体呈琵琶状，或者长牌状。其中尤其奇特的是两件猴子形态钩体的带钩。其中编号为142a的带钩原本成对，但不知另一件是否属于同一收藏。这件带钩的钩体为持握谷纹玉璧的正视猴子，而另一件则是屈身侧体但正视的猴子的形象。洛阳中州路、曲阜鲁故城等地点出土了类似猿猴形状的带钩〔72〕。但是，总而言之，此类形象在带钩中甚为少见〔73〕。梅原末治补充了14件，其中大部分样本来自纽约温索普收藏。该批带钩包括黄金、青铜和玉质三种，多带有错金银或者镶嵌宝石工艺，器形上以细长棒状、琵琶形、变形兽形等为主。温索普收藏之中没有镶嵌工艺的玉质带钩也为数众多，罗樾共计公布了10件。梅原末治仅选择其中两件琵琶形带钩，亦未说明取舍理由。两件琵琶形带钩的主体纹饰分别为谷纹和兽面纹，均与东周时期所见玉器纹饰有异。而在温索普收藏的玉带钩中，编号467和468两件细棒形带钩在形态上可能更接近于怀履光公布的玉带钩。梅原末治公布的“嵌玉透虺龙文黄金带钩”是得到多家细致研究的一件艺术品〔74〕。仅就其年代而言，已有战国晚期或西汉早期的分歧。从带钩上看，多源地、多时代仍是金村器物的一个主要特征。

2. 漆器

怀履光仅仅公布4件漆器，计圆壶3件和方壶1件，其中编号255为成对的两件圆壶，均系陶胎漆器，另一件圆壶和方壶为木胎漆器，方壶四角还有青铜固件。梅原末治增补9件，系白鹤美术馆1931年整批购入的漆器。该批漆器中除一件为陶胎漆器外，余下均为木胎或者夹苎胎漆器，计有“小匣”4件，奁1件，壶2件和筒形奁1件，其中筒形奁系夹苎胎漆器。两家列举的陶胎漆器均为圆壶形，

---

〔72〕 中国科学院考古研究所：《洛阳中州路（西工段）》，北京：科学出版社，1959年，第103、104页；山东省文物考古研究所：《曲阜鲁国故城》，济南：齐鲁书社，1982年，第159页，图106，图版93。

〔73〕 王仁湘：《带钩概论》，《考古学报》1985年第3期。

〔74〕 Loehr M, Huber L F. *Ancient Chinese Jades from the Grenville L. Winthrop Collection in the Fogg Art Museum*. Harvard University, 1975: (474): 324; Sirén O. *Kinas Konst Under Tre Artusenden*, pl. 79. Stockholm, 1942; Sullivan M. *An Introduction to Chinese Art*, pl. 22. Berkeley, 1961; Hansford H. *Chinese Carved Jades*, 33b. Greenwich: New York Graphic Society, 1968.

器身有水平纹饰带，目前所见的陶胎漆器多半出现在西汉早期，如山东临沂银雀山M4出土的“漆衣”陶器、湖北云梦大坟头汉墓M1所出“漆衣”陶壶[75]。年代可以追溯到东周晚期的陶胎漆器尚无可资比较的例子。白鹤美术馆收藏的漆器中，圆形金银扣漆奁器身为矮圆筒状，口、底和中部各有一周银扣，由银扣形成的两个水平条带上绘制了山水、云气、车马等纹饰，器盖微拱，盖顶中央镶嵌花叶纹饰。该器通高16厘米。在形态上最为接近的例子见于江苏邗江姚庄M101和朝鲜平壤彩箧冢[76]，无论在形态特征、尺寸规格，还是装饰风格上都如出一辙，因而其年代也应推断在西汉中期之后。梅原末治列举的“小匣”四件，在装饰风格上非常近似，都以四叶纹为主体纹饰，但是具体形态却差距甚远，应该分属不同的器类。扣器出现年代甚晚，也可排除在先秦漆器之外。

3. 银器

金村银器主要是由梅原末治发布的。怀履光仅公布了11件表面镀银的凸形圆盘青铜饰件，其直径分别为2.5英寸（6.4厘米）和2.75英寸（7厘米），表面无纹饰或者有浅线涡纹，每个圆盘下各有四个系钮，应该是缝在织物上的装饰附件。梅原末治新增了两个银器类别，即人像和实用器具。人像包括细川侯爵和波士顿美术馆收藏的银质人物像。而银质器物包括细川收藏的银质鎏金耳杯、银质有柄杯和银质杯，温索普收藏的银质四叶座饰耳附小匣和银质盒，霍尔莫斯收藏的银质鎏金盒，京都大学文学部的银质圈足，温索普收藏的银质鎏金禽首嵌玉桃实形杯。大部分器形都甚罕见。梅原末治命名的“杯”应作匜，温索普收藏中的“禽首嵌玉桃实形杯”近似怀履光公布的禽首玉匜，不过其禽首形状为他处所不见。细川收藏有两件银匜，均为心形，一件无流有柄，尾部镶双环；另一件有流，内底有针刻云气纹饰。与细川收藏带流匜最为接近的例子见于山东临淄商王庄一号战国墓和江苏涟水三里墩西汉墓[77]。但是，细川收藏中无流有柄双环匜尚无近似的例子，而带流匜的针刻纹样更接近西汉时期漆器上的针

---

[75] 湖北省博物馆：《云梦大坟头一号汉墓》图14，《文物资料丛刊》第4辑，1981年。

[76] 扬州博物馆：《江苏邗江姚庄101号西汉墓》图30，图版五.1，《文物》1988年第2期。

[77] 山东考古研究所：《山东临淄商王村1号战国墓发掘简报》，《文物》1997年第6期；南京博物院：《江苏涟水三里墩西汉墓》图4-8，《考古》1973年第2期。

刻图像。梅原末治命名为“银质四叶座饰耳附小匣”应该定名为卮，而被称为“盒”的应为有盖碗，而且各件在尺寸和纹饰上有所不同。卮、匜、碗等可能构成系列，但是诸类器物的形态和同名漆器近似，而漆器年代均断在汉代。因此，梅原末治发布的银器的年代是否可能早到先秦时期尚值得怀疑。

4. 玉石器

在《洛阳故城古墓考》中，怀履光分别在器物第四组“玉石器”和第六组“编钟和石磬”中公布了传出自金村的玉石器。其中，“编钟和石磬”组中的石器主要指石磬。“玉石器”组共计 61 个编号，但是器对象数远在此数之上。因为若干器物编号实际包含多件器物，甚至在编号 327 下注明“同类器物不胜枚举”。从收藏来源上看，除了数件来自弗利尔美术馆和纳尔逊美术馆洛克希尔收藏（William Rockhill collection at Nelson Gallery）外，大部分玉石器均出自皇家安大略博物馆的收藏。梅原末治公布的金村玉器总数稍少，但在类型上有重要的补充，其中玉杯、玉盒、玉梼等都是怀履光未曾公布的类型。梅原末治引用样本也多不同于怀履光，他基本避用皇家安大略博物馆藏品，而是依赖弗利尔美术馆和纽约温索普玉器收藏。

在传出自金村的玉器之中，既包括较为常见的玉器类型，如礼制性玉器中的玉璧、玉璜、玉觿，装饰性玉器中的龙纹牌饰、玉剑柄等，也包括众多罕见的玉器类型，有的玉器是迄今为止同类玉器中唯一年代推定在战国时期的例子。金村玉器中多见谷纹玉璧以及作为明器的谷纹石璧。形态较小的玉璧通体装饰谷纹，但是形态较大的玉璧出现内外两区纹饰带，内圈多饰谷纹，外圈为阴刻交错龙纹。多区纹饰带的装饰风格虽然出现于战国中晚期，但是主要流行于西汉〔78〕。玉觿和玉韘及骨韘也是金村玉石器中的常见类型。在编号 337 中，怀履光公布了两件玉韘和一件骨韘，同时，他指出类似器物还有若干件，未能全部列出。玉韘和骨韘在中原地区的东周和西汉墓葬中均较为常见，洛阳中州路西工段出现了近似的例子〔79〕。无论是玉韘还是骨韘，都未退化成扁平佩饰，因而其年代

---

〔78〕 山东省文物考古研究所：《曲阜鲁国故城》，济南：齐鲁书社，1982 年，第 161 ~ 165 页。

〔79〕 中国科学院考古研究所：《洛阳中州路（西工段）》，北京：科学出版社，1959 年，第 112 ~ 115 页。

可能应该在韘形佩出现之前。

金村玉石器中至少已经出现玉衣雏形。在编号 327 中，怀履光公布了四片玉石片。该四片玉石片都是长方形，四角有穿孔，一侧没有做任何处理，而另一侧则经打磨，并有线刻纹饰。此类玉石片在金村尚有大量出土。在编号 353、354 和 355 中，怀履光另外公布了数件三角形、璜形、梯形等不规则形态的穿孔石片。即使与前编号不同组，这批石片的使用方式也应该是近似的。上述玉石片都应该是穿系附着在织物之上，与年代在西汉时期的玉衣组件类似。类似玉石片在战国墓葬中并不鲜见，洛阳中州路西工段也出现了类似遗物〔80〕。只是目前在战国墓葬之中，尚未发现完整形态的玉衣。

葬玉类别中，怀履光在编号 360 中列举了 6 件石猪。石猪俱为长条状，除头部稍雕刻出细节外，其余部分均保持原有石条形态，未事雕刻。怀履光确认这组器物为握，即在埋葬时墓主人持握在手中的葬玉，判断大体不错。虽然对石猪的来源存疑，但怀履光最终仍然将其收纳进来。同样传出自金村的还有玻璃猪 2 件。猪形玉握流行于中原地区西汉中期之后的墓葬中，较早的例子包括徐州奎山汉墓所出猪形玉握〔81〕。玉握流行于汉代，考古学材料显示晚至西汉中期，猪形握才成为最常见的玉握的形态。西汉中期之前，玉璜、玉觿等均有可能作为玉握使用。徐州后楼山汉墓以玉璜为玉握，而广州南越王墓则以龙形玉觿为玉握〔82〕。传出自金村的玉璜和玉觿也有可能是葬玉类型。功能完全一致的器类中，年代跨度悬殊的不同形态器物出现在同一组器群之中是值得怀疑的。

金村玉石器也包括若干稀见类型，其中最著名的是编号 310 号弗利尔美术馆收藏的一套金链玉佩饰。目前，该组佩饰包括一件连体玉舞人饰、两段玉管、一件弓形玉璜和两件玉觿，各个部件由金链串成。怀履光特地说明，这组佩饰是复原的结果，因此，其构成部件和组合关系均无法确定。此外，梅原末治补

〔80〕 中国科学院考古研究所：《洛阳中州路（西工段）》，北京：科学出版社，1959 年，第 116 ~ 124 页。

〔81〕 徐州博物馆：《江苏徐州奎山西汉墓》图 2，《考古》1974 年第 2 期。

〔82〕 徐州博物馆：《徐州后楼山西汉墓发掘报告》图 27-2、图 30，《文物》1993 年第 4 期；广州市文物管理委员会：《西汉南越王墓》（上），北京：文物出版社，1991 年，第 204、206 页，图版 116。

充了同属于弗利尔美术馆收藏的一件单体玉舞人。玉舞人形象并不常见，目前的考古发掘揭示，仅在两汉时期的高等级诸侯王墓葬之中才发现玉舞人。已出玉舞人的墓葬包括广州南越王墓、江苏铜山小龟山汉墓、满城2号汉墓、徐州石桥2号汉墓、北京大葆台2号汉墓、扬州妾莫书汉墓、河北定县北陵头43号汉墓等，其中南越王墓和小龟山汉墓出土玉舞人最多〔83〕。汉墓中常见单体玉舞人，连体玉舞人形象也十分罕见，除弗利尔玉舞人外，仅能在广州南越王墓、永城芒山汉墓中见到〔84〕。此外，无论是单体玉舞人还是连体玉舞人都缺乏考古材料证明其始见年代可以上溯到战国晚期。因此，弗利尔玉舞人的年代下移到西汉更为稳妥。此外，出自南越王墓的B组玉舞人玉佩饰显示，同组佩饰的其他组件包括透雕玉璧、玉璜和玉管等，和弗利尔玉舞人佩饰相比略有差异。在怀履光和梅原末治公布的金村玉器中不乏龙凤涡纹玉璧，有的可能从属于玉舞人佩饰组，但是是否和弗利尔玉佩饰构成同组关系还需要更多的辅助资料。编号323藏于纳尔逊美术馆的一件附带透雕的玉璧被认为是金村玉石器中工艺最精湛的代表。这件异形玉璧的纹饰可以被视为由三个装饰带构成，内外两个圈为透雕。其中，内圈透雕为龙凤纹样，外圈透雕为两组身体曲折的龙纹，外圈透雕采取了非对称形式。这类外缘有透雕饰的玉璧虽很罕见，但可以上溯到战国时期，在随县曾侯乙墓、曲阜鲁故城等地贵族墓葬中均有类似玉璧出土〔85〕。

---

〔83〕 广州市文物管理委员会：《西汉南越王墓》（上），北京：文物出版社，1991年，第244页，彩版12，图版68、图版69、图版148、图版154；徐州博物馆：《徐州石桥汉墓清理报告》图47-3、图47-4，图版4-8，《文物》1984年11期；中国社会科学院考古研究所：《满城汉墓发掘报告》（下），北京：文物出版社，1980年，图版214；大葆台汉墓发掘组：《北京大葆台汉墓》，北京：文物出版社，1989年，第71页，图版74；扬州市博物馆：《扬州西汉“妾莫书”木椁墓》图8，《文物》1980年12期；定县博物馆：《河北定县43号汉墓发掘简报》图版4-2，《文物》1973年11期。

〔84〕 广州市文物管理委员会：《西汉南越王墓》（上），北京：文物出版社，1991年，第120页，图版68。

〔85〕 湖北省博物馆：《随县曾侯乙墓》上册，北京：文物出版社，1980年，第405页；湖北省博物馆：《随县曾侯乙墓》下册，北京：文物出版社，1980年，图版158.1；山东省文物考古研究所：《曲阜鲁国故城》，济南：齐鲁书社，1982年，第161～165页。

在玉质容器类别中，怀履光仅列出一件现藏于弗利尔美术馆俯视呈桃形的玉杯，并且指出，此件玉杯和玉舞人佩饰一样，都出自七号大墓。《洛阳故城古墓考》同时透露，七号大墓中还出土了两件玉杯，但既未附图片，也没有任何描述。梅原末治补充四件玉质耳杯，其中两件藏于温索普收藏，一件藏于弗利尔美术馆，另一件由卢芹斋提供。所有玉质耳杯均作椭圆形，器壁上装饰谷纹，除卢芹斋耳杯不可知外，温索普耳杯和弗利尔耳杯的圈足内顶和耳杯内底上均阴刻卷云纹。两耳上镂空云纹或者谷纹。两件温索普耳杯在底部装饰上略有差异，原本并非一对。对于这两件玉耳杯的来源，罗樾采信了来自金村的说法，但不得不将年代移至东周晚期，以符合对其风格的判断（图7.5）[86]。梅原末治提供的玉耳杯在形态上与流行于战国晚期到西汉的漆耳杯近似，装饰纹样更接近西汉时期漆器纹样。目前考古发掘的玉耳杯甚为罕见，仅在徐州狮子山西汉楚王墓南耳室内出土了由玉卮、玉耳杯和玉高足杯组成的四件一套玉酒具[87]。在《洛阳金村古墓聚英》中，梅原末治增加了一件同属于温索普收藏的“玉盒”，实为玉卮。这件玉卮包括完整的卮身和卮盖两个部分。卮身呈低矮的圆筒状，表面分成两个装饰条带，满饰浅浮雕勾连纹。器身上半

图 7.5　温索普收藏玉质耳杯
（采自 Loehr M, Huber L. *Ancient Chinese Jades from the Grenville L. Winthrop Collection in the Fogg Art Museum, Harvard University*）

〔86〕 Loehr M, Huber L F. *Ancient Chinese Jades from the Grenville L. Winthrop Collection in the Fogg Art Museum, Harvard University. no. 522.* Cambridge: Fogg Art Museum, 1975: 356.

〔87〕 狮子山楚王陵考古发掘队：《徐州狮子山西汉楚王陵发掘简报》彩色插页2，《文物》1998年第8期。

部对称分布一个扳手和一个吊环。器底外缘附三个小足。卮盖略凸，盖顶中心为桥型钮，附一表面饰绹索纹的玉环。器盖表面饰两圈同心圆纹饰带。最具特色的是卮盖完全镶嵌到一个青铜圆框之中。该框表面装饰一圈具有高浮雕效果的龙纹，圆框上均匀分布了三个凿孔，附着三只立鸟。广州南越王墓中出土的铜框镶玉卮形态和扳手等附件都类似于温索普玉卮，唯器形更加高大，而且通体采用铜框加固〔88〕。玉卮和玉耳杯应构成固定组合关系，但仅见于西汉时期最显贵的墓葬中，而且卷云纹装饰母题也常见于西汉时期，因此，温索普玉耳杯和玉卮可能是同组玉器，但年代都不应该早到战国晚期。

上述各类器物的形式风格分析显示，“金村器群”实际上是个混杂的概念。怀履光和梅原末治都表达了对“金村器群”的不完整性的忧虑，但也都忽视了不纯洁性问题。形式风格分析揭示，金村器群中明显包含了众多年代晚于东周的器物，或者年代在东周晚期，但却来自其他地区的器物。所幸考古学史情境为辨识金村器群的混杂性提供了重要的线索，两周及中原地区东周和秦汉考古学资料的积累使金村能最终通过“减法”接近其历史本真。

金村无疑是暗流传统的一支。如果不能及时地梳理金村的考古学形象的话，无论在学术史上，还是物质文化研究上，都会留下不准确甚至是误导的信息。怀履光忠实地保留了金村大墓群发掘时盗掘者的目验，这有助于我们将金村墓群划归到可信的东周贵族墓葬群中。但是，具体言及考古学内涵时，金村在东周考古学上只是一个具有典型的时代学术特征的集合名词。从形态特征上看，金村墓葬应属东周时期最高级社会精英墓葬无疑，但是其具体年代和归属却缺乏足够显著的证据予以判断。从器物风格上看，金村是一个混合多种因素、多个时代的器群组合。“金村器群”固然遗漏了不少的确出自金村诸墓的遗物，但也混入了相当数量的时代、地域和文化归属相冲突的器物。因此，不加甄别地以怀履光和梅原末治的图录为基础确立“金村风格”，以此判断其他器物的归属和年代，并进而论及早期中国的礼制和艺术表达是不明智的。而严肃地讨论传世金村器物组成，还需要在恰当的考古学史情境中实现。如考古学上任何发现一样，“金村”是无法完全复原的，我们的研究所能接近的仅仅是金村的

〔88〕广州市文物管理委员会：《西汉南越王墓》（上），北京：文物出版社，1991年，第269页，彩版16。

“镜像”。金村镜像也不是一个单一而纯粹的文化现象，至少存在考古学史和物质文化两个独立运作，但又交互影响的层面。由于长期以来并不处在学术的聚光灯下，“暗流传统”尤其迫切需要从多重镜像的视角重新予以评估。

7.2　重估长沙：1949年之前的金石传统和土夫底层

20世纪50年代初期，中国大陆地区的田野考古学重新布局之时，长沙是安阳之外，少数具有确凿无疑的考古学史遗产价值的地点之一，这直接导致范式更迭后的中国考古学将长沙作为重建中国考古学实践理论和方法的基地。1951年，为配合长沙近郊的建筑工程，中国科学院考古研究所派队组织长沙战国和秦汉墓葬的发掘，开启了中国田野考古学配合基本建设发掘模式的先河。此次发掘由夏鼐亲任队长，参加者包括考古研究所安志敏、王伯洪、石兴邦、王仲殊、陈公柔、钟少林、南京博物院宋伯胤和湖南省博物馆程鹤轩等。作为新生的中国科学院考古研究所最初的发掘地点之一，这是当时学术力量投入最多的发掘项目，也是中国田野考古学在南方地区的最早尝试。长沙发掘持续约3个多月，发掘队在陈家大山、伍家岭、识字岭、五里牌和徐家湾一带发掘各类墓葬162座，其中年代在战国到东汉时期的墓葬合计145座，数量上占绝对多数。1957年，是次发掘以《长沙发掘报告》为题出版公布，列为《中国田野报告集考古学专刊》丁种第二号〔89〕。基本在同一时期，湖南本地的考古学家也开始系统发掘长沙楚墓。1952年4月，湖南省文物管理委员会在长沙近郊发掘各类墓葬400余座，其中楚墓145座〔90〕。中南文化部委派顾铁符、商承祚等参加了发掘〔91〕。50年代的长沙发掘不仅以确凿的地层关系实证性地展示了楚文物的出土情境，完善了楚考古学文化的谱系，也为中国田野考古学积累了不同于安阳和其他北方遗址的发掘经验。在类似楚文化遗址尚属少见，对东周时期楚地考古学文化尚缺乏全景式理解的背景下，长沙出土器物的丰富程度甚至诱使学者对战国晚期长沙

〔89〕　中国科学院考古研究所：《长沙发掘报告》，北京：科学出版社，1957年。
〔90〕　湖南省博物馆：《长沙楚墓》，北京：文物出版社，2000年，第1页。
〔91〕　商承祚：《长沙发掘小记》，《文物天地》1991年第6期。

在楚国的地位作出不恰当的阐发〔92〕。这一误解直到湖北江陵等地更多战国墓葬出土之后才有所疏清〔93〕。在更长的时期内，长沙楚墓的发掘经验影响了中国考古学，特别是东周和秦汉考古学的认识和实践。

但是，在中国考古学史上，50 年代的长沙发掘并不是全新的内容，它直接建立在 1949 年之前的长沙考古调查和发掘基础之上〔94〕。只是基于范式转型的政治考量，同时由于此前的长沙发掘基本受控于盗掘者和古董商的考古学伦理忌讳，50 年代之前的长沙发掘基本隐而不论。此外，1949 年之前长沙楚墓的发现在年代上恰处在中国考古学史上的盲区时段，造成其遗产价值整理上的进一步滞后。1937 年日本侵华战争的爆发全面影响了中国社会的各个侧面。在中国考古学上，安阳的田野发掘传统、考古学社的非田野考古学传统，甚至考古学知识、方法和理论的培育都陷入停顿，对中国考古发现的关注和报道也都暂时冻结。但是，长沙楚墓及其随葬器物的发现却几与抗战同步。因此，自发现以来，长沙楚墓一直未得梳理。重新评估这个时期长沙楚墓的调查和发掘，不仅可以补充此时发现的各类考古学遗物和遗迹的资料性细节，确认最早投身于长沙楚墓研究的学人甚至古董商人的贡献，更为重要的是揭示这个时期调查和发掘的方法论和认识论遗产，其意义超出了考古学史的范畴。因此，本节将着眼于 1949 年之前长沙楚墓的发掘和阐释的形成及转型，重新评估长沙楚墓的早期发现，阐释长沙楚墓遗物和遗迹分析在方法和理论上的遗产成分。

1949 年之前长沙楚墓的调查和发现以物质文本和书写文本两种形态存在。

---

〔92〕刘骏《长沙古物搜集之经过》有“如漆器、铜器、玉石器、陶土器、丝革等，均颇精美，足以代表楚文化”。湖南省文物工作委员会：《楚文物图片集》（第一集），长沙：湖南人民出版社，1958 年。

〔93〕北京大学考古学系：《当阳赵家湖》，北京：文物出版社，1992 年；湖北省荆州地区博物馆：《江陵雨台山楚墓》，北京：文物出版社，1984 年。

〔94〕夏鼐日记于 1951 年 9 月 5 日记录，“下午阅金陵大学（三十二年）《长沙古器展览目录》及柯强（Cox）《耶鲁长沙古物展览目录》”；10 月 9 日赴长沙途中记录，“车中无事，阅商承祚《长沙古物闻见记》二册”；10 月 11 日记录“蔡季襄来”，10 月 13 ~15 日记录随蔡季襄回访此前发掘的楚墓诸地点；12 月 30 日记录“上午在家阅读蔡季襄《晚周缯书考证》，并摘抄要点”。见夏鼐：《夏鼐日记》卷四，上海：华东师范大学出版社，2011 年，第 420、426 ~428、451 页。

前者指自长沙出土进入到诸家公私收藏的楚墓器物和器群。鉴于长沙楚墓的盗掘属性，目前能准确厘定来源的仅是极少数样本。柯强（John Hardley Cox，1913～2005，商承祚译作“柯克思”）和商承祚分别征集的楚式文物构成主要的物质文本基础。柯强的收藏主要分散在耶鲁大学美术馆、纽约大都会美术馆和华盛顿弗利尔美术馆，而商承祚两度为金陵大学中国文化研究所征购的长沙古物则现存于南京大学艺术与考古博物馆[95]。这仅是目前所知晓的长沙古物外流的主要线索，但是仍然有长沙古物通过古董商流出，不过流传线索已基本消失。英国大英博物馆，美国芝加哥艺术学院、芝加哥自然史博物馆、波特兰美术馆都有少量通过洋庄和国际化古物流通系统获取的楚式器物[96]。柯强收藏和商承祚收藏为世所知是文本转型的结果，柯强收藏部分器物于1937年在耶鲁大学美术馆特展展出，其英文图录是最早言及长沙楚墓的文献。商承祚则以《长沙古物闻见记》及《续记》多次公布在长沙的见闻及收获，构成了其征集的长沙古物必要的情境说明。此外，长沙本地古董商蔡季襄也以专书的形式报告出土楚帛书的墓葬。这批早期文献构成了重新厘定长沙楚墓遗物和遗迹的基础材料。在50年代开始的长沙发掘、其他地点的楚墓发掘，以及半个世纪的楚墓和楚文化研究为回访1949年之前发现的长沙楚墓提供了必要的情境。其中，中国科学院考古研究所在长沙新立范式的《长沙发掘报告》和详尽报道湖南本地学人田野发掘的《长沙楚墓》构成了最重要的参照系。

7.2.1　管窥1949年之前的长沙楚墓发现的三种门径

如果仅仅依据社会可见度考量的话，1949年之前的长沙楚墓不应被纳入到“暗流”传统之中。相反，长沙是当时罕见的重要发现频现、考古文献覆盖密集、遗物发现已经引起社会广泛关注的地点之一。到这个时期结束之时，以长沙城郊数量众多的楚墓遭到盗掘为代价，国内和国外都形成了规模可观的长沙古物收藏，在长沙古物的报道和整理上涌现出堪称范式的著述，长沙楚墓乃至楚文化的认识也达成了一定程度的共识。不过，如果从考古学的学科建设上看，与

---

〔95〕洪银兴、蒋赞初：《南京大学文物珍品图录》，北京：科学出版社，2002年。

〔96〕Hollis H. Cranes and Serpendts. *Bulletin of the Cleveland Museum of Art*, 1938, 25 (8): 147-151.

数量庞大的楚式器物的出土形成鲜明对比的是，发现和认识长沙楚墓的方法论和认识论无疑构成了暗流线索。1949 年之前长沙楚墓发掘的“暗流”特征表现为持续长达数十年的发掘一直不受职业学术机构的控制，其发掘方法和阐释也一直游离在田野考古学体系之外。虽然偶有学人和收藏机构参与到长沙楚墓遗物的收集和发表中，但始终未能起到主导作用，长沙楚墓的发掘和流通基本处于自由的古墓盗掘和古物流通状态，甚至直到 1949 年，湖南本地是否存在长沙楚式器物的官方收藏也未可知。由于机缘巧合，海外也形成了长沙楚墓器物收藏，但其中最重要的一笔与中国古物流通的国际网络基础无关，长沙楚墓引起广泛关注时，“洋庄”已过极盛时代，古物出境受到《古物保护法》的掣肘，时局动荡甚至阻止了古物流通的国际网络渗入到长沙古物市场。长沙楚墓的发掘和流通始终在本地盗掘者和古董市场的掌控之下，这导致长沙本地特有的盗掘群体和古董商在认知长沙楚墓上留下了更深刻的印记。而且，与同处于暗流传统的其他发现相比，1949 年前后长沙楚墓的发掘和研究具有更为显著的延续性，早期发掘者及其发掘经验在 50 年代都被吸纳到新生的考古学之中，他们独特的田野经验成为嗣后在田野考古学中发现和分析楚墓的利器。他们的术语甚至被吸纳成为楚文化考古学甚至中国考古学的通用术语。另外，1949 年之前的长沙楚墓在考古学史上引人关注也得益于学人推广，在学术渊源上，他们基本从属于古器物学传统，实物证史倾向既揭示出众多既往不察的问题，也遗留了众多误导性判断。

长沙楚墓古物的大规模出土与长沙城的扩张有关，因此私掘盛行不应早于 20 世纪 20 年代。长沙古物的早期流通多取道于本地古物市场，罕与外界关联，因此最终形成的长沙楚墓器物收藏都有特定成因。柯强收藏和商承祚收藏就是藏家访问长沙的结果。柯强在任教长沙雅礼中学时收购长沙古墓出土器物，其捐赠构成耶鲁大学美术馆中国艺术收藏极具特色的组成部分〔97〕。商承祚在随校南迁中两度为金陵大学中国文化研究所征集长沙古物，这批古物后转入南京大学考古与艺术博物馆〔98〕。早期遗物的发现过程以及对遗物遗迹的阐释都无法通过物质文本全面复原，只能依赖同时期书写文本。所幸相对于其他早期发现而

〔97〕 Lee G. Some Ch'ang-sha Ceramics. *Archives of the Chinese Art Society of America*, 1964, 18: 62-63.

〔98〕 洪银兴、蒋赞初：《南京大学文物珍品图录》，北京：科学出版社，2002 年。

言，长沙楚墓的文献尤为丰富。其中，最基本的文献包括柯强著《长沙古物展览》（*An Exhibition of Chinese Antiquities from Ch'ang-sha*）、商承祚（1902 ~1991）著《长沙古物闻见记》和《长沙古物闻见续记》和蔡季襄著《晚周缯书考证》。三家著述恰构成长沙楚墓的不同研究范式，同时也是重建 1949 年之前长沙楚墓发现和认识过程的不同门径。

虽皆属“前田野考古学模式”的写作，但在长沙楚墓上三种重要文献并不能等量齐观地处理。由于训练背景、与长沙楚墓的亲疏程度、研究旨趣和写作目的差异，柯强、商承祚和蔡季襄的著述应该按照不同的方式予以认识。在上述三书的出版年代上，柯著最早，商著次之，蔡著最晚。这可能与三人接触长沙楚墓的年代和与长沙楚墓的发现的关联程度恰成逆反之势。作为本地古董商，蔡季襄是三人之中最早接触到长沙楚墓遗物者，他分别认识柯强和商承祚，柯强和商承祚收藏长沙古物可能都既受蔡季襄的影响，又得其帮助，而柯强和商承祚之间似无交集〔99〕。三人的写作目的完全不同，柯著是配合 1939 年耶鲁大学美术馆长沙古物展览的图录文献；商著则是全面记录 1937 ~1940 年间为金陵大学在长沙征集古物，及研习楚墓遗物的古器物学著述；而蔡著则是仅仅公布极端重要的单件器物及其出土情境的著述。三人身份也不尽相同：柯强是外来人士，从未接受过职业的考古学训练，但是长沙经历显然培养了他持续终生的兴趣，柯强退休之后移居西部，以研究长沙古物为业〔100〕。商承祚为有家学渊源的金石学家，进入长沙之时供职于金陵大学中国文化研究所，因此可以视为职业学者代表。蔡季襄为长沙本地居民，是长沙重要的古物藏家和古董商之一。更值得关注的是，柯著秉承博物馆图录写作传统，文字内容紧紧围绕展览器物，但鉴于这是长沙楚物在美国的首次公开展出，柯强用了相当的篇幅介绍了楚墓的一般情况。而蔡著和商著本应是延续中国固有的金石学或者古器物学写作传统，但是在体例上，两者都无前例可循，因此都极具开创之功。商著《长沙古物闻见记》采用笔记体，在记录楚器的出土情境上超出传统金石学著述。到《长沙古物闻

---

〔99〕 商承祚：《跋柯克思〈中国长沙古物指南〉》，原载《说文月刊》第 4 卷合刊本《吴稚晖先生八十大庆纪念专号》，收录于《长沙古物闻见记·续记》，北京：中华书局，1996 年。

〔100〕 承美国内华达州立大学 Sue Fawn Chung 教授见告。

见续记》中更采用日记形式，保留了长沙楚墓形态等重要信息。蔡著《晚周缯书考证》实是对出土楚帛书的子弹库楚墓的个案研究。

依据公开发表的文献，美国人柯强揭开了长沙楚墓刊布过程的序幕。1936年，毕业于耶鲁大学的柯强前往长沙雅礼中学执教两年。滞长期间，受到同在雅礼中学任教的邵子风、钱无咎、左堃龄等人的影响，柯强迅速成为刚刚浮现于长沙古董市场上的楚式文物的主要收藏者之一〔101〕。早在1936年2月，即有记录显示柯强在长沙城北门外东北三公里处观摩私掘古墓〔102〕。在蔡季襄等长沙古董商的带助下，柯强建立了规模不详的长沙古物收藏。尽管没有受过艺术史或者考古学专业训练，但是出于鼓吹耶鲁大学对“中国风土”（things Chinese）的兴趣，柯强在1938年返美之后数次借展或者捐赠长沙古物给美国主要博物馆，1939年3月26日~5月7日，耶鲁大学美术馆选取柯强捐赠的长沙古物大约40件，举办“长沙古物展（An Exhibition of Chinese Antiquities from Ch'ang-sha）”，这是长沙楚墓引起世界性关注的起始。柯强对耶鲁大学美术馆的捐赠随后逐步增加，大约增加到200件〔103〕。另外，柯强将近百件出自长沙的陶片捐赠给弗利尔美术馆〔104〕。但是，除1939年耶鲁展览中展出的部分之外，柯强收藏目前尚未公开，未知其详，其收藏过程也罕有人语及。柯强在《长沙古物展》中特别鸣谢了若干长沙地方知识人士，包括徐桢立（Hsu Chen-li）、邵子风、左复（堃龄）、钱无咎（吉甫）和唐瑄。其中，至少钱无咎、左堃龄和邵子风都是活跃在长沙古物收藏甚至中国早期考古圈中的学人。钱无咎另有其他收藏著

---

〔101〕《严厉制止美帝偷盗我国文物》之《长沙雅礼中学美籍教员盗运古物被查出没收》载柯强和左复收买丝茅冲一带古墓出土器物并偷运美国事。《严厉制止美帝偷盗我国文物》，《文物参考资料》1950年第12期。

〔102〕柯强于1936年2月22日记录了目睹盗掘一件青白瓷瓷枕、五件小瓷罐、六枚棺钉和一件陶罐之事。瓷枕和瓷罐后捐赠给耶鲁大学美术馆。*Yale Alumni Weekly*, 1939, Ⅱ (17): 9; Lee G. Some Ch'ang-sha Ceramics. *Archives of the Chinese Art Society of America*, 1964, 18: 62-63.

〔103〕Lee G. *Selected Far Eastern Art in the Yale University Art Gallery*. New Haven: Yale University Press, 1970; Lee G. Chinese Art at Yale. *The Yale Endowment*, 2007: 18.

〔104〕Rehfuss D. *Ceramic Sherds from Southeast Asia: The Freer Gallery Study Collection and its Donors.* Washington: Smithsonian Institution, 2008.

述，左堃龄有古代钱币收藏，而邵子风毕业于燕京大学，是考古学社的发起成员之一〔105〕。其余几人暂不可考。不过，考虑到钱无咎、左堃龄和邵子风此时均执教于雅礼中学，其他诸人可能亦为雅礼教师，而并非长沙古董商或者学人。蔡季襄未列名于柯著之中，但商承祚指出，“当其对于古物感觉兴趣与收集，左堃龄、钱无咎助之实多，而蔡季襄尤与有力焉”〔106〕。柯强的长沙古物展之后数月，远在云南昆明西南联合大学的陈梦家即已见到展览图录，在为商承祚《长沙古物闻见记》作序时详加介绍〔107〕。数年后，商承祚也请人完整地翻译了该图录。

柯强离华之后不过数月，金陵大学中国文化研究所的商承祚即访问长沙，并且在陈梦家的引荐下接触到长沙古董收藏群体。抗战开始，商承祚随金陵大学中国文化研究所内迁，约在 1938 年 2 月途经长沙，偶遇陈梦家，经介绍认识钱无咎和左堃龄，并转而认识蔡季襄。虽是意外得知新近浮现在长沙古董市场的楚式文物，商承祚迅即做出逗留长沙、为中国文化研究所征集长沙古物的决定。商承祚第一次访问长沙持续半年，除征集多笔古物外，次年将所见所闻以《长沙古物闻见记》为名出版。商承祚的长沙访古成为抗战时期中国考古学的一大消息，学术界普遍知晓长沙楚墓概源于此。受此鼓励，商承祚于 1941 年 3 月再度自成都前往长沙。此度访问长沙与前度不同，商承祚已得金陵大学校方征集文物的明确指令，在长沙停留到 8 月，此行见闻仿前例而编辑成《长沙古物闻见续记》。1943 年，金陵大学建校五十周年之际，商承祚两度自长沙获得的青铜、漆木器、陶器和丝织物等在成都展出〔108〕。商承祚两度前往长沙征集楚式文物，收获颇丰，前次计有 5 类 66 件；后次计有 7 类 155 件，共计 221 件〔109〕。

---

〔105〕 邵子风：《考古学社缘起》，《考古社刊》第 1 期，1934 年。

〔106〕 商承祚：《跋柯克思〈中国长沙古物指南〉》，收录于《长沙古物闻见记·续记》，北京：中华书局，1996 年。

〔107〕 陈梦家：《陈叙》，《长沙古物闻见记·续记》，北京：中华书局，1996 年。

〔108〕《金陵大学中国文化研究所长沙古器物展览目录》，附录于《长沙古物闻见记·续记》，北京：中华书局，1996 年。

〔109〕 包仁娟统计，前次实为 68 件，后次实为 156 件，合为 224 件。见包仁娟：《中国文化研究所的成就》，《金陵大学建校一百周年纪念册》，南京：南京大学出版社，1988 年。

商承祚著述之中屡屡提及蔡季襄，显然其征集活动以蔡季襄为关键中介。商承祚对长沙古物兴趣的起点，以风闻起始，“梦家曰闻长沙迩岁多出古器物，曾见之邪。钱君吉甫有所藏，明晨曷同往观”，“已晤蔡君季襄，收藏尤富”[110]。陈梦家也提及“在衡山时，闻长沙近岁多出古物，遂约往雅礼中学访钱左二君，因以识蔡君，观三家所藏器。此长沙访古之始也”[111]。商著《长沙古物闻见记》及《续记》中频见蔡季襄的记录，称“蔡君收藏尤富。近年长沙所出古冢蔡君多目睹，于二十五年（1936）一月，曾亲与晚周楚墓发掘，记其文，载于《长沙大晚报》考古栏”[112]。可见商承祚在长沙的征集古物工作对蔡季襄的倚重。商承祚也偶有懊悔之语，“日久，发现曩日季襄所告古器出土地，每有不实不尽不相符者，如物出东门而曰南，荀家冲而谓侯家塘，一墓所出，分为数处，或数墓合二为一，揣其用意，盖恩余往实地调查真象，或与当地士夫子往还而碍其个人收集及行动，出于自私之心，而与科学研究态度相违背者”[113]。无论是商承祚还是陈梦家，都将蔡季襄视为长沙本地文物收藏翘楚。尽管不是职业学人，蔡季襄也有著述文字流传于世，其中《晚周缯书考证》是关于长沙楚墓最主要的著述之一。此外，蔡季襄对长沙古墓的介绍和研究零星见于长沙《大晚报》和上海《艺术杂志》等，商承祚《长沙古物闻见记》中摘引了蔡季襄发表于《大晚报》的长沙嵩山镇汉墓的记录。

《晚周缯书考证》即是对举世闻名的出土楚帛书的子弹库楚墓的个案研究范例。楚帛书的出土应在1942年9月，出土不久，蔡季襄即以法币三千元在唐茂盛古玩店唐鉴泉手中购得出自同一墓葬的楚帛书、漆盘和带鞘铜剑，并且回访了子弹库墓葬。但是，楚帛书的公布却在数年之后，1944年逃避南下日军时，蔡季襄随身携带了子弹库楚墓器物照片，丧失妻女之痛之余，蔡季襄整理旧稿，“乃于痛念妻女之余，检点行箧，得旧所藏长沙出土晚周缯书及漆盘、剑、錍、铜剑、竹笈等名贵复印件数帧，爰加董理，厘定次序，附以考证”，编订为《晚

[110] 商承祚：《自叙》，《长沙古物闻见记·续记》，北京：中华书局，1996年

[111] 陈梦家：《陈叙》，《长沙古物闻见记·续记》，北京：中华书局，1996年。

[112] 商承祚：《长沙古物闻见记》卷上，北京：中华书局，1996年，第1页。

[113] 商承祚：《跋柯克思〈中国长沙古物指南〉》，收录于《长沙古物闻见记·续记》，北京：中华书局，1996年。

周缯书考证》，于1945年（乙酉年）春季刊行。由于《晚周缯书考证》公布了子弹库楚帛书的摹本，引起轰动。1946年4月，蔡季襄携帛书到上海，拟将帛书拍摄红外线照片，但未能携回此件。此后楚帛书流散过程不知，但是多数人指责上海金才记古玩店店主金从怡与店伙傅佩鹤、叶叔重与柯强串通，将楚帛书盗运至美国，辗转进入赛克勒收藏〔114〕。

因此，在1949年之前长沙楚墓的发现和阐释上形成了三个不同的叙述视角，柯强代表了基本没有任何专业背景的外部视角，蔡季襄代表了本地古董商和收藏家视角，而商承祚则成为基于古器物学的外部视角。三个叙述视角检视下的长沙楚墓与金村、浑源、寿州的显著不同之处在于其田野倾向。虽然长沙楚墓器物从本质上讲仍是盗掘所得，但是身处流通环节的蔡季襄和身处收藏环节的柯强及商承祚都努力向发现过程的上游回溯。商承祚提到柯强“饬人发掘汉墓时，躬自参加，出入黝湿恶浊之墓穴，至忘寝馈，每在墓中工作至子夜，或与土夫子共卧穴中守古物而不去”〔115〕。商著提及“近年长沙南北门外所出古冢，蔡君多目睹”〔116〕。商承祚本人在第一次长沙访古时仅仅记录了听闻得来的“楚墓五则”和“汉墓一则”，第二次长沙访古时就已经出入楚墓了，“谓柯君而后，能不以是类工作为苦，又得余一人也”〔117〕。但是，尽管如此，三家皆不是长沙楚墓田野发掘的主导者或者行为者，充其量只能闻风而动，这导致三家对盗掘上游环节的依赖。不过，基于种种原因，三家对自身与盗掘环节关系的陈述并不统一。可能由于写作文体的限制，柯强从未提到古董商和盗掘者；蔡季襄基本不提同时期古董商，也多番隐匿自身的贾人身份；唯有商承祚坦承长沙古物收集过程中的收藏家、古董商甚至盗掘者的贡献。商著中频见古董店字号，除多处器物上提及蔡季襄外，在“漆觞”提及浣估，在“漆弓”、“漆蝠”“楚革鼓”和“革带”等提及赵估，在“闵翁主器”提及唐鉴泉和郭估，廖姓、武姓、彭姓

---

〔114〕楚帛书的外流有售卖说和欺骗说，但可能两者都不准确，均属迫于时势的说法。《美帝掠夺我国文物罪行一斑》，《文物参考资料》1950年第11期。

〔115〕商承祚：《跋柯克思〈中国长沙古物指南〉》，收录于《长沙古物闻见记·续记》，北京：中华书局，1996年。

〔116〕商承祚：《长沙古物闻见记》卷上，北京：中华书局，1996年，第1页。

〔117〕商承祚：《跋柯克思〈中国长沙古物指南〉》，收录于《长沙古物闻见记·续记》，北京：中华书局，1996年。

和徐姓多位古董商也随处可见[118]。蔡季襄的诸多活动反而保留在商著之中。因此，商著成为最全面叙及长沙楚墓盗掘过程诸环节的文献。对于商承祚而言，《长沙古物闻见记》及《续记》的取向并不突兀，如果结合商承祚对浑源彝器和四川崖墓的研究，一条独特的古器物学演化之路便清晰呈现出来。商承祚出身于金石学传统，但在古器物学的转型上具有强烈的田野关怀，只是囿于缺乏田野考古学训练，商承祚转而依赖于古物流通和盗掘环节。尽管不免偏信误传，但是商著中至少保留了可资现代考古学回访的丰富的情境资料，一个被称为“土夫”的盗掘群体因此呼之欲出，并且提醒我们关注基于长沙楚墓的本土性考古学知识的草根和精英成分。

7.2.2　空间分析：长沙楚墓的环境性情境

长沙楚墓的发现与20年代烧造砖瓦的“窑业”的兴起直接相关。1949年之前长沙所见古墓基本出自砖窑集中分布的城外南、北、东三面，而西面与市区隔湘江相望，交通不便，因此既无砖瓦烧制，也无古墓的发现。从各家记录看，柯强基本没有言及任何墓葬地点，蔡季襄所述出楚帛书的墓葬在东郊杜家坡。商承祚的记录地点和墓葬信息明显多于其他两家，经记录的地点包括南门外阿弥岭、陈家大山，浏阳门外曾家塘、徐家湾、长岭、二里牌、圣经学院，东南门外三里牌、柳家大山、魏家冲、北门义冢山、仁德乡团山湖、杜家山、董家坟、穿眼塘、王家伦、小吴门外荀家冲。50年代初期中国科学院考古研究所在长沙发掘的四个片区中，识字岭、陈家大山、五里牌、徐家湾都是1949年之前有战国两汉墓葬出土记录的地点。湖南本土考古家的长沙楚墓发掘可能超出商承祚所记录的范围，覆盖仰天湖、左家公山、杨家湾、浏城桥、杨家山、燕山街、五里牌、黄泥坑、张公岭、留芳岭和荷花池等地[119]。但是，从分布规律上看，后者

---

[118] 商承祚：《长沙古物闻见记》卷上，北京：中华书局，1996年，第47、58、62、77、86页；商承祚：《长沙古物闻见续记》卷上，北京：中华书局，1996年，第258页。

[119] 湖南省文管会：《长沙仰天湖第25号木椁墓》，《考古学报》1957年第2期；湖南省文物管理委员会：《长沙市左家公山的战国木椁墓》，《文物参考资料》1954年第12期；长沙市文物工作队：《长沙市荷花池1号战国木椁墓发掘报告》，《湖南考古辑刊》第5集，1989年。

可以视为前者的延续，50 年代之后的发掘格局基本在此之前就已经确定下来。但是，无论是蔡季襄还是商承祚都未能总结长沙楚墓的空间分布规律，直到高至喜在《长沙楚墓》中才系统提出楚墓的分布规则。长沙旧城外存在多条走向不一的土垅，从旧城多个城门出发，沿放射线向北、东和南方向分布，从浏阳门至天心阁，旧城东侧小吴门、浏阳门和天心阁向东延续，构成三条脉络。城南又分成自天心阁出发，分别向东南至月亮山、侯家塘和赤岗冲，又向西南，经燕子岭后向南至雨厂坪，第三条为自冬瓜山经仰天湖到砂子糖。土垅脊线上基本都是战国秦汉时期的墓葬，其中东向是最主要的分布区。商承祚记录大致无误，略有出入的是被记作南门外楚墓，如阿弥岭、陈家大山等都应该在旧城之东。除了在区域范畴讨论楚墓的分布外，商承祚和蔡季襄都从较小空间总结长沙楚汉墓葬的地面形态，“其地皆大丘，绵亘十数里，有大丘，高约十余公尺，平去后现汉冢”〔120〕，蔡季襄提及，“有土堆一，高约三丈，于丘下层忽发现一长约二丈，宽约八尺之坑”〔121〕，不过两家皆未形成更系统的表述。

无论是柯强、蔡季襄，还是商承祚都尝试复原长沙楚墓的内部结构。长沙楚墓并非最早公布的楚墓资料，李景聃已经调查并公布了 1933 年盗掘的寿县李三堌堆楚墓〔122〕。但是李三堌堆楚墓是一座规模空前巨大的孤立墓葬，其独特性不言自明，而且晚至李三堌堆大墓盗掘一年之后李景聃才着手开始调查，墓葬结构又完全依赖当时参与盗掘的乡民的记忆，而乡民的记忆模糊而矛盾。长沙楚墓不仅数量更多，而且多在发掘之后就得到及时补记。三家至少在盗掘之后不久就进行了现场调查，柯强和蔡季襄甚至有可能参与了盗掘。因此无论在资料的准确性还是全面性上，长沙楚墓都是前所未见的。

由于这不仅是首次见诸报道的成批次楚墓的发掘，也是中国考古学中首次系统发掘具有较大年代跨度的墓群，因此，各家都不惮其烦地讨论长沙古墓的类型学问题。柯强最先提出了按照形式区分的长沙古墓三期方案：汉以前的竖穴墓，深度达 25 ~30 英尺（7. 6 ~9. 1 米），如果墓底已经被地下水淹没的话，则可

〔120〕 商承祚：《长沙古物闻见记》卷上，北京：中华书局，1996 年，第 2 页。

〔121〕 蔡季襄：《大晚报》1936 年 2 月 8 ~ 26 日，收入《长沙古物闻见记 · 续记》，北京：中华书局，1996 年，第 9 页。

〔122〕 李景聃：《寿县楚墓调查报告》，《田野考古报告》第 1 册，1936 年。

以见到完好的木棺，四周填充白膏泥。 汉和六朝早期为砖室墓，其上封土高达15英尺（4.5米）左右。 六朝之后晚近墓葬的墓坑深度多小于6英尺（1.8米），没有封土。 柯强没有记录墓圹内的细节，可能与他所见的楚墓大多都已清理完毕有关。 但是，难能可贵的是，他记录了不同形式墓葬中所见的随葬器物。 这个三分方案又经陈梦家进一步阐发〔123〕。 柯强的类型区分应该主要出自古董商和土夫所述，商承祚也记录了同样源自古董商和土夫的墓葬形制变迁，但与柯强有异。 商承祚仅仅关注自战国到两汉的墓葬，“耸于地上者为东汉砖墓，深入地中五、六尺至三、四丈者，为战国时之椁墓与簸箕墓。 西汉似承其土墓之制而未改”。 即将长沙楚汉墓葬分为土墓和砖墓两个类型。 所谓“簸箕墓”，系引用土夫术语。 “穴地为坑，椎其三面为墙，留一以为隧，土夫呼为簸箕墓，其墓小”〔124〕。 此类墓葬应该是无葬具的战国墓葬，长沙发掘中的“长方形窄坑”应该就是此类墓葬。 砖室墓和木椁墓及簸箕墓之分已经得到近世考古发掘的证实。 蔡季襄因其著述专论单一墓葬，因此没有讨论长沙古墓在整体意义上的形态变迁。

在墓葬结构上，虽然不是每座墓葬皆有，但长沙楚汉墓葬基本可见墓道结构。 柯强没有提及墓道，商承祚却有专门论证，“椁墓、土墓与西汉墓莫不有隧，遗迹宛然，深者达一二丈”〔125〕。 但是，《长沙古物闻见记》从未记录墓道的发掘，可见长沙早期盗掘基本不涉及墓道部分。 不过，即使在50年代，楚汉墓葬的墓道已经田野发掘证实，仍鲜有被发掘的例子。 中科院考古所的发掘揭示出21座战国墓、5座西汉前期墓和17座西汉后期墓皆有墓道〔126〕。 但是，长沙发掘并没有完整发掘墓道，有的仅仅试掘一段〔127〕。 由于战国墓葬中有墓道的墓葬规模都相对较大，因此，“簸箕墓”是否有墓道就不可遽断。 蔡季襄绘制了出土楚帛书的楚墓平面、剖面和立体复原三图，可知该墓为单墓道大墓，墓

〔123〕 陈梦家：《陈叙》，《长沙古物闻见记·续记》，北京：中华书局，1996年。

〔124〕《金陵大学中国文化研究所长沙古器物展览目录》，第6页，收录于《长沙古物闻见记·续记》，北京：中华书局，1996年。

〔125〕 商承祚：《长沙古物闻见续记》，北京：中华书局，1996年，第270页。

〔126〕 中国科学院考古研究所：《长沙发掘报告》，北京：科学出版社，1957年，第6、70、87页。

〔127〕 中国科学院考古研究所：《长沙发掘报告》，北京：科学出版社，1957年，第6页。

扩长 1.5 丈（5 米），宽 1 丈（3.3 米）（图 7.6）。湖南省考古所主持的长沙历年发掘中，共计发掘有墓道的墓葬 76 座，仅有一座墓葬 M1850 有双墓道。但是，并非所有类型的墓葬都有墓道，尤其是“簸箕墓”如果指小墓，则很有可能是没有墓道的竖穴土坑墓。

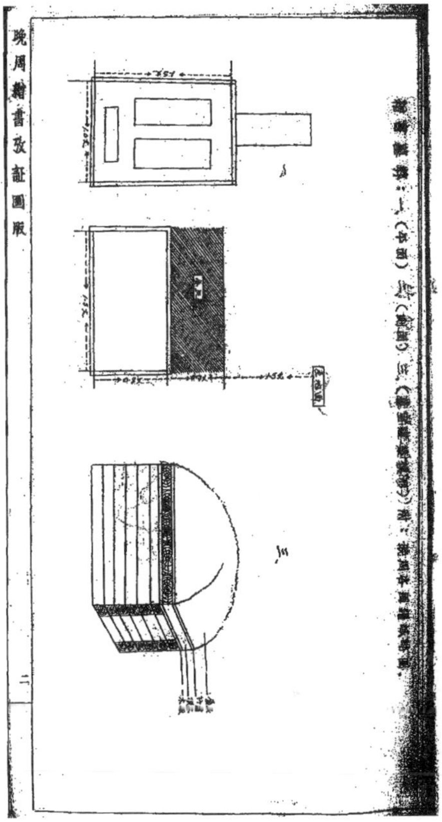

图 7.6　缯书楚墓平、剖面示意图
（采自蔡季襄:《晚周缯书考证》）

壁龛在长沙楚墓中出现机率非常之高，但早期诸家却无一提及，这或许和发掘性质有关。在长沙发掘之中，有壁龛的楚墓多达 542 座[128]。壁龛是主要存放随葬物品的地点之一，尤其是在棺椁之间空间狭窄的墓葬之中，如中科院考古所发掘的 M124 的随葬器物就完全存放在南壁龛中[129]。M207 的随葬器物包括铜镜、陶鼎、陶敦、陶壶、漆器等，先收入长条形木箱，然后置于北侧壁龛[130]。但是壁龛完全不见于早期三家的描述之中，这可能表明早期的盗掘并没采取完全发掘的方式，仅以清理棺椁之内为目标，因此棺椁之外的开龛掏洞可能未被发现。

与壁龛被忽视形成鲜明对比的是，早期诸家都注意到长沙楚墓墓内分箱制度，并且详加描述。商承祚多次以陈柜制度描述楚墓的分箱现象。《长沙古物

〔128〕湖南省考古研究所等：《长沙楚墓》，北京：文物出版社，2000 年，第 9、10 页。

〔129〕中国科学院考古研究所：《长沙发掘报告》，北京：科学出版社，1957 年，第 21 页，图 17。

〔130〕中国科学院考古研究所：《长沙发掘报告》，北京：科学出版社，1957 年，第 23 页，图 19。

闻见记·续记》于4月27日记阿弥岭墓葬“破墙入，中一室，长宽可丈一二尺，列柜四，如口形。每柜长与室同，宽约二尺，高几五尺”[131]。于4月28日记曾家塘木棺墓，“凡陈柜八，中空无一物”[132]《金陵大学中国文化研究所长沙古器物展览目录》提及“柜在椁中有一至四，盖视墓主之奢俭，与殉物之多寡。柜形如棺，上施黑漆”[133]。柜的功能就是陈放随葬品，“殉物初必盛于柜，凡璧多于尸身间得之，其质或石、或玉、或料”[134]。在小吴门外墓葬中，边箱则被称为“匮”。“陈一棺一匮，左棺右匮，匮稍狭，面以二长版合成。启其盖于左隅，得夹苎漆奁二”[135]。将边箱名之为匮可能出自蔡季襄[136]。商承祚所称陈柜制度即田野考古学所称的边箱制度。中科院考古所的长沙发掘所揭示的墓葬尚无分箱制度，不过湖南省博物馆在50年代之后的发掘证实蔡、商二家所论不误。在楚墓之中，长沙楚墓的边箱极具地方特征。江陵一带楚墓多有较为宽敞的头箱，设置边箱的例子较少。长沙楚墓之中，设置头、边和足箱的例子均多见，反而不见单独设置头箱。边箱多用薄板分隔形成，而不是采用单独的柜体[137]。如杨家湾M569，墓圹长3.65~3.7米，宽2.64~2.83米，分箱是左右两块隔板形成的，隔板各距椁室两边30厘米，几乎与椁内长度同长，厚度为6厘米，如此形成左右和足三箱[138]。留芳岭M109为一棺一椁制，木椁长2.7米，宽1.9米，高1.26米。报告认为有头箱和左边箱，但头箱实为棺椁之间的空隙，左边箱有隔板分隔，边箱长2米，宽0.26米[139]。

除了墓葬结构之外，1949年之前的长沙楚墓发掘还辨识出若干遗迹特征，其

[131] 商承祚：《长沙古物闻见续记》，北京：中华书局，1996年，第261页。

[132] 商承祚：《长沙古物闻见续记》北京：中华书局，1996年，第263页。

[133] 《金陵大学中国文化研究所长沙古器物展览目录》，收录于《长沙古物闻见记·续记》，北京：中华书局，1996年

[134] 商承祚：《长沙古物闻见续记》，北京：中华书局，1996年，第273页。

[135] 商承祚：《长沙古物闻见记》，北京：中华书局，1996年，第3页。

[136] 蔡季襄：《长沙大晚报》考古栏，1936年2月8~26日，收录于《长沙古物闻见记·续记》，北京：中华书局，1996年，第9~14页。

[137] 湖南省博物馆等：《长沙楚墓》，北京：文物出版社，2000年，第493页。

[138] 湖南省博物馆等：《长沙楚墓》，北京：文物出版社，2000年，第53、57页，图27。

[139] 湖南省博物馆等：《长沙楚墓》，北京：文物出版社，2000年，第37~40页，图20。

中最重要的是白膏泥填土，但是由于错误地援引文献，导致形成“蜃灰”说。蔡季襄描述子弹库楚墓自地面挖掘1.5丈（5米）后可见蜃灰层，厚度约为0.7丈（2米），直接覆盖在椁室顶部。土夫在盗掘楚墓时常见青白两色黏质泥土，“土夫视崖岸坡陀，别土色之新旧，其坚植赤色间灰白泥如蚕蠖，是未动原土。质细碎赤白零乱，下必有圹，土夫称为细砂。循是以求，如有椁则见蜃灰，其色黑，椁木必完好，是为火洞。色白，椁木已腐，泥水羼杂，殉物十坏八九”〔140〕。商承祚将青白膏泥概称为“蜃灰”，援引文献称，“蜃，大蛤也。烧之成灰，可实墓葬”〔141〕。蜃灰一说几成定论，直至50年代初期，夏鼐在长沙发掘中始辨出“蜃灰”实为起防潮防水作用的白膏泥黏土，而不是烧蛤成灰〔142〕。商承祚也忠实地记录了土夫描述的其他填土现象，“秦末汉初土墓，其隧口土色兼赤、黄、灰、黑、白诸色，土夫呼为五色泥，辨其色即能知其时代先后”，有的填土被称之为“朱夹土”，有的则因含有白色小颗粒被称为“喜砂泥”或“糯米泥”。不过，文本转型过程中难免出现误表，长沙土语以糯米形容土质细腻，商承祚可能误以为“糯米泥”指混合糯米的土层，故描述1936年龙开云盗掘的木椁墓称，“柜内有白米一层，厚约两寸许”〔143〕。

7.2.3　物质分析：楚墓器物组合的回访

1950年，中南区文化部致函湖南省政府，请求制止长沙古墓的盗掘。即使在50年代，长沙古墓的价值仍然主要立足在出土器物上。公函称，长沙古物的出处“大都为战国至汉之遗址，遗存极丰，并多珍贵”。器物“不仅制作精美，且保存完好，其中尤以绢质晚周缯书一件，上有文五百余字，为考古发掘中罕见之物，亦中国最古之墨迹。其他如铜器之簋、壶、尊、鼎等，亦是与寿县出土楚器先后媲美。至遗存之多，即铜镜、铜剑、漆器、环璧、

〔140〕商承祚：《长沙古物闻见续记》，北京：中华书局，1996年，第271页。

〔141〕商承祚：《长沙古物闻见记》卷上，北京：中华书局，1996年，第3页。

〔142〕夏鼐：《长沙近郊发掘报告》，《科学通报》1952年第7期。夏鼐日记1952年5月11日记录，“上午至张国熊家，托其分析长沙楚墓之白膏泥。下午开始写《长沙近郊古墓发掘记略》，为《科学通报》登载之用也”。见夏鼐：《夏鼐日记》卷四，上海：华东师范大学出版社，2011年，第482页。

〔143〕商承祚：《长沙发掘小记》，《文物天地》1991年第6期。

木俑等每种数量恒以百计。其他如琉璃、琥珀雕刻、丝帛、竹席之类，亦不少数”〔144〕。上述描述固有其政治史情境，其中“晚周缯书”已经纳入声讨美帝偷盗中国文物的话语之中，但在一定程度上也反映了50年代知识界对长沙出土器物的整体评估〔145〕。

1949年之前的长沙楚墓遗物受到“后埋藏过程”几个显著因素的影响而呈现为极为独特的面貌。特殊的埋藏环境导致长沙楚墓的遗物保存状况优于同时期的华北东周墓葬，尤其是大量的有机材质，如漆木器和丝织品的保存，可能是前所未见的。但是，早期中国考古学在漆木器和丝织品出土后的保存上基本是束手无策的，忽略掉“后埋藏过程”造成的损失可能会夸大对器物种类和组合的完整程度的估测。商承祚曾记录土夫教授的漆器脱水办法，“先将泥灰涤净，平置铁匣中，上覆纸絮，层围环绕，紧密其盖，不使风袭，水气渐为纸棉吸收，十余日一易，如是者年余始得干”〔146〕。但是这种方法并不奏效。曾昭燏也记录了一批入藏中博院的长沙漆器的保护问题，起先采用“用湿的棉花包裹，放在冰铁盒内，再将各盒放在大木箱内，各盒的外面，周围上下都用细的河沙堆满，使盒内的器物与外面的空气隔绝”。后又采用干性保护法，“将各器换了较干的棉花，仍放在冰铁盒内，再装入大箱内，不过不用河沙埋藏罢了”〔147〕。两人方法基本近同，收效其实非常有限，因此可能导致漆器得而复失。木器则面临干裂、虫蚁侵蚀和彩绘脱落等危险，也会形成后发掘过程的转型问题。尽管如此，长沙楚墓的出土器物组合仍然显著有别于其他东周时期墓葬的器物组合，主要包括铜器、漆木器、陶器、纺织品和玉石器等类别，尤其是漆木器和丝织品具有填补认识空白的价值。

柯强、商承祚和陈梦家分别提出了分类思想和阐释情境各有特色的楚墓器物分类体系。柯强以1939年展览中的80余件器物为基础，将长沙所获器物按照楚

〔144〕《中南区文化部致湖南省政府函〈严禁盗掘长沙古墓〉》，《文物参考资料》1951年第1期。

〔145〕《美帝掠夺我国文物罪行一斑》，《文物参考资料》1950年第11期。

〔146〕商承祚：《长沙古物闻见记》卷上，北京：中华书局，1996年，第20页。

〔147〕曾昭燏：《长沙古物的保存》，《曾昭燏文集》（博物馆卷），北京：文物出版社，2009年。

墓和汉墓分成两个部分。长沙楚墓遗物分成以下诸类：漆木器，包括镇墓兽、木俑和漆虎座；陶器，包括灰陶鼎、陶壶、陶盘、陶簋等，封泥和漆陶器；铜器，包括青铜礼器、装饰用具、车器、铜镜、铜剑、铜杈；玉器，包括玉璜、玉坠；乐器，包括漆鼓、笙、琴、瑟；杂器，包括羽觞、漆奁残片、滑石动物。而汉墓器物则分成：铜器，包括铜镜、博山炉和铜印；陶器，包括釉陶奁、陶屋；滑石器，多为明器；杂器。基于数量更多的样本，商承祚分类法采用了材质和功能两重标准，先按材质分成漆、木、革、缯、帛、纸、黄蜡、松香、水晶玛瑙、琉璃、陶、泥、金银、铁、铜、石等十九类，又将楚器分成祭器、日用器、兵器、乐器、法器和服饰六类。商承祚分类法较柯强分类法更为复杂，也更适用于更多的样本，但是与其对四川崖墓器物的分类一样，存在不同类别交错糅杂的问题。陈梦家则采用功能分类法，不同材质“铜、陶、石、竹”皆在同一功能类别之中。长沙楚墓遗物因此分成祭器、用器、兵器、乐器、法器和服饰〔148〕。就分类作业目的而言，柯强分类法直接服务于展览，因此可能因为陈列需要而造成不同类别的重叠交错现象。就分类标准而言，柯强和商承祚皆按照器类区分，而陈梦家按照功能区分。诸类器物的甄别大致如下。

青铜器：柯强分组公布了不同类别的青铜器。其中青铜小件约有13件，包括4件鹤形支架、4件鸭形支架、2件车軎、2件扑首青铜饰件和1件器盖。柯强仅仅公布了鹤形支架的照片，并且认定此件为漆器支架〔149〕。铜镜共计公布8件，但多为残片，柯强特地说明长沙铜镜多有山字形纹饰。青铜兵器包括5柄铜剑，数件铜戈和铜鐏。另外，柯强公布了一套由6件带铭铜环和2件称盘组成的天平，其中4件较大的铜环带有四字铭文。仅从类别而言，铜剑、铜戈、铜鐏、扑首、铜镜、天平等纳入楚物类别皆无疑义。天平频繁见于长沙楚墓中，多件砝码和两个天平盘组合稳定，但是砝码数量有别。50年代长沙发掘揭示楚墓砝码分别为10枚、9枚或者6枚一组〔150〕。其中9枚一组是最常见组合，

---

〔148〕 陈梦家：《陈叙》，《长沙古物闻见记·续记》，北京：中华书局，1996年。

〔149〕 *Cox J. An Exhibition of Chinese Antiquities from Ch'ang-sha*. New Haven: Gallery of Fine Arts, Yale University, 1939.

〔150〕 《楚文物展览图录》，北京：北京历史博物馆，1954年，第31页。

M185、M601、M685 和 M1584 所出天平均为 9 枚砝码[151]。柯强所列 6 枚成组砝码和 2 件天平盘的组合属于较为罕见的类型。虽然浏城桥 M1 头箱中出土了多件车軎，长沙发掘 M330 也出土 2 件车軎，但是，除罕见的几例外，长沙楚墓基本不见随葬车马器部件的习俗[152]。柯强并未公布“车軎”的图像，因此无法知晓他的定名是否准确，因此也可能将其他器物误作车軎，形态最为接近的是器鐏。考虑到柯强已经单独列出戈镈，可被误作车軎的是矛镈，矛镈多为直柄形式，上有一穿[153]。柯强所列 8 件支架尚未见于 50 年代之后的考古发掘。商承祚第一次长沙访古所得楚式铜器计有铜剑三、铜戈一、铜镦一、铜镞一、箭櫜末铜一、甲叶一、铜钩一、鼎盖一、铜镜一。出自长沙之外的计有铜鼎一、铜兽一和铜戈二[154]。第二次长沙访古所得楚式铜器计有铜戟一、铜镦一、铜钟一、铜瓢一、铜勺二、兽首衔环三和兽首一[155]。商承祚所述出自长沙楚墓的铜器基本见于 50 年代之后发掘，唯有“甲叶”并无对应发现。商承祚记录“甲叶”为“十”字形，“有作半圜形者，底中空有横柱”，“蔡氏藏此两种各十余枚”[156]。但核查历年长沙出土器物，楚墓之中并无近似之物，但汉墓 M401 出土多件“盖弓帽”平面皆作柿蒂形，直径在 2.3 ~ 3.1 厘米不等，形态和尺寸均接近[157]。其余诸器应是常见器类。南京大学藏带漆鞘铜剑为中空透首剑茎，腊薄起中脊，

---

[151] 湖南省博物馆等：《长沙楚墓》，北京：文物出版社，2000 年，第 286 ~ 297 页。

[152] 湖南省博物馆等：《长沙楚墓》，北京：文物出版社，2000 年，第 225 页，图 150；中国科学院考古研究所：《长沙发掘报告》，北京：科学出版社，1957 年，第 41 页，图 35。

[153] 中国科学院考古研究所：《长沙发掘报告》，北京：科学出版社，1957 年。

[154] 商承祚：《长沙古物闻见记》卷下，北京：中华书局，1996 年，第 125 ~ 156、167 ~ 171、192、193 ~ 198 页。

[155] 《金陵大学中国文化研究所长沙古器物展览图录》，第 20、21 页，收录于《长沙古物闻见记 · 续记》，北京：中华书局，1996 年。

[156] 商承祚：《长沙古物闻见续记》，北京：中华书局，1996 年，第 152、153 页。

[157] 中国科学院考古研究所：《长沙发掘报告》，北京：科学出版社，1957 年，第 117 页，图九六。

类似于长沙发掘出自左家公山和 M329 的样本〔158〕。南京大学藏铜镜“三弦文鼻钮，蟠龙文四”，主纹为回首兽纹无疑，但与历年长沙出土的四兽纹镜不同之处在于此镜并无地纹〔159〕。出自长沙之外的器物基本未具详情，因此无从判断。

漆器：漆器是长沙楚墓出土的大宗，也是极具特色的器类。漆器的主要类型包括镇墓兽和木俑等明器，耳杯、奁盒、盘和木梳等用器。柯强公布一件镇墓兽，为方形器座上两背向吐舌神兽。双兽形镇墓兽在楚墓中较为罕见，长沙发掘中将其厘定为 II 式。标本 M397：5，双头方座，方形首，镇墓兽纹饰细节均为黑地朱绘〔160〕。商承祚记录了一件出自长沙南门外的“漆龙座”，通高 28.8 厘米，“龙下体有内，坐面有孔，可以卸合，屈其项，两爪上举至颡，作张口状，舌由颚抵于唇，皆镂空”，“龙顶左右有二孔，季襄谓植木架县钟磬，乃龙虡。予曰架空处不足八公分，钟磬曷能容。据圹中每有龙虎蛇凤之发现，此殆用以镇墓”〔161〕。由描述可知，“漆龙”应该是镇墓兽，商承祚判断不误。单兽形镇墓兽相对而言更为常见，芝加哥埃尔斯多夫收藏（collection of Mr. and Mrs. J. W. Alsdorf）的镇墓兽据传也出自长沙（图 7.7）〔162〕。华生则公布了一件大英博物馆收藏的人首鹿角镇墓兽〔163〕。但是，商承祚单独列出一件出自小吴门外苟家冲的“漆蛇”，应为镇墓兽兽角。柯强公布了男女两类木俑，面部涂白后描绘细节特征，男俑皆绘两撇胡须，衣襟和袖口处描绘服饰纹样，袖口处均未刻出

〔158〕 洪银兴、蒋赞初：《南京大学文物珍品图录》，北京：科学出版社，2002 年，第 21 页，35 号；中国科学院考古研究所：《长沙发掘报告》，北京：科学出版社，1957 年，第 43 页，图 36.4。

〔159〕 洪银兴、蒋赞初：《南京大学文物珍品图录》，北京：科学出版社，2002 年，第 20 页，33 号；湖南省博物馆等：《长沙楚墓》，北京：文物出版社，2000 年，第 242～245 页。

〔160〕 湖南省博物馆等：《长沙楚墓》上，北京：文物出版社，2000 年，第 374 页，图 303。

〔161〕 商承祚：《长沙古物闻见记》卷上，北京：中华书局，1996 年，第 58～60 页。

〔162〕 Salmony A. With Antler and Tongue. *Artibus Asiae,* fig. 2, 1958, 21 (1): 30.

〔163〕 Waston W. A Grave Guardian from Ch'ang-sha. *The British Museum Quarterly,* 1952, 17 (3): 52-56.

手形。两类木俑与1951年长沙楚墓发掘厘定的I式俑基本近同〔164〕。在用器类别中，柯强、商承祚和蔡季襄公布的器类均为常见器类，羽觞、奁盒、漆盘和木梳在1950年之后的长沙发掘中皆可见到类似器物。蔡季襄公布了子弹库楚墓所出漆盘。漆盘在长沙楚墓中大约见到数件，形态上都是敞口、宽平沿、折腹、平底。漆盘外为深色漆地上朱彩。盘内壁为朱地黑彩，内底为黑地朱彩。形态上较近似，但是蔡季襄公布的漆盘的彩绘复杂程度超出其他楚墓所出漆盘（图7.8）〔165〕。漆瑟出自两处：柯强公布一件二十三弦漆瑟残片，而商承祚则公布一件二十五弦“楚木瑟”。历年长沙楚墓发掘中出土漆瑟四件，来自三座墓葬，其中较为完整的两件M89:114为二十四弦瑟，而M396:22为二十五弦瑟〔166〕。

图7.7　埃尔斯多夫收藏镇墓兽
（采自 Salmony A. With Antler and Tongue）

陶器：柯强公布陶器包括壶、鼎、盘、簋等容器，以及封泥〔167〕。图录仅仅公布陶鼎一件，但提及“三件陶鼎之中有祭品骨骸”〔168〕。这种现象也得到了蔡季襄记录的证实〔169〕。从公布照片判断，柯强所藏楚式鼎为口沿略敛，外附立

〔164〕中国科学院考古研究所：《长沙发掘报告》，北京：科学出版社，1957年，第60页，图版二十八.1～图版二十八.4。

〔165〕湖南省博物馆等：《长沙楚墓》，北京：文物出版社，2000年，第363页，图295。

〔166〕湖南省博物馆等：《长沙楚墓》，北京：文物出版社，2000年，第379页，图310。

〔167〕Cox J. *An Exhibition of Chinese Antiquities from Ch'ang-sha.* New Haven: Gallery of Fine Arts, Yale University, 1939: 11.

〔168〕Cox J. *An Exhibition of Chinese Antiquities from Ch'ang-sha* . New Haven: Gallery of Fine Arts, Yale University, 1939: 11.

〔169〕蔡季襄：《长沙大晚报》考古栏，1936年2月8～26日，收录于《长沙古物闻见记·续记》，北京：中华书局，1996年。

耳，圆腹较深，腹部起一凸棱，三蹄足。鼎盖有一带环钮，表面另分布三纵立环形钮，器表遍施红地黑彩彩绘。此鼎系最常见的楚式鼎类型，与《长沙发掘报告》界定的Ⅱ式鼎较为接近[170]。《长沙楚墓》中最接近的个案应是C型Ⅳ式[171]。其他陶器形态不详，但是从长沙楚墓历年累积的陶器类型看，基本在此范围之中。

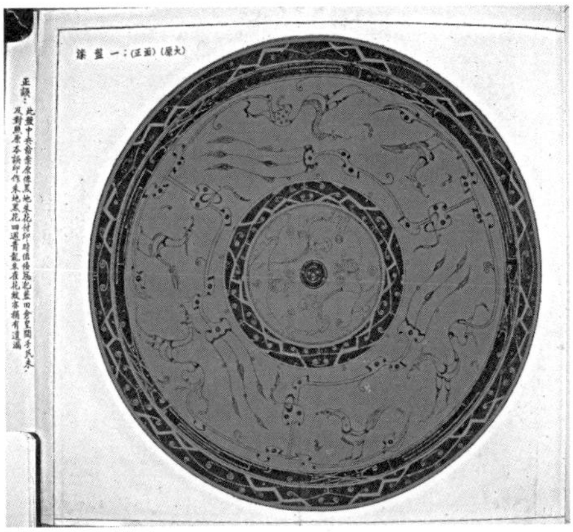

图7.8　缯书楚墓漆盘

封泥普遍见于长沙楚墓之中。郢爰铭泥版的出土被商承祚征引证明楚国币制的用金制度，此后遂成定论。商承祚的论断既有先见之明，但也有过于急促定论而形成的错误认识。长沙楚墓中出带有“郢爰”印记的铅块，泥版上则有十六个郢爰印记，分成四行，每行四个。商承祚以此推知楚国的货币制度。印文金见于沈括《梦溪笔谈》[172]。安徽阜阳曾经多次出土金版，其中1967年鲖城坟塘出土郢爰6块，重272.9克；1970年于临泉艾亭出土金币50块，重约799.2克；1970年于阜南三塔出土42块金币，共计重1451.6克[173]。但是无一出自墓葬之中。楚墓之中出土明器郢爰较为常见，江陵望山一号墓出土有包金

[170] 中国科学院考古研究所：《长沙发掘报告》，北京：科学出版社，1957年，第29页，图二四.5。

[171] 湖南省博物馆等：《长沙楚墓》，北京：文物出版社，2000年，第96页，图六三.3。

[172] 沈括《梦溪笔谈》卷二十有，“寿州八公山侧，土中及溪涧之间，往往得小金饼，上有篆文刘主字，世传淮南王药金也。得之者甚多，天下谓之印子金是也”。即指郢爰金，不过沈括的释读有误，而且对其年代判断也有偏差。

[173] 夏鼐：《无产阶级“文化大革命”的考古新发现》，《考古》1972年第1期；《无产阶级“文化大革命”期间出土文物展览简介》，《文物》1972年第1期；阜阳地区展览馆：《安徽阜阳地区出土的楚国金币》，《考古》1973年第3期。

银箔铅饼，长沙左家公山15号墓也出土了泥质圆饼〔174〕。楚国所出金饼有多达六种印记，但郢爰无疑是占绝对多数的〔175〕。

在50年代之后田野发掘收获的参照下，三家公布的长沙楚墓器物除了极少数是汉墓器物混入外，其余基本都可以得到形态高度近似的同类器物的证实，即使是汉墓器物也应基本出自长沙。在长沙楚墓器物的甄别上，“加法”似较“减法”更常得到应用，这可能和其考古学情境有关：长沙楚墓器物并非出自单一大墓，而是数量庞大的中小规模墓葬。

7.2.4 田野考古学方法中的土夫底层和金石传统

1949年之前的长沙楚墓的发掘和长沙楚墓遗物的流通基本上落在田野考古学关注范围之外。在众多起因于私掘的考古发现中，长沙可能是最晚为全国范围的社会公众所知晓的。虽然早在20年代中晚期，长沙本地的收藏家已经开始收集城郊出土的楚墓古物，但是一元文明观限制了长沙以外的学人对长沙楚墓的关注，长沙楚墓也缺乏极具社会轰动效应的大发现。长沙楚墓获取全国性甚至国际性知名度深受偶然性事件的影响：执教于雅礼中学的美国人柯强和因抗战随校南迁，途经长沙的商承祚成为促使长沙楚墓始为外界所知晓的关键环节。30年代末期到40年代初期，长沙楚墓因特殊的埋藏环境而出土精美的漆木器和丝织物而声誉鹊起，但此时偏安西南的田野考古学传统已经无力经营。因此，在长沙楚墓上，田野考古学直到1951年之前都是缺位的。但是，长沙楚墓具有显著的景观和埋藏特征，使辨识长沙楚墓更具有“田野”特征，而类田野考古学经验主要依靠“土夫”和商承祚、蔡季襄等古器物学人甚至古董商维持。前者提供了长沙楚墓的形态特征和器物组合最直观的描述，而后者在其基础之上作出与传统文献在某种程度上相契合的阐释，这构成了1949年之前中国考古学本土性知识的两个类型：作为精英知识的金石传统和作为草根知识的土夫底层。

由于商承祚的阐发，长沙楚墓发掘过程中的一个关键但缺乏文献表达的群

〔174〕 湖北省文化局文物工作队：《湖北江陵三座楚墓出土大批重要文物》，《文物》1966年第5期；湖南省文物管理委员会：《长沙左家公山的战国木椁墓》，《文物参考资料》1954年第6期。

〔175〕 彭信威：《中国货币史》，上海：上海人民出版社，1987年，第68～70页。

体——土夫得以浮出水面。“土夫”或者“土夫子”为长沙土语词汇，指以挖土方营生的人。早期土夫自营烧制砖瓦，因此又称为窑业。柯强仅仅简要提及，由于拓建城市新区，长沙一带古墓频繁出土[176]。考虑到柯强于1938年即离开长沙，并不知晓1938年之后长沙古物盗掘激增，商承祚提出了更灵活而具有互动性、也更有说服力的阐释。长沙楚墓的最初发现与窑业有直接关联。城外砖窑多分布在丘陵县地带的土垅上，掘土的过程中常常发现历代墓葬，不过此时私掘墓葬可能仅仅是副业。30年代中后期，尤其是1938年文夕大火之后，长沙陷入衰败萧条，大多从事窑业的土夫失业，其中不少人转向专职盗墓[177]。

土夫在长沙楚墓的本土性知识上最显而易见的贡献在辨识墓葬上。商承祚曾经提出，土夫“因日久之经验，辨土色与山地即知其下之所有”[178]。土夫借助多年窑业的实践经验，根据土质土色即可判断土层之下的埋藏，甚至土夫还根据长沙本地的土壤特性设计了众多描述性术语。依据土质土色，甚至触摸感分辨不同的上层以及遗迹单位，这是引进的考古学所不见的；即使安阳考古学的经验也极具地域适用性而无法帮助长沙楚墓的判断。其实长沙土夫在辨识墓葬上不止土质土色一端，在地面形态观察上也有独特总结。土夫提出，长沙城郊农民在土陇上放牛，而牛在较松软的土地上滚出一个一个的坑，当地称之为“牛恋凼”，即是楚墓的地表特征之一[179]。

金石传统则努力将长沙楚墓的出土材料和上古礼制联系在一起，也界定了一批术语。其中，最为显著的个案是蜃灰。楚墓棺椁保存完好，自发现开始就已经引起学者们的关注，但是一直未能解释。楚墓所见青膏泥和白膏泥的出现被具有金石学倾向的学人认定为蜃灰。商承祚认为，“蜃既兼有去湿防腐杀虫之功，此椁之所以能长相保”。“蜃性极黏，溶解后匪但外界空气不能侵入，即椁内原有气息，并可吸收，极合科学原理，此二千余年之漆木等类，能保存而不腐

[176] Cox J. *An Exhibition of Chinese Antiquities from Ch'ang-sha*. New Haven: Gallery of Fine Arts, Yale University, 1939.

[177] 商承祚：《长沙古物闻见续记》，北京：中华书局，1996年，第257页。

[178] 商承祚：《长沙楚器发现纪略》，《金陵大学中国文化研究所长沙古器物展览目录》，收录于《长沙古物闻见记·续记》，北京：中华书局，1996年。

[179] 湖南省博物馆等：《长沙楚墓》，北京：文物出版社，2000年，第6页。

者，蜃灰之功也”[180]。蔡季襄也认同蜃灰说。直至1950年的长沙发掘，夏鼐才以出土资料的成分检测慎重地辩驳了蜃灰说之误[181]。

金石传统和土夫底层并不是两条平行的线索，两者互相影响，互相支撑，而且随着土夫被接纳而整体性地进入到1949年之后新生的中国考古学中，“一九五一年春夏之交，在三个月内，湖南省文物管理委员会为抢救，雇土夫若干人，穴掘三百余墓”[182]。这导致长沙楚墓的本土性知识显著地延续下来。吸纳土夫也不乏风险，湖南本地组织的发掘曾以此招致“粗鲁的态度和地方主义的错误”的批评，其具体行径为“擅自组织一批‘土夫子’(即过去的职业盗墓人)进行粗率的发掘。至六月中旬止，据初步统计，共掘古墓二百余座，虽也掘出古物九百余件，但由于对历史文物的知识贫乏，又未采用科学发掘方法，抱着单纯找‘古董’的观点，因而使大批历史文物未能完整地发掘出来，有的甚至遭到破坏”[183]。如果排除发掘权和出土器物保管权的中央与地方之争，50年代初期对湖南自行组织发掘的批评也的确直指土夫底层和金石传统构建的本土性知识的命门。

7.3 盗掘的遗产

金村和长沙仅仅只是1949年之前私人盗掘和市场流通的古物器群中意外的有限复原的两个特例。在国家政治权威有效地施加于考古学发掘之前，盗掘几乎普遍存在于任何国家的考古学传统之中，但是盗掘出土的器物组合最终还能重回考古学研究的仅属例外。由于发掘是不可逆过程，在田野考古学缺位的情况下，盗掘器群只能借助古器物学途径恢复考古学价值，因此，每个最终得以复原的特例都依赖于具有考古学关怀的特定学人作为行为中介(agent)才能顺利转型，因而极具历史特定性，这导致侥幸成功复原的范例之间看起来甚少有共通特

---

[180] 商承祚：《长沙楚器发现纪略》，《时事新报》1942年4月6日。

[181] 中国科学院考古研究所：《长沙发掘报告》，北京：科学出版社，1957年，第6、7页；夏鼐：《长沙近郊发掘报告》，《科学通报》1952年7期。

[182] 商承祚：《长沙发掘小记》，《文物天地》1991年第6期。

[183] 《长沙和南昌市郊区大批历史文物出土发掘和保管工作中有严重缺点》，《文物参考资料》1952年第2期。转引自《长江日报》1952年8月16日。

征。但是，通过对金村和长沙的个案分析，我们却发现若干显著特征足以界定出“重归考古学的盗掘”的暗流类别。几乎所有的盗掘器群都出自墓葬，而且不少应该是随葬器物数量庞大、制作精良的高等级墓葬。在古物流通市场上，盗掘器群没有被迅速地拆分离散，相对完整地保存下来，或者因为同类或者出自类似情境的器物数量巨大，足以形成特定的类别。金村、浑源、寿县乃至乾嘉以来揭示的诸多器物组群皆属前例，而长沙以及出自洛阳隋唐墓葬的三彩器则属于后例〔184〕。盗掘器群需通过不同方式迅速在流通体系中获得独立的身份标识(identity)。在刊布方式上，归入此类的盗掘器群均落在科学发掘之外，没有通过抢救性田野发掘的方式赢取考古学可信度，而是依赖于田野考古学之外的学人的阐发。身处流通或者收藏环节的学人虽然学术训练和旨趣各不相同，但是不约而同地表现出具有田野倾向的复原盗掘器群的考古学文化的兴趣。始料不及的诸多共性吸引我们进一步观察古董市场复原的暗流传统除了资料价值之外，在方法论倾向和理论假设上是否也存在特定的遗产。

恢复了考古学可信度的盗掘和流通器群不再仅仅是器物的组合，而转变成具有典型器物组合的考古学文化。在田野发掘积累甚为薄弱的早期考古学中，无论是金村还是长沙都被迅速接纳，而且因为特色鲜明成为特定时代或特定地域的标尺。因此，盗掘器群成为早期中国考古学中建构“本土性知识”的关键材料。金村和长沙的个案分析都揭示出“本土性知识”的两个类别，分别对应文化转型的两个环节：来自盗墓者、掮客和古董商的“草根知识”和来自知识阶层的“精英知识”。暗流传统的田野倾向使盗掘者环节的考古学史价值浮现出来，他们不再仅仅是古董市场的供货环节，同时也成为挽救已遭破坏的考古学情境的关键信息人(key informant)。但是，作为缺乏表达的群体，盗掘者、掮客和古董商的观察需要借助早期非田野学人表述，蔡季襄仅是罕见的例外。而非田野学人又常常基于自身的学术训练背景和旨趣整理和提升了田野观察，上升到中国考古学的一般性方法层面，甚至激进地用于古史重构。中国考古学的本土性知识由器物学和考古学情境两个方面构成，前者与金石学或者古器物学无异，精英知识在传统的铭刻学方法之外，已经装备了风格和形式分析的利器，但是并无重大突破，盗掘者和古董商提供的草根知识反而更多地流入器物鉴定之中，梅原末治界

〔184〕罗振玉：《古明器图录》，扬州：广陵书局，2003年。

定“金村遗物”即是显著的范例。 而考古学情境知识则被计为暗流的盗掘和私掘的主要贡献。 怀履光在金村大墓盗掘之后不久即通过现场访问部分保留了墓区布局和墓葬结构的信息，尽管小心辨识各种消息的来源和可信度，但他也无意识地将自身判断带入到描述之中。 商承祚在长沙楚墓本土性知识的形成上介入更深，他不仅通过和土夫子保持更为密切的关系，记录了更多、更真切的“草根知识”，而且因为亲身目验的机会以及鲜明的金石学训练背景而形成更为系统的“精英知识”。

第八章

从蛮洞到崖墓：多线式研究的范例

1949 年之前的暗流传统中，罕有如同安阳传统一样建基于一个内涵丰富的主要遗址上的范例。所有的暗流传统，无论在学术活动的延续性，还是在学术团队的规模上，都无法形成堪与安阳传统相媲美的线索。大部分暗流传统的兴衰都和学人的迁移、学术机构的变更相关，而 20 世纪上半叶，为数不多的近现代意义的中国考古学人的频繁变迁，导致除了史语所、中博院、故宫博物院、北平研究院等数家机构之外，大都难以保持学术传统的连续，因此，暗流传统多是断裂线索的集合。但是，这并不排除由于种种原因，不同学术传统的学者频繁调查和研究同一个特定主题的可能。显然，这些焦点都是历史特定性的结果。在同一个主题上，不同的学术传统有不同的预设观念，也关注不同的侧面，但是无一例外地都通过实证性田野工作形成多元的考古学遗产。其中，川江一带崖墓的调查和研究就是一个值得关注的个案。

作为历史特定性的产物，崖墓的调查需要在 19 世纪以来西南研究的整体性情境中予以阐释。不同学术传统交错覆盖了西南研究，各个传统之间却不必然因为共享主题而相互关联。19 世纪晚期海外势力基于不同的目的在西南展开探险和调查，构成了西南研究的重要潮流之一。但是，国别、职业和环境的差异都可能导致调查的线路和内容有显著不同。1877 年，英国外交官贝德禄（E. Colborne Baber，1843~1890）在华西调查中已经特别留意崖墓，虽然没有贸然采纳“蛮洞”说，但是仍将其误读为古代人们的居所〔1〕。美国学人陶然士（T.

---

〔1〕 Baber E C. *Travels and Researches in Western China*. London: John Murray, 1882.

Torrance）自 1908 年开始在岷江一带调查，认定“蛮洞”实为崖墓[2]。而对海外中国艺术史研究具有奠基之功的法国学人谢阁兰（Victor Segalen，1878~1919，冯承钧译作色伽兰）则是最早系统地考察和研究崖墓的西方学者[3]。由于冯承钧的译介之功，中国学术界熟知谢阁兰的工作，但不甚知晓前后其他西方学人的贡献。日本学人鸟居龙藏早在十余年前，即 1902~1903 年的西南调查之中，曾经在自成都到重庆的岷江和川江沿岸调查了多座崖墓。这也是崖墓考古田野工作的起始，只是由于缺乏译介渠道，中国学人反而知之甚少[4]。其次，到 20 年代，华西协和大学博物馆和华西边疆研究学会成为西南研究重镇，虽然成员多为西方人士，但是立场却不同于以传教士、外交官、探险家和工程专家为主体的早期进入西南的西方人士，反而具有鲜明的本土特色，而且，这批学人的学术素养远优于早期的开创者[5]。陶然士成为华西学派中在崖墓研究上贡献最大的学人，华西协和大学博物馆的崖墓遗物收藏也多得益于他[6]。时任博物馆馆长的葛维汉（David Graham，1884~1962）虽然在重庆发掘了崖墓，但是他与崖墓研究的关联并没有既往认定的那么密切[7]。葛维汉也在宜宾以南的洛表和珙县一带调查“白人坟”，但所调查对象显系现在被称为“悬棺”而非“崖墓”的墓葬形式，只是某些悬棺可能利用了天然岩檐而造成了误解[8]。虽然作为边政建设的西南研究到抗战期间成为显学，但是似乎没有波及考古学。抗

---

〔2〕 陶然士：《四川之墓葬》，《雅州文会会志》第 41 卷，1910 年。

〔3〕 色伽兰著，冯承钧译：《中国西部考古记》，上海：商务印书馆，1935 年。

〔4〕 鸟居龙藏：《人类学上より见たる支那西南》，《鸟居龙藏全集》第 10 卷，东京：朝日新闻社，1976 年。

〔5〕 周蜀蓉：《华西边疆研究学会杂志目录》，《葛维汉民族学考古学论著》附录二，成都：巴蜀书社，2004 年。

〔6〕 Torrance T. Notes on the Cave Tombs and Ancient Burial Mounds of Western Siechuan. *JWCBRS*, 1930 - 1931, (4): 88-96.

〔7〕 Graham D C. Excavation of a Han Dynasty Tomb at Chungking. *JWCBRS*, 1938, (10): 185-192.

〔8〕 Graham D C. Ancient White Men's Graves in Szechwan. *JWCBRS*, 1932, (5): 75-78; Graham D C. The ‘White Men's Graves' in South Szechwan. *JWCBRS*, 1935, (7): 84-89; Graham D C. Historic Notes on the P'o Jen (Beh Ren). *JWCBRS*, 1936, (8): 82-87.

战时期考古学人迁往西南大后方导致基于地利之便的考古调查和研究的激增。中国学人在崖墓的调查、发掘和研究上也存在不同的学术传统。其中，以中博院筹备处的吴金鼎、曾昭燏和夏鼐为代表的田野考古学传统正式发掘了彭山崖墓，这是中博院在抗战时期最主要的学术活动之一，在发掘经验和方法以及考古学遗存阐释上都有别于安阳传统〔9〕。金陵大学中国文化研究所的商承祚从器物学视角对崖墓进行了实地考察和详尽分析，构成了另一条线索〔10〕。此外，1939年，金毓黻和常任侠发掘了重庆大学崖墓〔11〕。1941年，郭沫若和卫聚贤在重庆北郊试掘了数座崖墓〔12〕。贺昌群、岑家梧也有调查和发掘崖墓的经历〔13〕。虽然崖墓分布区域内已经出现了乡土史取向的考古学雏形，但是，至少在昭通，以张希鲁为代表的早期考古学家没有参与到崖墓的研究之中。

尽管在1949年之前的中国考古学中，崖墓是罕见的得到高度关注的研究课题之一，但是，不同的学术传统对崖墓的关注并不具有延续性，它们之间也缺乏交流，因此，很难按照年代予以分期。此前有学者将大规模田野调查和发掘之前的崖墓研究分成早晚两期，以30年代为界，分为由外国学人主导的前期和由中国学人主导的后期〔14〕。此说仍有可商之处，看似有据的分期实际上是社会情境的分期，而不是学术理路的分期。无论是30年代之前还是之后，都并存了多条不同的线索，国别归属没有形成划分线索类别的标准。本章将选择性地讨论早期崖墓研究的四条线索，即开启近现代意义崖墓调查和研究的鸟居龙藏，自贝德禄、谢阁兰到陶然士的具有不同关怀的西方视角，承继

---

〔9〕南京博物院：《四川彭山汉代崖墓》，北京：文物出版社，1991年。

〔10〕商承祚：《四川新津等地汉崖墓砖墓考略》，《金陵学报》第10卷第1、2期合刊。收录于《商承祚文集》，广州：中山大学出版社，2004年。

〔11〕常任侠：《重庆附近发现之汉代崖墓与石阙研究》，《说文月刊》第2卷第2期，1940年。

〔12〕卫聚贤：《重庆的汉墓》，《旅行杂志》第19卷第1期，1945年；郭沫若：《关于发现汉墓的经过》，《说文月刊》第3卷第4期，1941年。

〔13〕贺昌群：《四川的蛮洞和湘西的崖葬》，《星期评论》第37期，1941年11月6日，收录于《贺昌群文集》第一集，北京：商务印书馆，2003年；岑家梧：《四川蛮洞发掘记》，《民族学研究集刊》第六集，1948年。

〔14〕罗二虎：《四川崖墓的初步研究》，《考古学报》1988年第2期。

器物学传统的商承祚和代表田野考古学传统的吴金鼎、曾昭燏和夏鼐，希冀不仅揭示崖墓的发现和研究上的多元化遗产，也进一步讨论崖墓如何建构川江流域乃至西南地区的古代历史，以及墓葬遗物遗迹特征如何与特定地区古代人民相结合的方法论问题。

8.1 界定崖墓

崖墓是个至今仍未得到准确厘定的词汇，在墓葬形态和埋葬行为上可能和其他类型的墓葬形式混淆，因此有必要首先予以清晰界定。既往多位学人都曾涉及这个问题，本节在此基础之上略加阐发。

崖墓指川江及两岸支流水域面江背山的峭壁和坡地上水平开凿岩体而成的特殊的墓葬形式。崖墓分布甚广，目前考古发掘揭示的分布范围东起巫山，西至汉源、昭觉一带，在这段江水流域，沿两岸支流向南北两侧深入，北侧最远达广元一带，南侧也直抵昭通和遵义，覆盖四川、重庆、贵州和云南的部分地区。崖墓的基岩以红砂岩为主，但是各地砂岩的硬度仍有差异，基于开凿难度，崖墓形态的变化幅度较大，但基本为带墓道、墓门和甬道的单室或多室形式，内部还有石棺、棺台和棺龛等结构。基岩属性也影响了崖墓数量，其中最频密的分布区在岷江中下游和涪江三台地区，尤其是自彭山到乐山一段，这也是历来引起观察者和研究者瞩目的崖墓集中区。大多数崖墓没有墓志铭，也没有纪年，但是有相当多的崖墓装饰了时代特征鲜明的浮雕纹样，不过砂岩极易风化，浮雕多已漫昧不清，造成形式分析的困难。极少数崖墓有纪年铭文，据此推测崖墓的年代在公元 1 世纪到 5 世纪中期〔15〕。

由于崖墓并不是中国考古学中固定术语，不同的使用者可能基于某些判断依据指代不同的墓葬类型。崖墓尤其容易与崖洞墓和悬棺葬相混淆。崖洞葬在历史上频见于贵州南部和广西北部的喀斯特地形区域，至今仍存遗风。从使用者的族属上看，多为苗瑶。明万历《贵州通志》有“短裙苗者，死不殡，置之山洞”，嘉靖《贵州图经》有“康佐苗，镇宁部民，三五月方置岩穴间”。民族志调查显示贵阳高坡、安顺平坝下坝、黔南惠水摆金和王佑、黔南长顺交麻、黔南罗甸栗木、深井、田坝、董架和罗苏、黔南望谟席娃、黔南荔波瑶麓和瑶山、

〔15〕 罗二虎：《四川崖墓的初步研究》，《考古学报》1988 年第 2 期。

南丹里湖等地都分布了大量的崖洞墓〔16〕。为比较崖洞葬和悬棺葬，陈明芳整理了崖洞墓的诸多特征，亦可延伸用于与崖墓的对比。崖洞葬和崖墓虽都属风葬，但是崖洞葬多利用喀斯特地形区中自然形成的山洞，而崖墓则多是人工开凿而成。崖墓分布在大江大河附近，而崖洞葬几乎都远离河流。崖洞葬规模一般较大，大者能容纳多个家族的多代成员，棺木数量多达数百。以贵州高坡杉坪的龙山洞为例，该洞高 13 米，宽 16 米，纵深 12 米。洞内棺木层层累叠，目前尚有棺木 200 多具〔17〕。而崖墓一般低矮，有时人在墓室内不能直立，墓葬多以家庭为单位，埋葬一代到多代成员，葬具包括石棺、木棺和瓦棺。以成都天回山 2 号崖墓为例，该墓为极其简单的单室形式，宽 2~2. 27 米，纵深 2. 88~3. 04 米，高 1. 45~1. 58 米（图 8. 1）〔18〕。从年代上看，崖洞葬的年代相对晚近，几不可能上溯到明以前，而崖墓年代在东汉至南北朝。因此，无论在地域、地形、规模、内容和使用者上，两者都无重叠之处。

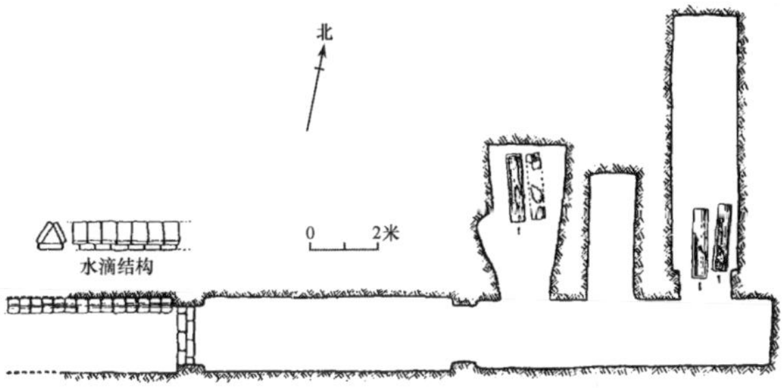

图 8. 1 成都天回山 2 号崖墓平面图
（采自刘志远：《成都天回山崖墓清理记》）

与崖洞葬相比较，悬棺葬与崖墓存在更多交集，也更易混淆。“悬棺”语出自顾野王“地仙之宅，半崖有悬棺数千”〔19〕。而在近现代学术上，芮逸夫

〔16〕 陈明芳：《中国悬棺葬》，重庆：重庆出版社，1992 年，第 228 ~ 237 页。
〔17〕 陈明芳：《中国悬棺葬》，重庆：重庆出版社，1992 年，第 228 页。
〔18〕 刘志远：《成都天回山崖墓清理记》图一，《考古学报》1958 年第 1 期。
〔19〕 （宋）李昉等：《太平御览》第 47 卷“武夷山”条，北京：中华书局，1960 年，第 230 页。

最早界定出“悬棺葬”类型〔20〕。悬棺葬也属风葬，陈明芳将其界定为“崖葬中将殓尸棺木高置于临江面海、依山傍水的悬崖峭壁之上的一种葬俗”〔21〕。而凌纯声提出“崖葬”的概念，视之为“东南亚古文化特质之一”，广泛见于四川、贵州、云南、广西、湖南、江西、浙江、福建和台湾，远及东南亚及太平洋岛屿地区一带〔22〕。两相比较，陈明芳界定的“悬棺葬”实与凌纯声界定的“崖葬”相重叠。悬棺葬的其他名称还包括崖棺葬、幽崖葬、崖洞葬、崖穴葬等，不一而足。但是，前文已经辨明，崖洞葬具有特定的内涵，不宜与悬棺葬相混。悬棺葬的形式较为多样，既指在峭壁上凿孔栽桩，支托棺木，也可指将棺木放置在天然形成的崖壁缝隙或者窄沿上，甚至包括天然或者人工岩穴，乃至扩大成为岩洞。因此，在岩穴和岩洞一端，悬棺葬和崖墓会共享某些形式特征，但是作为悬棺葬的崖穴葬一般缺乏较为规整的墓葬平面结构和布局，多是对自然形成的岩檐或者岩洞的改造。而崖墓形态虽在细节上变化甚剧，但是基本遵循一定的墓穴设计和埋葬理念。悬棺葬的葬具包括木棺和瓦棺等，其木棺多为整木凿成或者箱式，基本不见崖墓中所见的石棺。墓葬的内容物可能为尸体，亦可为骨骸或者骨灰，远较崖墓复杂。从年代上看，悬棺葬的出现年代应该早于崖墓，诸家都将其推断到先秦时代，但是由于作为考古学遗物，悬棺具有不易保存和缺乏清晰的相对年代关系等特征，造成断年困难。凌纯声认定悬棺葬“离开原地而向外传布的时代亦早于铜鼓”〔23〕。因此，从分布范围、地形特征和年代上看，悬棺葬和崖墓可能存在部分重叠，但是两者应该谨慎区分对待。既往研究未能明辨川江流域的悬棺葬和崖墓之别，导致错用方志文献而产生不必要的困扰。

因此，在极易混淆的诸多术语中，崖墓和崖洞葬并无交集，而崖墓与作为崖葬的悬棺葬共享一定的“考古学情境”，不过两者之间也存在明显差别，尤

---

〔20〕芮逸夫：《僚为仡僚试证》，《历史语言研究所集刊》第20本，1948年。
〔21〕陈明芳：《中国悬棺葬》，重庆：重庆出版社，1992年，第14页。
〔22〕凌纯声：《中国与东南亚之崖墓文化》，《历史语言研究所集刊》第23本下册，1952年。
〔23〕凌纯声：《中国与东南亚之崖墓文化》，《历史语言研究所集刊》第23本下册，1952年。

其是川江一带伸及岩檐甚至岩洞的悬棺葬应该和崖墓分隔开来。这一区分有助于我们辨明，文献所见对崖墓的认识没有既往认定的复杂，诸多误解实际上是现代学术中混用崖墓、崖葬、崖洞墓和悬棺葬等概念造成的。

8.2　蛮洞：传统视角分析

崖墓很早即见于文献，不过对其认知既深受预设观念和文献类型的局限，又受到考古学遗存后埋藏过程的影响。崖墓的形态特征鲜明，极易被观察到，但是方志作者不明就里，难免有诸多猜测，多当成风俗、种族甚至神异故事予以记录。崖墓的刻铭可能引起金石学的兴趣，但是数量稀少，不易接触，而且砂岩基质极易遭致风化，所以很少见诸金石文献。近世的确有人将崖墓改造成为居所，始料不及地改变了空间布局，掩盖了墓葬属性。明以后的方志多将崖墓称为“蛮子洞”、“蛮洞”或者“獠洞”，这个说法一直沿用到20世纪下半叶。

南宋洪适《隶释》是唯一准确厘定了崖墓墓葬属性的金石文献。商承祚曾对其进行极为中肯的“考古学回访”式讨论。《隶释》收录《张宾公妻穿中二柱文》，即指崖墓中两崖柱铭文。该墓在武阳县，位于彭山南侧。洪适详尽记录了发现过程，“眉州李志中云，武阳城东彭亡山之巅，耕夫劚地有声，寻罅入焉，石窟如屋大，中立两崖，崖柱左右，各分二室。左方有破瓦棺，入泥中，右方三崖棺，泥秽充仞，执烛视之，得题志三所，一在门旁，为土所蚀，仅存其上十字许。穿中沙石不坚，数日间，观者揩摩，悉为漫灭。前二在两棺前，稍高，故可拓”〔24〕。商承祚根据亲身调查经验，复原了该墓的平面布局。该墓包括墓道、墓门、前室和后室（或者侧室）等部分，前室内有两处题记崖柱，每处左右各有一个墓室，因此应为四后室或者四侧室形式。这应是见于彭山一带的崖墓类型。中博院于1941~1942年的彭山发掘中至少确认M196、M365和M900三座崖墓为多墓室类型，墓中分隔空间用的崖柱多为八角形，被称为“擎天柱”，但尚无在空间布局上较接近张宾公崖墓的例子〔25〕。商承祚特别指出，由于石质和拓墨等客观原因，兼之不谙此类刻铭，洪适释文多有舛误。洪

---

〔24〕（南宋）洪适：《隶释·隶续》卷十三，北京：中华书局，1985年排印本，第10页。

〔25〕南京博物院：《四川彭山汉代崖墓》，北京：文物出版社，1991年，第11~14页。

适认为，这座崖墓是张宾公之妻的墓穴，而商承祚则认为，这是张宾公之妻为子伯伟建造的墓穴〔26〕。细考两说均不确，原刻辞经商承祚重新释读，但句读略有疏误，应分别作“呜呼！本造此冢者张宾公，妻、子伟伯、伯妻孙陵在此右方两穴中”，“呜呼！张伟伯子张仲，以建初二年六月十二日，与少子叔元俱下世，长子元益为之祖父穴中，造两枝柱，作崖棺，葬父及弟叔元”，可见该崖墓的开凿年代跨越四代人，最初开凿此墓的为张宾公本人，其妻及其子媳都埋葬在崖墓之中。张宾公长曾孙元益在旧墓基础之上开凿新室，将其父（伟伯之子）张仲和其弟叔元埋葬于此。可见，此墓的最后改造时间为建初二年（77），而始建年代当在三代人之前，接近公元前后。同一家庭的四代成员皆埋葬于此。虽然《隶释》释文不确，但是，收录崖墓刻铭，并将其准确推定为墓葬的金石文献绝无仅有。

大多数文献则以“蛮子洞”、“蛮洞”或者“獠洞”称呼崖墓。“獠洞，凿岩为洞，山谷间往往有之，阔数丈，深至数十丈者，传是晋宋间獠人所凿也”〔27〕。这个判断固然透露出民族中心主义偏见，但也暗示了崖墓后埋藏过程的有趣侧面。由于崖墓多由墓道、墓门、甬道、前后室、耳室、侧室等单元构成，结构上类似于地面房屋，而且，崖墓悉数在岩壁上，诱使观察者将其认定为尚未开化的土著蛮僚族群的居所。与文献作者大体同期，贫民或者山地居民将崖墓改造成为居所的事实也加深了误读。在后埋藏过程中，崖墓经历了盗掘和改造两个环节。由于崖墓极易被发现，很多崖墓在埋藏之后不久即遭彻底盗掘，导致墓葬之中的骨殖和遗物被悉数移出，而不易移动的遗迹以及诸如石棺等遗物还保留在墓葬之中。盗空之后的崖墓在历史上被不同的人基于不同的目的改造成为不同的空间。尤其是自宋代开始，文人雅士将崖墓改造成为夏季避暑或者修行场所。乐山城北朝霞洞，又称治易洞，《乐山县志》作“凌云山阴，正方，可坐数十许人，明州人安佑读易于此”〔28〕。同时，也不乏边缘人群将墓室改造成为季节性或者永久居所。19 世纪晚期以来，无论是鸟居龙藏还

〔26〕 商承祚：《四川新津等地汉崖墓砖墓考略》，《商承祚文集》，广州：中山大学出版社，2004 年。

〔27〕《乐山县志》卷二《古迹》，嘉庆十七年刻本，第 21 页。

〔28〕《乐山县志》卷二《古迹》，嘉庆十七年刻本，第 18 页。

是谢阁兰都发现当时尚有人居住在崖墓之中。

主流的传统观点将崖墓视为历史上蛮僚族群的居所，并非全为臆断，至少这是崖墓在盗掘之后的改造转型形式之一。因此，将“蛮洞”说斥为向壁虚造并不公正。但是，传统文献作者一般既缺乏细致的实地调查，也缺乏足够的意识和技巧，无法剥离“蛮洞”的现状去复原历史上的“崖墓”。近现代意义的崖墓研究与传统视角的差别正在于此，田野调查和发掘准确地界定了崖墓的墓葬属性，但是，“蛮洞”观中已经出现的华夷之辨到“崖墓”说中并未消弭，反而拥有通则性方法论意义上的价值。

8.3　交错的传统

近现代意义的崖墓研究呈现出多头绪多线索的格局。崖墓研究的开创之功应该归之于日本学人鸟居龙藏。鸟居龙藏并不是最早调查崖墓的近代学人，但他率先排除传统陋见的干扰，准确地将“蛮子洞”推断为墓葬，并且认定墓葬主人在族属上应该为汉人，构成崖墓研究的第一个范式〔29〕。鸟居龙藏在中国西南的调查和研究在很长时期都没有在中日学术界引起反响，反观欧美汉学领域，自伟烈亚力（Alexander Wylie，1815~1887）以来，西方各国人士先后调查崖墓，虽未形成统一的研究思路，但是年代晚近的调查和研究都知晓并继承了先驱者的工作。贝德禄、谢阁兰和陶然士构成了西方传统的三个前后相继的环节。中国学人的研究中，商承祚对四川崖墓的调查和阐发在时间关系上和对长沙楚墓的研习交织在一起，形成了传统金石学在考古学的影响下，向古器物学转型的独特思路。1941~1942 年，川康古迹考察团对彭山崖墓的发掘是同类研究中最早科学发掘的范例，构成了与其他三支显著不同的田野考古学范式。即使不能完全覆盖近现代意义崖墓发掘和研究的所有活动，上述四条线索也能确立作为暗流传统的崖墓研究的基本格局。不同的传统之间也许都无法生气相通，但是都无一例外地建立在实地的田野调查基础之上，与此前的风传或者臆想截然不同 。田野倾向也导致方法的转变以及问题的更迭。

---

〔29〕 鸟居龙藏：《清国四川省の满子洞》，《考古界》3 篇第 7、10、11 号，4 篇第 1 号，1903 ~ 1904 年，收录于《鸟居龙藏全集》第 10 卷，东京：朝日新闻社，1976 年。

8.3.1　鸟居龙藏：传统的开创

鸟居龙藏的崖墓调查和研究相对于其漫长的学术生涯而言极其短暂，但是在崖墓研究上具有开创价值，对于日本战前学术而言，几乎是填补空白性的。鸟居龙藏对崖墓的调查集中在1903年2月上旬。1903年1月30日，鸟居龙藏的中国西南之行进入到尾声，即将乘船离开成都，前往重庆。该段航程自成都起，沿岷江南下，至长江的交汇点叙州（宜宾），然后沿川江东行至重庆。全程约用10天。2月1日，鸟居龙藏所乘之船仍在锦江段，他就发现了锦江两岸的蛮子洞，这是鸟居龙藏对蛮子洞研究的起始。2月2日在河口，2月3日在眉州，2月4日在嘉定（乐山），2月5日在岷江两岸，2月8日在大渡口至泸州段，每天的日记中或多或少均可见到对沿途蛮子洞的调查记录〔30〕。2月11日，抵达重庆后，鸟居龙藏还调查了近郊蛮子洞，当时尚有贫民居住其中〔31〕。鸟居龙藏在历史学、考古学和民族志上训练有素，西南之行之前已经在中国东北一带调查石椁和砖室墓，熟悉石室墓葬的结构和遗物特征，诸多条件促成他迅速判断出崖墓的本质〔32〕。自成都顺水而下到重庆的十天是鸟居龙藏考虑蛮子洞问题最频密的时段，西南纪行也逐日记录了他在认识上的嬗变。在锦江初见蛮子洞时，鸟居龙藏未作判断，径引此前的西方学人的意见，但是表示了质疑，认为贝德禄和谢立山（Alexander Hosie，1853~1925）都受惑于中文文献。到嘉定之时就提出，蛮子洞可能不是穴居场所，而是墓葬。及至重庆，鸟居龙藏几乎笃定地确认蛮子洞为墓葬，并且认为当地的近代墓葬与蛮子洞一脉相承。后来，鸟居龙藏回顾，蛮子洞是“自成都出发以来，十一天内，所见所闻中在知识上收获最为丰富的”〔33〕。

鸟居龙藏于中国西南之行的次年即公布了对崖墓的研究，但在此后的学术生

---

〔30〕鸟居龙藏：《人类学上より见たる支那西南》，《鸟居龙藏全集》第10卷，东京：朝日新闻社，1976年。

〔31〕鸟居龙藏：《人类学上より见たる支那西南》，《鸟居龙藏全集》第10卷，东京：朝日新闻社，1976年。

〔32〕鸟居龙藏：《南满洲调查报告》，东京：东京帝国大学，1912年。

〔33〕鸟居龙藏：《人类学上より见たる支那西南》，《鸟居龙藏全集》第10卷，东京：朝日新闻社，1976年。

涯中再未回到这个主题。鸟居龙藏注意到，在他的西南调查之前，至少已经有多位西方人士在中国西南的旅行和调查中注意到崖墓〔34〕。但是，他认为他们都延续了汉文典籍中的误读，于是从名称、地理分布、位置、结构、装饰、遗物组成和比较研究等多个方面进行系统整理，是篇因而成为近代意义的崖墓研究的奠基之作。出于未可知的原因，鸟居龙藏以“满子洞”称呼此类遗存，而且其意味的确指“蛮子洞”，但这是记录中国地名的同音假借，还是刻意为之却不得而知。鸟居龙藏勾勒了崖墓的分布范围，他认为崖墓多在川江北岸，集中在宜宾和重庆之间，重庆以东则数量大减，而宜宾以西则基本不见〔35〕。后世建立在更加丰富的考古发掘资料基础之上的观察和统计印证了鸟居龙藏的推论大致不误〔36〕。鸟居龙藏推断崖墓多分布在川江北侧，与川江诸支流的分布有关，四川盆地内最主要的支流都在川江北侧，而南侧基本为较为短小的支流。由于鸟居龙藏仅仅沿途选样调查了岷江和川江流域的崖墓，因此这一微瑕应该是调查范围的局限造成的。

鸟居龙藏对崖墓进行了简单的分类，他根据墓门外的地貌特征，将崖墓区分为墓室开口于自然山体和开口于先期开凿的平台两种类型（图 8.2）。两种类型崖墓的样本分别选自嘉定和重庆。从一定程度上讲，这个分类体系与鸟居龙藏调查在地理范围和时间上的局限有关，虽然后世无人全盘继承这种根据洞口外的地形和地面处理方式划分类型的做法，但是分类思想却可在后世分类方案中发现踪迹。

由于在东亚和东北亚丰富的田野经验，同时也由于围绕崖墓的资料仍然非常有限，鸟居龙藏格外倾向于跨地区甚至跨时代的比较研究。他将四川所见崖墓和华北一带的窑洞及日本西九州岛到北奥羽的洞室墓进行比较。有别于贝德禄

〔34〕 Baber C. *Travels and Researches in Western China*. London: Royal Geographic Society, 1882; Hosie A. *Three Years in Western China: a narrative of three journeys in Ssŭ - chúan, Kuei - chow and Yün - nan*. London: G. Philip & Son, 1890; Parker E. *Up the Yang - tze*. Shanghai: Kelly & Walsh, Ltd., 1899; Bishop F. *The Yangtze Valley and Beyond*. London: John Murray, 1899.

〔35〕 鸟居龙藏：《人类学上より见たる支那西南》，《鸟居龙藏全集》第 10 卷，东京：朝日新闻社，1976 年。

〔36〕 罗二虎：《四川崖墓的初步研究》，《考古学报》1988 年第 2 期。

等人在蛮洞属性上的游移不定，鸟居龙藏明确列出多个类别的证据，包括洞内存在石棺、人骨、墓砖、崖洞内的用火痕迹、崖洞门口的雕刻、石刻铭文、内部构造、出土遗物等，第一次明确地提出满子洞就是古代墓葬。而在墓主人的族属上，鸟居龙藏认定：崖墓之中仅见汉字，石刻图像又均为汉式图像，墓主人应为汉人无疑。

8.3.2　从贝德禄到陶然士：视角转换

19 世纪中期之后，进入中国西南地区的欧洲传教士、探险家、外交官、工程师和学人陆续报道了当地独特的地理和文化。由于崖墓最密集地分布在连接成都和重庆的水路上，只要顺江而下，基本无法错过，凡途经川渝水路的调查者都会留下崖墓的记录。而且在川江及主要支流流域内，崖墓分布极广，据贝德禄所称，崖墓甚至在重庆市内随处可见，市民都已习以为常。根据已经出版的文献，本节选取贝德禄、谢阁兰和陶然士作为西方视角的样本予以分析。当然，将三人编排在一起多少有些武断，因为并无确凿证据证明他们在学术渊源和立场归属上的密切关联。不过，三人共享了一定的思想情境，也就是他们对崖墓的分析和阐释深受同时期普遍性西方视角的影响。

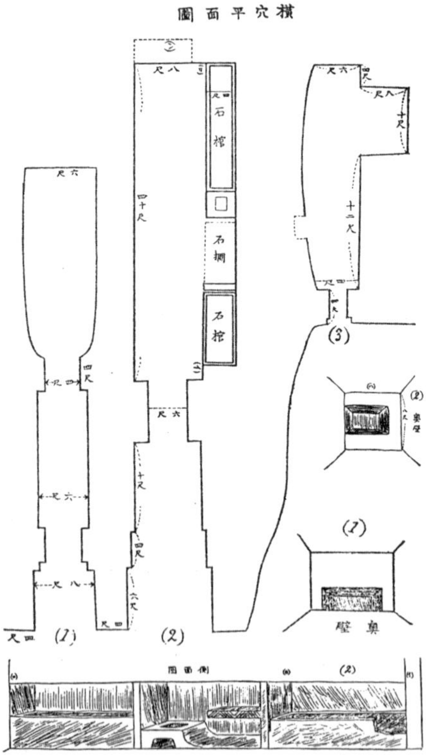

图 8.2　鸟居龙藏崖墓分类

（采自鸟居龙藏:《人类学上より见たる支那西南》）

贝德禄被公认为以西文报道和研究崖墓的嚆矢。贝德禄以北京使团成员的身份于 1877 年在中国西南进行了频密而细致的调查，调查报告于 1882 年被皇家地理学会接受，以《华西行纪》

（*Travels and Researches in Western China*）为题出版[37]。1877年7月8日，贝德禄的调查自重庆开始，先由陆路经荣昌、资阳，十余日后抵达成都。7月26日，贝德禄在成都东门外登船，沿岷江而下，28日在嘉定登陆，沿陆路西行翻越峨眉山，直达雅州。8月自雅州出发，折向南方，经越巂、建昌和"独立倮倮"领地之后进入宁远。9月沿着安宁河溯流而上，进入云南，抵达巧家和东川。贝德禄并没有继续深入云南，而是折返沿大小金川进入川西"西番"和甘孜一带的藏区，然后返回成都。岷江和川江沿岸的崖墓不是贝德禄考察的要点，他更为关注此前未见报道的自雅州穿行独立倮倮地区进入云南的通道，而且对于沿途的自然和人文地理的兴趣超出了对历史和考古的兴趣。不过，在《华西纪行》中，贝德禄以"古代石刻"一节专论四川崖墓。但是，学术史上对贝德禄的报道和分析仍然存在诸多不够清晰甚至讹传的成分。

贝德禄究竟在何处见到崖墓是个有趣的问题。自成都至重庆的水路两岸本是崖墓密集分布区，但是从1877年的调查路线上看，由于贝德禄自重庆抵成都，无法沿江逆流而上而不得不采取陆路，可能见到崖墓的路段就只有7月26~28日自成都到嘉定一段了。不过，作为驻重庆的外交官，贝德禄另有机会调查重庆内外的崖墓。"古代石刻"一节详尽报道的一组崖墓即在犍为县。另外，他也有散布各地的线人，至少报告了见于綦江的崖墓情形。1877年的行程中，自嘉定府之后，贝德禄经陆路西行，因此错过了自乐山到宜宾的岷江段和自宜宾到重庆的川江段。这两段水域也的确没有出现在他的分析之中。

此前对于贝德禄崖墓报道和研究的评介，常常贬其为"非科学"，认为他仍然采信传统文献和口承文本中的"蛮子洞"之说，但是细审"古代石刻"一节却发现贝德禄非但并非如此，反而属于被淹没甚至误解的环节。无疑，贝德禄没有笃定地推断出"蛮子洞"或者"蛮王洞"的墓葬属性，对其分布的地域特征也总结有误，但是已经通过实地观察作出一些可信的推理。贝德禄详尽调查了犍为县的一组崖墓，不仅亲身进入到绝大部分墓室，而且在现场勘测和绘制了平面图，在准确性上丝毫不输于半个世纪之后中博院在彭山发掘所绘图样（图8.3）。犍为崖墓是否为完整的组别并不可知晓，但从平面图判断，经过测量的

---

〔37〕同书封面和内扉所见书名不同，另名为《中国腹地行纪》（*Travels and Researches in the Interior of China*）。

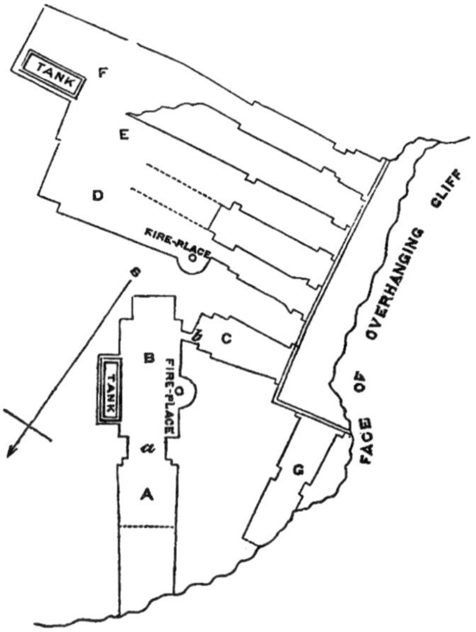

图 8.3　贝德禄绘犍为崖墓

（采自 Baber C. *Travels and Researches in Western China*）

崖墓计有 6 座，其中编号为 C、D、E、F 和 G 的应属一组，共享一个墓前平台。不过，由于贝德禄对蛮洞功能推断的错误，因此对墓葬的描述也相应错误。幸而绘图是在现场实测完成的，可以对照修正文字记录的舛误。由于将蛮洞误记为居所，贝德禄基本误读了各个建筑单元的名称、功能和相互之间的关系。他将其视为一组复杂的洞穴居址，将不属于上述组别的崖墓 A 看成整组建筑的入口，将该墓的墓室当成了过道 B，该墓的墓室与一墙之隔的崖墓 C 已经被凿通相连，贝德禄由此进入墓室，经过甬道后到达成组崖墓的墓前公共平台。崖墓 D、E 和 F 的墓室也相互连接在一起。

贝德禄对崖墓的分析也较传统上认为的更为严谨一些，不过囿于他的身份、兴趣和职业训练，同时也处在特定的知识和社会情境之下，他对崖墓的判断基本是错误的。但是，贝德禄的误读并不是盲目采信“蛮洞”说造成的，相反，他并不太相信这一说法。在崖墓的分布范围上，贝德禄总结到“洞窟经常面向河流，但是令人惊奇的是不见于长江之上”。他也提到，“它们无一例外地不带铭文”，贝德禄的见解精芜杂陈，如崖墓的分布和刻铭特征，既有精当之处，也有由于样本局限而做出的草率断语。事实上，崖墓铭文虽属罕见，但至少在宋代就已被人抄录，而贝德禄以洞穴之中没有铭文判断“缺失铭文成为建造者非中国人的明证”〔38〕。虽然贝德禄在当地的汉人和倮倮的调查中详尽记录了蛮王或者马王的故事，他也没有轻信蛮洞说，因为他发现“四川洞穴分布在砂岩崖壁

〔38〕 Baber C. *Travels and Research in Western China*. London: Royal Geographical Society, 1882: 141.

上，而倮倮和西番居住在硬质石灰岩地区，大幅开凿此类洞窟几无可能”。他更进一步认为，“洞穴种类多样，使用目的不一而足”。他似乎既不熟悉中文文献，也不太受同时期中国人的影响，相反，他认为，“当地思维简单、更缺乏怀疑精神的中国人坚持认为它们就是蛮洞，并且认为探索蛮洞滑稽可笑，毫无价值”。贝德禄几乎得出了一个没有结论的结论，认为“这些洞穴是一群尚未可厘定的人们，在尚未可知的年代，出自尚未明了的目的挖掘的”〔39〕。尽管如此，这个结论比盲目相信蛮洞说进步了不少。贝德禄之所以将崖墓误读为居所事出有因，一方面因为将崖墓中所见石质棺床和四川庭院之中蓄水槽混为一谈，另一方面是崖墓的后埋藏情境误导了贝德禄。崖墓在盗掘过程和之后都经历了严重的改造，崖墓 A 和 C 之间连接应该是盗墓者的改变，而墓室之中的灰烬则可能是有人居住的痕迹。贝德禄未能准确地析离出这些后期改变。

1914 年的谢阁兰之旅在中国艺术史研究上具有重要的奠基价值。此前的研究偏重于此行揭示的四川石刻艺术，但相对忽视了对具有等量齐观价值的崖墓的报道。谢阁兰之旅于 1914 年 2 月 1 日开始，自北京赴西安和宝鸡，折转南下翻越秦岭，3 月 20 日抵达汉中，然后分两路入川，在保宁（阆中）会合。取道水路从嘉陵江赴蓬安，转经陆路于 4 月 20 日到达渠县。然后径入成都，考察绵州和梓潼之后，顺岷江而下至嘉定，又取陆路到雅州。原本自打箭炉上溯长江源头，但因为川边时局动荡以及第一次世界大战爆发，谢阁兰只能匆匆返回昆明，于 8 月 23 日结束西部调查之旅〔40〕。谢阁兰调查以《中国西部考古记》为名出版，所列石刻、崖墓、佛教艺术和陵墓四项正是此行调查的重点。从行程记录判断，谢阁兰是在自成都到嘉定的岷江流域和包括保宁和绵州的嘉陵江流域中调查崖墓的。具体而言，调查覆盖了保宁府、绵州、江口、嘉定东、岷江下流和嘉定西等六个片区。而且，谢阁兰透露出对“诸旅行家及吾人前此旅行四川之记述”的熟稔。他所记录“其门近长方形，内有数室，空无所有，亦无古志铭可寻。似难考求其时代、其原始作用、其工人为何种种族，暨其原始居民之性

〔39〕 Baber C. *Travels and Research in Western China*. London: Royal Geographical Society, 1882: 141.

〔40〕 色伽兰著，冯承钧译：《中国西部考古记》序，上海：商务印书馆，1935 年，第 1～3 页。

质也”〔41〕。这分明就是引用贝德禄的结论。谢阁兰以江口之北的彭子浩崖墓为例说明墓内器物属汉式风格。由于专业训练，谢阁兰的判断超出了贝德禄，已经能辨明“昔之明器，今为生者所用。牛唇之下用作槽者，实古棺也”〔42〕。在岷江下游区，谢阁兰回访了贝德禄曾经调查的崖洞，他甚至试图寻找收录于《隶释》中的张宾公墓，可惜未有斩获。在实地调查基础之上，谢阁兰提出“四川之崖墓，为汉时之中国古墓”，既反对将其过早地推定到石器时代，也不赞同崖墓与佛教有任何关系。谢阁兰观察到四川一带的汉墓有土坑墓和崖墓两种，因而推断这代表了东西两种势力的交汇，如果堆土为坟的做法代表中土传统的话，则凿崖为墓的做法可能来自西方，因此“其发源于极西，而不发源于中国”〔43〕。与贝德禄一样，谢阁兰没有接受中文文献的蛮洞说，更完备的专业训练使其作出了西方学术中对四川崖墓最早的厘定。其判断多是建立在形式风格基础之上，因此他推定崖墓为汉墓是非常中肯的。唯一美中不足的是，他认为凿山为墓的做法来自西亚一带，但这是在出土资料严重受限，一元文明论极为流行的时代的自然选择。

30 年代之后成为华西学派中收集和研究崖墓最著名学人的陶然士（T. Torrance）早在 1908 年就在岷江流域开展调查，不过，晚至 1931 年，陶然士才发表《川西汉墓考》，概述川西崖墓的调查和研究〔44〕。陶然士在崖墓上的认识已经基本近同于现当代学术了。在崖墓的分布上，陶然士指出，崖墓“自湖北向上直抵叙府的长江沿线，甚至远及岷江两岸”。“内江和德州等地崖墓也很丰富，但是在嘉定、彭山和新津最多”〔45〕。这一较为全面的观察显然和陶然士

〔41〕色伽兰著，冯承钧译：《中国西部考古记》，上海：商务印书馆，1935 年，第 23 页。

〔42〕色伽兰著，冯承钧译：《中国西部考古记》，上海：商务印书馆，1935 年，第 30 页。

〔43〕色伽兰著，冯承钧译：《中国西部考古记》，上海：商务印书馆，1935 年，第 23 ~ 41 页。

〔44〕Torrance T. Notes on the Cave Tombs and Ancient Burial Mounds of Western Szechuan. *JWCBRS*, 1931, (4): 88-96.

〔45〕Torrance T. Notes on the Cave Tombs and Ancient Burial Mounds of Western Szechuan. *JWCBRS*, 1931, (4): 88.

更为漫长的田野调查有关。根据出土的陶质容器、陶俑和钱币，陶然士将崖墓主体的年代推定在汉或者新莽，而且，他也纠正了贝德禄崖墓无一刻铭的错误，指出带有年代标志的墓葬的确甚为罕见，不过他侥幸发现了一处。该墓纪年为永元十四年（102）三月二十六日，这也进一步强化了他对崖墓年代的整体判断。更令人始料不及的是，在陶然士公布这座墓葬之后，中博院曾昭燏重新发现并彻底清理了该墓。"非汉"因素一直是崖墓，乃至华西早期艺术中吸引西方学者的特色。几乎所有早期西方调查者都列举了若干不见于中土的因素，将其归结为外来影响。不过，与谢阁兰相比，陶然士更倾向于思考崖墓究竟是"汉式还是土著墓葬"。他也注意到"来自中国以外的某些工艺"，"男女人物面部特征表现出非中国的面部线条"，不过没有轻率地归之为极西一带。在崖墓的性质判定上，任何研究者都无法回避"蛮洞"问题，陶然士记录了当地人认为"蛮洞"最初是居址，随后才变成墓葬的说法，不过他质疑这些洞穴原本作为居所的可能。

与自伟烈亚力到谢阁兰的早期调查者相比，陶然士在研究方式乃至考古学伦理上都有显著的改变。无论是鸟居龙藏或者谢阁兰等短暂访华的早期学者，还是伟烈亚力或者贝德禄等驻节四川、但并不以华西考古为职业兴趣的外交官，崖墓都只能通过短暂而频密地游历式调查予以揭示，而陶然士在川生活多年，对崖墓的研究兴趣也始终不缀，因此可以转而采取驻地式调查方式。由于工作方式的变迁，陶然士发掘的崖墓较此前诸家更多，出土遗物也显著增加，这也提出了在此前环节从未出现的遗物处置上的伦理学问题。陶然士的崖墓调查和华西协和大学博物馆联系在一起，自崖墓中获得的陶质容器、陶俑、陶灯、明器模型、铁器等悉数收入华西协和大学博物馆中。

8.3.3 彭山：崖墓研究的田野考古学范式

彭山崖墓的发掘是抗战期间中博院筹备处主持的主要发掘和调查项目之一。1941 年春，中研院史语所、中博院和中国营造学社联合组成川康古迹考察团，调查四川和西康一带古物。考察团以中博院吴金鼎为团长，成员包括中博院的曾昭燏、夏鼐、王介忱、赵青芳，史语所高去寻和营造学社陈明达。考察目的在于明辨"中国古代文化在川省内显示之特点以及川省文化与中原文化之关系"。就其立意而言，仍不脱国族主义一元中心观的窠臼。李济将调查区域分成六区，覆盖四川和西康两省。从调查方法上看，这个调查项目极具跨学科色彩。先期调查各地收藏的古物，采访关于古迹的传说，然后实地踏查，在踏查的结果之上，选择数处遗址进行发掘。其中，第二区，即成都平原区，确定以彭山县江口一带崖墓的发掘作为工作重点。彭山位于成都以南约77公里处，江口镇在县城东北约5公里处。分别源自新津和仁寿的武阳江和府河在此汇入到岷江之中，彭山一段是岷江流域中崖墓最为丰富的。崖墓发掘工作站设在江口镇寂照庵，发掘地点包括寂照庵、石龙沟、丁家坡、豆芽坊沟、李家沟、王家沱、砦子山和陈家扁八处。发掘自1941年6月14日开始，到1942年3月7日结束，共计发掘崖墓77座，砖室墓2座，其中，崖墓集中发现于砦子山和豆芽坊沟。川康古迹调查团在崖墓发掘之后，又由吴金鼎和赵青芳两人发掘了牧马山的汉墓，共计发掘7座。彭山发掘至1942年12月才完全结束。

彭山崖墓的发掘是在当时条件许可之下最为严谨的田野发掘之一（图8.4）。发掘所得遗物保存在中博院筹备处，由曾昭燏主持整理，但是深受时局震荡的影响，直到曾昭燏离世时都未能完成。80年代，曾经参加发掘的赵青芳受命编辑《四川彭山汉代崖墓》，最终于1991年出版，成为迄今为止对彭山崖墓发掘最完备的记录。不过，由于历时久远，资料也有散佚，诸墓的测绘图已经不存。除发掘报告之外，中研院史语所档案保留了彭山发掘的组织和处置的诸多往来函件。另外，自抗战后期到1949年之前，曾昭燏以彭山崖墓为个案，在陶俑和永元残墓的清理等方面均有相关阐述〔46〕。

图8.4　川康古迹考察团
（采自南京博物院:《四川彭山汉代崖墓》）

〔46〕 曾昭燏：《永元残墓清理报告》，《曾昭燏文集》（考古卷），北京：文物出版社，2009年。

彭山崖墓的发掘资料虽然因为社会变更而造成重大损失，但仍算是1949年之前崖墓调查和发掘中最为完备的一笔资料。彭山一带发现的77座崖墓中，55座得到完全清理。墓葬平、剖面图损失惨重，图像资料完备的仅有M460、M167和M176三座，发掘记录中尚能找到37座崖墓的示意图，但剩余的15座墓葬则无从知晓。在年代推断上，发掘者根据3座崖墓的纪年文字分别为“永平”和“永元”，均为东汉早中期年号。崖墓浮雕类似于四川画像石墓，陶俑也近似于东汉土坑木椁墓和砖室墓所出同类器物，同出钱币包括五铢、货泉和大泉五十等类别，因此推断彭山崖墓的年代应该为东汉，而下限应该不会晚至三国时期〔47〕。

8.3.4　商承祚：古器物学传统的延续

商承祚的崖墓研究应该放置在脱胎于金石学的古器物学潮流下予以观察，既需与同时代其他具有器物学倾向的学人的调查和研究相联系，也需要和商承祚在调查崖墓前后的其他活动连缀考虑。由于重庆位于崖墓的密集分布区内，甚至城内也可见到崖墓遗迹，自然引起抗战时期迁渝学人的注意，中国学人在崖墓的智力投入也空前提高。择其要者，1938年，金毓黻记录了中央大学沙坪坝农场区内发现崖墓之事〔48〕。1939~1940年，金毓黻和常任侠等人在重庆大学工学院、庙溪嚼等地又发现多处带有纪年款的崖墓，并通告了商承祚〔49〕。同年，郭沫若、常任侠和卫聚贤在重庆红砂碛试掘崖墓〔50〕。在所有涉足崖墓研究的学人中，商承祚的贡献最著。1938~1939年，商承祚以几近一年的时间对重庆附近的崖墓进行田野调查，调查范围覆盖新津、乐山、江津、石门、重庆，其中收获尤丰的是1939年冬季与李小缘在新津县城东九连山一带的崖墓调查。商

〔47〕曾昭燏：《永元残墓清理报告》，《曾昭燏文集》（考古卷），北京：文物出版社，2009年。

〔48〕金毓黻：《沙坪坝中央大学农场区发现古墓纪事》，收录于常任侠：《民俗艺术考古论集》附录一，上海：正中书局，1943年。

〔49〕商承祚：《四川新津等地汉崖墓砖墓考略》，《商承祚文集》，广州：中山大学出版社，2004年。

〔50〕郭沫若：《关于发现汉墓的经过》，《今昔蒲剑》，海燕书店，1947年；卫聚贤：《重庆的汉墓》，《旅行杂志》第19卷第1期，1945年；夏鼐：《郭沫若同志和田野考古学》，《考古》1982年第5期。

承祚原拟写作《蜀汉崖墓考》，不过未克完成。在新津调查结束、文稿草成之后，商承祚即赴长沙，为中国文化研究所收购长沙古物，直到自长沙返回，才完成了《四川新津等地汉崖墓砖墓考略》一稿。从时间关系上看，商承祚的崖墓研究和长沙古物研究恰是交错进行的，而调查长沙楚墓的经验也对商承祚认知四川崖墓起到潜移默化的影响。

商承祚仅仅稍详细地记录了在新津的调查。新津崖墓主要分布在城东外的九连山上，九连山在岷江侧旁，崖墓密布，仅"被盗墓穴总数在一千以上"。商承祚未在新津进行发掘，而是采用快速而大量的选样调查。考虑到当地崖墓被盗严重，他甚至决定"雇用盗墓人为向导，凡是略大的墓都不放过"〔51〕。在四十余天时间内，经过调查的崖墓数量达两百以上。商承祚生动地描述了身入崖墓时的情形，"入墓极其困难，非蛇行不可，如遇外高内低，需要倒身先下足部。……土臭钻入鼻孔，实在难闻，……石质既不坚，若遇顶上有裂痕，有崩塌之可能，……地下大小的乱石，参差不平，走在上面，如车毂相撞，身子时时左歪右倒，叫您一刻不得安宁，心中的慄惧紧张，真非此刻笔墨所能形容"〔52〕。就调查方法而言，与传统的金石学相比，商承祚的崖墓调查显然具有实地求证的精神，但是在方法上尚未采纳系统的田野考古学方法，既缺乏实地测量和绘图，也没有逐个公布墓葬的原始资料，显示出古器物学在近代意义考古学崛起之后的游移。商承祚在崖墓调查上的做法并非孤例，对盗掘者和古董商的倚重、采用不同于田野考古学的描述方式等方面几乎与他同时期在长沙楚墓的调查上如出一辙。

商承祚也有独特的崖墓分类方案。根据墓室平面布局，他将崖墓分为"单纯式"、"复形式"和"变体式"三种类型（图 8.5）。商承祚原本计划在单独出版的《蜀汉崖墓考》中详述这个分类方案，故在《四川新津等地汉崖墓砖墓考略》中一笔带过，但是前书又未能最终形成，因此，商承祚的崖墓分类体系只能留待读者推测复原。不过，作为弥补，文末附了墓葬平面简图，

---

〔51〕 商承祚：《四川新津等地汉崖墓砖墓考略》，《商承祚文集》，广州：中山大学出版社，2004 年。

〔52〕 商承祚：《四川新津等地汉崖墓砖墓考略》，《商承祚文集》，广州：中山大学出版社，2004 年。

可以帮助管窥其分类思想。“单纯式”为单室墓，“复形式”为前后双室墓或者多室墓，而“变体式”则指分室情况复杂、以多个甬道连接的多室墓。

以上四条线索虽然不能穷尽暗流传统的全部线索，但是仍有助于说明纳入到考古学范畴的近现代意义崖墓研究的一般特征。所有的线索都从未盲目采信传统文献，即使贝德禄、鸟居龙藏、谢阁兰等在调查时亲眼目睹崖墓被现代居民占据，也没有径用“蛮洞”说。所有的线索也都采纳了田野导向，只是在实地调查的方式和方法上具有重要的差别。从伟烈亚力起的早期调查者多采用游历式调查，而从陶然士开始，改为驻地式调查。30 年代之后中国学人的调查都属此类，不过在方法论上，商承祚尚缺乏田野考古学的训练和意识，而以吴金鼎、曾昭燏和夏鼐为代表的中博院则更加强调科学发掘和记录。确立“蛮洞”为崖墓说似并不需要经历复杂的论争，自鸟居龙藏笃定的判断之后，“蛮洞”为崖墓说已经被广泛接受，而且墓葬年代判断也没有争议，只是在崖墓中所见中央与边缘、本邦与彼邦的关系上还有值得阐发之处。

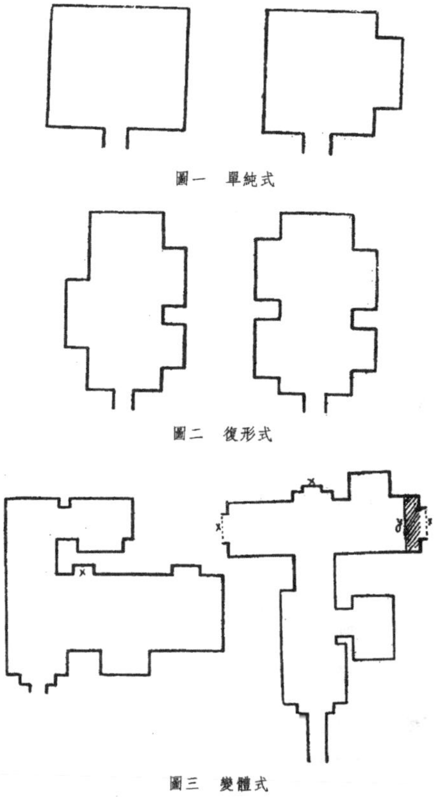

图 8.5　商承祚崖墓分类
（采自商承祚：《四川新津等地汉崖墓考略》）

8.4　永元残墓

在彭山崖墓中，永元残墓尤其具有学术史价值。19 世纪晚期以来，崖墓研究的多元化传统使不少研究者萌生“回访”思路，崖墓的砂岩基质也使人认为回访具有可行性。谢阁兰成功地重新检查了贝德禄的早期调查，甚至试图回访宋代著录的张宾公墓。但是，成功的个案并不多见。虽然崖墓作为石质遗迹具有可长期保存和不可移动的特征，但是砂岩的物理改变特性会导致墓葬的铭文和装饰纹样的消失，后埋藏过程的再利用改造和墓口堆积环境的变迁也可能造成回访的现实困难，在极端例外的情况下，同一座崖墓在不同时代被重复“发现”。经陶然士和曾昭燏先后调查和发表的永元残墓即属此例。

永元残墓是由曾昭燏定名的。该墓位于彭山寨子山，1941 年 5 月彭山崖墓发掘由曾昭燏负责清理，因石质崖柱上有“永元十四年三月廿六日”铭文而命名，发掘时编号为砦子山 M505。尽管当地人声称此墓是数年前采石发现的，但是由于陶然士在数十年前就已经记录了完全一致的“永元十四年三月廿六日”的崖墓铭文，曾昭燏因而推断两者实为同一墓〔53〕。不过，由于陶然士仅举该墓铭文，从未公布其他详细数据，而曾昭燏和陈明达对该墓的记录和绘图也已基本散佚，因此无法实证性地比较。

陶然士是否清理过此墓不得而知。但是，吴金鼎和曾昭燏按照田野考古作业方式彻底清理了这座墓葬。1941 年 5 月 12 日，吴金鼎和曾昭燏调查永元残墓，发现纪年铭文后决定清理此墓，随后于 15、16、19 和 20 日清理并绘图，共计工作 5 日。由于崖墓的形态特殊，凿石而成，边界明确，发掘上与土坑墓葬的发掘并不一样。而且，永元残墓暴露已久，多经扰动，遗物遗留不多，发掘者清理泥土之中残余遗物后绘图。该墓的清理报告由曾昭燏撰写，墓葬结构图由陈明达绘制，不过当时均未发表〔54〕。

永元残墓恰属彭山崖墓平、剖面图资料彻底散佚一组，分类时列入“不可知形状”组别〔55〕。依据文字描述，该墓为前后室形制，前室附左右耳室。根据对彭山崖墓的整理，永元残墓的形态应该接近 III 型（双侧室）II 式，即“前室的两侧各有一侧室”，明确属于此类的墓葬包括 M152 等 7 座〔56〕。墓葬残余遗物共计陶片 300 余片，可复原的陶器形态计有罐、盆两种，另有表面压印连璧纹的陶器一种，但器形未可知；陶俑 2 个，分别为男女侍俑各一，陶俑残片 30 余片；花砖 9

---

〔53〕 曾昭燏：《永元残墓清理报告》，《曾昭燏文集》（考古卷），北京：文物出版社，2009 年。

〔54〕 曾昭燏文未刊稿完成于 1945 年，最初收入 1999 年印行的《曾昭燏文集》。陈明达所绘墓葬图已佚。

〔55〕 南京博物院：《四川彭山汉代崖墓》，北京：文物出版社，1991 年，第 16 页。

〔56〕 南京博物院：《四川彭山汉代崖墓》，北京：文物出版社，1991 年，第 8 页。

块，侧面装饰连环菱形纹饰；残铜钱2件，不可识。曾昭燏仅论及“永元”铭文时提及其书法为分书风格，“知当时蜀地分书早已流行，更可证明蜀地文化与中原文化之同风矣”〔57〕。但是，嗣后的学术史回顾却扩展到认定彭山崖墓揭示了与中原近同的文化，这应是误读。

8.5　阅读崖墓

早期崖墓研究的回访是在更系统、更完善、符合田野考古发掘规程的晚近发掘和研究中实现的。20世纪50年代中期以来，川江、岷江和嘉陵江流域经科学发掘和刊布的崖墓群数量众多，择其要者，计有彰明、成都天回山、新都马家山、遂宁笔架山、遂宁船山坡、宜宾山谷祠、宜宾黄伞、牧马山灌溉渠、涪陵、武胜山水岩、三台、奉节拖板坡、合川南屏等地点，构成了重新评估早期调查和研究的重要参照材料〔58〕。本节将从地理分布、空间结构和器物组合上“回访”早期调查和研究，进一步讨论在不同的理论预设下，如何阐释崖墓。崖墓的来源问题自19世纪晚期起就成为研究者最感兴趣的问题，西来说和汉人说的冲突揭示了理论预设的差异，这也提供了反思考古学中物质遗存与文化归属关系厘定方法的契机。

作为回访对象的1949年之前的各次调查和发掘都以转型文本的形式保存

---

〔57〕曾昭燏：《永元残墓清理报告》，《曾昭燏文集》（考古卷），北京：文物出版社，2009年。

〔58〕刘志远：《成都天回山崖墓清理记》，《考古学报》1958年第1期；四川大学历史系七八级考古实习队：《四川宜宾黄伞崖墓调查及清理简报》，《考古与文物》1984年第6期；张才俊：《四川遂宁船山坡崖墓发掘简报》，《考古与文物》1983年第3期；邓伯清：《四川牧马山灌溉渠古墓清理简报》，《考古》1959年第8期；石光明：《四川彰明佛儿湾崖墓清理简报》，《考古通讯》1955年第6期；石光明：《四川彰明常山村崖墓清理简报》，《考古通讯》1955年第5期；陆德良：《四川新津县堡子山崖墓清理简报》，《考古通讯》1958年第8期；四川省博物馆：《新都县马家山崖墓发掘简报》，《文物资料丛刊》1985年第9期；四川省博物馆：《绥宁县笔架山崖墓清理简报》，《文物资料丛刊》1985年第9期；郭蜀德、王新南：《重庆水泥厂东汉崖墓》，《四川文物》1987年第2期；四川省文管会：《四川涪陵东汉崖墓清理简报》，《考古》1984年第12期；四川省文管会：《四川忠县涂井蜀汉崖墓》，《文物》1985年第7期。

下来，考虑到调查报告和研究著述在一定程度上受制于编辑和写作的社会情境，晚近编辑完成的《四川彭山汉代崖墓》因此不应纳入到讨论范围，本节主要关注贝德禄、鸟居龙藏、谢阁兰、陶然士和商承祚的发现和研究。

在崖墓的地理分布上，晚近研究对早期研究仅有增补价值。由于崖墓具有显著的地表特征，同时早期实践已经考虑到如何发现地面痕迹不显的崖墓，因此，基于田野调查的早期研究划定的地域分布大致无误，不过在全面性上略有局限。这与崖墓的调查方式有关。早期崖墓调查兼有游历式和驻地式两种形式，其中贝德禄、鸟居龙藏、谢阁兰采用游历式，他们主要关注岷江和川江流域的崖墓。陶然士、商承祚和川康古迹调查团采用驻地式，不过即使在驻地式调查中，单个的研究者在调查范围上仍然明显受限，川康古迹调查团虽系统地将四川区分成为六个调查区，但是崖墓的发掘工作仅仅集中在第二区（成都平原区），其他诸区的工作并未展开。虽然仅仅基于1914年的四川考古之旅，谢阁兰却是最早提出崖墓区系类型的学人。他准确地按照水系将崖墓分成嘉陵江和岷江流域两个体系。在嘉陵江流域，谢阁兰调查了保宁府（阆中）盘龙山崖墓和绵州南十里涪江岸边的崖墓。在岷江流域，谢阁兰调查了河口以北十里的彭子浩崖墓，岷江下游的犍为县岔鱼寺“九洞”和嘉定以西、通往雅州途中的“白崖”。其余诸家均未提出崖墓的地理分区体系。晚近较为完备的崖墓的地理分布是由罗二虎提出的，他指出崖墓分布在川江及其十八条支流两岸，分布中心区域在岷江、沱江、涪江、嘉陵江中下游和川江沿岸，而规模最大的崖墓群在岷江中下游和三台地区〔59〕。在此基础上，他提出了成都平原、乐山一带和三台地区三个崖墓分布中心区〔60〕。早晚研究对比揭示，晚近的总结建立在50年代之后大规模田野发掘的基础之上，但是对早期总结而言，只是丰富，并没有重要的修正。

在崖墓形态分类上，鸟居龙藏和商承祚分别提出了分类体系，两者几无共享之处，但是都被嗣后的研究继承下来，罗二虎的崖墓六型体系可以体察到两种分类思想的影响。鸟居龙藏根据墓前空间改造状况将崖墓区分成为两类，分别是多座崖墓开口于一个人工开凿的平台壁面和各个崖墓直接开口于山体上。罗二

〔59〕 罗二虎：《四川崖墓的初步研究》，《考古学报》1988年第2期。
〔60〕 罗二虎：《四川崖墓的初步研究》，《考古学报》1988年第2期。

虎体系更清晰地将人工开凿的平台界定为“前堂”，他所定义的第 VI 型为前堂后穴式，以乐山麻浩阳嘉三年墓、延熹九年墓和肖坝赖子湾大墓为标本〔61〕。因此，鸟居龙藏分类体系对应罗二虎的前五型和第六型的区分。商承祚按照墓室结构将崖墓区分为“单纯式”、“复形式”和“变体式”，这是嗣后崖墓形式分类的主流思想，可以与罗二虎的崖墓 I 至 V 型分类基本对应，但后者稍嫌琐碎。值得注意的是，鸟居龙藏分类法和商承祚分类法并不兼容，揭示出罗二虎体系前五型和第六型之间并非平行关系，反而在分类的清晰程度上不及前二者。

随葬器物在崖墓属性判断上具有重要的作用，但是早期研究文献中对遗物的描述既支离破碎，又含混不清。这种情形是由多种原因造成的，早期游历式调查基本缺乏田野考古学作业规程的意识，因此既没有彻底清理的观念，也没有完整报道的意识。同时由于文献体例原因，诸家基本没有逐项列举遗物。贝德禄、谢阁兰和陶然士几乎都未讨论任何遗物，鸟居龙藏虽列举若干器物，陶然士附有多帧出自华西协和大学博物馆收藏的器物照片，但是都缺乏出处说明。陶然士照片中包括汉砖、镇席俑、陶罐和陶盆、立俑和坐俑、陶灯、各种俑类、陶屋、家畜模型、砖瓦构件等。相较而言，商承祚专辟一章“明器”讨论随葬器物，按照材质和功能进行了两级区分。其中铜器中包括服御器、用器和兵器；铁器包括用器和兵器；银器仅有用器银盌；石器仅有侍者；陶器包括侍者、牲畜和用器三类。显然商承祚的分类体系是暗流传统中最为科学和完备的，但是将所有器物都列入“明器”之中，与自罗振玉以来的对明器的界定相抵牾，其中有些类别应分属用器或者葬器〔62〕。而且商承祚未举任何类别的实例，导致只能在默认其定名系统的情况下检验其分类。商承祚曾明确表示，其崖墓调查借助了盗墓者及古董商之力，因此，他所列出的器物类别是否悉数出自田野发掘尚未可知。与经科学发掘整理的崖墓器物进行比较，两笔资料都受到器物公布方式的制约。本节将大体按照商承祚的分类体系逐项检讨，陶然士所获器物的讨论穿插在相关类别之中。

崖墓中仍残存铜器，但是在种类上应不及商承祚报道的丰富。商承祚列举

〔61〕 四川大学考古专业研究生实习小组：《四川乐山纪年崖墓调查报告》（未刊稿），转引自罗二虎：《四川崖墓的初步研究》，《考古学报》1988 年第 2 期。

〔62〕 罗振玉：《古明器图录》，南京：广陵书局，2003 年。

崖墓铜器包括服御器、用器和兵器三类。其中服御器包括铜洗、铜凤和铜钱树，用器包括钉、印和五铢钱，兵器包括戈、矛、剑、匕首和弩机等。商承祚似按照功能进行区分，但是用器中诸类的功能界定稍显模糊，铜钉、铜印和五铢钱可能是埋葬行为中不同环节不同人物使用的器物，不能一概计入明器。而且，同一个体的不同构件可能被当成不同个体予以统计，如铜凤、铜钱和铜钱树枝可能都是来自摇钱树。其中多类铜器不见于晚近发掘的崖墓之中。铜戈和铜矛的年代显著早于崖墓，而弩机和铜印等出自年代较早而且埋藏情境显著不同的遗迹单位，少数东汉中晚期崖墓可能出土铜洗、釜、鐎斗等用具，而铜钱树、五铢钱和铜钉等较为常见。彭山崖墓没有发现服御器和兵器，但出土一件摇钱树残片以及大量五铢钱〔63〕。武胜山水岩基本未见铜钱之外的铜器，但是铜钱数量众多，也不应归入“用器”类〔64〕。成都天回山 2 号墓出土铜釜两件〔65〕。因此，商承祚所列崖墓铜器中，至少兵器、铜印等类别可能出自崖墓以外的单位。

商承祚在崖墓遗物中单独列出石器一项，仅包括“侍者”一类，计“翁仲、臣僚、乐师”三种。从描述上看，三种均为石质人俑。但是，目前在天回山、彭山、山水岩等崖墓中均未发现石质人俑，因此，此类遗物的来历应存疑。

虽然银器仅包含银盌一项，但是，经科学发掘的所有崖墓从未见到银器。就整个秦汉时期发掘的墓葬而言，金银器的发现仍属罕见，仅见于最尊贵的大墓之中，如刘胜墓所出银盒、获鹿高庄村西汉墓出土银盆、长沙五里牌东汉墓所出银碗等，因此，商承祚所记录的银盌亦有可疑之处〔66〕。

陶器是崖墓遗物的大宗。商承祚将崖墓陶器分成侍者、牲畜和用器三类。其中，侍者和牲畜应该分别为人形俑和动物俑。用器一类稍显芜杂，“车、屋、井、灶”属明器模型，“鼎、簋、鬲、罍、壶、罐、盘、洗、盆、盂、豆、盌、耳

---

〔63〕 南京博物院：《四川彭山汉代崖墓》，北京：文物出版社，1991 年，第 90 ~ 92、96 页。

〔64〕 四川省文物考古研究所：《四川武胜山水岩崖墓群发掘报告》，《四川文物》2010 年第 1 期。

〔65〕 刘志远：《成都天回山崖墓清理记》，《考古学报》1958 年第 1 期。

〔66〕 卢兆荫：《关于金银器的几个问题》，《文物天地》1985 年第 6 期，收录于卢兆荫：《玉振金声——玉器·金银器考古学研究》，北京：科学出版社，2007 年。

杯”则可能为随葬陶质容器，此外还有“烛坐台”。陶然士照片中可辨识的器物也基本为陶器，其中的动物俑、人形俑、陶质模型、灯座等基本可以与商承祚的分类相对应。陶然士另收集了商承祚没有列出的“砖瓦”。陶然士收藏的汉砖上装饰车轮纹、楼阁纹等叙事主题纹。带有纹样的墓砖在崖墓中较为常见，武胜山水岩花砖上的纹饰包括云雷纹、车轮纹、菱形纹等，陶然士收集的楼阁纹等叙事主题是崖墓中较为罕见的类型，这可能是精心挑选的结果。陶然士公布了一批以“斯芬克斯”相称的镇席俑，大部分镇席俑为俯卧的动物或者人形身体，头部多为女性，但是也有蛇身人首或者猪尾人首的〔67〕。虽然历年崖墓出土的陶俑数量众多，但陶然士公布的镇席俑未得到田野发掘的印证。成都附近宋墓中出土了形态近似的陶质三彩釉或无釉的镇席俑，形态包括文武臣、侍女及动物〔68〕。该笔彩釉陶俑应产自华阳琉璃厂窑，广泛见于成都一带的南宋墓葬之中。因此，陶然士公布的陶器中有的确属罕见类别，有的则可能是混入的晚期陶器。

比较早晚不同时代公布的崖墓器物，器物类别基本近同，只是分类体系上略有差异。另外，商承祚器物分类体系中若干类别未见于1949年之后发掘的崖墓。和安阳的暗流传统一样，这个现象背后存在两个相悖的原因，分别形成崖墓器物组合的“加法”和“减法”。一方面，由于崖墓基本都遭致盗掘，原有器物组合基本被破坏，尤其是价值高昂的器物更容易因盗掘而散佚，造成这些类别不会保存至晚近的发掘，商承祚可能通过古物流通渠道得见晚期发掘不能见到的器类。另一方面，由于商承祚的调查曾经借助于古董市场，可能导致听信传言，收购了传出自崖墓，但实际来自其他类型遗迹的器物。因此，我们只能从一般性的汉墓随葬器物的规律上甄别。银器和铜器虽然有可能因为盗掘而不见于崖墓之中，但是两汉墓葬发掘揭示，金银器即使在同时期最高等级的墓葬之中都甚为罕见，统计数据更倾向于银器是混入器类。而类型学作业可以将铜戈、铜矛等兵器前提到更早的时代。崖墓中即使有兵器出土，也以铁剑居多。石俑的缺失也难以以盗掘解释。至少在越来越丰富的经发掘的崖墓参照下，商承祚

〔67〕 Torrance T. Notes on the Cave Tombs and Ancient Burial Mounds of Western Scechwan, plate 3, *JWCBRS*, 1931, (4).

〔68〕 洪银兴、蒋赞初：《南京大学文物珍品图录》，北京：科学出版社，2002年，第63～66、103～108号。

的崖墓器物应该是多种来源，甚至多个时代的器物糅杂的结果。同样，陶然士公布的“斯芬克斯”的来源也值得质疑。

川江及其支流水系崖墓的文化归属一直是讨论热点。自贝德禄以来的诸家阐发都不是向壁虚造，田野资料也的确揭示出崖墓典型的时代特征和地域特征，因此，阐释的差歧不是材料多寡造成的。几乎在同样的物质条件下，不同的学人做出完全不同的释读。对崖墓归属的讨论不仅仅可以明辨其历史地位，在考古学方法上也不乏价值，即唤起我们关注考古学中如何界定墓葬物质的组成成分和文化归属的对应关系。在最早的阶段，贝德禄以崖墓中不见墓志铭而否定崖墓为汉人墓葬，当地受访居民将崖墓称为“蛮洞”，并且贬其毫无研究价值加深了贝德禄的初步印象。在厘定“非汉”风格时，他以地理环境差异认定倮倮和西番不是崖墓的制造者，但并未形成定论。同样强调崖墓非汉风格的还有谢阁兰和陶然士，但是两人将外来风格追溯到不同的来源，谢阁兰笃定地归结为西来传统；而陶然士则未能笃定判定究竟是外来还是本地风格，确认部分因素可能是“地方性”的，部分则可能是“非中国的”。上述判断的变更固然有“新材料”的影响，如贝德禄认为崖墓并无铭文，但是陶然士很快就发现了“永元十四年”崖墓，铭文缺失说不攻自破。但是，更重要的变迁是研究者所处的情境。谢阁兰在“极西”寻找崖墓的渊源与超传播主义盛行一时密不可分，陶然士对土著文化的倾向也与华西边疆研究会的本土倾向有关。在同样的问题上，中国学人很少考虑境外来源，而是倾向于采纳华夷之辨的阐释框架。

墓葬形式、随葬器物组合乃至某些物质文化特征是否和族属有对应关系？这种“由物及人”的单一对应的关系是传统的文化-历史主义考古学的假设。机械唯物主义和单线式社会进化主义是考古学萌蘖以来的遗产，到蒙特柳斯—科森纳—柴尔德时代得到空前强化，“器物即是文化和人民”的论断造成了器物组合与古代人民之间的直接对应关系。这样也就鼓励将考古发掘的遗物当成建构国族历史的资料。从认知考古学的层面上考虑，器物组合并不必然是文化归属的表现。特定的器物组合关系毫无疑问是文化特征的表现，但是并不一定和人种、族群的区分相关。

8.6 崖墓的多元传统

崖墓一题展现了1949年之前中国考古学的多元化传统。崖墓自蠡测和玄想进入到科学调查和阐释的范畴应计为域外调查者和研究者之功。无论是鸟居龙藏、谢阁兰和陶然士，都言及川渝土著居民轻信“蛮洞”一说，并不认同其具有研究价值。而且，域外学人的工作基本没有影响到同时期的中国学人。本土知识阶层仅零星可见基于乡土研究传统的兴趣〔69〕。中国学人的崖墓调查与抗战时期学术力量内迁的社会情境有关，他们的田野活动虽没有明确建立在西方学人的早期调查基础之上，但是基本概念无须重新厘定。1949 年之前的多元化崖墓研究基本梳清了性质、格局、物质文化等诸多方面的内容。50 年代之后的大规模崖墓发掘只是早期工作的进一步深化和发展，并没有完全改写早期工作。但是，基本类同的材料的阐释却大相径庭。这表明，阐释的差异并不是建立在材料的扩充基础之上，而是和阐释者的社会情境相关。从全球的考古学潮流看，第一次世界大战之前是单线式传播论最为盛行的时代，以外来文化的传播解释是西方调查者的预设观念。传播论同样影响了中国学人，以极西的埃及和两河流域为崖墓的来源地在中国学人中也一度流行。随着中国学人占据了研究的主导潮流之后，深受国族观念影响的学者以中原源地的辐射说取代了超传播理论。因此，崖墓的多元化传统馈赠给我们两个方面的遗产，一是多个地区的调查在数量上的充实过程；另一方面，阐释的多元性提醒我们关注阐释者的社会情境。

---

〔69〕 杨枝高：《四川崖墓考略》，《华文月刊》第 1 卷第 6 期，1942 年。

第九章

静水深流：考古学概念、方法和理论入华

无论是李济还是夏鼐，都坚定地认为中国考古学是20世纪全新的研究传统〔1〕。自此在中国考古学中形成的共识认为，考古学与此前的金石学传统不存在前后传承或者转型关系，与一度平行发展的古器物学虽在材料和方法上存在交集，但是并无交融合流的可能〔2〕。因此，中国考古学的基本概念、方法和理论都只能是西学入华的结果。崔格尔指出，近代意义考古学的生成与中产阶级的知识阶层密切相关，因此是特定历史的产物〔3〕。无论旧大陆还是新大陆的考古学传统中，凡言及最基本的考古学概念，如地层学、类型学、相对年代、三期说、传播和扩散等，都会指向若干个公认的来源，而不存在不同的考古学传统重复发明和界定基本概念和方法的可能。此外，作为实证色彩强烈的学科，考古学的基本概念、方法和理论的出现和成熟必然基于特定的学人以及特定的考

---

〔1〕夏鼐、王仲殊：《考古学》，《中国大百科全书·考古卷》，北京：中国大百科全书出版社，1986年；夏鼐：《什么是考古学》，《考古》1984年第10期；李济在《城子崖序二》中提出，“要是把现在的考古学与我们固有的金石学放在一个宗派里，岂不成了到中国的胡人用改姓的办法冒充黄帝的子孙的那一套把戏”，李济等：《城子崖》，南京：中央研究院，1934年，xii页。

〔2〕夏鼐：《什么是考古学》，《考古》1984年第10期；罗振玉：《与友人论古器物学条目书》，《永丰乡人甲藁：雪窗漫藁》，1920年，第38页；刘节：《中国金石学绪言》，《图书季刊》第1卷第2期，1934年。

〔3〕Trigger B. *A History of Archaeological Thought*. Cambridge: Cambridge University Press, 1989: 14-15. 崔格尔著，徐坚译：《考古学思想史》，长沙：岳麓书社，2008年，第11、12页。

古学活动。因此，对于中国考古学而言，在基本概念、方法与理论的最终溯源上与其他地区的考古学传统并无差异，但是，基本概念成分和组合是什么，不同的概念、方法和理论采取何种方式传入，具体的中介和途径是什么，特定的研究取向是否得到青睐或者排斥，则可能和其他考古学传统判然两分。因此，不同的考古学传统在学科来源上共享核心原则，但是基本概念、方法和理论，以及认定的学科发展史都极具历史特定主义特征。以作为考古相对年代学基石的三期说为例，任何考古学传统都承认丹麦古物学家汤姆森（Christian Jurgensen Thomsen，1788~1865）是不可回避的关键人物，19 世纪初期丹麦古物馆的布展和《斯堪的纳维亚古物指南》是三期说出现的关键事件和著作。但是，对于三期说的历史情境、汤姆森的博物馆陈列排序方案的历史价值在不同的考古学传统中的判断却并不恒定〔4〕。

在西方考古学入华过程中，安阳传统留下了明显的空白。但是，到 20 世纪 50 年代，中国大陆地区的考古学已经能够明确体察出初成体系的考古学理论与方法，除了部分来自苏维埃历史唯物主义考古学的影响外，相当显著的成分应该是 1949 年之前就已经输入的〔5〕。与其他近现代意义的人文学科一样，考古学的输入至少包括两个方面：一方面是厘定最基本的考古学概念，以确保中国考古学实践中的术语、描述和阐释能与其他考古学传统相沟通；另一方面，无论从学术史溯源角度着想，还是为了更精准地使用特定概念，考古学术语和概念的表述都无法脱离特定的考古学史情境。三期说无法和汤姆森相分离，早期的欧洲旧石器时代序列在脱离了莫尔蒂耶的研究之后也就无法清晰地表述，考古类型学的完善需要和从汤姆森、沃尔索、蒙特柳斯到彼特里的研究联系在一起，因此，在考察西方考古学入华的过程中，需要等量齐观地考虑考古学基本概念和方法，以及作为基体（matrix）的西方考古学史两个方面。

西方考古学入华应该悉数归功于活跃在史语所之外的数位学人。虽然其

---

〔4〕 Trigger B. *A History of Archaeological Thought*. Cambridge: Cambridge University Press, 1989: 73 - 79; Daniel G. *The Origins and Growth of Archaeology*. Harmondsworth: Penguin, 1967: 103.

〔5〕 夏鼐：《田野考古序论》，《文物参考资料》1952 年第 4 期。

中包括在 1949 年之后掌控中国大陆地区考古学的学人，但是在 1949 年之前，无论是自我定位还是他人观察，甚至与同时期中国考古学实践的关系上，将他们纳入暗流传统应当不误。引介西方考古学的早期学人们多不从事田野考古学，缺乏必要的田野经验，甚至有的原本和考古学学科无关。早期学人引介西方考古学的目的也不尽相同，并非以服务于成长中的中国考古学为初衷，他们对西方考古学的取舍既存在认知差异，也深受任意的机缘因素的影响。从事引介工作的早期学人有的相互熟识，声气相通，但是更多的是在独立的情况下完成的。因此，西方考古学入华的奠基工作并不是有计划的系统工程，即使是特定的学人也可能并没有较为长远的规划。在西方考古学入华过程中产生的著述和译作在中国的际遇也不一样，有的随着情境变迁而重受重视，有的还偶被提及，但是大多数消于沉寂。因此，早期学人的工作在学术史上的地位和影响也不尽相同。从宏观的角度看，1949 年之前的西方考古学入华是多个独立的、断裂的线索的集合。不过，这些工作却预测了 50 年代初期中国考古学理论与方法的主要侧面。具体而言，迄今为止，中国考古学的西方考古学史、类型学和地层学等方面的认知都可以在 1949 年之前的暗流传统中找到源头。

独立、多流的西方考古学入华过程却给中国考古学留下了统一的遗产，这与特定的传播途径有关，也因此彰显出对中国考古学进程影响深远，但是在学术史上处于疏于阐发的环节。与 19 世纪晚期其他近现代意义学科一样，考古学入华也以日本为中介。众多线索显示，早期中国考古学并不是笼统地受到作为集体的日本考古学和日本汉学的影响，而是集中地受惠于滨田耕作（1881~1938）一人。滨田耕作通过考古学教材和译著改变了日本考古学，也有生徒和追随者将其思想传播至中国。中国考古学的基本概念和方法实际上取法于经过滨田耕作过滤和重组之后的考古学。滨田耕作建立了近代考古学的谱系观，这种观念也深刻地影响了中国考古学对世界考古学格局的认识〔6〕。作为东亚考古学的开

---

〔6〕 中国考古学长期以来推崇英国考古学传统，对新大陆考古学传统的认知尤显不足。但是，英国考古学传统在华的影响主要是通过滨田耕作为中介而形成的。苏维埃考古学传统仅仅在 20 世纪 50 年代昙花一现。夏鼐：《中国考古学研究》日文版序言，东京：学生社，1981 年。

创者，滨田耕作曾经亲身参与中国考古学实践，但是基于国族主义考古学的考虑，他的在华考古学活动的影响反而远远不及他在一般考古学理论和方法上的整理和传播。

9.1　考古学史的叙述方式

1949 年之前的中国考古学中已经出现比照现代学术史观念、整理考古学史的学科意识。多种考古学史或者包含学科发展史的考古学书籍已经出版，不过，大多数著述非但没有明晰考古学发展的基本历程，反而为厘定考古学的学科定位带来极大的混乱。这个时期涉及考古学史的著述大体分成两个类型，一方面继续以金石学为名，如朱剑心《金石学》〔7〕。这类著述基本沿用金石学传统概念，将金石和考古视为前后延续的发展阶段，并不认为两者之间存在范式性差异，因此田野考古之前的考古学史仍然依靠各种属性不同的文献予以填补，不仅类似于考古的发现或者活动的记载，甚至古物的偶然出土或者传闻的描述都被当成中国考古学的源头。不过，金石学到 20 世纪之后演化成为古器物学，涉及内容与考古学并不完全重合。另一方面，出现以考古为名，但精芜杂陈，并不属于严格意义的考古学史的著述，以卫聚贤《中国考古小史》、《持志学院考古学小史讲义》和《中国考古学史》为代表〔8〕。虽然曾经活跃于早期中国考古学的众多活动中，但是卫聚贤在界定“考古”观念上表现得犹豫和摇摆，导致其写作的考古学史的范畴也是复杂而多变的〔9〕。卫聚贤秉承金石学观念，将西周以来古物收集和整理活动悉数当成考古活动，但是又显示出“锄头考古学”的时风影响，尽力搜罗 20 世纪前期各地田野调查、发掘和发现的记录。李济在《中国考古小史》序中也片面强调了“严格的考古学在我国虽是很近的一种发展，旧学中却有它很厚的根基。要没有宋人收集古器物的那种殷勤、清代小学的研

〔7〕朱剑心：《金石学》，上海：商务印书馆，1940 年。

〔8〕卫聚贤：《中国考古小史》，上海：商务印书馆，1933 年；卫聚贤：《持志学院考古学小史讲义》，1932 年；卫聚贤：《中国考古学史》，上海：商务印书馆，1937 年。

〔9〕夏鼐提及卫聚贤对李济执师事之礼，但李济从未承认，称治学方法完全不同。见夏鼐：《郭沫若同志和田野考古学》，《夏鼐文集》，北京：社会科学文献出版社，2000 年。

究，就不会有那种朴实的贡献。甲骨文的发现，适在清代古文字学隆兴之后，两相衔接，中国一切旧学，因此就辟出一个新的途径。由此而注意发掘及文字以外的考古资料，只是向前进一步的事，可谓一种应有的趋势。再加以自然科学的影响，现代化的考古学就应运而生了"〔10〕。卫聚贤的写作方式表达了1949年之前观察中国考古学衍化历程的主流观念，至今仍然残留了相当显著的影响。中国考古学被视为自古及今的中国传统学术的延续，尤其是在传统金石学和现代考古学之间存在着连续的发展脉络。虽被前辈学人多次梳理，"金石""考古"同质异名的观念一直残存在中国考古学中。早期的考古学史写作基本没有言及西方（主要是旧大陆）考古学的影响，也没有提到考古学与金石学之间方法论意义上的鸿沟。而在1949年之后的考古学史回顾中，虽然强调考古学和金石学的根本差异，但是，在中国考古学的西来渊源和线索上却一直语焉不详。

在中国考古学上，应将奠定西方考古学史基础知识结构的功劳归之于郭沫若和郑振铎。郭沫若翻译了米海里司所著《美术考古一世纪》，而郑振铎撰写了《近百年古城古墓发掘史》。虽然两者都不是严格学术意义上的西方考古学史著述，但是为中国考古学人提供了西方考古学方法和理论的学术史基体。

郭沫若译本《美术考古一世纪》是近代中国最早全面介绍西方考古学的著述。该书由郭沫若于1929年翻译，同年由上海乐群书店出版。初版时以《美术考古学发现史》为名，1948年再版时才改用现名。不过，前后所拟不同书名皆有所本，从中或可管窥中国考古学的西方考古学知识的来历。该书译自德国古典艺术史家米海里司（Adolf Michaelis，1835~1910）所著《美术考古一世纪》，系20世纪初期综述田野考古学进展的代表性著述之一。米海里司早年在莱比锡大学接受古典学教育，1862年之后先后任教于格莱夫斯瓦尔德、图宾根和斯特拉斯堡大学，终身以教授古典学为业。该书建立在1904~1905年若干次讲座的基础之上，设计读者不是职业考古学家，"它的对象只是想学习考古学的学生，特别是对于古代美术有兴趣与爱好的一般的读书界"〔11〕。《十九世纪考古学的发现》（*Die archäologischen Entdeckungen des neunzehnten Jahrhunderts*）于

〔10〕李济：《中国考古小史》序，上海：商务印书馆，1933年。

〔11〕米海里司著，郭沫若译：《美术考古一世纪》，上海：群益出版社，1948年，第2页。

1906 年出版；1908 年再版时，更名为《美术考古一世纪》（*Ein Jahrhundert Kunstarchäologischer Entdeckungen*）。米海里司一书折射出影响了 20 世纪前期考古学“大洲尺度”的观念。考古学研究上，自蒙特柳斯到柴尔德对欧洲乃至包括近东在内的石器时代和青铜时代的综合整理，与考古学史上写作全球意义的考古学史的尝试几乎同步。如果和晚至 1950 年的丹尼尔《考古学一百年》相较的话，《美术考古一世纪》无疑具有不可湮没的开创之功。事实上，“大洲尺度”在对广幅地区、广幅时代材料的熟悉程度和综合分析能力都有极高的要求，仅极少数学者有信心采用这一视角。米海里司所处的时代和他的专业倾向都导致其著述不可避免地具有鲜明的倾向性和选择性，有些在经历漫长的时代之后还留下强烈的影响。首先，米海里司对旧大陆考古学的进程并不具有通盘式把握。作为古典学者，他熟稔希腊和意大利的古典考古学发现，相应地，全书近半篇幅为古典考古学，但是在其他的领域则显示出明显的疏漏。究其原因很可能是主观原因导致的文献匮乏造成的。米海里司在序言中已经申明，因材料之便而更多地着墨于德国学者的发掘和研究。对于 19 世纪晚期以来的旧大陆考古学而言，这是不可原谅的疏漏。因此，即使在古典考古学之中，米海里司至少显著地忽略了伊文思自 1900 年开始的克里特岛的发掘〔12〕。虽然第五章“东方的发见”包括埃及和美索不达米亚，但是没有言及两地的田野考古学进展。19 世纪中期以来，在埃及和两河流域考古学中，最主要的贡献是由英法学者做出、以英文和法文发表的。自马里埃特到彼特里逾半个世纪的埃及考古学的进展、拉雅德（Austen Layard，1817~1894）和罗林森等人在美索不达米亚的发掘等内容仅仅能在第十章“外方诸国的单独发见”中笼统提及。因此，《伯灵顿杂志》评论指出，“原作者在古典学上学养深厚，而在埃及考古学和亚述考古学上则只能尽到编辑之功”，并指出由于米海里司未能全面掌握材料，以至于不能对当时诸国在考古学上的进展做出准确的判断，评论指出，“如果有人问谁是当今在世的最伟大的发掘者，浮上脑海的无疑是彼特里和伊文思”，显然，米海里司没有作出令人信服的回答〔13〕。其次，米海里司所从属的古典考古学传统自文艺复

〔12〕米海里司著，郭沫若译：《美术考古一世纪》，上海：群益出版社，1948 年，第 2 页。

〔13〕*The Burlington Magazine for Connoisseurs*, 1909, 14 (72): 366-367.

兴时代以来就和艺术史研究的前身交织在一起，导致古典考古学在研究材料的选择上更接近艺术史[14]。同时为了顾及普通读者，米海里司也会倾向选择带有“艺术”特质的考古学发现，两者相结合，诱使米海里司合成了一个新的词汇“美术考古”（kunstarchäologischer）。因此，尽管米海里司的著述所述内容几乎悉数为田野考古学收获，他也借用诗句“禾黍割了，应该有束禾的人来做他谦卑的任务”表明心志，不过可能基于古典考古学的理解，以新造名词界定了这个领域。“‘锄头的考古学’与其收获是本书叙述的对象，而且‘考古学’的名称在这儿是‘美术考古学’，不带美术性质的单纯的文化的产物，只是时时言及而已”[15]。《伯灵顿杂志》指出，英译本以“考古发现”指代“田野考古”，而艺术品的考古只是其中一个类别[16]。这也导致英译本果断地否定了米海里司所造新词，而直接采用“考古发现”。尽管存在诸多不足，米海里司的著述仍然是以20世纪初期视角观察旧大陆考古学的最好作品之一。郭沫若在后来的修订版时甚至提出，“我的关于殷墟卜辞和青铜器铭文的研究，主要是这部书把方法告诉了我，因而我的关于古代社会的研究，如果多少有些成绩的话，也多是本书赐给我的”。“最要紧的是它对于历史研究的方法，真是勤勤恳恳地说得非常动人。作者不惜词句地教人要注意历史的发展，要实事求是地作科学的观察，要精细地分析考证而且留心着全体。这些方法在本书的叙述上也正是很成功地运用着，本书不吝为这些方法提供了良好的范本”[17]。郭沫若也表明，该书最显著的价值在于提供了用确凿的考古学个案介绍“锄头考古学”的基本思路和判断。

郭沫若译本的书名更迭揭示出米海里司著述在世界范围内的译介和传播，以及在不同的环节上发生的变异。郭译本初版书名为《美术考古学发现史》，而德文原版初版书名为《十九世纪考古学的发现》，显然汉译书名并非源自

---

[14] Trigger B. *A History of Archaeological Thought*. Cambridge: Cambridge University Press, 1989: 38-39.

[15] 米海里司著，郭沫若译：《美术考古一世纪》原序，上海：群益出版社，1948年第1、2页。

[16] *The Burlington Magazine for Connoisseurs*, 1909, 14 (72): 366.

[17] 郭沫若：《美术考古一世纪》译者前言，上海：群益出版社，1948年。

原版书名。事实上，德文版出版之后不久即有英译本，1908 年，由康维乐（Bettina Kahnweiler）翻译的英文版出版，定名为《考古发现一世纪》（*A Century of Archaeological Discoveries*）。英译本出版之后引起学术界和评论界的普遍关注。滨田耕作就是根据英文版翻译成日文，以《美术考古学发现史》为题出版。

郭译本以滨田译本为底本翻译而来，而且郭沫若翻译此书主要基于对滨田耕作东亚考古学地位的认可，郭沫若坦陈，“我对于原作及原作者本来是毫无准备知识的，因为我信赖滨田博士，他是日本考古学界的权威，他所翻译的书一定是有价值的，这就是使我选择了这部书的动机”〔18〕。郭沫若虽然请成仿吾代购该书的德文原版，但是从译序上看，无论是原版还是再版的译文都没有参考德文版。由此可见其流传大略：米海里司著述先以德文出版，到第二版时合成了颇具争议的“美术考古”一词，不过其通篇主旨实为介绍 19 世纪的考古田野发现。不久即出版英文版，英文版未采纳米海里司新创的术语，而且从影响上看，较原著更大。滨田耕作根据英文版翻译成日文，并另拟书名为《美术考古学发现史》。而郭沫若中译本则以滨田日译本为基础，书名都沿用滨田耕作的新拟书名。1946 年再版时才改依原书再版书名，但是郭沫若始终没有参照日文以外的其他版本，而且翻译米海里司著述的主要原因是对滨田耕作东亚考古学启蒙地位的认同。

《近百年古城古墓发掘史》则是郑振铎（1898~1958）于 1928 年流亡期间撰写的西方考古学普及专著〔19〕。由于郑振铎只是作家，而非考古学家，因此该书本意应以非考古学从业者为设定读者。《近百年古城古墓发掘史》以通俗流畅的语言叙述了 19 世纪晚期到 20 世纪轰动世界的重大考古发现，1930 年入选万有文库，由商务印书馆出版。此类书籍在中国尚无先例，因此构成由中国学人撰写西方考古学历史的首例。如果再进一步考虑到，在其写作之时，中国考古

---

〔18〕郭沫若：《美术考古一世纪》译者前言，上海：群益出版社，1948 年，第 1 页。

〔19〕郑振铎 1928 年 2 月 21 日日记记录，“夜，写了一点《发掘史》的序”即指此书。前后日记多次表明写作地点为“B. M.”，即大英博物馆（British Museum），此时的大英图书馆和大英博物馆在同一地点。参见郑振铎著，陈福康整理：《郑振铎日记全编》，太原：山西古籍出版社，2006 年，第 87 页。

学刚刚开始，董作宾刚刚受命开始发掘安阳殷墟，中国最早接受科班考古学训练的学生尚未崭露头角。因此，在并无田野考古的时代，《近百年古城古墓发掘史》的考古学启蒙价值也就格外突出了。

从写作过程分析，虽然《近百年古城古墓发掘史》明确地确立了“发掘”的主体地位，郑振铎于1949年之后也曾出任国家文物局局长兼中国科学院考古研究所首任所长，但是撰写此书时，郑振铎并无考古学训练基础，至少在1949年之前，他基本和田野考古学绝缘。撰述此书时，郑振铎依赖于欧洲图书馆所见文献资源。事实上，在同一时期，他利用类似资源准备了未来写作的戏曲、版画等资料。

就内容而言，《近百年古城古墓发掘史》是一本较为全面的考古学发现史。写作于1928年的郑著较1906~1908年出版的米海里司著述在内容选择上有显著进步，这主要得益于旧大陆考古学中最主要的考古学收获集中出现在20世纪的前二十年。郑著自称“不过发掘史上几次更重要的故事而已”，“乃是有史之前的古城古墓的重要发掘史”。不过，郑振铎所采纳的“有史”与“无史”之分反映了该书写作时代的观念，“有史的时间，因此缩短至有历日可纪之时”，即以准确的历法出现为历史的起点，与现今通行采取的柴尔德界定文明的标准并不相同[20]。因此，郑著通篇涉及的其实并非“无史”的史前时代，而恰恰是文明初现的历史初期。“无史”虽然契合郑著时代对考古学主要贡献的理解，但是所涉及的内容却是国族主义考古学最为关注，也是普通读者最为关注的早期历史阶段。全书总计十一章，前四章为埃及，第五、六两章为美索不达米亚，第七章为尼尼微，第八、九章关于考古学史上争议最大的一位人物施里曼和他的特洛伊城发掘以及阿伽门农墓的发掘。第十章为克里特，最后以巴勒斯坦结束。同时期、同类型的考古学普及专著几属凤毛麟角，克里姆（C. W. Ceram，1915~1972）的名著《神、陵与学者》（*Gods, Graves and Scholars*）晚出近二十年，而且，更令人惊讶的是两书在结构和内容上都非常类似，不过，遗憾的是，由于郑振铎早年与中国考古学的隔绝，郑著几乎没有对中国知识界形

〔20〕 Childe G. *The Dawn of European Civilization*. London: Kegan Paul, 1925; Childe G. Chronology of Prehistoric Europe: a Review. *Antiquity*, 1932, (6): 206-212; Childe G. Prehistory, in *The European Inheritance*. Oxford: Oxford University Press, 1954: 3-155.

成任何影响。

参考文献显示，《近百年古城古墓发掘史》是建立在19世纪晚期以来的田野考古学发现成就和考古学史写作经验基础之上的。郑振铎分别精确地列出埃及考古学、美索不达米亚、爱琴海考古学的主要参考文献。其中，在埃及考古学上主要参考了彼特里、马斯佩罗和贝尔佐尼的文献，在爱琴海考古学上则主要参考施里曼和伊文思的著述，而美索不达米亚考古学则依赖于拉雅德。就文献的选择上，与今天的考古学专业教学选择并无明显差异。更为重要的是，郑振铎明确承认在通篇写作上参考了米海里司的《考古发掘一世纪》英译本。这导致郑著和郭译在来源上的重合，不过双方应该是在相互独立的情况下，各自或译或引米海里司的论述。

1949年之前的中国考古学中，介绍西方考古学的仅有两种主要著述，而两者又表现出若干有趣的重合点，可以揭示出早期中国考古学在认识西方考古学上的若干特征。米海里司《美术考古一世纪》无疑是公认的源头。郭沫若翻译了该书，而郑振铎的写作明确以该书为样板。不过，两者似都未直接建基在该书的德文原版上。郭沫若翻译米海里司著述出自对日文版译者滨田耕作在东亚考古学中执牛耳地位的认可，这也构成滨田耕作对中国考古学影响的例证。自滨田耕作到郭沫若都保留了米海里司率性合成的新词汇“美术考古”，为未来中国考古学与艺术史的边界之争埋下伏笔[21]。郑振铎则以米海里司为样本，基于更为丰富的西文文献撰写了《近百年古城古墓发掘史》，他的工作中尚未显露出任何日本影响。介绍西方考古学的两种著述都不是由职业考古学家完成的，甚至开启先河的米海里司也只是具有艺术史倾向的古典考古学教授，基本不具备田野经验，因此，两书都只能在资料层面上介绍西方考古学。著述之中的考古学概念不同于现今通行的观念，郑著避而不谈方法和理论，米海里司在《发见与学术》一章中偏重介绍了艺术史而不是考古学理论。

《美术考古一世纪》和《近百年古城古墓发掘史》表明西方考古学史的译介与考古学理论和方法输入的分离。这导致基于斯堪的纳维亚考古学的类型学方法和与田野考古发掘密切相关的地层学理论需要另循他径入华。

---

〔21〕 郑岩：《论“美术考古学”一词的由来》，《美术研究》2010年第1期。

9.2 类型学：与斯堪的纳维亚考古学相分离的蒙特柳斯

对中国考古学影响至深的蒙特柳斯类型学方法是斯堪的纳维亚考古学的一个关键环节。从发展脉络上看，蒙特柳斯类型学是19世纪早中期以汤姆森和沃尔索为代表的斯堪的纳维亚考古学发展的必然成果，是文化-历史主义考古学和单线式传播论的理论构成的反映，也与斯堪的纳维亚半岛诸国的社会情境密不可分〔22〕。崔格尔指出，斯堪的纳维亚考古学是一个整体性概念，其具体含义包括两端，其一，世界考古学的发展线索并不是一元式的线性模式，斯堪的纳维亚考古学对世界考古学的贡献不是若干个零碎而孤立的学人或者著述，而是整体性地构成近代意义考古学生成时期的主要线索之一。崔格尔界定出旧大陆考古学的形成至少包括两条脉络，即以法国和英国为代表的旧石器时代考古学和完善了考古学基本理论和方法体系的斯堪的纳维亚考古学〔23〕。另一面，斯堪的纳维亚考古学本身也是一个需要以整体性观念认知的体系。如果孤立地罗列汤姆森的三期说或者蒙特柳斯的类型学则难免以僵硬的表述取代其情境适用性。1836年，克里斯汀·汤姆森基于数十年前就已经完成的丹麦古物馆的新陈列方式，发表了《斯堪的纳维亚古物指南》，该书在1848年翻译成英文之后，引起考古学界普遍关注。汤姆森三期说虽然只是博物馆陈列方案，但是提出了器物的相对年代排序方案。中国考古学一度过度强调了汤姆森和三期说的地位，几乎将其等同于斯堪的纳维亚考古学，但是又忽视了三期说作为博物馆排序方案的本质，其结果就是将汤姆森与他所从属的潮流中的其他考古学人隔离开来，机械地将汤姆森的三期说视为超越任何历史特定情境的先验性公理。汤姆森三期说的完善在很大程度上归功于沃尔索（Jen J. A. Worsaae，1821~1885）和斯廷拉普，他们分别以陆相和湖相遗址的发掘实证性地证明了汤姆森的三期说。因此，斯堪的纳维亚考古学的成熟并不是以一人之功一蹴而就的。不过，无论是汤姆森、沃尔索还是斯廷拉普，在中国考

---

〔22〕 Trigger B. *A History of Archaeological Thought*. Cambridge: Cambridge University Press, 1989: 155-161.

〔23〕 Trigger B. *A History of Archaeological Thought*. Cambridge: Cambridge University Press, 1989: 73.

古学中都没有引起足够的讨论。

斯堪的纳维亚考古学给中国考古学影响最为深刻的是蒙特柳斯（Gustav Oscar Montelius，1843~1921）。1863 年起，蒙特柳斯任职于斯德哥尔摩国家历史博物馆。从传统上看，蒙特留斯继承了汤姆森和沃尔索的史前文化年表兴趣。崔格尔认为，蒙特柳斯的类型学方法实际上是汤姆森序列方法的完善〔24〕。通过继承汤姆森的“封闭发现”概念，整理一系列器物组合，比较不同器物组合的相对年代关系，将器物按照器形、纹饰等诸多特征排列成为序列年代。在此基础之上，蒙特柳斯于 19 世纪 80 年代排列出欧洲青铜时代的文化拼图，将其分成六个阶段，随后又以类似的方法将欧洲新石器时代区分成为四个阶段。但是，蒙特柳斯以此拼图说明一元文明起源说和传播论，成为传播论“东方之光”学派的主要代表人物〔25〕。

对于中国考古学而言，蒙特柳斯对欧洲青铜时代文明和新石器时代文明的综合性研究几无影响，但是作为分析方法的类型学方法却被视为考古学基石，而蒙特柳斯成为类型学的代名词。因此，中国考古学几乎是在对蒙特柳斯的具体研究一无所知的情况下引进其类型学原理的，这个过程尤其值得反思。

虽然以瑞典为代表的斯堪的纳维亚国家曾经深刻地干预了中国考古学的形成过程，但是活跃在中国考古学早期阶段的北欧学者并没有带来蒙特柳斯的类型学观念。自 20 世纪初，以安特生、高本汉、卡尔伯克、斯文赫定等为代表的瑞典学人投身于中国考古学之中，不仅形成了以远东古物馆（Museum of Far Eastern Antiquities）为核心的独特的瑞典研究中国考古学传统，也影响了中国考古学自身的走向。其中，安特生对中国考古学的生成起到了尤其关键的影响作用。安特生受聘于地质调查研究所以来，先后发掘了北京周口店龙骨山和河南渑池仰韶遗址，调查了西北甘青地区诸多新石器时代地点，奠立了最早的石器时代考古的研究范式。虽然安特生不可避免地与同时期的瑞典学人一样具有国族主义倾

〔24〕 Trigger B. *A History of Archaeological Thought*. Cambridge: Cambridge University Press, 1989: 155.

〔25〕 Renfrew C. *Before Civilization: The Radiocarbon Revolution and Prehistoric Europe*. London: Cape, 1973: 36-37.

向，也不可避免以单线式传播论等解释仰韶彩陶的来历，但是，这种立场似乎只能归因于20世纪初斯堪的纳维亚地区统一的学术倾向，而不是特定的蒙特柳斯影响。尤其是安特生与蒙特柳斯之间私交频繁，蒙特柳斯力促安特生按照当时流行一时的追溯“瑞典一万年”的方式探索中国史前史〔26〕。但是，安特生从未力倡蒙特柳斯式类型学入华，甚至也从未专门介绍过蒙特柳斯。同时，由于中国考古学缺乏对斯堪的纳维亚考古学的整体理解，从1949年之后的中国考古学理论框架看，蒙特柳斯的类型学没有和任何特定的考古活动或者材料捆绑在一起。因此，蒙特柳斯入华是一个相对孤立的过程，既不存在于斯堪的纳维亚考古学情境之中，也无法归功于早期投身于中国考古学的瑞典学人。

蒙特柳斯入华因此仅仅是一个与田野考古学相隔离的著述传译的过程。此前已经有分析指出，中国考古学对蒙特柳斯的了解应该归功于包括闻宥、俞剑华、郑师许、胡肇椿和滕固等多位学者，他们分别自日文和德文翻译了蒙特柳斯的著述〔27〕。蒙特柳斯并无独立的著述专门讨论类型学方法，但是鸿篇巨帙《东方和欧洲的古代文化时期》（*Die aelteren Kulturperioden im Orient und in Europa*）第一卷即以《方法论》（*Die Methode*）命名。考古学史的回顾中也以此卷作为蒙特柳斯类型学最为详尽和精确的阐发之作。蒙特柳斯类型学入华即指此卷的汉译。严格意义上蒙特柳斯著述的译本仅有郑师许、胡肇椿合译本和滕固译本。闻宥和俞剑华的主要贡献是编译了滨田耕作《通论考古学》的不同版本。滨田耕作对蒙特柳斯推崇备至。在蒙特柳斯《方法论》日文版序中，滨田耕作提到，“博士殁后垂且十年，犹未有若此书第一册所述研究法之详尽者，此中型式学的方法论为尤精确而周密。当余攻习考古学时，若此书之深刻且坚强的影响于我的学问，可说没有再多的例子”〔28〕。因此，在作为教材的《通论考古学》中，滨田耕作大幅引介蒙特柳斯则不算出人意料，但是《通论考古学》无论是内容和结构，还是在日本和中国考古学的地位上都有独立的价值，

〔26〕 Fiskesjo M, Chen X C. *China before China*. Stockholm: Museum of Far Eastern Antiquities, 2004: 9.

〔27〕 陈洪波：《蒙特柳斯考古类型学思想在中国的译介》，《考古》2011年第1期。

〔28〕 孟德鲁斯著，郑师许、胡肇椿译：《考古学研究法》序，上海：世界书局，1936年，第5页。

不应简化为蒙特柳斯类型学的一个传播环节。因此，蒙特柳斯入华细节还是应该锁定在《方法论》的两个版本上。

蒙特柳斯汉译的第一个版本由郑师许和胡肇椿合作完成，以《考古学研究法》为题，1936年由世界书局印行。郑师许序详细交待了郑胡合译本的缘起和变迁。1934年初，郑师许和胡肇椿发现两人在未及沟通的情况下已经各自独立翻译是书过半，于是商定合译出版。郑师许于同年拟定的“通俗考古学丛书”计划中也赫然出现了《方法论》一书〔29〕。但是始料不及的是，两人合译完成之后，一时竟无法觅得出版商，该译本只好陆续发表在1935年的《学术世界》上〔30〕。直到胡肇椿出掌上海市博物馆之后，《考古学研究法》才被纳入到上海市博物馆丛书，列为丁类第一种。两人均通晓日文，且胡肇椿兼为滨田耕作弟子，无论在语言条件还是师承关系上，郑胡译本基于滨田日文译本无疑。《考古学研究法》基本继承滨田耕作的术语体系也是明证，蒙特柳斯定名为“孟德鲁斯”，类型学以“型式学”相称，居址（Wohnplatz）、墓地（Grabfeld）和墓葬封土（Grabhuegel）分别以“住居”、“墓地”和“高塚”相称。滨田耕作对蒙特柳斯类型学的传播也有一个有趣的转变过程。滨田耕作起初只是在自著教材中采取摘要介绍的方法传播蒙特柳斯类型学思想，但最终决意完整翻译蒙特柳斯《东方和欧洲的古代文化时期》首卷，定名为《考古学研究法》，郑胡译本甚至完全接纳了滨田译本的译名。由于滨田耕作通过多个渠道，对中国考古学产生了全面而巨大的影响，导致郑胡译本的词汇更接近现今中国考古学行用的词汇。不过，胡肇椿主导的上海市博物馆丛书的社会影响似很受限，此书也不例外，造成郑胡译本行之不远。

几乎同时，滕固以《先史考古学方法论》为题，出版了蒙特柳斯《方法论》的另一个版本〔31〕。主要由于出版商的原因，诸多早期考古学家读到的是滕固

〔29〕郑师许：《通俗考古学丛书编辑计划》，《考古社刊》第1期，1934年。

〔30〕《学术世界》第1卷，第2~6期，1935年。

〔31〕蒙德留斯著，滕固译：《先史考古学方法论》，上海：商务印书馆，1937年。郑胡译本的出版时间是1936年12月，郑师许序作于1935年10月；滕固译本出版时间是1937年1月，滕固序作于1935年2月。因此，两个译本的翻译和出版几乎成平行之势。

译本。滕固（1901~1941）为中国近现代美术史研究和美术教育的开创者之一，曾经先后留学于日本和德国，归国后执掌由北平艺专和杭州艺专合并的昆明艺专。滕固在绘画史研究上颇有建树，以《唐宋绘画史》和《中国美术小史》闻名，但基本不涉足考古学研究。他对中国考古学的影响完全基于1937年商务印书馆出版的译著《先史考古学方法论》。滕固译本的初衷也与考古学无关，而是将蒙特柳斯基于形式分析的类型学方法介绍给中国美术史研究，“研究先史遗物的体范纹饰，蒙德留斯博士的‘方法论’不失为一个有价值的指示。近年来吾国学者治古代彝器，于款识文字而外，也兼及花纹；这个风气现方发轫，或需借鉴之处，爰译此著，献给从事于此方面作一种参考”〔32〕。不过，从今日的视角看，初衷和效果恰成逆反之势。滕固译本可能本自蒙特柳斯德文原版，在翻译过程中应该茫然不知郑胡译本，但对滨田耕作的日译本应有所了解，滕固在《例言》中提及，“吾友罗味真先生将拙译与近年日人滨田耕作氏之译本对读一过”〔33〕。由于与中国考古学的隔阂，滕固放弃了滨田耕作的术语体系，另起炉灶拟定新名。最关键的“型式学”一词，滕固改用“体制学”，作者名也厘定成为“蒙德留斯”，其他专有术语也大多另译。滕固《译者例言》指，“日译本稍有误植及漏略之处”，但其译本正文几乎可以和郑胡译本一一对应，滨田耕作日译本实有说明，“此译本是把福原文学士译成的初稿来就原文一一对勘过的”〔34〕。真正删改原文的恰是滕固译本，《译者例言》指出，注释“酌存其对于本文作补充说明之若干处，其余概予删除”，插图说明“作者于每一条下注明物品出所，引自何书或原物现藏何处，译者除存其物品出所外，亦擅加删除”〔35〕。因此，直接译自德文原版的滕固译本无论在翻译质量还是完备程度

---

〔32〕蒙德留斯著，滕固译：《先史考古学方法论》序，上海：商务印书馆，1937年，第1页。

〔33〕蒙德留斯著，滕固译：《先史考古学方法论》序，上海：商务印书馆，1937年，第2页。

〔34〕蒙德留斯著，滕固译：《先史考古学方法论》译者例言，上海：商务印书馆，1937年，第2页；滨田耕作：《日文译本例言》，收录于《考古学研究法》，上海：世界书局，1936年。

〔35〕蒙德留斯著，滕固译：《先史考古学方法论》译者例言，上海：商务印书馆，1937年，第2页。

上都不及郑胡译本，其自拟的术语体系基本无人沿用，但可能因为出版商的原因，商务印书馆版译本流传更广，因此诸多考古学史研究多引用滕固。

即使《方法论》已经有两种不同的译版，仍不可高估蒙特柳斯对 1949 年之前中国考古学的影响。有学者指出，蒙特柳斯著述中译之后，甚少被同时期的中国考古学家引用〔36〕。但也有学者认为蒙特柳斯为中国考古学家熟知应该是不言自明的〔37〕。从公开刊布的文献看，前说大致不误。李济曾提及蒙特柳斯，"欧洲铜器时代的文化均无文字，它们的年代大概都靠着器物形制的演化作一个相对的标定"〔38〕。到 80 年代，夏鼐回忆先后读到了滨田的日译本和"从德文直接译出的汉文译本"〔39〕。除此之外，蒙特柳斯基本没有在早期考古学史和考古学人身上留下任何可见的影响。前说精当地指出了蒙特柳斯类型学的社会进化主义观念和机械唯物主义特征，因此，李济基本避而不用这种方法，转而在日本其他考古学潮流的影响下设计适合分析青铜器的分类方法〔40〕。后说可能将蒙特柳斯类型学在中国考古学中大行其道的晚期记忆覆盖在早期历史上了。中国早期考古学人之中，受蒙特柳斯影响最深的是苏秉琦。苏秉琦将蒙特柳斯类型学纳入到中国考古学的专业教育之中，使之成为中国考古学最基本的方法之一。但是，如果进一步观察苏秉琦早年对宝鸡斗鸡台陶器的整理，可以发

〔36〕陈星灿、马思中：《蒙特柳斯和中国考古学》，《21 世纪的中国考古学与世界考古学》，北京：中国社会科学出版社，2002 年。

〔37〕陈洪波：《蒙特柳斯考古类型学思想在中国的译介》，《考古》2011 年第 1 期。

〔38〕李济：《殷墟铜器五种及其相关问题》，《历史语言研究所集刊》外一种《庆祝蔡元培先生六十五岁论文集》，1933 年；收录于《李济文集》第 3 卷，上海：上海人民出版社，2006 年。李济将蒙特柳斯译作"穆太尼斯"。

〔39〕夏鼐：《中国文明的起源》序，东京：日本放送出版协会，1984 年。收录于《夏鼐文集》上卷，北京：社会科学文献出版社，2000 年，第 139 页。但是，夏鼐日记中全无蒙特柳斯的记录。

〔40〕李济：《记小屯出土青铜器（上）》，《中国考古学报》第 3 册，1948 年，收录于《李济文集》第 3 卷，上海：上海人民出版社，2006 年；《记小屯出土青铜器（中）》，《台湾大学文史哲学报》第 4 期，1952 年，收录于《李济文集》第 3 卷，上海：上海人民出版社，2006 年；《豫北出土青铜句兵分类图解》，《历史语言研究所集刊》第 22 本，1950 年，收录于《李济文集》第 3 卷，上海：上海人民出版社，2006 年。

现他当时仍然采用自行设计的分类方案，而接受蒙特柳斯的影响应该晚至50年代，“在大量实际分析、综合考古新材料的工作中，从中国考古的具体研究出发，为正确运用和发展这种方法论，作出了奠基性的贡献”〔41〕。

类型学是推断考古学遗物相对年代最基本的方法之一，其中，蒙特柳斯类型学仅是诸多模式之一，但是，由于在专业教育之中居于独尊地位，在20世纪下半叶成为中国考古学中类型学的正宗。蒙特柳斯入华和参与中国考古学早期实践的北欧学人无关，也不是作为斯堪的纳维亚考古学传统的组成部分输入的，而是《方法论》中译的结果。在两个不同的中译版本中，郑胡译本源自滨田耕作的日文版，而滕固译本则直接译自德文原版。滕固译本虽然更常被考古学史引用，但并非以服务于中国考古学为目的；而郑胡译本更明显地受到滨田耕作的影响。蒙特柳斯类型学并未随着《方法论》中译本的出现而迅速风靡，直到50年代之后，在苏秉琦的倡导下才成为中国考古学的利器。

9.3 从彼特里、吴雷到惠勒：田野发掘方法的输入

无论是主流还是暗流传统，中国早期考古学者们都执著地探索田野发掘理念和方法。在安阳考古学家摸索各种类型的地貌特征和遗迹现象的同时，暗流传统的学者们除了在零星的田野工作中进行尝试之外，开始着手引入西方田野考古学发掘经验。事实上，同时期旧大陆考古学中可资参考的发掘经验并不多见，中国学人在输入过程中难免带有一定的偶然性，最先以田野发掘方法之名引介到中国的是以发掘乌尔第三王朝城址成名的英国考古学家吴雷（Leonard Wolley，1880~1960）。嗣后深刻影响了新旧大陆考古学各个分支传统的惠勒-凯尼恩发掘方法（Wheeler-Kenyon method）在20世纪30年代刚刚崭露头角，对中国田野考古学进程影响深远的两位考古学家——吴金鼎和夏鼐先后参加了惠勒主持的梅登堡遗址的发掘，不过此时尚未显露峥嵘，而且有证据表明，他们也未完全服膺于惠勒发掘方法。对东亚考古学更具有象征意义的埃及考古学大师彼特里的发掘方法此时也已经确立下来，也极得滨田耕作的推崇，但却没有译介入华。由

---

〔41〕张忠培：《探索与追求》，《文物》1984年第1期；《〈苏秉琦考古学论述选集〉编后记》，收录于张忠培：《中国考古学：走近历史真实之道》，北京：科学出版社，2004年。

于早期引介者并非田野考古学家，因此，吴雷考古学发掘方法的引进并没有产生立竿见影的效果，同时期中国考古学的发掘方法基本没有受到其影响。梅登堡经验也没有马上在中国考古学实践中反映出来，直到50年代之后，中国田野考古学才明确显示出惠勒-凯尼恩体系的影响。

1949年之前作为考古学发掘方法输入的著述仅有吴雷所著《考古发掘方法论》一种。吴雷是20世纪初期考古大发现时代最著名的田野考古学家之一，曾先后任职于阿什摩林博物馆和大英博物馆，其考古发掘生涯起始于1906年。除在英国本土发掘之外，吴雷长期在埃及、努比亚和伊拉克进行发掘，其中，埃及阿玛纳遗址的发掘使他声名鹊起，而为他带来世界性声誉、登峰造极的是1922年开始，持续时间长达十年的乌尔王城的发掘。吴雷在乌尔揭示出完整的王室墓葬区，在丰富的出土遗物基础之上，吴雷提出了乌贝德文化等概念。对于考古学而言，吴雷的贡献并不局限在发现上，更为重要的是在学科规范上。吴雷著述数量不多，多集中在乌尔发掘，其中《乌尔发掘：十二年的工作记录》（*Excavations at Ur*：*A Record of* 12 *Years' Work*）尤为著名。

《考古发掘方法论》是吴雷于1930年出版的名为《发掘过去》（*Digging Up The Past*）的中译本。吴雷并不是以田野发掘技术和方法著称的考古学家，该书也不是专论考古学发掘方法的学术著述，因此，从具体的发掘方法规程上看并无超出同时代其他学者的阐发之处，但是以此作为中国考古学建立田野考古伦理规范的他山之石却很合适。郑师许提及，1934年春天，胡肇椿仍在翻译“某氏的发掘法”，即指此书。《考古发掘方法论》中译本于1935年由商务印书馆出版。该书由粤籍政治元老梁寒操（1898~1975）作序。虽然出自非职业考古学家的政治人士之手，序言仍然精当地提到发掘方法对于考古学的重要性，“近数年间，从事发掘之考古学家，风起云涌，司其事者偶有疏忽，则重要史料或即从此永就淹没，此大可惜也”〔42〕。全书分为五章，从考古发掘的理念、发掘前的准备到不同类型遗存的发掘，以考古材料的应用终结。第一章讨论“为什么要发掘”，但吴雷的真实用意是为什么需要发掘完整的考古学情境。他提出，“这是根据于历史的价值，不在遗物本质，而在乎它的互联关系上的理论，

---

〔42〕 梁寒操：《考古发掘方法论》序，上海：商务印书馆，1935年。

而这种互联的关系只有科学化的发掘才能侦察出来”〔43〕。同时，吴雷强调，考古发现不是意外的结果，而是“循着逻辑的原理得来的”。因此，此章讨论的是考古发掘的学术伦理问题。第二章“发掘的开始”从宏观的角度讨论具体田野方法之外的安排，如考古工地的用工；发掘之前的踏查也收入本章。第三章和第四章分别讨论两类遗址的发掘：“市镇遗址”和“墓葬”。这是较早分类讨论不同类型遗址发掘的专著，但是甚少讨论具体的发掘方法，而是更多地讨论出现在遗址中的各种遗物的判断方式。而且，虽然已经出现“探沟”等发掘方法和地层的观念，但是没有提出基于土壤变化的考古地层学。第五章“考古材料的应用”指田野发掘之后的遗物室内整理，也提及有别于蒙特柳斯的类型学方法。胡肇椿翻译的《考古发掘方法论》一书极为流畅，可能和原著实为普及读物有关。全书虽然多基于同时期埃及、两河流域和爱琴海一带的田野考古工作，尤其是吴雷本人在阿玛纳和乌尔的发掘，但仍以理念为主，而并非专门教授发掘技术的教材。

给新旧大陆不同考古学传统带来革命性转变的田野考古学方法是惠勒-凯尼恩方法（Wheeler-Kenyon method）。这个方法在20世纪30年代出现，到50年代成熟，逐步替代了此前旧大陆各地考古学传统所见的顺掘法（turning-over method）和水平发掘法，渐成主流方法。在中国的田野考古学中，这个方法的影响尤其深远，迄今仍是田野考古学的标准规程。惠勒-凯尼恩方法最初被称为网格法，也被称为探方法。自30年代初开始，至第二次世界大战爆发，惠勒在英国本土的发掘中完善了这种方法，并将其用于教学目的。惠勒先后主持的发掘包括位于今天圣奥本斯的瓦伦拉缪姆、位于多彻斯特的梅登堡和位于约克郡的斯坦威克遗址。这个发掘方法体系最终由凯尼恩在1952~1958年的杰里科发掘中予以完善〔44〕。惠勒-凯尼恩方法目前已经为全世界田野考古学家熟知，即在田野考古学中首先采用探沟确定遗址内涵，在正式发掘中采用网格布方方式，每个“格子”的规模为5米×5米，在中国考古学中称为探方。每个探方的边线上都保留隔梁暂不发掘，以便考古发掘人员控制方内地

〔43〕 吴理：《考古发掘方法论》，上海：商务印书馆，1935年，第5页。

〔44〕 Callaway J A. Dame Kathleen Kenyon, 1906-1978. *The Biblical Archaeologists*, 1979, 42 (2): 122-125.

层关系。这种发掘法的雏形出现在1930年开始的瓦伦拉缪姆遗址的发掘之中。但是，对世界考古学而言，可能影响更为深远的是1933~1938年的梅登堡发掘，对中国考古学尤其如此。梅登堡为铁器时代晚期的山顶要塞遗址，惠勒在此地的发掘在田野考古学教育和考古学项目管理上都具有范式价值。梅登堡发掘采取了职业考古学家监督，大量征募义工和学生发掘的方式，这并不是为了降低成本，节省开支，惠勒更深的殷望是将梅登堡作为培训未来田野考古学家的基地。事实证明惠勒也如愿以偿：诸多梅登堡发掘的实习生先后成为独当一面的职业田野考古学家。出掌印度考古调查局之后，惠勒在印度复制了梅登堡经验，在南北不同地点设立了多个营地，培养了印度最早的职业田野考古学家〔45〕。而在梅登堡发掘中，两位年轻的中国考古学学生——吴金鼎和夏鼐——先后加入进来，接受训练。夏鼐曾经忆及在梅登堡的发掘，提及惠勒的名言，"我们的发掘不是为了寻找宝物，而是为了寻找居住遗迹的柱洞"〔46〕。不过，梅登堡经验没有很快在中国考古学中见到成效。吴金鼎和夏鼐自英国回国后参与了中博院筹备处在西南和西北的调查和发掘，探方法并没被采纳。吴金鼎主持的苍洱考古中虽然也有较大规模的发掘，但是仍然采用了顺掘法〔47〕。

在1949年之前的中国考古学中，吴金鼎无疑是田野训练最完备和田野经验最丰富的考古学家。长期以来，我们并不知晓在发掘报告之外，吴金鼎也有田野考古学方面的专论。直至曾昭燏《考古学通论》刊布后，吴金鼎在田野考古学上的贡献才得以重新揭示。曾昭燏自1952年起在南京大学历史学系讲授考古学通论课程，并形成了《考古学通论》讲稿〔48〕。讲稿中提及，吴金鼎于1941年写就《田野考古方法》一书，原稿未获出版即在香港遗失，但是部

---

〔45〕 Chadha A. Visions of Discipline: Sir Mortimer Wheeler and the Archaeological Method in India. *Journal of Social Archaeology*, 2002, 2 (3): 378-401.

〔46〕 夏鼐：《中国考古学研究》序，东京：学生社，1981年。收录于《夏鼐文集》上卷，北京：社会科学文献出版社，2000年，第136页。

〔47〕 吴金鼎：《云南苍洱境考古报告》，李庄：国立中央博物院，1942年，第9页。

〔48〕 曾昭燏：《考古学通论》，《曾昭燏文集》（考古卷），北京：文物出版社，2009年。

分章节由曾昭燏保留，收入到讲稿之中〔49〕。曾昭燏固然根据50~60年代田野新收获及社会情境的变迁修改了部分内容，但是《概论》一篇中应有不少基于吴金鼎的写作，不仅吴金鼎既往的田野工作频被引为例证，而且对田野工作规程的描述可以与散见于吴金鼎所著发掘报告中言简意赅的类似文字相对照。吴金鼎将田野考古分成调查、试掘和发掘三项，遗迹辨认办法均引英国或者近东的例子，而具体的调查方法则多引大理苍洱考古的例子。在发掘上，吴金鼎坚持按照先长探沟（讲义作“探壕”），后发掘的程序，发掘又分成顺掘法（讲义作“顺滚法”）、阶梯式顺掘法（讲义作“台阶式顺滚法”）、全揭法、四分法和散坑法五种。其探沟作1~1.5米宽，探方的规模为10米×3米。无论是顺掘法还是探沟和探方规格都可溯源到埃及考古学奠基人物彼特里在阿比多斯的发掘，毫无疑问，虽然吴金鼎曾经参加梅登堡的发掘，但是在田野实践中，仍然是彼特里的追随者。

9.4 中国考古学中的滨田耕作遗产

上述三个独立的侧面显示，无论在西方考古学基础知识，还是考古学基本方法，近代意义的中国考古学虽然源在西方，但是深受作为中介的日本考古学的影响。更准确地说，滨田耕作影响了中国考古学理论和方法的组合。20世纪上半叶，中国最早的考古学家分别求学于欧美诸国，但是直接影响其实非常有限。20世纪上半叶的美国考古学中以致力于西南美国和中美考古学的基德（Alfred Kidder，1885~1963）领考古学潮流，学术史研究上将美国考古学演进成为复杂、系统的学术追求归功于他，但是梁思永、冯汉骥等中国考古学人基本与基德及北美本土历史编年学派没有交集。而在欧洲，英国已经稳居考古学核心地位。夏鼐曾经深情地回忆到，“1930年代的英国考古学界是巨星璀璨、大学者辈出的时代。埃及考古学有比特里，美索不达米亚考古学有伍莱，希腊考古学有伊文思，理论考古学以及比较考古学有柴尔德，田野考古学有惠勒”〔50〕。埃及考古学家彼特里奠立了近代意义英国考古学传统。彼特里自1892年开始的埃及考

〔49〕 曾昭燏：《考古学通论》，《曾昭燏文集》（考古卷），北京：文物出版社，2009年。

〔50〕 夏鼐：《中国考古学研究》序，东京：学生社，1981年。收录于《夏鼐文集》上卷，北京：社会科学文献出版社，2000年，第136页。

古学讲席和惠勒于 1937 年设立的考古学研究所使伦敦大学逐步成为英国考古学的中心。吴金鼎和夏鼐通过留学伦敦大学，特别是参加梅登堡发掘接触到英国考古学的主流。不过，英国考古学的影响直到 1949 年之后才渐趋明朗。对于中国考古学整体而言，除了少数学人拥有有限的机会之外，大部分考古学家仍然只能通过相关著述认识西方考古学，而考古学观念、理论和方法的传入表现出强烈的日本的中介作用，滨田耕作构成了一个关键的环节。

滨田耕作素有日本考古学之父的美誉。他不是严格意义上日本最早的田野考古工作者，也不是最早的日本考古学家，但是在日本考古学的学科规范上，滨田耕作作出了最重要的贡献。此外，兼受学科思想传播和政局变迁的影响，滨田耕作对朝鲜考古学和中国考古学都有深远的影响。滨田耕作系大阪府人，1905 年毕业于东京帝国大学，1913~1916 年求学于伦敦大学，师从彼特里。彼特里传统构成嗣后东亚考古学中追溯“科学考古学”的共同源头。1909 年起，滨田耕作执教于京都帝国大学，创立了考古教研室。在逝世前一年，滨田耕作出任京都帝国大学校长。除了日本本土遗址的调查和发掘之外，滨田耕作也曾经出任朝鲜总督府古迹调查员，朝鲜半岛北部和中国东北地区的早期考古发掘皆与他有关。出于和北京大学合作的考虑，滨田耕作和日本汉学界多位学人共同发起东亚考古学会，这是东亚考古学史上最早的跨国学术组织。滨田耕作的主要著述包括《通论考古学》、《古物研究》、《东亚文化之黎明》，悉数皆有中文译本行于世。除前述米海里司和蒙特柳斯的译介外，滨田耕作对中国考古学的影响集中体现在《通论考古学》的汉译上。

1949 年之前中国考古学中的考古学通论教材以两种为主，计有张凤《考古学》和滨田耕作《通论考古学》。两者之间实有不可分割的关联，张凤《考古学》在很大程度上取材于滨田耕作的著述。因此，1949 年之前的中国考古学中，如果能获取任何有别于传统金石学的考古学知识的话，滨田耕作几乎是不二选择。

先期出版的张凤《考古学》实际上是滨田耕作考古学理论与方法体系汉化的结果。作为国立暨南大学文学院丛书之一，《考古学》于 1930 年印行。这是在多位作者于多间大学讲授考古学课程的讲义基础上整理而成的，由张凤总揽编辑之务。张凤系留法学生，雅好金石，曾经参与卫聚贤发起的吴越史地研究会的考古调查，但是并不算是职业考古学人。在序言之中，张凤表明，《考古学》一书是集体成果。“此书不是在一时及在一地写成，且也不出于一人之手”。至于具体过程，仅有数语言及，“二三年来，任课沪地各大学，若暨南、复旦、大夏、持志，讲授时，趁译及参考东西各考古学、史前史等著而成。最初只有一篇讲解的纲要，随编随讲，后由代课者、继任者续编。先后若程仰之、闻野鹤两先生皆预其事。由程君讲授时，一按原目编纂，后由闻君转译滨田耕作之《通论考古学》足成之。最后又由凤前后截割，酌量补充，具如现状”〔51〕。由此可见此书编撰过程中的数个步骤。首先，此书基于若干个学校的考古学课程讲稿；其次，此稿是长时期增删原稿的集体智力成果，虽然由张凤署名，但并不意味他承担了主要的写作部分；最后，在写作过程中有编有译，而且翻译的一个重要来源是闻宥翻译滨田耕作的《通论考古学》。

此书出版后即获得学术界的关注，有书评认为，“张氏此编，除大部分据滨田之作改编外，再补述中国考古事迹，且于西方的史前考古亦比滨田所述稍详。所以此书较俞君译本当然胜过一筹。不过，我们还觉得这书太简略些”〔52〕。其他多家论者也都提及该书在中国考古学上的地位。此书常与滨田耕作的《通论考古学》相较，并被认为更高一筹。但是，1922 年出版的滨田耕作《通论考古学》于 1931 年由俞剑华翻译，商务印书馆出版。两书对比或可揭示出更多有趣的线索。

内容对比令人惊异地揭示，《考古学》的绝大部分内容来自《通论考古学》，仅有少量差异，绝非“选译”或者“编译”可形容。《考古学》全书共计五编，分为《前论》、《古物的范围》、《发掘》、《研究》和《后论》五篇。自第二编《古物的范围》起，虽然编名上有少许差异，《考古学》以“古物的范围”描述考古学资料，而《通论考古学》则作“资料”；《考古学》以“发掘”描述资料的获取过程，而《通论考古学》则作“调查”；前者两度自行拟名都反映了认识上的片面和偏差。除此之外，《考古学》连续四编的内容几乎悉数出自滨田耕作的《通论考古学》。唯一的差别在《考古学》在发掘编的第三章《调查的方法》上，较原书多出《发掘工作中之定层位法》，所述实为在田野考古发掘中如何记录出土物品的方法。

---

〔51〕张凤：《考古学》声明，上海：国立暨南大学文学院，1930 年。

〔52〕《新书介绍》，《国立北平图书馆馆刊》，第 5 卷第 6 号，1931 年。

两书之间较为显著的差异表现在篇首部分。《考古学》首编为《前论》，主要内容包括“古的关系”、“生民之前”、“化石与人类”和“初民之生活”。而《通论考古学》首编《序论》，包括“什么是考古学”、“考古学的范围及目的”和“考古学与其他学科的关系”。相对而言，滨田所述均为考古学导论涉及的最基本的内容，与迄今仍然通行的考古学教材并无太大差异。而张凤所述则显然出自两个来源，一是反映中国特有的传统底层和学术生态。在“古的关系”中不厌其烦地阐释近世意义的考古学和传统的金石学以及“古刻学”（铭刻学的另外译法）之间的关联。另一个来源则是详细到繁琐地介绍了莫尔蒂耶的欧洲旧石器体系，这应该和张凤的留法背景有关。但是，这两个特征却很难让人推导出张凤著述“胜过一筹”，而是恰好相反，在考古学导论的系统性和完整性上，张凤《考古学》都无法和滨田耕作《通论考古学》相提并论。而且，这一章很可能就是张凤所指“最初的讲解纲要”。

俞剑华译本廓清了张凤本《考古学》的来历和在中国考古学上应有的地位，但是也引起了新的问题。俞剑华（1895~1979）系著名美术史家，基本与考古学无涉，也与日本无涉，仅在1929年夏天短暂访日。因此，俞剑华翻译此本重要的考古学教材的动机无从知晓。而且，《通论考古学》又无译序，使该书出版线索变得尤其含混。有人指出，俞剑华译本可能是原封不动地抄了张凤《考古学》中闻宥的译文〔53〕。不过此说并无铁证，而且有些细节值得进一步分析。不容否定的是，晚出的俞剑华译文的确与闻宥译文高度雷同，大段章节行文完全一致。但是，张凤《考古学》中新增的“发掘工作中之定层位法”并未出现在俞剑华译本之中。此外，俞剑华译本的一个重要的改变是基本全盘重新厘定了西方学人的人名，如彼特里在闻宥译本中作“布他利”，而在俞剑华译本改作“帕特莱”；蒙特柳斯在前者中作“茫他拉斯”，而在后者中改作“蒙特鲁斯”。《考古学》所用译名也许并不完全反映闻宥的判断，因为该本最终经过张凤的增删审定，而不同环节的修改已经无法完整复原了。《考古学》一书中西文拼法频频出错，是否仅仅只是手民之误植也未可知，而俞剑华译本则已大体改正。此外，张凤似在一定程度上将西文（尤其是英文）都统一成为法文，而在俞剑华译本中又多从英文。

---

〔53〕陈洪波：《蒙特柳斯考古类型学思想在中国的译介》，《考古》2011年第1期。

不论是张凤《考古学》还是《通论考古学》俞剑华译本，奠立中国考古学基本结构的功绩最终都指向滨田耕作。在《通论考古学》之外，滨田耕作尚有《东亚文明之黎明》和《古物研究》等，并且都已经先后译成中文。夏鼐也认为“滨田耕作从20年代后期到他去世时，俨然为日本考古学界的泰斗。他不仅领导日本考古学家发展日本考古学，并且把他们的研究领域扩大到中国考古学方面”〔54〕。夏鼐对滨田耕作在20世纪上半叶东亚考古学中的地位判断大致不误，不过，滨田耕作对中国考古学的影响并不基于由他发起和主持的东亚考古学会在中国东北地区的历次发掘，反而是通过以《通论考古学》为代表的著述翻译入华形成的〔55〕。

如果对比《通论考古学》和1949年之后出现的各版中国考古学教材，就可以发现前后显著的连续性。概括而言，表现在以下数个方面：首先是考古学基本术语的厘定。将考古学遗存分成遗物和遗迹两个主要类别，各个类别的基本范畴等概念都是西方近代意义考古学有别于传统古物学的关键。中国考古学中这些词汇的定名和定义都是承自滨田耕作的。其次，中国考古学基本理论和方法格局的成形深受滨田耕作的影响。迄今为止的中国考古学仍然视地层学和类型学为学科基石，而这两种方法在其他地区的考古学传统中似未曾得到如此隆重的强调。而追溯其来源时，这个理论格局实际源自滨田耕作，但是在中国考古学的进程中略有修改。滨田耕作强调考古学的三种方法为“层位学方法”、“型式学方法”和“土俗学方法”，但是在随后的衍变过程中，中国考古学仅保留和强调了前两者。而更为相映成趣的是，滨田耕作强调的考古学基本方法格局，尤其是蒙特柳斯类型学反而在日本考古学中已经失去了主导地位。再次，中国考古学的作业规程也主要来自滨田耕作。如果比较《通论考古学》和《考古工作手册》，以及1949年之后各种考古学人才培训资料的话，我们仍可发现

〔54〕夏鼐：《中国文明的起源》日文版序言，日本放送出版协会，NHK丛书第453种，1984年。

〔55〕滨田耕作：《貔子窝：南满洲碧流河畔の先史时代遗迹》，东京：东亚考古学会，1929年；原田淑人：《牧羊城：南满洲老铁山麓汉及汉以前遗迹》，东京：东亚考古学会，1931年；岛田贞彦：《南山里：南满洲老铁山麓の汉代砖墓》，东京：东亚考古学会，1933年；森修：《营城子：前牧城驿附近の汉代壁画砖墓》，东京：东亚考古学会，1934年。

两者的前后延续关系。无论是最初的资料收集、调查和发掘方法及步骤、记录遗物和遗迹的方式、考古资料的后处理过程等，都是一脉相承的〔56〕。最后，在学科伦理上，考古学工作者应该采取何种工作态度，坚守何种学科操守上，滨田耕作提出的若干理念和原则至今仍然在中国考古学中得到秉承。考虑到以上诸多方面，宣称滨田耕作对1949年之后中国考古学的影响甚至超出安阳传统也并不为过。

滨田耕作也曾经参与过中国考古学，不仅建立了东亚考古学中最早的跨国合作学术机构——东亚考古学会，也亲身参与了中国东北地区的考古调查和发掘〔57〕。不过，主要基于政治原因，滨田耕作的中国考古学实践反而未易获得中国考古学人的认可。早在1922年，北京大学国学门设立考古学研究室时，就曾经委托张凤举、沈尹默拜访和请教于滨田耕作，滨田耕作对于北京大学考古学研究室的建议嗣后也多被采纳〔58〕。1925年，滨田耕作、原田淑人、小泉显夫和岛村孝三郎等联合倡议成立东亚考古学会，到1926年6月，滨田耕作代表东亚考古学会与中国学人联合成立东方考古学协会〔59〕。该会分别于1926年6月于北大二院、1927年3月于东大和1929年10月于北京召开了三次大会。1927年4~5月，东亚考古学会发掘貔子窝，参加发掘的学者包括东京大学原田淑人、田泽金吾、驹井和爱、宫坂光次，京都大学滨田耕作、小牧实繁、岛田贞彦以及朝鲜总督府小泉显夫等。中方派马衡、陈垣、罗庸和董光忠等学者前往参观，但并无职业的考古学家参与其事。1928年发掘牧羊城时，庄尚严也曾经短暂参加发掘。作为回应，中方组织的燕下都和姥姥台等地的发掘也邀请了日方学者参加。但是，由于中日双方学术训练背景上的严重差歧，对考古学合作的态度也不统一，兼之东方考古学协会多受到关东厅、朝鲜总督府、满铁等日本外务机构的支持，而中日两国之间的摩擦和对抗到30年代愈演愈烈，导致以滨田耕作为代表的东亚考古学会与北京大学考古学会等机构的合作最终以失败告终。东方考古学协会在中国东北的多次发掘虽有中国学者参加和观摩，但是由于与之合

〔56〕中国社会科学院考古研究所：《考古工作手册》，北京：文物出版社，1982年。

〔57〕桑兵：《东亚考古协会述论》，《历史研究》2000年第5期。

〔58〕《张凤举先生与沈兼士先生书》，《北京大学日刊》974号，1922年3月6日。

〔59〕滨田耕作：《东方考古学协会と东亚考古学会》，《民族》2卷4号，1927年。

作的学人实际多从属于金石学和古器物学传统，虽然感叹日本考古学方法的精准，但是对中国考古学的进程并无太多影响。就在中日考古学合作宣告破裂前夜，丁士选特别向中国考古学界介绍滨田耕作，“先生学问淹博，持论纯正，凡谈有关中国之问题，向系鉴空衡平，忠实论究，绝不似喜田贞吉、矢野仁一、鸟居龙藏等之御用学者，负有政治使命，故为曲解事实，代野心家作凌辱中国之‘学术的根据’也”〔60〕。如果站在50年代初的节点上，回看这段文字，不乏值得回味之处。

任何地区、任何时段的考古学资料都是历史特定主义的表现。但是，如果任何地区的考古学研究传统能被接受成为具有普遍意义的全球考古学一支的话，共享的学科基本概念、方法和理论是最关键的判断依据。1949年之后中国考古学中的考古学基础知识和体系虽然都不见于安阳传统，但是也绝非崭新；事实上，早已作为暗流纳入到中国考古学之中。滨田耕作构成了追溯中国考古学学术传统的枢纽。滨田耕作对东亚考古学的影响并不在于他的田野考古发掘遍布东亚各国，也不因为他主持的发掘构成重建东亚早期历史的重要史料；处在殖民主义运动背景下，即使是严谨的考古学发掘，也难免遭受否定。滨田耕作的真正影响来自于他的著述、主张和倾向塑造了东亚考古学的基本学科格局和规范。其中，尤其重要的是滨田耕作所著《通论考古学》一书，迄今仍可见于中日考古学的基本概念、方法和理论概源于此。但是，滨田耕作的遗产在东亚各个考古学传统中的保存却不尽相同，在中国考古学中留下了尤其深刻的印象。受到新考古学影响之前的中国考古学诸多术语都采纳了滨田耕作的界定。中国考古学对地层学和类型学作为学科基础的强调也肇始于滨田耕作。在地层学上，滨田耕作回溯到彼特里的埃及发掘，以顺掘法为名予以推广。在类型学上，滨田耕作尤其推崇蒙特柳斯类型学方法，亲自翻译了《方法论》日译本，而该书最早的中译本就是滨田耕作日译本的汉化。在学术史定位上，滨田耕作确立的以彼特里为源头的英国科学考古学正朔传统也一直暗藏于中日考古学传统中〔61〕。不可否认，中国考古学中的滨田耕作遗产也会应时势而变。彼特里的顺掘法到1949年之后让位于在旧大陆考古学中已经成鼎盛之势的惠勒-凯尼恩方法，滨田

〔60〕 丁士选：《介绍日本考古学者》，《考古社刊》第6期，1937年。

〔61〕 樋口隆康：《中国文明的起源》序，北京：文物出版社，1985年。

耕作主张的“土俗学方法”随着人类学在中国大陆地区的短暂失势而消失，但是深受进化主义和传播论影响的蒙特柳斯类型学却一直占据主导地位，甚至压制了对彼特里序列年代排列法的接纳。滨田耕作普及西方考古学史的努力没有得到中国早期田野考古学家的积极回应，流亡时期的郭沫若承继了滨田耕作的兴趣，译介了米海里司的《美术考古一世纪》；同在流亡时期的郑振铎以米海里司为楷模，撰写了中国最早的世界考古学通俗读本。表面上呈现为多元多流的西方考古学入华途径很快汇聚到滨田耕作一人身上——从未有任何海外学人如此深远地影响了中国考古学的进程，而他的价值迄今都未得到准确地阐发。

余论

作为后过程主义考古学的暗流视角

1949 年之前中国考古学的暗流传统其实无法悉数罗列。这是由于多种原因造成的：被列入暗流的学术传统基本都存在资料匮乏或者种种不可接触性问题，这导致有的暗流传统是大多数研究者前所未闻的，或者即使知晓，也无从接触。新材料的公布固然有可能刷新我们的认识。但是，材料和判断之间并不存在相互刺激、相互促进的线性关系。至少有的暗流传统是重新“发现”的，其材料早已公布，只是在评估上一度游移不定；甚至，有的暗流传统是“制造”的，它们可能因为方法和理论等原因被视为“非科学”的扰乱活动，也可能因为学术以外的原因遭到贬抑。因此，在一定程度上，暗流传统的发现更依赖于学术史视角和研究范式的转型。在中国考古学研究上，发现未被关注的环节早已有之。安阳传统并非始终拥有主脉地位，中国新石器时代考古学的奠基人物安特生也是在长期被脸谱化地描述为帝国主义文化特务之后才逐渐得到重新认可〔1〕，1986 年广汉三星堆祭祀坑的发现唤起对葛维汉和林名均于 1934 年的汉州发掘的记忆〔2〕。但是，“发现”安阳、安特生或者汉州发掘都是拨乱反正，恢复其“主流”或者“正统”地位的努力。在既往的判断中，主流和暗流之间存在着正庶之别，高下之分，“科学”与否的鸿沟。然而，发现和阐释暗流传统却不是正本清源，重新确认一度被扭曲或者被忽视

---

〔1〕 严文明：《纪念仰韶遗址发现六十五周年》，《仰韶文化研究》，北京：文物出版社，1989 年。

〔2〕 Graham D C. A Preliminary Report of the Hanchow Excavation. *JWCRS*, 1933-1934, (6): 114-131.

的主流传统，而是揭示研究传统的多元化本质。在暗流视角下，无论是一元式还是多元式的主脉线索都将遭遇质疑，历史上和现实中研究传统的主次之分至少在一定程度上和研究者自身的立场和倾向等情境相关。因此，考古学史不是独立于研究者的对客观事实的客位描述和研究，研究者自身的社会和知识情境都将影响他发现、选择、强调和阐释特定的人物、事件和脉络。从某种意义上讲，考古学史是特定时代、特定地域、特定传统的特定学人的“镜像”，它不仅能反映阐释者的认知，而且能反作用于考古学研究。除了揭示了此前没被关注的考古学史侧面，暗流视角同样呼吁我们反思此前定义的主流传统，从而为考古学史乃至考古学研究带来全盘性影响。因此，暗流视角无疑深受后过程主义考古学的影响，或者说，暗流视角就是后过程主义考古学。

II.1　作为考古学的考古学史

由于考古学史并不是对考古学发展历程外在的客位（etic）观察，考古学史的回访方法因此必须设身处地地观察历史上的研究者所面临的资料，同情性地理解他们的预设观念和推理过程，将考古学活动视为特定时代的知识活动和社会生活的有机组成部分。而为了理解历史上考古学家的判断，我们常常通过比较自身和历史上的研究者在不同的社会和知识情境下如何评估同一笔材料，以此判断历史上的考古学发现和研究的遗产，而不是简单地、甚至时空错乱地以当今的认知水准褒扬或者贬抑历史上的判断。这种方法就是知识的考古学方法，考古学史因而成为考古学的考古学〔3〕。

考古学史视角和旨趣的变迁因此和考古学研究范式的转型耦合起来。在全球意义上，考古学史写作上的第一个范式以米海里司《美术考古一世纪》等起始，以丹尼尔的《考古学一百年》和《考古学一百五十年》为终结，年代上从19世纪晚期延续到第二次世界大战前后。这种范式常常采用单线式或者多线式选择和组织考古学脉络。考古学被视为实证式的发现之学，因此，考古学的进展常常表现成为“发现”，发现可以不加甄别地当做史料，各个发现之

〔3〕Foucault M. *L'archéologie du savoir*. Paris: Gallimard, 1969. 中译本见福柯著，谢强、马月译：《知识考古学》，北京：生活·读书·新知三联书店，1998年。

间并无内在逻辑关系，因而可以安全地以时间线索串联起来。这种考古学史的写作模式与单线式和多线式进化主义的考古学研究模式相呼应，也就与传播论及平行发展论密切相关。所以，丹尼尔笔下的全球考古学史在某种程度上和从蒙特柳斯、科森纳到柴尔德对欧洲大陆的早期文化谱系，以及90年代之前的中国考古学从一元文明模式到区系类型模式相类似。威利和萨波罗夫的《美洲考古学史》代表了考古学史写作上的第二个范式，最显著的贡献就是借用库恩的“范式”理论，将考古学史按照问题意识和理论导向分成若干连续发展的阶段，在特定的阶段里，提出问题和解决问题的思路是相对稳定的，也就是处于特定的“范式”之中。只有当旧有的解决思路无法恰当地解释资料，也就是出现“危机”时，才会萌生新的“范式”，这样，考古学史由线性的发现转变成为阶段性的范式与危机的互动。这种对学科发展规律性的信仰与同时期在考古学研究领域居于主导地位的新考古学思路相吻合。威利和萨波罗夫原本描述美洲考古学进程的范式被当成普遍适用的“科学”假说而广泛接受。而暗流传统的提出和厘定，即包含了对按照线性或者阶段性方式描述考古学进程的否定，以“众流”观念解释考古学研究传统的组成；而且“众流”的发现往往并不是资料累积的结果，而是建立在观念转型的基础之上，特别是对主观和客观的二分观念的辨析，使无论是考古学还是考古学史阐释都与研究者自身的情境结合起来，由此而形成多元、互动、反思和能动的考古学史。因此，暗流传统的研究可以被视为后过程主义考古学的镜像，也只有在这个阶段，考古学史才被确认为考古学的考古学，而在此之前，考古学史仅仅被视为客观的考古学活动的描述方式。

当考古学史定位为考古学的考古学时，考古学的定义不可避免地成为需要讨论的概念。尽管界定方式有异，考古学仍被视为联系古代和现代、物质和人、遗存和过程的桥梁。在文化-历史考古学中，考古学遗存常常被当成人类活动的“物证”，由物及人的过程是不言自明的反射式的，考古学器物组合被等同视为特定的“文化和人民”〔4〕。这种简单化处理方式导致考古学家的首要任务是发现和界定考古学器物组合。在新考古学范式中，物质和人的关系得到全面反

---

〔4〕 Meinander C F. The Concept of Culture in European Archaeological Literature, in *Towards a History of Archaeology*. London: Thames and Hudson, 1981: 100-111.

思，以宾福德为代表的过程主义考古学不再将物质看成是文化的静态反射，而是系统的动态过程的产物[5]。克拉克强调的考古学遗存的残缺本质则提醒从考古学遗存到人类活动过程并不是一个一望可知的复原，而需要借助不同的理论模块[6]。因此，对于考古学家而言，阐释比发现更重要。但是，新考古学过度相信“科学化”复原，也相信发现和阐释是考古学作业的两个不同阶段，并且在发现与阐释之间设置了客观和主观的樊篱。而后过程主义考古学认为，人类历史不能仅仅由若干存在于人类社会之外的“法则”驱动，人类社会的历史特定性和通则性等量齐观。考古学遗存固然是客观存在的，但是发现、记录及刊布的过程和阐释过程一样，都是主观的；换言之，考古遗存的发现本身就是阐释过程。因此，考古学本身就是阐释之学，而且并不遵循任何大尺度范畴普遍适用的客观规律，相反，需要在极具历史特定性的“情境”中阐释。考古学史上的任何事件和考古学中的任何遗存一样，都是“符号”或者“文本”，在方法论意义上是等价的。

进而言之，考古学史并不是与考古学平行的线索，而是交互影响、交互关联的脉络。在后过程主义考古学的观念下，考古学史的叙述方式因此成为特定的考古学研究范式界定自身历史地位的途径。由于无论是考古学还是考古学史都在一定程度上受到研究者的情境的影响，考古学史的研究将为考古学研究定位，也将暗示未来考古学的研究走向。

II. 2　后过程主义考古学的考古学史

作为20世纪80年代后崛起的学术思潮，后过程主义考古学（post-processualist archaeology）旗帜鲜明地提出了对过程主义考古学的挑战，代表了对考古学阐释的科学化取向的集体反思和逆转。从定名上看，后过程主义考古学尚未形成定性式名称，但绝不是为了批判过程主义考古学而临时拼凑的一盘散沙。如同学术史上曾经出现过的众多学术潮流一样，后过程主义考古学正在努力地洗刷污名。

毋庸置疑，汇聚在后过程主义考古学旗帜之下的流派众多，诸家对于过程主

---

〔5〕 Binford L. Archaeological Systematics and the Study of Culture Process. *American Antiquity*, 1965, 31: 203-210.

〔6〕 Clarke D. *Analytical Archaeologist*. New York: Academic Press, 1979: 100.

义之后的考古学走向也有不同意见，但是对过程主义考古学的批判却具有高度一致的认识。由于笃信新进化主义，过程主义考古学将人类历史的过去视为客观存在的，可以通过一系列因果关系予以准确而科学地界定的适应过程。而后过程主义考古学更倾向于历史特定主义，并不认为人类历史是由精确计算的科学法则驱动的。人类历史并不是统一的因果律决定的，其进程受到多种动因的影响，而且不同动因在不同的情境下具有不同的意义。人类的过去并不是仅有唯一“正确”或者“正统”意义。任何物质实际上都是“文本”，因此，在不同的文本情境和社会情境下可以衍生出截然不同的阐释，同时，身处不同社会情境的阐释者，基于不同的利益考虑，也会生成不同的阐释。历史特定主义的诠释学阐释替代具有普世价值的中程理论构成了后过程主义考古学的集体吁求。从这一基本立场出发，多元化就成为后过程主义的基本特征，因此，批判理论、土著考古学、女性主义考古学、西方马克思主义考古学都丰富了后过程主义考古学的内涵。对后过程主义考古学“不统一”的指责实际上是误读的结果。

虽然后过程主义考古学中存在多种流派，但是毫无疑问，以伊恩·霍德为代表的情境考古学构成了对过程主义考古学最强有力的挑战〔7〕。“情境”一词，既指考古学物质文化的特定环境，也指考古学阐释无法摆脱考古学家身处的社会环境。此外，情境考古学强调，处在“情境”之中的物质并不是某种客观的生态适应、人类历史和社会法则的被动反映，而是富含言外之意的“文本”，表达和改变社会关系的能动力量。因此，后过程主义考古学的诸多流派可以被视为具有特定情境的情境考古学类型。

后过程主义考古学范式下的考古学史因此偏向历史特定主义和情境分析，形成了多元化的标志性特征。基于对人类社会的整体规律性或者趋势的质疑，后过程主义考古学采取了“小单元”视角，不仅将长时段分割成为不同的片段，而且在同一个时间段内也回避整个社会的视角，而是依据族群、阶级、性别、利益关系等标准将社会分解成为多个独立的单元，不同的单元中的行为都需要在自身独特的情境中理解和阐释。建立在考古学的多元化场景基础之上的考古学史也

〔7〕关于情境考古学，参考 Hodder I, Hudson S. *Reading the Past* (3rd eds.). Cambridge: Cambridge University Press, 2003. 中译本参见伊恩·霍德、司各特·哈特森著，徐坚译：《阅读过去》，长沙：岳麓书社，2005 年。

倾向于在小单元中予以理解。正如被纳入到后过程主义潮流之中的考古学流派千差万别，考古学史上的潮流也并非整齐划一。情境差异导致任何小单元研究都更青睐于被格尔茨称为“深描”的方法〔8〕。科尔（Philip Kohl）曾经以“国族主义”为名观察自欧洲到亚洲，自北美到南美的密切服务于政治的考古学，却揭示出不同国家的“国族主义考古学”在主题、宗旨和方法上各不相同〔9〕。而且，即使在被冠以为“国族主义考古学”的考古学类型之中，考古学与政治的关联程度也不一样。暗流传统也就成为多个独立的小单元传统的集合。小单元传统可能表现出特定的共性，但每个小单元传统都维持了独立的身份认同。

反射性或者互动性是后过程主义考古学范式下考古学史的另一个主要特征。考古学史的价值升格成为考古学自身的镜像，对考古学史上暗流传统的研究因而将促进对历史上的“小单元群体”的物质文化的关怀。历史上的个人将不再是“集团”、“阶层”、“族群”和“国家”的面目模糊的一分子，而是具有独立研究价值的主体，因此私人生活史才会对应于“大历史”应运而生〔10〕。对妇女、儿童和老人的观察将不再禁锢于掌控书写工具的男性知识阶层的视角，而开始遵循自身的术语和认知体系〔11〕。长期以来在扩散传播论或者平行进化论模式下观察的“边疆”文明也获得了作为研究主体的机会。多元文化的存在毋庸置疑，但对多元文化的考古学面貌的关注却与对考古学史上的多元传统的认知几乎同步。

II. 3　回到历史学的考古学

对考古学史上的暗流传统采取的“考古学的考古学”研究唤起我们对考古学作业方式的整体反思。在本书之中，暗流虽然可以被整体性界定出来，但是却无法形成自上而下、边界分明的树状结构或者体系，甚至连穷尽列举暗流都是不

〔8〕 Geertz C. *The Interpretation of Cultures: Selected Essays*. New York: Basic Books, 1973.

〔9〕 Kohl P L, Fawcett C. *Nationalism, Politics and the Practices of Archaeology*. Cambridge: Cambridge University Press, 1995.

〔10〕 Ariès P, Duby G. *Histoire de la Vie Privee*. Paris: éditions du Seuil, 1985-1987. 中译本见菲利浦·阿利埃斯、乔治·杜比，《私人生活史》（五卷本），哈尔滨：北方文艺出版社，2007~2008 年。

〔11〕 Spector J. *What This Awl Means*. St Paul: Minnesota Historical Society, 1993.

可期的。因此，暗流传统无法采用归纳法或者例证法予以研究。每一个被纳入暗流传统的个案都需要在其独特的情境之中独立研究，因此每个个案都是历史特定性的产物。暗流传统的研究吁请对历史特定性的关注，这是考古学回归作为历史学的考古学的契机。

显然，“作为历史学的考古学”的主张是对新考古学的反动。20 世纪 60 年代新考古学兴起之时，戴维·克拉克指出，60 年代初期的考古学仍然是“缺乏学科规范的实证学科”，全球考古学实际上是互不相干的区域史的集合，各个区域学科传统之间基本不存在任何沟通〔12〕。宾福德在新考古学奠基之作《作为人类学的考古学》中提出，考古学应该对理解人类社会的通则有所贡献。文化史的视角应该让位于人类学视角，因此，过程主义考古学预置性地将探索人类社会的通则作为至高无上的追求目标。崔格尔甚至认为，这个立场和美国的全球化策略休戚相关〔13〕。

新考古学并不缺乏历史性观念，作为新考古学标志的“过程”概念本身就是历史性的，只是深受新进化主义学说影响的新考古学将过程视为一个自为的适应机制。虽然宾福德宣称新考古学研究不同人类社会的文化过程的异同，但是基于对通则的追求，新考古学对文化相似性的兴趣远大于对文化差异性的兴趣，甚至会忽略、压制对文化特殊性的考虑，将其视为非科学的，不具备研究价值。

“作为人类学的考古学”是一个掷地有声但矫枉过正的口号，其对于与新考古学相匹配的考古学史的“范式”模式也有一定程度的误导，虽然宾福德本人多次补充和纠正，但是仍留下强烈的负面影响。范式模式先天性地具有单线式特征，考古学史因此表现为单线式的更替模式。施斐尔强调新范式应该是固有范式的补充和潮流的转向，而不代表范式的替代〔14〕。所以，告别“作为人类学的考古学”不是彻底否定这一取向，而是重新关注被新考古学忽略的历史学倾向。

---

〔12〕 Clarke D. *Analytical Archaeology*. London: Methuen, 1968: xiii; Klejn L S. A Panorama of Theoretical Archaeology. *Current Anthropology*, 1977, 18: 1-42.

〔13〕 Trigger B. *A History of Archaeological Thought*. Cambridge: Cambridge University Press, 1989: 314-315. 中译本见崔格尔著，徐坚译：《考古学思想史》，长沙：岳麓书社，2008 年，第 264 页。

〔14〕 Skibo J, Schiffer M. *People and Things: A Behavioral Approach to Material Culture*. New York: Springer, 2009: 4-7.

对于中国考古学而言，回归“作为历史学的考古学”则需要警惕另一种误解。这种回归不是三十年河东、三十年河西地变天，而重新回到文化-历史主义考古学的怀抱。这是尤其容易诱导身处新考古学之前的中国考古学误解的。历史-文化主义考古学在60年代初期因其“历史”取向而遭受到新考古学的猛烈批判，但在颇具迷惑性的表象下，它实际上是反历史的。历史-文化主义考古学的反历史倾向表现在用机械唯物主义法则取代鲜活而真实的历史。虽然宣称“由物见人”，但是历史-文化主义考古学从未考虑过历史上的人们的能动性，而将其视为历史规律的物化表现。在这种范式下，考古学遗存是不言自明的史料，是历史上的人们的物化版本，物质组合因而就是人的组合，物质文化的变化就是人的变化，而人群的变化大多以移民、扩张、贸易和战争等概念予以解释。这种狭隘的机械唯物主义阐释实际上曲解了大部分历史。因此，文化-历史主义考古学貌似具有历史学研究倾向，但实际上是以历史规则取代历史的另一种寻找“规律”的考古学〔15〕。

因此，回到历史的考古学是一种有特定诉求和特定取向的主张。脱胎于过程主义考古学的行为考古学通过文化过程、文化转型（C-transform）和非文化转型（N transform）等多个概念，情境考古学通过情境的厘定以及法国学派通过对行为者中介作用的强调，合力构成了向历史学回溯的考古学的门径〔16〕。

回访是一种有别于贴标签的方式，通过在特定情境中的对比研究重估材料，复原历史上的阐释取向，清理学科理论和方法上的遗产，暗流传统研究构成了一种历史叙述（historical narrative）方式，进而反射到考古学研究之中。

暗流传统的研究价值恰在于此。

〔15〕 苏秉琦：《中国文明起源新探》，北京：生活·读书·新知三联书店，1999年，第4页。

〔16〕 Skibo J, Schiffer M. *People and Things: A Behavioral Approach to Material Culture*. New York: Springer, 2009: 17-35.

参考书目节录

一、中文古籍文献

（汉）司马迁：《史记》，1959 年中华书局竖排标点本。

（汉）班固：《汉书》，1962 年中华书局竖排标点本。

（晋）陈寿：《三国志》，1959 年中华书局竖排标点本。

（南朝宋）范晔：《后汉书》，1965 年中华书局竖排标点本。

（唐）房玄龄等：《晋书》，1974 年中华书局竖排标点本。

（唐）刘恂：《岭表录异》，丛书集成初编本，北京：中华书局，1985 年。

（宋）李昉等撰：《太平御览》，北京：中华书局，1960 年。

（宋）董逌：《广川书跋》，丛书集成初编本，北京：中华书局，1985 年。

（宋）范致明：《岳阳风土记》，据古今逸史刊本影印，收录于《中国方志丛书》，台北：成文出版社，1976 年。

（宋）沈括著，胡道静校注：《梦溪笔谈校证》，北京：中华书局，1959 年。

（宋）王俅：《啸堂集古录》，据 1922 年涵芬楼本影印，收录于《金文文献集成》第 9 册，北京：线装书局，2005 年。

（宋）薛尚功：《历代钟鼎款识法帖》，据 1935 年海城于省吾影印明崇祯六年朱谋垔刻本影印，收录于《金文文献集成》第 9 册，北京：线装书局，2005 年。

（宋）朱辅：《溪蛮丛笑》，丛书集成初编本，北京：中华书局，1991 年。

（宋）王黼等：《宣和博古图》，据清乾隆十八年天都黄晟亦政堂修补明万历二十八年吴万化宝古堂刻本影印，收录于《金文文献集成》第 2 册，北京：线装书局，2005 年。
（清）郝玉麟纂修：《广东通志》，雍正九年刻本，收录于《广东历代方志集成》，广州：岭南美术出版社，2006 年。
（清）曹抡彬等纂修：《雅州府志》，乾隆四年刻本，收录于《中国地方志集成·四川府县志辑》，成都：巴蜀书社，1992 年。
（清）徐汝瓒修，杜昆纂：《汲县志》，乾隆二十年刻本。
（清）王槩、于殿琰纂修：《高州府志》，乾隆刊本，收录于《故宫珍本丛刊》第 182 册《广东府州县志》第 17 册，海口：海南出版社，2001 年。
（清）梁诗正、蒋溥等：《西清古鉴》，摛藻堂本。
（清）钱坫：《十六长乐堂古器款识》，据 1933 年开明书局翻刻嘉庆元年自刻本影印，收录于《金文文献集成》第 2 册，北京：线装书局，2005 年。
（清）阮元：《积古斋钟鼎彝器款识》，据清嘉庆九年自刻本影印，收录于《金文文献集成》第 10 册，北京：线装书局，2005 年。
（清）赵文在等修，易文基等纂：《长沙县志》，据清嘉庆十五年刻，二十二年增补本影印，收录于《中国方志丛书》，台北：成文出版社，1976 年。
（清）贵泰、武穆淳等纂：《安阳县志》，据清嘉庆二十四年刻本，民国二十二年铅字重印本影印，收录于《中国方志丛书》，台北：成文出版社，1968 年。
（清）阮福：《滇南古金石录》，丛书集成初编本，北京：中华书局，1985 年。
（清）张堉春修，陈治昌纂：《廉州府志》道光十三年刻本，收录于《广东历代方志集成》，广州：岭南美术出版社，2006 年。
（清）朱椿年修，杜以德、叶轮纂：《钦州志》，道光十四年刻本，收录于《广东历代方志集成》，广州：岭南美术出版社，2006 年。
（清）周际华修，戴铭等纂：《辉县志》，道光十五年刻本。
（清）阮元等修，王崧、李诚纂：《云南通志稿》，道光十五年刻本。
（清）任士谦修，朱德华纂：《博白县志》，道光十二年刊本。
（清）黄乐之、平翰等修，郑修纂：《遵义府志》，道光二十一年刻本，收录于《中国方志丛书》，台北：成文出版社，1968 年。
（清）梁廷枏：《南越五主传》，五卷本，收录于《南越五主传及其他七种》，广州：广东人民出版社，1982 年。

（清）敖立榜等修，曾毓佐等纂：《高县志》，同治五年刻本，收录于《中国地方志集成·四川府县志辑》，成都：巴蜀书社，1992 年。
（清）李福泰修，史澄等纂：《番禺县志》，同治十年刻本，收录于《中国方志丛书》，台北：成文出版社，1967 年。
（清）程熙春修，文尔炘等纂：《筠连县志》，同治十二年刻本，收录于《中国地方志集成·四川府县志辑》，成都：巴蜀书社，1992 年。
（清）孙定扬修，胡锡祜等纂：《庆符县志》，光绪二年刻本，收录于《中国地方志集成·四川府县志辑》，成都：巴蜀书社，1992 年。
（清）瑞麟、戴肇辰等修，史澄等纂：《广州府志》，据清光绪五年刊本影印，收录于《中国方志丛书》，台北：成文出版社，1966 年。
（清）徐作梅修，李士琨纂：《北流县志》，光绪六年刻本，收录于《中国方志丛书》，台北：成文出版社，1975 年。
（清）吴大澂：《恒轩所见所载吉金录》，据清光绪十一年自刻木本影印，收录于《金文文献集成》第 8 册，北京：线装书局，2005 年。
（清）黄璟等纂修：《续浚县志》，据清光绪十二年刻本影印，收录于《中国方志丛书》，台北：成文出版社，1968 年。
（清）冯德材等修，文德馨等纂：《郁林州志》，光绪二十年刻本，收录于《中国方志丛书》，台北：成文出版社，1967 年。
（清）王麟祥修，邱晋成等纂：《叙州府志》，光绪二十一年刻本，收录于《中国地方志集成·四川府县志辑》，成都：巴蜀书社，1992 年。
（清）吴式芬：《攈古录金文》，据 1913 年西泠印社翻刻光绪二十一年吴氏家刻本影印，收录于《金文文献集成》第 11 册，北京：线装书局，2005 年。
（清）徐同柏：《从古堂款识学》，据清光绪三十二年蒙学报馆影石校本影印，收录于《金文文献集成》第 10 册，北京：线装书局，2005 年。
（清）《藤县志》，光绪三十四年刻本，收录于《中国方志丛书》，台北：成文出版社，1968 年。
（清）端方：《陶斋吉金录》，据清光绪三十四年石印本影印，收录于《金文文献集成》第 8 册，北京：线装书局，2005 年。
（清）朱善旂：《敬吾心室彝器款识》，据清光绪三十四年朱之榛石印本影印，收录于《金文文献集成》第 13 册，北京：线装书局，2005 年。

（清）吴荣光：《筠清馆金文》，据清宜都杨守敬重刻本影印，收录于《金文文献集成》第 12 册，北京：线装书局，2005 年。
（清）杨庚、曾秉让纂修：《长宁县志》，民国八年石印本，收录于《中国地方志集成·四川府县志辑》，成都：巴蜀书社，1992 年。
（清）张曾敏修，陈琦纂：《屏山县志》，民国二十年铅印本，收录于《中国地方志集成·四川府县志辑》，成都：巴蜀书社，1992 年。
（民国）刘运熙、李敏中纂修：《灵山县志》，民国三年铅印本，收录于《广东历代方志集成》，广州：岭南美术出版社，2006 年。
（民国）黄占梅修，程大璋纂：《桂平县志》，民国九年铅印本，收录于《中国方志丛书》，台北：成文出版社，1968 年。
（民国）符廷铨修，杨履乾纂：《昭通志稿》，民国十三年铅印本。
（民国）欧卿义修，梁荣鼎等纂：《贵县志》，民国二十三铅印本，收录于《中国方志丛书》，台北：成文出版社，1967 年。
（民国）莫炳奎纂：《邕宁县志》，民国二十六年铅印本，收录于《中国方志丛书》，台北：成文出版社，1968 年。
（民国）卢金锡修，杨履乾等纂：《昭通县志稿》，民国二十七年铅印本。
（民国）廖国器修，刘润纲、许瑞棠纂：《合浦县志》，民国三十一年石印本，收录于《广东历代方志集成》，广州：岭南美术出版社，2006 年。
（民国）郑少成等修，杨肇基等纂：《西昌县志》，民国三十一年铅印本，收录于《中国地方志集成·四川府县志辑》，成都：巴蜀书社，1992 年。
（民国）梁方津修，刘策群纂：《象县志》，1948 年铅印本。
（民国）胡学林修，朱昌奎纂：《宾阳县志》，1961 年广西壮族自治区档案馆据民国三十七年稿本铅印本。

二、中文现当代文献

《中国大百科全书·考古卷》，北京：中国大百科全书出版社，1986 年。
菲利浦·阿利埃斯、乔治·杜比：《私人生活史》（五卷本），哈尔滨：北方文艺出版社，2007~2008 年。
安徽省博物馆：《寿县蔡侯墓出土遗物》，北京：科学出版社，1956 年。
安特生：《奉天锦西县沙锅屯洞穴层》，北京：农商部地质调查所，1923 年。

安特生：《中华远古之文化》，北京：农商部地质调查所，1923 年。
安特生：《甘青考古记》，北京：农商部地质调查所，1925 年。
安阳市文物工作队、安阳市博物馆：《安阳殷墟青铜器》，郑州：中州古籍出版社，1993 年。
北京大学考古学系：《当阳赵家湖》，北京：文物出版社，1992 年。
蔡寒琼、谈月色：《东山猫儿冈汉冢报告》，《考古学杂志》创刊号，1932 年。
蔡全法、宋国定：《新郑县辛店许岗东周墓调查报告》，《中原文物》1987 年第 4 期。
蔡守：《广东古代木刻文字存录》，《考古学杂志》创刊号，1932 年。
曹韵葵：《云南昭通专区的东汉墓清理》，《考古通讯》1957 年第 4 期。
常任侠：《重庆附近发现之汉代崖墓与石阙研究》，《说文月刊》第 2 卷第 2 期，1940 年。
常任侠：《民俗艺术考古论集》，上海：正中书局，1943 年。
陈洪波：《蒙特柳斯考古类型学思想在中国的译介》，《考古》2011 年第 1 期。
陈梦家：《美帝国主义劫掠的我国殷周铜器集录》，北京：科学出版社，1962 年。
陈梦家：《西周铜器断代》，北京：中华书局，2004 年。
陈明芳：《中国悬棺葬》，重庆：重庆出版社，1992 年。
陈寿：《大保簋的复出和大保诸器》，《考古与文物》1980 年第 4 期。
陈星灿：《中国考古向何处去——张光直先生访谈录》，《华夏考古》1996 年第 1 期。
陈星灿：《中国史前考古学史研究（1895~1949）》，北京：生活·读书·新知三联书店，1997 年。
陈星灿、马思中：《蒙特柳斯和中国考古学》，《21 世纪的中国考古学与世界考古学》，北京：中国社会科学出版社，2002 年。
楚文物展览会编：《楚文物展览图录》，北京：北京历史博物馆，1954 年。
布鲁斯·崔格尔著，徐坚译：《考古学思想史》，长沙：岳麓书社，2008 年。
大葆台汉墓发掘组：《北京大葆台汉墓》，北京：文物出版社，1989 年。
格林·丹尼尔著，黄其煦译：《考古学一百五十年》，北京：文物出版社，1987 年。

邓伯清：《四川牧马山灌溉渠古墓清理简报》，《考古》1959年第8期。
定县博物馆：《河北定县43号汉墓发掘简报》，《文物》1973年第11期。
董光忠：《本校与山西图书馆美国福利尔艺术陈列馆发掘山西万泉石器时代遗址之经过》，《师大月刊》第3期，1932年。
董作宾：《民国十七年十月试掘安阳小屯报告》，《安阳发掘报告》第1期，1929年。
董作宾：《殷墟文字甲编》，南京：中央研究院，1948年。
董作宾：《殷墟文字乙编》，南京、台北："中央"研究院，1948~1953年。
董作宾：《甲骨学六十年》，台北：艺文印书馆，1974年。
杜正胜、王汎森：《新学术之路》，台北："中央"研究院历史语言研究所，1998年。
费孝通：《江村经济：中国农民的生活》，南京：江苏人民出版社，1986年。
冯汉骥：《前蜀王建墓发掘报告》，北京：文物出版社，1964年。
冯汉骥：《云南晋宁出土铜鼓研究》，《文物》1974年第1期。
冯汉骥：《冯汉骥考古学论文集》，北京：文物出版社，1985年。
福开森：《历代著录古金目》，上海：商务印书馆，1939年。
傅斯年著，欧阳哲生主编：《傅斯年全集》，长沙：湖南教育出版社，2003年。
富田升著，赵秀敏译：《近代日本的中国艺术品流转与鉴赏》，上海：上海古籍出版社，2005年。
阜阳地区展览馆：《安徽阜阳地区出土的楚国金币》，《考古》1973年第3期。
傅振伦：《燕下都发掘报告》，《国学季刊》第3卷1期，1932年。
傅振伦：《傅振伦文录类选》，北京：学苑出版社，1994年。
傅振伦：《蒲梢沧桑：九十忆往》，上海：华东师范大学出版社，1997年。
高明：《中原地区东周时代青铜礼器研究》，《考古与文物》1981年第3期。
高明、俞伟超：《周代用鼎制度研究》，《北京大学学报》（哲学社会科学版）1978年第1-2期、1979年第1期。
高去寻：《殷代的一面铜器及相关之问题》，《历史语言研究所集刊》第29本，1958年。
高去寻：《殷代大墓的墓室及其涵义之推测》，《历史语言研究所集刊》第39本下册，1969年。

高去寻：《大司空村——河南安阳殷代东周墓地及遗址》，台北："中央"研究院，2008年。
顾峰：《云南碑刻与书法》，昆明：云南人民出版社，1984年。
顾颉刚：《顾颉刚日记》全十二卷，台北：联经出版公司，2007年。
顾颉刚等：《古史辨》全七卷，上海：上海古籍出版社，1982年。
关百益：《新郑古器图录》，北平：商务印书馆，1929年。
关百益：《郑冢古器图考》，北平：中华书局，1930年。
关寸草：《广州市展览会南海关氏南越木刻斋出品目》，1933年。
广西壮族自治区文物工作队：《广西西林县普驮铜鼓墓葬》，《文物》1978年第9期。
广西壮族自治区博物馆：《古代铜鼓学术讨论会纪要》，《文物》1980年第9期。
广西壮族自治区博物馆：《广西贵县罗泊湾汉墓》，北京：文物出版社，1988年。
广西壮族自治区博物馆：《广西铜鼓图录》，北京：文物出版社，1991年。
广州市文化局：《广州秦汉考古三大发现》，广州：广州出版社，1999年。
广州市文化局：《广州文物志》，广州：广州出版社，2000年。
广州市文物管理处：《广州淘金坑的西汉墓》，《考古学报》1974年第1期。
广州市文物管理委员会、广州市博物馆：《广州汉墓》，北京：文物出版社，1981年。
广州市文物管理委员会：《西汉南越王墓》，北京：文物出版社，1991年。
广州市文物考古研究所：《广州文物考古集——广州考古五十年文选》，广州：广州出版社，2003年。
广州市文物考古研究所：《羊城考古发现与研究》（一），北京：文物出版社，2005年。
广州市文物考古研究所：《铢积寸累：广州考古十年出土文物选萃》，北京：文物出版社，2005年。
贵州省博物馆考古组：《赫章可乐发掘报告》，《考古学报》1986年第2期。
郭宝钧：《浚县辛村古残墓之清理》，《田野考古报告》第1册，1936年。
郭宝钧：《1950年春殷墟发掘报告》，《中国考古学报》第5册，1951年。

郭宝钧：《洛阳滨涧古文化遗址及汉墓》，《考古学报》1956年第1期。
郭宝钧：《山彪镇与琉璃阁》，北京：科学出版社，1959年。
郭宝钧：《浚县辛村》，北京：科学出版社，1964年。
郭宝钧：《商周青铜器群综合研究》，北京：文物出版社，1981年。
郭宝钧、马得志、张云鹏、周永珍：《一九五四年春洛阳西郊发掘报告》，《考古学报》1956年第2期。
郭立新：《论冷水冲型铜鼓的三个地方类型》，《广西民族学院学报》1997年增刊。
郭沫若：《关于发现汉墓的经过》，《说文月刊》第3卷第4期，1941年。
郭沫若：《殷周青铜器铭文研究》，北京：人民出版社，1954年。
郭蜀德、王新南：《重庆水泥厂东汉崖墓》，《四川文物》1987年第2期。
河南博物院、台北历史博物馆：《新郑郑公大墓青铜器》，郑州：大象出版社，2001年。
河南博物院、台北历史博物馆：《辉县琉璃阁甲乙二墓》，郑州：大象出版社，2003年。
河南省文物考古研究所：《三门峡虢国墓地》，北京：文物出版社，1999年。
河南省文物考古研究所：《郑韩故城兴弘花园与热电厂墓地》，北京：文物出版社，2008年。
河南省文物考古研究所新郑工作站：《郑韩故城青铜礼乐器坑和殉马坑的发掘》，《华夏考古》1998年第4期。
何技生：《略述中国古代铜鼓的变迁和起源》，《考古》1965年第1期。
贺昌群：《贺昌群文集》，北京：商务印书馆，2003年。
弗朗茨·黑格尔著，石钟健、黎广秀、杨才秀译：《东南亚古代金属鼓》，上海：上海古籍出版社，2004年。
洪声：《广西古代铜鼓研究》，《考古学报》1974年第1期。
洪银兴、蒋赞初：《南京大学文物珍品图录》，北京：科学出版社，2002年。
胡厚宣：《殷墟发掘》，上海：学习生活出版社，1955年。
胡肇椿：《考古学研究热潮中现在考古学者应取之态度与方法》，《考古学杂志》创刊号，1932年。
胡肇椿：《广州古物发掘追记》，《广东文物》第10卷，1941年。

湖北省博物馆：《云梦大坟头一号汉墓》，《文物资料丛刊》第 4 辑，1981 年。
湖北省博物馆：《随县曾侯乙墓》，北京：文物出版社，1989 年。
湖北省荆州地区博物馆：《江陵雨台山楚墓》，北京：文物出版社，1984 年。
湖南省博物馆：《长沙象鼻嘴一号西汉墓》，《考古学报》1981 年第 1 期。
湖南省博物馆等：《长沙楚墓》，北京：文物出版社，2000 年。
湖南省文物管理委员会：《长沙市左家公山的战国木椁墓》，《文物参考资料》1954 年第 12 期。
湖南省文物管理委员会：《长沙仰天湖第 25 号木椁墓》，《考古学报》1957 年第 2 期。
湖南省文物工作委员会：《楚文物图片集》（第一集），长沙：湖南人民出版社，1958 年。
华尔纳著，姜洪源、魏宏举译：《在中国漫长的古道上》，乌鲁木齐：新疆人民出版社，2001 年。
黄淼章：《广州瑶台柳园岗西汉墓群发掘纪要》，《穗港汉墓出土文物》，1983 年。
黄淼章：《广州朝汉台实为乌有》，《开放时代》1986 年第 2 期。
黄濬：《邺中片羽》，1934~1942 年。
黄增庆：《广西贵县西汉木椁墓清理简报》，《考古通讯》1956 年第 4 期。
伊恩·霍德、司各特·哈德森著，徐坚译：《阅读过去》，长沙：岳麓书社，2005 年。
江苏省邳州市博物馆：《江苏邳州市九女墩三号墩的发掘》，《考古》2002 年第 5 期。
蒋廷瑜：《古代铜鼓通论》，北京：紫禁城出版社，1999 年。
靳云鹗：《新郑出土古器图志》，1923 年。
匡远滢：《四川宜宾市翠屏村汉墓清理简报》，《考古通讯》1957 年第 3 期。
邝桂荣：《广州东山农林下路南越瓦片坑清理记》，《广州文物考古集——广州考古五十年文选》，广州：广州出版社，2003 年。
李伯谦：《试论吴城文化》，《文物集刊》第 3 辑，北京：文物出版社，1981 年。
李伯谦：《论文化因素分析方法》，《中国文物报》1988 年 11 月 4 日。

李伯谦：《中国青铜文化结构体系研究》，北京：科学出版社，1998 年。
李定：《铜鼓》，《文物》1978 年第 11 期。
李光谟：《从清华园到史语所——李济治学生涯琐记》，北京：清华大学出版社，2004 年。
李济：《西阴村史前遗存》，清华学校研究院丛书第三种，1927 年。
李济：《小屯地面下情形分析初步》，《安阳发掘报告》第 1 期，1929 年。
李济：《殷商陶器初论》，《安阳发掘报告》第 1 期，1929 年。
李济：《小屯与仰韶》，《安阳发掘报告》第 2 期，1930 年。
李济：《俯身葬》，《安阳发掘报告》第 3 期，1931 年。
李济：《殷墟铜器五种及其相关之问题》，《历史语言研究所集刊》外编第一种，1933 年。
李济：《研究中国古玉问题的新资料》，《历史语言研究所六同别录》，1945 年。
李济：《记小屯出土之青铜器》（上篇），《中国考古学报》第 3 册，1948 年。
李济：《豫北出土青铜句兵分类图解》，《历史语言研究所集刊》第 22 本，1950 年。
李济：《记小屯出土之青铜器》（中篇），《台湾大学文史哲学报》1952 年第 4 期。
李济等：《城子崖》，南京：中央研究院历史语言研究所，1934 年。
李济著，张光直、李光谟编：《李济考古学论文选集》，北京：文物出版社，1990 年。
李济著，张光直、李光谟编：《李济文集》，上海：上海人民出版社，2006 年。
李济、万家保：《殷墟出土青铜觚形器之研究：花纹的比较》，台北：“中央”研究院，1964 年。
李济、万家保：《殷墟出土青铜爵形器之研究：青铜爵形器的性质、花纹与铭文》，台北：“中央”研究院，1966 年。
李济、万家保：《殷墟出土青铜斝形器之研究：青铜斝形器的形制与花纹》，台北：“中央”研究院，1968 年。
李济、万家保：《殷墟出土青铜鼎形器之研究：青铜鼎形器的形制与花纹》，台北：“中央”研究院，1970 年。

李济、万家保：《殷墟出土五十三件青铜容器之研究》，台北："中央"研究院，1972 年。
李霖灿：《麽些象形文字字典》，中央博物院专刊乙种之二，1944 年。
李霖灿：《麽些标音文字字典》，中央博物院专刊乙种之三，1945 年。
李景聃：《寿县楚墓调查报告》，《田野考古报告》第 1 册，1936 年。
李景聃：《豫北商丘永城调查及造律台黑孤堆曹桥三处小发掘》，《中国考古学报》第 2 册，1947 年。
李昆声：《云南艺术史》，昆明：云南教育出版社，2001 年。
李昆生、黄德荣：《论万家坝型铜鼓》，《考古》1990 年第 5 期。
李昆生、黄德荣：《再论万家坝型铜鼓》，《考古学报》2007 年第 2 期。
李伟卿：《中国南方铜鼓的分类与断代》，《考古》1979 年第 1 期。
李学勤、艾兰（Sarah Allan）：《欧洲所藏中国青铜器遗珠》，北京：文物出版社，1995 年。
李衍垣：《试论我国古代铜鼓的类型和演变》，《民族研究》1981 年第 1 期。
梁思永：《梁思永考古论文集》，北京：科学出版社，1959 年。
梁思永：《殷墟发掘展览目录》，《梁思永考古论文集》，北京：科学出版社，1959 年。
梁思永、高去寻：《侯家庄第二本・1001 号大墓》，台北："中央"研究院，1962 年。
梁思永、高去寻：《侯家庄第三本・1002 号大墓》，台北："中央"研究院，1965 年。
梁思永、高去寻：《侯家庄第四本・1003 号大墓》，台北："中央"研究院，1967 年。
梁思永、高去寻：《侯家庄第六本・1217 号大墓》，台北："中央"研究院，1968 年。
梁思永、高去寻：《侯家庄第五本・1004 号大墓》，台北："中央"研究院，1970 年。
梁思永、高去寻：《侯家庄第七本・1500 号大墓》，台北："中央"研究院，1974 年。
梁思永、高去寻：《侯家庄第八本・1550 号大墓》，台北："中央"研究院，

1976 年。
梁思永、石璋如：《侯家庄——河南安阳侯家庄殷代墓地》，台北："中央"研究院，1959~2001 年。
梁思永：《山西西阴村史前遗址的新石器时代的陶器》，1930 年单行本。
梁思永：《小屯、龙山与仰韶》，《庆祝蔡元培先生六十五岁论文集》下册，南京：中央研究院，1935 年。
林声：《四川凉山发现汉墓》，《考古》1965 年第 3 期。
林雅杰：《南越陶文录》，天津：天津人民美术出版社，2004 年。
林耀华：《凉山夷家》，上海：商务印书馆，1947 年。
林耀华：《凉山彝家今昔》，《社会科学战线》1984 年第 2 期。
林耀华：《三上凉山——探索凉山彝族现代化中的新课题及其展望》，《社会科学战线》1986 年第 4 期、1987 年第 1 期。
临淄市博物馆：《临淄商王村墓地》，济南：齐鲁书社，1997 年。
凌纯声、芮逸夫：《湘西苗族调查报告》，北京：民族出版社，2003 年。
凌纯声：《记本校二铜鼓兼论铜鼓的起源及其分布》，《台湾大学文史哲学报》第 1 期，1950 年。
凌纯声：《中国与东南亚之崖墓文化》，《历史语言研究所集刊》23 本下册，1952 年。
刘敦桢：《云南西北部古建筑调查日记——1938 年 11 月 24 日~1939 年 1 月 25 日》，《刘敦桢全集》第 3 卷，北京：中国建筑工业出版社，2007 年。
刘敦桢：《西南古建筑调查概况》，《刘敦桢全集》第 4 卷，北京：中国建筑工业出版社，2007 年。
刘敦桢：《昆明附近古建筑调查日记》，《刘敦桢全集》第 3 卷，北京：中国建筑工业出版社，2007 年。
刘敦桢：《川、藏古建筑调查日记》，《刘敦桢全集》第 3 卷，北京：中国建筑工业出版社，2007 年。
刘敦桢：《川、藏之汉阙》，《刘敦桢全集》第 3 卷，北京：中国建筑工业出版社，2007 年。
刘节：《跋驫羌钟考释》，《国立北平图书馆馆刊》第 6 卷第 1 号，1932 年。
刘节：《答怀主教书——论驫氏钟出土处沿革》，《国立北平图书馆馆刊》第 7

卷第1号，1933年。
刘节：《考古学社之使命》，《考古社刊》第2期，1935年。
刘节著，曾宪礼编：《刘节文集》，广州：中山大学出版社，2004年。
刘耀：《河南浚县大赉店史前遗址》，《田野考古报告》第1册，1936年。
刘志远：《成都天回山崖墓清理记》，《考古学报》1958年第1期。
柳诒徵：《论文化事业之争执》，《史学杂志》第2卷第1期，1930年。
陆德良：《四川新津县宝资山崖墓清理简报》，《考古通讯》1958年第8期。
罗二虎：《四川崖墓的初步研究》，《考古学报》1988年第2期。
洛阳市地方史志编纂委员会：《洛阳市志》第14卷《文物志》，郑州：中州古籍出版社，1995年。
罗振玉：《古明器图录》，扬州：广陵书局，2003年。
罗振玉：《与友人论古器物学条目书》，《永丰乡人甲藁：雪窗漫藁》，1920年。
罗振玉：《贞松堂集古遗文》，北京：北京图书馆出版社，2003年。
洛阳市博物馆：《洛阳中州路战国车马坑》，《考古》1974年第3期。
洛阳市文物工作队：《洛阳市西工区C1M3943战国墓》，《文物》1999年第8期。
洛阳市文物工作队：《洛阳西郊四号墓发掘简报》，《文物资料丛刊》第9辑，1985年。
马国权：《容庚先生的生平和学术成就》，《燕京学报》新2期，1996年。
马衡：《筹备考古学系之计划》，《国立大学联合会月刊》第1卷第1号，1928年。
马学良：《彝文访古录追记》，《马学良民族语言研究文集》，北京：中央民族大学出版社，1999年。
马学良：《纪念万斯年先生彝区访书遗事》，《马学良民族语言研究文集》，北京：中央民族大学出版社，1999年。
孟德鲁斯著，郑师许、胡肇椿译：《考古学研究法》，上海：世界书局，1936年。
蒙德留斯著，滕固译：《先史考古学方法论》，上海：商务印书馆，1937年。
孟津县志编纂委员会：《孟津县志》，郑州：河南人民出版社，1991年。

米海里司著，郭沫若译：《美术考古学发现史》，上海：乐群书店，1929年。
南京博物院：《江苏涟水三里墩西汉墓》，《考古》1973年第2期。
南京博物院：《四川彭山汉代崖墓》，北京：文物出版社，1991。
彭信威：《中国货币史》，上海：上海人民出版社，1987年。
彭仲辉、侯丽蓉：《民初关于发掘南越古冢的报告》，《岭南文史》1996年第3期。
祈延霈：《山东益都苏埠屯出土铜器调查记》，《中国考古学报》第2册，1947年。
裘善元：《巨鹿宋代故城发掘纪略》，《国立历史博物馆丛刊》第1册，1926年。
容庚：《武英殿彝器图录》，北平：哈佛燕京学社，1934年。
容庚：《考古学社之成立与愿望》，《考古社刊》第1期，1934年。
容庚：《海外吉金图录》，北平：考古学社，1935年。
容庚：《记考古学社》，《东方杂志》第30卷第1号，1936年。
容庚：《商周彝器通考》，北平：哈佛燕京学社，1941年。
容庚著，曾宪通编：《容庚文集》，广州：中山大学出版社，2004年。
芮逸夫：《僚为仡僚试证》，《历史语言研究所集刊》第20本，1948年。
桑兵：《东亚考古协会述论》，《历史研究》2000年第5期。
桑兵：《晚晴民国的国学研究》，上海：上海古籍出版社，2001年。
色伽兰著，冯承钧译：《中国西部考古记》，上海：商务印书馆，1935年。
山东省文物考古研究所：《曲阜鲁国故城》，济南：齐鲁书社，1982年。
山东省文物考古研究所：《山东临淄商王村1号战国墓发掘简报》，《文物》1997年第6期。
山东省文物考古研究所：《临淄齐墓》（第一集），北京：文物出版社，2007年。
山东省兖石铁路文物考古工作队：《临沂凤凰岭东周墓》，济南：齐鲁书社，1987年。
山西省文物管理委员会侯马工作站：《山西侯马上马村东周墓葬》，《考古》1963年第5期。
商承祚：《十二家吉金图录》，南京：金陵大学中国文化研究所，1935年。

商承祚：《浑源彝器图》，南京：金陵大学中国文化研究所，1936 年。
商承祚：《长沙发掘小记》，《文物天地》1991 年第 6 期。
商承祚著，商志醰编：《长沙古物闻见记 · 续记》，北京：中华书局，1996 年。
商承祚著，商志醰编：《商承祚文集》，广州：中山大学出版社，2004 年。
邵子风：《考古学社缘起》，《考古社刊》第 1 期，1934 年。
沈颂金：《考古学与二十世纪中国学术》，北京：学苑出版社，2003 年。
狮子山楚王陵考古发掘队：《徐州狮子山西汉楚王陵发掘简报》，《文物》1998 年第 8 期。
石光明：《四川彰明常山村崖墓清理报告》，《考古通讯》1955 年第 5 期。
石光明：《四川彰明佛儿湾崖墓清理简报》，《考古通讯》1955 年第 6 期。
石璋如：《殷墟最近之重要发现附论小屯地层》，《中国考古学报》第 1 册，1947 年。
石彰如：《河南安阳后冈的殷墓》，《历史语言研究所集刊》第 13 本，1948 年。
石璋如：《小屯第一本 · 遗址的发现与发掘乙编 · 殷墟建筑遗存》，台北："中央"研究院，1959 年。
石璋如：《小屯（河南安阳殷虚遗迹之一）第一本》，台北："中央"研究院，1959~2001 年。
石璋如：《小屯第一本 · 遗址的发现与发掘丙编 · 殷墟墓葬之一，北组墓葬》，台北："中央"研究院，1970 年。
石璋如：《小屯第一本 · 遗址的发现与发掘丙编 · 殷墟墓葬之二，中组墓葬》，台北："中央"研究院，1971 年。
石璋如：《小屯第一本 · 遗址的发现与发掘丙编 · 殷墟墓葬之三，南组墓葬附北组墓补遗》，台北："中央"研究院，1973 年。
石璋如：《小屯第一本 · 遗址的发现与发掘丙编 · 殷墟墓葬之四，乙区基址上下的墓葬》，台北："中央"研究院，1976 年。
石璋如：《田野考古第一——吴金鼎先生》，台北："中央"研究院，1998 年。
四川大学历史系七八级考古实习队：《四川宜宾黄伞崖墓调查及清理简报》，《考古与文物》1984 年第 6 期。
四川省博物馆：《绥宁县笔架山崖墓清理简报》，《文物资料丛刊》第 9 期，

1985 年。
四川省博物馆：《新都县马家山崖墓发掘简报》，《文物资料丛刊》第 9 期，1985 年。
四川省文管会：《四川涪陵东汉崖墓清理简报》，《考古》1984 年第 12 期。
四川省文管会：《四川忠县涂井蜀汉崖墓》，《文物》1985 年第 7 期。
宋家珩：《加拿大传教士在中国》，北京：东方出版社，1995 年。
宋世坤：《贵州铜鼓的分布、类型和断代》，《贵州文史丛书》1980 年创刊号。
苏秉琦：《斗鸡台沟东区墓葬》，北平：国立北平研究院史学研究所，1948 年。
苏秉琦：《中国文明起源新探》，北京：生活·读书·新知三联书店，1999 年。
孙海波：《新郑彝器》，1937 年河南通志馆印本。
孙太初：《两年来云南古遗址及墓葬到发现与清理》，《文物参考资料》1955 年第 6 期。
孙太初：《云南姚安阳派水库晋墓清理简报》，《考古通讯》1956 年第 3 期。
孙太初：《朱提堂狼铜洗考》，《云南青铜器论丛》，北京：文物出版社，1981 年。
谈月色：《寒琼遗稿》，1943 年刻本。
谭旦冏：《“中央”博物院二十五年之经过》，台北：中华丛书编审委员会，1956 年。
谭旦冏：《新郑铜器》，台北：中华丛书编审委员会，1977 年。
唐兰：《𠫑羌钟考释》，《国立北平图书馆馆刊》第 6 卷第 1 号，1932 年。
唐兰：《洛阳金村古墓为东周墓而非韩墓考》，《大公报》1946 年 10 月 23 日。
陶然士：《四川之墓葬》，《雅州文会会志》第 41 卷，1910 年。
滕固：《征途访古述记》，上海：商务印书馆，1936 年。
田晓岫：《布依族的铜鼓》，《中央民族学院院报》1985 年第 2 期。
童恩正：《试论早期铜鼓》，《考古学报》1983 年第 3 期。
万辅彬等：《中国古代铜鼓科学研究》，南宁：广西民族出版社，1992 年。
汪宁生：《试论中国古代铜鼓》，《考古学报》1978 年第 2 期。
汪宁生：《铜鼓与“夸富宴”》，《庆祝苏秉琦考古五十年论文集》，北京：文物出版社，1989 年。
汪宁生：《铜鼓与南方民族》，长春：吉林教育出版社，1989 年。

汪宁生：《民族考古学论集》，北京：文物出版社，1989 年。
汪宁生：《云南考古》，昆明：云南人民出版社，1992 年（1979 年初版）。
汪宗衍：《西汉黄肠木刻考》，《国立中山大学语言历史学研究所周刊》第 4 卷第 38 号，1928 年。
王国维：《古史新证——王国维最后的讲义》，1925 年清华大学油印讲义，1994 年清华大学出版社影印本，北京：清华大学出版社，1994 年。
王国维：《观堂集林》，北京：中华书局，2004 年。
王国维：《最近二三十年中中国新发现之学问》，《学衡》第 45 期，1925 年。
王仁湘：《带钩概论》，《考古学报》1985 年第 3 期。
王幼侨：《新郑古器发见记》，1924 年铅字本。
卫聚贤：《汾阴后土遗址的发现》，《东方杂志》第 26 卷第 19 期，1929 年。
卫聚贤：《中国考古小史》，上海：商务印书馆，1933 年。
卫聚贤：《重庆的汉墓》，《旅行杂志》第 19 卷第 1 期，1945 年。
闻宥：《古铜鼓图录》，上海：上海出版公司，1954 年。
闻宥：《四川大学历史博物馆所藏古铜鼓考・铜鼓续考》，成都：巴蜀书社，2004 年。
吴金鼎：《摘记小屯迤西之三处小发掘》，《安阳发掘报告》第 4 期，1932 年。
吴金鼎：《云南苍洱境考古报告》，李庄：国立中央博物院，1942 年。
吴理著，胡肇椿译：《考古学发掘方法论》，上海：商务印书馆，1935 年。
吴其昌：《驫羌钟补考》，《国立北平图书馆馆刊》第 5 卷第 6 号，1931 年。
吴少珉、赵金昭：《二十世纪疑古思潮》，北京：学苑出版社，2003 年。
吴越史地研究会编：《吴越文化论丛》，江苏研究社，1937 年。
西南博物院筹备处：《清理云南昭通的汉墓》，《文物参考资料》1954 年第 7 期。
夏鼐：《吴禹铭先生传略》，《中国考古学报》第 4 册，1949 年。
夏鼐：《田野考古序论》，《文物参考资料》1952 年第 4 期。
夏鼐：《梁思永先生传略》，《考古学报》第 7 册，1954 年。
夏鼐：《建国十年来的中国考古新发现》，《考古》1959 年第 10 期。
夏鼐：《考古学论文集》，北京：科学出版社，1961 年。
夏鼐：《新中国的考古学》，《考古》1962 年第 9 期。

夏鼐：《无产阶级“文化大革命”的考古新发现》，《考古》1972年第1期。
夏鼐：《五四运动和中国近代考古学的兴起》，《考古》1979年第3期。
夏鼐：《郭沫若同志和田野考古学》，《考古》1982年第5期。
夏鼐：《悼尹达同志》，《考古》1983年第11期。
夏鼐：《什么是考古学》，《考古》1984年第10期。
夏鼐：《中国考古学的黄金时代》，《考古》1984年第10期。
夏鼐：《中国文明的起源》，北京：文物出版社，1985年。
夏鼐：《夏鼐文集》，北京：社会科学文献出版社，2000年。
夏鼐：《夏鼐日记》，上海：华东师范大学出版社，2011年。
谢英伯：《黄花考古学院的组织和使命》，《考古学杂志》创刊号，1932年。
徐坚：《追寻夏文化：二十世纪初的中国国家主义考古学》，《汉学研究》第18卷第1期，2000年。
徐坚：《民族考古学：定义问题》，《江汉考古》2009年第4期。
徐坚：《作为南越国考古学起点的龟岗和猫儿岗：发现与方法》，《历史人类学学刊》第9卷第1期，2011年。
徐中舒：《𠫑氏编钟图释》，南京：中央研究院历史语言研究所，1931年。
徐中舒：《古代狩猎图像考》，《庆祝蔡元培先生六十五岁论文集》（下），南京：中央研究院，1935年。
徐中舒：《殷代铜器足徵说兼论〈郘中片羽〉》，《考古社刊》第2期，1935年。
徐州博物馆：《江苏徐州奎山西汉墓》，《考古》1974年第2期。
徐州博物馆：《徐州后楼山西汉墓发掘报告》，《文物》1993年第4期。
徐州博物馆：《徐州石桥汉墓清理报告》，《文物》1984年第11期。
严文明：《仰韶文化研究》，北京：文物出版社，1989年。
扬州市博物馆：《扬州西汉“妾莫书”木椁墓》，《文物》1980年第12期。
扬州市博物馆：《江苏邗江姚庄101号西汉墓》，《文物》1988年第2期。
杨宝成、杜德兰：《南阳附近的龚营遗址的发掘：方法与结果》，《考古发掘与历史复原》，北京：中华书局，2006年。
杨成志：《从西南民族说到独立罗罗》，《考古学杂志》创刊号，1932年。
杨成志：《云南倮倮族的巫师及其经典》，《国立中山大学文史研究所辑刊》第

1 卷第 1 期，1931 年。
杨成志著，刘昭瑞编：《杨成志文集》，广州：中山大学出版社，2004 年。
杨帆、万扬、胡长城：《云南考古（1979~2009）》，昆明：云南人民出版社，2010 年。
杨树达：《积微居金文说》增订本，北京：科学出版社，1959 年。
姚舜安、万辅彬、蒋廷瑜：《北流型铜鼓探秘》，南宁：广西人民出版社，1990 年。
姚舜安、蒋廷瑜、万辅彬：《论灵山型铜鼓》，《贵州民族研究》1990 年第 10 期。
殷滌非：《关于寿县楚器》，《考古通讯》1955 年第 2 期。
尹达：《悼念梁思永先生》，《文物参考资料》1954 年第 4 期。
尹达：《中国新石器时代》，北京：三联书店，1979 年。
游有山、谢崇昆：《昭通县鸡窝院子汉墓清理报告》，《云南文物》1983 年第 13 期。
俞伟超：《先秦两汉论文集》，北京：文物出版社，1985 年。
俞伟超：《考古类型学的理论与实践》，北京：文物出版社，1989 年。
俞伟超：《考古学是什么：俞伟超考古学理论文选》，北京：中国社会科学出版社，1996 年。
俞伟超：《古史的考古学探索》，北京：文物出版社，2002 年。
云南省博物馆：《云南省博物馆铜鼓图录》，昆明：云南人民出版社，1959 年。
云南省博物馆：《云南宾川白羊村遗址》，《考古学报》1981 年第 3 期。
云南省博物馆：《云南晋宁石寨山古墓群发掘报告》，北京：文物出版社，1959 年。
云南省博物馆：《云南省昭通后海子东晋壁画墓清理简报》，《文物》1963 年第 12 期。
云南省博物馆筹备处：《姚安县清理晋墓一座》，《文物参考资料》1956 年第 2 期。
云南省博物馆考古发掘工作组：《云南晋宁石寨山古遗址及墓葬》，《考古学报》1956 年第 1 期。
云南省博物馆文物工作队：《云南昭通象鼻岭崖墓发掘简报》，《考古》1981 年第3期。
云南省文物工作队：《楚雄万家坝古墓群发掘报告》，《考古学报》1983年第3期。
云南省文物工作队：《云南呈贡归化东汉墓清理》，《考古》1966年第3期。
云南省文物工作队：《云南大关、昭通东汉崖墓清理报告》，《考古》1965年第3期。
云南省文物工作队：《云南祥云大波那木椁铜棺墓清理报告》，《考古》1964年第2期。
云南省文物工作队：《云南昭通桂家院子东汉墓发掘》，《考古》1962年第8期。
云南省文物考古研究所：《曲靖八塔台与横大路》，北京：科学出版社，2003年。
云南省文物考古研究所：《昭通水富县楼坝崖墓发掘报告》，《云南考古报告集》（二），昆明：云南科技出版社，2006年。
云南省文物考古研究所：《昭通小湾子崖墓发掘简报》，《云南文物》第33期，1992年。
云南省文物考古研究所等：《永善县务基乡青龙村汉墓发掘报告》，《云南考古报告集》（二），昆明：云南科技出版社，2006年。
云南省文物考古研究所等：《昭通水富县楼坝崖墓发掘报告》，《云南考古报告集》（二），昆明：云南科技出版社，2006年。
曾传轺：《南越朝台残瓦考》，《考古学杂志》创刊号，1932年。
曾昭燏：《点苍山下所出古代有字残瓦》，《曾昭燏文集》（考古卷），北京：文物出版社，2009年。
曾昭燏：《永元残墓清理报告》，《曾昭燏文集》（考古卷），北京：文物出版社，2009年。
曾昭燏：《从彭山陶俑中所见的汉代服饰》，《曾昭燏文集》（考古卷），北京：文物出版社，2009年。
曾昭燏：《中国博物馆之沿革》，《曾昭燏文集》（博物馆卷），北京：文物出版社，2009年。
曾昭燏：《长沙古物的保存》，《曾昭燏文集》（博物馆卷），北京：文物出版社，2009 年。
张才俊：《四川遂宁船山坡崖墓发掘简报》，《考古与文物》1983 年第 3 期。
张凤：《考古学》，上海：国立暨南大学文学院，1930 年。
张世铨：《论古代铜鼓的分式》，《古代铜鼓学术讨论会论文集》，北京：文物出版社，1982 年。
张希鲁：《云南昭通考古小记》，《考古社刊》第 2 期，1935 年。
张希鲁：《西楼文选》，昭通：昭通地区行署文化局，1985 年。
张忠培：《梁思永先生与中国现代考古学——纪念安阳后冈遗址发掘 50 周年》，《考古与文物》1981 年第 3 期。
张忠培：《中国考古学史的几点认识》，《中国文物报》1993 年 10 月 24 日。
张忠培：《国人考古发掘工作的开端——李济先生发掘西阴遗址 70 周年纪念》，《三晋考古》（第二辑），1995 年。
张忠培：《中国考古学——走进历史真实之道》，北京：科学出版社，2004 年。
长沙市文物工作队：《长沙市荷花池 1 号战国木椁墓发掘报告》，《湖南考古辑刊》第 5 集，1989 年。
昭通地区文物管理所：《昭通文家老包古墓群调查简报》，《云南文物》第 15 期，1984 年。
昭通地区文物管理所：《云南昭通市鸡窝院子汉墓》，《考古》1986 年第 11 期。
郑师许：《通俗考古学丛书编辑计划》，《考古社刊》第 1 期，1934 年。
郑师许：《铜鼓考略》，上海：商务印书馆，1936 年。
郑欣淼：《天府永藏》，北京：紫禁城出版社，2008 年。
郑岩：《论“美术考古学”一词的由来》，《美术研究》2010 年第 1 期。
中国古代铜鼓研究会：《中国古代铜鼓》，北京：文物出版社，1988 年。
中国古代铜鼓研究会：《铜鼓和青铜文化的新探索》（中国南方及东南亚地区古代铜鼓和青铜文化第二次国际学术讨论会论文集），南宁：广西民族出版社，1993 年。
中国古代铜鼓研究会：《铜鼓和青铜文化的再探索》（中国南方及东南亚地区古代铜鼓和青铜文化第三次国际学术讨论会论文集），《民族艺术》1997 年增刊。

中国科学院考古研究所：《辉县发掘报告》，北京：科学出版社，1956年。
中国科学院考古研究所：《长沙发掘报告》，北京：科学出版社，1957年。
中国科学院考古研究所：《洛阳中州路（西工段）》，北京：科学出版社，1959年。
中国科学院考古研究所：《上村岭虢国墓地》，北京：科学出版社，1959年。
中国社会科学院考古研究所：《满城汉墓发掘报告》，北京：文物出版社，1980年。
中国社会科学院考古研究所：《殷墟妇好墓》，北京：文物出版社，1980年。
中国社会科学院考古研究所：《广州汉墓》，北京：文物出版社，1981年。
中国社会科学院考古研究所安阳工作队：《安阳隋墓发掘报告》，《考古学报》1981年第3期。
中国社会科学院考古研究所安阳工作队：《安阳侯家庄北地一号墓发掘简报》，《考古学集刊》第2辑，1982年。
中国社会科学院考古研究所：《考古工作手册》，北京：文物出版社，1982年。
中国社会科学院考古研究所：《殷墟的发现与研究》，北京：科学出版社，1994年。
周蜀蓉：《华西边疆研究学会杂志目录》，《葛维汉民族学考古学论著》，成都：巴蜀书社，2004年。
朱剑心：《金石学》，上海：商务印书馆，1940年。
庄孔韶：《时空穿行》，北京：中国人民大学出版社，2004年。

三、日文文献

阿部芳郎：《失われた史前学——公爵大山柏と日本考古学》，东京：岩波书店，2004年。
今村启尔：《古式铜鼓の变迁と起源》，《考古学杂志》第59卷第3期，1973年。
梅原末治：《桜禁の考古學考察》，京都：东方文化研究所，1933年。
梅原末治：《欧米蒐储支那古铜精华》，大阪：山中商会，1933~1935年。
梅原末治：《战国式铜器の研究》，京都：东方文化研究所，1936年。
梅原末治：《洛阳金村古墓聚英》，京都：小林写真制版部，1937年。

梅原末治：《河南安阳遗宝》，京都：小林写真制版部，1940 年。
梅原末治：《殷墟》，东京：朝日新闻社，1965 年。
梅原末治：《考古学六十年》，东京：平凡社，1973 年。
江上波夫、水野清一：《内蒙古长城地带：蒙古细石器文化・绥远青铜器及支那北疆席文土器遗迹》，东京：东亚考古学会，1935 年。
小场恒吉、榧本龟次郎：《乐浪王光墓》，平壤：朝鲜总督府，1934 年。
小泉显夫：《乐浪彩箧冢》，平壤：朝鲜总督府，1934 年。
岛田贞彦：《南山里：南满洲老铁山麓の汉代砖墓》，东京：东亚考古学会，1933 年。
白川静：《金文通释》，神户：白鹤美术馆，1962~1984 年。
白鸟芳郎：《石寨山文化の担い手》，《季刊どゐめん》第 10 号，1980 年。
鸟居龙藏：《南满洲调查报告》，东京：东京帝国大学，1912 年。
鸟居龙藏：《鸟居龙藏全集》，东京：朝日新闻社，1976 年。
鸟居龙藏：《清国四川省の满子洞》，《考古界》第 3 卷 7、10、11 号，第 4 卷 1 号，1903~1904 年。
鸟居龙藏：《铜铎考》，《历史地理》第 22 卷第 1 号，1913 年。
鸟居龙藏：《有史以前の日本》，矶部甲阳堂，1925 年。
鸟居龙藏を语ゐ会：《鸟居龙藏研究》创刊号，德岛，2011 年。
内藤湖南研究会：《内藤湖南の世界》，东京：河合出版，2001 年。
林泰辅：《支那上代之研究》，东京：光风馆书店，1927 年。
林巳奈夫：《中国殷周时代の武器》，京都：京都大学人文科学研究所，1972 年。
林巳奈夫：《春秋战国时代青铜器の研究》，东京：吉川弘文馆，1989 年。
林巳奈夫：《中国古代の生活史》，东京：吉河弘文馆，1992 年。
波田野丈夫：《铜鼓之介绍》，《南方土俗》第 3 卷第 1 号，1934 年。
滨田耕作：《东方考古学协会と东亚考古学会》，《民族》第 2 卷第 4 号，1927 年。
滨田耕作：《海兽葡萄镜について》，《考古界》第 3 卷 9-10 号，1903 年。
滨田耕作：《支那の古铜器について》，《国华》第 163 号，1903 年。
滨田耕作：《美术の样式と时代》，《艺文》第 1 卷第 3 号，1910 年。

滨田耕作：《支那古铜器と土器の关系について》，《东洋学报》第7卷第2号，1917年。
滨田耕作：《彝器部解说总说》，《增订泉屋清赏》，1922年。
滨田耕作：《支那古铜器研究新资料》，《国华》第379号，1921年。
滨田耕作：《貔子窝：南满洲碧流河畔の先史时代遗迹》，东京：东亚考古学会，1929年。
滨田耕作：《东亚考古学研究》，东京：冈书院，1930年。
原田淑人：《牧羊城：南满洲老铁山麓汉及汉以前遗迹》，东京：东亚考古学会，1931年。
原田淑人：《东亚古文化研究》，东京：座右宝刊行会，1940年。
原田淑人、田泽金吾：《乐浪》，平壤：朝鲜总督府，1930年。
三田村泰助：《内藤湖南》，东京：中央公论社，1972年。
水野清一：《东亚考古学の发达》，京都：大八洲出版株式会社，1948年。
水野清一：《殷周青銅器と玉》，东京：日本经济新闻社，1959年。
森修：《营城子：前牧城驿附近の汉代壁画砖墓》，东京：东亚考古学会，1934年。
吉开将人：《近代中国と文物事业——广州とその周边を例として》，《中国古代の文字と文化》，东京：汲古书院，1999年。
吉开将人：《铜鼓にみる“传统”の诸项》，《季刊考古学》第66号，1999年。
吉开将人：《近代中国における文物事业の展开》，《历史学研究》第789号，东京：青木书店，2004年。

四、西文文献

Ackerman P. *Ritual Bronzes of Ancient China*. New York, 1945.
Andersson J G. An Early Chinese Culture, *Bulletin of the Geological Society of China*, 1923, 5(3).
Andersson J. The Goldsmith in Ancient China. *Bulletin of the Museum of Far Eastern Antiquities*, 1935, (7).
Ariès P, Duby G. *Histoire de la Vie Privee*. Paris: éditions du Seuil, 1985-1987.

Armstrong J. *Nations before Nationalism*. Chapel Hill: University of North Carolina Press, 1982.

Asher R. Analogue in Archaeological Interpretation. *Southwestern Journal of Anthropology*, 1961, 17(4).

Ashmore W, Sharer J. R. *Discovering Our Past: A Brief Introduction to Archaeology* (4th ed.). The McGraw-Hill, 2006.

Atwood R. *Stealing History: Tomb Raiders, Smugglers, and the Looting of the Ancient World*. New York: St Martin's Press, 2004.

Baber C. *Travels and Research in Western China*. London: Royal Geographical Society, 1882.

Baber E C. *Travels and Researches in Interior China*. London: John Murray, 1882.

Bagley R. *Shang Ritual Bronzes in the Arthur M. Sackler Collections*. New York: Abrams, 1987.

Binford S, Binford L. *New Perspectives in Archaeology*. Chicago: Aldine Publishing Company, 1968.

Bishop F. *The Yangtze Valley and Beyond*. London: John Murray, 1899.

Bosch-Reitz S C. The Tuan Fang Sacrificial Table. *The Metropolitan Museum of Art Bulletin*, 1924, 19.

Bowie R T. *Langdon Warner Through His Letters*. Bloomington: Indiana University Press, 1966.

Brauner D. *Approaches to Material Culture Research for Historical Archaeologists*. California: The Society for Historical Archaeology, 2000.

Bradley R. Archaeology: the Loss of Nerve, in *Archaeological Theory: Who Sets the Agenda*? Cambridge: Cambridge University Press, 1993.

Brodie N, Doole J, Renfrew C. *Trade in Illicit Antiquities: The Destruction of the World's Archaeological Heritage*. Cambridge: McDonald Institute for Archaeological Research, 2001.

Bowden M. *Pitt Rivers: the Father of Scientific Archaeology*. Salisbury: Salisbury and Wiltshire Museum, 1984.

Bowden M. *Pitt Rivers: the Life and Archaeological Work of Lieutenant - General*

Augustus Henry Lane Fox Pitt Rivers. Cambridge: Cambridge University Press, 2009.

Bulter B. Heritage and the Present Past, in *Handbook of Material Culture*. California: Sage Publications, 2006.

Bunker E. The Tien Culture and some Aspects of Its Relationship to Dong Son Culture, in *Early Chinese Art and Its Possible Influence in the Pacific Basin, The Proceedings of a Symposium Arranged by the Department of Art History and Archaeology, Columbia University*. New York City, 1967.

Burger R. *Chavin and the Origins of Andean Civilization*. London: Thames and Hudson, 1995.

Bussagli M. *Chinese Bronzes*. London and New York: Paul Hamlyn, 1969.

Chadha A. Visions of Discipline: Sir Mortimer Wheeler and the Archaeological Method in India (1944-1948). *Journal of Social Archaeology*, 2002, 2 (3).

Chamberlin R. *Loot! The Heritage of Plunder*. London: Thames and Hudson, 1983.

Chang K C. Reflections on Chinese Archaeology in the Second Half of the Twentieth Century. *Journal of East Asian Archaeology*, 2001, 3.

Chang K C. *Shang Civilization*. New Heaven: Yale University Press, 1980.

Chase T. *Ancient Chinese Bronze Art*. New York: China House Gallery, 1991.

Childe G. *The Dawn of European Civilization*. London: Kegan Paul, 1925.

Childe G. Chronology of Prehistoric Europe: a Reiview. *Antiquity*, 1932, (6).

Childe G. Prehistory, in *The European Inheritance*. Oxford: Oxford University Press, 1954.

China Organizing Committee. *Catalogue of the International Exhibition of Chinese Art*. London: Royal Academy of Arts, 1935.

Chippindale C. Ambition, Deference, Discrepancy, Consumption: the Intellectual Background to a Post-processual Archaeology, in *Archaeological Theory: Who Sets the Agenda*? Cambridge: Cambridge University Press, 1993.

Claassen C. *Women in Archaeology*. Philadelphia: University of Pennsylvania Press, 1994.

Clarke D. The Loss of Innocence. *Antiquity*, 1973, (47).

Clarke D. *Analystical Archaeology*. London: Methuen and Co.Ltd., 1968.

Coe M. The Khmer Settlement Pattern: A Possible Analogy with that of the Maya.

American Antiquity, 1957, (22).

Coe M. Social Typology and the Tropical Forest Civilizations. *Comparative Studies in Society and History*, 1961, 4.

Conkey M, Spector J. Archaeology and the Study of Gender. *Advances in Archaeological Method and Theory*, 1984, 7.

Connor W. *Ethnonationalism: the Quest for Understanding*. Princeton: Princeton University Press, 1994.

Consten E von E. A Hu with Pictorial Decoration. *Archives of the Chinese Art Society of America,* 1952, 6.

Cordier G. Le Musée de Yunnan-fou. *Bulletin de l'Ecole Francaise d'Extreme - Orient*, 1915, 15 (1).

Cordier G. Musée de Yun-nan Fou. *Bulletin de l'Ecole Francaise d'Extreme - Orient*, 1922, 22 (1).

Creel H. *The Birth of China* (8th print). New York: Frederick Ungar Publishing, 1972.

Cuno J. *Whose Muse? Art Museums and Public Trust*. Princeton: Princeton University Press, 2006.

Cuno J. *Whose Culture? The Promise of Museums and the Debate over Antiquities*. Princeton: Princeton University Press, 2009.

Cuno J. *Who Owns Antiquity? Museum and the Battle over Our Ancient Heritage*. Princeton: Princeton University Press, 2008

Currelly C. *I Brought the Ages Home*. Toronto: Royal Ontario Museum, 1956.

d'Argence R Y L. *Ancient Chinese Bronzes in the Avery Brundage Collection*. Berkeley: the de Young Museum Society and Diablo Press, 1967.

Daniel G. *The Three Ages: An Essay on Archaeological Method*. Cambridge: Cambridge University Press, 1943.

Daniel G. *The Origins and Growth of Archaeology*. Harmondsworth: Penguin, 1967.

Daniel G. *Archaeology of One Hundred and Fifty Years*. London: Duckworth, 1974.

Daniel G. *Towards a History of Archaeology*. London: Thames and Hudson, 1981.

Delbanco H D. *Art from Ritual: Ancient Chinese Bronze Vessels from the Arthur M. Sackler Collections*. Cambridge: Fogg Art Museum, 1983.

Drake F. Ancient Pottery from Shantung. *Monumonta Serica*, 1939-1940.

Drower M. *Flinders Petrie: A life in Archaeology*. Madison: The University of Wisconsin Press, 1985.

Evans A. *The Palace of Minos*. London: MacMillan, 1921-1935.

Evans A. *Address of Sir Arthur Evans, Delivered at the Anniversary Meeting 1st May, 1919*. Oxford, 1919

Falkenhausen L. On the Historiographical Orientation of Chinese Archaeology. *Antiquity*, 1993, (67).

Ferguson J. *Survey of Chinese Art*. Shanghai: The Commercial Press, 1939.

Fiskesjo M, Chen X C. *China before China*. Stockholm: Museum of Far Eastern Antiquities, 2004.

Fong W. *The Great Bronze Age of China*. New York: The Metropolitan Museum of Art, 1980.

Freedman M. *Lineage Organization in Southeastern China*. Paris: The Athlone Press, 1958.

Fyfe G, Law J. *Picturing Power, Sociological Review Monograph* 35. London: Routlcdgc, 1988.

Geddes R W. *Peasant Life in Communist China*. Ithaca: Society of Applied Anthropology, 1963.

Geertz C. *After the Fact: Two Countries, Four Decades, One Anthropologist*. Cambridge: Harvard University Press, 1995.

Gero J, Conkey M. *Engendering Archaeology: Women and Prehistory*. Oxford: Basil Blackwell, 1991.

Glassie H. *Material Culture*. Bloomington and Indianapolis: Indiana University Press, 1999.

Graham C D. Ancient White Men's Graves in Szechwan. *Journal of the West China Border Research Society*, 1932, (5).

Graham C D. A Preliminary Report of the Hanchow Excavation. *Journal of the West China Border Research Society*, 1933-1934, (6).

Graham C D. The 'White Men's Graves' in South Szechwan. *Journal of the West China Border Research Society*, 1935, (7).

Graham C D. Historic Notes on the P'o Jen (Beh Ren). *Journal of the West China Border Research Society*, 1936, (8).

Graham C D. Excavation of a Han Dynasty Tomb at Chungking. *Journal of the West China Border Research Society*, 1938, (10).

Groube L. The Ownership of Diversity: the Problem of Establishing a National History in a Land of Nine Hundred Ethnic Groups, in *Who Owns the Past*? Oxford: Oxford University Press, 1985.

Hansford H. *Exhibition of Chinese Jades*. London: The Oriental Ceramic Society, 1948.

Hansford H. A Visit to Anyang. *Transaction of the Oriental Ceramic Society*. London: The Oriental Ceramic Society, 1951.

Hansford H. *Chinese Carved Jades*. Greenwich: New York Graphic Society, 1968.

Harrington J C. Archaeology as an Auxiliary Science to American History. *American Anthropologist*, 1955, 57 (6).

Harris D. *The Archaeology of Gordon Childe: Contemporary Perspectives*. Chicago: The University of Chicago Press, 1994.

Hawkes J. *Mortimer Wheeler: Adventurer in Archaeology*. London: Weidenfeld and Nicolson, 1982.

Heinrich A T. *Art Treasures in the Royal Ontario Museum*. Toronto: Royal Ontario Museum, 1963.

Hentze C. *Bronzegerät, Kultbauten, Religion im Altesten China der Shang-zeit*, 2 vols. Antwerpen, 1951.

Herrmann F. *The English as Collectors*. London: Chatto & Windus, 1972.

Heusden W van. *Ancient Chinese Bronzes of the Shang and Chou Dynasties*. Tokyo, 1952.

Higham C. *The Bronze Age of Southeast Asia*. Cambridge: Cambridge University Press, 2003.

Hodder I, Hutson S. *Reading the Past* (3rd ed.). Cambridge: Cambridge University Press, 2003.

Hoffman B. *Art and Cultural Heritage: Law, Policy and Practice*. Cambridge: Cambridge University Press, 2006.

Hollis H C. Serpendts. *Bulletin of the Cleveland Museum of Art*, 1938, 25 (8).

Hosie A. *Three Years in Western China: a Narrative of Three Journeys in Ssŭ - chúan, Kuei - chow, and Yün - nan*. London: G. Philip & son, 1890.

Iggers G, Powerll J. *Leopold von Rand and the Shaping of the Historical Discipline*. Syracuse: Syracuse University Press, 1990.

Iggers G. *Historiography in the Twentieth Century: from Scientific Objectivity to the Postmodern Challenge*. Hanover: Weslyan University Press, 1997.

Janse O. *Archaeological Research in Indo - China*, 3 vols. Cambridge, Harvard University Press, 1947-1958.

Kane V. The Independent Bronze Industries in the South of China Contemporary with the Shang and Western Zhou Dynasties. *Archives of Asian Art*, 1974, 28.

Karlbeck O. Ancient Chinese Bronze Weapons. *China Journal of Science and Arts*, 1925, 3 (2) ; 1925, 3 (4).

Karlbeck O. Notes on Some Early Chinese Bronze Mirrors. *China Journal of Science and Arts*, 1926, 4 (1).

Karlbeck O. Notes on the Archaeology of China. *Bulletin of the Museum of Far Eastern Antiquities*, 1930, (2).

Karlbeck O. Anyang Marble Sculptures. *Bulletin of the Museum of Far Eastern Antiquities,* 1935, (7).

Karlbeck O. *Treasure Seekers in China*. London: The Cresset Press, 1957.

Karlgren B. On the Date of the Piao-Bells. *Bulletin of the Museum of Far Eastern Antiquities*, 1934, (6).

Karlgren B. *Anyang Marble Sculptures, Yin and Chou Researches*. Stockholm: Museum of Far Eastern Antiquities, 1935.

Karlgren B. *Anyang Moulds, Yin and Chou Researches*. Stockholm: Museum of Far Eastern Antiquities, 1935.

Karlgren B. New Studies on Chinese Bronzes. *Bulletin of the Museum of Far Eastern Antiquities*, 1937, (9).

Karlgren B. On Tsin-ts'un Album. *Bulletin of the Museum of Far Eastern Antiquities*, 1938, (10).

Karlgren B. Some Weapons and Tools of the Yin Dynasty. *Bulletin of the Museum of Far Eastern Antiquities*, 1945, (17); 1946, (18).

Karlgren B. Bronzes in the Hellstrom Collection. *Bulletin of the Museum of Far Eastern Antiquities*, 1948, (20).

Karlgren B. *A Catalogue of the Chinese Bronzes in the Alfred F. Pillsbury Collection*. Minneapolis: University of Minnesota Press, 1952.

Kelley C F, Ch'en M C. *Chinese Bronzes from the Buckingham Collection*. Chicago: Art Institute of Chicago, 1946.

Kempers A J, Bernet. *The Kettle Drums of Southeast Asia: A Bronze Age World and Its Aftermath*. Rotterdam: Balkema, 1988.

Kidder J E J. *Early Chinese Bronzes in the City Art Museum of St.Louis*. St.Louis: Washington University Press, 1956.

Kohl L P. Limits to a Post-processual Archaeology (or, the Dangers of a New Scholasticism), in *Archaeological Theory: Who Sets the Agenda*? Cambridge: Cambridge University Press, 1993.

Kohl L P, Fawcett C. *Nationalism, Politics and the Practices of Archaeology*. Cambridge: Cambridge University Press, 1995.

Kramer C. *Ethnoarchaeology: A Discussion of Methods and Applications*. New York: Columbia University Press, 1979.

Kramer C. Ceramic Ethnoarchaeology. *Annual Review of Anthropology*, 1985, 14.

Kuhn T. *The Structure of Scientific Revolutions*. Chicago: The University of Chicago Press, 1962.

Laufer B. *Archaic Chinese Bronzes of the Shang, Chou and Han Period*. New York, 1922.

Laufer B. *Archaic Chinese Jades*. New York: Privately printed for A.W. Bahr, 1927.

Lawton T. A Group of Early Western Chou Period Bronze Vessels. *Ars Orientalis*, 1975, 10.

Lee G. Some Ch'ang-sha Ceramics. *Archives of the Chinese Art Society of America*, 1964, 18.

Lee G. *Selected Far Eastern Art in the Yale University Art Gallery*. New Haven: Yale

University Press, 1970.

Lee G. Chinese Art at Yale, *The Yale Endowment*. New Haven: Yale University, 2007.

Li C. *Anyang*. Seattle: Washington University Press, 1969.

Lochow von H J. *Sammlung Lochow Chinesische Bronzen, Herausgegeben von Gustav Ecke*. Peking, 2 vols. 1943-1944.

Loehr M. The Bronze Styles of the An-yang Period (1300-1028 B.C.). *Archives of the Chinese Art Society of America*, 1953, 7.

Loehr M. Chinese *Bronze Age Weapons*. Ann Arbor: University of Michigan Press, 1956.

Loehr M. *Relics of Ancient China*. New York: H.N. Abrams, 1965.

Lohre M, Huber F L. *Ancient Chinese Jades from the Grenville L. Winthrop Collection in the Fogg Art Museum, Harvard University*. Cambridge: Fogg Art Museum, 1975.

Lowenthal D. *The Past Is a Foreign Country*. Cambridge: Cambridge University Press, 1985.

Lubar S, Kingery W D. *History from Things: Essays on Material Culture*. Washington and London: Smithsonian Institute Press, 1993.

Malinowski B. *Argonauts of the Western Pacific*. London: Routledge, 1922.

Mead M. *Coming of Age in Samoa*. New York: William Morrow, 1928.

Mead M. *New Lives for Old: Cultural Transformation in Manus, 1928- 1953*. New York: Morrow, 1956.

Merriman N. *Beyond the Glass Case: the Past, the Heritage and the Public in Britain*. Leicester: Leicester University Press, 1991.

Meyer K. *The Plundered Past: The Story of the Illegal International Traffic in Works of Art*. New York: Atheneum, 1977.

Miller D. *Artefacts as Categories*. Cambridge: Cambridge University Press, 1985.

Miller D. *Material Culture and Mass Consumption*. Oxford: Blackwell, 1987.

Miller D. *Material Cultures: Why Some Things Matter*. Chicago: The University of Chicago Press, 1998.

Minnich E. A Devastating Conceptual Error: How Can We Not be Feminist Scholars? *Change Magazine*, 1982, (4).

Palmgren N. *Yinstil - Studien. Ein Satz von drei Bronzen aus der Sammlung Nedzu*. Ostasiatische Zeitschrift, 1936.

Parker E. *Up the Yang- tze*. Shanghai: Kelly & Walsh, Ltd., 1899.

Pearce S. Thinking about Things, in *Interpreting Objects and Collections*. London: Routledge, 1994.

Pelliot P. *Jades Archaiques de Chine*. Paris et Bruxelles: Librarie Nationale d'Art et d'Histoire, 1925.

Petrie F W. *Methods and Aims in Archaeology*. London: MacMillan, 1904.

Petrie F W. *Seventy Years in Archaeology*. New York: Greenwood Press, 1932.

Pham M H, Nguyen V H, Lai V T, *Dong Son Drums in Vietnam*. Tokyo: The Vietnam Social Science Publishing House, 1990.

Pocius G. *Living in a Material World: Canadian and American Approaches to Material Culture*. St John's, Newoundland: Institute of Social and Economic Research, Memorial University, 1991.

Pope A J, Gettens, J R, James C, et al. *The Freer Chinese Bronzes*, vol. 1, Washington: Freer Gallery of Art, 1967.

Ranke von L, Iggers G G, et al. *The Theory and Practice of History*. Indianapolis: Bobbs-Merrill, 1973.

Rawson J. *Western Zhou Ritual Bronzes from the Arthur M. Sackler Collections*. New York: Abrams, 1990.

Redfield L. *Tepoztlan: A Mexican Village*. Chicago: University of Chicago Press, 1930.

Rehfuss D. *Ceramic Shreds from Southeast Asia: The Freer Gallery Study Collection and its Donors*. Washington: Smithsonian Institution, 2008.

Renfrew C. *Loot, Legitimacy and Ownership*. London: Gerald Duckworth, 2006.

Rock J. *The Ancient Na - khi Kingdom of Southwest China*. Cambridge: Harvard University Press, 1947.

Rurawoy M R. An Outline of a Theory of Reflexive Ethnography. *American Sociological Review*, 2003, 68 (5).

Salles G. Les Bronzes de Li-yu. *Revue des Arts Asiatiques*, 1934, 8 (3).

Salmony A. *Asiatische Kunst, Ausstellung Köln, 1926*. München, 1929.

Salmony A. *Carved Jade of Ancient China*. Berkeley: Gillick, 1938.

Salmony A. With Antler and Tongue. *Artibus Asiae*, 1958, 21 (1).

Salmony A. *Chinese Jade through the Wei Dynasty*. New York: Ronald, 1963.

Sanders W, Parsona J, Santley R. *The Basin of Mexico: Ecological Processes in the Evolution of a Civilization*. New York: Academic Press, 1979.

Schiffer M. Archaeology as Behavioral Science. *American Anthropologist*, 1975, 77.

Schiffer M. *Behavioral Archaeology*. New York: Academic Press, 1976.

Schiffer M. *Advances in Archaeological Method and Theory*, vols.1-11. New York: Academic Press, 1978-1987.

Schiffer M. Towards the Identification of Formation Process. *American Antiquity*, 1983, 48.

Schiffer M. *Archaeological Method and Theory*, vols.1-5. Tucson: University of Arizona Press, 1989-1993.

Schiffer M. *Social Theory in Archaeology*. Salt Lake City: The University of Utah Press, 2000.

Schlereth T. *Material Culture Studies in America*. Nashville: American Association for State and Local History, 1982.

Schuyler R. *Historical Archaeology: A Guide to Substantive and Theoretical Contributions*. Farmingdale: Baywood Publishing, 1978.

Shanks M, Tilley C. *Re-Constructing Archaeology*. Cambridge: Cambridge University Press, 1987.

Shanks M, Tilley C. *Social Theory and Archaeology*. Cambridge: Polity Press, 1987.

Shanks M, Hodder I. Processual, Postprocessual and Interpretative Archaeologies, in *Interpreting Archaeology: Finding Meaning in the Past*. London: Routledge, 1995.

Shennan S. After Social Evolution: a New Archaeological Agenda? In *Archaeological Theory: Who Sets the Agenda*? Cambridge: Cambridge University Press, 1993.

Sherratt A. The Relativity of Theory, in *Archaeological Theory: Who Sets the Agenda*? Cambridge: Cambridge University Press, 1993.

Sickman L, Alexander C S. *The Art and Architecture of China*. Baltimore, 1956.

Sirén O. *A History of Early Chinese Art: The Prehistoric and Pre-Han Periods*.

London, 1929.

Sirén O. *Kinas Konst Under Tre Artusenden*. Stockholm: Natur och kultur, 1942.

Skibo J, Schiffer M. *People and Things*. New York: Springer, 2009.

Smith B. *Ethics in American Archaeology: Challenges for the 1990s*. Washington: Society for American Archaeology, 1995.

So J. *Eastern Zhou Ritual Bronzes from the Arthur M. Sackler Collections*, New York: Abrams, 1995.

Stephen B. *Homage to Heaven, Homage to Earth: Chinese Treasures of the Royal Ontario Museum*. Toronto: Royal Ontario Museum, 1992.

Stiles D. Ethnoarchaeology: A Discussion of Methods and Applications. *Man*, 1977, 12 (1).

Sullivan M. *The Arts of China*(5th ed.). Berkeley: University of California Press, 2008.

Torrance T. Notes on the Cave Tombs and Ancient Burial Mounds of Western Szechuan. *Journal of the West China Border Research Society*, 1931, 4.

Trigger B. *Gorden Childe, Revolutions in Archaeology*. New York: Columbia University, 1980.

Trigger B. Alternative Archaeologies: Nationalist, Colonialist, Imperialist. *Man,* 1984, 19.

Trigger B. *A History of Archaeological Thought*. Cambridge: Cambridge University Press, 1989.

Trigger B. *Understanding Early Civilizations*. Cambridge: Cambridge University Press, 2003.

Vandier-Nicolas N. Notes sur un Vase Chinois du Musée du Louvre. *Revue des Arts Asiatiques*, 1938, 12.

Vergo P. *The New Museology*. London: Reaktion, 1989.

Walmsley L C. *A Bishop in Honan*. Toronto: University of Toronto Press, 1974.

Warner L. *The Long Old Road in China*. New York: Garden City, 1926.

Watson W. Sung Bronzes. *Transactions of the Oriental Ceramic Society*, 1959-1960, 32.

Waston W. A Grave Guardian from Ch'ang-sha. *The British Museum Quarterly*, 1952, 17 (3).

Watson W. *Archaeology in China.* London: Max Parrish, 1960.

Watson W. *Ancient Chinese Bronze.* London: Faber and Faber, 1962.

Weiner A. *Women of Value, Men of Renown*. Austin: University of Texas Press, 1976.

Wheeler M. *Archaeology from the Earth*. Oxford: Oxford University Press, 1954.

Wheeler M. *Still Digging*. New York: Dutton, 1955.

White C W. *Tombs of Old Lo - yang*. Shanghai: Kelly & Walsh, Ltd., 1934.

Willey R G, Sabloff A J. *A History of American Archaeology*. London: Thames and Hudson, 1974.

Woolley L. A Report on the Work of the Archaeological Survey of India. *Harappan Studies*, 1993[1939], (1).

Wu G D. *Prehistoric Pottery in China*. London: Kegan Paul, 1938.

Wylie A. A Proliferation of New Archaeologies: Beyond objectivism and relativism, in *Archaeological Theory: Who Sets the Agenda*? Cambridge: Cambridge University Press, 1993.

Yoffee N. Too Many Chiefs? (or, Safe Texts for the 90s), in *Archaeological Theory: Who Sets the Agenda*? Cambridge: Cambridge University Press, 1993.

Yetts W P. The *George Eumorfopoulos Collection: Catalogue of the Chinese and Corean Bronzes, Sculpture, Jades, Jewellery and Miscellaneous Objects,* 3vols. London, 1929-1932.

Yetts W P. A Ch'u Bronze. *Burlington Magazine*, 1930, 57.

Yetts W P. An early Chou Bronze. *Burlington Magazine,* 1937, 10 (409).

Yetts W P. *The Cull Chinese Bronzes*. London: Courtauld Institute of Art, 1939.

致　谢

本书的写作比我最初的预计更具挑战性，耗时也更为漫长，当然，也带来更多的发现愉悦和写作之后的缺憾。2008 年春季，因为重估 1935 年伦敦中国艺术展的若干展品，我开始梳理 1928~1932 年私掘的洛阳金村大墓，期间大致形成了考古学史回访研究方法的雏形。2009 年，我将这种回访方法扩展到以龟岗大墓和猫儿岗汉墓的发掘为代表的广州早期田野考古学时，反复推敲后以“暗流”统称类似个案构成的群体——事实上，这仅仅只是多元成分的集合名称。它们与安阳传统并存，但长期被误表、忽视甚至贬抑。我原本计划以三五篇论文结束这个主题。发现“暗流”与我对多元化潮流的青睐有关，而这种倾向使我确信，如果用某种超然立场，以阶级或者历史“进步性”和“局限性”二分法评估本书的所有个案是没有价值的，而最好的方法应该是“情境”研究。恰在 2008 年之后，我对考古学的情境分析方法形成了比较稳定的思路，因此将其运用于考古学史上，即形成“回访”方法。多个层面的“回访”就构成考古学史以及考古学的“深描”方法。这些观念最终促成本书的形成。如果要进一步追溯，我对作为“考古学的考古学”的考古学史的兴趣在更早的时候就已经初露端倪。2001 年，我以二里头之前的夏考古学为题，界定了 20 世纪早期的中国国族主义考古学，而该文实际上是 1996 年初完成的一个课程作业。虽然在过去的十余年时间里我曾经关注过不同考古学分支的不同课题，但对考古学史的兴趣一直维持不辍。

正由于这个研究和写作计划历时久远，我深恐在致谢名单中会疏漏掉曾经给予种种帮助的前辈先贤、学友同仁和各家机构，如果真的如此，我谨预先深表歉意。本书是在特定的材料性和思想性“情境”中完成的，这一切得益于以下恭列和未及列出的先生们和各家研究机构。

我尤其需要感谢的是业师李伯谦先生。我至今仍然清晰地记得当我尚是个未入燕园的新生时初见伯谦师时的情形。在过去的二十年中，我哪怕有一点点进步都能得到伯谦师的充分肯定；而每有松懈彷徨时，总能接到伯谦师鞭策督促的手谕或电话；无论我身在何处，每有见面的机会，伯谦师总是饶有兴致地询问我的研究进展；无论我有多么幼稚的设想，伯谦师总是毫无保留地鼓励我勇于尝试，但也坦诚地提出批评意见。

我对暗流传统的兴趣和观察与2004年美国温纳格兰人类学研究基金会支持的中国考古学口述史项目直接相关，它提供了一个以不同于常见视角观察中国考古学史的机会。我非常感谢惠允接受这个项目及后续项目访问的先生们，他们对中国考古学的独特贡献令人肃然起敬，同时也提醒我关注中国考古学遗产的多元本质。尤其是，当时犹在整理夏鼐先生日记的王世民先生的深刻洞见让我对中国考古学史上另一个关键时代有更全面的认识，这将构成本书的一个后续研究和写作。

本书讨论的多个个案出自中国西南地区，这并非事出偶然。这一地区是我在最近十年研究兴趣最主要集中的领域。我非常感谢英国大英图书馆和美国国家地理学会长年支持我对南中国和西南中国文化遗产的整理和研究，感谢法国高等人文社会科学研究基金会支持我在巴黎调查和研究若干笔中国古代艺术收藏、卢芹斋与欧洲的中国古代艺术收藏的形成以及远东学院诸先贤的工作，感谢日本住友基金会支持我对鸟居龙藏1902~1903年中国西南之行的回访研究，感谢中山大学高等人文科学研究中心支持我对长沙楚墓的调查和研究。

在个案的具体研究上，我还得到诸位先生、同仁和学友的慷慨襄助。在巴黎的调查上，感谢莱顿大学莫欧理（Oliver Moore）教授的推荐和联系；感谢塞努奇美术馆中国部主任易凯（Eric Lefebvre）先生不仅惠允使用该馆资源，也积极帮助联络其他各间博物馆；感谢布朗利埠博物馆东方部主任 Christine Hemmet 夫人惠允对其馆藏的调查；感谢哥伦比亚大学驻巴黎莱德中心主任 Danielle Haase-Dubsc 教授极其热情介绍我访问巴黎红楼及卢芹斋后人——她本人即是卢芹斋的外孙媳，卢芹斋之幼女兼事业继承人 Jeanne Loo 夫人虽已年逾八旬，但是仍然热情地接受了我的多次访问。在对长沙楚墓的研究中，感谢南京大学水涛教授、程立宪老师和南京博物院沈骞先生的帮助，使我有机会近距离观察商承祚先生于

1938~1941 年两度赴长沙征集的长沙古物；感谢伦敦大学亚非学院陈玮小姐查找和复制了蔡季襄先生作品；感谢湖南省博物馆郑曙斌研究员和蔡季襄在长沙的后人的帮助；感谢美国内华达州立大学 Sue Fawn Chung 教授见告柯强在拉斯维加斯的晚年生活，并代为联系柯强后人。在对广州早期发掘的研究中，感谢广州博物馆程存洁馆长和香港大学博物馆黄燕芳馆长见告“甫”字刻木的详情。在对早期铜鼓研究的分析中，感谢云南大学李昆声教授的多次指正和帮助；感谢上海博物馆张经纬先生提供了该馆馆藏铜鼓的信息。此外，感谢日本北海道大学吉开将人教授在得知我的写作计划之后，惠赐多篇大作的抽印本。我还需要感谢我的学生刘焱鸿、黄菲、何鉴菲、刘芝华、邹文婷、陈玉婷和金晶等，她们几乎在全世界各个可能找到本书所需资料的地方帮助寻找、复制和拍摄，如果缺少这些材料，诸多章节可能都得被迫割舍。

如果按照情境考古学观念观察我自身的研究取向和方法构成的话，我需要感谢曾经就读过的北京大学、普林斯顿大学和牛津大学，以及任教过的中山大学和巴德学院，不同的学校氛围和治学倾向对我均有塑造之功。我尤其需要感谢中山大学的张荣芳教授、陈春声教授、刘志伟教授、吴义雄教授、陈树良教授、曹家齐教授、景蜀慧教授、黄国信教授、向群教授、万毅教授、甘阳教授、周大鸣教授、麻国庆教授、郑君雷教授、刘文锁教授、姚崇新教授、李宁利教授、金志伟教授等诸位师长和同仁多年来给予的帮助和指导。我也需要感谢历年在中山大学和巴德学院的选课学生们，我曾经在课堂和非正式讨论中多次不完整地表述书中观点，他们的积极反馈促使我更完备地思考，更精确地表达。

本书能够以如此经典的形式迅速付梓，尤其需要感谢科学出版社文物考古分社社长闫向东先生、编辑樊鑫先生和美术编辑谭硕先生的辛勤付出。对于一个考古学人而言，在科学出版社出版自己的作品堪称必要的仪式性活动，他们的努力使这个过程尤为完美。

最后，我需要感谢家母刘静文、妻子陈焕和儿子徐钟瀚。如果没有他们经年累月的理解、支持和默默奉献，本书将无法面世。